Religion im Kontext einer Europäisierung von Bildung

Religious Diversity and Education in Europe

edited by
Cok Bakker, Hans-Günter Heimbrock,
Robert Jackson, Geir Skeie, Wolfram Weisse

Volume 22

Globalisation and plurality are influencing all areas of education, including religious education. The inter-cultural and multi-religious situation in Europe demands a re-evaluation of the existing educational systems in particular countries as well as new thinking at the broader European level. This well established peer reviewed book series is committed to the investigation and reflection on the changing role of religion and education in Europe. Contributions will evaluate the situation, reflect on fundamental issues and develop perspectives for better policy making and pedagogy, especially in relation to practice in the classroom.

The publishing policy of the series is to focus on the importance of strengthening pluralist democracies through stimulating the development of active citizenship and fostering greater mutual understanding through intercultural education. It pays special attention to the educational challenges of religious diversity and conflicting value systems in schools and in society in general.

Religious Diversity and Education in Europe was originally produced by two European research groups:

ENRECA: The European Network for Religious Education in Europe through Contextual Approaches

REDCo: Religion in Education. A contribution to Dialogue or a factor of Conflict in transforming societies of European Countries

Although books will continue to be published by these two research groups, manuscripts can be submitted by scholars engaged in empirical and theoretical research on aspects of religion and education, especially in relation to intercultural issues. Book proposals relating to research on individual European countries or on wider European themes or European research projects are welcome. All manuscripts submitted are peer reviewed by two specialist reviewers.

The series is aimed at teachers, researchers and policy makers. The series is committed to involving practitioners in the research process and includes books by teachers and teacher educators who are engaged in research as well as academics from various relevant fields, professional researchers and PhD students. It is open to authors committed to these issues, and it includes English and German speaking monographs as well as edited collections of papers.

Book proposals should be directed to one of the editors or to the publisher.

Peter Schreiner

Religion im Kontext einer Europäisierung von Bildung

Eine Rekonstruktion europäischer Diskurse
und Entwicklungen aus protestantischer Perspektive

Waxmann 2012
Münster / New York / München / Berlin

Bibliografische Informationen der Deutschen Nationalbibliothek
Die Deutsche Nationalbibliothek verzeichnet diese Publikation in
der Deutschen Nationalbibliografie; detaillierte bibliografische
Daten sind im Internet über http://dnb.d-nb.de abrufbar.

Diese Publikation wurde von der Philosophischen Fakultät
und dem Fachbereich Theologie der Friedrich-Alexander-Universität
Erlangen-Nürnberg und der Faculty of Psychology and Education
der Vrije Universiteit Amsterdam 2012 auf Antrag von
Prof. Dr. Annette Scheunpflug (Erlangen-Nürnberg) und
Prof. Dr. Siebren Miedema (Amsterdam) als Dissertationsschrift angenommen.

Eine Publikation des Comenius-Instituts

Religious Diversity and Education in Europe, Band 22

ISSN 1862-9547
ISBN 978-3-8309-2801-0

© Waxmann Verlag GmbH, Münster 2012

www.waxmann.com
info@waxmann.com

Umschlaggestaltung: Pleßmann Design, Münster
Druck: Hubert & Co., Göttingen
Gedruckt auf alterungsbeständigem Papier,
säurefrei gemäß ISO 9706

Printed in Germany

Danksagung

Eine Studie dieses Umfangs hat viele Begleiterinnen und Begleiter in den Jahren ihrer Entstehung, auf dem langen Weg von der Entwicklung der Idee und ihrer Konzeptionierung bis zur Fertigstellung des vorliegenden Textes. Ihnen sei an dieser Stelle für Unterstützung und Begleitung gedankt.

Da sind zunächst die Betreuenden der Arbeit zu nennen: Prof. Dr. Annette Scheunpflug von der Friedrich-Alexander-Universität Erlangen-Nürnberg und Prof. Dr. Siebren Miedema von der Vrije Universiteit Amsterdam. Beide haben mich zu der Dissertation motiviert, den Prozess begleitet, Rückmeldungen zu Thema, Struktur und Textentwürfen gegeben und mir Gelegenheit geboten, Vorfassungen bzw. Teile der Studie in Kolloquien, die im Rahmen ihrer universitären Arbeit stattfanden, vorzustellen. Schließlich haben sie mich ermuntert, mich auf eine Kooperationsvereinbarung beider Universitäten einzulassen (Cotutelle-Vertrag), die einen Rahmen für die Erstellung und Einreichung der Dissertation an beiden Universitäten schafft. Damit wird die zunehmende Bedeutung internationaler Vernetzung in Forschung und Lehre zum Ausdruck gebracht. Zu danken ist den Verwaltungen beider Universitäten, die diesem Verfahren zugestimmt haben und der Promotionskommission mit Mitgliedern aus beiden Universitäten.

Ein weiterer Dank geht an das Comenius-Institut, an den Vorstand mit seinem Vorsitzenden Prof. Dr. Friedrich Schweitzer (Universität Tübingen) und an Direktor Volker Elsenbast. Sie haben das Vorhaben uneingeschränkt unterstützt, die Studie zugleich als ein Projekt des Comenius-Instituts durchzuführen und damit den notwendigen Freiraum für die Arbeit ermöglicht. Mit der Bearbeitung der Frage nach dem Stellenwert von Religion im Kontext einer Europäisierung von Bildung wird ein zentrales Thema für die Aufgabe der Bearbeitung einer „Evangelischen Bildungsverantwortung in Europa" am Comenius-Institut aufgegriffen, die ich seit etlichen Jahren wahrnehme. Auch den Kolleginnen und Kollegen des Instituts ist für ihre Unterstützung zu danken, insbesondere Dr. Andreas Feindt und Dr. Albrecht Schöll, die mit mir eine Interpretationsgruppe am Comenius-Institut gebildet haben und somit zur kommunikativen Validierung der Ergebnisse beigetragen haben. Angelika Boekestein danke ich für die Erstellung der Druckvorlage.

Zu danken ist den Kolleginnen und Kollegen, die in europäischen Zusammenhängen, Netzwerken und Organisationen mit mir zusammenarbeiten und eine kollegiale Plattform für Forschung und Konzeptentwicklung bieten. Hier sind zu nennen das International Seminar for Religious Education and Values ISREV, das alle zwei Jahre zum Austausch über laufende Forschungsprojekte zusammenkommt. Bei den Treffen in Ankara 2008 und in Ottawa 2010 konnte ich jeweils Zwischenergebnisse der Studie vortragen und mit Kolleginnen und Kollegen diskutieren.

Ebenso ist das European Network for Religious Education through Contextual Approaches (ENRECA) ein wichtiges Forum im Kontext meiner Arbeit. Dieser europäische Verbund wurde wesentlich von Prof. Dr. Hans-Günter Heimbrock initiiert, mit dem mich seit Jahren ein reger Austausch über Europa und religiöse Bildung verbindet. Auch in diesem Netzwerk konnten in Schönberg 2010 Zwischenergebnisse der Studie zur Diskussion gestellt werden. Mein Dank gilt an dieser Stelle insbesondere Prof. Dr. Robert Jackson von der Universität Warwick/England und Prof. Dr. Heid Leganger-Krogstad von der Theologischen Universität in Oslo/Norwegen, die mich beide aktiv im Prozess des Entstehens der Studie begleitet haben, nicht zuletzt durch die Reflexion gemeinsamer Erfahrungen in Projekten des Europarates zu interkultureller Bildung und ihrer religiösen Dimension.

Europäische Kontexte, die unterstützend für die Entstehung der Studie waren, finden sich insbesondere im Rahmen der Intereuropean Commission on Church and School ICCS und der Coordinating Group for Religion and Education in Europe. Hier gilt mein Dank für Anregungen und Begleitung dem ehemaligen Sekretär der International Association for Christian Education IV, Eckhart Marggraf und dem jetzigen Sekretär, Dr. Gerhard Pfeiffer, der Sekretärin der Coordinating Group for Religion and Education in Europe CoGREE, Elza Kuyk, sowie dem Freund und Kollegen James Barnett. Mit ihnen wurden etliche Initiativen entwickelt, die sich mit Themen und Schwerpunkten der europäischen Institutionen befassten und die darüber hinaus deren Bedeutung für die Protestantischen Kirchen in ihren europäischen Zusammenschlüssen immer wieder betont haben. Ein besonderer Dank gilt Dr. Wim Westermann, der die englische Zusammenfassung der Studie ins Niederländische übersetzt hat.

Schließlich gilt mein Dank der Rieneck Community, der regelmäßigen Zusammenkunft von Doktorandinnen und Doktoranden sowie Habilitandinnen und Habilitanden am Lehrstuhl von Prof. Dr. Annette Scheunpflug. Die zweimal jährlich stattfindenden Doktorandenkolloquien ermöglichen für laufende Qualifikationsprojekte Zwischenbilanz, konstruktive Auseinandersetzung mit dem jeweils erreichten Stand und lassen eine Vielzahl von Unterstützungsmechanismen entstehen. Die mit „Rieneck" verbundene gegenseitige Unterstützung hat sich als äußerst effektiv und als sehr wichtig in den Phasen der Entstehung der Studie erwiesen. Ein besonderer Dank gilt den Mitgliedern der Interpretationsgruppe, die geduldig, kritisch und diskussionsfreudig Textentwürfe behandelt hat und wesentlich zur kommunikativen Validierung der Ergebnisse beitrug. Danke Susanne Krogull, Dr. Julia Franz, Irena Hýblová, Dr. Sigrid Zeitler, Stephanie Welser, Dr. Axel Schenk und Prof. Dr. Annette Scheunpflug.

Zuletzt und zuvörderst gilt der Dank meiner Familie für alle Unterstützung, insbesondere meiner Frau Antonia für Korrekturlesen und lebhaften Austausch in den verschiedenen Phasen des Entstehens. Widmen möchte ich diese Studie meinen Kindern Vera und Manuel.

Peter Schreiner

Münster, Juli 2012

Inhalt

1.	**Einleitung**	**11**
1.1	Gegenstand und Relevanz der Untersuchung	11
1.2	Theoretische, methodische und normative Vorüberlegungen	15
1.3	Forschungsfrage und Ziele	21
1.4	Zum Aufbau der Studie	21

2.	**Theoretische Grundlegungen Europa – Bildung – Religion**	**23**
	Einführung	23
2.1	Bildung und europäische Integration	24
2.1.1	Zur Geschichte der europäischen Integration	24
2.1.2	Zur Genese eines Europäischen Bildungsraumes und einer Europäischen Bildungspolitik	27
2.1.3	Europarat und Europäische Union	40
2.2	Religion als Quelle und Dimension europäischer Werte	46
2.2.1	Zum Religionsbegriff	46
2.2.2	Religion und Europa – Zusammenhänge	47
2.2.3	Kirchen und Religionsgemeinschaften	52
2.3	Wissenschaftliche Diskursfelder zu Europa – Bildung – Religion	55
2.3.1	Europäische Integration als Gegenstand der Politikwissenschaft	56
2.3.2	Europa in der Erziehungswissenschaft	59
2.3.3	Theologische Perspektiven	64
2.3.4	Religionspädagogische Initiativen	69
2.4	Europäisierung als Konzept- und Theorieperspektive	76
2.5	Zusammenfassung und Hinführung zur Fragestellung der Studie	83

3.	**Methodischer Zugang und Durchführung**	**88**
3.1	Begründung des methodischen Vorgehens	88
3.2	Rekonstruktion als wissenschaftstheoretische Orientierung	89
3.3	Erhebungsmethode	90
3.3.1	*Grounded Theory*	90
3.3.2	Sample, Datenkorpus	92

3.4   Auswertungsmethode 96
3.4.1 Diskursanalyse 96
3.4.2 Qualitative Inhaltsanalyse 97
3.4.3 Computergestützte Analyse qualitativer Daten 98

4.   Religion im Kontext einer Europäisierung von Bildung –
       Analysen und Rekonstruktionen **99**

       Einführung 99

4.1   Europarat 101
       Einführung 101
4.1.1 Von religiöser Toleranz, Demokratie, Bildung und
       Menschenrechten 104
4.1.2 Interkultureller Dialog und interkulturelle Bildung –
       nicht ohne die religiöse Dimension 155
       Einführung 155
4.1.3 Religion und Bildung im Kontext der Wahrung der Menschenrechte 185
4.1.4 Zusammenfassung 214

4.2   Europäische Union 216
4.2.1 Dialog mit den Kirchen und Religionsgemeinschaften 218
4.2.2 Grundlagen und Orientierungen in Dokumenten des Primärrechts 222
4.2.3 Bildung und Ausbildung als Faktoren zur Gestaltung der
       Zukunft Europas: Dokumente europäischer Bildungspolitik 228
4.2.4 Zusammenfassung 265

       Exkurs: Ausgewählte Dokumente europäischer
       kirchlicher Zusammenschlüsse 267

4.3   Zusammenfassende Darstellung der Ergebnisse 274
4.3.1 Perspektiven auf Religion 275
4.3.2 Staat-Kirche-Verhältnis 281
4.3.3 Gesellschaft und Religion 285
4.3.4 Bildungsverständnis, Religion und religiöse Bildung 288

5.   Religion und Bildung im Spannungsfeld nationaler
       und europäischer Kontexte **293**

5.1   Verdichtete Zusammenschau der Ergebnisse als Grundlage
       der Diskussion 293
5.1.1 Religion 294
5.1.2 Bildung 298

5.2   Diskussion der Ergebnisse aus einer protestantischen Perspektive 301
5.2.1 Zur Wahrnehmung von Religion 306
5.2.2 Säkularisierung und Religion 311
5.2.3 Religion und Politik 314
5.2.4 Perspektiven auf Bildung und Religion 323

5.3   Resümee und Ausblick 331
5.3.1 Reflexion und Bewertung der Studie aus forschungsmethodischer Sicht 332
5.3.2 Weiterführende Anregungen zur Forschung 333
5.3.3 Anregungen für Bildungspolitik und für die Europäisierung
      evangelischer Bildungsverantwortung 336

Zusammenfassung 339

Summary 344

Samenvatting 353

Abkürzungsverzeichnis 363

Verzeichnis der Tabellen und Abbildungen 366

Verzeichnis der analysierten Dokumente (mit Internet-Quellen) 368

Literatur 371

1. Einleitung

In der Studie wird die Bedeutung von Religion im Kontext einer Europäisierung von Bildung untersucht. Ein Ausgangspunkt ist dabei, dass europäische Prozesse in vielfältiger Weise auf nationale Bildungs- und Ausbildungssysteme einwirken (Europäisierung von Bildung) und dass die europäischen Institutionen, der Europarat und die Europäische Union, zentrale Akteure in der Veranlassung und der Entwicklung dieser Prozesse sind. Ihre Positionen und ihre inhaltlichen Konzepte materialisieren sich dabei in zahlreichen politischen Dokumenten, die bislang im Rahmen der Forschung noch nicht hinreichend beachtet und untersucht wurden.

Es werden für die Studie solche Dokumente herangezogen, in denen sich ein Zusammenhang von Religion und Bildung vermuten lässt. Unter Verwendung eines hypothesengenerierenden qualitativen methodischen Verfahrens werden die ausgewählten Dokumente analysiert. Ergebnisse der Analyse werden, orientiert an den zentralen Kategorien „Religion" und „Bildung", zusammenfassend dargestellt und von einer protestantischen Perspektive aus diskutiert. Die Studie wird mit einem Resümee und mit Anregungen zur Weiterentwicklung der Forschung sowie für Bildungspolitik und eine weitergehende Europäisierung evangelischer Bildungsverantwortung abgeschlossen.

1.1 Gegenstand und Relevanz der Untersuchung

Die vorliegende Studie bezieht sich auf die Wahrnehmung und die Bedeutung von Religion im Kontext der politischen europäischen Integration ab Mitte des 20. Jahrhunderts in zwei Institutionen, dem Europarat und der Europäischen Union. Die europäische Integration wurde durch diese beiden Institutionen wesentlich geprägt. Der Europarat wurde geschaffen, um die gemeinsamen Werte Europas zu fördern. Die Europäische Union beruht auf dem Modell einer zunehmenden wirtschaftlichen Verflechtung der Nationalstaaten, die eine Dynamik in Gang setzte, die schrittweise zu einer supranationalen Wertegemeinschaft, eben der Europäischen Union, führte.

Historisch entwickelte sich die europäische Integration als ein Friedens- und Versöhnungsprojekt,[1] um nach den schrecklichen Erfahrungen des Zweiten Weltkrieges mit Krieg, Zerstörung und Völkermord einen neuen Anfang für Versöhnung, Frieden und Sicherheit und das Zusammenleben der Menschen zu finden. Ab den 1950er Jahren entstand eine Reihe von Initiativen für ein Vereintes Europa, die zunächst zur Gründung des Europarates führte.

Auf dem Europakongress von Den Haag (im Mai 1948) versammelte sich die heterogene Bewegung für ein vereinigtes Europa und forderte eine wirtschaftliche und politische Union und die Wahrung der Menschenrechte in Europa. Der Kongress löste

---

1 Dieser Aspekt geht in den aktuellen Diskussionen nach dem Ausbrechen der Staatsschuldenkrise im Euro-Raum 2009 und bei den Anstrengungen um die Sicherung der Eurozone bisweilen verloren.

eine Dynamik aus, die schließlich zur Bildung einer Beratenden Versammlung mit nach nationalen Regelungen ernannten Abgeordneten führte und einem diesem Gremium übergeordneten Ministerrat. Am 5. Mai 1948 unterzeichneten zehn Staaten das Gründungsmanifest des „Europarates" und schufen damit eine erste Institution, die sich der europäischen Integration verpflichtete. Allerdings wurde damit keine neue, den nationalen politischen Systemen übergeordnete Autorität gebildet. Das Ministerkomitee durfte nur einstimmige Beschlüsse fassen, die „Beratende Versammlung" konnte ihre Initiativen nur in Form von „Empfehlungen" dem Ministerkomitee übermitteln. Die politischen Kompetenzen sind bis heute eingeschränkt, jedoch hat sich der Europarat mit seinen Aktivitäten im Laufe seines Bestehens zu einem „europäischen Gewissen" entwickelt. Auf der Grundlage der „Europäischen Konvention zum Schutz der Menschenrechte" (EMRK)[2] geht es dem Europarat um die Förderung von Menschenrechten und Grundfreiheiten, Demokratie und Rechtsstaatlichkeit in den inzwischen 47 Mitgliedstaaten. Die Arbeit des Europarates vollzieht sich auf der Grundlage einer Reihe von Abkommen (Konventionen), die mit den Mitgliedstaaten geschlossen werden (vgl. Brummer 2008).

Für einige Länder ging der Grad der damit erreichten Integrationsbemühungen jedoch nicht weit genug. Die institutionelle Geschichte der zunehmenden wirtschaftlichen Vereinigung begann im Jahre 1951 mit der Gründung die „Europäische Gemeinschaft für Kohl und Stahl" (EGKS – Montanunion). Der wirtschaftliche Zusammenschluss hatte das Ziel, die für die Kriegsführung zentralen Bereiche Kohle und Stahl der nationalen Zuständigkeit zu entziehen. Friedenssicherung war das treibende Motiv der wirtschaftlichen Integration.[3] Die Römischen Verträge von 1957 bestätigten und erweiterten den Ansatz der EGKS. Eine wirtschaftlich geprägte Perspektive bestimmte die europäische Integration und nicht Kultur oder Bildung.[4]

---

2 Die EMRK wurde am 04.11.1950 in Rom unterzeichnet und trat am 02.09.1953 in Kraft. Sie gilt gemeinhin als wichtigstes Menschenrechtsinstrument. Ihre Unterzeichnung bildet eine Art Beitrittserklärung zum Europarat, über ihre Umsetzung wacht der Europäischen Gerichtshof für Menschenrechte in Straßburg. Auch die Europäische Union strebt an, ein eigenständiges Mitglied der Konvention zu werden. Zur Zeit der Abfassung dieser Studie laufen entsprechende Verhandlungen.

3 Am 9. Mai 1950 schlägt der französische Außenminister Robert Schuman in einer von Jean Monnet, dem Leiter des französischen Amtes für wirtschaftliche Planung, inspirierten Rede die Integration der westeuropäischen Kohle- und Stahlindustrie vor (Schumann-Plan). Dieser Tag gilt als Geburtsstunde der europäischen Integration und wird seit 1985 als „Europatag" gefeiert. Erstmals gaben die sechs Mitgliedstaaten (Belgien, Deutschland, Frankreich, Italien, Luxemburg, die Niederlande) einen Teil ihrer nationalen Souveränität zugunsten einer europäischen Gemeinschaft ab. Ziel des EGKS-Vertrags ist es, auf der Grundlage eines gemeinsamen Marktes für Kohle und Stahl zur Ausweitung der Wirtschaft, zur Steigerung der Beschäftigung und zur Verbesserung der Lebensbedingungen beizutragen (Art. 2 EGKS-Vertrag).

4 Von Jean Monnet ist der Satz überliefert: „Wenn ich das Ganze der europäischen Einigung noch einmal zu machen hätte, würde ich nicht bei der Wirtschaft anfangen sondern bei der Kultur" (Fundstelle des Zitates: http://www.star.zbb-saar.de/).

Es begann damit eine Entwicklung, die in teilweise mühevollen Schritten zur Europäischen Union von heute führte mit 27 Mitgliedstaaten (2012),[5] mit supranationalen Zuständigkeiten und Kompetenzen, die von den nationalen Systemen auf die EU übergegangen sind.[6]

Mit diesen Anmerkungen sind bereits die beiden Akteure eingeführt, die im Rahmen dieser Studie im Zentrum stehen, wenn es um Prozesse einer „Europäisierung" geht. Mit „Europäisierung" ist gemeint, dass europäische Aspekte in zahlreichen Lebensbereichen und damit verbundenen Prozessen auf lokaler, regionaler und nationaler Ebene wirksam werden.

Mit der Verwendung dieses in der Politikwissenschaft im Bereich der EU-Forschung entwickelten Konzepts der „Europäisierung" (vgl. Cowles et al. 2001; Buller/Gamble 2002; Featherstone/Radaelli 2003; Radaelli 2003; Börzel 2005, 2006; Beck/Grande 2005; Auel 2006; Sittermann 2006; Eising 2006; Böllmann 2010; Risse 2010) wird ein theoretischer Rahmen gewählt, mit dem Komplexität und Prozessorientierung der europäischen Integration erfasst und konzeptuell bearbeitet werden können.

Auch im Bereich der Bildung und Ausbildung lässt sich eine „Europäisierung" feststellen, z.B. in Entwicklungen eines „Europäischen Bildungsraumes" und einer „Europäischen Bildungspolitik". Eine „Europäisierung von Bildung" konkretisiert sich in diesem Rahmen in vielfältigen Initiativen, die darauf abzielen, nationale Bildungs- und Ausbildungssysteme zu modernisieren und ihre Qualität zu steigern, um den Erfordernissen des Zusammenwachsens Europas bzw. einer sich globalisierenden Wirtschaft besser gerecht werden zu können. In den europäischen Institutionen ist das Bewusstsein dafür gewachsen, dass Bildung ein zentraler Faktor für die Konkretisierung der Zielsetzungen der europäischen Integration darstellt. Das zeigt sich in doppelter Weise: einerseits im Blick auf geforderte Qualifizierungen und Kompetenzen für den Arbeitsmarkt (employability), aber zugleich auch in der geforderten Funktion von Bildung für das Zusammenleben im Kontext zunehmender kultureller und religiöser Pluralität (social cohesion and citizenship).[7]

---

5   Kroatien wird am 1. Juli 2013 das 28. Mitglied der Europäischen Union.

6   Schätzungen zufolge werden inzwischen etwa 70% der nationalen Gesetzgebung durch geltendes EU-Recht veranlasst.

7   Als aktuelles Beispiel für die politische Bedeutung von Bildung im europäischen Kontext wird auf eine Mitteilung der Europäischen Kommission an andere Institutionen der Europäischen Union verwiesen (Europäische Kommission 2011a), in der es um die Einführung des erneuerten EU-Programms für allgemeine und berufliche Bildung, Jugend und Sport „Erasmus für alle" geht und in der es heißt:
„Die allgemeine und berufliche Bildung spielt heute für Innovation, Produktivität und Wachstum eine wichtigere Rolle als je zuvor, insbesondere angesichts der aktuellen Wirtschafts- und Finanzkrise – das Potenzial des Humankapitals in Europa wird jedoch weiterhin nicht voll ausgeschöpft. Es muss noch mehr getan werden, damit die Systeme der allgemeinen und beruflichen Bildung das Wissen und die Fertigkeiten hervorbringen, die in einem zunehmend globalisierten Arbeitsmarkt benötigt werden." (Europäische Kommission 2011a, 2)

Entwicklungen und Prozesse, die einer „Europäisierung von Bildung" zugeordnet werden können, bilden den analytischen Ausgangspunkt, um der zentralen Frage nachzugehen, welche Konzepte und Vorstellungen bei den europäischen Institutionen zu Bildung und Religion bestehen und ob Bezüge zwischen diesen beiden Bereichen bestehen. Es wird danach gefragt, ob Religion im Kontext der Bildungsdiskussion der europäischen Institutionen wahrgenommen wird und wenn ja, wie sich die Wahrnehmung im Laufe der letzten Jahre verändert hat. Gegenstand dafür sind Dokumente und dadurch repräsentierte Diskurse im Rahmen der Europäischen Union und des Europarates. In beiden europäischen Institutionen werden Aspekte von Bildung und Religion thematisiert, so die Vermutung.

Der Europarat und die Europäische Union werden als Akteure vorgestellt, deren Entwicklung sich an unterschiedlichen Perspektiven orientiert (Werte Europas und wirtschaftliche Verflechtung), die sich jedoch gegenseitig beeinflussen und die im Verlaufe ihrer Entwicklung immer größere Überschneidungen aufweisen (vgl. Söbbeke-Krajewski 2006, 30–41). Während der Europarat seit vielen Jahren als wichtigster Akteur auf dem Gebiet der europäischen Zusammenarbeit im Bildungsbereich gilt, gibt es eine veränderte Wahrnehmung von Bildung im Rahmen der Europäischen Union erst mit Beginn des 21. Jahrhundert. Das Treffen des Europäischen Rates in Lissabon im Jahr 2000 gilt hier als ein entscheidendes Datum, das einen Perspektivenwechsel im Blick auf die europäische Bedeutung von Bildung einläutet.[8]

Eine weitere Motivation zur Durchführung dieser Studie liegt in der Vertiefung von theoretischen und empirischen Grundlagen, die für die Konkretisierung einer „evangelischen Bildungsverantwortung in Europa" relevant sind (vgl. Schreiner 2004, 2006, 2009b).[9] Untersucht werden soll, ob und wenn ja welche Vorstellungen von Religion

---

8   Der Europäische Rat gab als strategisches Ziel für 2010 vor: Die Europäische Union soll der wettbewerbsfähigste und dynamischste wissensbasierte Wirtschaftsraum der Welt werden, der ein dauerhaftes Wirtschaftswachstum mit mehr Beschäftigung und besseren Arbeitsplätzen und einem größeren sozialen Zusammenhalt erzielen kann (vgl. Europäischer Rat 2002a, 3). Damit waren die Forderung nach einer tiefgreifenden Umgestaltung der europäischen Wirtschaft und eine damit zusammenhängende Modernisierung der Sozial- und Bildungssysteme verbunden.

9   Mit dieser Aufgabenstellung ist der Autor im Rahmen seiner Arbeit als Wissenschaftlicher Mitarbeiter am Comenius-Institut in Münster seit vielen Jahren beschäftigt. Als Evangelische Arbeitsstätte für Erziehungswissenschaft fördert diese Einrichtung, getragen von den evangelischen Landeskirchen, der EKD und den evangelischen Schul- und Lehrerverbände, Bildung und Erziehung aus evangelischer Verantwortung, insbesondere durch die Erarbeitung wissenschaftlich fundierter Erkenntnisse, die Grundlage für die Entwicklung von Konzepten und praktischen Lösungen gegenwärtiger Bildungs- und Erziehungsproblemen bieten sowie für die Beratung und Unterstützung von Bildungseinrichtungen (vgl. Elsenbast 2008). Dabei findet sich im Rahmen vielfältiger Projekte zunehmend eine europäische und internationale Orientierung (vgl. www.comenius.de). Die Arbeit des Instituts an den Schnittstellen zwischen Theologie und Erziehungswissenschaft erfolgt aus einer protestantischen Perspektive, die als „Reflexionsbrille" für die Diskussion der Ergebnisse dieser Studie verwendet wird (vgl. Kap. 5.2).

und Bildung in ausgewählten Dokumenten im Rahmen eines europäischen Diskurses des Europarates und der Europäischen Union zu finden sind.

Die Frage nach Religion, die im Rahmen dieser Studie gestellt wird, begründet sich in einem erneuerten öffentlichen Interesse an Religion und sich dadurch verändernden Wahrnehmungen auch im Rahmen der europäischen politischen Institutionen (vgl. Kap. 2.2). Im wissenschaftlichen Diskurs sind vermeintliche Sicherheiten im Umgang mit Religion fraglich geworden, und es haben sich neue Forschungsperspektiven entwickelt. Religion hat sich zu einer Dimension und zugleich zu einer Herausforderung im Rahmen des Diskurses um gemeinsame Werte in Europa entwickelt.

1.2 Theoretische, methodische und normative Vorüberlegungen

In welchen theoretischen, methodischen und normativen Kontexten ist die nachfolgende Studie verortet?

Theoretische Vorüberlegungen
Ein reflektierter Zugang zu Zusammenhängen von Europa, Bildung und Religion sollte sich theoretischer Bezüge bedienen, die einen stützenden Referenzrahmen bilden können. Es werden für die Studie Theorieansätze herangezogen, die unter der Überschrift einer „Europäisierung" stehen. Dieser Ansatz markiert, insbesondere in der Politikwissenschaft, einen Paradigmenwechsel im Rahmen der Theorien europäischer Integration, um den zunehmenden Einfluss europäischer Politik auf nationale Bereiche und das Wechselspiel zwischen den verschiedenen Ebenen differenzierter als herkömmliche Theorien untersuchen zu können. Als theoretisches Konzept findet sich Europäisierung inzwischen in unterschiedliche Forschungsperspektiven, so als Teilaspekt einer umfassenden Transformation staatlich organisierter Systeme oder zur Analyse gesellschaftlicher Prozesse, die durch das dynamische Zusammenspiel europäischer, nationaler und regionaler Entwicklungen geprägt sind.

Wenn nach dem Einflussgewinn europäischer bzw. internationaler Organisationen gefragt wird, so kann der Neo-Institutionalismus in Form des von John W. Meyer u.a. entwickelten ‚World Polity-Ansatzes' hilfreiche Hinweise geben (vgl. Meyer/Ramirez 2005; Hasse/Krücken 2005). Der Begriff ‚polity' wird in diesem Zusammenhang für gesellschaftsübergreifende Kultur und Strukturmuster verwendet.[10]

---

10 Es wird dabei Bezug genommen auf die in der Politikwissenschaft gängige Unterscheidung zwischen drei Dimensionen von Politik (institutionell, normativ, prozessual), die wie folgt bezeichnen werden: *Polity* bezieht sich auf die institutionelle Dimension von Politik, auf eine Verfassung, eine geltende Rechtsordnung und Traditionen; *policy* umfasst die normative, inhaltliche Dimension, das, was Politik zu tun beabsichtigt und *politics* bezieht sich auf die prozessuale Dimension, die sich mit den ablaufenden politischen Willensbildungs- und Interessenvermittlungsprozessen beschäftigt.

Den Protagonisten des ‚World Polity-Ansatzes' geht es darum, zu erklären, warum es trotz ungleicher Umweltbedingungen weltweit zur Bildung von isomorphen Strukturen kommt. Sie gehen von der Beobachtung aus, dass in der westlichen Gesellschaft eine breite und tief verankerte kulturelle Ordnung entstanden ist, die gesellschaftsübergreifend Bedeutung erlangt hat (vgl. Hornberg 2010, 55–56) und leitend bei der Herausbildung einer globalisierten Weltgesellschaft wird. Diese empirisch unterfütterte isomorphe Strukturbildung wirkt sich auch für den Bildungsbereich aus (vgl. Meyer/Ramirez 2005; Adick 2003; Jakobi/Martens 2007; Schriewer 2007; Rakhkochkine 2008).

Überlegungen zur Frage der öffentlichen Wahrnehmung und Wirkung von Religion im europäischen Bildungsdiskurs werden in dem von Schieder und anderen präferierte Konzept einer Religionspolitik reflektiert. Von Religionspolitik wird gesprochen, wenn es um die Gestaltung des Verhältnisses von Staat und Religionen geht, um die Zivilisierung der Religionen, um die staatliche Verantwortung für Religionsfreiheit und religiöse Bildung (Schieder 2001, 2007, 2008; Belafi 2008). Schieder geht davon aus, dass „Risiken der Religionen durch Bildung handhabbar" werden (Schieder 2008, 5).

Im Diskurs um eine europäische Zivilreligion geht es um das Verhältnis von Religion und Politik, denn mit Zivilreligion werden die religiösen und weltanschaulichen Grundlagen einer Gesellschaft thematisiert. Die Frage nach gemeinsamen Werten und ihren Wurzeln stellt sich auch im europäischen Kontext (vgl. dazu Schieder 2001, 2007, 2011; Kleger 2008, Kleger/Müller 2011, Schweitzer 2004).

Ab den 1980er Jahren hat sich ein neuer Diskurs zum Weltbürgertum, zum „Kosmopolitismus" entfaltet, der nicht mehr allein der Vorstellung einer geeinten weltbürgerlich orientierten Menschheit folgt, sondern versucht, eine Synthese aus partikularistischen und universellen Motivationen herzustellen. In diesem Konzept sind Anregungen zu finden, die im Blick auf die Diskussion der Ergebnisse dieser Studie berücksichtigt werden sollen (Beck/Grande 2004; Appiah 2007; Sznaider 2008; Benhabib 2008). Die Diskussion um die europäische Einigung findet eine Fortsetzung in Gedanken einer politisch verfassten Weltgesellschaft (vgl. Giddens 2008; Habermas 2011) und vermag eine oszillierende Verflüssigung der Relation zwischen global und lokal zu fördern.

Wenn nach Religion im Kontext einer Europäisierung von Bildung gefragt wird, so kann dies nicht erfolgen, ohne an die wechselvolle, oft leidvolle Geschichte zu erinnern, die ab dem Mittelalter den Umgang mit Religion in Europa geprägt hat. Es wirken darin Spuren der Reformation und Gegenreformation im 16. Jahrhundert, Narben von Glaubenskrieg und Inquisition, die Erfahrungen des Dreißigjährigen Krieges (1618–1648), an dessen Ende mit dem Westfälischen Frieden eine neue Grundlage für das Verhältnis von Staat und Kirche in Europa geschaffen wurde, die Auswirkungen der Epoche der Aufklärung mit dem Zurückdrängen des Einflusses institutionalisierter Religion und dem Entstehen von Säkularisierungsprozessen.[11] Die geschicht-

---

11 Kallscheuer (1996) bezeichnet Europa als „Kontinent zwischen Säkularisierung und Fundamentalismus". Bei Kaufmann (2009) findet sich eine differenzierte Darstellung der Geschichte der Reformation.

lichen Erfahrungen bilden den Hintergrund für die heute bestehende bunte religiöse Landkarte Europas und die Vielfalt der Beziehungen zwischen Staat und Religion.[12] Die Geschichte hat zur Trennung von Staat und Religion geführt, zu religiös unparteiischen, die Religionsfreiheit garantierenden staatlichen Institutionen wie auch zu den säkularisierten europäischen Institutionen, die ihr Verhältnis zu Religion im Rahmen der sie prägenden Grundwerte bestimmen.[13]

Die aktuelle religiöse Lage in Europa wird im Diskurs um Religion und Säkularisierung thematisiert (Kallscheuer et al. 1996; Lehmann 2004; Pollack 2003; Taylor 2009). Dabei kommt es zu einer zunehmenden Differenzierung in der Verhältnisbestimmung von Moderne und Religion, nachdem die Säkularisierungsthese als vorherrschender Erklärungsansatz der Religionssoziologie in die Kritik geraten ist und an Gewicht verloren hat (vgl. zur Diskussion Casanova 1996, 2007; Davie et al. 2003; Pollack 2003; Lehmann 2004; Taylor 2009).[14] Mit der Säkularisierungsthese, dem Konzept der Transformation der Religion oder der Rückkehr der Religionen liegen nun drei konkurrierende Konzepte zur Erklärung der Bedeutung der Religion in der modernen Welt vor. Konzepte einer „Rückkehr der Religionen" (Riesebrodt 2000), eines „Wiedererwachen(s) der Götter" (Graf 2004), oder die Rede von einer „postsäkularen Gesellschaft" (Habermas/Reemtsma 2001) weisen auf eine neu akzentuierte öffentliche Bedeutung von Religion hin. Es gibt etliche Beispiele für eine aktuelle Auseinandersetzung um die politische Bedeutung von Religion, wie der Streit um den Gottesbezug in der europäischen Verfassung, der durch eine dänische Zeitung ausgelöste „Karikaturenstreit" nach der Veröffentlichung islamfeindlicher Karikaturen, oder auch die Auseinandersetzung in vielen Ländern um das Tragen von Kopftüchern bei muslimischen Frauen und Mädchen und der damit verbundenen Symbolik.[15]

---

12 Es gibt im europäischen Diskurs die begründete Position, dass die europäische Zivilisation – historisch wie gegenwärtig – nicht verstanden werden kann, ohne die zentrale Bedeutung des Christentums und anderer Religionen zu berücksichtigen (vgl. z.B. Weiler 2004). Ebenso gibt es die Position, dass Religion keine zentrale Rolle bei der Gestaltung des Zusammenlebens in Europa (mehr) zu spielen habe, da sich die Trennung von Staat und Kirche als vorherrschendes Organisationsmodell der säkularen Moderne in den meisten Staaten Europas durchgesetzt habe (vgl. Casanova 2009, 63).

13 Die europäischen Institutionen verstehen sich explizit als säkulare Institutionen, die sich gegenüber Religion und Weltanschauungen neutral verhalten.

14 Die lange, insbesondere in der Religionswissenschaft, vorherrschende Erwartung, dass in Zeiten der aufgeklärten Moderne Religion und religiöse Phänomene verschwinden würden, ist nicht eingetreten. Religion ist nicht verschwunden, sie hat sich in veränderten Formen differenziert „zurückgemeldet" und geht einher mit Formen der Säkularisierung. Die Frage der Gewichtung dieser unterschiedlichen Entwicklungen ist Gegenstand des Diskurses innerhalb der Religionswissenschaft. Im internationalen Vergleich wird Säkularisierung gemeinhin als europäischer Sonderweg verstanden, der keineswegs verallgemeinerbar ist.

15 Zur Diskussion in Deutschland vgl. Akgün (2011). Auch die europäische Gesetzgebung beschäftigt sich zunehmend mit religiösen Fragen. So hat der Europäische Gerichtshof für Menschenrechte im November 2009 einer Klage stattgegeben, die die verpflichtende Anbringung von Kruzifixen an italienischen Staatsschulen als Verletzung der elterlichen

Der Beitrag dieser Studie zu dem skizzierten komplexen Beziehungsfeld von Religion und Europa liegt darin, anhand von politischen Dokumenten der europäischen Institutionen die darin enthaltenen konzeptionellen Vorstellungen zu Religion und Bildung näher zu bestimmen. Es wird untersucht, inwieweit sich die Diskussion um Religion und ihrer Bedeutung auch in Prozessen einer Europäisierung von Bildung finden lässt.

Die Klärung damit zusammenhängender Fragestellungen sollte auch den Stellenwert von Religion in Pädagogik und Erziehungswissenschaft sowie in Bildung und Bildungspolitik berücksichtigen (vgl. dazu Benner 2002, 2004; Scheunpflug/Treml 2003; Schweitzer 2003, 2004, 2006, 2007; Groß/Benner 2004; Scheunpflug 2006, 2012; Ziebertz/Schmidt 2006; Arthur et al. 2010). Auch wenn ein Zusammenhang von Religion und Bildung bereits bei den Ursprüngen des Bildungsbegriffs greifbar ist, wandelt sich diese ursprünglich vorhandene Verknüpfung in der Moderne. In der Erziehungswissenschaft wird die Frage nach Religion generell marginal behandelt, nicht zuletzt durch den seit der Aufklärung erhobenen Autonomieanspruch der Pädagogik (vgl. Schweitzer 2004, 316). Darüber hinaus ist es strittig, wie mit den auf Religion bezogenen Herausforderungen umgegangen werden soll (vgl. Arthur et al. 2010). Eine Ausgrenzung von Religion, die in wesentlichen Teilen der Erziehungswissenschaft zu konstatieren ist, scheint jedoch der zunehmenden Multikulturalität und Multireligiosität in der Gesellschaft nicht gerecht werden zu können. Nicht ohne Grund wird deshalb – insbesondere von Religionspädagoginnen und Religionspädagogen – auf den grundlegenden Zusammenhang zwischen Bildung und Religion hingewiesen, der in der Erziehungswissenschaft sowohl in ihren theoretischen Grundlegungen als auch im Blick auf Themen oder Bereiche aufzunehmen sei (vgl. Schweitzer 2003, 2004; Kuld/Bolle/Knauth 2005; Ziebertz 2006). In systematischer Perspektive geht es dabei um Religion als Dimension und Inhalt des Bildungsverständnisses. Das beinhaltet die Beschäftigung mit religiösen und theologischen Deutungen der Bestimmung des Menschen, oder mit der Bedeutung von Religion im menschlichen Leben. Religiös begründete Ethiken und die religiöse Dimension von Kulturen sind andere wichtige Gesichtspunkt, die dafür sprechen, religiöse Aspekte im Rahmen von Bildung nicht zu vernachlässigen. Schließlich weisen auch Lebensgeschichten oder Biographien häufig inhaltliche Bezüge zu Kirche oder religiöser Erziehung auf.

Die Frage nach Religion, die im Rahmen dieser Studie gestellt wird, begründet sich in einem erneuerten öffentlichen Interesse an Religion und sich dadurch verändernden Wahrnehmungen auch im Rahmen der europäischen politischen Institutionen (2.2). Im wissenschaftlichen Diskurs sind vermeintliche Sicherheiten im Umgang mit Religion fraglich geworden, und es haben sich neue Forschungsperspektiven entwickelt. Religion hat sich zu einer Dimension und zugleich zu einer Herausforderung im Rahmen des Diskurses um gemeinsame Werte in Europa entwickelt.

Erziehungsrechte aus Art. 2 des Protokolls Nr. 1 und der Religionsfreiheit aus Art. 9 der Europäischen Menschenrechtskommission rügt, allerdings in der Revision 2011 dieses Urteil wieder aufgehoben (vgl. Kap. 4.1.3.2).

Methodische Vorüberlegungen

Die europäischen Institutionen werden diskursanalytisch betrachtet, die Dokumente mithilfe inhaltsanalytischer Verfahren analysiert. Damit ist die Studie dem Kontext hypothesengenerierender qualitativer Forschung zuzuordnen. Es geht um die Analyse von Eigenschaften und von inhaltlichen Dimensionen des Zusammenhangs von Religion im Kontext einer Europäisierung von Bildung. Die induktiv angelegte Inhaltsanalyse orientiert sich dabei am Theorierahmen und an der Methodologie der Grounded Theory, insbesondere am theoretical sampling als Strategie zur Datenerhebung, am kontrastiven Vergleich der Dokumente und am induktiven Vorgehen bei der Entwicklung von Kategorien (vgl. Strauss/Corbin 1999; Brüsemeister 2000; Corbin/Strauss 2008; Breuer et al. 2009).

Ebenfalls aufgenommen werden Anregungen der Diskursanalyse, da die europäischen Institutionen als starke, diskursprägende Akteure angesehen werden können. In der gegenwärtigen Forschungsliteratur werden politische Institutionen und Organisationen als „loci der Diskursproduktion" verstanden (vgl. Donati 2001, 156). Hier entstehen Diskurse als Praktiken, die systematisch die Gegenstände bilden, von denen sie sprechen.

> „Die Diskursanalyse untersucht die Produktion, die Verbreitung und den historischen Wandel von Deutungen für soziale und politische Handlungszusammenhänge. Ihr Untersuchungsgegenstand sind Texte und Beziehungen, die diese Texte untereinander eingehen." (Schwab-Trapp 2006, 35)

Eine diskursanalytisch bestimmte Analyse von Texten nimmt deren Rahmen als auch deren Inhalte in den Blick. Der Rahmen besteht aus den beiden zentralen Institutionen der europäischen Einigungsbewegung, ihren grundlegenden Ausrichtungen, Instrumenten, Zielsetzungen und Werten. Die Inhalte beschäftigen sich mit Bezügen von Religion im Kontext einer Europäisierung von Bildung. Das dafür herangezogene Material besteht aus Dokumenten des Europarates und der Europäischen Union und dem Kontext dieser Texte.

Aus dem zunehmend ausdifferenzierten Feld der Diskursanalyse ist der von Fairclough entwickelte Ansatz einer „Kritischen Diskursanalyse" (vgl. Fairclough 2007) für die Zielsetzung der Studie hilfreich. Diskurse werden hier als nach unterschiedlichen Kriterien abgrenzbare Aussagepraxis bzw. Gesamtheit von Aussageereignissen verstanden, die institutionell stabilisierte gemeinsame Strukturmuster, Praktiken und Regeln der Bedeutungsfelderzeugung aufweisen, die nicht nur Welt repräsentieren, sondern sie zugleich konstituieren.

> „The term *discourse* (in what is widely called ‚discourse analysis') signals the particular view of language in use (...) as an element of social life which is closely interconnected with other elements." (Fairclough 2007, 3, Hervorh. im Orig.)

Dieser Methodologie folgend werden in der Studie Entwicklungen einer „Europäisierung von Bildung" als „diskursiver Tatbestand" aufgefasst und in ihrer diachronen (im geschichtlichen Verlauf betrachtenden) wie synchronen (zeitgleichen) Dimension diskursanalytisch rekonstruiert. Von der diskursanalytischen Perspektive wird zudem erwartet, Aspekte von Macht und Herrschaft thematisieren zu können, die sich auf den Bildungsbereich auswirken.

Normative Vorüberlegungen

Diese Studie ist interessengeleitet und wird in einen breiteren normativen Kontext gestellt.

Der Autor verortet sich im Rahmen seiner Arbeit am Comenius-Institut, der Evangelischen Arbeitsstätte für Erziehungswissenschaft e.V. (vgl. Fn. 9). Dieses Institut fördert Bildung und Erziehung aus evangelischer Verantwortung, insbesondere durch die Erarbeitung wissenschaftlich fundierter Erkenntnisse, die Entwicklung von Konzepten und praktischen Lösungen für gegenwärtige Bildungs- und Erziehungsprobleme (vgl. Comenius-Institut 2012). Seit 1991 nimmt der Autor den Arbeitsbereich „Evangelische Bildungsverantwortung in Europa" wahr, der in Forschungs- und Entwicklungsprojekten dazu beiträgt, die Relevanz europäischer Entwicklungen im Bildungsbereich in nationalen Kontexten deutlich zu machen und ebenso, die Bedeutung national erfolgender evangelischer Bildungs- und Erziehungsaktivitäten in europäische Diskurse einzubringen. Wichtige Kooperations- und Projektpartner für diese Arbeit sind bestehende kirchliche Strukturen auf europäischer Ebene wie die Konferenz Europäischer Kirchen (KEK) und die Gemeinschaft Evangelischer Kirchen in Europa (GEKE), ebenso die zentralen politischen Institutionen, der Europarat und die Europäische Union.

Ergänzend zur berufsbiographischen Perspektive begründet sich die Standortbezogenheit auch dadurch, dass sich Religion nie abstrakt manifestiert, sondern stets in einer bestimmten, historisch geprägten Religion bzw. Konfession zum Ausdruck kommt (zu weitergehenden Überlegungen vgl. Kap. 1.4).

Mit dieser Studie soll ein Teil der genannten Arbeitsbezüge systematisch untersucht werden, um Anregungen zu liefern, wie sich eine evangelisch geprägte Bildung stärker „europäisieren" lässt, um einer innerkirchlichen wie außerkirchlichen Bildungsverantwortung gerecht werden zu können. Die Arbeit ist von der normativen Überlegung bestimmt, Orientierungsperspektiven für protestantisches Bildungshandeln im europäischen Raum zu liefern, auch wenn sich diese erst aus der Rezeption der Arbeit und in der Praxis ergeben werden. Sie ist also von einem doppelten normativen Standpunkt getragen und motiviert: einerseits von evangelischer Bildungsverantwortung im Kontext von Religion und andererseits von der Besorgnis und dem Bemühen, ein evangelisches Bildungsverständnisses im europäischen Diskurs zu fördern und Konturen dafür vorzulegen.

1.3 Forschungsfrage und Ziele

Für die Untersuchung von möglichen Beziehungen zwischen Religion im Kontext einer Europäisierung von Bildung sind also folgende Fragen leitend:
- Inwieweit wird Religion im Kontext einer Europäisierung von Bildung thematisiert?
- Welche Konzepte, Vorstellungen, Bilder und Stereotypen von Bildung und Religion finden sich im Rahmen einer Europäisierung von Bildung?

Das Ziel der Studie besteht in der Rekonstruktion von Konzepten von Religion und Bildung anhand ausgewählter Dokumente des Europarates und der Europäischen Union. Es soll analysiert werden, ob und mit welcher Zielsetzung Religion im Rahmen einer Europäisierung von Bildung thematisiert wird. Es wird danach gefragt, welche Merkmale die verwendeten Konzepte von Bildung und Religion aufweisen und welchen Stellenwert ihnen beigemessen wird. Ergebnisse der Inhaltsanalyse werden von einer protestantischen Perspektive her diskutiert (zur Begründung siehe oben). Anregungspotenzial wird erwartet für eine bildungspolitische Verortung der Evangelischen Kirche in Deutschland, anderer nationaler Kirchen wie auch für die Zusammenschlüsse christlicher Kirchen in Europa, deren Beitrag im Rahmen europäischer Diskurse zu Religion und Bildung gefordert ist.

1.4 Zum Aufbau der Studie

In Kapitel zwei werden theoretische Grundlegungen formuliert, die einen Zusammenhang von Europa, Bildung und Religion herstellen. Dazu werden zunächst wesentliche Bestimmungsfelder für die Beziehung von Bildung und europäischer Integration rekonstruiert (2.1). Die Geschichte der europäischen Integration wird zusammenfassend dargestellt mit einem besonderen Fokus auf der schrittweisen Bedeutungszunahme von Bildung im Rahmen der Entwicklung der Europäischen Wirtschaftsgemeinschaften zur heutigen werteorientierten Europäischen Union. Als Ergebnis der Sichtung vorliegender Darstellungen (Schleicher/Weber 2000; Bektchieva 2004; Pépin 2006) werden drei Phasen unterschieden:
(1) Vorgeschichte und beginnende Kooperation im Bildungsbereich
(2) Neue Rechtsgrundlage mit dem Vertrag von Maastricht (ab 1993)
(3) Integration von allgemeiner und beruflicher Bildung in eine übergreifende politische und ökonomische Strategie (ab der 2000 verabschiedeten Lissabon-Strategie).

Religion hat sich zu einer Dimension und zugleich zu einer Herausforderung im Rahmen des Diskurses um gemeinsame Werte in Europa entwickelt. Dies begründet sich in einem erneuerten öffentlichen Interesse an Religion und sich dadurch verändernden Wahrnehmungen auch im Rahmen der europäischen politischen Institutionen (vgl. Kap. 2.2). Im wissenschaftlichen Diskurs sind vermeintliche Sicherheiten im Umgang mit Religion fraglich geworden, und es haben sich neue Forschungsperspektiven entwickelt.

Kapitel drei stellt Methode und Prozess der Durchführung vor.

Das zentrale Kapitel vier enthält die Analysen und Rekonstruktionen der ausgewählten Dokumente des Europarates und der Europäischen Union und einen Exkurs zu einigen ausgewählten Dokumenten europäischer kirchlicher Zusammenschlüsse, die sich auf konkrete Entwicklungen der europäischen Integration beziehen lassen.

Die Ergebnisse der Analyse werden anschließend in Kapitel fünf zusammenfassend anhand der zentralen Kategorien Religion und Bildung im Spannungsfeld nationaler und europäischer Kontexte sowie den auf der Grundlage der Untersuchung entwickelten Subkategorien diskutiert (Kapitel 5.1). Dazu wird eine protestantischen Perspektive als Spiegel und Reflexionsbrille verwendet (Kapitel 5.2), einerseits aufgrund des Erkenntnisinteresses des Autors, zum anderen aufgrund der Einsicht, dass sich Religion nicht abstrakt manifestiert, sondern in Form bestimmter historisch entwickelter Konfessionen und kontextueller Perspektiven darstellt, die zu benennen sind, wenn es um eine nachvollziehbare, valide Analyse geht. Abschließend wird ein Resümee gezogen, die Studie forschungsmethodisch reflektiert und Anregungen sowohl für die Weiterentwicklung der Forschung als auch für Bildungspolitik und die Europäisierung evangelischer Bildungsverantwortung gegeben (Kapitel 5.3).

2. Theoretische Grundlegungen zu Europa – Bildung – Religion

Einführung

In diesem Kapitel geht es um die Darstellung von Zusammenhängen zwischen den Bereichen Europa – Bildung – Religion und um eine Zusammenfassung des Forschungsstandes in damit befassten Disziplinen. Dazu werden zunächst Entwicklungen im Kontext von Bildung und europäischer Integration geschildert (2.1). Es geht um eine Zusammenschau der Geschichte der europäischen Integration (2.1.1), die weiter aufgefächert wird durch die Darlegung der Genese eines Europäischen Bildungsraumes und einer Europäischen Bildungspolitik (2.1.2). Das dabei feststellbare zunehmende Gewicht, das Bildung und Ausbildung erhalten, wird einer weitergehenden Entwicklung von Europa als Wertegemeinschaft zugeordnet. Dazu haben die Institutionen der Europäischen Union und des Europarates Wesentliches beigetragen. Es werden Prozesse und theoretische Erklärungsmuster aufgenommen, die als Europäisierung von Bildung aufgefasst werden können. Damit wird ein allgemeiner thematischer Rahmen für die vorliegende Studie präsentiert. Der Europarat und die Europäische Union werden als zentrale Akteure der europäischen Integration vorgestellt (2.1.3).

Im nächsten Abschnitt geht es dann um die Frage nach Religion als Quelle und Dimension europäischer Werte (2.2). Dazu ist eine Einführung in den Diskurs um den Religionsbegriff (2.2.1) ebenso notwendig wie eine Vorstellung der Kirchen und Religionsgemeinschaften, die auf europäischer Ebene aktiv sind (2.2.2). Sie repräsentieren institutionalisierte, organisierte Religion und sind Akteure auf europäischer Ebene.

Bei den wissenschaftlichen Diskursen im Bereich Europa – Bildung – Religion (2.3) geht es um einen Abriss zu Theorien der europäischen Integration der Politikwissenschaft, unter denen das multidimensionale Konzept der „Europäisierung" für das Anliegen dieser Studie besonders geeignet scheint. Mit diesem Ansatz verbindet sich der Anspruch, die Wechselwirkungen zwischen europäischen und nationalen Prozessen besser beschreiben und erklären zu können, als bislang vorliegende supranationale und intergouvernementale Erklärungsfaktoren. Das Konzept der „Europäisierung" bietet einen theoretischen Rahmen für die Bearbeitung der Fragestellung dieser Studie.

Zusammenhänge zwischen Bildung, Religion und Europa werden aus der Perspektive der Erziehungswissenschaft, der Theologie und der Religionspädagogik untersucht. Die Darstellung des Forschungsstandes in den genannten Disziplinen soll Grundlagen und Anregungen liefern, sowie offene Fragen identifizieren, die für die eigene Studie von Belang sind. Die Theorieperspektive der Europäisierung wird aufgegriffen, um sie für die Analyse des Zusammenhangs von Europa – Bildung – Religion zu begründen (2.4). Abschließend folgt eine Zusammenfassung, um die in Kapitel 1.3 bereits umrissene Fragestellung weiter zu präzisieren und zu kontextualisieren (2.5).

2.1 Bildung und europäische Integration

2.1.1 Zur Geschichte der europäischen Integration

Die europäische Integration bildet einen zunehmend wichtiger werdenden Bezugsrahmen für das Zusammenleben und den Alltag der Europäerinnen und Europäer. Erste Institutionalisierungsschritte nach dem Zweiten Weltkrieg waren orientiert an Versöhnung, Frieden und Stabilität, die auch heute wichtige Zielsetzungen der europäischen Zusammenarbeit sind.[16]

Motive und Ausgang für Integrationsbemühungen lagen in den erschütternden Erfahrungen des Ersten und Zweiten Weltkrieges und dem daraus entstandenen politischen Bestreben, dass sich keine europäische Macht mehr in die Lage versetzt sehen sollte, „den Versuchungen zu unterliegen, andere europäische Mächte unter ihre Kontrolle zu bringen" (Weninger 2007, 21). Der völlige politische wie wirtschaftliche Zusammenbruch des alten Europas nach 1945 war Anlass für ein radikales Umdenken und für den Beginn von Prozessen der neueren europäischen Integration. Die nach 1945 leitenden Motive sind auch heute noch aktuell. Ein *demokratisches* Europa soll eine Alternative zu Nationalismus und Totalitarismus bieten; ein *vereintes* Europa soll als Friedensgemeinschaft weitere gewalttätige Konflikte zwischen den europäischen Staaten verhindern; ein *freies* Europa soll wirtschaftlich und politisch stabil werden. Diese Zielvorstellungen prägen die europäische Integration.

Impulse dazu kamen u.a. von Winston Churchill, der in einer Rede 1946 „an die akademische Jugend" in Zürich die Idee der Vereinigten Staaten von Europa vorstellte und als ersten Schritt für eine „Partnerschaft zwischen Frankreich und Deutschland" plädierte (vgl. Brunn 2009, 7–9). Etwas später wurde auf dem Europa-Kongress in Den Haag (1948) von ca. 700 Politikern und Vertretern des öffentlichen Lebens Westeuropas die Frage der strukturellen Neuordnung Europas diskutiert. Diesem Kongress entsprang die „Europäische Versammlung" im Januar 1949, die zur Gründung einer beratenden Versammlung mit nach nationalen Regelungen ernannten Abgeordneten im gleichen Jahr führte, die Europarat genannt wurde. Schließlich stellte 1950 der französische Außenminister Robert Schuman den Plan vor, diejenigen Wirtschaftsbereiche von Deutschland und Frankreich zu verschmelzen, welche die Basis der Rüstungsindustrie darstellten: Kohle und Stahl. 1951 kam es dann zum Abschluss des Vertrages über die Europäische Gemeinschaft für Kohle und Stahl EKGS mit den sechs Mitgliedstaaten Frankreich, Deutschland, Italien, Luxemburg, Belgien und den Niederlande.

1957 wurden mit den Römischen Verträgen die Europäische Wirtschaftsgemeinschaft (EWG) und die Europäische Atomgemeinschaft gegründet. Vereinbart wurden der

---

16 Darstellungen dazu finden sich u.a. bei Brunn 2009; DIHK – Gesellschaft für berufliche Bildung 2007; Gasteyger 2005 mit ausführlichen Dokumentenauszügen; Weidenfeld 2008; Kommission der Europäischen Gemeinschaften 1995.

Aufbau eines gemeinsamen Marktes (Abschaffung der Zölle) und die Zusammenarbeit bei der friedlichen Nutzung der Kernenergie. Die Römischen Verträge markieren den Beginn der politischen Integration Europas, sie gelten als deren „Geburtsurkunde" und als Beginn einer Erfolgsgeschichte (vgl. Becker 1999). In den Verträgen finden sich erste Ansätze einer Kooperation auf dem Gebiet der beruflichen Bildung im Rahmen der Qualifizierung beschäftigungspolitischer Leitlinien.[17]

In den Folgejahren haben sich weitere Schritte einer europäischen Integration ergeben, die der doppelten Logik bzw. Dialektik von „Vertiefung" und „Erweiterung" der Europäischen Gemeinschaft folgten: Hinsichtlich der Erweiterung hat sich die Zahl der Mitglieder der Europäischen Gemeinschaft (EG) bzw. Europäischen Union (EU) zwischen 1980 und 2004 beinahe verdreifacht (von 9 auf 25, seit 2007: 27 Mitglieder).[18]

Erweiterung und Vertiefung zielten nach 1989 auf die Überwindung der Spaltung Europas, und spätestens mit der 2004 erfolgten EU-Osterweiterung durch die Aufnahme von zehn neuen Mitgliedstaaten aus Zentral-, Mittel- und Osteuropa begann ein neues Kapitel in der Geschichte der europäischen Integration.[19]

In dieser Entwicklung bildet der Vertrag von Maastricht (1992), verbunden mit dem Vertrag über die Politische Union und die Wirtschafts- und Währungsunion, eine wichtige Wegmarke. Die Mitgliedstaaten vereinbarten in Maastricht die Gründung der Europäischen Union (EU), eine Gemeinsame Außen- und Sicherheitspolitik (GASP), und eine engere Zusammenarbeit in den Bereichen Justiz und Innenpolitik. Es kam zur Übertragung von neuen Kompetenzen an die Gemeinschaft und zur Stärkung der demokratischen Legitimität der europäischen Institutionen. Unter den zusätzlichen Aufgabengebieten, die der Vertrag der Europäischen Gemeinschaft, mit dem Vertrag von Maastricht als Europäische Union gegründet, sind nun allgemeine und berufliche Bildung zu finden.[20] Der Vertrag führt auch eine „Unionsbürgerschaft" ein. 2002 wurde

---

17 In Art. 118 wird eine engere Zusammenarbeit in sozialen Fragen auch im Bereich der beruflichen Aus- und Fortbildung angeregt und Art. 128 lautet: „Auf Vorschlag der Kommission und nach Anhörung des Wirtschafts- und Sozialausschusses stellt der Rat in Bezug auf die Berufsausbildung allgemeine Grundsätze zur Durchführung einer gemeinsamen Politik auf, die zu einer harmonischen Entwicklung sowohl der einzelnen Volkswirtschaften als auch des Gemeinsamen Marktes beitragen."

18 Zur Vertiefung der europäischen Integration wurden insgesamt vier Vertragsreformen mit umfassenden institutionellen Veränderungen und Kompetenzerweiterungen vorgenommen. Mit der Einheitlichen Europäischen Akte (EEA, 1986), den Verträgen von Maastricht (beschlossen 1992, 1993 in Kraft getreten), Amsterdam (1997, 1999 in Kraft getreten) und Nizza (beschlossen 2000, seit 2003 gültig) wurde die Europäische Wirtschaftsgemeinschaft zu einer Politischen Union mit staatsähnlichen Befugnissen in vielen Politikbereichen entwickelt. (Zur neueren europäischen Geschichte nach 1989 vgl. Wirsching 2012.)

19 Auch für den Europarat brachte die politische Wende eine deutliche Aufwertung seines Mandates und seiner Funktion mit sich. Die Zahl der Mitgliedstaaten wuchs zwischen 1990 und 1996 um 17 und mit der Unterstützung demokratischer Prozesse fand die Arbeit des Europarates neue Resonanz und Akzeptanz.

20 Im ersten Teil der konsolidierten Fassung des EU-Vertrages heißt es in Art. 3: „(1) Die Tätigkeit der Gemeinschaft (…) umfasst nach Maßgabe dieses Vertrages und der darin

der Euro reale Währung der 17 Mitgliedstaaten des Euroverbundes, ein auch emotional wichtiges sichtbares Zeichen weitergehender Integration; 2004 wurde die EU um zehn neue Mitglieder (Estland, Lettland, Litauen, Malta, Polen, die Slowakei, Slowenien, Tschechien, Ungarn und Zypern) auf 25 Mitgliedstaaten erweitert und 2007 kamen Bulgarien und Rumänien dazu.[21]

Zunehmend rückte in diesen Jahren die Frage nach den Werten, die Europa verbinden, in den Vordergrund. Die Entwicklung einer Charta der Grundrechte der Europäischen Union war dafür ein wesentlicher Schritt. Die Charta, erarbeitet durch einen Konvent (1999) unter Leitung des ehemaligen Bundespräsidenten Roman Herzog, kodifiziert Grund- und Menschenrechte im Rahmen der EU. Sie wurde zur Eröffnung der Regierungskonferenz von Nizza im Jahr 2000 feierlich proklamiert. Rechtskraft erlangte das Dokument gemeinsam mit dem Inkrafttreten des Lissabonner Vertrags am 1. Dezember 2009.

Eine wichtige Entwicklung wurde mit dem Beschluss des Europäischen Rates 2001 in Laeken angestoßen, einen weiteren Konvent zur Zukunft Europas zu installieren und damit zu beauftragen, angesichts der gewachsenen Zahl an Mitgliedern eine bessere Aufteilung und Festlegung der Zuständigkeiten der EU vorzuschlagen. Angestrebt wurden eine Vereinfachung der Instrumente der EU und die Förderung von mehr Demokratie, Transparenz und Effizienz. Dazu sollte eine Verfassung erarbeitet werden (vgl. Weidenfeld 2006). Unter der Leitung des ehemaligen französischen Präsidenten Valery Giscard d'Estaing legte der Konvent 2003 einen Verfassungsentwurf vor, in den die bestehende Grundrechtecharta als Teil II des Gesamttextes integriert wurde. Am 29.10.2004 wurde die Europäische Verfassung in Rom feierlich unterzeichnet.

Im Rahmen des Ratifizierungsverfahrens lehnten jedoch die Franzosen und die Niederländer 2005 jeweils in einem Referendum die Europäische Verfassung ab. Die daraus resultierende „Atempause" und die wechselvolle Diskussion um einen „Verfassungsvertrag", führten schließlich zu einem modifizierten, ausdrücklich nicht als Verfassung verstandenen Vertrag (Lissabon-Vertrag), in den etwa 2/3 der Inhalte des Verfassungsentwurfs integriert werden konnten. Bis Ende 2009 wurde der Vertrag vollständig ratifiziert und konnte in Kraft treten.[22]

Dieser kurze Durchgang durch die Geschichte der Europäischen Integration soll markieren, dass sich Europa in Gestalt der Europäischen Gemeinschaften bzw. später der Europäischen Union von einer Wirtschaftsgemeinschaft zu einer *politischen Wertegemeinschaft* entwickelt hat, in der, zumindest in der offiziellen Sprache von Verlautbarungen und Dokumenten, das Wohl der Bürgerinnen und Bürger zur Maxime erhoben ist (vgl. Mandry 2005). Ein Indiz dafür ist die Diskussion darüber, welche Werte den „geistigen Kitt" des Zusammenlebens in Europa zur Verfügung stellen (vgl. Csáky 2007).

---

vorgesehenen Zeitfolge: (…) q) einen Beitrag zu einer qualitativ hoch stehenden allgemeinen und beruflichen Bildung sowie zur Entfaltung des Kulturlebens in den Mitgliedstaaten."

21 Kroatien wird Mitte 2013 als 28. Mitglied der Europäischen Union aufgenommen.

22 Der Vertragstext ist zugänglich unter: http://europa.eu/lisbon_treaty/index_de.htm.

Im Lissabon-Vertrag findet sich in folgender Passage eine Zusammenstellung, welche Werte damit gemeint sind:

„Artikel 1a

Die Werte, auf die sich die Union gründet, sind die Achtung der Menschenwürde, Freiheit, Demokratie, Gleichheit, Rechtsstaatlichkeit und die Wahrung der Menschenrechte einschließlich der Rechte der Personen, die Minderheiten angehören. Diese Werte sind allen Mitgliedstaaten in einer Gesellschaft gemeinsam, die sich durch Pluralismus, Nichtdiskriminierung, Toleranz, Gerechtigkeit, Solidarität und die Gleichheit von Frauen und Männern auszeichnet."

Wie in einem Brennspiegel ist hier zusammengestellt, was aus den verschiedenen Wurzeln Europas entstanden ist: dem griechisch-römischen Humanismus, der jüdisch-christlichen Überlieferung und der neuzeitlichen Aufklärung. Die Kombination dieser Wurzeln prägt das Menschenbild, das Europa ererbt und an andere Kulturen weitergegeben hat: Die Achtung der Würde eines jeden Menschen, Freiheit, Demokratie und Gleichheit, die Solidarität aller Menschen. Die Gewichtung dieser Werte und ihre Wirksamkeit im konkreten Zusammenleben prägen den Diskurs um eine europäische Identität (vgl. Kohli 2002; Bruell 2005; Quenzel 2005; König 2008).

2.1.2 Zur Genese eines Europäischen Bildungsraumes und einer Europäischen Bildungspolitik

Nach diesem Überblick zur Entwicklung der europäischen Integration geht es nun um Zusammenhänge von Europa und Bildung. Dazu wird die Entwicklung eines Europäischen Bildungsraumes und einer Europäischen Bildungspolitik im Rahmen der Europäischen Wirtschaftsgemeinschaft (EWG) und der EU seit den Römischen Verträgen 1957 in drei Phasen nachgezeichnet, wobei der Schwerpunkt auf der aktuellen Situation liegt (markiert durch den Beschluss des Europäischen Rates in Lissabon 2000).

Drei Phasen werden unterschieden:[23]

- Die Zeit bis zum Maastrichter Vertrag. Sie kann begründet als „Vorgeschichte und beginnende Kooperation" im Bereich Bildung verstanden werden, weil es bis dahin zwar bereits einige Aktivitäten auf europäischer Ebene im Bereich allgemeiner und beruflicher Bildung gegeben hat, die rechtlichen Grundlagen jedoch weitgehend ungeklärt waren (*Phase 1*).

---

23 Vgl. dazu die überblicksartigen Darstellungen aus erziehungswissenschaftlicher Perspektive in Schleicher/Weber 2000a, 2000b, 2002; Bektchieva 2004, und aus bildungspolitischer Perspektive Pépin 2006. Pépin charakterisiert die Zeit zwischen 1948 und 1968 als Vorgeschichte, 1969–1984 als Jahre der Grundlegung, 1985–1992 als Zeit der Entwicklung von zentralen Aktionsprogrammen und Vorbereitung einer Aufnahme von allgemeiner Bildung in den Vertrag von Maastricht, 1993–1999 als Zeit von Initiativen im Blick auf die Konturierung einer Wissensgesellschaft und einer engen Verbindung zwischen allgemeiner und beruflicher Bildung und schließlich die Zeit ab 2000 als Integration von allgemeiner und beruflicher Bildung in eine wirtschaftliche und soziale Strategie europäischer Integration.

- Mit dem Maastrichter Vertrag von 1992 wurde der Bereich allgemeiner und beruflicher Bildung rechtlich geordnet und die nationalen wie europäischen Zuständigkeiten formuliert (*Phase 2*).

- Der Beschluss des Europäischen Rates in Lissabon im Jahr 2000, die Europäische Union zum wettbewerbsfähigsten und dynamischsten wissensbasierten Wirtschaftsraum der Welt werden zu lassen, bedeutete nicht nur eine tiefgreifende Umgestaltung der europäischen Wirtschaft, sondern läutete ein ambitioniertes Programm zur Modernisierung der Bildungs- und Ausbildungssysteme in Europa ein, das als Paradigmenwechsel europäischer Bildungspolitik angesehen werden kann (*Phase 3*).[24]

Phase 1: Vorgeschichte und beginnende Kooperation im Bereich Bildung
Die europäische Integration begann mit Kooperationen im Bereich von Kohle und Stahl und nicht im Bereich von Kultur und Bildung. Eine Verknüpfung von Europa und Bildung mag deshalb auf den ersten Blick verwundern, sind doch die Prozesse der europäischen Integration nach 1945 und die sie fördernden politischen Institutionen auf eine Wirtschafts- und Währungsgemeinschaft ausgerichtet, in der Bildung nicht als ein europäisches Thema behandelt wird, sondern allenfalls am Rande und funktional im Rahmen anderer Zielvorstellungen vorkommt (Brunn 2009; Pépin 2006).

Dennoch waren bereits bei den ersten Initiativen nach dem Zweiten Weltkrieg auch kulturelle und bildungsbezogene Aspekte durchaus im Blick. So wurde dem 1949 gegründeten Europarat von Anfang an die Wahrung des „gemeinsamen kulturellen Erbes" wie auch der Menschenrechte, der pluralistischen Demokratie und der Rechtsstaatlichkeit als grundlegende Verpflichtungen aufgetragen. In der 1954 verabschiedeten Europäischen Kulturkonvention, einem grundlegenden Dokument für die Arbeit des Europarates, kommt die hohe Bedeutung von Erziehung und Bildung zum Ausdruck, „um Verständigung zwischen den Völkern" zu fördern.[25] In den 1960er und 1970er Jahren entstanden Resolutionen, Entschließungen und Berichte u.a. der

---

24 Spätestens ab diesem Zeitpunkt kann vom Entstehen einer eigenständigen Europäischen Bildungspolitik und eines damit verbundenen Europäischen Bildungsraumes gesprochen werden (vgl. Linsenmann 2009). Das Bundesministerium für Bildung und Forschung (BMBF) versteht unter einem Europäischen Bildungsraum „Grenzenlos Lernen und Arbeiten", die Modernisierung der Bildungssysteme und die Nutzung Europäischer Bildungsprogramme als „Türöffner für internationale Qualifizierung" (Bundesministerium für Bildung und Forschung 2001, 31ff.). Eine Begründung dafür lieferte die damalige Bildungsministerin: „Genauso wichtig ist die europäische Dimension der Bildung und die Schaffung eines europäischen Bildungsraums, der allen Bürgern Europas ungehinderte grenzübergreifende Mobilität in der Aus- und Weiterbildung und beim Übergang in den Beruf erlaubt sowie eine möglichst umfassende Anrechnung und Anerkennung ihrer erworbenen Qualifikationen. Zugleich muss Europa sein Profil als attraktiver, im weltweiten Maßstab wettbewerbsfähiger Bildungsstandort schärfen und seine Anstrengungen zur grenzübergreifenden Entwicklung entsprechender gemeinsamer Bildungsangebote verstärken." (BM Bulmahn Vorwort in: Bundesministerium für Bildung und Forschung 2001, 4)
25 Darauf wird in der Empfehlung des Ministerrates CM/REC(2008)12 ausdrücklich verwiesen.

Bildungsminister, die dazu anregten, in den nationalen Bildungssystemen eine „europäische Dimension" zu integrieren und die Entwicklung eines „europäischen Bewusstseins" zu fördern.[26] Damit sollte insgesamt Europas Stellenwert in der Bildung gestärkt werden, so z.B. im Geschichtsunterricht, durch Fremdsprachenkenntnisse und durch die Vermittlung von Informationen über die Europäischen Gemeinschaften. Eigene, inhaltlich konturierte Bildungsinitiativen wurden damals jedoch im Bereich der Europäischen Gemeinschaften nicht entwickelt, denn die Verantwortung für Inhalte und Struktur der Bildungssysteme verblieb bei den Mitgliedstaaten. Prinzipiell hat sich diese Zuständigkeit bis heute rechtlich auch nicht verändert.

Mit der Entschließung des Europäischen Rates zur Förderung der Europäischen Dimension von 1976 begann eine „organisierte Form der Zusammenarbeit" (Berggreen-Merkel 2000, 50). Ein Aktionsprogramm zur Verbesserung der Zusammenarbeit und regelmäßige Zusammenkünfte der Bildungsminister wurden verabredet.[27]

In einem Bericht des damaligen belgischen Ministerpräsidenten Leo Tindemans (1975) „über die Europäische Union" wurde auf die Bedeutung von Bildung und Kultur für ein wahrnehmbares und bürgernahes Europa hingewiesen. Europa sollte im täglichen Leben vorkommen und bewusst wahrgenommen werden.[28]

Für die Schaffung eines „Europas der Bürger" und des Bewusstseins einer Unionsbürgerschaft wurden in den folgenden Jahren eine Reihe gemeinschaftlicher Aktionsprogramme initiiert, die sich zu einem zentralen Instrument einer Europäischen Bildungspolitik entwickelt haben:

---

26 Beispiele dafür sind die Resolution der Bildungsminister von 1964, die zur Entwicklung eines europäischen Bewusstseins in dafür geeigneten Fächern aufrufen; 1971 und 1974 Entschließungen über die Zusammenarbeit im Bereich des Bildungswesens und schließlich 1976 die Entschließung des Europäischen Rates zur Förderung der Europäischen Dimension.

27 Die Entschließung des Europäischen Rates (Abl. Nr. C 38 vom 19.02.1976) enthält folgende sechs Zielsetzungen: die Schaffung besserer Möglichkeiten von Bildung und Ausbildung für alle; Verbesserung der Korrespondenz der Bildungssysteme; verstärkte Dokumentation im Bildungswesen, Zusammenarbeit im Hochschulbereich, Fremdsprachenunterricht und Chancengleichheit (vgl. Bektchieva 2004, 19). Diese Zielsetzungen finden sich auch in später folgenden Dokumenten und sind auch heute noch aktuell.

28 Darin heißt es: „No one wants to see a technocratic Europe. European Union must be experienced by the citizen in his daily life. It must make itself felt in education and culture, news and communications, it must be manifest in the youth of our countries, and in leisure time activities." (Tindemans 1975, 12)

Tab.1: Übersicht zu europäischen Aktionsprogrammen zur Förderung von Austausch, Mobilität und Kooperation

Beginn	Name	Funktion
1986	COMETT	Zusammenarbeit zwischen Hochschulen und Wirtschaft auf dem Bereich der Technologie
1987		Programm zum Austausch junger Fachkräfte
1987	ERASMUS	Zusammenarbeit im Hochschulbereich
1988	PETRA	Förderung der Teilnahme von Jugendlichen an Berufsbildungsprogrammen
1988	Jugend für Europa	Förderung der europäischen Dimension in nicht formalen Bildungsprozessen
1989	EUROTECNET	Programm zur Förderung der Innovation in der Berufsbildung in der Folge des technologischen Wandels in der Europäischen Gemeinschaft
1990	TEMPUS	Hochschulzusammenarbeit mit den Staaten
1990	LINGUA	Programm zur Förderung der Fremdsprachenkenntnisse
1991	FORCE	Programm zur Förderung der beruflichen Weiterbildung

Quelle: Eigene Zusammenstellung

Mit diesen Programmen sollten Austausch, Mobilität und Kooperation sowie die Erweiterung des jeweiligen nationalen Bezugsrahmens gefördert werden.[29]

In dieser Zeit wurde im politischen Diskurs zunehmend ein Bewusstsein dafür entwickelt, dass es gemeinsame, die nationalen Belange berührende und sie zugleich übersteigende Herausforderungen im Blick auf Bildung und Ausbildung gibt. Sie sollten auf europäischer Ebene durch die Schaffung eines europäischen Bewusstseins, durch Austausch, Mobilität und Kooperation bearbeitet werden.

Phase 2: Neue Rechtsgrundlage ab 1992 durch den Maastrichter Vertrag
Die Entwicklung einer europäischen Bildungspolitik hat mit den Regelungen im Vertrag von Maastricht eine Kontur gefunden, in die sich nachfolgende Entwicklungen einordnen lassen (Bektchieva 2004). In der Liste der Tätigkeiten der Gemeinschaft findet sich nun erstmals, einen „Beitrag zu einer qualitativ hochstehenden allgemeinen und beruflichen Bildung sowie zur Entfaltung des Kulturlebens in den Mitgliedstaaten" zu leisten (Art. 3, p EG-Vertrag). Mit den Artikeln 126 und 127 wurden neue Zuständigkeiten der Gemeinschaft im Bildungswesen eingeführt,[30] unter Berücksichtigung des zugleich

---

29 Informationen zu den Programmen und ihren aktuellen Förderbedingungen finden sich auf http://ec.europa.eu/education.
30 In Artikel 126 findet sich die Formulierung, dass die EG zur Entwicklung einer „qualitativ hochstehenden Bildung" durch die Förderung der „Zusammenarbeit zwischen den Mitgliedstaaten" beitragen soll, „unter strikter Beachtung der Verantwortung der Mitgliedstaaten für die Lehrinhalte und die Gestaltung des Bildungssystems". Genannt werden an

verankerten Subsidiaritätsprinzips, das davon ausgeht, dass Verantwortlichkeiten auf kleinstmöglicher Ebene wahrgenommen werden sollen.[31]

Im Gegensatz zur allgemeinen Bildung hat die Gemeinschaft im Bereich der beruflichen Bildung größere Entscheidungs- und Gestaltungsrechte. Das hängt u.a. damit zusammen, dass bereits seit Jahrzehnten Maßnahmen zur Förderung der Berufsbildung durchgeführt werden. So enthält Art. 127 (Amsterdam: Art. 150, bzw. Lissabon: Art. 166) die Formulierung, dass die Gemeinschaft eine „Politik der beruflichen Bildung" führt, die die Maßnahmen der Mitgliedstaaten „unterstützt und ergänzt", unter „strikter „Beachtung der Verantwortung der Mitgliedstaaten für Inhalt und Gestaltung der beruflichen Bildung".

In der Phase nach Maastricht werden zwei zentrale Konzepte entwickelt, die als roter Faden und Programmatik für die Diskussion in den folgenden Jahren an Bedeutung gewinnen werden: die Rede von der „Wissensgesellschaft" und die auf dieser Grundlage entstandene Etablierung und Propagierung einer Strategie des „Lebenslangen Lernens". Damit werden Entwicklungen markiert, die verbunden sind mit einer Ablösung der Industrie- durch die Wissensgesellschaft und einer Zunahme der ökonomischen Bedeutung von Wissen (Castells 2003). Die Verfügung über Wissen, so eine vorherrschende Einschätzung, löst tendenziell die Verfügung über Eigentum ab.

Ist schon der Begriff „Wissen" unscharf, so ist es nicht einfach, das Neue, das der Begriff „Wissensgesellschaft" verkörpern soll, zu bestimmen (vgl. zur Diskussion Berggreen-Merkel 2001; Bittlingmaier 2001; Vester 2006; Filipovic 2007; Engelhardt/ Kajetzke 2010; Höhne 2003; Kocyba 2004; Liessmann 2008; Münch 2009). Kritisch wird insbesondere gesehen, dass Wissen nicht nur in Produkten und Dienstleistungen materialisiert wird, sondern dass es selbst zunehmend zur Ware wird (vgl. Kocyba 2004, 301) und „Beschäftigungsfähigkeit" (*employability*) zum zentralen Ziel von Bildungsbemühungen erklärt wird. In einem Dokument des Europäischen Parlamentes und des Rates liest sich das so:

„Eine fortschrittliche Wissensgesellschaft ist der Schlüssel zu höheren Wachstums- und Beschäftigungsraten. Allgemeine und berufliche Bildung sind wesentliche Prioritäten für die Europäische Union auf dem Weg zur Verwirklichung der Ziele von Lissabon." (Europäisches Parlament und Europäischer Rat 2006a, 45)

---

konkreten Aktivitäten die „Entwicklung der europäischen Dimension im Bildungswesen", die Förderung der „Mobilität von Lernenden und Lehrenden" und der „Zusammenarbeit zwischen den Bildungseinrichtungen" sowie der Ausbau des „Informations- und Erfahrungsaustausches", der Ausbau des Jugendaustausches und der Fernlehre. Der 1999 in Kraft getretene Amsterdamer Vertrag hat die bildungspolitischen Artikel vollständig übernommen (nun unter den Artikelnummern 149 und 150); im Lissabon-Vertrag (ab 2010) sind es Artikel 165 und Artikel 166, (vgl. Bundeszentrale für Politische Bildung und Europäische Union 2008, 131f.).

31 Das Subsidiaritätsprinzip wurde zentral im Maastrichter Vertrag verankert. Für den Bildungsbereich ergibt sich daraus die Notwendigkeit, deutlich zu machen, welche Initiativen nur auf europäischer Ebene möglich sind und wie Komplementarität zwischen den verschiedenen Ebenen in diesem Feld erreicht werden kann (vgl. dazu Pépin 2006, 146).

Die enge Verknüpfung von Wachstums- und Beschäftigungsraten mit allgemeiner und beruflicher Bildung wird in einer Entschließung des Deutschen Bundesrates kritisiert, der die

> „sehr weitreichende Ausrichtung auf die Wissensgesellschaft und das Ziel Beschäftigungsfähigkeit für eine nicht sachgerechte Instrumentalisierung der Bildungsprogramme hält" (Bundesrat 1998).

In unmittelbarer Vorgeschichte war es in den 1990er Jahren die „Informationsgesellschaft", die verbunden war mit der Informations- und Technologieentwicklung, dem beginnenden Internet-Boom und der Umstrukturierung des Telekommunikations- und Mediensektors.

Ablösung und Veränderung des Wissensbegriffes dokumentierte sich in der Leitformel des „Lebenslangen Lernens", ein Begriff, der zu diesem Zeitpunkt bereits eine lange Geschichte hatte (vgl. Villalba 2008, 362).

> „In der ‚Wissensgesellschaft', so die bildungspolitische Botschaft, wächst dem Lernen ohne Ende neue Bedeutung zu: Festgeschriebene Schul- und Ausbildungswege erweisen sich als unzureichend, weil kein Curriculum mehr genügt, um auf die Unwägbarkeiten des weiteren Lebenslaufs vorzubereiten." (Tuschling 2004, 152)

Ein wichtiges Dokument in diesem Diskurs stellt das 1995 von der Kommission vorgelegte Weißbuch „Lehren und Lernen – Auf dem Weg zur kognitiven Gesellschaft" dar (Europäische Kommission 1995). Es enthält eine Situationsanalyse und Aktionsleitlinien für den Bereich der allgemeinen und beruflichen Bildung.[32] In diesem Dokument wird das Entstehen einer „Informationsgesellschaft" als eine von drei großen Umwälzungen beschrieben, die Reaktionen erforderlich machen im Bereich der allgemeinen und beruflichen Bildung. Das Weißbuch nimmt damit die Bedeutung einer „immateriellen Investition" für die Zukunft Europas auf, die bereits im Weißbuch „Wachstum, Wettbewerbsfähigkeit, Beschäftigung" (1993) hervorgehoben wurde.[33]

Aus kirchlichen Kreisen gab es Kritik an der inhaltlichen Ausrichtung des zentralen Konzeptes des Weißbuches: „Eine nur ‚kognitive Gesellschaft' kann nicht das Leitbild einer europäisch geprägten Bildungspolitik sein" (Kirchenamt der EKD und Abteilung Bildung 1996, 3). Die „Wirtschaftslogik" des Weißbuches wurde kritisiert, da sie Bildung in diesem Sinne „funktionalisiert" (ebd., 2). Die Europäische Ökumenische

---

32 Mit der Kategorie eines Weißbuches werden die gegebene Situation in einem Politikbereich beschrieben und zugleich Vorschläge lanciert, wie sich dieser Bereich zukünftig weiterentwickeln soll. In dem genannten Weißbuch werden die Globalisierung der Wirtschaft und die wissenschaftlich-technische Zivilisation als weitere Herausforderungen genannt.

33 Die drei allgemeinen Ziele des Weißbuches „Lehren und Lernen – Auf dem Weg zur kognitiven Gesellschaft" lauten: (1) Die Aneignung neuer Kenntnisse ist zu fördern; (2) Schule und Unternehmen sollen aneinander angenähert werden; (3) Die Ausgrenzung muß bekämpft werden. Hinzu kommen die Ziele (4) Jeder soll drei Gemeinschaftssprachen beherrschen und (5) Materielle und berufsspezifische Investitionen sollen gleich behandelt werden (vgl. Europäische Kommission 1995).

Kommission für Kirche und Gesellschaft (EECCS) hat in die Diskussion ein den Kirchen näherliegendes Verständnis von Bildung eingebracht.[34]

Es lässt sich an diesem Beispiel eine Auseinandersetzung darüber erkennen, wie Arbeitsmarktfähigkeit und Persönlichkeitsbildung in einem europäischen Bildungsverständnis gewichtet werden sollen. Anhand dieses Beispieles kann allgemeiner gefragt werden: Welche Rolle und welche Funktion nehmen Lehren und Lernen in einer sich verändernden Vorstellung von Gesellschaft ein, die mit den Etiketten Informationsgesellschaft, kognitive Gesellschaft und schließlich Wissensgesellschaft versehen werden kann? Der Umgang mit diesen Fragen wird im Rahmen dieser Studie an verschiedenen Stellen Thema sein.

Eine Definition und eine funktionale Zuschreibung des Begriffs der Wissensgesellschaft für pädagogische Initiativen nimmt Ingeborg Berggreen-Merkel vor, ohne sich damit inhaltlich zu positionieren:

> „Die Wissensgesellschaft markiert keinen statischen Zustand, sondern vielmehr einen fortlaufenden, nie endenden Prozess. Sie beruht auf zwei Pfeilern: der Einführung der Informations- und Kommunikationstechniken in den Unterricht sowie der lebenslangen Weiterbildung. Synonym wird der Begriff der ‚lernenden Gesellschaft' verwendet." (Berggreen-Merkel 2001, 133)[35]

Während bis zu diesem Zeitpunkt allgemeine Bildung und berufliche Bildung trotz der dargelegten Entwicklungen und Initiativen keinen zentralen Stellenwert im Rahmen der europäischen Integration inne hatte, änderte sich dies mit den Beschlüssen des Europäischen Rates vom März 2000 in Lissabon. Europäische Bildungspolitik wurde nun ein integrierter Bestandteil der Lissabon-Strategie. Es kann begründet von einem Paradigmenwechsel im Blick auf Bildung und Europa ab diesem Zeitpunkt gesprochen werden. Denn während sich bis dahin die europäischen Initiativen vor allem um eine bessere Kooperation im Rahmen nationaler Bildungspolitiken und um eine Popularisierung der europäischen Dimension im Bildungswesen bemühten, wurden

---

34 Die Stellungnahme der EECCS ist deshalb bemerkenswert, weil es die erste Stellungnahme eines Zusammenschlusses europäischer Kirchen im europäischen Bildungsdiskurs war und darin die beiden Perspektiven auf Bildung gegenübergestellt werden. Es findet sich als Kernaussage: „EECCS möchte (...) unterstreichen, dass Bildung mehr umfasst als blosses rationales und instrumentelles Wissen. Bildung kann sich insbesondere nicht ausschließlich an den Erfordernissen des Arbeitsmarktes orientieren. Ein ganzheitliches Bildungsverständnis beinhaltet Lebens- und Sinnbestimmungen und befähigt zu Orientierung und Verständigung. Kenntnisse, Fähigkeiten, Umgang mit Werten, Verantwortungsbewusstsein, Kreativität, Urteilsvermögen und soziale Kompetenz gehören gleichermassen dazu." (European Ecumenical Commission for Church and Society EECCS 1998, 3)

35 Möglicherweise ist die Autorin bei ihrem Vergleich geprägt von den kurz zuvor verabschiedeten bildungspolitischen Leitsätzen der CDU Deutschlands, die überschrieben sind mit „Aufbruch in die lernende Gesellschaft" (Bundesausschuss der CDU Deutschlands 2000). Dieses Leitbild wird sehr viel umfassender verstanden (Bildung für den ganzen Menschen) als die These von der Wissensgesellschaft, die im bildungstheoretischen Diskurs eher eine an der Förderung des „Humankapitals" ausgerichtete normative Funktion hat (vgl. Bolder 2006).

nun allgemeine und berufliche Bildung zu einem zentralen Aktionsfeld europäischer Integrationspolitik.

Phase 3: Integration von Bildung und Ausbildung in der Lissabon-Strategie
Der Europäische Rat hatte sich im März 2000 in Lissabon darauf verständigt, die Europäische Union zum „wettbewerbsfähigsten und dynamischsten wissensbasierten Wirtschaftsraum der Welt" zu machen, „einem Wirtschaftsraum, der fähig ist, ein dauerhaftes Wirtschaftswachstum mit mehr und besseren Arbeitsplätzen und einem größeren sozialen Zusammenhalt zu erzielen" (Europäischer Rat 2002, 3). Bildung wurde nun in eine weitergehende wirtschaftliche und soziale Gesamtstrategie integriert, die unter dem Stichwort „Lissabon-Agenda" seit dieser Zeit propagiert wird und Wachstum, Wettbewerbsfähigkeit und sozialen Zusammenhalt in Europa fördern soll. Wissen und Innovation werden als Triebkräfte für wirtschaftliches Wachstum propagiert.

Nach diesem Beschluss wird der Rat der Bildungsminister ersucht, allgemeine Überlegungen über die konkreten zukünftigen Ziele der Bildungssysteme anzustellen und sich auf gemeinsame Anliegen und Prioritäten zu konzentrieren, zugleich jedoch die Wahrung der nationalen Vielfalt zu berücksichtigen. Nationale wie europäische Bildungsinitiativen werden gefordert und gefördert, um die Zielsetzung von Lissabon umzusetzen. Betont werden die Bedeutung lebenslangen Lernens, zu erwerbende Schlüsselkompetenzen und die Notwendigkeit der Weiterentwicklung eines Europäischen Bildungsraums durch die Förderung geografischer und beruflicher Mobilität. Wissen und Innovation werden als Triebkräfte für wirtschaftliches Wachstum propagiert.

Im Einzelnen wurden nach Lissabon 2000 folgende Schritte vollzogen:

1. *Arbeitsprogramm.* Bereits im Februar 2001 verabschiedete der Rat einen Bericht über die konkreten zukünftigen Zielsetzungen der Systeme der allgemeinen und beruflichen Bildung. Auf dieser Grundlage wurde von der EU 2002 ein „Detailliertes Arbeitsprogramm zur Umsetzung der Ziele der Systeme der allgemeinen und beruflichen Bildung in Europa" beschlossen, um Qualität und Wirksamkeit der Bildungssysteme zu erhöhen, einen leichteren Zugang für alle zur allgemeinen und beruflichen Bildung zu schaffen und die Systeme weiter zu öffnen (Europäischer Rat 2002).

2. *Nachhaltigkeit.* Durch die vom Europäischen Rat in Göteborg im Juni 2001 beschlossene Strategie für nachhaltige Entwicklung wurde der Lissabon-Prozess für Beschäftigung, Wirtschaftsreform und sozialem Zusammenhalt um eine Umweltdimension ergänzt. Entwicklungen und Fortschritte im Blick auf die Umsetzung des Arbeitsprogramms werden alle zwei Jahre in „Fortschrittsberichten" dokumentiert (vgl. z.B. Europäischer Rat 2008).

3. *Schlüsselkompetenzen.* Eine Reihe weiterer Mitteilungen und Berichte folgte in den kommenden Jahren, darunter der 2005 vorgelegte „Europäische Referenzrahmen", mit der Darlegung von acht Schlüsselkompetenzen für lebenslanges Lernen, die „notwendig für den sozialen Zusammenhalt, die Beschäftigungs-

fähigkeit und die persönliche Entfaltung" seien[36] (Europäisches Parlament und Europäischer Rat 2006b).

4. *Integriertes Aktionsprogramm lebenslanges Lernen.* Ein weiterer wichtiger Schritt war die Zusammenlegung der gemeinschaftlichen Fördermaßnahmen für transnationale Zusammenarbeit und Mobilität unter der Maßgabe eines gemeinsamen Aktionsprogramms im Bereich des lebenslangen Lernens im November 2006 (Europäisches Parlament und Europäischer Rat 2006a). Das Programm umfasst den Zeitraum von 2007 bis 2013. Folgende Zielperspektive ist dabei leitend:

„(Es) sollte ein Programm für lebenslanges Lernen geschaffen werden, das durch lebenslanges Lernen dazu beiträgt, dass sich die Europäische Union zu einer fortschrittlichen Wissensgesellschaft entwickelt – eine Gesellschaft mit nachhaltiger wirtschaftlicher Entwicklung, mehr und besseren Arbeitsplätzen und größerem sozialen Zusammenhalt." (Europäisches Parlament und Europäischer Rat 2006a, 46)

Mit dem neuen Programm wurden ein übergreifender Rahmen und eine verbindende Programmatik für die bislang getrennt laufenden Programme geschaffen.[37]
Die Wissensgesellschaft sollte eine ‚fortschrittliche' Wissensgesellschaft werden. Die Fortschrittsberichte zur Umsetzung des in Lissabon 2000 formulierten Ziels, Europa zum wettbewerbsfähigsten und dynamischsten wissensbasierten Wirtschaftsraum der Welt werden zu lassen, wiesen jedoch darauf hin, dass die damit verbundenen Zielsetzungen längst nicht erreicht wurden. Eine Revision bzw. Erneuerung der Zielsetzung der Lissabon-Strategie wurde als notwendig erachtet.

5. *Strategischer Rahmen.* In Fortführung der bis 2010 konzipierten Strategie wurde im Mai 2009 ein „Strategischer Rahmen für die europäische Zusammenarbeit auf dem Gebiet der allgemeinen und beruflichen Bildung" verabschiedet („ET 2020"), in dem vier Ziele für die Weiterentwicklung der Systeme der allgemeinen und beruflichen Bildung in den Mitgliedstaaten benannt wurden. Diese sind: (1) Verwirklichung von lebenslangem Lernen und Mobilität, (2) Verbesserung der Qualität und Effizienz der allgemeinen und beruflichen Bildung, (3) Förderung der Gerechtigkeit, des sozialen Zusammenhalts und des aktiven Bürgersinns

---

36 Die Schlüsselkompetenzen sind: Muttersprachliche Kompetenz, fremdsprachliche Kompetenz, mathematische Kompetenz und grundlegende naturwissenschaftlich-technische Kompetenz, Computerkompetenz, Lernkompetenz („Lernen lernen"), interpersonelle, interkulturelle und soziale Kompetenz und Bürgerkompetenz.

37 Das Aktionsprogramm lebenslanges Lernen (2007 bis 2013) enthält die Teilprogramme Schulbildung (Comenius), Hochschulbildung (Erasmus), Berufsbildung (Leonardo da Vinci) und Erwachsenenbildung (Grundtvig). Es findet sich darin eine Zusammenstellung von elf übergreifenden Zielsetzungen, zu denen gehören: „Stärkung des Beitrags des lebenslangen Lernens zum sozialen Zusammenhalt, zur aktiven Bürgerschaft, zum interkulturellen Dialog, zur Gleichstellung der Geschlechter und zur persönlichen Entfaltung" (Europäisches Parlament und Europäischer Rat 2006a, 49).

und (4) Förderung von Innovation und Kreativität – einschließlich unternehmerischen Denkens – auf allen Ebenen der allgemeinen und beruflichen Bildung (Europäischer Rat 2009). Die Strategie zur nationalen Implementierung der allgemeinen Zielsetzungen wurde dahingehend verändert, als man zeitlich festgelegte Zyklen und für diese Zeiträume jeweils angestrebte Zielsetzungen formuliert, deren Erreichen regelmäßig überprüft werden sollen.

Insgesamt kommt in aktuellen Stellungnahmen auf nationaler wie europäischer Ebene bei Bildungspolitikern immer wieder die Sorge zum Ausdruck, dass die bestehende Qualität der Bildung, die in den Mitgliedstaaten vermittelt wird, nicht ausreicht, um junge Menschen auf die Herausforderungen des 21. Jahrhunderts vorzubereiten. So heißt es beispielsweise in einer Mitteilung von 2008:

> „Der Europäische Rat hat wiederholt auf die Schlüsselrolle der allgemeinen und beruflichen Bildung für künftiges Wachstum, langfristige Wettbewerbsfähigkeit und sozialen Zusammenhalt der Union verwiesen. Hierbei ist es entscheidend, das Innovationspotential und die Kreativität der europäischen Bürger optimal zu fördern. Das Element ‚Bildung' des Wissensdreiecks aus Forschung, Innovation und Bildung sollte gestärkt werden, womit schon früh – in den Schulen – begonnen werden sollte." (Europäische Kommission 2008, 3)

Im gleichen Dokument wird ein neuer Ansatz zur Förderung des Wohlstands gefordert,

> „in dessen Zentrum angemessene Chancen der Bürger auf Selbstverwirklichung und die Teilhabe an Bildung, Beschäftigung, Gesundheitswesen und sozialer Sicherheit stehen, in einem Kontext der Solidarität, des sozialen Zusammenhalts und der Nachhaltigkeit." (Ebd., 3)

Dem Europäischen Rat und der Kommission geht es um die Vermittlung „neuer Kompetenzen für neue Beschäftigungen", um die Förderung lebensbegleitenden Lernens, um eine höhere Qualität der Schulbildung (Europäische Kommission 2008a), um Effizienz und Bildungsgerechtigkeit und um die Verbesserung der Qualität der Lehrerausbildung.[38]

Werden die bislang vorgestellten Entwicklungen und Initiativen unter dem Stichwort „Lissabon-Strategie" gefasst, so finden sich zwei weitere zentrale Prozesse, die zu einer Europäisierung von Bildung beitragen. Für die Zusammenarbeit im Bereich der Universitäten und Hochschulen ist es der *Bologna-Prozess* mit dem Ziel der Schaffung eines einheitlichen „Europäischen Hochschulraums" und für die berufliche Bildung ist es der *Kopenhagen-Prozess*, mit dem bessere Kooperation und intensiverer Austausch verabredet werden. Gemeinsam ist diesen Prozessen, dass sie sich an einem an Wachstum, Wettbewerbsfähigkeit und sozialem Zusammenhalt ausgerichteten Bildungsverständnis orientieren.

---

38 Für Detailanalysen des Bildungsbegriffs, der in Dokumenten der europäischen Institutionen zu finden ist, ist zu berücksichtigen, dass die EU keine inhaltliche Kompetenz im Bildungsbereich hat und von daher auch kein explizit inhaltlich gefüllter Bildungsbegriff zu erwarten ist. So ist wohl auch kein Zufall, dass bereits früh eher allgemein von einer „europäischen Dimension" von Bildung gesprochen wird, die in die nationalen Bildungssysteme integriert werden soll.

– *Bologna-Prozess*. Mit der *Bologna-Erklärung* von 1999 (vgl. Eckardt 2005; Heinze 2005) wird die Bedeutung von Bildung und Bildungszusammenarbeit für die Entwicklung und Stärkung stabiler, friedlicher und demokratischer Gesellschaften unterstrichen. Es wird ein Katalog von Zielen zur Schaffung eines „Europäischen Hochschulraums" mit dem Ziel größerer Kompatibilität und Vergleichbarkeit der Hochschulsysteme vorgelegt.[39]
Im Rahmen der Ziele wird hervorgehoben, „arbeitsmarktrelevante(n) Qualifikationen der europäischen Bürger ebenso wie die internationale Wettbewerbsfähigkeit des europäischen Hochschulsystems zu fördern". Betont wird die uneingeschränkte „Achtung der Vielfalt der Kulturen, der Sprachen, der nationalen Bildungssysteme und der Autonomie der Universitäten". Im Prager Kommuniqué (verabschiedet 2001, vgl. Eckardt 2005) wird die Bedeutung von „europäischen Inhalten" und „europäischer" Orientierung bei Modulen, Kursen und Lehrplänen unterstrichen und folgender Punkt hervorgehoben:
„Lebensbegleitendes Lernen ist ein wichtiges Element des europäischen Hochschulraums. In einem zukünftigen Europa, das sich auf eine wissensbasierte Gesellschaft und Wirtschaft stützt, sind Strategien für das lebensbegleitende Lernen notwendig, um den Herausforderungen des Wettbewerbs und der Nutzung neuer Technologien gerecht zu werden und um die soziale Kohäsion, Chancengleichheit und Lebensqualität zu verbessern." (Ebd., 118)

Der Zusammenhang zwischen europäischer Integration und der u.a. mit dem Bologna-Prozess angestrebten Reform der Universitäten hat sich zu einem zentralen Forschungsbereich entwickelt (Corbett 2005; Eckardt 2005; Heinze 2005; Maassen/Olsen 2007).

– Mit dem Stichwort *„Kopenhagen-Prozess"* verbinden sich Aktivitäten zur engeren Zusammenarbeit der EU-Mitgliedstaaten im Bereich der beruflichen Bildung. Grundlage bildet die Erklärung der europäischen Bildungsminister vom November 2002 in Kopenhagen. Der Prozess strebt u.a. folgende Zielsetzungen an: Transparenz in Hinblick auf berufsqualifizierende Abschlüsse in nationalen Systemen, gemeinsame Instrumente zur Qualitätssicherung, Validierung informeller Qualifikationen, ein Europäischer Qualifikationsrahmen (EQF), ein Leistungspunktesystem (ECVET). Die Einigungsbestrebungen werden auch als Brügge-Prozess bzw. Brügge-Kopenhagen-Prozess bezeichnet. Mit dem Ziel,

---

39 In der Bologna-Erklärung sowie in den Kommuniqués der sich nach 1999 damit befassenden Ministerkonferenzen wurden folgende Ziele des Bologna-Prozesses vereinbart: Einführung eines Systems vergleichbarer Abschlüsse (Bachelor/Master); Einführung einer gestuften Studienstruktur; Verbesserung der Mobilität von Studierenden und wissenschaftlichem Personal; Sicherung von Qualitätsstandards auf nationaler und europäischer Ebene; Umsetzung eines Qualifikationsrahmens für den Europäischen Hochschulraum; Steigerung der Attraktivität des Europäischen Hochschulraums auch für Drittstaaten; Förderung des lebenslangen Lernens. Eine Rekonstruktion der ersten Dekade (1999–2009) aus theologischer Perspektive findet sich bei Krengel (2011).

einen Europäischen Berufsbildungsraum und Arbeitsmarkt zu fördern, hat das Europäische Parlament im Januar 2008 einen Europäischen Qualifikationsrahmen verabschiedet (EQR). Er soll als Referenzsystem dienen, um Transparenz und Vergleichbarkeit der Qualifikationen und den Transfer von Leistungen zu fördern. Die Mitgliedstaaten sind aufgefordert, den EQR bis Ende 2010 jeweils in einen nationalen Qualifikationsrahmen umzusetzen. In Fortführung des Kopenhagen-Prozesses haben die für Berufsbildung zuständigen Minister im Dezember 2010 das „Brügge-Kommuniqué zur verstärkten europäischen Zusammenarbeit in der Berufsbildung" verabschiedet (Kommuniqué von Brügge zu einer verstärkten europäischen Zusammenarbeit in der beruflichen Bildung 2010). Es zeigt eine globale Vision für die berufliche Bildung im Jahr 2020 auf, legt strategische Langzeitziele in der beruflichen Bildung bis zum Jahr 2020 fest und beinhaltet einen Aktionsplan für die Zeit von 2011–2015. Das Brügge-Kommuniqué greift die im Strategischen Rahmen „ET 2020" formulierten langfristigen Ziele auf und fokussiert sie auf den Beitrag der beruflichen Bildung. Vorgeschlagen wird, die Berichterstattung zum Kopenhagen-Prozess zukünftig in die Berichterstattung des Arbeitsprogramms auf der Grundlage von „ET 2020" zu integrieren.

Bislang wurden in diesem Kapitel Entwicklungen im Rahmen der Entstehung einer Europäischen Bildungspolitik der *Europäischen Union* vorgestellt. Der dafür gewählte Umfang ist begründet, da die Europäische Union differenziert und vielfältig Aktivitäten in diesem Bereich entwickelt hat, die deutlich zu einer Europäisierung von Bildung beitragen. Sie wirken sich auf die nationalen Bildungs- und Ausbildungssysteme aus, auch wenn sie den rechtlich festgelegten Rahmen, nur unterstützend im Bildungsbereich zu wirken, nicht überschreiten können.

Wenn nun auf die Themen und Schwerpunkte der Bildungsaktivitäten des *Europarates* eingegangen wird, so hat dies insofern komplementären Charakter, als auch durch dessen Programme, Projekte und Initiativen eine Europäisierung von Bildung gefördert wird. Allerdings geschieht dies in einem anderen strukturellen und inhaltlichen Rahmen. Grundlage und wegweisendes Dokument für Bildungsaktivitäten bildet das 1954 beschlossene „Europäische Kulturabkommen" (Europarat 1954). Die Bildungsaktivitäten des Europarates, die von Anfang an ein zentrales Element der Arbeit des Sekretariats und auch der Parlamentarischen Versammlung darstellten, haben wesentlich stärker Empfehlungs- und Anregungscharakter und sind für die Mitgliedstaaten rechtlich nicht verbindlich.[40]

---

40 Dagegen ist aus der Arbeit des Europarates eine Reihe von Konventionen entstanden, die für die ratifizierenden Mitgliedstaaten rechtlich verbindlich sind. Wesentliche Beispiel sind die Europäische Kulturkonvention und die Konvention zum Schutz der Menschenrechte und Grundfreiheiten (Europäische Menschenrechtskonvention), über deren Einhaltung der Europäische Gerichtshof für Menschenrechte wacht. (Eine vollständige Liste der Verträge findet sich unter: http://conventions.coe.int/Treaty/Commun/ListeTraites.asp?CM=8&CL =GER; es werden darin 213 Verträge aufgelistet).

Sie orientieren sich an den grundlegenden Werten, die für die Arbeit des Europarates leitend sind, nämlich Demokratie, Menschenrechte, Rechtsstaatlichkeit und der Schutz von Minderheiten. Daher ist es nachvollziehbar, dass Aktivitäten für Roma-Kinder und -Jugendliche recht früh im Rahmen des Europarates organisiert wurden. An Schwerpunkten im Bildungsbereich finden sich Programme und Projekte zu Education for Democratic Citizenship (Demokratie lernen und leben), die seit einiger Zeit eng mit Aktivitäten im Bereich der Menschenrechtserziehung verbunden sind, Lernen aus der Geschichte, Holocaust-Erziehung, Hochschulbildung und Forschung, interkulturelle Bildung sowie Fortbildungsmaßnahmen für Lehrpersonal (Pestalozzi-Programm, vgl. Huber 2011).[41]

Mit dem Pestalozzi-Programm besteht ein Fort- und Weiterbildungsangebot für Lehrkräfte und Schulleiter, das in den letzten Jahren an Qualität gewonnen hat.[42]

Etliche Aktivitäten werden seit 2009 in Kooperation mit dem Europäischen Wergeland-Zentrum in Oslo durchgeführt.

Andererseits haben die Projekte und Programme des Europarates einen inhaltlich engeren Bezug zu den Werten europäischer Integration und sind unmittelbarer als bei der EU an Interessen und Bedürfnissen von „Endabnehmern" und nationalen Multiplikatoren ausgerichtet. Als Beispiele sei auf die Handbücher zur Menschenrechtserziehung verwiesen (vgl. Bundeszentrale für politische Bildung et al. 2005) sowie auf ein Handbuch für Schulen zu interkultureller Bildung unter Berücksichtigung religiöser und weltanschaulicher Vielfalt (Keast 2007). Ein Indiz dafür sind auch die zahlreichen Publikationsreihen, die es im Europarat zu seinen thematischen Schwerpunkten im Bildungsbereich gibt.[43]

Empfehlungen und Aktivitäten finden sich insbesondere zu den Bereichen: Europäische Hochschulbildung, Lehrerfortbildung (Pestalozzi-Programm), Interkulturelle Bildung, Geschichtsunterricht, antidiskriminierende Bildung, Holocaust-Erziehung, Bildung für Minderheiten, Bildung für demokratische Bürgerschaft und Menschen-

---

41 Strukturell war bis Ende 2010 die Generaldirektion für Bildung, Kultur- und Naturerbe, Jugend und Sport (DG IV) für die Aufgaben im Bildungsbereich zuständig. Die mit etwa 200 Mitarbeiterinnen und Mitarbeitern größte Generaldirektion dokumentierte die Bedeutung, die der Bereich Bildung, Kultur, Jugend und Sport im Rahmen der Arbeit des Europarates hatte bzw. immer noch hat. Im Rahmen der 2011 erfolgten Neustrukturierung des Sekretariats des Europarates 2011 wurden die früheren Referate zu Bildung und Jugend zusammengelegt und Teil einer neu geschaffenen Abteilung Directorate for Democratic Citizenship and Participation, die zur Generaldirektion II Democracy gehört. Als zuständiges Gremium fungiert nun nach der Strukturreform das Steering Committee for Education Policies and Practice (CDPPE), das die bisher bestehenden Komitees für den Bereich der schulischen Bildung (Steering Committee for Education [CDED]) und für die Hochschulbildung (Steering Committee for Higher Education and Research [CDESR]) zusammenlegt bzw. ersetzt. Ende März 2012 fand die erste Sitzung dieses neuen Gremiums statt.

42 Eine aktuelle Darstellung zu Zielsetzungen und Inhalten des Pestalozzi-Programms findet sich in Huber 2011.

43 Die Publikationen lassen sich unter http://www.coe.int/t/dg4/education im Bereich „Resources" finden.

rechte. Es finden sich im Rahmen des Europarates eine ganze Reihe von Dokumenten, die sich mit Fragen und Zusammenhängen von Religion und Bildung beschäftigen. Einer Auswahl davon wird im Rahmen dieser Studie analysiert, interpretiert und diskutiert.

2.1.3 Europarat und Europäische Union

Die beiden politischen Organisationen Europas, der Europarat und die Europäische Union, werden – wie im vorherigen Abschnitt inhaltlich begründet –, als „Akteure" verstanden, die eine Europäisierung von Bildung befördern. Sie prägen den Diskurs um eine Europäische Bildungspolitik, wollen europäisches Bewusstsein und europäische Identität fördern und unterstützen Zielsetzungen der europäischen Integration u.a. durch Aktivitäten im Bereich von Bildung und Ausbildung. In einem „Memorandum of Understanding" (Council of Europe, Committee of Ministers 2007) werden Bildung, Jugend und die Förderung von Austausch als gemeinsame Priorität und Kooperationsfeld bezeichnet.

Diskursformationen im Bereich Bildung werden im Kontext institutioneller Praktiken des Europarates und der Europäischen Union anhand von vorliegenden Dokumenten untersucht. Dazu wird die bildungspolitisch-legislative Praktik der EU-Institutionen (Europäische Kommission, Europäisches Parlament und Europäischer Rat) herangezogen, d.h. die bildungspolitischen Beschlüsse und Programme sowie die Umsetzung dieser Beschlüsse und Programme in bildungspolitisch-pädagogische Praktik. Ebenso werden Dokumente des Europarates untersucht, u.a. Empfehlungen der Parlamentarischen Versammlung und des Ministerkomitees, Dokumente aus der Arbeit des Kommissars für Menschenrechte und Urteile des Europäischen Gerichtshofes für Menschenrechte.

Der Europarat
Der Europarat wurde 1949 als zwischenstaatliche Organisation gegründet. Im Jahr 2012 gehören ihm 47 Mitgliedstaaten an (Weißrussland ist seit 1993 Beitrittskandidat). Gemäß dem zwischen den Gründungstaaten verabredeten Selbstverständnis bestehen seine Ziele aus:

– dem Schutz der Menschenrechte, der pluralistischen Demokratie und der rechtsstaatlichen Prinzipien;
– der Förderung der gemeinsamen kulturellen Identität in ihrer bestehenden Vielfalt;
– der Suche nach Lösungen für die gesellschaftlichen Probleme Europas; und
– der Konsolidierung der demokratischen Stabilität in Europa.

Das *Ministerkomitee* ist das höchste Entscheidungsorgan des Europarates. Es besteht aus den Außenministern der Mitgliedstaaten, die zu halbjährlichen Sitzungen zusammenkommen und von Ständigen Vertretern in Straßburg repräsentiert werden. Es spricht Empfehlungen an die Mitgliedstaaten aus und verantwortet politische Dokumente wie z.B. Weißbücher, die den Sachstand in einem Politikfeld beschreiben und Vorschläge zur Weiterentwicklung zur Diskussion stellen.

Die *Parlamentarische Versammlung* ist ein beratendes Organ. Seine Mitglieder werden von den nationalen Parlamenten benannt (318 Mitglieder und Stellvertreter), und die Zusammensetzung richtet sich an der Zusammensetzung der jeweiligen nationalen Parlamente aus.

Beiden Organen steht ein Generalsekretariat mit 11 Abteilungen und weiteren Einrichtungen zur Seite. Generalsekretär ist seit September 2009 der Norweger Thorbjørn Jagland.

Bildung und Kultur ressortieren nach der Strukturreform im Jahr 2011 im neu geschaffenen *Directorate for Democratic Citizenship and Participation*, das zur Generaldirektion II *Democracy* gehört.

Der 1994 etablierte *Kongress der Gemeinden und Regionen* vertritt beratend die Gemeinden- und Regionalbehörden und soll die demokratischen Strukturen auf lokaler und regionaler Ebene stärken.

Als wichtige Institution hat sich das Amt des *Kommissars für Menschenrechte* entwickelt, das als unabhängige Institution die Verwirklichung der Menschenrechte in den Mitgliedstaaten beobachtet (seit 2006 wurde dieses Amt von Thomas Hammarberg aus Schweden wahrgenommen, im April 2012 hat Nils Muižnieks aus Lettland das Amt übernommen).

Der *Europäische Gerichtshof für Menschenrechte* trägt die Verantwortung für die Einhaltung der durch den Europarat erlassenen Konvention zum Schutz der Menschenrechte und Grundrechte.[44] Er teilt die Verantwortung mit der Europäischen Kommission für Menschenrechte (1954 errichtet) und dem Ministerkomitee. Mitgliedstaaten und, wenn die Mitgliedstaaten das Recht zur Individualbeschwerde zugelassen haben, natürliche Personen, Personenvereinigungen und nichtstaatliche Organisationen können Beschwerden gegen einen Mitgliedstaat aufgrund möglicher Verletzungen der Konventionsrechte einlegen.[45]

Die *Konferenz der INGOs* (International Nongovernmental Organizations) umfasst mehr als 400 internationale Nichtregierungsorganisationen (NRO) und wird als Mitwirkungsplattform der Zivilgesellschaft an der Politik des Europarates verstanden. Bereits 1952 hat der Europarat INGOs einen konsultativen Status eingeräumt, der dann 2003 umgewandelt wurde in einen partizipativen Status. Damit werden einerseits den NRO Möglichkeiten geboten, sich an Projekten und Entwicklungsprozessen des Europarates zu beteiligen, andererseits besteht die Erwartung, dass die NRO die grundlegenden Ziele des Europarates durch ihre Arbeit unterstützen. Dies geschieht u.a. durch drei thematische Arbeitsgruppen zu *democracy, social cohesion and global challenges (1), education and culture (2)* und *human rights (3)*.

---

44 Sie wurde am 4. November 1950 in Rom unterzeichnet und trat im September 1953 in Kraft. Ziel der Verfasser war es, erste Schritte zu einer kollektiven Durchsetzung der in der Allgemeinen Menschenrechtserklärung der Vereinten Nationen von 1948 verbrieften Rechte zu machen.

45 Der Europäische Gerichtshof für Menschenrechte hat sich zu einem zentralen Instrument zur Überwachung der Europäischen Menschenrechtskonvention entwickelt, dessen Urteile und Entscheidungen auch politikbildend sind (vgl. Wiater 2010).

Impulse erhielt die Arbeit des Europarates durch bislang drei Gipfeltreffen der Staats- und Regierungschefs mit folgenden Schwerpunkten: 1993 ging es in Wien mit damals 32 Mitgliedstaaten um die Vorbereitung der vorgesehenen Erweiterung durch mittel- und osteuropäische Mitgliedstaaten; 1997 in Straßburg um die Verabschiedung eines Aktionsplans mit den vier großen Themen: Demokratie und Menschenrechte, sozialer Zusammenhalt, Sicherheit der Bürger/innen und politische Bildung und kulturelle Vielfalt; und schließlich 2005 in Warschau, um die künftigen Ziele und Prioritäten des Europarates. Sie wurden in einem neuen politischen Mandat definiert und zugleich wurden die zentralen Werte als Grundlage der Arbeit bekräftigt.

Bereits mit dem Europäischen Kulturabkommen von 1954 (Europarat 1954) hat der Europarat auf die Aufgabe der Wahrung der europäischen Kultur und die Förderung ihrer Entwicklung hingewiesen.[46]

Im Blick auf Erziehung und Bildung sind dabei folgende Fragen im Fokus: Wie kann Bildung die Grundfreiheiten und die pluralistische Demokratie fördern? Wie kann zwischen den Völkern Europas ein gegenseitiges Verständnis gefördert und aufgebaut werden, das über kulturelle Unterschiede und Grenzen hinausgeht? Mit eigenen Projekten und Initiativen im Bereich der schulischen und außerschulischen Bildung sollen dazu Beiträge geleistet werden. Für den Zusammenhang der Studie sind Aktivitäten im Feld der interkulturellen Bildung und des interkulturellen Dialogs interessant wie auch zu Fragen einer Europäischen Identität und einer Europäischen Bürgerschaft (*active European Citizenship*).

Im Überblick stellen sich die Institutionen und Schwerpunkte des Europarates wie folgt dar:

---

46 Das Europäische Kulturabkommen gilt als Grundtext für die europäische Zusammenarbeit im Bildungsbereich. Dies wurde von den Bildungsministern in ihrer Erklärung zur interkulturellen Bildung in Athen 2003 bestätigt (Deutsche UNESCO Kommission e.V. 2003).

Abb. 1: Struktur des Europarates (Teilaspekte)

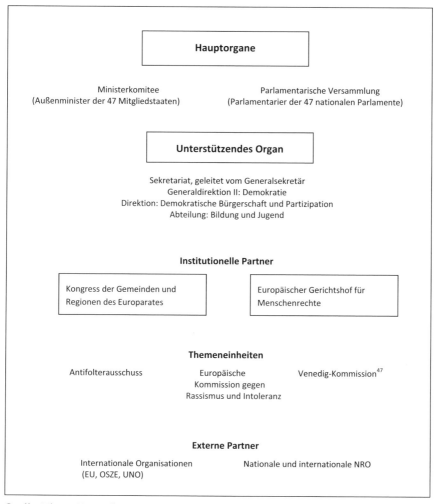

Hauptorgane

Ministerkomitee
(Außenminister der 47 Mitgliedstaaten)

Parlamentarische Versammlung
(Parlamentarier der 47 nationalen Parlamente)

Unterstützendes Organ

Sekretariat, geleitet vom Generalsekretär
Generaldirektion II: Demokratie
Direktion: Demokratische Bürgerschaft und Partizipation
Abteilung: Bildung und Jugend

Institutionelle Partner

Kongress der Gemeinden und
Regionen des Europarates

Europäischer Gerichtshof für
Menschenrechte

Themeneinheiten

Antifolterausschuss

Europäische
Kommission gegen
Rassismus und Intoleranz

Venedig-Kommission[47]

Externe Partner

Internationale Organisationen
(EU, OSZE, UNO)

Nationale und internationale NRO

Quelle: Eigene Darstellung, (angelehnt an Brummer 2008, 19).

---

47 Die Europäische Kommission für Demokratie durch Recht wird „Venedig-Kommission"
genannt und ist eine Einrichtung des Europarates. Sie spielt eine führende Rolle bei der
Ausarbeitung von Verfassungen in Osteuropa, die den Normen des europäischen Verfassungs-
rechtsbestandes entsprechen (siehe www.venice.coe.int).

Die Europäische Union

Zentraler Akteur im Blick auf die europäische Integration ist zweifelsohne die Europäische Union (EU) mit ihren Mitgliedstaaten. Die in den Europäischen Verträgen festgelegten Aufgaben der EU werden von folgenden Institutionen wahrgenommen:

- dem Europäischen Rat und dem Ministerrat[48]
- der Europäischen Kommission (Kommission)[49]
- dem Europäischen Parlament (EP)[50]
- dem Europäischen Gerichtshof.[51]

Hinzu kommen der Europäische Rechnungshof und die Europäische Zentralbank, die allerdings im Blick auf eine Europäisierung von Bildung keine wesentliche Rolle spielen.

Der *Europäische Rat* legt die Leitlinien für die weitere Entwicklung und die politischen Ziele der EU fest. Der Vorsitz rotiert unter den Mitgliedstaaten und wechselt alle 6 Monate. Zur Schaffung von Kontinuität wurde ab 2007 eine sogenannte Trio-Präsidentschaft von 18 Monaten eingerichtet, in deren Rahmen sich die zuständigen Mitgliedstaaten politisch eng abstimmen. Mit dem Vertrag von Lissabon wurde das Amt eines ständigen Präsidenten des Europäischen Rates geschaffen.

---

48 Der Europäische Rat besteht aus den Staats- und Regierungschefs der Mitgliedstaaten der EU sowie dem Präsidenten der Europäischen Kommission. Er kommt regelmäßig zu EU-Gipfeln zusammen. Er dient dazu, Kompromisse zwischen den Interessen der Mitgliedstaaten zu finden und gibt Impulse für die weitere Entwicklung der EU. Der Ministerrat oder Rat der Europäischen Union besteht aus den jeweiligen Fachministern der Mitgliedstaaten. Er ist oberstes Rechtsetzungsorgan und beschließt alle wesentlichen Rechtsakte (Verordnungen, Richtlinien und Beschlüsse). Damit übernimmt er die legislativen Aufgaben der EU, in vielen Bereichen bereits gemeinsam mit dem Europäischen Parlament.

49 Die Europäische Kommission ist ein supranationales Organ der EU, das Exekutivfunktion wahrnimmt und alleiniges Initiativrecht für die EU-Rechtsetzung besitzt. Es besteht aus dem Kommissionspräsidenten und EU Kommissaren (je ein/e Kommissar/in pro Mitgliedstaat) für unterschiedliche Aufgabenbereiche. Die Mitglieder der Kommission werden von den nationalen Regierungen ernannt und vom Europäischen Parlament bestätigt.

50 Das Europäische Parlament ist das direkt gewählte Vertretungsorgan der europäischen Bürgerinnen und Bürger. Es wird seit 1979 alle fünf Jahre direkt gewählt. Seit dem Inkrafttreten des Lissabon-Vertrages hat das Parlament 754 Abgeordnete. Es hat Kompetenzen bei der EU-Rechtsetzung und Mitwirkungsrechte bei der Bildung der Exekutive. Ihm gehören 7 Fraktionen und eine Reihe von fraktionslosen Parlamentariern an. Das Europäische Parlament besteht aus den gewählten Vertreter/inne/n der Völker der in der Gemeinschaft zusammengeschlossenen Staaten. Die Anzahl der Sitze für die Mitgliedstaaten richtet sich nach der Bevölkerungszahl eines jeden Landes nach einem festgelegten Schlüssel. Das Europäische Parlament ist Mitgesetzgeber, es verfügt über eine Haushaltsbefugnis und nimmt gegenüber allen europäischen Einrichtungen die Aufgabe einer demokratischen Kontrolle wahr. Ebenso wie der Ministerrat hat das Parlament eine Legislativbefugnis.

51 Der Europäische Gerichtshof mit Sitz in Luxemburg ist das oberste rechtsprechende Organ der EU. Zu seinen Aufgaben gehört die einheitliche Auslegung des EU-Rechts.

Die *Europäische Kommission* ist zuständig für das Funktionieren und die Entwicklung des gemeinsamen Marktes. Sie vertritt das Gemeinschaftsinteresse der EU nach innen und außen und vertritt die EU in internationalen Organisationen sowie gegenüber Drittländern. Die Kommission ist die Hüterin der Verträge; sie kontrolliert die Einhaltung und die richtige Anwendung des Gemeinschaftsrechts in den Mitgliedstaaten. Sie ist Exekutiv-Organ des Ministerrates und sorgt für die Durchführung und Umsetzung der politischen Beschlüsse und Gemeinschaftsvorschriften.

Unter den Kommissionsmitgliedern gibt es eine/n Zuständige/n für den Bereich Bildung und Kultur.

Der *Europäische Wirtschafts- und Sozialausschuss* und der Ausschuss der Regionen sind als beratende Institutionen an EU-Legislativvorschlägen beteiligt.

Abb. 2: Die Organe der Europäischen Union

Quelle: http://www.europarl.europa.eu/brussels/website/content/modul_02/start.html[52]

Die Geschichte der bisherigen europäischen Integration und der Entwicklung im Bereich Bildung und Ausbildung dokumentiert Elemente einer Europäisierung, die eine zunehmende Werteorientierung und eine damit einhergehende Integration von Bildung und Ausbildung in eine weitergehende Entwicklungsstrategie Europas anzeigen. Es wurde auch deutlich, dass die Europäische Union und der Europarat als Akteure ein je unterschiedliches Interesse an Bildung haben. Einerseits sollen Bildung und Ausbildung eine Schlüsselrolle für künftiges Wachstum, Wettbewerbsfähigkeit und sozialen Zusammenhalt innerhalb der Union erhalten, andererseits wird Bildung eine wichtige Funktion zugesprochen im Blick auf die Entstehung einer europäischen Identität, einer europäischen Bürgerschaft, sowie der Verwirklichung von Menschenrechten und Demokratie.

Im nächsten Abschnitt wird nun Religion als Quelle und Dimension gemeinsamer europäischer Werte eingeführt und behandelt.

---

52 Im Rat der Europäischen Union, kurz „Rat", treten die nationalen Minister aller EU-Mitgliedstaaten zusammen, der Europäische Rat besteht aus den Staats- und Regierungschefs der EU-Mitgliedstaaten, die zu Gipfeltreffen zusammenkommen.

2.2 Religion als Quelle und Dimension europäischer Werte

2.2.1 Zum Religionsbegriff

Religion ist mit grundlegenden ethischen und moralischen Werten verbunden, hat eine kulturprägende Funktion (vgl. Hitzler/Honer 1997) und als Orientierungs- und Sinnsystem für Gläubige eine individuelle Funktion. Als Praxis und Reflexionsform menschlichen Lebens prägt sie Alltag und Gesellschaft. Der Begriff der Religion ist vieldeutig und schillernd, eine eindeutige etymologische Ableitung des Religionsbegriffs ist nicht möglich (vgl. Lämmermann 2002).[53] Es kann unterschieden werden zwischen einem Außenaspekt von Religion, der religiöse Inhalte und Formen mit der Frage gesellschaftlicher und individueller Sinnkonstitution verbindet, und einem Innenaspekt von Religion, bei dem es um einen Transzendenzbezug und um Veranschaulichungsformen des Transzendenten geht (vgl. Pollack 2000, 81).

Religion ist Gegenstand zahlreicher Wissenschaften.[54] Unterschieden wird ein *funktionaler* Religionsbegriff, der danach fragt, was Religionen bewirken und ein *substanzieller* Religionsbegriff, der sich an einem Bezugsgegenstand von Religion ausrichtet (vgl. Pollack 2000). Die funktionale Perspektive bezieht Religion auf ein Problem, das mit ihr gelöst ist und bestimmt die Leistung, die Religion zur Lösung dieses Problems zur Verfügung stellen kann.

---

53 Das Urwort *religio* lässt sich z.b. ableiten von *„relegere"* = „(wieder) zusammennehmen", bzw. von *„religere"* = „rücksichtsvoll beachten". Es gibt auch die vor allem von Augustinus übernommene Ableitung von *„religare"* = „zurückbinden, an etwas befestigen", bei der religio dann „Verbindlichmachung, Verpflichtung" bedeutet. Augustinus verwendet als weitere Deutung auch *„reeligere"*, das den Akt der Umkehr des Menschen zu Gott meint, die Wiederentdeckung Gottes.

54 Die *Philosophie* versucht, das Wesen der Religion unter Heranziehung der Vernunft als kritischen Maßstab der Beurteilung auf den Begriff zu bringen und die Gültigkeit religiöser Sätze philosophisch zu begründen. Die *Theologie* versucht Religion „von innen" her zu verstehen; die *Religionswissenschaft* eher „von außen", indem sie Religion als einen empirisch gegebenen Gegenstand betrachtet (vgl. Tworuschka 2011; Hock 2011; Zinser 2010); die *Religionsphänomenologie* (vgl. Lanczkowski 1978) will sich in die fremde Religion einfühlen und versucht, sie von innen zu verstehen. Der *Religionspädagogik* geht es um religiöses Lernen und um religiöse Bildung und um den Zusammenhang von Religion und Bildung generell (vgl. Mette 1994, Grethlein 1998, Schweitzer 2006, Kunstmann 2010). In der *Erziehungswissenschaft* geht es um religiöse Ursprünge des Bildungsbegriffs und um systematische Zusammenhänge von Religion und Bildung (vgl. Groß/Benner 2004; Schweitzer 2004; Schluß 2010; Arthur et al. 2010). Die *Religionssoziologie* beschäftigt sich mit Religion im Hinblick auf ihre sozialen Voraussetzungen und mit der Wirkung von Religion im System Gesellschaft (Luhmann [1977]2004, 2004; Pickel 2011; Krech 1999; Luhmann/Kieserling 2000); die *Religionspsychologie* mit psychologischen Fragen zu Religion in der Schnittstelle zwischen Angewandter Psychologie und Religionswissenschaft (vgl. Heine 2005; Lämmermann 2006; Grom 2009). Auch die *Neuropsychologie* hat Religion als Gegenstand entdeckt (vgl. Linke 2005).

Für den Kontext der Studie werden die theoretischen Perspektiven anschlussfähig (vgl. die nachstehenden Ausführungen in Kapitel 2.3), die mit dem Bestand korrespondieren, was in Europa als Religion anerkannt wird. Dazu gehören: Religion als soziales Phänomen zu verstehen (Council of Europe PAS 1998, 4); die Perspektive, Religion als Thema öffentlicher Kommunikation zu betrachten (so Luhmann 2000 und 2004, vgl. dazu Treml 2003, Scheunpflug 2003, Scheunpflug/Mette 2007); Religion als „diskursiven Tatbestand" (Matthes) aufzufassen; ein handlungsorientierter Religionsbegriff (Riesebrodt 2011), der es erlaubt, die Trennung zwischen religiöser Innen- und Außenperspektive methodisch zu überwinden. Diese theoretischen Perspektiven versuchen der Gefahr einer eindimensionalen Definition von Religion zu entkommen. Ebenso tragen sie der Tatsache Rechnung, dass die Praxis des „Gebrauchs von Religion" ihrer Theorie vorausgeht (vgl. Schröder, 2009, 47). Mit dem Vorschlag von Joachim Matthes, auf den Schieder (2001, 75ff.) hinweist, Religion als „diskursiven Tatbestand" aufzufassen, wird der Erkenntnis Rechnung getragen, dass es keine allgemeine Definition von Religion gibt, sondern nur Religionszuschreibungen, „die in einer bestimmten Epoche in einer bestimmten Gesellschaft gebildet werden" (Schieder 2001, 76; vgl. auch Matthes/Schloz 2005). Die Wissenschaften sind an diesen Zuschreibungen beteiligt. Im Fokus der Studie steht die Frage, welche Zuschreibungen von Religion in Dokumenten der europäischen Institutionen zu finden sind und wie sie ggf. mit Bildung in Beziehung gesetzt werden.

2.2.2 Religion und Europa – Zusammenhänge

Als Ausgangspunkt zur Betrachtung von Zusammenhängen zwischen Religion und Europa kann festgehalten werden, dass sich der Blick der säkular geprägten politischen Institutionen Europas auf Religion in den letzten Jahren verändert hat, nicht zuletzt ausgelöst durch die terroristischen Anschläge in New York und Washington am 9. September 2001 und den daraus folgenden Dynamiken und Ereignissen. Wurde das „Problem Religion" bis dahin eher randständig oder als ausschließlich private Angelegenheit behandelt, so war dies nun nicht mehr opportun, denn es galt, die zunehmende öffentliche Bedeutung von Religion in die politische Perspektive einzubeziehen, z.B. für den Europarat als dem Wächter von Demokratie, Menschenrechten und Rechtsstaatlichkeit in Europa. Religion wird seit dieser „Wende" als wichtige kulturelle Gegebenheit beachtet und in verschiedenen Politikbereichen berücksichtigt (vgl. Council of Europe PAS 2007b), auch wenn die Ambivalenz von Religion bisweilen zu unterschiedlichen Einschätzungen über die erforderliche Intensität bei der Befassung mit Religion führt (vgl. Council of Europe 2004; Hildebrandt 2006; Hasenclever 2009; Raiser 2010; Meyer 2005). Es wird danach gefragt, wie sich Religion zu Toleranz, Demokratie, Menschenrechte, Citizenship usw verhält. Die religiöse Dimension bzw. die religiöse Vielfalt werden im Bereich interkultureller Bildung thematisiert, es gibt politische Empfehlungen zu „Education and Religion" wie zum Umgang mit fundamentalistischen Entwicklungen und Tendenzen oder auch zur religiösen Dimension im Bereich interkultureller Bildung (vgl. Council of Europe, PAS 2007b; Europarat, Ministerkomitee

2008). Auch die Rolle religiösen Wissens und die Funktion religiöser Bildung werden in diesem Zusammenhang positioniert (vgl. Council of Europe, PAS 2005).

Vor dem Hintergrund dieser veränderten Wahrnehmung von Religion ergeben sich einige theoretische, empirische und normative Anmerkungen, die für den Rahmen des Gegenstandes dieser Studie relevant sind.

Ein erster theoriebezogener Zugriff ist die *Interpretation des Verhältnisses von Säkularisierung und Moderne* und seinen Auswirkungen auf Religion und Politik bzw. Kirche und Staat. Die Staat-Kirche-Beziehungen in Europa sind von den Auswirkungen der Säkularisierung ebenso geprägt wie das Verhältnis von Gesellschaft und Religion. Unterschiedlich sind die Interpretation der Prinzipien der Trennung von Staat und Kirche, die konkrete Ausbildung eines säkularisierten Staatsverständnisses mit Religionsfreiheit als einem tragenden Element, das auch von den europäischen Institutionen als hohes Gut gesehen wird.

Es scheint dabei nicht umstritten zu sein, dass Religion, insbesondere das Christentum, aber auch Judentum und Islam, wichtige Wirkfaktoren in der Geschichte Europas gewesen sind. Umstritten ist eher die Frage, wie mit dem daraus erwachsenen „Erbe" umzugehen ist und welchen Stellenwert Religion heute für das Zusammenleben in Europa hat oder haben soll.

Der säkulare, gegenüber Religion neutrale Verfassungsstaat hat sich als politisches Modell in Europa weitgehend durchgesetzt und auch die europäischen Institutionen verstehen sich als säkular, den Religionen und Weltanschauungsgemeinschaften gegenüber als neutral und unparteiisch. Als Folge davon wird Religion in vielen Kontexten weitgehend als Privatsache verstanden und so auch in seiner öffentlichen Funktion auf europäischer Ebene kaum thematisiert – zumindest bis vor einigen Jahren. In Empfehlungen des Europarates finden sich häufig Formulierungen, die den persönlichen, privaten Charakter von Religion betonen: *Each person's religion (...) is a strictly personal matter* (Council of Europe, PAS 2007a).

Auch wenn sich der neutrale Verfassungsstaat als Modell in Europa etabliert hat, so sind die *Verhältnisse von Staat und Religion/Kirche* in den Ländern Europas doch unterschiedlich. Während sich an dem einen Ende des vorhandenen Spektrums eine strikte Trennung von Staat und Religion etabliert hat, insbesondere im Modell der *laïcité* in Frankreich und Belgien, gibt es an der anderen Seite des Spektrums mit den bestehenden Staatskirchen (z.B. England, Norwegen, Griechenland) nach wie vor eine enge Verbindung zwischen Staat und Kirche.[55] Innerhalb dieses Spektrums lassen sich vielfältige Kooperationsmodelle zwischen Staat und Kirche/Religionsgemeinschaften finden. Die „Spielräume" für die Wahrnehmung einer privaten wie öffentlichen Funktion von Religion sind in den bestehenden nationalen Modellen unterschiedlich und vielfältig.

---

55 Eine fundierte Zusammenstellung zu den bestehenden Staats-Kirche Verhältnissen hat Robbers (1995) vorgelegt. Der Autor beschäftigt sich auch aktuell mit Fragen eines „europäischen Kirchenrechts" (Robbers 2006, zu ,Religion in Public Education' vgl. Robbers 2011). Behr (2006) charakterisiert seine Einführung in Politik und Religion in der Europäischen Union als „zwischen nationalen Traditionen und Europäisierung". Bérengère (2003) beschäftigt sich mit den Anfängen eines europäischen Modells zum Umgang mit religiöser Vielfalt.

Fragen nach einem angemessenen Verhältnis von Religion und Politik werden in der theoretischen Diskussion mit unterschiedlichen Konzepten verbunden. Ein Konzept ist das der *Religionspolitik*. Es geht über die individuelle Ebene hinaus und beschäftigt sich mit feststellbaren „Verwicklungen" (Wilhelm Gräb) von Religion, Kultur und Politik. Rolf Schieder (2007, 2008) verwendet den Begriff Religionspolitik zur Beschreibung des Verhältnisses von Religion und Politik nach der vollzogenen Trennung von Kirche und Staat (kritisch zur Rolle der Religionsgemeinschaften: Zypries 2006). Die Gefahr der politischen Instrumentalisierung von Religion wird in diesem Diskurs ebenso thematisiert wie die mögliche Bedrohung der Politik durch eine Loyalitätsverweigerung durch religiöse Gemeinschaften (vgl. Schieder 2001, 13). Schieders Plädoyer für eine aktive staatliche Religionspolitik ist für die politischen Institutionen nicht voraussetzungslos, sondern bedarf einer empirischen Grundlegung zur Situation von Religion und den Religionsgemeinschaften, einer Offenlegung des verwendeten Religionsbegriffs und -verständnisses sowie der mit Religionspolitik verbundenen Ziele (vgl. Schieder 2007, 18).

Auch das Konzept der *Zivilreligion* fragt nach dem Verhältnis von Religion und Politik. Es zielt ab auf die religiösen und weltanschaulichen Grundlagen einer Gesellschaft, vor allem in ethisch-moralischer Hinsicht, und ist nicht unabhängig von der Rolle der Kirchen und Religionsgemeinschaften in einer Gesellschaft. Im europäischen Kontext lässt sich dann nach der Notwendigkeit einer „europäischen Zivilreligion" fragen (vgl. Hildebrandt 2006; Liedhegener 2011).

Die europäischen Diskurse beziehen sich insbesondere auf die institutionalisierte Religion und dem möglichen Beitrag der Religionsgemeinschaften zur europäischen Integration (vgl. Müller-Graff/Schneider 2003). Zunehmend werden die Religionsgemeinschaften als zentrale Akteure der Zivilgesellschaft angesehen, die im Blick auf den sozialen Zusammenhalt und auf die Etablierung gemeinsamer Werte eine wichtige Funktion einnehmen (vgl. Barnett 2005a, 2005b im Blick auf die europäischen Institutionen).

Beim Blick auf die europäischen Institutionen lässt sich festhalten, dass sich keine nennenswerten Religionskontroversen entwickelt haben (Tietze 2008). Die religionspolitische Zurückhaltung der EU ist rechtlich festgeschrieben (Erklärung Nr. 11 zur Schlussakte des Vertrages von Amsterdam und Art. 15b des Lissabonner Vertrages, vgl. Hatzinger 2010, Vertragstext in Bundeszentrale für Politische Bildung; Europäische Union 2008). Allerdings hat sich mit dem Lissabonner Vertrag ein neues Religionsrecht entwickelt, dokumentiert in Art. 17b. Darin wird der jeweilige nationale Status der Kirchen und Religionsgemeinschaften bestätigt, ihre Identität und ihr spezieller Beitrag zur Europäischen Integration gewürdigt, und ein „offener, transparenter und regelmäßiger Dialog" zwischen der EU und den Religionsgemeinschaften festgeschrieben. Dieser Dialog hat bereits eine längere Geschichte, wenn auch eher in informell organisierter Form (vgl. aus der Perspektive der KEK Hogebrink Dezember 2011 und aus katholischer Sicht Weninger 2007).

Die weitgehend formale Zurückhaltung geht einher mit zum Teil leidenschaftlichen Debatten innerhalb einzelner Mitgliedstaaten, die zu europäischen Themen mit

Religionsbezug geführt werden. Beispiele dafür sind die Frage nach dem Verweis auf das „religiöse Erbe" bzw. der Verankerung eines Gottesbezuges im Vertrag für eine Verfassung (Waschinski 2007; Weiler 2004) oder der mögliche Beitritt der Türkei zur EU (Leggewie 2004).

Ein zweiter theoriebezogener und empirischer Strang, der für den Kontext der Studie von Belang ist, hängt mit der Frage zusammen, welche *Formen von Religion* im europäischen Kontext wahrgenommen und untersucht werden, die ggf. im politischen Diskurs zu berücksichtigen wären. Eine angemessene Beurteilung der Bedeutung kultursoziologischer und anderer Aspekte von Religiosität setzt eine Erfassung und Abbildung religiöser Tendenzen und Dynamiken voraus, die sich auf umfassende und aussagekräftige Daten stützen.

Zunächst lassen sich verschiedene Formen unterscheiden: das *Individuum* mit einer darauf bezogenen individualisierten Form von Religion, die *Religionsgemeinschaften* als institutionalisierte Form von Religion und Repräsentanten der ihnen angehörenden Gläubigen und Religion als *Teil von Kultur*, als „cultural fact".[56] Diese Zugänge sollen nachfolgend näher beleuchtet werden.

Im Blick auf das Verhältnis von *Individuum und Religion* bzw. vorherrschende religiöse Orientierungen, geben zwei international vergleichende Studien Auskunft: der *Religionsmonitor 2008*[57] und die *European Values Studies*[58], die sich mit der religiösen

---

56 Gräb weist darauf hin, dass die Individualisierung der Religion nicht mit ihrer Privatisierung verwechselt werden dürfe. „Auch die individualisierten religiösen Beziehungen sind sozial vermittelt und bewegen sich in traditionsgebundenen kulturellen Kontexten. Sie bilden sich nie gänzlich losgelöst von den religiösen Gemeinschaften und den verfassten Religionen aus." (Gräb 2007, 192)

57 Die Bertelsmann Stiftung hat interdisziplinär ein wissenschaftliches Instrumentarium entwickeln lassen, das die verschiedenen Dimensionen von Religiosität in der modernen Gesellschaft untersucht: den Religionsmonitor. Den Kern des Religionsmonitors bildet eine erstmals 2007 durchgeführte repräsentative quantitative Erhebung in 21 Ländern. Der Fragebogen besteht aus annähernd 100 Fragen, mit denen sechs Kerndimensionen von Religiosität erfasst werden: (1) das Interesse an religiösen Themen, (2) der Glaube an Gott oder etwas Göttliches/der Glaube an ein Leben nach dem Tod, (3) die öffentliche religiöse Praxis, (4) die private religiöse Praxis, (5) religiöse Erfahrungen sowie (6) die allgemeine Alltagsrelevanz der Religion. Die Auswahl der Länder begründet sich im interreligiösen Ansatz des Religionsmonitors. Es werden alle großen Weltreligionen und alle Kontinente berücksichtigt. Die Daten wurden durch telefonische Interviews und in einigen Staaten in persönlichen Gesprächen erhoben. In Deutschland wurde die repräsentative Erhebung durch qualitative Interviews ergänzt. Darüber hinaus werden die Ergebnisse in einem Zentralitätsindex verdichtet, woraus sich eine Zuordnung nach Hochreligiösen, Religiösen und Nichtreligiösen ergibt. (Zu den Ergebnissen vgl. Rieger 2007, Bertelsmann-Stiftung 2009).

58 Ende der 1970er Jahre hat eine Gruppe von Sozialwissenschaftlern der Universität Tilburg und der Katholischen Universität in Leuven ein Forschungsprojekt zum Stellenwert und dem Wandel traditioneller Werte in Europa begonnen. Befragungen wurden 1981, 1990 und 1999/2000 in Mitgliedstaaten der EU durchgeführt. Ergebnisse sind in der Form eines Atlas veröffentlicht (Halman/Luijx/van Zundert 2005).

Orientierung der Europäerinnen und Europäer beschäftigen. Für den Kontext der vorliegenden Studie sind folgende Befunde des Religionsmonitors für Europa wichtig:

- Europa wird nach wie vor stark vom christlichen Glauben geprägt. Drei Viertel aller Europäer (74 Prozent) in den erhobenen Ländern sind religiös, ein Viertel (25 Prozent) sogar hochreligiös. Die christlichen Konfessionen sind dominant, über andere Religionen kann der Religionsmonitor aufgrund der geringen Fallzahlen keine repräsentativen Aussagen machen.
- Der Glaube ist den Europäern wichtig. Mehr als die Hälfte (57 Prozent) nehmen mehr oder weniger regelmäßig an Gottesdiensten teil, 61 Prozent bekennen sich zum persönlichen Gebet. 68 Prozent stimmen der Überzeugung zu, dass es einen Gott oder etwas Göttliches gibt, und sie erwarten in irgendeiner Form ein Weiterleben nach dem Tod.
- Zwischen einzelnen europäischen Ländern gibt es ein ausgeprägtes religiöses Gefälle, das sehr stark von nationalen Traditionen beeinflusst ist. Am stärksten sind Glaube und Religion in Polen und Italien verwurzelt, am schwächsten im laizistischen Frankreich.
- Religiosität bildet eine wichtige Klammer für das europäische Zusammenwachsen. Sie beeinflusst das persönliche und soziale Leben in allen Ländern, wenn auch in unterschiedlicher Intensität.

Die positive Würdigung von Religion, die in den Ergebnissen des Religionsmonitors zum Ausdruck kommt und die Bedeutung, die eine religiöse Orientierung für die Mehrheit der Europäer/innen hat, sollte mitberücksichtigt werden, wenn die europäischen Institutionen den Stellenwert von Religion und religiöser Orientierung im Rahmen ihrer Arbeit gewichten.

Die empirischen Ergebnisse der *European Values Studies* stützen den dargelegten Befund. Sie belegen, dass Religion und Religiosität für eine Vielzahl von Europäerinnen und Europäern wichtig sind. So beten oder meditieren etwa die Hälfte der Europäer/innen mindestens einmal wöchentlich und drei von vier Europäern bezeichnen sich als religiös (vgl. ebd., 60). Im Blick auf den Besuch von Gottesdiensten ergibt sich in der Studie, dass etwa 40 Prozent der Europäer einen Gottesdienst nur bei einem speziellen Anlass besuchen, 30 Prozent regelmäßig und eine große Mehrheit (75 Prozent) einen Gottesdienst bei Ereignissen wie Geburt, Hochzeit oder Trauerfeier als angemessen empfindet (vgl. ebd., 63).

Beide Studien weisen Ergebnisse aus, die auf ein weitaus größeres Gewicht von Religion hinweisen, als dies angesichts der Vorstellung eines stark säkularisierten Europas zu erwarten wäre.

Hinsichtlich der *Religionsgemeinschaften* als institutionalisierte Form von Religion und Repräsentanten der ihnen angehörenden Gläubigen lässt sich eine *normative Perspektive* anführen, die darin begründet ist, dass gewichtige politische Stimmen davon aus gehen, dass es ohne die Einbindung der Religionen keinen dauerhaften Konsens und fortschreitenden Integrationsprozess in Europa geben könne. Beispielhaft hat EU-Kommissionspräsident José Manuel Barroso in seinem Beitrag bei der Dritten Europäischen Ökumenischen Versammlung im September 2007 in Sibiu „den besonderen Beitrag der Kirchen und Religionsgemeinschaften" zum europäischen Einigungsprozess bekräftigt, der umso relevanter ist „wenn er in einem ökumenischen Geist geschieht" (Barroso 2007, 2). Weiter führt er aus:

> „Die Kirchengemeinschaften können und sollen zu einem besseren Verständnis zwischen den Menschen durch die Förderung der gegenseitigen Achtung innerhalb unserer gemeinsamen Grundwerte beitragen." (Ebd., 3)

Wie sich insbesondere die evangelischen Kirchen auf europäischer Ebene organisiert haben, wird in Abschnitt 2.2.3 dargelegt.

Religion als Teil von Kultur zu verstehen, ist zunächst als allgemeine Zuschreibung nicht strittig, wenn unter Kultur die sinnhaften und bedeutungstragenden Aspekte der menschlichen Gesellschaften gemeint werden, die in gelebten Traditionen und Praktiken zum Ausdruck kommen (vgl. Knoblauch 2007). Die Zuschreibung weist darauf hin, dass Religion ein kultureller Bereich ist wie Musik, Literatur oder Bildende Kunst. Religion zeichnet sich durch normative Orientierungen aus wie andere Domäne menschlicher Existenz auch. Problematisch wäre allerdings, wenn Kultur mit dem Anspruch verbunden wird, den umfassenden Deutungsanspruch von Religion für die Gläubigen zu relativieren. Deshalb erscheint es angemessen, Kultur selbst als Differenz und Aushandlungsprozess zu verstehen mit interkulturen und kulturellen Hybriden, wenn die Beziehungen zwischen Religion und Kultur in den Blick genommen werden.

Die dargelegten theoretischen, empirischen und normativen Zusammenhänge sind relevant für die Untersuchung der Frage, ob und wie „Religion" im Rahmen einer Europäisierung von Bildung thematisiert wird. In der vorliegenden Studie geht es um die Frage, welches Religionsverständnis in einschlägigen Dokumenten und Projekten implizit enthalten ist und welche Erwartungen von den politischen Institutionen an Religion und die Religionsgemeinschaften als „Repräsentanten von Religion" gerichtet werden.

Ergänzend dazu werden nun im nächsten Abschnitt Kirchen und Religionsgemeinschaften als Akteure auf europäischer Ebene beschrieben.

2.2.3 Kirchen und Religionsgemeinschaften

Die evangelischen und die katholischen Kirchen haben sich in ihrer Verfasstheit bemüht, auf eine entstehende Europäisierung institutionell zu reagieren. In diesem Abschnitt werden die Konferenz Europäischer Kirchen (KEK) und die Gemeinschaft Evangelischer Kirchen in Europa (GEKE) beispielhaft und begründet durch einen engen Bezug zur Fragestellung der Studie vorgestellt. Beide Institutionen haben sich zu wichtigen Dialogpartnern der europäischen Institutionen entwickelt.[59]

---

59 Damit wird das Feld der Kirchen und Religionsgemeinschaften auch nicht annähernd vollständig beleuchtet, da z.B. die katholischen Strukturen (COMECE und CCEE) nicht in gleicher Weise vorgestellt und berücksichtigt werden. Diese Prioritätensetzung ist mit der protestantischen Perspektive der Studie begründet.

Die protestantischen, anglikanischen und orthodoxen Kirchen Europas haben sich 1959 in der Zeit des Kalten Krieges in einem gespaltenen und geteilten Kontinent in der *Konferenz Europäischer Kirchen* (KEK) zusammengefunden. Es war für die Kirchen in Ost- und Westeuropa eine Priorität, sich für internationales Verständnis und für Brücken bauen einzusetzen (Guerney 1999).[60]

Die KEK hat stets versucht, Brücken zwischen Minderheits- und Mehrheitskirchen, zwischen den Generationen, zwischen Frauen und Männern, und zwischen Christen verschiedener Konfessionen zu schlagen. Obwohl die römisch-katholische Kirche kein Mitglied ist, unterhält sie enge Beziehungen zur KEK. Eine Reihe von ökumenischen Begegnungen haben in Europa stattgefunden, die gemeinsam von der KEK und dem Rat der Europäischen Bischofskonferenzen (CCEE = Consilium Conferentiarum Episcoporum Europae) veranstaltet wurden. Die wichtigsten Ereignisse waren die Europäischen Ökumenischen Versammlungen „Friede in Gerechtigkeit" in Basel in der Schweiz (1989), „Versöhnung, Gabe Gottes und Quelle neuen Lebens" in Graz/ Österreich (1997), und die Versammlung in Sibiu/Rumänien 2007 zum Thema „Das Licht Christi scheint auf alle!", die von beiden Organisationen gemeinsam durchgeführt wurde (vgl. Buda 2008).

Das Mandat der KEK beinhaltet, sich für die Interessen der Kirchen in Prozesse der europäischen Integration einzubringen und zugleich als kritischer Partner der politischen Institutionen zu agieren (vgl. Conference of European Churches 2008). Wohl das wichtigste Anliegen ist dabei die weitere Entwicklung der ökumenischen Zusammenarbeit in Europa. Im Jahre 2001 haben die KEK und die CCEE gemeinsam die „Charta Oecumenica – Richtlinien für die wachsende Zusammenarbeit unter den Kirchen in Europa" unterzeichnet (Konferenz Europäischer Kirchen [KEK] und Rat der Europäischen Bischofskonferenzen [CCEE]) 2001), in der die gemeinsame soziale Verantwortung in Europa und die Verantwortung Europas für die ganze Menschheit unterstrichen werden. Kirchen in ganz Europa sind aufgerufen, diese Richtlinien in ihren Kontexten in die Tat umzusetzen.

Die Arbeit der KEK geschieht u.a. durch ihre Kommission „Kirchen im Dialog", die sich mit dem theologischen Dialog befasst und durch die „Kommission für Kirche und

---

60 Die KEK ist eine Gemeinschaft von 126 orthodoxen, protestantischen und alt-katholischen Kirchen sowie 43 assoziierten Organisationen in allen Ländern des europäischen Kontinents (Mitte 2012). Es gibt Büros in Genf (Generalsekretariat und Kommission „Kirchen im Dialog"), Brüssel (Kommission für Kirche und Gesellschaft KKG und Kommission der Kirchen für Migranten in Europa CCME) und Straßburg (Kontakte zum Europarat). In Vollversammlungen (zuletzt im Juli 2009 in Lyon), Sitzungen des Zentralausschusses und in thematisch orientierten Kommissionen bestimmen die Vertreterinnen und Vertreter der Kirchen und der assoziierten Mitglieder gemeinsam die Schwerpunkte und Formen der Arbeit. Da sich die Situation in Europa seit Gründung der KEK deutlich verändert hat, wird innerhalb der KEK über eine Erneuerung des Mandats der KEK und einer damit verbundenen Veränderung der Arbeitsstrukturen nachgedacht. Dazu wurde 2009 eine Revisionsgruppe eingesetzt, die ihren Diskussionsvorschlag im Januar 2012 an die Mitgliedskirchen zur Diskussion gegeben hat. Die Vollversammlung 2013 in Budapest soll die für eine Reform erforderlichen Beschlüsse fassen.

Gesellschaft" (KKG). Diese Kommission entstand durch die 1999 erfolgte Integration der Europäischen Ökumenischen Kommission für Kirche und Gesellschaft (EECCS) mit der KEK. Sie hat Büros in Brüssel/Belgien und Straßburg/Frankreich und beschäftigt sich mit sozialen und wirtschaftliche Fragen sowie Themen zum Umweltschutz im europäischen Kontext. Die Kommission hat die spezifische Aufgabe, die Kirchen in den europäischen Integrationsprozess einzubeziehen, die politischen Institutionen und Organisationen zu beobachten (Europäische Union, Europarat, Organisation für Sicherheit und Zusammenarbeit in Europa, Vereinte Nationen) und regelmäßige Kontakte zu ihnen im Namen der KEK und ihrer Mitgliedskirchen aufrechtzuerhalten (vgl. Heider-Rottwilm 2004; Fischer 2005; Barnett 2005). In diesen Kontakten und Dialogen wurden in den letzten Jahren auch zunehmend Bildungsfragen thematisiert (Überblick bei Hogebrinck 2011). Seit 2011 gibt es auch eine Arbeitsgruppe Bildung.

Die *Gemeinschaft Evangelischer Kirchen in Europa* (GEKE) umfasst als Organisation fast alle evangelischen Kirchen in Europa. Ihr Gründungsdokument ist die Leuenberger Konkordie von 1973, mit der die mehr als 450-jährige Epoche der Kirchenspaltung zwischen lutherischen und reformierten Kirchen beendet wurde. Auf der Grundlage des darin dargelegten gemeinsamen Verständnisses des Evangeliums gewähren die Unterzeichnerkirchen einander Kanzel- und Abendmahlsgemeinschaft. Sie verpflichten sich zu gemeinsamem Zeugnis und Dienst auf lokaler, regionaler und europäischer Ebene sowie zur theologischen Weiterarbeit. Die „Konkordie reformatorischer Kirchen in Europa" (Leuenberger Konkordie, verabschiedet 1973) war Ergebnis einer Reihe von theologischen Lehrgesprächen.[61] Diese Methode prägt bis heute die Arbeit der GEKE. Allmählich verstärkt sich im Rahmen der GEKE die Forderung nach einer „evangelischen Stimme in Europa", die sich auch um Bildungsfragen kümmern soll.[62]

Neben den europäischen Zusammenschlüssen finden sich auch nationale Vertretungen von Kirchen, die sich am europäischen Diskurs beteiligen. So hat die EKD seit 1990 eine Dienststelle in Brüssel, die dem Bevollmächtigten des Rates der Evangelischen Kirche in Deutschland bei der Bundesrepublik Deutschland und der Europäischen Union untersteht. Dem Büro ist aufgetragen, die politischen und rechtlichen Entwicklungen auf europäischer Ebene zu beobachten und vorhandene Instrumente zur Einflussnahme zu nutzen. Das Büro hat sich z.B. mit einer Stellungnahme am EU-Konsultationsprozess zu „Migration & Mobilität – eine Herausforderung für die Bildungssysteme im Europa" beteiligt (EKD 2009). Ein Informationsdienst (EKD – Büro Brüssel – Europa-Informationen) stellt regelmäßig Analysen und Bericht zu aktuellen europäischen Entwicklungen mit Relevanz für die Kirchen vor. Die Leiterin

---

61 Zu den 105 Kirchen, die die Leuenberger Konkordie unterzeichnet haben, zählen neben den klassischen Reformationskirchen auch die vorrefomatorischen Kirchen der Waldenser und der Böhmischen Brüder. Hinzu kommen fünf protestantische Kirchen in Südamerika, die aus früheren Einwandererkirchen entstanden sind.

62 Ein Indiz dafür ist der Beschluss der Vollversammlung in Budapest 2006, das Thema „Protestantismus und Bildung" im Kontext europäischer Entwicklungen zu bearbeiten (vgl. Hüffmeier 2007, 311).

der Außenstelle ist zugleich assoziiertes Stabs-Mitglied der Kommission Kirche und Gesellschaft der KEK in Brüssel.

Die katholischen Kirchen unterhalten mit ihrer *Kommission der Bischofskonferenzen der Europäischen Gemeinschaft* (Commissio Episcopatuum Communitatis Europensis COMECE) ebenfalls ein Büro in Brüssel.[63]

Dialogseminare haben eine langjährige Tradition in der Zusammenarbeit zwischen der Europäischen Kommission und den Kirchen in Europa. Seit ihrem Beginn in den frühen 1990er Jahren haben sie sich als ein bedeutendes Diskussionsforum für Fragen von gemeinsamem Interesse erwiesen und stellen ein wichtiges Element des regelmäßigen und transparenten Dialogs zwischen den europäischen Institutionen und den Kirchen in Europa dar.[64]

2.3 Wissenschaftliche Diskursfelder im Themenfeld Europa – Bildung – Religion

Die Teile 2.1 und 2.2 geben einen Überblick zur Entwicklung der europäischen Integration und dokumentieren das zunehmende Gewicht, das Bildung und Ausbildung in den vergangenen Jahren im Rahmen der europäischen Integration erhalten haben. Die Ausführungen zu Religion als Dimension und Herausforderung im Diskurs um europäische Werte sowie zu den Kirchen und Religionsgemeinschaften als Akteure auf europäischer Ebene – in ausgewählter Weise – bereiteten in einem ersten Zugriff das Themenfeld Europa – Bildung – Religion vor.

Nun soll es in diesem Abschnitt darum gehen, inwieweit in verschiedenen Wissenschaften Zusammenhänge des Themenfeldes Europa – Bildung – Religion aufgegriffen und bearbeitet werden. Die *Politikwissenschaft* wird in den Blick genommen, weil sie sich wesentlich mit Theorien und Konzepten der europäischen Integration beschäftigt und in diesem Rahmen das Konzept einer „Europäisierung" als Theoriemodell entwickelt wurde; die *Erziehungswissenschaft* sieht sich herausgefordert, ihre nationale Orientierung zu überwinden, sich zunehmend vergleichend und international zu organisieren und dabei europäische wie globale Prozesse zu thematisieren. Für *Theologie und Religionspädagogik* liegen Herausforderungen in Fragen der Werteorientierung und ebenfalls in der Aufnahme einer vergleichend-internationalen Dimension, die sich im europäischen wie internationalen Kontext bewegt. Theologische Perspektiven beschäf-

---

63 Andere Religionsgemeinschaften sind ebenfalls in Brüssel vertreten. Dazu gehören die Organisation der Islamischen Konferenz (OIC), die Europäische Islamische Konferenz und die Konferenz europäischer Imame und Seelsorger/innen. Sie nehmen am Dialog mit den Institutionen der EU ebenso teil wie auch Vertreter/innen der Konferenz Europäischer Rabbiner und der Europäischen Buddhistischen Union.

64 Die Themen der Dialogseminare knüpfen an aktuelle Herausforderungen der europäischen Agenda an. So fanden ein Dialogseminar zum Thema „Flexicurity" (Februar 2009), zu Migration & Mobilität als Chancen und Herausforderungen für die Bildungssysteme der EU-Mitgliedstaaten (Dezember 2008), zum Klimawandel (Juni 2009), zu Armut (Juli 2010), zu Fragen der Roma-Integration (Juni 2011) und zu Religionsfreiheit (März 2012) statt.

tigen sich mit den Wurzeln der zentralen Werte, die Europa prägen und zusammenhalten. Dazu gehören Versöhnung, Menschenwürde, Gemeinwohl und Solidarität.[65]

2.3.1 Europäische Integration als Gegenstand der Politikwissenschaft

In der Politikwissenschaft sind Prozesse der europäischen Integration Gegenstand intensiver theoretischer Debatten und empirischer Untersuchungen (einführend: Bieling/ Lerch 2006; Jachtenfuchs/Kohler-Koch 2006a). Nachfolgend soll eine Orientierung in diesem Bereich in der Weise erfolgen, dass zunächst drei klassische Theorieansätze vorgestellt werden (Darstellung orientiert an Jachtenfuchs/Kohler-Koch 2006b) und ergänzend dazu die aktuelle Phase der Theoriebildung betrachtet wird. Damit soll ein Zugang zum Konzept der „Europäisierung" begründet werden, das im Rahmen dieser Studie für den Bereich Bildung als Analyseperspektive herangezogen werden soll.

1. Die *Integrationstheorien* wollen analytisch klären, warum Staaten Handlungskompetenzen an die EU abtreten. Dabei haben sich seit den 1960er Jahren in Konkurrenz zueinander folgende Varianten entwickelt: (a) der *Neofunktionalismus* als gesellschaftsorientierte Variante, der die Überlagerung der Nationalstaaten durch supranationale Kooperation behandelt und (b) der *Intergouvernementalismus* als staatsorientierte Variante, bei dem Integration auf Regierungszusammenarbeit beruht wie z.B. im Rahmen der EU bei der Außen- und Sicherheitspolitik. Diese Dichotomie prägt nach wie vor die Europaforschung, auch wenn eine Annäherung beider Positionen in der Entwicklung eines Standardmodells zwischenstaatlicher Institutionenbildung in der EU konstatiert werden kann. Darin ist die zentrale Rolle der Mitgliedstaaten ebenso unbestritten wie ihre Anbindung an gesellschaftliche Interessen. Dem Neofunktionalismus und dem Intergouvernementalismus sind gemeinsam, dass die Herausbildung gemeinschaftlicher Institutionen die zu erklärende abhängige Variable ist. Unterschiedlich wird jedoch eingeschätzt, ob lediglich materielle oder auch ideelle Faktoren integrationspolitische Präferenzen erklären oder ob die EU-Institutionen selbst die Präferenzen der Mitgliedstaaten verändern. Die Theorierichtung des *Supranationalismus* plädiert für eine Kompetenzausweitung zugunsten supranationaler Institutionen und Organe (vgl. Nölke 2006).

2. Die *Politikfeldanalyse (Policy-Analyse)* hat sich weitgehend unabhängig, jedoch parallel zu den Integrationstheorien entwickelt und untersucht konkrete Politikfelder (vgl. Schubert 2009; Blum/Schubert 2011). Sie stellt insofern einen Perspektivenwechsel dar, als sie von einer zunehmenden Eigenständigkeit der Europäischen Union ausgeht und erklären will, wie politische Probleme in einem gegebenen institutionellen Kontext, den EU-Institutionen, durch spezifi-

---

65 Bei den folgenden Ausführungen ist zu berücksichtigen, dass die Diskurse in den angeführten Wissenschaften noch weitgehend in der eigenen Disziplin verharren und es noch wenig interdisziplinäre Forschungs- und Projektvorhaben gibt. Es werden zumeist Deutungsmuster eigenen Typs geschaffen werden, die wiederum die praktischen Entwicklungen beeinflussen können.

sche politische Prozesse bearbeitet werden, konkret: was politische Akteure tun. Die vorliegenden empirischen Studien haben dabei eine enorme Komplexität der jeweiligen Politikfelder und eine hohe Varianz zwischen diesen gezeigt (Beispiele in Leiße 2010). Die Erörterung normativer Fragen nimmt bei diesem Theorieansatz einen breiteren Raum ein als in den Integrationstheorien, da die Unterschiede zwischen den Mitgliedstaaten den Blick darauf lenken, dass es sehr verschiedene Vorstellungen von sachgemäßen und politisch vernünftigen Problemlösungen gibt.

3. Die *Verfassungsdebatte* stellt einen dritten klassischen Ansatz der EU-Forschung dar. Es geht dabei um den Prozess, mit einer Verfassung eine legitime politische Ordnung unter den gegebenen politischen und gesellschaftlichen Verhältnissen zu schaffen. Das Verständnis von Konstitutionalisierung hat sich auch in den Rechtswissenschaften erweitert und zielt darauf ab, gerade die Prozesse zu erfassen, die den Übergang von einer Marktverfassung zu einem politischen Ordnungssystem ausmachen. Analytische und normative Fragen sind in der Verfassungspolitik eng miteinander verbunden.

Jachtenfuchs/Kohler-Koch (2006b) plädieren angesichts der blinden Flecken in den klassischen Theorien[66] weiterführend dafür, die Struktur des politischen Systems der EU als ein *Mehrebenensystem* anzusehen. Darin behalten die Mitgliedstaaten als kollektive Akteure eine entscheidende Rolle im Politikprozess und der Entscheidungstyp der Verhandlung dominiert. In diesem Mehrebenenmodell geht es nicht um die bloße Ver- und Aufteilung von Handlungskompetenzen auf verschiedenen Ebenen, sondern um die Verknüpfung verschiedener politischer Willensbildungsstränge zu einem Gesamtprozess des Regierens.

Bieling unterscheidet verschiedene Phasen politisch-normativer Theoriebildung, womit deutlich wird, wie sich Ansätze des Föderalismus, Funktionalismus und Neofunktionalismus, auch durch die europäische Reformdiskussion beeinflusst, weiterentwickelt haben (Bieling 2006).[67] Die *fünfte Phase*, die er nennt und die bis heute anhält,

---

66 Jachtenfuchs/Kohler-Koch führen zu den blinden Flecken in den klassischen Ansätzen der Europaforschung aus: „Insgesamt gilt, dass tendenziell die Policy-Forschung politische Institutionen als stabile Rahmenbedingung unterstellt, dass Theorien der internationalen Beziehungen Legitimitätsfragen einen geringen Stellenwert zuweisen, und normative Theorien politischer Institutionen leicht die Anbindung an die Empirie vernachlässigen." (Jachtenfuchs/Kohler-Koch 2006, 14).

67 Die *erste Phase* (ab Ende des Zweiten Weltkrieges) ist bestimmt von der *föderalistischen Bewegung,* die das Prinzip des Nationalstaates überwinden und einen föderalen europäischen Bundesstaat schaffen will. Zugleich artikulierten sich Vertreter des *Funktionalismus* (David Mitrany [1888–1975] gilt als Begründer des Funktionalismus der internationalen Beziehungen mit dem Motto: ‚forms follow function'), die auf eine zunehmende wirtschaftliche Verflechtung setzten und im europäischen wie im globalen Maßstab neue Strukturen für mehr Wohlfahrt und für Frieden schaffen wollen (vgl. Bieling 2006, 25). Eine *zweite Phase* ist geprägt durch den *Neo-Funktionalismus*, bei dem es um die Analyse regionaler Integrationsprozesse geht (vgl. dazu Wolf 2006). Es wurde angenommen, dass

wird charakterisiert als „eine Kombination aus *Perspektivenwechsel, Perspektiven-irritation* und *Perspektivenerweiterung*" (Bieling/Lerch 2006, 28). In der Phase des Perspektivenwechsels entstehen Konzepte der Europäisierung, die insbesondere Rückwirkungen der Integration auf die nationalen Politiken und Politikstile in den Blick aufnehmen. Eine Perspektivenirritation erfolgte durch die Infragestellung des lange vorherrschenden rationalistischen Paradigmas und die zunehmende Bedeutung „ideeller Faktoren" wie Ideen, Normen und Identitäten, deren Prozesshaftigkeit und Veränderbarkeit in den Blick genommen wurde (vgl. Bieling/Lerch 2006, 29).

Schließlich kann in den 1990er Jahren auch eine zunehmend interdisziplinär geführte integrationstheoretische Diskussion beobachtet werden, die als *Perspektivenerweiterung* beschrieben werden kann. Damit wird angezeigt, dass sich die Politikwissenschaft ge-genüber Beiträgen aus der Wirtschafts-, Rechts- und Geschichtswissenschaft sowie der Soziologie geöffnet hat. In den Blick gekommen sind dadurch auch Fragen nach einer europäischen Zivilgesellschaft, nach europäischer Öffentlichkeit und nach einer euro-päischen Identität.

Der Überblick zu theoretischen Ansätzen der europäischen Integration, verbunden mit der Darstellung der Phasen in der Theorieentwicklung, bereitet eine genaue-re Einführung der Theorieperspektive „Europäisierung" vor, die als Rahmen für die Fragestellung der Studie verwendet werden soll.[68]

---

erfolgreiche Integrationsprozesse in einem Bereich Auswirkungen auf andere Politikbereiche zeigen werden (*spill-over-Effekt*). Im Gegensatz zum Funktionalismus als eine normativ-präskriptive Theoriekonzeption, verstand sich der Neo-Funktionalismus als eine empirisch-analytische bzw. szientistische Theoriekonzeption. Er bildete in den 1950er und 1960er den Mittelpunkt der integrationstheoretischen Debatte. Die *dritte Phase*, etwa ab Mitte der 1960er Jahre, ist geprägt von einer „dreifachen Infragestellung des Neo-Funktionalismus" (Bieling/Lerch 2006, 26). Mit der intergouvernementalistischen Theorie wurden die Grenzen der europäischen Integration thematisiert (1). Marxistische Konzeptionen thematisierten die machtanalytische Leerstelle des Neo-Funktionalismus (2). Vertreter des Neofunktionalismus selbst wollten das Ausbleiben prognostizierter politischer Integrationsschritte durch eine Ausweitung und Ausdifferenzierung der analytischen Kategorien einfangen (3). Die *vierte Phase* ist durch eine Wiederaufnahme der integrationstheoretischen Diskussion geprägt, indem Anschlüsse an die klassischen Paradigmen gesucht und hergestellt wurden. Verschiedene Varianten sind erkennbar (der *Supranationalismus* [vgl.Nölke 2006], der *liberale Intergouvernementalismus* [vgl. Steinhilber 2006], der *Neo-Gramscianismus* [vgl. Bieling/Deppe 1996]).

68 Ergänzend seien zwei politikwissenschaftliche Perspektiven genannt, die sich mit Aspekten des Verhältnisses von Religion und Politik beschäftigen. Zum einen weist Thomas Meyer (2005) auf die Gefahr einer „Resakralisierung und Religiotainment" in der liberalen Demokratie hin. Zum anderen unterstreicht Andreas Hasenclever (2009; auch Hasenclever/ de Juan 2007) den friedensförderlichen Charakter der Religionen. Meyer kritisiert, dass es „die Stimmen des organisierten Christentums (sind), die im öffentlichen Raum nahezu unangefochten mit dem Anspruch auftreten, der berufene Anwalt der öffentlichen Moral zu sein" (Meyer 2005, 7). Allerdings unterstreicht er ebenso etliche positive Aspekte einer „politisch-zivilisierten" Religion, u.a. ihr „Beitrag zur Sicherung der moralischen Infrastruktur

2.3.2   Europa in der Erziehungswissenschaft

Eine Reihe von Erziehungswissenschaftler/innen haben sich mit Themen beschäftigt, die sich der Prämisse, dass die Bildungspolitik der Nationalstaaten zunehmend durch globale Dynamiken und Aktivitäten internationaler und supranationaler Organisationen geprägt und beeinflusst wird, zuordnen lassen (Ball 1998, 2008; Hornberg/Weber 2008; Seitz 2002; Rakhkochkine 2008; Liessmann 2008; Münch 2009a). So untersucht Ball (1998, 2008) Einflüsse der Globalisierung insbesondere unter ökonomischen Aspekten. Nach seiner Analyse beeinflussen Veränderungen in den weltweit organisierten Produktions- und Verteilungsprozessen auch die Bildungspolitik, geprägt von einem Zusammenspiel zwischen „individual, consumer choice in education markets with rhetorics and policies aimed at furthering national economic interests" (1998, 122). Er spricht von einer zunehmenden „colonisation of education policy by economic policy imperatives" (ebd.) und sieht diese Tendenzen auch in den auf EU-Ebene populär gewordenen Konzepten einer „learning society" oder „knowledge-based economy" unterstützt. Für ihn ist die EU eine der internationalen Organisationen, die ein europäisches Bildungsmodell propagieren, indem lebenslanges Lernen und Wissen eine zentrale Rolle spielen (vgl. Ball 2008, 38) und die zu einer Europäisierung von Bildung beitragen.

Auch in anderen Studien wird der aktuelle Trend, Wissenschaft und Bildung als ökonomische Prozesse zu verstehen, fundiert analysiert (Liessmann 2008; Münch 2009a, 2009b). Als markante Beispiele dafür gelten die vergleichende Wissens- und Kompetenzüberprüfung durch die PISA-Studie der OECD und die europäische Hochschulreform durch den Bologna-Prozess.

Internationale Organisationen geben bildungsökonomische Analysen und Modelle weltweit als Richtlinien vor, die dann wiederum europäische und nationale Bildungspolitiken beeinflussen (Ball 2008, 25–39). Dies zeigt sich nach Hornberg/Weber (2008) früh bei der OECD und der UNESCO, die bereits zu Beginn der 1960er Jahre anspruchsvolle Ziele für die Entwicklung von Bildungswesen in verschiedenen Plänen vorgelegt haben. Andere Institutionen sind in diesem Zusammenhang die Weltbank, die OSZE, die WTO und die EU (dazu Ball 2008, 31ff.).

Es ist dieser Hintergrund, der neben einem vergleichenden Interesse den europäischen Integrationsprozess allmählich zu einem Forschungsgegenstand der Erziehungswissenschaft macht. Europäische Entwicklungen werden als Teil eines über den nationalen Kontext hinausreichenden Bezugsrahmens pädagogischer Arbeit und politischer Bildungsarbeit gesehen, „Internationale Bildungspolitik" ressortiert dabei im Bereich

---

der modernen Gesellschaft" (ebd.). Andreas Hasenclever beschäftigt sich in seinen Studien zu Religion und Politik (Hasenclever/de Juan 2007; Hasenclever 2009) mit der Ambivalenz von Religion und wendet sich gegen die Perspektive, dass „religiöse Traditionen in politischen Auseinandersetzungen nur konfliktverschärfend und -verlängernd wirken" (Hasenclever 2009, 93) und weist darauf hin, dass sich in etlichen Fällen „Religionsgemeinschaften gegen Gewalt und für eine friedliche Beilegung politischer Konflikte eingesetzt (haben)" (ebd., 93).

der Vergleichenden Erziehungswissenschaft. Ihre Aufgabenstellung sieht eine der führenden Fachvertreterin, Christel Adick, wie folgt:

> „Die Vergleichende Erziehungswissenschaft beschäftigt sich mit ‚anderen Perspektiven‘, Ländern und ‚fremden‘ Kulturen; sie setzt sich mit ‚internationalen‘ Perspektiven von Erziehung und Bildung auseinander, in denen und durch (*sic!*) die ‚Alterität‘ mit pädagogischen Mitteln bearbeitet werden soll. " (Adick 2008, 394)

Als Beispiel für ein nach dem zweiten Weltkrieg beginnendes Nachdenken in der Pädagogik über Bildungsvoraussetzungen und Bildungssysteme im zusammenwachsenden Europa kann stellvertretend Wilhelm Flitner genannt werden, der die Bedeutung Europas auch für Pädagogik und Bildung gesehen hat. Er hielt bereits 1952 fest: „Politisch gesehen sind wir in eine Epoche eingetreten, die europäisch denken muß" (Flitner 1967, 18) und entwarf in seinem Werk „Europäische Gesittung" einen gemeinschaftlich-europäischen Bildungskanon auf der Basis des abendländischen Christentums.

In der Vergleichenden Erziehungswissenschaft (VE) wird Europa als „ein Thema mit Tradition aber neuer Qualität" gesehen, so wurde es zumindest auf dem DGfE Kongress 1994 formuliert. Einer der Nestoren der VE, Oskar Anweiler, wies bei dieser Veranstaltung auf die Problemlage bzw. das bestehende Dilemma der Erziehungswissenschaft hin, indem er auf „die besondere Rolle dieser Wissenschaftsdisziplin bei der Betrachtung unseres Problems" hinwies, zugleich jedoch in der Tatsache, dass die DGfE erst 1994 einen europäischen Kongress veranstaltete, ein Symptom dafür sah, „daß bis auf den heutigen Tag die Pädagogiken in Europa im Kern nationale Pädagogiken waren und geblieben sind" (zit. nach Krüger-Potratz 1994, 226). Anweiler erinnerte in seinem Beitrag an die nach 1945 von deutschen Vertretern der Vergleichenden Erziehungswissenschaft unternommenen Bemühungen um eine europäische Erziehung, die „unverdientermaßen" fast vergessen seien, stellte das „Spannungsverhältnis von europäischer Kulturtradition, nationalen Bildungsideen und universellen Ideen bzw. Ideologien" dar und diskutierte ausgewählte Probleme, die sich insbesondere in osteuropäischen Ländern seit 1989 stellten. Anweiler warnte, in Berufung auf Bronislaw Geremek davor,

> „daß es illusorisch sei anzunehmen, die Nationalstaaten und das Nationalgefühl würden allmählich verschwinden, aber die europäische Integrationsidee böte die Chance dafür, daß der sich im Osten verbreitende Nationalismus und Populismus gebremst werden kann." (Ebd., 228)

Mit der politischen Dimension des europäischen Integrationsprozesses und seiner Vermittlung hat sich die Erziehungswissenschaft bisher nur zögerlich und eingeschränkt befasst.[69]

---

69 Eine Orientierung zu vielfältigen Aspekten von Bildung in Europa und zum Stand der Forschung bis 1992 bieten die Sammelbände von Schleicher (1993) und Schleicher/Bos (1994). In einzelnen Beiträgen geht es um Rechts- und Verwaltungsgrundlagen europäischer Bildungspolitik, um die Vergleichbarkeit europäischer Bildungsergebnisse wie um multikulturelle und nationale Bildungspolitik. Diese Arbeiten wurden fortgeführt durch das drei Bände umfassende Werk „Zeitgeschichte europäischer Bildung 1970–

Solvejg Jobst weist darauf hin, dass die Beschäftigung mit der Herausbildung eines Europabewusstseins in der Erziehungswissenschaft mit der Chance auf eine sozial gerechtere und tolerante Welt verbunden wird und dafür interkulturelle Bildung sowie citizenship education gefördert werden sollen (vgl. Jobst 2010, 20).

Klaus Schleicher (2007) arbeitet in seiner zusammenfassenden Darstellung europäischer Bildungsgeschichte Gemeinsamkeiten heraus, die Voraussetzung für eine europäische Integration und eine europäische Identitätsbildung sind. Er betont, dass informelle Bildungsprozesse, die im Alltagshandeln stattfinden, nachhaltig die Entwicklung Europas bestimmen. Sie ermöglichen das Entstehen eines europäischen Identitätsbewusstseins, das weniger über formale Bildungsprozesse gefördert wird. Damit richtet er das Interesse auf Prozesse informellen Lernens, das er als Zukunftsaufgabe im europäischen Kontext sieht (Schleicher 2009). Er nimmt damit eine bildungspolitische Entwicklung im Rahmen der EU auf, denn spätestens mit dem Europäischen Qualifikationsrahmen (2008) werden formales, nicht formales sowie informelles Lernen als gleichgewichtig eingestuft.

2000 (Schleicher/Weber 2000a, 2000b, 2002). In seinem einführenden Beitrag in Band III thematisiert der Vergleichende Erziehungswissenschaftler Klaus Schleicher eine beginnende „Europäisierung von Bildung", die er durch wirtschaftliche, rechtlichen und IT-Entwicklungen ausgelöst sieht, bei gleichzeitiger Bestätigung national-staatlicher Kompetenzen in der Bildungspolitik: „Bildungspolitisch sichern die Verträge von Maastricht und Amsterdam den Nationalstaaten weitgehend hoheitliche Bildungskompetenzen zu. Gleichzeitig aber fördern die wirtschaftlichen, rechtlichen und IT-Entwicklungen eine allmähliche Europäisierung der Kommunikationsprozesse, Forschungsvernetzungen und der Sekundar- wie Berufsschulbildung." (Schleicher 2002, 7) Mit einer Sammlung von Texten zur Diskussion um „Bildung in europäischer Perspektive" (Schreiner 1992) ist die Zielsetzung verbunden, europäische bildungspolitische Entwicklungen und Diskussionen für den Bereich religionspädagogischer Arbeit aufzubereiten. Der Band mit Beiträgen zum Zusammenhang von „Europa Bildung Religion" (Schreiner et al. 2006) nimmt die Frage nach einer demokratischen Bildungsverantwortung von Kirchen und Religionsgemeinschaften im europäischen Kontext auf und stellt einen bunten Reigen unterschiedlicher konfessioneller und bildungspolitischer Perspektiven vor. Sigrid Luchtenberg (2005) gibt einen Überblick zu Etappen bei der Entwicklung der europäischen Dimension im Bildungswesen, in dem auch Verbindungen zu Fragen von Citizenship Education angedeutet werden. Manuela du Bois-Reymond (2004) bezieht in ihrer kritischen Analyse der Lebens- und Lernbedingungen von Kindern und Jugendlichen in Europa auch die Europäische Jugend- und Bildungspolitik mit ein und diskutiert unter dem Stichwort „Lernfeld Europa" Chancen für Schüler/innen und Lehrkräfte anhand der bestehenden europäischen Aktionsprogramme, ebenso Aspekte einer europäischen Wissensgesellschaft. Im Sammelband von Hilligus/Kreienbaum (2007) werden Möglichkeiten beschrieben, in Begegnungs- und Austauschprozessen von Lehrenden und Lernenden Kompetenzen zu erwerben, die für das Zusammenleben in Europa wichtig sind. Im Zentrum der Beiträge steht die Bedeutung von Fremdsprachenkenntnissen, aber auch darüber hinausgehende Lerngelegenheiten, Chancen und Risiken von Austauschprozessen.

Erst wenige Ansätze gibt es für konkrete didaktische Angebote einer Bildung für Europa. Stefan Rappenglück untersucht die Verwendung von europabezogenen Simulations- und Planspielen in Einzelfallstudien an Gymnasien und Realschulen, um das Themenfeld Bürgerinnen und Bürgern transparenter zu machen (Rappenglück 2004). Auch wenn er in seinem Fazit konstatiert, dass „die Europäische Union für die Lebenswelt der Bürgerinnen und Bürger immer bestimmender (wird)" (ebd., 183), so stellt er zugleich fest, dass sie mehrheitlich als „ein Buch mit sieben Siegeln" wahrgenommen wird (ebd.).

> „Die Untersuchung zeigt auch, dass zwar durch den Einsatz europabezogener Planspiele nicht direkt ein europäisches Bewusstsein hergestellt werden kann. Jedoch werden die Bedeutung des europäischen Integrationsprozesses und das Bewusstsein für eine intensive funktionale Zusammenarbeit im gemeinsamen Interesse antizipiert." (ebd., 184)

Solvejg Jobst (2010) untersucht in ihrer Studie die Wechselwirkung zwischen Lehrerhandeln, den nationalen Rahmenbedingungen von Schule, Identitätspolitik und Europäisierung als Manifestation des gesellschaftlichen Wandels. Dazu wertet sie Leitfadengespräche mit Lehrkräften aus Polen, der Tschechischen Republik und Deutschland aus. Es zeigt sich, insbesondere im deutschen Kontext, eine Kluft zwischen einer proklamierten und einer realisierten Europäisierung von Schule. Darüber hinaus ist eine konsistente Verankerung des Europathemas im Schulsystem an eine starke nationale Identitätspolitik gebunden: je mehr Nation, desto mehr Europa. Jobst plädiert für eine „reflexive europäische Bildung", in deren Rahmen das demokratische Defizit der EU pädagogisch ernst genommen wird und die Zukunftsfähigkeit Europas an einer sozialen Gestaltung der Globalisierung gemessen wird.

Für den Diskurs um Europa innerhalb der Erziehungswissenschaften kann man zusammenfassend festhalten, dass insbesondere die Vergleichende Erziehungswissenschaft allmählich den europäischen Kontext in seiner wachsenden Bedeutung wahrnimmt. Einzelne Bereiche europäischer Bildungspolitik werden zum Gegenstand erziehungswissenschaftlicher Forschung. Beispiele dafür sind der Bologna-Prozess, zu dem diskursanalytische Beiträge vorliegen (Martens/Wolf 2006; Heinze 2005; Maeße 2010), die Frage nach den Implikationen einer Wissensgesellschaft (Bittlingmayer 2001; Filipovic 2007; Höhne 2003) und der daraus abgeleiteten Notwendigkeit lebenslangen Lernens (Jakobi 2007; Villalba 2008; Ioannidou 2010) sowie ausgelöst durch PISA die Frage nach einer empirischen Orientierung an durch Bildungsprozesse zu fördernden Kompetenzen, nach Qualität und Leistung von Bildungssystemen. Aufgenommen und kontrovers eingeschätzt werden Entwicklungen, die mit der Befürchtung einer „Ökonomisierung von Bildung" einhergehen.[70]

---

70 Ein zentrales Beispiel der Auseinandersetzung um Prämissen und Auswirkungen der aktuellen Bildungsreform dokumentiert sich in der Debatte um „Fünf Einsprüche gegen die technokratische Umsteuerung des Bildungswesens", die auch als „Frankfurter Erklärung" bekannt wurden (Gruschka et al. 2006). Die Debatte dazu wird vehement und polemisch geführt. Die Kontroverse geht um einen feststellbaren Paradigmenwechsel in der Bildungspolitik, der von „Ökonomisierung", „Standardisierung" und „Autonomie" geprägt ist. Ursula Frost stellt im Vorwort des die Diskussion dokumentierenden Sonderheftes der Vierteljahrsschrift für wissenschaftliche Pädagogik (2006) dazu fest: „Der Trend

Exkurs: Erziehungswissenschaft und Religion

Da in der Fragestellung der Studie Religion thematisiert wird, folgt ein knapper Exkurs, der Aspekte des Verhältnisses von Erziehungswissenschaft und Religion behandelt.

Der Zusammenhang von Pädagogik und Religion reicht geschichtlich weit zurück (einführend Schweitzer 2003). Die Entwicklungslinie geht „Von der Religion als Grundlegung bis zu ihrer Bestreitung" (Ziebertz 2006). Schaut man die jüngere Geschichte der Pädagogik bzw. Erziehungswissenschaft an, wird man feststellen können, dass etwa seit den 1960er Jahren die Bezugnahme auf Religion zurückgegangen ist. Zwar thematisieren im deutschen Kontext einzelne Erziehungswissenschaftler/innen Religion (z.B. Benner 2002, 2004, 2005; Treml 2003, 2007; Scheunpflug 2003, 2012; Scheunpflug/Treml 2003; Büttner et al. 2007; Schluß 2010), doch von einer kontinuierlichen Bezugnahme auf Religion kann in der Allgemeinen Pädagogik nicht gesprochen werden. Beachtung in der erziehungswissenschaftlichen Diskussion findet der Ansatz von Dietrich Benner, der von Religion als einer Praxisdimension des Menschen ausgeht (Benner 2002, 2004, 2005). Er hält es für eine zentrale Aufgabe, zwischen dem Proprium von Erziehung und Bildung und demjenigen von Religion zu unterscheiden. Bildung und Religion können in ihrem Verhältnis angemessen nur als nicht-hierarchisch gedacht werden.

> „Nicht-hierarchische Verhältnisse von Bildung und Religion (…) setzen voraus, dass religiöse Bildung (…) sich auf die Aufgabe konzentriert, die religiöse Praxis von der Eigenlogik religiöser Fragen und Erfahrungen her zu organisieren und die anderen Bereiche menschlichen Handelns auch unter religiösen Fragestellungen zu thematisieren." (Benner 2005, 54)

Es sind vor allem Religionspädagoginnen und Religionspädagogen, die eine Pädagogik für unvollständig halten, in der die Bedeutung von Religion als Dimension menschlichen Daseins vernachlässigt wird. Friedrich Schweitzer diskutiert die Frage nach erziehungswissenschaftlichen Kriterien für die Thematisierung von Religion. Er betont, dass die Erziehungswissenschaft keineswegs selbst religiös werde, wenn sie sich mit religiösen Themen beschäftige. Dem Verständnis eines rein deskriptiven Zugangs zu Religion durch die Erziehungswissenschaft und einer von den Religionen selbst ausgehenden normativen Betrachtungsweise hält er entgegen, dass sich die „Erziehungswissenschaft angesichts der religiösen Situation der Gegenwart einer normativen Stellungnahme im Blick auf den Zusammenhang von Pädagogik und Religion nicht einfach entziehen

---

der Bildungspolitik, Bildung ökonomisch zu betrachten und Bildungsinstitutionen wie Unternehmen zu organisieren, fordert dazu heraus, nach den Preisen zu fragen, die dafür gezahlt werden müssen. Der ‚Paradigmenwechsel in der Bildungspolitik' (Tenorth), der mit den Programmen der ‚Qualitätssicherung' die Praxis der Hochschullehrer und Studierenden bereits bestimmt, muss aus der Perspektive der Beteiligten, die mit den Konsequenzen leben, seinerseits geprüft und beurteilt werden. Die hier vorgelegte Kontroverse kann nur ein Impuls für weitere Auseinandersetzung sein." (Frost 2006, 11) Hingewiesen wird auch auf die Debatte zwischen Richard Münch und Jürgen Baumert über Veränderungen des Bildungssystems durch PISA und Exzellenzinitiativen beim DGfE Kongress 2010 in Mainz (dokumentiert in Ludwig et al. 2011, 277–302).

(kann)" (Schweitzer 2003, 174). Ein Anhaltspunkt ist für ihn das Bemessen am Wohl des Kindes, das er im Zusammenhang mit einer kindgerechten Beschäftigung mit Religion verbindet (ebd., 177ff.). Dazu gehört, Religion als Begründung von Werten und als Sinnangebot zu sehen, ohne jedoch eigenständige Lebensentscheidungen der Kinder und Jugendlichen zu verhindern, oder mit angsterzeugenden Erziehungspraktiken zu arbeiten. Die Beschäftigung mit Religion im pädagogischen Kontext sollte vielmehr Phantasie und Kreativität in der Persönlichkeitsentwicklung unterstützen.

2.3.3 Theologische Perspektiven

Die christliche Theologie hat als wissenschaftliche Explikation des Evangeliums für die Kirche nach innen wie nach außen eine unentbehrliche Funktion für deren Selbstverständigung. In dem Maße, wie sich Kirchen europäisieren, bzw. Europa ein für ihr Handeln wichtiger Kontext wird, sollte sich auch Theologie europäisch orientieren. Sie kann in den europäischen Diskurs die in der jüdisch-christlichen Überlieferung begründeten Werte der Menschenwürde, des Gemeinwohls, der Solidarität und der Subsidiarität einbringen, die für das Zusammenleben wegweisend sind.[71] Ebenso kann sie die Kirchen in ihrem Unternehmen fördern, Europa als einen „lebensrelevanten, politischen Kontext" (Grosshans 2006) wahrzunehmen und Tendenzen einer Selbstprivatisierung zu widerstehen.

In diesem Abschnitt werden zunächst einige historische Entwicklungen in der Relation zwischen Theologie und Europa benannt, ausgewählte Positionen, in denen Europäisierung als Herausforderung für Theologie gesehen wird, und schließlich Aspekte im Kontext von Theologie, Bildung und Europa.

Historische Entwicklungen

In seiner konfessionsgeschichtlichen Studie erinnert Martin Greschat (2005) an die Reformation und die Aufklärung, die Zeit der Erweckungen und die ökumenische Bewegung als vier Perioden, die den Protestantismus in Europa auf je eigene Weise geprägt haben. Quer zu den Perioden angesiedelt wird das Phänomen des Nationalismus aufgegriffen, der auf den Protestantismus europaweit eingewirkt hat. Greschat betont, dass die „Reformation (...) durchgängig eine Bildungsbewegung (war)" (ebd., 46), und illustriert dies an den Bildungsaktivitäten Martin Luthers sowie dem Bildungskonzept von Philipp Melanchthon, in dem das Miteinander von Frömmigkeit und Bildung (pietas et eruditio) leitend war.

Aus historischer Sicht zieht Martin Friedrich (2006) ein eher nüchternes Fazit der Betrachtung evangelischer Theologie von der Reformationszeit bis zu den 1950er Jahren:

> „Zweifellos hat der Protestantismus – auch mit seiner Theologie – das Profil Europas entscheidend geprägt. Dennoch hat die evangelische Theologie lange Zeit kaum explizit

---

71 Bahr u.a. (2007) weisen darauf hin, dass es aus dem Blickwinkel des Protestantismus Begründungen für die zunehmende Bedeutung Europas gibt. Sie nennen die Tatsache, dass der Protestantismus von Anfang an ein europäisches Phänomen gewesen ist und dass grundlegende Einsichten der Reformation das Freiheitsverständnis vertieft und den Sinn für die Säkularität des Politischen geschärft haben (ebd., 8).

über das Thema Europa reflektiert. In der immer mehr anschwellenden Literatur zur Geschichte der Europaidee kommen evangelische Theologen kaum vor." (Friedrich 2006, 30)

Als bemerkenswerte Beispiele nennt er im Gang durch die Jahrhunderte Johann Amos Comenius mit seinen europäisch orientierten umfassenden Reformideen für Erziehung und Bildung (Consultatio Catholica), den Beitrag des Weimarer Generalsuperintendenten Johann Gottfried Herder mit seiner Kulturgeschichte Europas „Ideen zur Philosophie der Geschichte der Menschheit", und eher kritisch Friedrich von Hardenbergs (Novalis) 1777 verfassten Essay „Die Christenheit oder Europa", der das Ideal einer Rückkehr zur mittelalterlichen Einheitskultur propagierte. Die Besinnung auf Europa nach dem Ersten Weltkrieg durch Nathan Söderblöm und Adolf Harnack (vgl. 37f.) verdient Beachtung, auch wenn damit keine tiefergehende Analyse des Kontextes Europas gegeben wurde. Deutlich positiver bewertet Friedrich den Beitrag von Ernst Troeltsch zum Selbstverständnis der Europäer, der die Vermittlung des Christentums zwischen Antike und Moderne in seinem geschichtsphilosophischen Spätwerk herausstellte. „Troeltsch stellte so der Theologie eine doppelte Aufgabe, die der Mitwirkung an der Bestimmung der Eigenart Europas sowie die der Herausbildung eines europäischen Bewusstseins." (Friedrich 2006, 38) Diese doppelte Aufgabe ist nach wie vor aktuell.

Neuere Entwicklungen wurden auf einem 1979 in Göttingen durchgeführten Kongress der Wissenschaftlichen Gesellschaft für Theologie mit dem Thema „Ortsbestimmung europäischer Theologie heute" thematisiert (vgl. Grosshans 2006, 271; Beiträge in Rendtorff 1980a). Das Bild einer „abgeschlossenen und geschlossen auftretenden ,europäischen' Theologie" wurde bei diesem Kongress abgelehnt und stattdessen auf die vielschichtige theologische Diskussionslage in Europa verwiesen. Dieser Kongress markiert den Beginn einer Debatte darüber, was denn nun die Besonderheit europäischer Theologie im Blick auf ihr eigenes Selbstverständnis sei und was sie demnach für den Kontext „Europa" beitragen könne. Trutz Rendtorff hat dazu den bereits von Ernst Troeltsch verwendeten Begriff des „Europäismus" aufgenommen und die bestehende Vielfalt als Ort der Theologie markiert:

> „Europäismus ist (…) der geschichtliche Kontext der Theologie, wo ,europäische' Theologie nur noch als ein, aber nicht mehr als der allgemeingültige Fall begriffen wird für die Gestaltung von Kirche und Christentum in der Zukunft, wo andere sich selbst ihre eigene Form im Verhältnis dazu zu geben suchen." (Rendtorff 1980b, 175)

In den folgenden Jahren hat sich das Interesse im theologischen Diskurs zu einer Eigenbestimmung Europas verlagert. Es wird nun danach gefragt, was der originäre Beitrag evangelischer Theologie und Kirche für das sich politisch und kulturell formierende Europa sein kann. Eberhard Jüngel (1993) hebt dazu auf die Bedeutung des evangelischen Glaubens für die Individualität ab, insbesondere in Form einer evangelischen Gewissensbildung. Er fordert eine „Kultur des Gewissens" (ebd., 55f.), um der Gefährdung begegnen zu können, dass die entstehenden politischen und gesellschaftlichen Strukturen Europas keine persönliche Verantwortung und Partizipation zulassen. Seine Position unterstreicht die zentrale theologische Aufgabe der evangelischen Kirchen und ihren engen Bezug zur Bildung:

„Das Beste, was die evangelische Christenheit Europa geben kann, ist demnach nichts anderes als beharrlich zu bezeugen, dass die Wahrheit des Evangeliums eine befreiende Wahrheit ist. Dies wird in der evangelischen Kirche realisiert durch die Verantwortung für die *Bildung verantwortlicher Individuen*, aber auch durch den Widerspruch gegen alle Lebenslügen, die in individueller und kollektiver, profaner und religiöser, politischer und ökonomischer Gestalt auftreten und welche die konkrete Wirklichkeit der Menschen verfehlen." (Hervorhebung P.S.) (Grosshans 2006, 273).

Europäisierung als Herausforderung der Theologie
In einem Arbeitsbericht der GEKE werden die Herausforderungen einer Europäisierung für die Theologie wie folgt formuliert:

„Die Europäisierung ist in doppelter Weise eine Herausforderung der Theologie. Zum einen wird sie wie jede Wissenschaft in dem europaweiten Versuch, Standards zu sichern, selber standardisiert. Hier wird Theologie gegenüber einem fremden Wissensideal und einer einseitigen Wissenschaftspolitik auf die Eigenständigkeit pochen müssen. (...) Die andere Herausforderung besteht darin, dass gerade evangelische Theologie ihre europäische Weite wieder erlangen muss. Die Reformation und die reformatorischen Theologien waren gesamteuropäische Phänomene, theologische Fakultäten sind heute eher nationale oder länderspezifische Einzelprojekte." (Gemeinschaft Evangelischer Kirchen in Europa GEKE 2007b, 137)

Europäisierung wird hier als Auslöser einer Standardisierung von Theologie angesehen, die kritisch eingeschätzt wird und gegen die die Theologie ihre „Eigenständigkeit" zu wahren habe. Allerdings beinhalte „die Europäisierung" auch den Impetus, dass Theologie „ihre europäische Weite" wiedererlangen müsse.

Ein Beispiel dafür ist die Position des katholischen Moraltheologen Johann Baptist Metz, der aus theologischer Sicht Konkretisierungen für das Leben in Europa anbietet. Sein Ansatz der „Mitleidenschaft" kann einen Schlüssel darstellen, wie sich theologisches Denken in den Diskurs um europäische Entwicklungen einmischen kann und diese mitgestaltet. Metz geht vom Verständnis der Theologie als Theodizee aus, da sich dadurch das Christentum „als eine Religion ‚mit dem Gesicht zur Welt' verdeutlicht" (2006, XI). Er führt dazu aus:

„In der biblisch inspirierten Theodizeefrage öffnet sich nämlich das Gottesgedächtnis der biblischen Traditionen für die kulturell und religiös pluralistischen Lebenswelten von heute und verbindet sich so mit den aus der Passionsgeschichte der Menschheit immer neu aufbrechenden Erfahrungen und Fragen." (2006, XI)

Es geht ihm nicht darum, Antworten auf diese Theodizeefrage zu finden, „sondern sie in unserer pluralistischen Öffentlichkeit unvergesslich zu (...) machen" (ebd.). Darin sieht er eine fundamentale Aufgabe der Theologie, die sich den Herausforderungen des „neuen Europas" wie auch einer globalisierten Welt stellt (Metz 2006, XI). Metz spricht von der „Memoria Passionis", die er als „provozierendes Gedächtnis" in pluralistischer Gesellschaft versteht. Aus dieser Position heraus kritisiert er die laizistische Version des Verfassungsvertrages für Europa, die nicht eigentlich neutral gegenüber Religion sei, sondern die negative Religionsfreiheit favorisiere, also die Freiheit von Religion. Damit werde zwar Religion nicht aus der Öffentlichkeit verbannt, jedoch „zur öffentlichen Auseinandersetzung mit dem konstitutiven Pluralismus von Religionen und Weltanschauungen" gefordert (2006, 198). Für ihn gehört das „jüdisch-christliche Erbe" ausdrücklich zu den ‚Erbschaften Europas' (…) und zwar gerade im Interesse der Sicherung der vollen praktischen Religionsfreiheit und des darin wurzelnden Pluralismus" (ebd., 203). Metz mahnt vor der Gefahr der „Selbstprivatisierung des Christentums" und verweist auf die von ihm (mit-)entwickelte „Politische Theologie" als Entprivatisierungsprogramm.

Aus evangelisch-theologischer Perspektive hat sich der frühere Vorsitzende des Rates der EKD, Bischof Wolfgang Huber, immer wieder dazu geäußert, was das Christentum zur politischen Kultur Europas beitragen kann. Bei einem Vortrag in der EKD-Vertretung in Brüssel fasst er folgende Merkmale der „Prägekraft des Christentums für die politische Kultur Europas" zusammen:

„Wenn wir von der Prägekraft des Christentums für die politische Kultur Europas sprechen, geht es also um die Werte und Normen, die, von Christen und aus christlichen Glaubensgrundsätzen entwickelt, weithin wirkungskräftiges Gemeingut im demokratischen Staat und seiner Gesellschaft sind und bleiben sollen. (...) Es geht um die Würde der menschlichen Person, die als Grenze aller staatlichen Machtausübung, aber auch aller wirtschaftlichen Machtansprüche geltend gemacht wird. Es geht um die elementaren Menschenrechte, die unbeschadet ihrer Wurzeln nicht als europäisches Sondergut betrachtet werden, sondern mit der Allgemeinen Erklärung der Menschenrechte zu Grundelementen eines universalen Rechtsethos geworden sind. Es geht um eine Kultur der wechselseitigen Achtung, in der sichergestellt wird, dass Unterschiede der Überzeugung nicht mit Gewalt oder Unterdrückung, sondern in einer Atmosphäre der Toleranz und des Respekts ausgetragen werden. Es geht um Rahmenbedingungen wirtschaftlichen Handelns, die den Grundvorstellungen einer sozialen Marktwirtschaft entsprechen. Es geht um eine Atmosphäre des bürgerschaftlichen Engagements, das sich auch in der Mitwirkung und Mitbeteiligung am Aufbau und der Entfaltung der Demokratie zeigt." (Huber 2004, 6)

Für ihn bündelt sich ein Engagement christlicher Kirchen in Europa in einer Theologie des Friedens und der Versöhnung und in dem gemeinsamen Eintreten für Gerechtigkeit, Frieden und Bewahrung der Schöpfung (vgl. Huber 2006a; 2007b).

Die Beispiele aus verschiedenen Epochen machen deutlich, dass im theologischen Diskurs europäische Entwicklungen zunehmend an Bedeutung für die Wissenschaft gewinnen. Insbesondere entstehen dabei enge Verbindungen im Blick auf Fragen europäischer Wertebildung, die auch eine Beschäftigung mit Aspekten einer Europäisierung von Bildung ermöglichen. Beispiele dieser Entwicklung werden im nächsten Abschnitt aufgenommen.

Theologische Perspektiven auf Europäisierung von Bildung
Auf der Grundlage dieser an Frieden und Gerechtigkeit, an Versöhnung und dem Wohl der Menschen orientierten theologischen Perspektive auf Europa wird auch Bildung thematisiert. Eine zentrale Forderung aus theologischer Perspektive ist dabei, dass Bildung nicht verzweckt und eingeengt werden darf. Beispielhaft formuliert

Bischof Huber: „Das Bildungswesen darf weder industrialisiert noch funktionalisiert, d.h. lediglich zum Zulieferer des Arbeitsmarktes werden." (Zit. nach EKD-Europa-Informationen Nr. 105 Nov./Dez. 2004, 3)

Ein weiteres Beispiel einer theologischen Perspektive auf Europäisierung von Bildung konturiert der Leiter der Ev. Stadtakademie in Erlangen, Dr. Hans Jürgen Luibl, (2006a), mit seinem Verständnis von Bildung als „öffentlichen Prozess des Glaubens" (ebd., 261). Er plädiert für eine „Positionierung evangelischer Glaubensbildung im europäischen Bildungsraum" (ebd., 262) und führt dazu aus:

> „Auch europäische Bildungspolitik muß sich bilden. Erst in diesem Kontext und vor dem Hintergrund alternativer Konzepte bekommt dann die Kritik an einer Ökonomisierung und Funktionalisierung der Bildung ihre eigentliche Bedeutung. Eine Aufgabe der Kirche sollte es sein, eine solche Debatte selber anzustoßen und einzufordern – natürlich nicht ohne eigene Bildungsperspektiven. Die Vorstellung, daß es auch ‚wertlose Wahrheiten' gibt (so Eberhard Jüngel) hat auch Konsequenzen für eine Bildung, in der ästhetische Erziehung und spirituelle Entwicklung ihren Raum haben." (Luibl 2006a, 262)

Die Positionierung evangelischer Glaubensbildung beinhaltet für Luibl eine Kritik an Ökonomisierung und Funktionalisierung von Bildung und die Forderung, ästhetische Erziehung und spirituelle Entwicklung als Teil von Bildung einzubeziehen.

Es geht insgesamt um ein am Menschen orientiertes Bildungsverständnis, das einer Optimierung als Maßstab eines „Bildungserfolges" widerspricht, denn: „Bildung ist Entfaltung des Menschen, nicht seine Optimierung." (Luibl 2006a, 262)

Explizit mit Zusammenhängen von Bildung, Erziehung und Religion in Europa beschäftigt sich Heike Lindner in ihrer Habilitationsschrift (2008). Sie legt umfassende politische, rechtshermeneutische und pädagogischen Untersuchungen zum Verhältnis von Bildung, Erziehung und Religion in Europa vor. In kritischer Aufnahme von Diskursen um PISA und europäischer Bildungspolitik rekonstruiert sie einen europäischen Bildungsauftrag in evangelisch-theologischer Perspektive und formuliert europäische Bildungsstandards für eine *Religious Literacy* (ebd. 470ff.).[72]

Weitere Beispiele, in denen sich theologische Perspektiven im Diskurs einer Europäisierung von Bildung materialisieren, finden sich in dieser Studie im Rahmen der Diskussion der analysierten Dokumente des Europarates und der EU. An dieser Stelle ging es darum, deutlich zu machen, dass es zunehmend Positionen innerhalb der wissenschaftlichen Theologie gibt, die den europäischen Kontext als zentrales Bezugsfeld ihrer Arbeit wahrnehmen und so auch für die Diskussion um Religion im Kontext einer

---

72 Lindner legt ein reichhaltiges Sammelsurium von Gedankengängen vor, und will den „Auftrag, der sich aus den EU-Bildungsstrategien herausarbeiten lässt" (154) mit Grundaussagen der Religionen gegenlesen. Ihre theologische Perspektive ist fokussiert auf ein evangelisches Bildungsverständnis, das sich formal bestimmen lässt durch den Umgang mit Pluralität, der Kunst der Unterscheidung und der Begleitung der Selbstbefähigung des Einzelnen (vgl. ebd., 156 und 327). Ihr Versuch, als Synthese ihrer Arbeit europäische Bildungsstandards für eine „religious literacy" (im Sinne einer religiösen Grundbildung) zu formulieren, lässt allerdings Fragen nach der Sinnhaftigkeit eines solchen Vorgehens gerade angesichts der pluralen Verhältnisse in Europa offen.

Europäisierung von Bildung wertvolle Hinweise liefern können. Ergänzend soll nun das Feld der Religionspädagogik betrachtet werden.

2.3.4 Religionspädagogische Initiativen

Die Disziplin der Religionspädagogik nimmt das Feld von Pädagogik und Religion in den Blick und sortiert sich im bundesdeutschen Kontext im Reigen der wissenschaftlichen Disziplinen zwischen Theologie und Erziehungswissenschaft ein (vgl. Mette 1994; Grethlein 1998; Schweitzer et al. 2002; Heimbrock 2004; Schweitzer 2006; Kunstmann 2010; Scheunpflug 2011).[73] Ihre Bezugshorizonte sind Kirche, Schule und Gesellschaft. Für der Zusammenhang der vorliegenden Studie lässt sich fragen:

a) In welcher Weise werden europäische Fragestellungen und Herausforderungen von der Religionspädagogik wahrgenommen?

b) Welche empirischen Beiträge aus der international-vergleichenden Religionspädagogik sind für die Themenstellung der Studie relevant?

Europäische Fragestellungen in der Religionspädagogik
Einige Beobachtungen dazu: Europa wird als „Lernchance für die Religionspädagogik" gesehen (Heimbrock 2004, 26), als zunehmend bedeutendes Feld Vergleichender Religionspädagogik im Rahmen ihrer (notwendigen und eingeforderten) Internationalisierung (Schröder 2000, 2003; Schweitzer 2002, 2008; Schweitzer et al. 2009; Heimbrock 2005; Roebben 2009).[74] Die Frage einer kontextuellen Verortung des Religionsunterrichtes (Leganger-Krogstad 2011; Valk 2011) werden verbunden mit europäischen Entwicklungen (Keast 2007, Schreiner 2001b).

Europäische Bildungspolitik kommt dagegen erst allmählich in das Blickfeld der Religionspädagogik, auch wenn dies als Desiderat immer wieder angemahnt wird. So durch Karl Ernst Nipkow, einem der Hauptinitiatoren der EKD-Bildungsdenkschrift (Kirchenamt der EKD [Hg.] 2003):

„Die EKD-Bildungskammer hat sich den europäischen Kontext intensiv vergegenwärtigt. Sie markiert mit ihrer vom Rat übernommenen Denkschrift den neuen europäischen Denkhorizont. Er fordert analytische Ausgangspunkte, hinter die fortan nicht wieder zurückgegangen werden darf." (Nipkow 2003, 212)[75]

---

73 Das ist in anderen Kontexten anders. So ist die Religionswissenschaft und nicht die Theologie die leitende Bezugswissenschaft für die englische Religionspädagogik (vgl. Cush 2011), in Schweden (vgl. Larsson 2000; Larsson/Gustavsson 2004; Larsson 2007) und in Dänemark (vgl. Jensen 2011).

74 Die Überzeugung, dass Religionspädagogik in Zukunft verstärkt in einem internationalen Horizont betrieben werden muss, wird keineswegs durchgängig vertreten, auch wenn vermehrt vergleichende Untersuchungen durchgeführt werden und entsprechende Publikationsreihen in den letzten Jahren entstanden sind. Besonders wichtig sind hier die Reihe Religionspädagogik in pluraler Gesellschaft, (Gütersloher Verlagshaus und Herder), die bis 2012 14 Bände umfasst und die gemeinsame Reihe von REDCo und ENRECA (Waxmann Verlag), in der bis 2012 20 Bände erschienen sind.

75 Allerdings werden dieser „Denkhorizont" und der damit verbundene programmatische Anspruch letztlich im Text der Denkschrift nicht eingelöst. Dort heißt es lediglich: „Es

In einem neueren Beitrag sieht der Tübinger Religionspädagoge Friedrich Schweitzer in der Religionspädagogik „deutliche Fortschritte im Blick auf ihre Internationalisierung" (Schweitzer 2008, 211). Diese Internationalisierung sieht er ansatzweise vollzogen z.B. in religionspädagogischen europäischen Organisationen wie ICCS und EFTRE und schätzt insbesondere die Versuche einer weitergehenden Zusammenführung (im Rahmen der Coordinating Group for Religion and Education in Europe CoGREE) als positiv ein. Prozesse einer „Europäisierung von Religionspädagogik" sieht Schweitzer in den Feldern Religionsunterricht, der internationalen Kooperation, Bildungs- und Wissenschaftspolitik sowie in der international-vergleichenden Forschung.

Empirische Beiträge

Aus den Entwicklungen in diesem Bereich werden nachfolgend ausgewählte Forschungsinitiativen vorgestellt, die in vergleichend-systematischer Weise Aspekte von Religion und religiöser Bildung im europäischen Horizont untersucht haben. Ergebnisse dieser wissenschaftlichen Vorhaben und Projekte bieten empirische Grundlagen und Perspektiven für die Bearbeitung der Frage nach Religion im Kontext einer Europäisierung von Bildung.

- Das erste Beispiel ist das europäisch-vergleichend angelegte REDCo-Projekt (Religion in Education. A Contribution to Dialogue or a factor of Conflict in transforming societies of European Countries). Es wurde untersucht, inwieweit Religion als Faktor für Vorurteile und Konflikte dient, aber auch wie das Potenzial von Religionen für Dialog und friedliches Zusammenleben von Menschen in Europa genutzt werden kann. Es ging insbesondere um den Stellenwert von Religion und religiöser Bildung bei 14- bis 16-jährigen Schülerinnen und Schülern.[76]
- Als zweites Beispiel wird der Forschungsverbund TRES („Teaching Religion in a multicultural European Society") vorgestellt, gefördert aus dem Sokrates-Erasmus-Programm der Europäischen Union. Es ging in dieser Kooperation um die Frage, mit welchen Perspektiven, Zielen und Methoden Lehrkräfte Religion

---

ist unverständlich, warum in den europäischen und nationalen Planungsdokumenten und -vorgaben Bildungsziele, die sich auf Ethos, philosophische Besinnung und Religion beziehen, bis auf gelegentliche Hinweise zur Werteerziehung fehlen." (2004, 69)

76 Das Forschungsprojekt REDCo wurde von März 2006 bis März 2009 von der Forschungsabteilung der Europäischen Kommission im Rahmen der thematic priority 7 ‚Citizens and governance in a knowledge-based society' in der Teilrubrik ‚Werte und Religionen in Europa' gefördert (Weiße 2008; 2009b). Beteiligt waren zehn Universitäten aus acht europäischen Ländern: Deutschland, England, Niederlande, Norwegen, Frankreich, Russland, Spanien, Estland. Vertreten waren die Disziplinen: Theologie, Islamwissenschaft, Erziehungswissenschaft, Religionspädagogik, Soziologie, Politologie und Ethnologie. Dieses Projekt ist das erste Projekt im Bereich Religion und Bildung, das von der EU mit einer Summe von über 1 Million Euro über drei Jahre gefördert wurde. Die Forschungsgruppe bestand aus Wissenschaftler/innen mit intensiven Erfahrungen in internationaler und interdisziplinärer Kooperation. Insgesamt wurden neun Teilprojekte durchgeführt (vgl. Weiße 2008; 2009b).

in Europa unterrichten.[77] In einem Teilprojekt von TRES zu „Perspectives on Teaching Religion" (PeTeR) ging es um die Schaffung empirischer Grundlagen zur aktuellen Situation des Unterrichts über Religion in Europa (Ziebertz/Riegel 2009) Die in 16 Ländern erhobenen Daten und Befunde werden vergleichend diskutiert (Schweitzer et al. 2009) und ebenso mit den Zielen im Rahmen universitärer Ausbildung verglichen (Sterkens 2009).

– Als drittes Beispiel wird eine vergleichende empirische Studie zur Religiosität und Lebensperspektiven junger Menschen in Europa vorgestellt, deren Ergebnisse unter dem Titel: „Religion and Life Perspectives of young people RaLP-project" in drei Bänden vorliegen (Ziebertz/Kay 2005; Ziebertz/Kay 2006; Ziebertz/Kay/Riegel 2009).

Zu REDCo: Für das Thema der vorliegenden Studie finden sich Anregungen im Rahmen der Bestandaufnahme zu religiöser Bildung, in Ergebnissen der qualitativen und quantitativen Studien sowie in den politischen Empfehlungen, die auf der Grundlage der vorliegenden Ergebnisse formuliert wurden.[78]

Robert Jackson beschreibt im Rahmen der Bestandsaufnahme zu religiöser Bildung in Europa (Jackson et al. 2007) Prozesse einer zunehmenden Beschäftigung mit Religion in den europäischen Institutionen (Jackson 2007). Er konstruiert eine Verbindung zwischen dem Umgang mit religiöser Vielfalt und „Education for Democratic Citizenship" (Jackson 2007) und zieht dazu einige zentrale Studien heran (z.B. Torney-Purta 2001, Eurydice 2005). Es finden sich in den Studien Bezüge zu Religion und Religionsunterricht: Religion wird erwähnt im Zusammenhang mit sozialer Exklusion oder Diskriminierung (flämischer Teil Belgiens), Diversität (Italien), dem Verstehen religiöser Werte (Dänemark), dem Stärken von Werten (Slowenien) und dem Respekt von anderen Religionen (Bulgarien) (vgl. Jackson 2007, 31).

---

77 In dem thematischen Netzwerk TRES wirkten Vertreter/innen theologischer, religionspädagogischer und religionswissenschaftlicher Fakultäten von Universitäten aus 26 Ländern mit. Im Rahmen dieser Struktur wurden singuläre und gemeinsame Projekte durchgeführt (vgl. Leganger-Krogstad 2011, 54). „The overarching theme of TRES was how to teach religion in the framework of academic theology and religious studies." (Ziebertz/Riegel 2009, 9).

78 Ergebnisse des REDCo-Projektes liegen in der Reihe „Religious Diversity and Education in Europe" im Waxmann-Verlag in Münster vor. Es gibt eine Übersicht zu Entwicklungen, Kontexten und Debatten im Bereich religiöser Bildung in Europa (Jackson et al. 2007), qualitative Studien zu den Vorstellungen Jugendlicher zu Religion und religiöser Bildung (Knauth et al. 2008), die Evaluation eines Dialogprojektes mit Email in Grundschulen (McKenna et al. 2008), Projekte zur Unterrichtsforschung (Avest et al. 2009), vergleichende Studien zu Islam und Pädagogik (Veinguer et al. 2009), quantitative Studien zu den Vorstellungen Jugendlicher zu Religion und religiöser Bildung (Valk et al. 2009), biographische Studien zur Perspektive der Lehrkräfte (van der Want et al. 2009), qualitative Studien zu Religion, Dialog und Religionsunterricht aus Schülersicht (Jozsa et al. 2009), und Ergebnisse der qualitativen Studie in Estland (Schihalejev 2010).

Jackson begründet, warum sich der Europarat mit Religion nur als „kulturellem Faktum" beschäftigen kann. Dies stelle einen gemeinsamen Nenner aller Mitgliedstaaten dar, den niemand abstreiten könne:

> „… that religion is a ‚cultural fact' and that knowledge and understanding of religion at this level is highly relevant to good community and personal relations and is therefore a legitimate concern of public policy." (Jackson 2007, 37)[79]

Keinesfalls sei diese Definition als Reduktionismus zu bewerten, vielmehr bilde sie den pragmatischen Ausgangspunkt für gemeinsame Aktivitäten.[80]

In der vergleichenden Auswertung nationaler Kontexte kommt Miedema (Miedema 2007) zu dem Schluss, dass es, trotz der unterschiedlichen Bedeutung von „religion in education" in den verschiedenen Ländern, ein gemeinsames Verständnis im Forscherkonsortium darüber gibt, dass religiöse Bildung zum friedlichen Miteinander, zur Förderung von Toleranz und Verständigung beitragen kann, ebenso wie interkulturelle Bildung, die Religion als Dimension berücksichtigt (vgl. ebd., 267). Dabei wird die Ambivalenz von Religion nicht vernachlässigt.[81]

Miedema konstatiert eine gewisse Konvergenz in den nationalen Bildungszielen darin, dass „teaching about religions and worldviews" als zentraler Bestandteil religiöser Bildung angesehen wird, der sich komplementär zu verschiedenen Perspektiven eines „teaching from religions" versteht (vgl. ebd., 281). Ein Unterricht über Religionen wird dabei als notwendig, jedoch nicht als ausreichend angesehen, um die Komplexität von Religion und Religionen vermitteln zu können.

Ergebnisse der qualitativen Studie (Knauth et al. 2008) und der quantitativen Studie (Valk et al. 2009) liegen im Blick auf die Einstellungen von Schülerinnen und Schülern vor.[82]

Im Rahmen der Studie gibt es einen Vergleich zwischen Nordrhein-Westfalen (NRW) und Hamburg zu der Frage nach der grundlegenden Ausrichtung des Religionsunterrichtes (konfessionell versus nicht-konfessionell). Die Ergebnisse ergaben, dass

---

79 Diese Perspektive wird im Rahmen der Analyse von Dokumenten des Europarates thematisiert und diskutiert (vgl. Kap. 4).

80 In weiteren Beiträgen werden die verschiedenen Modelle zu „Religion und Bildung" in Europa verglichen (Willaime 2007b) und die Berücksichtigung des Islam im öffentlichen Bildungssystem (Jozsa 2007).

81 Die zunehmende Bedeutung von Religion macht Miedema am Text des Verfassungsentwurfes der EU fest und an Aktivitäten des Europarates in den Feldern interkulturelle Bildung und Education for Democratic Citizenship (2007, 268). Damit sind Anregungen auch für die Analyse von Dokumenten im Rahmen der vorliegenden Studie verbunden.

82 Die qualitative Studie beruht auf einem Fragebogen, der von je 70 Schülerinnen und Schülern in den beteiligten acht Ländern ausgefüllt wurde. Er bestand aus acht Hauptfragen, die in bis zu drei Unterfragen ausdifferenziert wurden. Für die quantitative Studie wurde ein Fragebogen mit 112 inhaltlichen Fragen und einer Rating-Skala mit fünf skalierten Antworten von „strongly agree" bis zu „strongly disagree" verwendet. Weitere Analysen wurden vorgelegt zu Interaktionen im Klassenzimmer (Valk et al. 2009) und zur Situation von Lehrerinnen und Lehrern (van der Want et al. 2009), die jedoch im Rahmen dieser Studie nicht weiter behandelt werden.

das jeweils selbst erfahrene Konzept des Religionsunterrichtes präferiert wurde. Im Falle der Schüler/innen in NRW findet das bestehende konfessionelle Modell des Religionsunterrichtes eine breite Zustimmung (vgl. Jozsa 2008, 202), da sie in diesem Modell einen geschützten Raum sehen, der Konflikte und Verletzungen vermeiden lässt und einen Schwerpunkt beim Erlernen der eigenen Religion hat.

> „Religions are regarded as too different and too divergent to come together, as incompatible to the extent that communication and exchange would not be possible in a peaceful way in non-confessional religious education classes." (Jozsa 2008, 202–203)

Dennoch wünschen sich die Schüler/innen ebenfalls mehr Informationen über andere Religionen.

Im Vergleich dazu präferieren die in Hamburg befragten Schüler/innen der Klasse 9 den „Religionsunterricht für alle", der ihren Erfahrungen entspricht.[83] Markant ist in diesem Kontext die multi-religiöse Zusammensetzung der Lerngruppen.[84]

Aus den Ergebnissen der vergleichenden Analyse kann gefolgert werden, dass es keine eindeutig erkennbare allgemeine Präferenz der Schüler/innen im Blick auf ein Modell des RU gab, vielmehr bestimmt der je eigene Kontext das Urteil zu den bestehenden Modellen (vgl. Knauth/Körs 2008, 400).

Aus den Ergebnissen der quantitativen Studie (Valk et al. 2009)[85] lassen sich folgende Tendenzen erkennen: Es gibt ein mangelndes Interesse an religiösen Institutionen, ausgenommen bei Angehörigen aktiver religiöser Minderheiten, das jedoch nicht mit anti-religiösen Positionen korrespondiert; es finden sich Anzeichen einer flexiblen Religiosität. Die bestehende religiöse Vielfalt wird wahrgenommen und wertgeschätzt. Toleranz wurde durchgängig als wichtiger Wert bestätigt, und die Schüler/innen zeigen

---

83 Dabei ist zu beachten, dass Religion eine randständige Funktion im Rahmen des Lehrplanes hat auch deshalb, weil ein Projekttag „Praktisches Arbeiten" eingeführt wurde, der den Religionsunterricht ersetzt. Das hängt damit zusammen, dass es in Hamburg in Kl. 7 und 8 keinen Religionsunterricht gibt, jedoch in den Klassen 5 und 6 und später wieder in Klasse 9. Die drei ausgewählten Schulen haben unterschiedliche Organisationsformen des RU. In einem Gymnasium (Kirchdorf-Wilhelmsburg) werden in Klasse 9 zwei Kurse in Religion und zwei Kurse in Philosophie angeboten. In der beteiligten Gesamtschule (Eimsbüttel) werden Religion und Ethik als integriertes Fach angeboten und ebenfalls in der integrierten Haupt- und Realschule Hermannstal.

84 Von den befragten Schülerinnen und Schülern gehörten 64 dem Christentum an, 44 dem Islam und 33 gaben an, keiner Religion anzugehören.

85 In den verschiedenen Beiträgen werden die erhobenen Daten vergleichend ausgewertet: Céline Béraud nimmt eine Auswertung zur Bedeutung von Religion im Leben der Schülerinnen und Schüler vor (Béraud 2009), Gerdien Bertram-Troost geht der Frage nach, wie die Schüler/innen den Stellenwert von Religion in der Schule einschätzen (Bertram-Troost 2009), und Pille Valk, die auch die Gesamtkoordination für die quantitative Studie inne hatte, fragt nach der politischen und gesellschaftlichen Bedeutung von Religion aus der Sicht der Befragten (Valk 2009a). Béraud weist auf die vielfältigen Unterschiede in den acht beteiligten Ländern bezüglich der religiösen Zugehörigkeit der Schüler/innen hin. Während bei den estnischen Schülerinnen und Schülern lediglich 15% eine religiöse Zugehörigkeit benennen, sind es in Deutschland und den Niederlande jeweils etwa 60%.

sich dialogoffen, allerdings wird auf die Notwendigkeit einer genaueren Bestimmung des Begriffs „Dialog" verwiesen (vgl. Bertram-Troost 2009, 419–420).[86]

Nicht sonderlich überraschend ist die Erkenntnis, dass Jugendliche, die selbst Erfahrungen mit Religionsunterricht gesammelt haben, sich differenzierter zu der Frage religiöser Kompetenz äußern als andere.

Es könnte ein gewichtiges Argument für religiöse Bildung in öffentlichen Schulen sein, dass sich religiös orientierte Menschen als aktiv tolerant verstehen, auch im Blick auf Menschen anderer Religionszugehörigkeit oder solchen, die sich keiner Religion oder Weltanschauung zugehörig fühlen. Darauf weist Pille Valk in ihrer übergreifenden Auswertung hin:

> „Students with religious affiliation share much more positive positions regarding the impact of religion in society. They are more likely to disagree that religious people are less tolerant toward others, that the world would be a better place without religion and that religion is the source of aggressiveness. They also esteem the role of respecting the religion of others in coping with differences significantly more highly." (Valk, 2009a, 426)

Die im Rahmen des REDCo Projektes verfolgte Zielsetzung, einen Bezug zu europäischen Entwicklungen im Rahmen der Studien herzustellen, konkretisiert sich in einer Liste bildungspolitischer Empfehlungen (*policy recommendations*), die sozusagen als „Essenz" des Projektes von den Organisatoren formuliert und in die politische Diskussion eingebracht wurde (REDCo 2009)[87]. Sie richtet sich an EU-Institutionen, Europarat, wie auch an nationale Bildungsinstitutionen, Bildungsforschungseinrichtungen, religiöse Organisationen, an Universitäten und Schulen. Es wird empfohlen, das friedliche Zusammenleben aktiv zu fördern (1), den Umgang mit Vielfalt zu fördern (2) und in den Unterricht religiöse und nicht-religiöse Weltanschauungen gleichermaßen einzubeziehen (3) sowie eine professionelle Kompetenz für die Lehrenden (4) (vgl. REDCo 2009).

Die Ergebnisse des REDCo Projektes wurden hier ausführlich vorgestellt, weil sie eine empirische Grundlage für das Gespräch mit bildungspolitischen Entscheidungsträgern auf nationaler wie europäische Ebene liefern, weil das Projekt von einem europäisch

---

86 Bertram-Troost weist darauf hin, dass es deutlich unterschiedliche Erfahrungsmöglichkeiten mit Religion und Religionsunterricht in den beteiligten Ländern gibt. So wird in Estland nur etwa in 10% aller Schulen Religionsunterricht angeboten und nur 1–2% der befragten Jugendlichen nimmt am Religionsunterricht teil. Auch in St. Petersburg sind es lediglich 5% der Befragten, die am Religionsunterricht teilnehmen. Dagegen ist in England und Norwegen der Religionsunterricht für alle Schüler/innen verpflichtend, und in Deutschland meldet sich nur ein geringer Prozentsatz vom Religionsunterricht ab.

87 Die Empfehlungen wurden vorgestellt und diskutiert u.a. bei einer Veranstaltung im Europaparlament in Brüssel im Dezember 2008 und beim Europarat in Straßburg im März 2009. Eine Dokumentation der beiden Veranstaltungen und eine Begründung der Forderungen finden sich auf www.redco.uni-hamburg.de. Nach Abschluss der Forschungsphase wurden verschiedene Aktivitäten entwickelt, die Ergebnisse des Projektes in regionalen Kontexten zu überprüfen und mit bestehenden Erfahrungen der Lehrerfortbildung zu korrelieren.

orientierten religionspädagogischen Interesse geleitet wird und es einen Beitrag zu einer Europäisierung von Bildung liefert, in dem die Ambivalenz von Religion zum Thema gemacht wird und dabei die „Zielgruppen religiöser Bildung" selbst zu Wort kommen.

Zu TRES: Fragen nach der Ausbildung von Religionslehrkräften stehen im Mittelpunkt des Netzwerkes „Teaching Religion in a multicultural European Society" TRES. Einbezogen wurden theologische und religionswissenschaftliche Perspektiven, die sich jeweils kontextuell in den beteiligten 26 Ländern verorten. Als ein Teilprojekt wurde eine quantitativ konzipierte Studie in 16 Ländern durchgeführt, die die bestehende Praxis der Ausbildung von Religionslehrkräften untersuchte. Dabei wurden Ziele und Methoden erfasst und analysiert, inwieweit diese Bereiche von nationalen resp. regionalen Kontextbedingungen geprägt sind. Insgesamt wurden dafür 3409 Fragebögen ausgewertet. Es liegen einzelne Länderberichte sowie vergleichende Beiträge vor, die wertvolle Erkenntnisse zur Praxis des Religionsunterrichtes wie zur Ausbildung von Lehrkräften bieten (Ziebertz/Riegel 2009). Für den Kontext der vorliegenden Studie ist interessant, dass es eine hohe Übereinstimmung unter den Lehrkräften im Blick auf einen Kern verwendeter Methoden gibt. Offensichtlich entwickeln sich in dieser Hinsicht gemeinsame pädagogische Standards. Ebenfalls interessant ist die Erkenntnis, dass die konzeptionell übliche Unterscheidung im Blick auf die Ausrichtung des Religionsunterrichtes in „teaching religion", „teaching about religion" und „teaching from religion" für die Lehrkräfte und ihre Unterrichtspraxis kaum relevant ist (vgl. Schweitzer/Riegel/Ziebertz 2009, 252).

Zu RaLP: Ergebnisse einer vergleichenden empirische Studie zur Religiosität und Lebensperspektiven junger Menschen in Europa legten Ziebertz u.a. unter dem Titel: „Religion and Life Perspectives of young people RaLP-project" in drei Bänden vor (Ziebertz/Kay 2005; Ziebertz/Kay 2006; Ziebertz/Kay/Riegel 2009).

Angelehnt an das Forschungsdesign der Shell-Studie werden in einer breit angelegten international-vergleichenden Studie die Einstellungen Jugendlicher zu Lebensperspektiven anhand der drei Konzepte Pluralisierung, Individualisierung und Europäisierung untersucht. Ergebnisse der deutschen Teilstudie werden zusammengefasst unter der Zuschreibung „pessimistisch aber selbstbewusst". Damit kommt zum einen zum Ausdruck, dass die Chancen im Blick auf Arbeitsmarkt und berufliche Karriere nicht sehr optimistisch eingeschätzt werden, zugleich jedoch eine persönliche Werteorientierung einen hohen Stellenwert hat. „The frustrations of young people are leading to political apathy, but not to the desire to reject the values of society." (Ziebertz/Kay 2005, 68)

Religion in der Bildung: Ein Beitrag zum Dialog?
Zusammenfassend lässt sich konstatieren, dass es im Bereich der Religionspädagogik zunehmend vergleichende Forschungsprojekte gibt (z.B. REDCo, TRES, RaLP), die u.a. den Stellenwert von Religion und religiöser Orientierung bei Jugendlichen untersuchen und empirisch fundierte Perspektiven auch für den europäischen Diskurs

liefern. Damit werden Voraussetzungen geschaffen für Dialog und Beteiligung an politischen Prozessen einer Europäisierung von Bildung, in denen Religion bzw. die religiöse Dimension thematisiert wird (vgl. dazu auch Schreiner 2006, 2009b). Beispiele dafür finden sich in den Bereichen interkulturelles Lernen, Demokratie lernen und Menschenrechtserziehung. Die Studie will diese Thematisierung anhand ausgewählter Dokumente des Europarates und der Europäischen Union analysieren und damit den Stellenwert von Religion im Kontext einer Europäisierung von Bildung untersuchen. Dazu wird im nächsten Abschnitt „Europäisierung" als mögliche Theorieperspektive eingeführt.

2.4 Europäisierung als Konzept- und Theorieperspektive

In der Integrationsforschung wurde jahrzehntelang der Aufbau eines supranationalen Institutionensystems verfolgt und die Frage nach den Rückwirkungen auf die politischen und gesellschaftlichen Systeme der Mitgliedstaaten weitgehend vernachlässigt. Durch eine Zunahme europäischer Regulierung seit Mitte der 1980er Jahre und einem dadurch gesteigerten Interesse an der Policy-Analyse ergaben sich Entwicklungen hin zu multikomplexen Theorien und Konzepten, die unter der Perspektive „Europäisierung" zusammengefasst werden können. Was ist damit gemeint? Von der klassischen Integrationsforschung unterscheidet sich die Europäisierungsforschung darin, dass es nun nicht mehr um die leitende Frage geht, warum sich souveräne Staaten auf europäischer Ebene zusammenschließen und wie das daraus entstehende politische System einzuordnen und zu erklären ist. Es geht nun vielmehr darum, aufzuzeigen, was passiert, wenn die europäischen Institutionen einmal eingerichtet sind und anfangen Wirkung zu zeigen.[88] Den vielfältigen Ansätze, die sich in dieser Situation unter dem Stichwort Europäisierung entwickelt haben, sind folgende zwei Merkmale gemeinsam: a) Es gibt keinen eindimensionalen Wirkungszusammenhang zwischen europäischer und nationalstaatlicher Ebene und b) bei Europäisierung handelt es sich um einen interaktiven Prozess und weniger um ein statisches Top-down-Modell (vgl. Radaelli 2003, Beck/Grande 2004; Vink/Graziano 2007).

Zur weiteren Konturierung von Europäisierung als Konzept- und Theorieperspektive im Rahmen dieser Studie werden in diesem Abschnitt begriffliche Klärungen vorgenommen, es wird die Frage bearbeitet, was Europäisierung bewirkt und schließlich werden Beispiele der Verwendung dieses Ansatzes im Bereich Erziehungswissenschaft angeführt.

Begriffliche Klärungen
Ein Blick in die Literatur zu Europäisierung zeigt, dass es keinen Konsens darüber gibt, was der Begriff „Europäisierung" denn nun eigentlich bedeutet und was er zu erklären sucht (vgl. Featherstone/Radaelli 2003b; Beck/Grande 2004; Graziano/Vink 2007).

---

88 Auel (2006) weist darauf hin, dass es jedes Jahr im Rahmen der EU um die 500 politische Entscheidungen, Richtlinien und Verordnungen gibt, die nationale Zustände beeinflussen (ebd., 292).

Neben den beiden genannten übergreifenden Merkmalen ist ein gemeinsamer allgemeiner Ausgangspunkt der Konzepte, dass die europäische Integration Rückwirkungen in den Mitgliedstaaten hat.

Wie schillernd der Begriff Europäisierung verwendet wird, lässt sich an einer ausgewählten Zusammenstellung von Verwendungszusammenhängen erläutern. Er wird als Analysebegriff in der Zeitgeschichte verwendet (Gehler 2002), er findet Anwendung in den Bereichen von Politik, Sozialwissenschaften, Ökonomie und Geschichte (Featherstone/Radaelli 2003a, 2003b). Er kommt auch in der Debatte um Religion in Europa vor, etwa wenn z.B. von einer „Europäisierung des Islam" gesprochen wird (so in einem Bericht der KEK über ein Seminar im Juli 2008[89]).

Eine begriffliche Unterscheidung kann zwischen einem *maximalistischen* und einem *minimalistischen* Verständnis von Europäisierung getroffen werden. In einem *maximalistischen* Verständnis wird der Begriff auf einen strukturellen Wandel bezogen, der in irgend einer Weise mit „Europa" zusammenhängt, in einem *minimalistischen* Verständnis bezieht er sich auf Reaktionen auf die Politik der Europäischen Union (Featherstone 2003, 3f.).

Featherstone betrachtet in seiner Typologie Europäisierung als: ein historisches Phänomen (1), transnationale kulturelle Diffusion (2), institutionelle Anpassung (3) und Anpassung von Politik und damit verbundenen Prozessen (4). Das Konzept markiert für ihn das Ende eines deterministischen Denkens in den Bereichen der Politikwissenschaft und der internationalen Beziehungen und bezeichnet zugleich Innovationen:

> „first, the revision and/or synthesis of existing conceptual frameworks in political science and international relations; and, second, an empirical focus that cuts across analytical dimensions (European, national, subnational, etc.). As a term of such innovation, ‚Europeanization' acknowledges the dynamism, imbroglio, and limits to determinism in present-day Europe." (Featherstone/Radaelli 2003a, 19)

Eine zweite Annäherung an eine begriffliche Klärung nimmt einen Systematisierungsversuch von Sittermann auf, die vorhandene Definitionen nach ihrem zugrundeliegenden Konzept von Europa zuordnet. Sie unterscheidet drei Kategorien, (1) das historische Europa, (2) das kulturelle Europa und (3) das politische Europa (Sittermann 2006, 3). Eine Europäisierung in historischer Perspektive lässt sich auf den „Export" europäischer Ideen, politischer Institutionen etc. auf Kontexte außerhalb Europas beziehen. Eine „kulturelle" Europäisierung bezieht sich auf die Entwicklung einer europäischen Identität oder eines europäischen Bewusstseins, das wiederum nationale Identitäten relativieren kann. Und schließlich lässt sich eine „politische" Europäisierung auf den zunehmenden Einfluss europäischer Institutionen wie der EU, des Europarates aber auch der OSZE beziehen.

---

[89] Ein Bericht über das Seminar, das gemeinsam von der KKG der KEK, COMECE und der Konrad-Adenauer-Stiftung am 3. Juli 2008 in Brüssel durch geführt wurde, findet sich unter http://csc.europe.org/fileadmin/filer/csc/Europe_Updates/EuropeUpdate18.pdf, vgl. auch Hogebrink 2011, 110.

Die in den beiden ersten Strukturierungen bereits deutlich gewordene Vielfalt bei der Verwendung des Begriffs wird weitergeführt in der Systematisierung von Johan Olsen, der folgende Prozesse und Effekte von Europäisierung unterscheidet:

1. Changes in external boundaries
2. Developing institutions at the European level
3. Central penetration of national systems of governance
4. Exporting forms of political organizations und
5. A political project aiming at a unified and politically stronger Europe (vgl. Olsen 2002, 3f.):

An Radaellis Konzept (2003) ist interessant, dass er den Einfluss der EU auf Regeln, Verfahren, Politik-Paradigmen, Stile, Praktiken, Weltbilder und Normen hervorhebt, wie sie in Diskursen, Identitäten und politischen Strukturen in den Mitgliedstaaten der EU erkennbar werden. Er spricht von einer „Europeanization of Public Policy" (2003).

Mit Jachtenfuchs/Kohler-Koch (2006b) können auf drei Aspekte von Europäisierung hingewiesen werden, die sich einvernehmlich in den vorliegenden Ansätzen aufweisen lassen:

1. *Europäisierung als Einfluss europäischer Entscheidungen auf nationale Politiken.* In dieser am weitesten verbreiteten Sichtweise geht es um eine Veränderung von Politik auf nationaler Ebene, die durch europäische Entwicklungen und Dynamiken verursacht wird. Vermieden wird bei dieser Perspektive jegliche teleologische Konnotation, vielmehr wird es der empirischen Überprüfung überlassen, ob eine Konvergenz von Politikergebnissen erfolgt oder eine Internalisierung der Steuerungspolitik der EU stattfindet.

2. *Europäisierung als Teilaspekt eines umfassenden Prozesses der Transformation staatlich organisierter Systeme.* Staatlichkeit verändert sich, wenn auf überstaatlicher Ebene regiert wird, so der Kern dieser Auffassung. Es geht bei diesem Aspekt weniger um die Verschiebung in sektoralen Politiken, vielmehr um Fragen der politischen Ökonomie, der Bedeutungsverschiebung von Grenzen und der Zukunft repräsentativer Demokratie.

3. *Europäisierung als umfassender Zusammenhang von EU-Integration und gleichzeitigem Wandel in den Mitgliedstaaten.* Gefragt wird in dieser Perspektive nach langfristigen Prozessen der gesellschaftlichen, wirtschaftlichen und politischen Restrukturierung Europas. Im Zentrum steht die Dynamik gesellschaftlicher Prozesse, die gegebene politische Strukturen grundsätzlich in Frage stellen können.

Wenn man sich einen Überblick zu den vorliegenden Arbeiten im Bereich der Politikwissenschaft über Europäisierung verschafft, so wird deutlich, dass sich die weit überwiegende Zahl auf den erstgenannten Bereich bezieht, also die Beeinflussung nationaler Entwicklung durch Prozesse europäischer Integration. Es geht dabei vorwiegend um die Veränderung von Politiken, und erst in zweiter Linie um die Veränderung von administrativen Strukturen oder Interessensvermittlungssystemen. Allerdings finden sich auch in diesem begrenzten Feld eine Reihe von Meinungsunterschieden über Ursachen und Wirkungen der Europäisierung.

Über ein enges begriffliches Verständnis von Europäisierung hinaus führt der Ansatz eines kosmopolitischen Europas von Ulrich Beck und Edgar Grande (Beck/ Grande 2004), in dem der Gegensatz „entweder Nationalstaat oder Europa" im Sinne einer „Sowohl-als-auch-Perspektive" überwunden werden soll und Europa als ein offenes, politisches Projekt definiert wird. Der Begriff „Europäisierung" wird – wie in den anderen angeführten konzeptionellen Ansätzen auch – als dynamisch und offen verstanden. Normativer Ausgangspunkt der soziologischen Analyse bei Beck & Grande ist dabei, dass der Europäisierungsprozess an eine kritische Grenze gelangt sei und sich die politischen Energiereserven einer nationalstaatlichen Semantik und Vision Europas erschöpft haben. Beck formuliert deshalb: „Europa gibt es nicht, es gibt nur Europäisierung, verstanden als institutionalisierter Prozeß der Dauerveränderung." (Beck/Grande 2004, 16)

Verbunden wird diese begriffliche Zuschreibung mit dem Konzept eines kosmopolitischen Europas, das wie folgt verstanden wird:

> „Der Kosmopolitismus kombiniert die Wertschätzung von Differenz und Andersartigkeit mit den Bemühungen, neue demokratische Formen der politischen Herrschaft jenseits der Nationalstaaten zu konzipieren" und er steht als sozialwissenschaftlicher Begriff „für eine besondere Form des gesellschaftlichen Umgangs mit kultureller Andersartigkeit" (ebd., 25).

Der Nationalstaat wird in dieser konzeptionellen Perspektive als überholt dargestellt, wiewohl Beck/Grande nicht von seiner Auflösung ausgehen. Sie ziehen vielmehr Konsequenzen für die Wissenschaft, indem sie „einen methodologischen Perspektivenwechsel vom dominierenden nationalen (oder internationalen) zum kosmopolitischen Blick" fordern (ebd., 34). Damit wird der Gefahr eines abgrenzenden Verständnisses von Europäisierung gegenüber Prozessen der Globalisierung insofern begegnet, als die verschiedenen Ebenen vom Nationalstaat bis zur Weltgesellschaft in einem durchlässigen, reflexiven Verhältnis analysiert werden.

Ein weiterer Aspekt, der Anregungen für den Zusammenhang der Studie gibt, ist die von Beck/Grande verwendete Unterscheidung zwischen *vertikaler* und *horizontaler* Europäisierung. Dabei wird Europäisierung zum einen als Prozess begriffen, der vertikal zwischen nationalen Gesellschaften und europäischen Institutionen stattfindet. Zum anderen findet sich auch eine horizontale Dimension von Europäisierung, bei der es um die Herausbildung eines „postgesellschaftlichen" Sozialraumes Europa geht mit variablen Innen-Außen-Verhältnissen und vielfältigen Beziehungen zwischen den europäischen Gesellschaften, Vernetzungen und Vermischungen. „Vertikale Europäisierung meint also die Öffnung des nationalen Containers *nach oben* (…). Horizontale Europäisierung meint also die Öffnung der nationalen Container *an den Seiten*." (2004, 151)

„Horizontale Europäisierung rückt anstelle der institutionellen Architektur die alltags-weltliche, familial-biographische, zivilgesellschaftliche, wirtschaftliche Integration Europas ins Blickfeld." (Ebd., 154)[90]

Beck/Grande verstehen den Bildungsbereich als Teil einer horizontalen Europäisierung, und konkretisieren dies an wenigen Beispielen:

> „‚Doing Europe' vollzieht sich (oder vollzieht sich nicht) in der Bildung und Bildungs-politik, und zwar zum einen im Hinblick auf die Europäisierung der Bildungsinhalte, zum anderen im Hinblick auf die Europäisierung der Bildungsströme, der Bildungsmobilität." (Ebd., 163)

Die begrifflichen Klärungen, die hier vorgestellt wurden, bieten keine abschließen-de Definition. Vielmehr wird deutlich, dass das Konzept der Europäisierung geeignet scheint, sich mit der bestehenden Komplexität des Zusammenspiels der unterschiedli-chen Ebenen fruchtbar und strukturiert auseinandersetzen zu können.

Was „bewirkt" Europäisierung?

Wenn wir nun die exemplarisch vorgestellte Vielfalt der Verwendung des Konzepts „Europäisierung" noch einmal zurückstellen und etwas allgemeiner davon ausgehen, dass unter Europäisierung eine Auswirkung (oder Rückwirkung) von Prozessen der Europäischen Integration auf Strukturen und Prozesse in den Mitgliedstaaten ver-standen wird, so lässt sich danach fragen, wie Europäisierung eigentlich „wirkt". Es wäre zu überprüfen, inwieweit damit bezeichnete Prozesse auf die bereits eingeführ-ten drei Dimensionen von Politik einwirken, konkret, welcher Anpassungsdruck durch „Europäisierung" im Blick auf die institutionelle Dimension (*polity*), die normati-ve, inhaltliche Dimension (*policy*) und die prozessuale Dimension der Politikinhalte (*politics*) entsteht. Für Bildung ist diese Unterscheidung bedeutend, weil die EU im Bildungsbereich lediglich eine unterstützende, ergänzende Funktion hat und so-mit die Entscheidungskompetenz über *policy* und *polity* (Inhalte und Strukturen des Bildungswesens) bei den Mitgliedstaaten liegt. Eine Europäisierung wäre dann insbe-sondere im Bereich der Bildungsinhalte und Bildungsziele denkbar, wie es ja durch den durch Prozesse der Globalisierung beförderten Anpassungsdruck im Blick auf Qualität der „Bildungsergebnisse" auch zu vermuten wäre, wenn es um die Profilierung Europas als eines global konkurrenzfähigen wissensbasierten Wirtschaftsraumes geht (zum Verhältnis von Europäisierung und Globalisierung vgl. Verdier/Breen 2001).

Börzel/Risse (2003) gehen in ihrem Ansatz davon aus, dass es in der Forschung nicht mehr kontrovers ist, *dass* Europäisierung innerstaatliche Prozesse beeinflusst, vielmehr stellt sich die Frage, *wie* sich Europäisierung auswirkt, welche konkreten Auswirkungen damit verbunden sind, in welche Richtung Veränderungen gehen, wann und mit welcher zeitlichen Perspektive dies geschieht (vgl. 2003, 60). Ihre Übersicht nennt die Bereiche, auf die sich Prozesse der Europäisierung auswirken können:

---

90 Dieses Verständnis einer horizontalen Europäisierung findet sich in erziehungswissen-schaftlicher Perspektive ebenfalls bei Schleicher (2007), der primär im Alltagshandeln die Herausbildung einer europäischen Identität ansiedelt und demgegenüber den institutionellen Aspekt einer Europäisierung deutlich relativiert.

Abb. 3: Einflüsse von Europäisierung auf Dimensionen von Politik

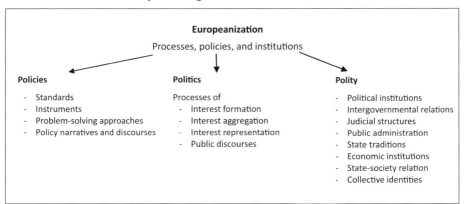

Quelle: Börzel/Risse (2003, 60).

Während zu Beginn der Europäisierungsforschung eher Kategorien wie Homogenität, Harmonisierung und Konvergenz im Mittelpunkt standen, hat der von Börzel/Risse (2003) vertretene Ansatz des „goodness of fit" einen anderen Ausgangspunkt. Hier wird davon ausgegangen, dass, je geringer die Kompatibilität zwischen europäischen und innerstaatlichen (*domestic*) Prozessen, Politiken und Institutionen ausfällt, desto höher der durch Europäisierung erzeugte Anpassungsdruck wird (vgl. Börzel/Risse 2003, 61). Dieses „misfit" ist eine notwendige, jedoch keine ausreichende Bedingung für einen innerstaatlichen Wandel. Vielmehr wird dieser gesteuert entweder durch eine Umverteilung von Ressourcen oder durch eine Veränderung der Einstellungen der für den betreffenden Bereich verantwortlichen Akteure. Im Rahmen dieses beiden Logiken kann es zu einer Inkorporation von europäischer Politik in nationale Programme und Strukturen kommen (*absorption*), zu einer Anpassung bestehender Politiken (*accommodation*) oder zu einer Herstellung neuer Institutionen, Politiken und Prozesse (*transformation*) (vgl. ebd., 69f.).

Europäisierung von Bildung
Das Konzept der Europäisierung findet sich zunehmend auch in erziehungswissenschaftlichen Diskursen. Für Lawn/Grek (2012) bedeutet eine Europäisierung von Bildung das Entstehen einer europäischen Bildungspolitik, die sich aus kulturpolitischen Ansätzen zu einem Netzwerk gegenseitiger Unterstützung entwickelt hat, in der Vergleiche und harte Daten zentral sind.

Der europäischer Forschungsverbund Globalisation and Europeanisation Network in Education (GENIE), der sich ebenfalls mit Fragen eines Europäischen Bildungsraumes und einer Europäischen Bildungspolitik beschäftigt, verwendet das Konzept einer Europäisierung explizit. An dem Projekt (2002–2005) waren 33 Universitäten aus 27 Ländern beteiligt (Dale/Robertson 2009). Im Rahmen dieses Projektes konnten drei mögliche generelle Beziehungsebenen zwischen Globalisierung, Europäisierung und Bildung ermittelt werden:

„(1) Through new challenges as a result of the growing importance of knowledge, learning, new communication technologies and social inclusion both within Europe and in the global knowledge economy;
(2) Education systems are themselves greatly influenced by Europeanisation and globalization;
(3) Processes of Europeanisation and globalization are important curriculum topics."
(Dale 2009, 9)

Der in dem Forschungsverbund verfolgte mehrdimensionale Ansatz geht davon aus, dass mit Europäisierung nicht nur die Wirkung europäischer Integrationsprozesse auf die nationalen Bildungssysteme benannt werden kann, sondern dass das Konzept auch die Beschreibung eigenständiger Prozesse ermöglicht, die auf der europäischen Ebene wirken. Konsequent lag der Schwerpunkt des Forschungsverbundes denn auch auf Entwicklungen im Bereich Europäischer Bildungspolitik und weniger auf europäisch beeinflussten Prozessen und Vorgängen nationaler Bildungspolitik.

Daun (2011) beschäftigt sich mit der veränderten Ausrichtung europäischer Bildungspolitik und Governance, die er mit Prozessen der Globalisierung und „EU-fication" in Verbindung bringt. Er geht davon aus, dass sich viele Mitgliedstaaten der EU bereits an europäische Standards angepasst haben, die im Rahmen der von der EU angestrebten Europäisierung mittels der Methode der Offenen Koordinierung und anderer Mechanismen propagiert werden (vgl. ebd., 9).

Eine Definition der verwendeten Begriffe und eine Abgrenzung der verschiedenen Konzepte nimmt Daun in folgender Weise vor:
„Europefication is first and foremost seen to concern institutions and the elites (rather than the general public). EU-ification is the implementation and application of laws, rules, and recommendations emerging from the EU-bodies (mainly the European Commission) as well as activities in the OMCs. Both Europefication and EU-ification mostly concern and involve the European elites. In medium and long terms, EU-ification may result in Europefication, which, in its turn, may result in Europeanization. A common feature across countries is the cleavage between the general public and the elites. Most of the elites are pro-globalization as well as pro-Europeanization and pro-EU, while the nonelite bulk of society does not take a position in relation to the former but to a large extent resists, if not rejects, EU-fication. (...) EU-ification takes place in different ways, but one of the most common is the Open method of Coordination (OMC)." (Daun 2011, 15–16)

Europäifizierung ist nach Daun insbesondere auf entsprechende Institutionen und Eliten gerichtet, weniger auf die öffentliche Meinung. EU-fizierung bezieht er enger auf die Implementierung von Gesetzen, Regelungen und Empfehlungen durch die EU-Institutionen und schließlich impliziert Europäisierung Konvergenzen, die auf allen Ebenen erfolgen und wesentliche gesellschaftliche Aspekte wie auch das Bewusstsein der Menschen beeinflussen. Die drei Konzepte bilden nach Daun eine Entwicklungslinie, die von einem engen Verständnis einer EU-fizierung über Europäifizierung bis zu einem weiten Verständnis von Europäisierung reicht.

Im Rahmen dieser Studie wird davon ausgegangen, dass das Konzept „Europäisierung" geeignet ist, bestimmte Entwicklungen im Bereich Bildung im Zusammenspiel zwischen der europäischen und der nationalen respektive regionalen Ebene zu beschreiben und zu analysieren. Diese Auffassung lehnt sich an Dauns dritte genannte Perspektive an, in der „Europäisierung" als Begriff verwendet wird; hier geht es um Prozesse einer zunehmenden Einwirkung europäischer Initiativen und Dynamiken auf nationale und regionale Ebenen.

Der Begriff wird – vergleichbar der Position von Beck & Grande (2004) – in den weiteren Rahmen einer zunehmenden Internationalisierung und Globalisierung eingebettet, der auch im Bildungsbereich Wirkungen zeigt. Europäisierung wird für die Bezeichnung regionaler Prozesse einer übergreifenden Globalisierung verwendet. In den Worten Daxners lautet dies:

> „Die andere Dichotomie bezieht sich auf die Globalisierung selbst. Hier gilt, dass Globalisierung in zwei Teile zerfällt: der eine ist echt global und umfasst Internationalisierung und Universalität (idealtypisch) zugleich, der andere überträgt alle Merkmale der Globalisierung auf unseren Kontinent, und dann meint Globalisierung zunächst nur Europäisierung." (Daxner 2000, 131)

Zwischenfazit: Aus der europäischen Integrationsforschung wird die Anregung aufgenommen, die Struktur des politischen Modells der EU als Mehrebenensystem aufzufassen. Europäisierung wird als ein prozessorientiertes, dynamisches Konzept verwendet, das dieser Mehrebenenorientierung entspricht und für den Bildungsbereich angewendet werden kann. Damit sind wichtige Impulse für die Bearbeitung der Fragestellung der Studie gegeben. Europäisierung ermöglicht die Öffnung von kausalen, funktionalistisch eingeschätzten Vorgängen zu einem eher dynamischen, mitunter wechselseitigen Prozess (zwischen den verschiedenen Politikebenen von europäisch bis lokal) und fördert ein offenes multiperspektivisches Verständnis von Europa.

2.5 Zusammenfassung und Hinführung zur Fragestellung der Studie

Welche zusammenfassenden Gesichtspunkte und Herausforderungen ergeben sich aus der Einleitung und aus der Darlegung des Forschungsstandes für das Feld Europa – Bildung – Religion? Welche Begründungen ergeben sich für die Fragestellung der Studie und das geplante methodische Vorgehen?

Ziel der Einleitung und der Darstellung des Forschungsstandes ist es gewesen, zunächst einen Bezugsrahmen herzustellen, der die Annahme, dass Religion im Kontext einer Europäisierung von Bildung ein wichtiger Aspekt ist, stützen kann. Das Bezugsfeld Europa – Bildung – Religion wurde dargestellt, um die Entscheidung begründen zu können, anhand von Dokumenten der EU und des Europarates Zusammenhängen von Religion und Bildung in Europa nachzugehen und zu analysieren.

Folgende Herausforderungen lassen sich aus den bisherigen Kapiteln erkennen:
- *Die europäische Integration ist ein Friedens- und Versöhnungsprojekt, das als schrittweiser wirtschaftlicher Zusammenschluss begann und sich zu einer an gemeinsamen Werten orientierten Politischen Union entwickelt hat.*

Ein treibendes Motiv für die europäische Integration war es, durch eine zunehmende Kooperation zwischen ehemals feindlichen Staaten zu Frieden und Versöhnung zwischen ihnen beizutragen und ein demokratisches, vereintes und freies Europa anzustreben. Die Etappen der europäischen Integration sind bis heute nicht gradlinig verlaufen, vielmehr haben immer wieder Krisen und der Vorrang nationaler Interessen Integrationsprozesse verlangsamt oder erschwert. Dennoch ist es gelungen, mit dem Europarat und der Europäischen Wirtschaftsgemeinschaft, die später zur Europäischen Union wurde, Institutionen und Strukturen zu schaffen, die auf der Grundlage gemeinsamer Werte wie die Achtung der Menschenwürde, Freiheit, Demokratie, Gleichheit, Rechtsstaatlichkeit und die Wahrung der Menschenrechte, europäische Identität und europäisches Bewusstsein fördern.

– *Bildung erhält im Rahmen der europäischen Integration ein zunehmendes Gewicht sowohl im Blick auf die wirtschaftliche Dimension als auch im Blick auf die werteorientierte Dimension Europas.*

In den europäischen Institutionen ist das Bewusstsein dafür gewachsen, dass Bildung und Ausbildung zentrale Faktoren für die Konkretisierung der Ziele der europäischen Integration darstellen. Das zeigt sich in den Bemühungen, einen Beitrag zu einer qualitativ hoch stehenden allgemeinen und beruflichen Bildung zu leisten, den Bürgerinnen und Bürgern das Wissen und die Fertigkeiten zu vermitteln, die in einem zunehmend globalisierten Arbeitsmarkt benötigt werden, und Schlüsselkompetenzen zu fördern, die ihnen dazu verhelfen, arbeitsmarktfähig zu werden. Im Rahmen der EU soll das Potenzial des „Humankapitals" intensiver ausgeschöpft werden, um Innovation, Produktivität und Wachstum zu fördern. Zugleich gibt es Initiativen, durch Bildung interkulturelle Verständigung und sozialen Zusammenhalt zu fördern. Es entsteht ein Europäischer Bildungsraum und eine Europäische Bildungspolitik, Wissensgesellschaft und lebenslanges Lernen werden zu politikleitenden Schlüsselkonzepten.

– *Die Europäische Union und der Europarat erweisen sich als zentrale Akteure im Rahmen der europäischen Integration. In beiden Institutionen spielen Bildung und Ausbildung eine zentrale Rolle.*

Im Rahmen der EU wurden allgemeine und berufliche Bildung in eine übergreifende politische und ökonomische Entwicklungsstrategie integriert. Das Ziel ist dabei, Qualität und Wirksamkeit von Bildung und Ausbildung zu erhöhen, um im globalen Kontext als Wirtschaftsraum konkurrenzfähig zu sein, lebenslanges Lernen und den Erwerb von Schlüsselqualifikationen zu fördern.

Für die Arbeit des Europarates sind die Konkretisierung der grundlegenden Werte Demokratie, Menschenrechte und Rechtsstaatlichkeit im Rahmen der Zusammenarbeit der 47 Mitgliedstaaten leitend. An diesen Zielsetzungen orientieren sich auch Bildungsaktivitäten in den Bereichen Hochschulbildung, interkultureller Bildung, Demokratie lernen und Menschenrechtserziehung, zur Qualität von Bildung, Sprachenpolitik, Geschichte und Lehrer/innen/fortbildung.

Die Förderung des „Humankapitals" und die Förderung von Demokratie, Menschenrechten und aktiver Beteiligung an europäischen Prozessen sind komplementäre Perspektiven, die nicht ohne Spannungen sind.

> – *Religion findet als Quelle, Dimension und Herausforderung europäischer Werte im politischen Diskurs zunehmend Beachtung.*

Die europäischen Institutionen sind säkular orientiert und von ihren Grundlagen her neutral und unparteiisch gegenüber den bestehenden religiösen und weltanschaulichen Überzeugungen in Europa. Es finden sich jedoch in beiden Organisationen politische Motive, sich verstärkt mit den verschiedenen Dimensionen von Religion auseinanderzusetzen. Im Rahmen der EU hat sich ein transparenter und strukturierter Dialog mit den Religions- und Weltanschauungsgemeinschaften etabliert, der den besonderen Stellenwert der Religionsgemeinschaften im Rahmen der Zivilgesellschaft würdigt und zugleich ihre Beteiligung an ethischen und wertebezogenen Fragen im europäischen Diskurs schätzt. Eine Grundlage dieses Dialoges ist die Anerkennung der national gegebenen Verhältnisse von Kirche und Staat.

Im Rahmen des Europarates waren es insbesondere die tragischen Ereignisse des 11. September 2001 und nachfolgende scheinbar religiös motivierte Gewaltaktionen, die zu einer Thematisierung von Religion führten. In beiden Institutionen gibt es eine Diskussion um den Stellenwert von Religion im öffentlichen Raum und um das Verhältnis von Religion und Politik.

Ergebnisse von europäisch vergleichenden Studien weisen darauf hin, dass eine religiöse Orientierung für eine Mehrheit der europäischen Bevölkerung nach wie vor von hoher Bedeutung ist. Zugleich orientieren sich Kirchen und Religionsgemeinschaften an Prozessen der europäischen Integration und wirken daran mit, ein soziales, am Menschen orientiertes Europa zu schaffen. Sie werden als gewichtiger Teil der Zivilgesellschaft wahrgenommen und als Dialogpartner, insbesondere wenn es darum geht, „Europa eine Seele zu geben".

> – *Durch die Europaforschung im Rahmen der Politikwissenschaft entstehen Impulse für andere Disziplinen.*

Eine Herausforderung besteht darin, wie Prozesse der europäischen Integration und ihre Auswirkungen auf die nationale Ebene theoretisch und konzeptionell erfasst und erklärt werden können. Herkömmliche, klassische Theorieansätze, wie die Integrationstheorien in ihren neofunktionalistischen, intergouvernementalistischen und supranationalistischen Varianten, die Politikfeldanalyse und die Erforschung der Verfassungsdebatte haben „blinde Flecken" und können die zunehmende Komplexität europäischer Entwicklungen nicht umfassend erfassen. Die Erforschung von Prozessen der europäischen Integration hat sich konzeptionell gewandelt. Die Entwicklung der letzten Jahre geht zu multikomplexen Theorien und Konzepten, von denen etliche unter der Analyseperspektive „Europäisierung" gefasst werden. Diese Perspektive wird durch eine Reihe von empirischen Anstößen gefördert. Dazu gehören die Verbreiterung und Vertiefung des EU-Integrationsprozesses, inklusive der Aufnahme neuer Mitgliedstaaten sowie eine Zunahme an Europäisierungserfahrungen auf nationaler Ebene. Zwei Aspekte finden sich übergreifend in den verschiedenen Ansätzen von Europäisierung: einmal das Verständnis, dass es keinen eindimensionalen Wirkungszusammenhang zwischen europäischer und nationalstaatlicher Ebene gibt und zum anderen, dass es sich bei Europäisierung um einen interaktiven Prozess und weniger um ein statisches Top-down-Modell handelt.

– *Die Erziehungswissenschaft entdeckt Europa und ordnet europäische Prozesse in den Rahmen globaler Entwicklung ein.*

Insbesondere die Vergleichende Erziehungswissenschaft nimmt den europäischen Kontext allmählich in seiner Bedeutung wahr. Europäische Prozesse und Entwicklungen werden zum Forschungsgegenstand. Es überwiegt in der Allgemeinen Erziehungswissenschaft eine kritische Perspektive, die sich insbesondere mit einer unterschiedlich bewerteten erkennbaren Ökonomisierung von Bildung beschäftigt, nach den Implikationen einer Wissensgesellschaft fragt und der daraus abgeleiteten Notwendigkeit lebenslangen Lernens. Für Aspekte von Religion, sowohl im Rahmen von Bildung als auch im Rahmen europäischer Integration, gibt es in der Erziehungswissenschaft nur wenige Aktivitäten oder Affinitäten.

– *Theologische Perspektiven fördern Menschenwürde, Gemeinwohl und Solidarität und können einen wertebezogenen Beitrag zur europäischen Integration leisten.*

Im theologischen Diskurs zu Europa werden Tendenzen einer möglichen Standardisierung von Theologie durch europäische Entwicklungen kritisch gesehen. Betont wird die Vielfalt der bestehenden Ansätze, die zu Fragen von Menschenwürde, Gemeinwohl und Solidarität einen gewichtigen Beitrag zur europäischen Integration leisten können. Theologische Perspektiven können dazu beitragen, ein Bildungsverständnis zu fördern, das Bildung als Persönlichkeitsentfaltung ansieht und nicht als Instrument der Optimierung des „Humankapitals".

– *Religionspädagogische Initiativen liefern empirisch fundierte Erkenntnisse, die im europäischen Diskurs an Bedeutung gewinnen.*

Gegenstand der Religionspädagogik sind die vielfältigen Bezüge, die zwischen Pädagogik und Religion bestehen. Ihre zugleich theologische wie pädagogische Perspektive führt dazu, dass Zusammenhänge von Religion und Bildung im Kern theoretischer und empirischer Projekte und Initiativen stehen. Eine internationale und europäische Orientierung ist bislang ansatzweise vollzogen, allerdings bedarf es hier weiterer Bemühungen. Zunehmend ermöglichen Ergebnisse vergleichender europäischer Studien fundierte Aussagen über Religion und religiöse Bildung sowohl aus der Sicht der an religiösen Bildungsprozessen Beteiligten – insbesondere Schüler/innen und Lehrkräfte –, als auch im Blick auf den Beitrag von Religion und religiöser Bildung zur allgemeinen Bildung. Hier eröffnen sich Perspektiven für den europäischen bildungspolitischen Diskurs.

Zu fragen ist jedoch im Blick auf die angeführten Fachwissenschaften insgesamt, inwieweit eine nationale Orientierung überwunden werden kann zugunsten einer transnationalen Perspektive, die sensibel wird für Entwicklungen auf europäischer und globaler Ebene, die das Zusammenspiel der verschiedenen Ebenen wahrnimmt und die Dynamik der europäischen Integration in den weiteren Rahmen einer zunehmenden Globalisierung ebenso einordnet wie in den Rahmen nationaler und lokaler Gegebenheiten. Gefördert werden sollte an dieser Stelle nicht eine „Entweder/oder-Perspektive" im Blick auf nationale und europäische Orientierung, vielmehr geht es darum, das Zusammenspiel der verschiedenen Ebenen in einer „Sowohl-als-auch-Perspektive" zu betrachten und als Bezugsrahmen zu sehen.

– *Die Analyseperspektive „Europäisierung" ist vielversprechend, da damit komplexe, interaktive Prozesse angemessen erklärt werden können.*

Im Rahmen dieser Studie soll überprüft werden, inwieweit begründet von einer „Europäisierung von Bildung" gesprochen werden kann und wie sich diese konkretisiert. Die vorliegenden Studien zur Entwicklung eines Europäischen Bildungsraumes weisen darauf hin, dass dies nicht in einer einseitigen „Top-down"-Entwicklung erfolgt, sondern vielmehr in einem komplexen, interaktiven Prozess, der sowohl „top-down" wie auch „bottom-up" verläuft „in which domestic polities, politics and public policies are shaped by European integration and in which domestic actors use European integration to shape the domestic arena" (Dyson/Goetz 2003, 20). Nationalstaaten sehen sich damit konfrontiert, dass internationale und supranationale Organisationen zunehmend an Einfluss auch im Bildungsbereich gewinnen; Qualität und Effizienz nationaler Bildungssysteme werden an europäischen und internationalen Standards gemessen.

Ebenso ist im Bildungsbereich das Entstehen europäischer Einrichtungen von Governance zu beobachten, die sich in durchaus wirkungsvollen Mechanismen wie der offenen Methode der Koordinierung (OMK) niederschlagen und nationale Bildungspolitik beeinflussen. Nationale Bildungspolitik wird zunehmend europäisiert.

Mit diesen zusammenfassenden Punkten ist ein Rahmen skizziert, in den sich das Anliegen dieser Studie einordnen lässt. Gegenstand der vorliegenden Studie sind Dokumente der Europäischen Union und des Europarates, in denen sich Positionen zu Bildung und Religion manifestieren. Viele dieser Dokumente und die darin enthaltenen Aussagen zu Bildung und Religion sind wenig bekannt und spielen im Diskurs außerhalb der Institutionen bisher kaum eine Rolle. In der Regel handelt es sich um politische Dokumente, die in den jeweiligen Strukturen und Entscheidungsmechanismen ausgearbeitet und verabschiedet werden. Wie wirkungsvoll diese Dokumente dann sind oder sein können, ist nicht Gegenstand der vorliegenden Studie. Vielmehr geht es darum, durch die Analyse von ausgewählten Dokumenten eine differenzierte Sichtweise auf die Entwicklung inhaltlicher Perspektiven der europäischen Institutionen zu Religion und Bildung zu ermöglichen. Es wird danach gefragt:

– Welches Bildungsverständnis lässt sich in Dokumenten und Diskursen der europäischen Institutionen entdecken?
– Welche Auswirkungen haben Prozesse der Europäisierung auf den Bildungsdiskurs?
– Wird im Zusammenhang von Bildung Religion thematisiert und welches Verständnis von Religion lässt sich in den Dokumenten erkennen?

3. Methodischer Zugang und Durchführung

In diesem Kapitel wird das methodische Vorgehen vorgestellt und begründet. Für die Untersuchung der Forschungsfrage werden drei methodische Perspektiven miteinander kombiniert, die für die Bearbeitung des ausgewählten Datenkorpus geeignet scheinen.

Unter der zentralen wissenschaftstheoretischen Orientierung der Rekonstruktion werden für die Erhebungsmethode die *Grounded Theory* herangezogen und für die Auswertungsmethode die *Diskursanalyse* und die *Qualitative Inhaltsanalyse*.

3.1 Begründung des methodischen Vorgehens

Ausarbeitungen zu Zusammenhängen, Bedingungskonstellationen und Erklärungen zum Stellenwert von Religion im Kontext einer Europäisierung von Bildung liegen – wie in Kapitel 2 deutlich wurde – bislang noch nicht vor. Im Rahmen dieser Studie werden zentrale Dokumenten und Texte untersucht, um mit Hilfe eines ausgewählten methodischen Repertoires zu explorieren, welche Aussagen zum Stellenwert von Religion im Kontext einer Europäisierung von Bildung darin zu finden sind. Dafür bietet sich ein rekonstruktiv-exploratives Vorgehen an (Bohnsack et al. 2006; Flick et al. 2000; Keller 2006).

Für die Analyse im Rahmen der Studie werden drei methodische Ansätze verwendet. Im Zentrum der *Erhebungsmethode* stehen Prinzipien, die sich im Rahmen der *Grounded Theory* herausgebildet haben. Mit ihnen wird ein induktives, hypothesengenerierendes Verfahren begründet und verwendet, das Hypothesen und theoretische Erkenntnisse aus dem vorliegenden Material selbst generiert und nicht im Vorhinein konstruiert. Theorie wird aus den Daten generiert und nicht in Form fertiger Konzepte an die Daten herangetragen.

Als *Auswertungsmethode* wird auf die von Philipp Mayring entwickelte *Qualitative Inhaltsanalyse* (Mayring 2002, 2005, 2007; Mayring/Gläser-Zikuda 2008) zurückgegriffen. Sie bietet systematische und regelgeleitete Verfahren zur Analyse von Dokumenten und fördert damit methodisch kontrollierte und intersubjektiv überprüfbare Ergebnisse. Mit dieser Methode ist es ebenfalls möglich, die eigene Subjektivität des Forschenden zu kontrollieren.

Zur Anwendung kommen auch methodische Anregungen aus der *Diskursanalyse*. In den verschiedenen Ansätzen dieser Forschungsrichtung geht es generell um die Analyse der gesellschaftlichen Bedeutung von Wissen und von symbolischen Ordnungen. Diskurse werden dabei als institutionell verfestigte Redeweisen verstanden, die Handeln bestimmen und verfestigen. Aussagen und Äußerungen in Dokumenten können nach Foucault (vgl. Foucault 2005) als Spuren einer diskursiven Aktivität verstanden werden. In diskursanalytischer Perspektive geht es um mehr als um die reine Textanalyse. Es geht um Prozesse und Praktiken der Produktion und Verbreitung von Wissen im Rahmen institutioneller Felder (vgl. Keller 2004, 59). Damit wird im Rahmen der vorliegenden Studie dem Stellenwert der europäischen Institutionen als Akteure und als loci der Diskursproduktion Rechnung getragen.

Im Folgenden werden zunächst die Rekonstruktion als wissenschaftstheoretische Orientierung, der diese Studie folgt, erläutert und dann die Erhebungsmethode mit Sample und Datenkorpus vorgestellt sowie die Auswertungsmethode erläutert.

3.2 Rekonstruktion als wissenschaftstheoretische Orientierung

Rekonstruktive Sozialforschung zeichnet sich durch die Verwendung offener nicht-standardisierter Erhebungsweisen aus, an der Orientierung an einer rekonstruktiven Methodologie und an einer gegenstandsorientierten Theoriebildung. Rekonstruktive Sozialforschung[91] hat es mit individuellen Fällen zu tun, die so kein zweites Mal vorkommen; sie interessiert sich aber nicht für ihre ausschließliche Besonderheit als solche, sondern rekonstruiert die allgemeingültigen Regeln ihrer Praxis, in die der jeweilige Fall eingelagert ist. Eine theoretische Grundannahme qualitativ-rekonstruktiver Forschung besteht in der Auffassung, dass der kommunikative Charakter sozialer Wirklichkeit die Rekonstruktion von Konstruktionen dieser sozialen Wirklichkeit zum zentralen Ansatzpunkt der Forschung macht. Das leitende Erkenntnisprinzip qualitativer Forschung ist eher das Verstehen von komplexen Zusammenhängen und weniger die Erklärung durch die isolierte Betrachtung einer einzelnen Ursache-Wirkungs-Beziehung. Wissenschaft unter dieser Perspektive beschäftigt sich nicht mit der bloßen Einzigartigkeit von Individuen oder Ereignissen, sondern mit dem, was an ihnen gleichzeitig allgemein und besonders ist.

Ein weiteres Kennzeichen rekonstruktiv-qualitativer Forschung ist es, die Reflexivität des Forschers über sein Handeln und seine Wahrnehmungen des untersuchten Feldes als ein wesentlicher Teil der Erkenntnis und nicht als eine zu kontrollierende bzw. auszuschaltende Störquelle zu verstehen. In der Literatur wird dieser Sachverhalt unter der Perspektive der gegenstandskonstituierenden Rolle der jeweiligen Forschungsmethoden diskutiert (vgl. Flick et al. 2003, 22f.; Steinke 2003; Przyborski/Wohlrab-Sar 2010, 25ff.).

Die Fragestellung einer rekonstruktiv ausgerichteten Untersuchung ist einer der entscheidenden Faktoren für ihren Erfolg oder ihr Scheitern. Ihre Formulierung hat einen starken Einfluss auf das Design der Studie. Einerseits sollen Fragestellungen klar und eindeutig möglichst früh formuliert werden, andererseits werden sie im Laufe des Projektes immer wieder konkretisiert, fokussiert, weiter eingegrenzt oder revidiert. Fragestellungen lassen sich auch daraufhin betrachten bzw. klassifizieren, inwieweit sie dazu geeignet sind, bestehende Annahmen (etwa im Sinne von Hypothesen) zu bestätigen, oder darauf abzielen, Neues zu entdecken bzw. dies zuzulassen. Rekonstruktiv-qualitative Forschung beruht auf drei Hauptbestandteilen:

---

91 Ich folge hier der Terminologie von Ralf Bohnsack (2006), der rekonstruktive Verfahren abgrenzt von hypothesenprüfenden Verfahren, und dies für eine sinnvolle und begründbare Gegenüberstellung hält, nicht aber jene von qualitativer und quantitativer Sozialforschung.

1. Den Daten, die unterschiedlichen Quellen entstammen können.
2. Den analytischen oder interpretativen Verfahren, die benutzt werden, um zu Befunden oder Theorien zu gelangen. Techniken zur Konzeptualisierung der Daten sind notwendig.[92]
3. Forschungsberichte und Austausch.

Für das methodische Design dieser Studie bietet sich eine Kombination unterschiedlicher methodologischer Ansätze an, die komplementär aufeinander bezogen werden, bzw. auch in anderen Studien bereits gemeinsam verwendet werden (Qualitative Inhaltsanalyse, *Grounded Theory* und Diskursanalyse). Nachfolgend werden die drei gewählten methodischen Zugänge vorgestellt und begründet warum sie als Erhebungsmethode bzw. Auswertungsmethode verwendet werden.

3.3   Erhebungsmethode

Für die Erhebung der Dokumente kommen Prinzipien der *Grounded Theory* zur Anwendung, deren Grundzüge einführend vorgestellt werden.

3.3.1   *Grounded Theory*

Die *Grounded Theory* bietet eine offene und explorative Forschungsperspektive an, die auf eine empirisch gegründete Theoriebildung abzielt (vgl. Strauss/Corbin 1999; Hildenbrand 2000; Strübing 2004; Corbin 2006). Ihr Schwerpunkt liegt darin, bei der Bearbeitung einer Fragestellung „relevante Kategorien und ihre Beziehungen untereinander (zu) entdecken" (Strauss/Corbin 1999, 32). Es soll möglich werden, Kategorien kreativ und auf neue Weise miteinander zu verknüpfen.

Als Verfahren hat sich die *Grounded Theory* in den letzten Jahren im Rahmen der qualitativ-interpretativen Sozialforschung etabliert. Strübing (2004) weist darauf hin, dass es sich um eine sehr spezifische Form eines systematisch-experimentellen Wirklichkeitszugangs handelt, „der einer klaren wissenschaftstheoretisch orientierten Falsifikationslogik unterliegt, wie sie vor allem von C.S. Peirce und J. Dewey entwickelt wurde" (Strübing 2004, 7). Die *Grounded Theory* wird als eine Forschungspraxis verstanden und angewendet, die das theoretische Potenzial rekonstruktiv-qualitativer Forschung steigern soll. Ihr Kern ist, dass Konzepte und Theorien aus den Daten heraus entwickelt werden und in den Daten gegründet sind.

Die zentralen Prinzipien sind das Theoretische Sampling (*Theoretical Sampling*) und der darauf basierende ständige Wechselprozess von Datenerhebung und Auswertung, der Prozess des theorieorientierten Kodierens bzw. Erstellens von Konzepten, die Orientierung am ständigen Vergleich und eine minimale und maximale Kontrastierung in einem mehrstufigen Kodierprozess. Die Verfahrensschritte Dokumentenerhebung, Analyse und Theoriebildung werden im Rahmen der *Grounded Theory* als drei dy-

---

92 Der Prozess wird bei der *Grounded Theory* „Kodieren" genannt. Teil des analytischen Prozesses sind auch das theoretical sampling, das Memo-Schreiben und das Aufstellen von Diagrammen.

namisch miteinander verknüpfte, parallel stattfindende Modi des Forschungshandelns aufgefasst (vgl. Corbin/Strauss 1998).

Während bei quantitativen, hypothesenprüfenden Verfahren eine zufällige Verteilung der Stichprobe eine statistische Repräsentativität gewährleistet werden soll, erfolgt die Datenauswahl beim Theoretischen Sampling geleitet von Konzepten und ihren Indikatoren. Dadurch soll die Heterogenität des Untersuchungsfeldes repräsentiert werden. Zunächst wird eine begrenzte Zahl an Texten analysiert. Die aus der Analyse eines ersten Textes gewonnenen Kategorien sind leitend für die Auswahl der folgenden Texte. Es wird auf der Grundlage der so gewonnenen Ergebnisse nach weiteren Texten gesucht, die geeignet sein könnten, die bisherigen Ergebnisse zu bestätigen, zu kontrollieren, zu modifizieren, zu erweitern oder zu relativieren bis eine „theoretische Sättigung" vorliegt. Sie liegt dann vor, wenn neu hinzukommende Daten keine neuen Erkenntnisse mehr mit sich bringen.

Der Vorgang der Datenerhebung wird zugleich mit einer steuernden Analyse verbunden. So tauchen die Konzepte im Prozess der Datenerhebung allmählich auf und schärfen sich. Die Datenerhebung und die Analyse nach der Grounded Theory beruht auf einer Fülle von Vergleichen:

> „Beim theoretical sampling wird gefragt, welche schon vorliegenden oder noch zu erhebenden Daten zu bereits untersuchten oder auch neu heranzuziehenden Fällen die geeignete Basis für die experimentelle Prüfung der bislang nur gedankenexperimentell ,vermuteten' Konsequenzen darstellen. Dabei ist die *sampling*-Strategie eng mit dem Kriterium der Sättigung verbunden: Wenn zur Prüfung eines bestimmten theoretischen Konzeptes systematisch und fortgesetzt erhobene Daten dieses nicht nur bestätigen, sondern auch keine weiteren Eigenschaften mehr erbringen, wird die Strategie der Fall- und Datenauswahl modifiziert." (Strübing 2002, 333)

Das Verfahren wird eingesetzt zur Herstellung von Vergleichen („constant comparative method") zwischen den verschiedenen Akteuren und Dokumenten. Der Vergleich zieht sich von der Analyse einzelner Textsequenzen über den Fallvergleich bis hin zur Theorie- und Typenbildung durch den gesamten Forschungsprozess (vgl. Hildenbrand 2003, 36f.).

Fragen an das Material werden gestellt in einem Prozess des theorieorientierten Kodierens bzw. des Erstellens von Konzepten. Mit Hilfe des *Kodierparadigmas* (vgl. Böhm 2003, 479) wird nach Relationen zwischen dem Phänomen, den Bedingungen und Interaktionen zwischen den Akteuren, ihren Strategien und Taktiken und daraus folgenden Konsequenzen gefragt. Dabei kann es bis in die Endphase der Entwicklung einer Theorie als geboten erscheinen, neue Daten zu erheben und zu kodieren – „es ist immer die Empirie, an der sich eine Theorie zu erweisen hat und zu der die Theorie immer zurückkehrt als letzter Instanz" (Hildenbrand, 2003, 36).

Dabei ist für die Theoriebildung vor allem das Ermitteln von Beziehungen (Relationen) zwischen den Achsenkategorien und den damit in Beziehung stehenden Konzepten in ihren formalen und inhaltlichen Aspekten wichtig.

Schließlich ist ein weiteres Merkmal des methodischen Vorgehens im Rahmen der *Grounded Theory* die von Beginn an ständig vergleichende Analyse von Texten. Die

Phasen der Datenerhebung, ihrer Analyse und die Entwicklung theoretischer Konzepte sind von Anfang an miteinander verschränkt. Zunächst werden mit einer eher unspezifischen Fragestellung Daten zu nur einem oder wenigen Fällen (Dokumenten) erhoben, diese analysiert und erste theoretische Konzepte daraus entwickelt. Diese ad hoc-Hypothese über den untersuchten Fall wird nun anhand weiterer Daten und Fälle überprüft und präzisiert. Es ist gerade diese „constant comparative analysis", also der permanente und systematische Vergleich empirischer Daten der die Entwicklung theoretischer Konzepte ermöglichen soll (vgl. Strübing, 2002, 330). Für die komplexen Zusammenhänge von Religion, Bildung und Europa ist ein solches methodisches Vorgehen angemessen.

Im Rahmen dieser Studie sind es Dokumente des Europarates und der Europäischen Union, die untersucht werden nach Zusammenhängen einer Europäisierung von Bildung und der expliziten oder impliziten Thematisierung von „Religion".

Eine wichtige Methode im Rahmen der Grounded Theory ist das *Verfassen von Memos*, in jeder Phase der Untersuchung. Das sind jegliche Art von Anmerkungen, Festhalten von Ideen, Fragestellungen, theoretischen Gedanken, die dazu dienen, Kodierergebnisse zu aktualisieren und weitere Kodiervorgänge anzuregen. Memos sind auch ein wichtiges Hilfsmittel, um die entstehende Theorie zu integrieren.

Der Anspruch der *Grounded Theory* liegt darin, eine empirisch getränkte Theorie zu entwickeln, die sich in einem entdeckenden Prozess am Gegenstand der Untersuchung entwickelt und deshalb als „Grounded Theory" bezeichnet wird, als gegenstandsbezogene Theorie.

3.3.2   Sample, Datenkorpus

Das Material, das zur Bearbeitung herangezogen wird, besteht in erster Linie aus Schlüsseldokumenten des Europarates (Empfehlungen, Weißbuch, Seminarberichte des Menschenrechtskommissars, Urteilstexte des EGMR) und der Europäischen Union (Rechtsakte, Beschlüsse, Farbbücher, Empfehlungen, Programme) sowie von Kirchen und Religionsgemeinschaften (Stellungnahmen, Denkschriften, Memoranden etc.). Kriterien für die Vorauswahl orientieren sich daran, ob Aspekte thematisiert werden, die auf einen Zusammenhang von Religion, Bildung und Europa hinweisen.[93]

Die Auswahl umfasst offizielle Dokumente, d.h. solche, die im Rahmen der jeweiligen politischen Konstitution für die europäische Institution Relevanz besitzen. Für den Europarat sind dies in erster Linie Empfehlungen der Parlamentarischen Versammlung. Hierin bündeln sich thematische Positionen, die zuweilen konkrete politische Anlässe aufnehmen, oder sich mit der Konkretisierung von Aspekten des Mandats des Europarats beschäftigen, zu einer intensiveren Zusammenarbeit der Mitgliedstaaten insbe-

---

93 Es gibt beispielsweise allein im Bereich des Europarates 268 Dokumente, die für den interkulturellen Dialog relevant sind und in denen potenziell ein Bezug zu Religion bestehen kann. Eine Zusammenstellung der Dokumente findet sich als Anhang des vom Europarat herausgegebenen „Weißbuch Interkultureller Dialog", Mai 2008, abrufbar über www.coe.int/dialogue.

sondere in den Feldern Menschenrechte, Demokratie und Rechtsstaatlichkeit beizutragen. Die Empfehlungen werden i.d.R. in dem für das Thema zuständigen Komitee der Parlamentarischen Versammlung vorbereitet und mit einem begleitenden Bericht eines Berichterstatters/einer Berichterstatterin in die Parlamentarische Versammlung eingebracht.

Eine Sichtung der vorliegenden Dokumente ergab, dass in einer Reihe von Empfehlungen zwischen den Jahren 1993 und 2011 Aspekte des Zusammenhangs von Religion und Bildung explizit thematisiert werden. Die Texte enthalten konkrete Empfehlungen an die Mitgliedstaaten, die sich auf verschiedene Zusammenhänge von Religion und Bildung beziehen und sich auch zu Zielsetzungen und Modellen religiöser Bildung äußern.

Hinzugezogen und analysiert werden Texte des Kommissars für Menschenrechte, der als Institution beim Europarat angesiedelt ist und aktiv den Dialog mit Vertreterinnen und Vertretern der Religionsgemeinschaften geführt hat. Es handelt sich dabei um Texte, die im Rahmen von Seminaren mit Vertreter/inne/n der Religionsgemeinschaften zwischen 2000 und 2006 entstanden sind und in denen zum einen Aspekte von Religion thematisiert werden, zum anderen von Bildung und religiöser Bildung.
Ebenfalls analysiert werden fünf Urteilsbegründungen von Fällen die der EGMR behandelt hat und in denen es um die Verletzung der individuellen Religionsfreiheit bzw. des Rechtes der Eltern, eine religiöse Erziehung ihrer Kinder gemäß ihren eigenen Überzeugungen zu erhalten.

Insgesamt wurden 47 Dokumente in die Studie einbezogen, davon 34 intensiv analysiert (mit Sigeln bezeichnet von ER 1 bis ER 17 für den Europarat, mit Sigeln EU 1 bis EU 15 für die Europäische Union). Berücksichtigt wurden auch drei Dokumente aus dem Kontext der Evangelischen Kirchen in Europa (vgl. dazu Tab. 2).

Die Datenlage im Rahmen der Europäischen Union unterscheidet sich insofern vom Europarat, als in den hier herangezogenen Dokumenten Religion kaum explizit thematisiert wird. Zu den wenigen Ausnahmen gehören der Entwurf eines Verfassungsvertrages und die Grundrechtecharta der EU, bei deren Entstehen es kontroverse Auseinandersetzungen darüber gab, ob ein Gottesbezug explizit aufgenommen werden soll und inwieweit die in Europa bestehenden religiösen und konfessionellen Richtungen expliziert thematisiert werden sollen.

Hingegen gibt es im Rahmen der EU eine breite Diskussion zum Stellenwert von allgemeiner und beruflicher Bildung im Rahmen der europäischen Integration, die sich in einer Vielzahl von Berichten, Mitteilungen, Arbeits- und Aktionsprogrammen, Farbbüchern, Entschließungen, Schlussfolgerungen, Empfehlungen und Arbeitsdokumenten konkretisieren. Allerdings finden sich in den Dokumenten i.d.R. keine Thematisierung religiöser Dimensionen oder Aspekte. Untersucht werden Texte aus dem Bereich des Primärrechts der EU, aber auch Mitteilungen, Empfehlungen und Farbbücher, die zum Sekundärrecht gezählt werden (vgl. dazu Tab. 3).

Tab. 2: Analysierte Dokumente des Europarates

Typus	Institution und Zeitraum	Dokument und Jahr der Veröffentlichung	Sigel
Empfehlungen, Resolutionen	Parlamentarische Versammlung (1993–2011)	Recommendation 1202 (1993) on religious tolerance in a democratic society (1993)	ER 1
		Recommendation 1396 (1999) on religion and democracy	ER 2
		Recommendation 1720 (2005) on education and religion	ER 4
		Recommendation 1804 (2007) on state, religion, secularity and human rights	ER 6
		Resolution 1580 (2007) on The dangers of creationism in education	ER 7
		Recommendation 1805 (2007) on Blasphemy, religious insults and hate speech against persons on grounds of their religion.	ER 8
		Resolution 1743 (2010) on Islam, Islamism and Islamophobia in Europe.	ER 11
		Recommendation 1962 (2011) The religious dimension of intercultural dialogue.	ER 12
Weißbuch, Empfehlungen	Ministerrat (2002–2008)	Recommendation 1556 (2002) on religion and change in central and eastern Europe	ER 3
		Weißbuch zum interkulturellen Dialog „Gleichberechtigt in Würde zusammenleben" (2008)	ER 9
		Recommendation CM/Rec(2008)12 and explanatory memorandum Dimension of religions and non-religious convictions within intercultural education	ER 10
Hintergrund-papiere, Abschluss-erklärungen	Menschenrechts-kommissar (2000–2006)	„Dialogue of the Council of Europe Commissioner for Human Rights with the religious communities" (2006)	ER 13

Typus	Institution und Zeitraum	Dokument und Jahr der Veröffentlichung	Sigel
Urteilsbegründungen	Menschenrechtskomitee der VN; Europäischer Gerichtshof für Menschenrechte (2002–2011)	Leirvåg und andere gegen Norwegen (2002)	ER 14
		Folgerø u.a. gegen Norwegen (2007)	ER 15
		Zengin gegen die Türkei (2007)	ER 16
		Lautsi gegen Italien (2009/2011)	ER 17

Quelle: Eigene Darstellung

Tab. 3: Analysierte Dokumente der Europäischen Union

Typus	Zeitraum	Dokument und Jahr der Veröffentlichung	Sigel
Primärrecht, Vertragstexte	1997–2009	Vertrag von Amsterdam (1997)	EU 1
		Charta der Grundrechte (2000)	EU 2
		Lissabonner Vertrag (2009)	EU 4
Sekundärrecht	2002–2009	Weißbuch Europäisches Regieren (2009)	EU 3
		Mitteilung: Detailliertes Arbeitsprogramm (2002)	EU 5
		Schlussfolgerung „Strategischer Rahmen" (ET 2020)	EU 12
		Mitteilung „Europa 2020" (2010)	EU 13
		Memorandum Lebenslanges Lernen (2000)	EU 6
		Mitteilung „Europäischer Raum lebenslangen Lernens" (2002)	EU 7
		Entschließung zum lebensbegleitenden Lernen (2002)	EU 8
		Beschluss Aktionsprogramm Lebenslanges Lernen (2006)	EU 9
		Empfehlung zu Schlüsselkompetenzen für lebensbegleitendes Lernen (2006)	EU 10
		Empfehlung zur Einrichtung des Europäischen Qualifikationsrahmens (2008)	EU 11
		Grünbuch: „Migration und Mobilität" (2008)	EU 14
		Grünbuch „Die Mobilität junger Menschen fördern" (2009)	EU 15

Quelle: Eigene Darstellung

In die Analyse werden auch drei kirchliche Dokumente mit einbezogen. Zum einen handelt es sich um die *Charta Oecumenica*, ein Dokument, das für die ökumenische Zusammenarbeit seit ihrer Verabschiedung 2001 eine zentrale Bedeutung erlangt hat und Leitlinien für die wachsende Zusammenarbeit der Kirchen wie auch für die Beteiligung der Kirchen an Prozessen der europäischen Integration liefert. Zum anderen sind es zwei Studiendokumente aus dem Bereich der KKG der KEK und der GEKE, die sich mit europäischen Entwicklungen auseinandersetzen. In beiden Dokumenten werden auch Bildungsaspekte thematisiert.

Tab. 4: Analysierte kirchliche Dokumente

Verfasser und Typus	Jahr	Dokument
KEK & CCEE, Leitlinien	2001	*Charta Oecumenica*, Leitlinien für die wachsende Zusammenarbeit unter den Kirchen Europas
GEKE, Bericht der Regionalgruppe Süd-Ost-Mittel-Europa zur 6. Vollversammlung	2007	„Kirche gestalten, Zukunft gewinnen, Kap. 4: Perspektiven und Konsequenzen, Abschnitt: Kirche und Bildung"
KKG der KEK, Policy Paper	2009	„European Integration. A Way forward?"

Quelle: Eigene Darstellung

3.4 Auswertungsmethode

3.4.1 Diskursanalyse

Mit der Diskursanalyse, die wesentlich an den Schriften Michel Foucaults orientiert ist, werden Prozesse der sozialen Konstruktion und Kommunikation symbolischer Ordnungen in institutionellen Feldern der Gesellschaft untersucht.[94] Diskurse werden verstanden als Praktiken, in denen Bedeutungszuschreibungen und Sinnordnungen

---

94 Foucault versteht unter Diskursen regelgeleitete Praktiken, die sich nicht in der Bezeichnung von Dingen erschöpfen, sondern diese selbst hervorbringen. Die Diskursanalyse hat sich mit ersten Anfängen in den 1970er Jahren entwickelt und sich etwa seit den 1980er Jahren in den verschiedenen kulturwissenschaftlichen Disziplinen bewährt. Es ist eine Vielzahl von Varianten entstanden (eine Orientierung dazu vermittelt das Handbuch Diskursanalyse von Keller u.a. 2006). Unter den Ansätzen findet sich die wissenssoziologische Diskursanalyse (Keller), die von Siegfried Jäger u.a. im Rahmen der Arbeit des Duisburgers Institut für Sprach – und Sozialforschung entwickelte Kritische Diskursanalyse (vgl. Jäger 2004; Jäger/ Zimmermann 2010), die politische Diskursanalyse (Donati 2001; Wilson 2001) oder die äußerungstheoretische Diskursanalyse (Angermüller et al. 2001; Angermüller 2007, 2010). Angermüller sieht die Diskursanalyse inzwischen als hybrides Feld, in dem sich verschiedene disziplinäre, nationale und intellektuelle Traditionen kreuzen. Hermeneutik, Pragmatismus und Strukturalismus werden als Traditionen der Diskursanalyse unterschieden.

auf Zeit stabilisiert und zu einer kollektiv verbindlichen Wissensordnung institutionalisiert werden. Der Diskursanalyse ist implizit, dass Diskurse mehr sind als sie selber, dass sie als Schrittmacher einer bestimmten Wissensordnung fungieren (Foucault:
Dispositiv). Es sind Formen „institutionellen Sprachgebrauchs", Aussagenkomplexe,
die Behauptungen über Phänomenbereiche aufstellen und mit unterschiedlich stark for-
malisierten/formalisierbaren Geltungsansprüchen versehen sind. Die Diskursanalyse
beschäftigt sich mit Prozessen und Praktiken der Produktion und Zirkulation von
Wissen, insbesondere auf der Ebene institutioneller Felder (vgl. Feustel/Schochow
2010). Mit Hilfe der Diskursanalyse soll insbesondere die Rolle von Macht im Diskurs
der Europäisierung von Bildung untersucht werden. Dieser Zusammenhang ist interessant im Blick auf die einbezogenen Akteure und ihre Praktiken.

Methodisch orientiert sich die vorliegende Studie an der Perspektive der Diskurs-
analyse, um die diskursiven Prozesse der Thematisierung von „Religion" in Texten
zur Europäisierung von Bildung der Diskursakteure rekonstruieren zu können. Die
Diskursanalyse bietet dafür eine geeignete Perspektive, denn sie „untersucht die
Produktion, die Verbreitung und den historischen Wandel von Deutungen" (Schwab-
Trapp 2006, 35) im Fall der geplanten Studie die Wahrnehmung und Rezeption
von Religion im Kontext einer Europäisierung von Bildung. Es geht um Texte und
Beziehungen der Texte untereinander, in denen Aussagen zu Religion und Bildung
im europäischen Kontext zu finden sind. Dabei ist zu berücksichtigen, dass die
Diskursanalyse selbst über keine einheitliche Methode zur Analyse diskursiver Prozesse
verfügt. Das wird an einem der Hauptwerke Michel Foucaults, „Die Archäologie des
Wissens" (Foucault 2005) deutlich. Für die konkrete Analyse des Datenmaterials wird
deshalb auf das von Mayring entwickelte Verfahren einer qualitativen Inhaltsanalyse
zurückgegriffen (Mayring 2007).

3.4.2 Qualitative Inhaltsanalyse

Für die Analyse der Dokumente und Texte wird ein regelgeleitetes analytisches Verfahren in drei Schritten verwendet: Es geht darum, die einzelnen Dokumente zunächst
deskriptiv zusammenzufassen, anschließend zu interpretieren und schließlich die
Ergebnisse der Interpretation zu diskutieren.

Die Textanalyse erfolgt in drei aufeinander abgestimmten Schritten: Zuerst werden
die einzelnen Dokumente zusammengefasst, so dass nur noch die wichtigsten Inhalte
übrig bleiben. Anschließend werden nicht eindeutige Textbestandteile durch weiteres
Textmaterial, „das das Verständnis erweitert, das die Textstelle erläutert, erklärt, aus-
deutet" (Mayring, 2008, 58) ergänzt. Zuletzt wird der so bearbeitete Text aufgrund bestimmter, im Interpretationsverlauf zu entwickelnden Kriterien eingeschätzt (vgl. ebd.).
Bei der qualitativen Inhaltsanalyse nach Mayring ist ein zentrales Merkmal, dass ein
Ablaufmodell sowie ein Kategorienschema entwickelt werden. Durch das Vorgehen
nach den von Mayring festgelegten Regeln wird eine intersubjektive Überprüfbarkeit
der Analyse erreicht.

Mit diesen Schritten wird dem methodischen Gerüst der Qualitativen Inhaltsanalyse
Rechnung getragen, das nach Mayring aus folgenden vier Punkten besteht: Einordnung

in ein Kommunikationsmodell (1), Regelgeleitetheit (2), Arbeiten mit Kategorien (3) und Gütekriterien (4) (vgl. Mayring 2005, 10f.). Dem ersten Punkt wird dadurch Rechnung getragen, als das Ziel der Analyse deutlich beschrieben wird, dem zweiten Punkt dadurch, dass die schrittweise Bearbeitung der Dokumente nach einem gleichen Ablaufmodell erfolgt. Die Analyseaspekte werden in Kategorien und diskursiven Mustern gefasst, die begründet werden und im Laufe der Auswertung laufend überprüft und überarbeitet werden. Schließlich werden die Ergebnisse kommunikativ validiert durch zwei Interpretationsgruppen.[95]

3.4.3 Computergestützte Analyse qualitativer Daten

Zur Erfassung der Dokumente, zur Kodierung und Erarbeitung von Kategorien und zur Vorbereitung einer übergreifenden Systematisierung werden Möglichkeiten computergestützter Analyse qualitativer Daten genutzt (Programm MAXQDA). Mit diesem Programm lassen sich die zu analysierenden Texte aufbereiten. Dadurch wird die qualitative Arbeit mit den Texten unterstützt (nicht jedoch ersetzt).[96] Es ist bei der Verwendung eines solchen Programmes zu beachten, dass „Computergestützte qualitative Datenanalyse (…) keine eigene qualitative Methode (ist), sondern (…) eine Vielzahl von Techniken der Datenorganisation (umfasst), deren Verwendung von dem jeweiligen Gegenstandsbereich, den Forschungszielen und der methodologischen Orientierung des Forschers bzw. der Forscherin abhängen." (Kelle 2000, 491) Hilfreich ist ein Softwareprogramm u.a. um

– Unterschiede, Ähnlichkeiten und Beziehungen zwischen Textpassagen zu analysieren
– Typologien und Theorien zu entwickeln
– Theoretische Annahmen anhand qualitativen Datenmaterials zu überprüfen und qualitative und quantitative Methoden zu integrieren.

Im vorliegenden Projekt wird das Programm MAXQDA verwendet, das insbesondere die Kategorienbildung im Rahmen der Grounded Theory in benutzerfreundlicher Weise unterstützen kann.[97]

---

95 Zur kommunikativen Validierung gab es zahlreiche Treffen der Interpretationsgruppe, die sich im Rahmen der Doktorandenkolloquien von Prof. A. Scheunpflug gebildet hatte. Mein Dank gilt den Mitgliedern dieser Interpretationsgruppe: Dr. Julia Franz, Irena Hýblová, Susanne Krogull, Dr. Axel Schenz, Prof. Dr. Annette Scheunpflug, Stefanie Welser, Dr. Sigrid Zeitler. Auch im Comenius-Institut gab es eine Interpretationsgruppe, die einzelne Texte gemeinsam interpretiert hat. Mein Dank gilt Dr. Andreas Feindt und Dr. Albrecht Schöll für ihre Mitwirkung und Unterstützung.

96 Mit dem Programm lassen sich die im Ablaufmodell Qualitativer Inhaltsanalyse vorgesehenen Analyseschritte (Text durcharbeiten, markieren, Memos anfertigen, Kategoriendefinition bilden, Auswertungsregeln und Kommentare) am Bildschirm durchführen. Ebenso können zahlreiche Hilfsfunktionen genutzt werden z.B. Suchen und Springen in einem Text oder das Zusammenstellen von Textstellen.

97 Vgl. http://www.maxqda.de/ für weitere Informationen zu diesem Softwareprogramm und seiner Anwendung.

4. Religion im Kontext einer Europäisierung von Bildung – Analysen und Rekonstruktionen

Einführung

In diesem Kapitel werden Dokumente und Diskurse europäischer Institutionen analysiert, in denen Religion im Kontext einer Europäisierung von Bildung thematisiert wird. In den Blick genommen werden Texte des Europarats, der Europäischen Union sowie ergänzend ausgewählte Dokumente kirchlicher europäischer Zusammenschlüsse. (Eine Übersicht zu den verwendeten Dokumenten findet sich in Kapitel drei).

Im Rahmen des *Europarates* sind es unterschiedliche Akteure, die sich mit Religion und Bildung beschäftigen. Die *Parlamentarische Versammlung* des Europarates erstellt und verabschiedet Empfehlungen (*Recommendations*), in denen Zusammenhänge von Religion und Bildung thematisiert werden. Die Empfehlungen sind über das Ministerkomitee an die nationalen Regierungen gerichtet. Grundlage dieser Dokumente ist i.d.R. ein Sachbericht zu der Fragestellung oder dem Thema der Empfehlung. Zur Vorbereitung und Ausarbeitung von Berichten und Dokumenten werden Expertenhearings durchgeführt, organisiert für den Bereich Bildung vom Ausschuss für Bildung und Kultur.

Das *Ministerkomitee,* das höchste politische Organ des Europarates, formuliert ebenfalls Empfehlungen und hat 2008 ein Weißbuch zum interkulturellen Dialog veröffentlicht (Europarat, Ministerkomitee 2008), das eine zusammenfassende Darstellung dieses Politikbereiches sowie Empfehlungen für die weitere Arbeit in diesem Feld bietet. Das Weißbuch beinhaltet ein Kapitel zur „religiösen Dimension" des interkulturellen Dialogs und eine Reihe von Empfehlungen für den Bildungsbereich.

Aspekte von Religion und Bildung sind auch in Seminaren und Konsultationen des *Menschenrechtskommissars* des Europarates mit den monotheistischen Religionsgemeinschaften diskutiert worden.

In der Rechtsprechung des *Europäischen Gerichtshofs für Menschenrechte* werden Fragen nach Religion insbesondere im Zusammenhang von Fällen bearbeitet, in denen gegen die Verletzung der Gedanken-, Gewissens- und Religionsfreiheit (Art. 9 der Europäischen Konvention der Menschenrechte) und gegen das Recht auf Bildung unter Wahrung des Rechts der Eltern auf religiöse Erziehung ihrer Kinder (Art. 2 des Protokolls Nr. 1) geklagt wird.

Akteure der *Europäischen Union* sind insbesondere die *Europäische Kommission,* der *Europäische Rat* und das *Europäische Parlament*. In Dokumenten aus diesem Bereich finden sich zwar kaum explizite Äußerungen zu Religion oder zu Religion und Bildung. Es gibt jedoch seit vielen Jahren einen regelmäßigen Dialog der Institutionen der Europäischen Union mit den Religionsgemeinschaften zu Fragen nach den grundlegenden Werten Europas bzw. der Herausforderung, „Europa eine Seele" zu geben. Religionsgemeinschaften werden von den EU-Institutionen als Teil der Zivilgesellschaft angesehen, deren Engagement in Prozessen der europäischen Integration ausdrücklich erwünscht ist. Mit dem Dialog und der Anregung zur Beteiligung an Prozessen der europäischen Integration wird jedoch kein Streben nach einem europäischen Religionsrecht verbunden, vielmehr achtet und respektiert die EU die jeweils im nationalen Kontext bestehenden Staat-Kirche-Verhältnisse ausdrücklich (Art. 17 TFEU).

Für die Einordnung von Entwicklungen, in denen Religion im Kontext einer Europäisierung von Bildung thematisiert wird, sind auch die Beiträge der Kirchen und Religionsgemeinschaften wichtig. Sie werden in dieser Studie herangezogen, wenn sie einen Beitrag zur Diskussion der analysierten Dokumente bzw. des damit verbundenen Diskurses leisten. Berücksichtigt werden Beiträge der Evangelischen Kirche in Deutschland EKD, der Konferenz Europäischer Kirchen KEK und der Gemeinschaft Evangelischer Kirchen in Europa GEKE.[98]

Die Auswahl der Dokumente orientiert sich daran, ob im Text Aspekte von Religion im Kontext einer Europäisierung von Bildung thematisiert werden. Es wird analytisch herausgearbeitet, welche konzeptionellen Vorstellungen von Religion und Bildung in den Texten vorhanden sind und welche Interessen dabei erkennbar werden. Dazu wird zunächst die Institution, ihr Kontext und ihre Beschäftigung mit Religion vorgestellt, und anschließend werden die ausgewählten Dokumente analysiert. Die Analyse der Dokumente erfolgt in drei Schritten: Zunächst wird der Inhalt zusammengefasst und verdichtet. Der Schritt der Interpretation bezieht sich auf die in den Dokumenten enthaltenen konzeptionellen Vorstellungen im Blick auf Religion und Bildung. Schließlich werden die eruierten Inhalte diskutiert.[99] Zur besseren Handhabung und zum leichteren Zugang werden die für die Analyse herangezogenen Dokumente des Europarates mit dem Kürzel „ER" und einer fortlaufenden Nummer versehen, die Texte der Europäischen Union mit „EU" und ebenfalls mit einer Nummer.

---

98 Für die katholische Seite ist die Konferenz der europäischen Bischofskonferenzen in den Staaten der EU COMECE zu erwähnen, die zahlreiche Stellungnahmen gemeinsam mit der KEK veröffentlicht und auch in Dialogseminaren mit der EU kooperiert. Beim Dialog mit den Einrichtungen der Europäischen Union sind auch Vertreter/innen anderer Religionsgemeinschaften beteiligt. Dokumente aus diesen Bereichen werden bei der Analyse jedoch nicht berücksichtigt, da dies den Rahmen der Studie sprengen würde.

99 Eine genauere Darstellung zum methodischen Verfahren und dem Ablauf findet sich in Kapitel drei.

4.1 Europarat

Einführung

In den verschiedenen Organen und Arbeitseinheiten des Europarates (vgl. Kapitel zwei) wurden in den letzten Jahren zunehmend das Phänomen Religion thematisiert und Religionsgemeinschaften als Akteure im Zusammenhang mit Bildungsaktivitäten und im Dialog mit der Zivilgesellschaft wahrgenommen. Die Auseinandersetzung mit Themen im Zusammenhang von Religion und Bildung erfolgt auf der Grundlage des Mandats des Europarates, Demokratie, Menschenrechte und Rechtsstaatlichkeit zu wahren und weiterzuentwickeln. Diese Werte sind Grundlage der Zusammenarbeit im Europarat.

In diesem Kapitel werden nun ausgewählte Dokumente und Vorgänge der *Parlamentarischen Versammlung, des Ministerkomitees, des Menschenrechtskommissars* und des *Europäischen Gerichtshofes für Menschenrechte* EGMR vorgestellt und analysiert. Die Auswahl der Dokumente orientiert sich daran, ob Aspekte von Religion und Bildung im Text enthalten sind. Eine erste Sichtung vorliegender Texte hat ergeben, dass die *Parlamentarische Versammlung* seit den 1980er Jahren und verstärkt nach 1993 in einer Reihe von Empfehlungen Aspekte von Religion und Bildung thematisiert hat.[100]

Dass es bereits zuvor eine Beschäftigung mit Religion gegeben hat, soll an einigen Beispielen gezeigt werden: Der Martinez-Bericht zur „Jewish Contribution to European Culture" und die auf dieser Grundlage verabschiedete Resolution 885 (1987) (Council of Europe 2007b, 63) unterstreichen die Bedeutung des Beitrages des Judentums für die kulturelle Entwicklung Europas. Es wird empfohlen, diesen Beitrag weiter zu erforschen. Die Empfehlung 1162 (1991) „on the contribution of the Islamic civilisation to European culture" vom 19. September 1991 (Council of Europe 2007e, 65–67) regt Vergleichbares für den Umgang mit dem Islam an und thematisiert die öffentliche Darstellung des Islams. Es wird dazu eine Reihe von Anregungen für die Bereiche Bildung, Medien, Kultur und Alltag gegeben. Angeregt werden eine ausgewogene und objektive Darstellung des Islam in Schulbüchern und vergleichende theologische Kurse zu Islam, Judentum und Christentum.

---

100 Das Weißbuch des Europarates zum interkulturellen Dialog (2008) führt im Anhang 24 Referenztexte von Gipfeltreffen, Ministerkonferenzen und des Ministerkomitees auf, 83 Empfehlungen des Ministerkomitees, 34 Empfehlungen und Entschließungen der Parlamentarischen Versammlung, 15 Dokumente des Kongresses der Gemeinden und Regionen sowie 12 Dokumente der Europäischen Kommission gegen Rassismus und Intoleranz. Auch wenn die Auswahl der Dokumente an Aspekten des interkulturellen Dialogs orientiert ist, finden sich in 27 Dokumenten bereits im Titel Hinweise auf Bildungsaspekte. Eine Sammlung zentraler Texte zum interkulturellen und interreligiösen Dialog findet sich in Council of Europe, Parliamentary Assembly (Hg.) 2007. Darin findet sich auch eine Empfehlung des Kongresses der Gemeinden und Regionen (Council of Europe, Congress of Local and Regional Authorities 2007).

In einer Empfehlung von 1992 zur Frage von Sekten und religiösen Bewegungen (Council of Europe 2007f, 69), wird vorgeschlagen, dass das allgemeine Curriculum objektive Informationen über die bestehenden Religionen und ihre wichtigsten Ausprägungen enthalten solle, gemäß den Prinzipien einer vergleichenden Sicht von Religion und mit dem Ziel der Wahrung ethischer, individueller und sozialer Rechte.

Von den vorhandenen Empfehlungen (*recommendations*) und Beschlüssen (*resolutions*) der Parlamentarischen Versammlung des Europarates (ab 1993) und des Ministerkomitees, letztere sind insbesondere im Zusammenhang mit Initiativen im Bereich interkulturellen Dialogs und interkultureller Bildung entstanden (vgl. Widmann 2008), werden für die Studie ausgewählte Texte berücksichtigt und analysiert. Schwerpunkt der systematischen Analyse liegt bei den kursiv ausgewiesenen Dokumenten, weil in ihnen Zusammenhänge von Religion und Bildung explizit thematisiert werden.[101] Die weiteren Texte ergänzen das thematische Spektrum. In der Auflistung finden sich auch zwei Dokumente des Ministerkomitees, dem höchsten beschlussfassenden Organ: [102]

- Die „*Recommendation 1202 (1993) on religious tolerance in a democratic society*" (Council of Europe, PAS 2007g, 71–72) (zur religiösen Toleranz in der demokratischen Gesellschaft*)* (ER 1)
- die „*Recommendation 1396 (1999) on religion and democracy*" (Council of Europe, PAS 2007h, 77–79)*,* (zu Religion und Demokratie*)* (ER 2)
- die „Recommendation 1556 (2002) on religion and change in central and eastern Europe" (zu Religion und Wandel in Zentral- und Osteuropa) in der vom Ministerkomitee angenommenen Fassung (Council of Europe, Committee of Ministers 2003) (ER 3)
- die „*Recommendation 1720 (2005) on education and religion* " (zu Bildung und Erziehung) (Council of Europe, PAS 2007a) (ER 4)
- die „Resolution 1510 (2006) on freedom of expression and respect for religious beliefs" (zu Meinungsfreiheit und Respekt für religiöse Glaubensrichtungen) (Council of Europe, PAS 2007j) (ER 5)
- die „*Recommendation 1804 (2007) on state, religion, secularity and human rights* " (zu Staat, Religion, Säkularität und Menschenrechte) (Council of Europe, PAS 2007i) (ER 6).
- Die „Resolution 1580 (2007) on The dangers of creationism in education" (zu den Gefahren des Kreationismus in der Bildung) (Council of Europe, PAS 2007c) (ER 7).

---

101 Die Analyse bezieht sich auf die englische Fassung der Texte, da i.d.R. keine deutsche Übersetzung vorliegt.

102 Die verwendeten Dokumente des Europarates erhalten jeweils ein Kürzel (ER) mit fortlaufender Nummer, die Texte der Europäischen Union ebenso (EU), die bei der Erwähnung der Dokumente in den folgenden Kapiteln verwendet werden. Zentrale Dokumente sind kursiv aufgeführt, die anderen Dokumente werden nicht in gleichem Maße bei der Analyse berücksichtigt. Verwendete englische Originalbegriffe werden kursiv aufgeführt.

- Die „Recommendation 1805 (2007) on Blasphemy, religious insults and hate speech against persons on grounds of their religion" (zu Blasphemie, religiöse Beleidigungen und Hassreden gegen Menschen aufgrund ihrer Religion) (Council of Europe, PAS 2007d) (ER 8).
- Das *„Weißbuch zum interkulturellen Dialog Gleichberechtigt in Würde zusammenleben"* (2008) (Europarat, Ministerkomitee 2008) (ER 9).
- Die *„Recommendation CM/Rec(2008)12 and explanatory memorandum Dimension of religions and non-religious convictions within intercultural education"* (Die religiöse Dimension und nicht-religiöse Überzeugungen im Rahmen interkultureller Bildung) (2008) (Council of Europe, Committee of Ministers 2008), (ER 10).
- Die „Resolution 1743 (2010) on Islam, Islamism and Islamophobia in Europe" (zu Islam, Islamismus und Islamophobie in Europa) (Council of Europe, PAS 2010), (ER 11).
- Die *„Recommendation 1962 (2011) The religious dimension of intercultural dialogue"* (Die religiöse Dimension des interkulturellen Dialoges) (Council of Europe, Committee of Ministers 2011), (ER 12).[103]

Ebenso werden zwei Dokumente aus der Arbeit des *Ministerkomitees* berücksichtigt: das Weißbuch Interkultureller Dialog (Europarat, Ministerkomitee 2008, ER 9) und die Empfehlung zur interkulturellen Bildung: „Dimensions of religions and non-religious convictions within intercultural education" (Council of Europe, Committee of Ministers 2008, ER 10). Zunächst werden fünf Dokumente der Parlamentarischen Versammlung vertiefend analysiert, in denen Religion und Bildung im Rahmen von religiöser Toleranz, Demokratie und Wahrung der Menschenrechte thematisiert werden (4.1.1). Zur Vertiefung dieser Struktur und Inhalte einbeziehenden Analyse werden zusammenfassend weitere Texte der Parlamentarischen Versammlung betrachtet (4.1.1.7). Anschließend werden drei Dokumente zum interkulturellen Dialog und zur interkulturellen Bildung aus der Arbeit des Ministerkomitees und der Parlamentarischen Versammlung (4.1.2) analysiert. Schließlich werden Dokumente aus der Arbeit des *Menschenrechtskommissars* aufgenommen (ER 12), die im Wesentlichen im Kontext von Dialogseminaren mit Vertreterinnen und Vertretern der Religionsgemeinschaften entstanden. Es folgen Urteilstexte des *Europäischen Gerichtshofs für Menschenrechte*, in denen Religion und Bildung im Kontext der Wahrung der Menschenrechte betrachtet werden (ER 13 bis ER 16) (4.1.3).

---

103 Diese Empfehlung wird in Kap. 4.1.2 behandelt, da dort thematisch auf interkulturellen Dialog und interkulturelle Bildung eingegangen wird.

4.1.1 Von religiöser Toleranz, Demokratie, Bildung und Menschenrechten

In diesem Abschnitt werden fünf Empfehlungen der Parlamentarischen Versammlung analysiert, die im Zeitraum von 1993 bis 2007 entstanden sind.

4.1.1.1 Empfehlung 1202 (1993) Religious tolerance in a democratic society (ER 1)

Die Empfehlung wurde wenige Jahre nach den politischen Umwälzungen in Europa verabschiedet. Ausgegangen wird von einer Wertekrise in Europa und der Zunahme von Fremdenfeindlichkeit und Xenophobie. Die großen ideologischen Orientierungen (Kommunismus und Marktwirtschaft), deren Auseinandersetzung den bis 1989 vorherrschenden Kalten Krieg prägte, werden als nicht ausreichend angesehen, um das Zusammenleben in Europa konstruktiv bestimmen zu können.

Der Text gliedert sich in 16 nummerierte Abschnitte und umfasst insgesamt 1.052 Wörter. Abschnitt 16 enthält fast 50% der Textmenge. Die Empfehlungen richten sich über das Ministerkomitee an die Regierungen der Mitgliedstaaten, an die Europäische Gemeinschaft und an weitere Autoritäten und Organisationen. Das Dokument wurde bei der 23. Sitzung der Parlamentarischen Versammlung am 2. Februar 1993 verabschiedet. Im einführenden Bericht wird davon gesprochen, dass die Arbeit des Komitees für Kultur und Bildung zu diesem Thema bereits 1983 begann.

Zu den Inhalten

Im Text wird Bezug genommen auf fünf frühere Empfehlungen der Parlamentarischen Versammlung (entstanden zwischen 1983 und 1992) zu Themen im Bereich Kultur und Religion und auf zwei Veranstaltungen, die im Vorfeld der Debatte und Verabschiedung des Textes zu religiöser Toleranz durchgeführt wurden (Hearing zu religiöser Toleranz in Jerusalem im März 1992 und ein Kolloquium anlässlich des 500. Jahrestages der Ankunft jüdischer Flüchtlingen in der Türkei in Istanbul im September 1992).[104]

Damit wird eine Verbindung zu früheren Aktivitäten des Europarates hergestellt, die allerdings nur formal durch die Angabe der Überschriften und der Dokumentennummern der Texte besteht. Inhaltliche Bezüge werden nicht thematisiert. Mit der Nennung wird dokumentiert, dass sich der Europarat bereits früher mit Themen und Herausforderungen beschäftigt hat, die mit Religion verbunden sind.

Wie wird nun Religion im Dokument dargestellt? Religion wird als Potenzial benannt, das dem Individuum eine bereichernde Beziehung zu einem persönlichen Gott und auch zur Welt und Gesellschaft ermöglicht (Abs. 3).

---

104 Thematisch wird in Abschnitt 1 der Empfehlung Bezug genommen auf kulturelle und bildungsorientierte Beiträge zur Reduzierung von Gewalt (Empfehlung 963 [1983]) auf den jüdischen Beitrag zur europäischen Kultur (Resolution 885 [1987]), auf die Situation der Kirchen und der Religionsfreiheit in Osteuropa (Empfehlung 1086 [1988]), den Beitrag der islamischen Kultur zu Europa (Empfehlung 1162 [1991] und auf Sekten und neue religiöse Bewegungen (Empfehlung 1178 [1992]).

Die Abschnitte (4) und (5) beziehen sich auf Migration und Mobilität in Europa. Ihre Zunahme habe zu einer Begegnung verschiedener Weltanschauungen, religiöser Glaubensrichtungen und von (anderen) Vorstellungen menschlicher Existenz (*notions of human existence*) geführt. Das Zusammentreffen verschiedener Glaubensrichtungen (*religious beliefs*) könne dabei zwar zur gegenseitigen Bereicherung und zu Verständnis führen, allerdings auch Separatismus und Fundamentalismus fördern.

Das westliche Europa habe das Modell einer säkularen Demokratie entwickelt (Abs. 6), in dem eine Vielfalt an religiösen Glaubenseinstellungen (*a variety of religious beliefs*) zumindest theoretisch toleriert werde (*are in theory tolerated*).[105] In Abschnitt (7) wird das in zahlreichen Ländern erneute Aufkommen von Xenophobie, Rassismus und religiöser Intoleranz thematisiert, eine Entwicklung, die als Anlass der Empfehlung verstanden werden kann. Der dabei verwendete Begriff *renewed* könnte darauf hindeuten, dass fremdenfeindliche Anschläge einen Hintergrund der Empfehlung bilden.

Religion könne Konflikte verstärken oder von anderer Stelle dafür instrumentalisiert werden (Abs. 8). Diese These wird in eine Gesamtanalyse der Wertesituation in Europa eingebettet, die dazu führen kann, dass auf Religion zurückgegriffen werde (Abs. 9). In diesem Abschnitt wird eine Krise der Werte im gegenwärtigen Europa (1993) konstatiert. Bestehende Ideologien wie die „reine Marktwirtschaft" oder der „Kommunismus", haben sich als nicht adäquat „offenbart" (*revealed*), um persönliches Wohlergehen und soziale Verantwortlichkeit zu garantieren. In dieser Situation der Krise wird ein mögliches Potenzial im Rückgriff auf Religion (*recourse to religion*) gesehen, allerdings nur dann, wenn dieser Rückgriff nicht im Widerspruch zu den Prinzipien der Demokratie und der Menschenrechte stehe, bzw. sich Religion mit Demokratie und Menschenrechten „versöhnen" (*reconciled*) lasse.

Initiativen zu religiöser Toleranz im Kontext gegenwärtiger und zukünftiger sozialer Trends sollen gefördert werden. Damit könne dem zunehmenden Druck, der von multikulturellen Gemeinschaften ausgehe, entgegengetreten werden.

Während bislang im Text allgemein über Religion gesprochen wird, rücken nun die drei großen monotheistischen Religionen, Judentum, Christentum und Islam, ins Blickfeld. In allen drei Religionen gebe es eine Basis für Toleranz und gegenseitigen Respekt im Blick auf Andersgläubige und Nichtgläubige. Das den drei monotheistischen Religionen gemeinsame Menschenbild und der damit jedem einzelnen Menschen zugesprochenen Menschenwürde werden als Beispiel genannt.

Nach Auffassung des Europarates stellt sich als Aufgabe für die Religionen, die Frage der Toleranz zwischen ihnen weiter zu entwickeln. Die drei monotheistischen Religionen sollten sich stärker an der Grundlage ihrer gemeinsamen Werte, die prinzipiell Toleranz unterstützen, orientieren.

Im weiteren Verlauf des Textes wird nun von jüdischen, christlichen und islamischen Kulturen gesprochen und darauf hingewiesen, dass es in der europäischen Geschichte Beispiele eines toleranten, respektvollen Zusammenlebens dieser Kulturen gegeben

---

105 Genannt werden die arabische Herrschaft in Spanien (711–1492), unter der z.B. die Juden eine neue Freiheit erhielten im Vergleich zur Unterdrückung im westgotischen Reich, und die Praxis des großislamischen Osmanischen Reiches (1299–1923).

habe, die zum Wohlstand der Nationen beitrugen. Auf die universelle Bedeutung der Religionsfreiheit wird verwiesen, unter Bezug auf Art. 18 der Allgemeinen Erklärung der Menschenrechte und Art. 9 der Europäischen Menschenrechtskonvention (Abs. 14).[106] Die Religionsfreiheit beruht auf der Würde des Menschen und ihrer Realisierung in einer freien, demokratischen Gesellschaft.

Eine Anforderung an den säkularen Staat wird formuliert: Er solle seinen Bürgerinnen und Bürgern keine religiösen Verpflichtungen auferlegen (*not impose any religious obligations*) (Abs. 15). Allen anerkannten Religionsgemeinschaften solle Respekt entgegengebracht werden und ihre Beziehungen zur Gesellschaft sollten erleichtert werden (*ease their relations*) (Abs. 15).

Auf der Grundlage dieser Analyse werden in Abschnitt 16 Empfehlungen formuliert, die sich auf folgende Bereiche beziehen: Gesetzliche Grundlagen und ihre Einhaltung, Bildung und Austausch, Information und Sensibilisierung sowie Forschung.

Textpassagen mit diskursiven Mustern zu Religion, Bildung und Politik
Nach dieser Zusammenfassung der Inhalte werden nun die im Text zu entdeckenden diskursiven Muster zu den Bereichen Religion, Bildung und Politik zusammengestellt (vgl. dazu Tab. 5).

Im Text wird individuelle Religion uneingeschränkt als bereichernd angesehen. Eher ambivalent wird dagegen die Begegnung unterschiedlicher Glaubensrichtungen (*religious beliefs*) eingeschätzt, die zu größerem Verständnis und zu Bereicherung führen kann, aber auch zu einer Verstärkung von Separatismus und Fundamentalismus. Institutionalisierte "Religion" besitze ein Konfliktpotential, und es bestehe die Gefahr ihrer Instrumentalisierung. Ob daraus eine unmittelbare Verbindung zu der konstatierten *crisis of values* zu ziehen ist, lässt der Text offen, aber eine entsprechende Schlussfolgerung wird durch die Komposition des Textes nahegelegt. Religiöse Toleranz soll gefördert werden. Die Religionsgemeinschaften werden aufgefordert, sich auf ihre gemeinsamen Werte und Wurzeln zu besinnen und religiöse Toleranz weiter zu entwickeln.

---

106 Art. 18 der Allg. Erklärung der Menschenrechte lautet: Jeder hat das Recht auf Gedanken-, Gewissens- und Religionsfreiheit; dieses Recht schließt die Freiheit ein, seine Religion oder Überzeugung zu wechseln, sowie die Freiheit, seine Religion oder Weltanschauung allein oder in Gemeinschaft mit anderen, öffentlich oder privat durch Lehre, Ausübung, Gottesdienst und Kulthandlungen zu bekennen.
Art. 9 der Europäischen Menschenrechtskonvention lautet: (1) Jedermann hat Anspruch auf Gedanken-, Gewissens- und Religionsfreiheit; dieses Recht umfasst die Freiheit des Einzelnen zum Wechsel der Religion oder der Weltanschauung sowie die Freiheit, seine Religion oder Weltanschauung einzeln oder in Gemeinschaft mit anderen öffentlich oder privat, durch Gottesdienst, Unterricht, durch Ausübung und Betrachtung religiöser Gebräuche auszuüben. (2) Die Religions- und Bekenntnisfreiheit darf nicht Gegenstand anderer als vom Gesetz vorgesehener Beschränkungen sein, die in einer demokratischen Gesellschaft notwendigen Maßnahmen im Interesse der öffentlichen Sicherheit, der öffentlichen Ordnung, Gesundheit und Moral oder für den Schutz der Rechte und Freiheiten anderer sind.

Tab. 5: Diskursive Muster in Textpassagen zu Religion, Bildung und Politik in Rec. 1202 (1993) *on religious tolerance in a democratic society*

Dimensionen	Textpassagen	Diskursive Muster
Religion	Enriching relationship for the individual;	Religion ist bereichernd für das Individuum;
	a basis for tolerance and mutual respect;	Basis für Toleranz und Respekt;
	often reinforces, or is used to reinforce conflicts;	fördert Konflikte; Gefahr des Missbrauchs von Religion.
	meeting of differing religious beliefs:	Das Aufeinandertreffen unterschiedlicher Glaubensrichtungen
	can lead to greater mutual understanding and enrichment;	kann zu Verständigung und Bereicherung führen;
	could result in a strengthening of trends towards separatism and encourage fundamentalism.	kann Separatismus und Fundamentalismus fördern.
	Tolerance between religions has to be further developed;	Toleranz zwischen den Religionen muss weiter gefördert werden;
	should give greater emphasis to similar and tolerant basic moral values.	Religionen sollten vergleichbaren und toleranten zentralen moralischen Werten größere Aufmerksamkeit schenken.
Bildung	A knowledge of one's own religion as a prerequisite for true tolerance;	Kenntnis der eigenen Religion als Vorbedingung für wahre Toleranz;
	studies of religions and ethics as part of school curriculum;	Religionskunde und Ethik als Teil des Lehrplans;
	differentiated and careful depiction of religions in school books and in classroom teaching;	Sorgfältige und differenzierte Darstellung der Religionen in Lehrmaterial und im Unterricht;
	a religious history school-book conference;	Schulbuchkonferenz zu Religionsgeschichte;
	presenting to young people ideas and deeds of living individuals of different religious beliefs;	Einbeziehen von Positionen und Taten von Personen unterschiedlicher Religion;

Dimensionen	Textpassagen	Diskursive Muster
Bildung	meetings and discussions with informed people of differing beliefs;	Begegnungen mit authentischen Vertreterinnen und Vertretern verschiedener Religionen organisieren;
	promote inter-religious encounters;	Interreligiöse Begegnungen fördern;
	translation of fundamental religious texts;	Zentrale religiöse Texte übersetzen;
	cultural projects on religious issues;	Kulturelle Projekte zu religiösen Themen;
	network of research institutes;	Netzwerk von Forschungsinstitutionen;
	stimulate academic work.	Förderung wissenschaftlicher Arbeit.
Politik	Inadequate attention to promotion of religious tolerance;	Unzureichende Förderung religiöser Toleranz;
	reaffirm the importance of religious freedom;	Bedeutung der Religionsfreiheit bestätigen;
	secular state should not impose any religious obligation;	der säkulare Staat soll keine religiösen Verpflichtungen auferlegen;
	encourage respect for religious communities;	Respekt für Religionsgemeinschaften verstärken;
	guarantee religious freedom, freedom of conscience and of worship; allow flexibility in the accommodation of different religious practices.	Religions- und Gewissensfreiheit garantieren und das Recht auf Gottesdienst; Flexibilität im Blick auf religiöse Praktiken.

In den drei monotheistischen Religionen (Judentum, Christentum und Islam) werden Quellen gesehen, die gegenseitigen Respekt und Toleranz gegenüber Andersgläubigen ermöglichen. Dies gründet in der ihnen gemeinsamen Auffassung, dass der Mensch ein Geschöpf Gottes sei und deshalb jedem die gleiche Würde und die gleichen Rechte zukomme, unabhängig von seiner/ihrer religiösen Überzeugung. In dem entsprechenden Textabschnitt wird den Religionsgemeinschaften jedoch keine öffentliche Rolle zugesprochen.

Im Text wird eine Reihe von negativen Aspekten und Wirkungen von Religion genannt. Ein mögliches Konfliktpotenzial in den institutionalisierten Religionen wird ebenso genannt wie die Gefahr, dass Religion für Konflikte instrumentalisiert werden könne. Für religiöse Bildung wird formuliert, dass es darum gehe, zunächst Kenntnisse über die eigene Religion zu gewinnen, um dann auf dieser Grundlage „wahre Toleranz" (*true tolerance*) zu entwickeln. Im Blick auf Politik wird von einer bislang unzureichenden Achtung und Förderung religiöser Toleranz ausgegangen. Als Ziele werden die Neutralität des Staates gegenüber den verschiedenen Religionen und Weltanschauungen, Respekt für religiöse Gemeinschaften und die Garantie der Religionsfreiheit genannt.

Zusammenfassend kann festgehalten werden, dass in dem Dokument Religion als Privatsache uneingeschränkt positiv beurteilt wird. Organisierte Religion wird eher mit Konflikten assoziiert, auch wenn bei den monotheistischen Weltreligionen ein positives Potenzial gesehen wird. Allerdings gebe es Entwicklungsbedarf bei den Religionen im Blick auf religiöse Toleranz.

Zu den im Text genannten Akteure und Zielgruppen sind folgende Informationen wichtig:

– Die *Parlamentarische Versammlung*, die den Text verabschiedet hat, wird als Verfasserin einer Reihe von früheren Texten genannt, die im inhaltlichen Zusammenhang mit der Empfehlung stehen. Ihre Wirkung erhält die Parlamentarische Versammlung durch *monitoring* Prozesse, die sich auf die Einhaltung der vom Europarat beschlossenen Konventionen beziehen. Weitergehende Rechtsmittel zur Durchsetzung bestimmter Positionen und Beschlüsse besitzt der Europarat nicht. Für die Implementierung von Empfehlungen gibt es keinen verabredeten Mechanismus.

– Die *drei monotheistischen Religionen* sind im Text Adressaten einer Reihe von Forderungen. Sie werden als „Konfliktquelle" angesehen, da ihre Haltung zu religiöser Toleranz noch nicht ausreichend entwickelt sei. Ihr Potenzial, zu größerer Verständigung und Bereicherung beitragen zu können, wird genannt, zugleich jedoch gefordert, dieses Potenzial weiter zu entwickeln.

– Der *säkulare Staat* soll seinen Bürgerinnen und Bürgern keine religiösen Verpflichtungen auferlegen. Er soll Respekt für alle anerkannten Religionsgemeinschaften fördern und dazu beitragen, dass sich die Beziehungen der Religionsgemeinschaften zur Gesellschaft „entspannen" (*ease their relations*).

– Das *westliche Europa* wird mit seinem Modell einer *säkularen Demokratie genannt*.

– Das *Ministerkomitee* soll den Forderungen Nachdruck verleihen und als zuständiges Verbindungsorgan die Empfehlungen den Regierungen der Mitgliedstaaten, der Europäischen Gemeinschaft und anderen verantwortlichen Stellen und Organisationen weitergeben.

Interpretation

Religionsverständnis

Im Text thematisierte Perspektiven auf Religion können in folgenden Kategorien zusammengefasst werden:

(1) *Religion als Privatsache.* Religion wird dem individuellen privaten Bereich zugeordnet. Religion ist für den/die Einzelne/n bereichernd und verschafft ihm/ihr Orientierung auch im Blick auf die „äußerliche Welt" und die Gesellschaft, in der er/sie lebt.

(2) *Religion in organisierter, institutionalisierter Form,* repräsentiert durch Glaubens- und Religionsgemeinschaften. Wenn Religionsgemeinschaften einen Beitrag zur konstatierten Sinnkrise leisten wollen, dann ist das nur möglich, wenn sie sich – quasi als Vorbedingung – mit den Prinzipien von Demokratie und Menschenrechten „versöhnt" haben. Dann sind sie auch als *valid partner* in Kooperationen mit den politischen Instanzen gefragt. Dem Text folgend sind damit die monotheistischen Religionen gemeint, sie werden mehrfach erwähnt. Es wird an gemeinsame Grundlagen der monotheistischen Religionen erinnert, insbesondere im Verständnis des Menschen als Geschöpf „des einen Gottes", das ihm die gleiche Würde und die gleichen Rechte zuschreibt, unabhängig von seinen persönlichen Überzeugungen. In mehreren Textpassagen wird deutlich formuliert, dass die Religionsgemeinschaften weitere Anstrengungen unternehmen sollten, um ein höheres Maß an religiöser Toleranz zu entwickeln. Damit wird auch das Verhältnis zwischen den Religionen thematisiert. Die Begegnung von Menschen unterschiedlicher Religionszugehörigkeit ist ambivalent, sie kann zu gegenseitigem Verständnis und Bereicherung führen, aber auch Separatismus und Fundamentalismus verstärken.

(3) *Religion als gesellschaftliches Phänomen und Teil von Kultur.* Die Rede ist von jüdischen, christlichen und islamischen Kulturen und ihren Wirkungen in der europäischen Geschichte. Ohne konkrete Beispiele zu nennen, wird angeführt, dass die religiös geprägten Kulturen dann zum Wohlstand der Nationen beitrugen, wenn ihr Verhältnis von gegenseitigem Respekt und Toleranz bestimmt war.

Die universelle Bedeutung der Religionsfreiheit wird unterstrichen unter Bezugnahme auf Art. 18 der Allgemeinen Erklärung der Menschenrechte und auf Art. 9 der Europäischen Konvention für Menschenrechte. Ihre Realisierung bedürfe einer freien, demokratischen Gesellschaft.

Bildungsverständnis

Bildung soll dazu beitragen, religiöse Toleranz in einer demokratischen Gesellschaft zu verwirklichen. Es gibt keine weitergehende Darlegung des Bildungsverständnisses jedoch zahlreiche praktische Vorschläge, die auf den Unterrichtsprozess und die Lehrpläne bezogen sind, u.a. die Integration religiöser und ethischer Studien in den allgemeinen Lehrplan, Austauschprogramme oder interreligiöse Begegnungen. Anregungen zur Entwicklung von Lehrmaterialien werden gegeben und methodisch-didaktische Vorschläge für den Unterricht.

Im Blick auf das Lernen über Religion wird konstatiert, dass die Kenntnis der eigenen Religion eine Vorbedingung für „wahre" Toleranz sei und eine Absicherung gegen Indifferenz oder Vorurteile biete. Anhaltspunkte, was unter „wahrer Toleranz" verstanden wird, finden sich im Text nicht.

In pädagogischer Perspektive wird die Vermittlung von Wissen betont, Prozesse seiner aktiven Aneignung werden nicht thematisiert.

In den Empfehlungen kommt der Begriff *education* nicht vor und auch die Rolle der Lehrkräfte, sowie Anforderungen an ihre Aus- und Fortbildung, werden in der Empfehlung nicht thematisiert.

Unter dem Stichwort Forschung werden die Vernetzung von Forschungsinstituten und die Förderung wissenschaftlicher Aktivitäten im Blick auf religiöse Toleranz an den Universitäten in Europa angeregt.

Zusammenfassend kann festgehalten werden, dass das den Handlungsvorschlägen inhärente Bildungsverständnis stark von der Wirkung von Informationen und Begegnung ausgeht und auf Wissen und seine Vermittlung konzentriert ist. Das Wissen über die eigene Religion wird als Vorbedingung für „wahre Toleranz" angesehen und als Absicherung gegen Indifferenz und Vorurteile.

Diskussion

Die Empfehlung *on religious tolerance in a democratic society* zeichnet ein weitgehend undifferenziertes Bild von Problemlagen, die in Bezug auf fehlende religiöse Toleranz bestehen. Im analytischen Teil beschränkt sich der Text auf eine Aneinanderreihung von negativen wie positiven Merkmalen von Religion und auf die Nennung einer in Europa bestehenden Vielfalt. Mit der Beschränkung der Analyse auf das westliche Europa mit seinem Modell einer säkularen Demokratie werden wesentliche Traditionen und Erfahrungen in der Beziehung zwischen Staat und Kirche in Mittel- und Osteuropa systematisch ausgeblendet. Die Situation in diesen Ländern, von denen einige zum Zeitpunkt der Verabschiedung des Dokumentes bereits Mitglied des Europarates waren, wird nicht thematisiert und bei der Argumentation des Textes auch nicht berücksichtigt.[107]

Religion wird in ihrer individualisierten Form als bereichernd für das Individuum beschrieben, in ihrer institutionalisierten Form dagegen eher ambivalent eingeschätzt. Es wird eine „Wertekrise" in Europa konstatiert, jedoch ohne Darlegung möglicher Ursachen oder daraus folgender politischer Perspektiven. Religionsgemeinschaften werden misstrauisch betrachtet, denn sie haben weder ihr eigenes Potenzial ausreichend entfaltet, um zu religiöser Toleranz beizutragen, noch seien sie „versöhnt" mit den Prinzipien der Demokratie und der Menschenrechte.

Die im Dokument vertretene Sicht des Verhältnisses der Religionsgemeinschaften zu Demokratie und Menschenrechten ist problematisch. Eine Differenzierung und

---

107 Dabei sind bereits im November 1990 Ungarn und 1991 die Tschechoslowakei und Polen dem Europarat beigetreten, und bis November 1996 folgten 14 weitere zentral- und osteuropäische Staaten (vgl. Brummer, 2008, 27).

Wahrnehmung der unterschiedlichen religiösen Perspektiven zu Demokratie scheint bei dieser Frage unumgänglich. Die Forderung nach einer „Versöhnung" von Religion mit den Prinzipien der Demokratie und der Menschenrechte vernachlässigt, dass das Christentum, insbesondere in protestantischen Ausprägungen, jedoch auch durch andere Konfessionsfamilien, erheblich zur Ausbildung von demokratischen Verhältnissen in Europa und auch zur Entwicklung und Implementierung der Menschenrechte beigetragen hat (vgl. Joas 2010, 2011b; Raiser 2010; Bielefeldt 2011). Die grundlegenden Werte einer Demokratie wie Freiheit, Gleichheit, Toleranz und Partizipation wurzeln in christlichen und anderen religiösen Überzeugungen, selbst wenn sie demokratietheoretisch weitgehend säkular verstanden werden (vgl. Arthur et al. 2010).

Das im Dokument konstatierte „Gegenüber" von Religion und Demokratie ist nicht sachgemäß. Beziehungen zwischen Religionsgemeinschaften und Demokratie haben sich sehr verschieden entwickelt und führten zu den bestehenden unterschiedlichen Ausprägungen (vgl. dazu: Brocker/Stein 2006). Eine Beurteilung sollte deshalb nicht von Unterschieden *zwischen* den Religionen und ebenso wenig von der bestehenden Vielfalt *innerhalb* der Religionen und Konfessionen absehen.

Von den Bildungsinstitutionen wird eine differenzierte Darstellung der Religionen in Schulbüchern erwartet, eine Forderung, die im Text selbst nicht eingelöst wird bei der Darstellung von Religion. Aufgrund der eher negativen Einschätzungen im Blick auf Religion im Text überrascht auch nicht, dass an keiner Stelle eine Intensivierung des Dialogs zwischen den politischen Institutionen und den Religionsgemeinschaften gefordert wird.

Für die pädagogische Perspektive, die im Text beschrieben wird, ist zentral, dass eine Kenntnis der jeweils eigenen Religion bzw. ihrer grundlegenden ethischen Prinzipien als eine Vorbedingung (*prerequisite*) gesehen wird, um „wahre Toleranz" entwickeln zu können. Es soll zunächst eine eigene Identität ausgebildet werden, die dann zu Toleranz befähige. Im religionspädagogischen Diskurs ist diese Position angesichts bestehender religiöser Pluralität durchaus umstritten. Es wird darauf verwiesen, dass eine religiöse Identitätsbildung in Situationen kultureller Vielfalt und religiöser Pluralität mit der Erfahrung des Fremden als Herausforderung anders als in eher homogenen Kontexten abläuft (vgl. dazu Messerschmidt 2005; Schweitzer 2005; Streib 2005; Leimgruber 2009). In plural geprägten Lebenswelten finden bereits früh Begegnungen mit Menschen anderer religiöser Zugehörigkeit statt, und die religiöse Identitätsbildung wird davon geprägt. Weiterführend ist die in den Empfehlungen enthaltene Betonung von Forschung und Vernetzung bestehender Forschungseinrichtungen zu religiöser Toleranz.

Im Rahmen der Religionspädagogik wurde vereinzelt auf die Empfehlung Bezug genommen. Friedrich Schweitzer kritisiert, dass in dieser und in anderen Empfehlungen die Perspektive des französischen Laizismus dominiere (2002, 233) und die enthaltenen Vorschläge weder politisch noch finanziell ausreichend unterstützt würden (2001a, 166). Karl Ernst Nipkow (1995) hat das Dokument zum Anlass genommen, über Funktion und Stellenwert des Religionsunterrichtes in Europa zu reflektieren. Er kritisiert die seines Erachtens weitgehend negative Einstellung gegenüber Religion in dem Text. Dem stellt er das Konzept eines Religionsunterrichts gegenüber, das eng an den grundlegenden Werten der Europäischen Integration orientiert ist. Er betont die Bedeutung der religiösen und ethischen Substanz der Religionsgemeinschaften, die im Religionsunterricht angemessen zum Tragen kommen solle und die in der Empfehlung gerade nicht gewürdigt werde:

> „Die Schulen in Europa brauchen einen Religionsunterricht, der den Rahmen der säkularen Grundprinzipien der Demokratie und Menschenrechte durch die spezifische religiöse und ethische Substanz der Religionsgemeinschaften im gemeinsamen Suchen mit den Kindern und Jugendlichen auch europakritisch auffüllt." (Nipkow 1995, 362)

Für Nipkow steht außer Zweifel, dass Schulen in Europa einen Unterricht brauchen, der vor negativen Folgen von Religion (religiöse Intoleranz) schützt und sich an den Menschenrechten orientiert. Zugleich soll der Religionsunterricht auch dazu verhelfen, eine kritische Sichtweise auf die europäische Integration zu entwickeln und insbesondere christliche Werte und Einstellungen als Maßstab für die Beurteilung politischer Vorgänge nutzen zu können. Die Religionsgemeinschaften sollten Mitverantwortung für diesen Religionsunterricht tragen.

Als Merkpunkte aus der Analyse, Interpretation und Diskussion des Dokumentes stellen sich folgende Fragen:

– Was ist mit religiöser Toleranz gemeint und was kann unter „wahrer Toleranz" verstanden werden?
– Welchen Beitrag kann Religion in ihren unterschiedlichen Ausprägungen zur Bewältigung der konstatierten Wertekrise leisten?
– Wie lässt sich das Verhältnis von Staat und Religion in einer Situation zunehmender Pluralisierung der Lebensverhältnisse zu einer „Kultur der gegenseitigen Achtung" entwickeln und konstruktiv gestalten?
– Wie kann Bildung religiöse Toleranz fördern und welche Ansätze religiöser Bildung sind der dargelegten Problemlage angemessen?

Diesen Fragen soll unter Heranziehung weiterer Dokumente nachgegangen werden.

4.1.1.2 Empfehlung 1396 (1999) Religion and Democracy (ER 2)

Sechs Jahre nach *religious tolerance in a democratic society* verabschiedete die Parlamentarische Versammlung eine Empfehlung mit dem Titel: *Religion and Democracy* (Council of Europe, PAS 2007h). Vorbereitet wurde die Empfehlung durch ein Kolloquium (Antalya September 1997) und ein Hearing (Paris Dezember 1997). Die Empfehlung wurde bei der 5. Sitzung der Parlamentarischen Versammlung am 27. Januar 1999 angenommen. Im begleitenden Memorandum werden Bericht und Empfehlung als „logische Fortsetzung" der Beschäftigung der Parlamentarischen Versammlung mit Fragen zur „religiösen Toleranz in einer demokratischen Gesellschaft" gesehen. Es gibt damit eine Weiterführung des Diskurses zum Verhältnis von Religion und Demokratie.

Der Umfang entspricht etwa dem Text von 1993 (vgl. ER 1). Das Dokument besteht aus 1.290 Wörtern und ist in 14 Abschnitte unterteilt. Abschnitt 13 enthält die Empfehlungen an die Mitgliedstaaten.

Zu den Inhalten

Zu Beginn werden Kontext und Rahmen des Europarates für diese Empfehlung vorgestellt. Nach seinen Statuten versteht sich der Europarat als eine humanistische Organisation. Als „Wächter" der Menschenrechte obliegt es ihm, die Gedanken-, Gewissens- und Religionsfreiheit zu wahren. Dies beinhaltet, darauf zu achten, dass Manifestationen von Religion im Einklang mit den in Art. 9 der Europäischen Menschenrechtskonvention genannten möglichen Einschränkungen stehen. Verwiesen wird auf frühere Empfehlungen der Versammlung zum Zusammenhang von Kultur und Religion mit dem Hinweis, dass Ko-Existenz und Interaktion von Kultur und Religion das Europäische Erbe bereichert haben.

Vergleichbar mit dem Dokument ER 1 wird der religiöse Anteil an vielen Problemen der modernen Gesellschaft in zweifacher Weise charakterisiert: zum einen können religiöse Bekundungen zu Spannungen mit der politischen Macht führen und zum anderen weisen viele Probleme der gegenwärtigen Gesellschaft einen religiösen Aspekt auf. Einbezogen wird auch die Frage der Geschlechtergerechtigkeit in den Religionen. Es wird im Text deutlich unterschieden zwischen „Extremismus" und Religion. Extremismus wird als menschliche Erfindung charakterisiert, die Religion von ihrem humanistischen Weg abbringt und sie zu einem Machtinstrument werden lässt.

Die Eigenständigkeit von Religion und Demokratie wird betont. Allerdings bedeute dies nicht, dass Demokratie und Religion unvereinbar seien, ganz im Gegenteil: Religion könne ein wertvoller Partner einer demokratischen Gesellschaft sein. Dies wird begründet durch die Werte, die Religion verkörpert, durch ihr moralisches und ethisches Gewicht, durch ihre kritische Perspektive und ihre kulturellen Ausdrucksformen.

Mögliche Probleme zwischen Politik und Religion werden bei einer Einmischung in den jeweils anderen Bereich oder einer Instrumentalisierung gesehen. Auch können Probleme durch gegenseitige Ignoranz entstehen, die wiederum zu Vorurteilen bis hin zu einer Zurückweisung des jeweils anderen Bereiches führen können. Religiöser Extremismus, verbunden mit Intoleranz, Vorurteilen und Gewalt, wird als Symptom einer „kranken Gesellschaft" angesehen und als Herausforderung für eine demokratische Gesellschaft. Er müsse mit den vorhandenen gesetzlichen Möglichkeiten bekämpft werden.

Bildung wird als Schlüssel für die Bekämpfung von Ignoranz und Stereotypen angesehen. Als dringlich wird eingeschätzt, die Lehrpläne an Schulen und Universitäten zu revidieren, um ein besseres Verständnis der verschiedenen Religionen zu fördern. Davon abgegrenzt wird der Religionsunterricht (*religious instruction*), dessen Erteilung auf keinen Fall zu Lasten eines Unterrichts über Religionen gehen soll, da dort Religionen als wesentlicher Bestandteil der menschlichen Geschichte, Kultur und Philosophie behandelt werden (Abs. 10).

Die positive Funktion, die von einer aktiven Rolle leitender Personen der Religionen im öffentlichen Diskurs ausgeht, wird ebenso betont wie die Notwendigkeit, Ökumene und den Dialog zwischen den Religionsgemeinschaften weiterzuentwickeln.

Die konkreten Empfehlungen (Abs. 13), die über das Ministerkomitee an die Regierungen der Mitgliedstaaten gerichtet sind, beziehen sich auf die Gewissens- und Religionsfreiheit, den Unterricht über Religion und Beziehungen mit und zwischen den Religionen. Als Teil der Empfehlungen wird der geforderte Unterricht über Religionen in fünf Punkten ausdifferenziert. Es wird damit eine Programmatik vorgelegt, in der die Vorstellungen des Europarates im Blick auf religiöse Bildung sichtbar werden. Die fünf Punkte sind eine Schlüsselstelle der Empfehlung, aus der sich eine Reihe von Fragen und Diskussionspunkten ergeben:

> „a. step up the *teaching about religions* as sets of values towards which young people must develop a discerning approach, *within the framework of education on ethics and democratic citizenship*;
> b. promote the teaching in schools of the *comparative history of different religions*, stressing their origins, the similarities in some of their values and the diversity of their customs, traditions, festivals, and so on;
> c. encourage the *study of the history and philosophy of religions* and research into those subjects at university, in parallel with theological studies;
> d. co-operate with *religious educational institutions* in order to introduce or reinforce, in their curricula, aspects relating to human rights, history, philosophy and science;
> e. avoid – in the case of children – any conflict between the state-promoted education about religion and the religious faith of the families, in order to respect the free decision of the families in this very sensitive matter." (Hervorh. P.S.)

Mit diesen fünf Punkten werden Elemente eines Konzeptes formuliert, wie sich die Parlamentarische Versammlung des Europarates den Unterricht über Religionen vorstellt.

Ein erstes Merkmal ist dabei, dass ein Unterricht über Religionen, die als Quelle von Werten angesehen werden, im Rahmen einer ethischen Bildung und einer Demokratieerziehung (*democratic citizenship*) in kritischer Weise (*discerning approach*) stattfinden soll (Punkt a). Für die Schulen wird vergleichende Religionsgeschichte als Fach angeregt, in dem die Ursprünge der Religionen behandelt werden sollen, Gemeinsamkeiten bei einigen Werten und Vielfalt im Blick auf Gebräuche, Traditionen, Feste etc. (Punkt b). Die Förderung universitärer Aktivitäten im Bereich Religionsgeschichte und Religionsphilosophie wird vorgeschlagen, parallel und ergänzend zu Theologie (Punkt c). Eine Kooperation mit religiösen Bildungseinrichtungen soll angestrebt werden, mit dem Ziel, in deren Lehrpläne Aspekte von Menschenrechten, Geschichte, Philosophie und Naturwissenschaft einbringen zu können (Punkt d). Wie in der ersten analysierten Empfehlung auch, wird hier von einem Defizit bei den Religionsgemeinschaften ausgegangen, das behoben werden soll.

Es wird schließlich auf mögliche Konflikte zwischen einer staatlich organisierten Bildung über Religion und den religiösen Einstellungen in den Familien hingewiesen. Diese Konflikte sollten vermieden werden, und Vorrang komme der freien Entscheidung der Familien in dieser heiklen Angelegenheit zu (Punkt e).

Im Text wird von den politischen Institutionen eine Verstärkung der Initiativen im Blick auf den Dialog zwischen und mit den Religionsgemeinschaften gefordert. Gewürdigt werden die kulturellen und sozialen Ausdrucksformen von Religion. Erhalten werden sollen religiöse Gebäude als Teil des nationalen und europäischen Erbes, aber auch hinsichtlich der kulturellen Traditionen und den religiösen Festen. Die soziale und gemeinnützige Arbeit der Religionsgemeinschaften wird ebenso positiv gesehen.

Im Rahmen der Demokratieerziehung und des Geschichtsunterrichtes sollen die verschiedenen Religionen und ihr ethischer Gehalt thematisiert werden, und es wird die Schaffung eines Rahmens für europäische Treffen von Vertreterinnen und Vertretern der verschiedenen Religionsgemeinschaften eingefordert.

Textpassagen mit diskursiven Mustern zu Religion, Bildung und Politik

Nach der Zusammenfassung der Inhalte werden nun die im Text vorfindlichen diskursiven Muster zu den Bereichen Religion, Bildung und Politik zusammengestellt. (Vgl. dazu Tab. 6)

Betrachten wir die diskursiven Muster zu Religion und vergleichen sie mit denjenigen in ER 1, so ist nun die Rede von Religion weniger spezifisch und weniger differenziert. Es wird lediglich allgemein von Religion gesprochen, an einer Stelle von *the great old religions* und von *religious leaders*, ohne dass auf die 1993 vorgenommene Differenzierung in individuell-private, institutionalisierte und kulturelle Religion Bezug genommen wird.

Bildung wird als Schlüssel gegen Ignoranz und Vorurteile dargestellt. Es findet sich allerdings keine weitere Differenzierung, und religiöse Bildung wird einer ethischen Bildung und einer Bildung für demokratische Bürgerschaft untergeordnet bzw. für damit verbundene Zielsetzungen funktionalisiert.

Tab. 6: Diskursive Muster in Textpassagen zu Religion, Bildung und Politik in Rec. 1396 (1999) *religion and democracy*

Dimensionen	Textpassagen	Diskursive Muster
Religion	Religious aspect to many of the problems of contemporary society; extremism is a human invention that diverts religion from its humanist path to make it an instrument of power;	Viele gesellschaftliche Probleme haben einen religiösen Aspekt; Extremismus ist eine menschliche Erfindung, die Religion von ihrem humanistischen Pfad ablenkt und sie zu einem Machtinstrument macht;
	none of the great old religions preaches violence;	keine der großen alten Religionen predigt Gewalt;
	extremism is not religion, but a distortion or perversion of it;	Extremismus ist nicht Religion, sondern stellt eine Entstellung oder Perversion von ihr dar;
	religious extremism poses a threat to a democratic society;	religiöser Extremismus ist eine Herausforderung für die demokratische Gesellschaft;
	religious leaders could make a contribution to combat prejudice;	religiöse Führer können helfen, Vorurteile zu bekämpfen;
	religions must not try to take the place of democracy or grasp political power; religions must respect the definition of human rights of the ECHR;	Religionsgemeinschaften sollten nicht Demokratie ersetzen wollen oder politische Macht anstreben; Religionen müssen die Definition der Menschenrechte des EGMR respektieren;
	religion can be a valid partner of democratic society; the need to develop ecumenism and dialogue between religions;	Religion kann ein wertvoller Partner der demokratischen Gesellschaft sein; Ökumene und interreligiöser Dialog sind weiter zu entwickeln.
Bildung	Education is the key to combat ignorance and stereotypes;	Bildung als Schlüssel, um Ignoranz und Stereotypen zu bekämpfen;
	religious instruction should not be given at the expense of lessons about religions;	Religionsunterricht sollte nicht auf Kosten eines Unterrichts über Religionen gegeben werden

Dimensionen	Textpassagen	Diskursive Muster
Bildung	**To promote education about religions;**[*] Teaching about religions to develop a discerning approach, within the framework of education on ethics and democratic citizenship; Teaching the comparative history of different religions; ... to promote better understanding of various religions; ... freedom and equal rights of education to all citizens; ... meetings and discussions with informed people of differing beliefs; ... promote inter-religious encounters;	Unterricht über Religionen als anspruchsvoller, kritischer Ansatz im Rahmen ethischer und demokratischer bürgerschaftlicher Bildung;
	avoid – in the case of children – any conflict between the state-promoted education about religion and the religious faith of the families;	Vermeidung jeglichen Konfliktes zwischen der staatlichen religiösen Bildung und dem religiösen Glauben der Familien;
Politik	In a democracy there are tensions between religious expression and political power;	In einer Demokratie kommt es zu Spannungen zwischen religiösen Bekundungen und der politischen Macht;
	democracy and religion need not to be incompatible; quite the opposite;	Demokratie und Religion können miteinander vereinbar sein;
	democratic states must allow all religions that abide by the conditions set out in the ECHR to develop under the same conditions;	gleichberechtigte Entwicklungsmöglichkeiten sind zu garantieren, sofern sich die Religionsgemeinschaften an die bestehenden Vorschriften halten;
	politicians should not decide on religious matters;	Politiker sollten sich nicht in religiöse Angelegenheiten einmischen;
	to guarantee freedom of conscience and religious expression	Gewissens- und Religionsfreiheit garantieren;

---

[*] Die fett gedruckten Aussagen markieren Zwischenüberschriften im Forderungskatalog.

Dimensionen	Textpassagen	Diskursive Muster
Politik	Safeguard religious pluralism;	religiösen Pluralismus garantieren;
	facilitate the observation of religious rights and customs;	die Beachtung religiöser Rechte und Gebräuche ermöglichen;
	denounce any attempt to foment conflict within and between religions;	keine Konflikte innerhalb und zwischen Religionen schüren;
	ensure freedom and equal rights of education; ensure fair and equal access to the public media for all religions; cooperate with religious educational institutions;	Freiheit und gleiche Rechte auf Bildung fairer und gleichberechtigter Zugang zu den öffentlichen Medien für alle Religionen; Kooperation mit religiösen Bildungseinrichtungen;
	to promote better relations with and between religions;	bessere Beziehungen innerhalb und zwischen den Religionen fördern;
	more regular dialogue with religious and humanist leaders; encourage dialogue between religions; promote regular dialogue between theologians, philosophers and historians;	verstärkter Dialog mit religiösen und humanistischen Führern; zwischen den Religionen; zwischen Theologen, Philosophen und Historikern;
	widen and strengthen partnership with religious communities and organisations;	Ausweitung und Verstärkung der Partnerschaft mit religiösen Gemeinschaften und Organisationen;
	to promote the cultural and social expression of religions.	Förderung der kulturellen und sozialen Ausdrucksformen von Religion.

Im Blick auf die im Text genannten Akteure lassen sich folgende Zuschreibungen finden:
- Der *Europarat* wird als eine humanistische Organisation und als „Wächter" der Menschenrechte dargestellt.
- Die *Parlamentarische Versammlung* wird als Akteur benannt, der sich mit Fragen zur Vielfalt von Kulturen und Religionen in Europa auseinandersetzt. Es wird insbesondere auf frühere Empfehlungen verwiesen, in denen der Beitrag der jüdischen bzw. islamischen Kultur zur europäischen Entwicklung gewürdigt wurde. Die Empfehlung zur religiösen Toleranz von 1993 (ER 1) findet keine Erwähnung.

- Den *Politikern* wird empfohlen, nicht über religiöse Angelegenheiten (*religious matters*) zu entscheiden, allerdings werden sie in der Pflicht gesehen, Religion zu schützen *(to prevent a religion)*. Zugleich wird eine erweiterte und intensivierte Partnerschaft mit den Religionsgemeinschaften angeregt.
- Die *Religionsgemeinschaften (the great old religions)* sollen Demokratie nicht ersetzen wollen, sie sollen Menschenrechte und Rechtsstaatlichkeit respektieren und keine Gewalt predigen. Sie können wertvolle Partner der demokratischen Gesellschaft sein; die *religious leaders* sollen sich am öffentlichen Diskurs beteiligen, um mit ihren Beiträgen bestehende Vorurteile zu bekämpfen. Es wird empfohlen, den Dialog zwischen den Religionsgemeinschaften ebenso zu intensivieren wie den Dialog zwischen Theologen, Philosophen und Historikern.
- Die *demokratischen Staaten* sind Adressaten der Empfehlung, sie sollen Religion nicht für ihre Zwecke benutzen und dafür Sorge tragen, dass alle Religionen sich gleichermaßen entfalten können und ihren Platz in der Gesellschaft finden.

Interpretation

Religionsverständnis

Die in Empfehlung 1202 (1993) feststellbaren Kategorien: (1) Die Zuordnung von Religion zum privaten Bereich, (2) die institutionalisierte Form von Religion und (3) die kulturelle Bedeutung von Religion, finden sich in diesem Text nicht gleichermaßen. Es wird allgemein und unbestimmt von Religion gesprochen oder von den Religionsgemeinschaften (*religions*), auch mit der Qualifizierung als *great old religions*.

Das im Text vorherrschende Religionsverständnis ist auf die *organisierte, institutionalisierte* Form von Religion fokussiert. Es kommt eine kritische, die Religionsgemeinschaften zu einer veränderten Perspektive auffordernde Haltung zum Ausdruck, wenn es um das Verhältnis von Religion und Demokratie geht (*religion must…*). Religion solle nicht „übergriffig" agieren und sie solle sich aus dem politischen Geschäft heraushalten. Es wird auf die Frühzeit der Religionen rekurriert, in der keine der *great old religions* Gewalt gepredigt habe. Und der Extremismus habe als „menschliche Erfindung" (*human invention*) die Religionen von ihrem humanistischen Weg abgebracht.

Die private, individualisierte Perspektive von Religion wird nicht thematisiert. Sie spielt offenbar für den Zusammenhang von Religion und Demokratie keine Rolle. Die Förderung der kulturellen und sozialen Ausdrucksformen von Religion wird als Zielsetzung formuliert.

Religion wird als wertvoller Partner der demokratischen Gesellschaft angesehen. Die Beteiligung leitender religiöser Persönlichkeiten am öffentlichen Diskurs soll garantieren, dass Vorurteile minimiert werden. Religiöse Führer sollen auch entsprechenden Einfluss auf die Mitglieder ihrer Glaubensgemeinschaft nehmen. Das erfordert nach den Vorstellungen der Parlamentarischen Versammlung die weitere Entwicklung der Ökumene und den Dialog zwischen den Religionen. Ebenso wird eine Intensivierung des Dialogs zwischen politischen Institutionen und den Religionsgemeinschaften angeregt.

Bildungsverständnis

Der Bildung wird eine zentrale Funktion im Blick auf die Bekämpfung von Ignoranz und Stereotypen zugeschrieben, ohne dass dies weiter diskutiert oder problematisiert wird. Die leitende Programmatik, die der Europarat mit diesem Dokument fördern will, ist eine Bildung über Religionen (*education about religions*). Es finden sich im Dokument verschiedene Begriffe, die z.T. synonym verwendet werden und die diese Zielsetzung unterstützen: *lessons about religions; teaching about religions; teaching of the comparative history of different religions; study of the history and philosophy of religions; state-promoted education about religion*. Dabei wird *teaching about religions* nicht als eigenständiger Bildungsbereich angesehen, sondern funktional auf *education on ethics and democratic citizenship* bezogen.

Schul- und Universitätslehrpläne sollen revidiert werden, um ein besseres Verständnis der verschiedenen Religionen zu fördern. Voneinander abgegrenzt werden *religious instruction* und *lessons about religions* und es wird gefordert, dass die Priorität bei *lessons about religions* liege. Keinesfalls solle die Existenz von *religious instruction* zu Lasten von *lessons about religions* führen. Religionen werden in diesem Zusammenhang als essenzieller Teil der Geschichte, der Kultur und der Philosophie der Menschheit charakterisiert.

Mit religiösen Bildungseinrichtungen solle kooperiert werden, verbunden mit dem Ziel ihrer Reform durch die (Wieder)Einführung von Menschenrechtsaspekten, Geschichte, Philosophie und Naturwissenschaft.

Ein möglicher Konflikt zwischen einer staatlich organisierten Bildung über Religion und den religiösen Einstellungen von Familien sollte möglichst vermieden werden, um nicht gegen das Elternrecht zu verstoßen (Art. 2, EMRK). Dass solche Konflikte entstehen und rechtlich geklärt werden müssen, zeigen die Urteile des Europäischen Gerichtshofes für Menschenrechte, die an späterer Stelle thematisiert werden.

Diskussion

Für die Diskussion bieten sich folgende zentrale Bereiche aus dem Text an: das Verhältnis von Religion und Demokratie, das im Text enthaltene Konzept religiöser Bildung sowie das Bildungs- und Religionsverständnis.

Das Verhältnis von Religion und Demokratie wird als spannungsreich beschrieben. Aus der Perspektive des Europarates entstehen dann Probleme, wenn Politik oder Religion ihre Grenzen überschreiten und den jeweils anderen Partner für ihre eigenen Zwecke instrumentalisieren wollen. Die Forderung ist deutlich: Religion solle sich aus Politik heraushalten und sich nicht als Substitut für Demokratie verstehen und Politik solle sich nicht in die Angelegenheiten der Religionsgemeinschaften einmischen. Dieser gleichsam dichotomischen Unterscheidung zwischen Religion und Demokratie kann ein Blick auf moderne, demokratische Gesellschaften gegenübergestellt werden, in denen Staat, politische Gesellschaft und die Zivilgesellschaft ein differenziertes Modell des „öffentlichen Raumes" bilden, dem ein erweiterter Begriff von Politik zugrunde liegt. In der Zivilgesellschaft sind Kirchen und Religionsgemeinschaften zentrale Akteure (vgl. Raiser 2010, 111ff.). Eine Konsequenz dieser veränderten Perspektive ist es, dass Religion in jedem der drei öffentlichen „Teilräume" vorkommen kann. Konrad Raiser hat dazu eine differenzierte Argumentation vorgelegt:

> „Es kann ‚öffentliche' Religionen auf der staatlichen Ebene geben und die Kirche ist hierfür das paradigmatische Beispiel. Es kann ‚öffentliche' Religionen auf der Ebene der politischen Gesellschaft geben, so zum Beispiel wenn Religion mobilisiert wird in Auseinandersetzung mit anderen Religionen oder säkularen Bewegungen, oder sich als politische Partei institutionalisiert in Konkurrenz mit anderen religiösen oder säkularen Parteien. Der dritte Typ ist die Form von ‚öffentlicher' Religion auf der Ebene der Zivilgesellschaft, d.h. dem öffentlichen Raum, in dem Prozesse sozialer Interaktion und Kommunikation die gemeinsamen normativen Strukturen, die Grundlagen des ‚Gemeinwohls' geklärt, kritisch weiterentwickelt und bekräftigt werden. Es ist dies der Raum der öffentlichen Kultur." (Raiser 2010, 118)

Demokratie und Religion werden im Dokument jedoch nicht als unvereinbar angesehen, im Gegenteil (*not be incompatible; quite the opposite*). Religion kann ein wertvoller Partner einer demokratischen Gesellschaft sein bzw. werden. Allerdings bleibt es bei einem Postulat, das nicht weiter konkretisiert wird.

Der zweite Bereich, der zur Diskussion anregt, ist das im Dokument vorgelegte Konzept religiöser Bildung. Es ist zu würdigen, dass der Europarat in diesem Dokument erstmals eine differenzierte Beschreibung dessen vorlegt, was *teaching about religions* bedeuten soll.

Die Religionen werden als „Wertecontainer" gesehen (*as sets of values*), zu denen junge Menschen ein kritisches Bewusstsein entwickeln sollen. *Teaching about religions* wird funktionalisiert und in den Rahmen einer *education on* ethics and democratic citizenship eingeordnet. Unterrichtet werden soll, dies ist der zweite Aspekt, vergleichende Religionsgeschichte (*comparative history of different religions*), u.a. die Ursprünge der Religionen, ihre vergleichbaren Werten, ihre Vielfalt an Gebräuchen, Traditionen, Festen usw. Unterstrichen wird dies durch die Forderung der Etablierung von Religionsgeschichte und -philosophie im Kanon der Universitäten, parallel zu den bestehenden theologischen Fächern. Die dargelegte Konzeption geht nicht über die Behandlung einer „Außenperspektive" von Religion hinaus und es lässt sich fragen, ob damit dem Orientierungs- und Klärungsbedarf im Blick auf Religion in der Schule Genüge getan wird.

Wenn nun Aspekte von Religion betrachtet werden, so ist ein erster Punkt im Dokument, dass den religiösen pädagogischen Einrichtungen ein Defizit unterstellt wird. Sie beschäftigen sich aus der Perspektive des Europarates nicht ausreichend mit Menschenrechten, Geschichte, Philosophie und Wissenschaft. Eine Diskussion dieses Vorwurfes ist kaum möglich, da es bei der Behauptung bleibt und keine überprüfbaren Argumente angeführt werden.

Schließlich thematisiert ein weiterer Aspekt mögliche Konflikte zwischen dem Elternrecht auf religiöse Erziehung ihrer Kinder und der staatlichen Bildung über Religion. Die Zunahme an Fällen, die vor dem Europäischen Menschenrechtsgerichtshof verhandelt werden, zeigt, dass damit benannte Befürchtungen berechtigt sind (vgl. dazu Wiater 2010).

Resümierend kann festgehalten werden, dass das Verhältnis von Religion und Demokratie zu sehr in einer gegensätzlichen und weniger in einer komplementären Perspektive gesehen wird. Dabei wird es weniger als Aufgabe der Demokratie gesehen, ein anderes Verhältnis zu Religion zu entwickeln. Vielmehr liege es an den Religionen, ob und inwieweit sie ein wertvoller Partner für die Demokratie sind bzw. werden können.

Beim Religionsverständnis ist der Text auf die öffentliche, institutionalisierte Form von Religion fokussiert. Es wird ein differenziertes Konzept für religiöse Bildung vorgelegt, in dem die Religionen als „Wertecontainer" verstanden werden und religiöse Bildung einer ethischen Bildung und einer Bildung für demokratische Bürgerschaft funktional zu- bzw. untergeordnet werden soll. Ob damit die ebenfalls eingeforderte kritische Perspektive zu erreichen ist, bleibt zu überprüfen.

4.1.1.3 Empfehlung 1556 (2002) Religion and change in central and eastern Europe (ER 3)

Während im Kontext von ER 1 (1993) der Fokus auf dem westlichen Europa und seinem Modell einer säkularen Demokratie lag und im Rahmen von ER 2 (1999) allgemein zu Religion und Demokratie argumentiert wurde, thematisiert die Empfehlung 1556 (2002) (ER 3) die Situation von Religion und Wandel in Zentral- und Osteuropa (Council of Europe, PAS 2002)..

Der Text umfasst 1.274 Wörter und ist in acht Abschnitten gegliedert. Abschnitte eins bis sieben liefern analytische Argumente, und Abs. acht enthält 17 Empfehlungen, die über das Ministerkomitee an die Regierungen der Mitgliedstaaten, an die Europäische Union und andere „betroffene Autoritäten und Organisationen" gerichtet sind.

Zu den Inhalten

Zunächst wird daran erinnert, dass sich die Parlamentarische Versammlung mehrfach mit Fragen der Bewahrung und Entwicklung traditioneller religiöser Kulturen (*traditional religious cultures*) beschäftigt habe (Abs. 1). Die Versammlung setze sich für harmonische Beziehungen zwischen religiösen Institutionen und den Staaten ein. Dies gehöre zur Sicherung von grundlegenden Menschenrechten wie Gewissens- und Religionsfreiheit und dem Schutz von Individuen und Gemeinschaften vor allen Formen religiöser Verfolgung (Abs. 2). Verwiesen wird auf entsprechende Empfehlungen, u.a. ER 1 und ER 2. Der Zusammenbruch des Kommunismus ist Anlass dafür, dass die religiösen Institutionen in Zentral- und Osteuropa nun über neue Möglichkeiten und Verantwortlichkeiten verfügen, ihr soziales Potenzial (*social potential*) zu erneuern und zugleich (wieder) ihre grundlegenden, historischen Aufgaben erfüllen zu können (Abs. 3). Konkret werden dabei genannt: *Spiritual education of the individual, the ethical improvement of society, and charitable, cultural, educational and other projects"* (Abs. 3). Gewarnt wird vor den Konsequenzen sozio-religiöser Entwicklungen, dem Entstehen fundamentalistischer und extremistischer Tendenzen und den Versuchen, religiöse Parolen und religiöse Organisationen für einen militant ausgerichteten Nationalismus und Chauvinismus und eine Politisierung des religiösen Lebens zu missbrauchen (Abs. 4). Auf die Unabhängigkeitsbestrebungen verschiedener orthodoxer Kirchen wird hingewiesen, die zu Spannungen mit den Orthodoxen Zentren geführt haben, zu denen sie ursprünglich gehörten. Dies habe zu einer Verschlechterung der Beziehungen zwischen den Kirchen und auch mitunter zu den Regierungen geführt. Der Europarat unterstreicht, dass es notwendig sei, dass staatliche Stellen nicht bei dogmatischen, kirchenorganisatorischen und kirchenrechtlichen Fragen intervenieren (Abs. 5).

Die neue Situation zwänge die Kirchen, sich mit entstehender religiöser Vielfalt auseinandersetzen zu müssen. Es gebe Konflikte zwischen den traditionellen Kirchen in der Region, mit ausländischen Missionaren und auch mit neuen religiösen Bewegungen. Die Herausforderung bestehe darin, eine Balance zu finden einerseits zwischen Demokratie und Menschenrechten und der Religions- und Gewissensfreiheit sowie andererseits der Bewahrung nationaler, kultureller, ethnischer und religiöser Identität (Abs. 6).

Schließlich wird darauf hingewiesen, dass die beiden „christlichen Kulturen Europas" – die westliche und die östliche – wenig übereinander wissen, und dass diese Ignoranz ein gefährliches Hindernis auf dem Weg zu einem vereinten Europa sei. Papst Johannes Paul II. wird zitiert mit seinem Ausspruch, dass das christliche Europa mit seinen beiden Lungen atme, der östlichen und der westlichen. Als Risiko wird auch gesehen, dass die Anhänger der beiden „christlichen Traditionen" wenig Interesse an der jüdischen Kultur zeigten, die doch ein integrierter Bestandteil des europäischen Erbes sei oder an der islamischen Kultur, die zunehmend ein Teil des europäischen Kontextes werde.

Auf der Grundlage dieser Analyse werden 17 Empfehlungen für zwei Bereiche ausgesprochen: Gesetzliche Garantien und ihre Einhaltung sowie Kultur, Bildung und Austausch. Im ersten Bereich ist eine Forderung enthalten, die sich auf den zum Zeitpunkt der Verabschiedung des Dokumentes laufenden Konvent bezieht, dem die Aufgabe gegeben wurde, den Entwurf einer europäischen Verfassung zu erarbeiten. Es wird angeregt, einen Verweis auf die europäischen religiösen Traditionen in die Präambel aufzunehmen. Begründet wird dies damit, dass die religiösen Traditionen Grundlage und Quelle für Menschenwürde, Menschenrechte und die ethischen Wurzeln der europäischen Identität sind.[108]

Aus dem Katalog der Empfehlungen im Bereich Kultur, Bildung und Austausch ist hervorzuheben, dass eine Kooperation mit kirchlichen Autoritäten vorgeschlagen wird zur Identifizierung und Teilung von Verantwortlichkeiten in den Bereichen des Erhalts von historischen Gebäuden, beim Religionsunterricht (*religious education*) und dass Diskussionen zu zentralen sozialen, moralischen, ethischen und kulturellen Themen, mit denen moderne Gesellschaften zu tun haben, gefördert werden sollen. Ebenso wird

---

108 Die Empfehlung des Europarates wurde am 24. April 2002 verabschiedet, zu einem Zeitpunkt, bei dem die Beratungen des Konventes noch nicht abgeschlossen waren. Der Verfassungskonvent erarbeitete zwischen dem 28. Februar 2002 und dem 20. Juli 2003 einen Entwurf für den Vertrag für eine Verfassung Europas. Auf eine tabellarische Darstellung diskursiver Muster wird bei diesem Dokument verzichtet.

empfohlen, Informationen über die wichtigsten religiösen Kulturen und Praktiken in Europa in die schulischen Lehrpläne zu integrieren und NRO darin zu unterstützen, das Verständnis zwischen religiösen Gruppen zu erhöhen und das religiöse kulturelle Erbe zu schützen. Andere Empfehlungen sprechen sich für einen ungehinderten Zugang zu Medien, Bildung und Kultur für Vertreter/innen aller religiösen Traditionen aus, die Einrichtung von Zentren zur Förderung interkonfessioneller Beziehungen, Austauschprogramme, Ausstattung von Bibliotheken und wissenschaftliche Forschung zu den gemeinsamen Wurzeln der unterschiedlichen Kulturen Europas.

Interpretation

Religionsverständnis
In dem Dokument wird kein Religionsverständnis dargelegt oder entwickelt. Anmerkungen zu Religion beziehen sich auf die Wahrung und Entwicklung traditioneller religiöser Kulturen und die Notwendigkeit, zu harmonischen Beziehungen (*harmonious relations*) zwischen religiösen Institutionen und dem Staat beizutragen.

Den religiösen Institutionen wird eine Reihe von Aufgaben zugeschrieben, die sie nach dem Kollaps des Kommunismus (wieder) wahrnehmen sollten. Dazu gehört, zur spirituellen Entwicklung des Einzelnen beizutragen und die ethischen Grundlagen der Gesellschaft zu stärken. Der Europarat sieht die Religionsgemeinschaften mit dieser Zuschreibung als aktive Akteure in der Zivilgesellschaft an. Es wird damit begründet, dass die religiösen Traditionen Grundlagen schaffen für Menschenwürde, Menschenrechte und ethische Wurzeln einer europäischen Identität.

Als Gefahr wird gesehen, dass entstandene fundamentalistische und extremistische Bewegungen religiöse Sprache und auch religiöse Organisationen für einen militanten Nationalismus und Chauvinismus instrumentalisieren können. Für die orthodoxen Kirchen werden zwei Herausforderungen formuliert: Zum einen die Spannungen, die durch die Unabhängigkeitsbestrebungen einzelner nationaler Orthodoxer Kirchen ergeben und zum anderen der Umgang mit einer neu entstandenen religiösen Pluralität. Bei den Empfehlungen gilt ein Augenmerk der rechtlichen Absicherung von Kirchen und Religionsgemeinschaften wie auch den Rechten religiöser Minderheiten.

Bildungsverständnis
Vorschläge für Bildungspraxis finden sich zwar im Rahmen der Empfehlungen, es werden jedoch keine konzeptionellen Elemente eines Bildungsverständnisses vorgelegt. Angeregt wird eine Kooperation zwischen Staat und Religionsgemeinschaften im Bereich religiöser Bildung, und die Herstellung eines nicht diskriminierten Zugangs für religiöse Traditionen zu Medien, Bildung und Kultur sowie die Förderung von Zentren für interkonfessionelle Beziehungen.

Diskussion

Das Dokument enthält eine durchweg positive Perspektive auf institutionalisierte Religionen oder religiöse Traditionen in Zentral- und Osteuropa. Ihr Potenzial für individuelle wie gesellschaftliche Zurüstung in ethischen und religiösen Fragen wird unterstrichen. Im Blick auf den Staat wird zu einem komplementären Verhältnis geraten, das sich durch Kooperationen in verschiedenen Bereichen, u.a. in Fragen religiöser Bildung auszeichnet. Kritische Anmerkungen zu Religion wie in ER 1 und ER 2 finden sich nicht, auch wenn auf fundamentalistische und extremistische Richtungen hingewiesen wird, hier jedoch eher im Blick auf die Gefahr der Instrumentalisierung von Religion. Die Perspektive eines vereinten Europas bedarf einer besseren Kenntnis der beiden „christlichen Kulturen", der westlichen und der östlichen. Ebenso wird eine erhöhte Achtsamkeit gegenüber der jüdischen wie der islamischen Kultur in Europa angeregt.

Für die Bearbeitung der Fragestellung der Studie ergeben sich aus dem Dokument wenig neue Gesichtspunkte. Allenfalls ist die Sensibilität des Europarates zu würdigen, die bestehende Vielfalt religiöser Aspekte in den verschiedenen Teilen Europas aufmerksam wahrzunehmen und zu einer aktiven Beschäftigung damit in Bildungsinitiativen anzuregen.

4.1.1.4 Empfehlung 1720 (2005) Education and religion (ER 4)

Als weiteres Dokument, das Material liefert, um Zusammenhänge von Religion und Bildung zu rekonstruieren, wird die Empfehlung der Parlamentarischen Versammlung zu „Bildung und Religion" (Council of Europe, PAS 2007a)) analysiert. Lag der thematische Schwerpunkt bei den bisherigen Dokumenten auf der Darstellung des Zusammenhangs von Religion und Toleranz, von Religion und Demokratie, sowie auf Religion und Wandel in Zentral- und Osteuropa, so geht es nun in diesem Dokument erstmals explizit um den Zusammenhang von Bildung und Religion.

Der Text umfasst 1.032 Wörter und gliedert sich in 14 Abschnitte. Die konkreten Empfehlungen sind in den beiden letzten Abschnitten (Abs. 13 und 14) aufgelistet.

Zu den Inhalten

Der Text beginnt nicht mit einer Einführung in den Zusammenhang von Bildung und Religion, sondern bestätigt mit einem bedeutungsmarkierenden Attribut (*forcefully reaffirms*) nachdrücklich Religion als grundsätzlich private Angelegenheit, wie auch die Option, keine Religion haben zu können. Diese Perspektive bildet Bezugspunkt und Rahmen für die Bearbeitung des Themas.

Im gleichen Absatz wird, ohne dass ein Zusammenhang mit der Attribuierung von Religion hergestellt wird, formuliert, dass gute Kenntnisse über Religionen eine wichtige Bedingung für Toleranz darstellen und eine wesentliche Voraussetzung dafür sind, sich demokratisch verhalten zu können. Unter Verwendung einer Passage der Empfehlung zu *religious tolerance* (ER 1) wird darauf hingewiesen, dass viele Probleme eine religiöse Komponente haben. Als Beispiele werden aufgeführt: *intolerant fundamentalist movements and terrorist acts, racism and xenophobia, and ethnic conflicts.*

Der Familie wird eine herausragende Rolle (*paramount role*) für die Erziehung der Kinder zugesprochen und gleichzeitig betont, dass das Wissen über Religionen in vielen Familien nicht mehr tradiert werde und dadurch ein Defizit bei jungen Menschen entstehe. Im Bericht zur Einbringung der Empfehlung in die Parlamentarische Versammlung wird diese Analyse als ein Grund für die Erarbeitung der Empfehlung angeführt: *3. It was therefore deemed necessary to consider the role of education systems with regard to religion* (Council of Europe, PAS 2005). Der Europarat will dieses festgestellte Defizit durch die Verstärkung von Aktivitäten bei anderen Sozialisationsinstanzen ausgleichen.

Den Medien wird potenziell eine positive Rolle zugeschrieben, zugleich wird jedoch ihre ignorante Haltung gegenüber Religionen bedauert, die sich z.B. in der unkritischen Gleichsetzung von Islam und verschiedenen fundamentalistischen und radikalen Bewegungen niederschlägt (Abs. 5).

Nach diesem Exkurs geht es im Text um den zentralen Zusammenhang von Politik und Religion. Beide Bereiche sollten nicht vermischt, vielmehr prinzipiell auseinandergehalten werden. Es wird ein partnerschaftliches Verhältnis zwischen Demokratie und Religion angeregt. Die mögliche kollektive und positive Funktion von Religion für das Gemeinwesen wird gewürdigt.

Vergleichbar mit den bisher vorgestellten Empfehlungen wird auch in diesem Text Bildung, insbesondere durch die Schule, hoch eingeschätzt. Sie wird als zentral angesehen zur „Bekämpfung" (*for combating*) von Ignoranz, Stereotypen und Missverständnissen.

Die Empfehlung wird an diesem Punkt auf wesentliche Forderungen an die Regierungen fokussiert unter der Prämisse, dass Bildung zentral ist, um Ignoranz, Vorurteile und Missverständnisse im Blick auf Religionen bekämpfen zu können. Von den Regierungen werden Initiativen gefordert, um die Gewissens- und Religionsfreiheit zu garantieren, Bildung über Religionen zu verstärken, den Dialog zwischen den Religionen zu fördern und die kulturellen und sozialen Ausdruckformen der Religionen zu unterstützen. Zum Ausdruck kommt ein starkes Votum für Bildung und Schule, das zugleich für einen Unterricht über Geschichte und Philosophie der Religionen plädiert.

Diskursive Muster in Textpassagen zu Religion, Bildung und Politik

Nach der Zusammenfassung der Inhalte werden nun die im Text vorfindlichen diskursiven Muster zu den Bereichen Religion, Bildung und Politik zusammengestellt.

Tab. 7: Diskursive Muster in Textpassagen zu Religion, Bildung und Politik in Rec. 1720 (2005) *education and religion*

Dimensionen	Textpassagen	Diskursive Muster
Religion	A strictly personal matter;	Strikte persönliche Angelegenheit;
	valid partner of politics;	wertvoller Partner der Politik;
	the three monotheistic religions of the Book have common origins (Abraham) and share many values with other religions;	gemeinsame Ursprünge der mono-theistischen Religionen und viele gemeinsame Werte mit anderen Religionen.
	the values upheld by the Council of Europe stem from the values of the three monotheistic religions;	Werte des Europarats stammen von den Werten der drei monotheisti-schen Religionen;
	a religious aspect to many of the problems;	viele Probleme haben einen religiö-sen Aspekt.
Bildung	Family has a paramount role in the religious upbringing of children;	Überragende Rolle der Familie für die religiöse Erziehung;
	knowledge of religions is dying out in many families;	in vielen Familien wird kein Wissen mehr über Religionen vermittelt;
	school as a major component of forming a critical spirit and of inter-cultural dialogue;	Schule als zentrale Komponente, um einen kritischen Geist auszubilden und für interkulturellen Dialog;
	education systems are not devoting enough resources to teaching about religions or (...) are focusing on only one religion;	Bildungssystemen mangelt es an ausreichenden Ressourcen und sind oft nur auf eine Religion fokussiert;
	knowledge of religions as an integral part of knowledge of mankind and civilisations;	Wissen über Religionen als integ-rierter Teil des Wissens über die Menschheit und Kulturen;
	essential for combating ignorance, stereotypes and misunderstandings of religions;	Bildung ist wichtig, um Ignoranz, Vorurteile und Missverständnisse gegenüber Religionen zu bekämp-fen;
	a good general knowledge of religions and the resulting sense of tolerance;	gute Kenntnisse über Religionen und daraus resultierender Sinn für Toleranz;
	understanding the history of politi-cal conflicts in the name of religion;	die Geschichte politischer Konflikte im Namen von Religion verstehen;

Dimensionen	Textpassagen	Diskursive Muster
Bildung	schools should teach the history and philosophy of the main religions with restraint and objectivity;	Schulen sollten die Geschichte und Philosophie der zentralen Religionen beherrscht und objektiv unterrichten;
	religious studies taught at primary and secondary levels;	Religionskunde im Primar- und Sekundarbereich unterrichten;
	religious studies: to make pupils discover the religions practised in their own and neighbouring countries; including the right to have a religion or not having a religion;	Rolle religiöser Studien: Entdeckung der Religionen, die im eigenen und in den Nachbarländern praktiziert werden und Beachtung des Rechtes eine oder keine Religion haben zu können;
	a key role to education in the construction of a democratic society.	Bildung hat eine Schlüsselrolle im Aufbau einer demokratischen Gesellschaft.
Politik	Sense of tolerance essential for democratic citizenship based on a good general knowledge of religions;	Ein Gefühl für Toleranz ist für demokratische Bürgerschaft unabdingbar;
	democracy and religions should not be incompatible;	Demokratie und Religion sind miteinander vereinbar;
	valid partners in efforts for the common good;	wertvolle Partner für die Stärkung des Gemeinwohls;
	politics and religions should be kept apart;	Politik und Religion sollten getrennt sein;
	governments should do more (...) to encourage dialogue with and between religions and to promote the cultural and social expression of religions;	Regierungen sollten Anstrengungen verstärken, den Dialog zwischen den Religionsgemeinschaften zu fördern und ebenso kulturelle und soziale Erscheinungsformen von Religionen;
	examine the possible approaches to teaching about religions;	prüfen der möglichen Ansätze eines Unterrichts über Religionen;
	promote initial and in-service teacher training in religious studies; Governments should do more (...) to foster education on religions.	Förderung der Lehreraus- und -fortbildung in Religionskunde und der religiösen Bildung.

Religion wird als strikte persönliche Angelegenheit beschrieben (individuelle Perspektive) aber auch als wertvoller Partner der Politik gesehen (kollektive Perspektive). Gemäß dem Titel der Empfehlung sind die Aussagen zu *Bildung* auf religiöse Bildung konzentriert. Es überwiegt dabei die Darstellung bestehender Defizite. Die Familie habe eine überragende Rolle bei der religiösen Sozialisation, allerdings nehme sie diese Aufgabe nicht mehr in ausreichendem Maße wahr. Eine wesentliche Funktion der Schule liege in der Förderung einer kritischen Einstellung und des interkulturellen Dialoges. Das Ausmaß religiöser Bildung in der Schule im Sinne von *religious studies* sei defizitär. Einem guten Wissen über die Religionen wird zugetraut, Sinn für Toleranz entstehen zu lassen.

Der *Politik* wird die Aufgabe zugeschrieben, die möglichen Ansätze von *teaching about religions* zu untersuchen. Ebenso sollte Religionskunde im Bereich der Aus- und Fortbildung von Lehrkräften verstärkt werden. Demokratische Institutionen und Religionen werden als wertvolle Partner angesehen, um gemeinsam das Gemeinwohl zu garantieren und zu stärken.

Beim Blick auf die im Text genannten *Akteure und Zielgruppen* sind folgende Merkmale wichtig:

- Die *Parlamentarische Versammlung* des Europarates wird mit einer kritischen Sicht von Religion vorgestellt, die nicht ohne Widersprüche ist. Einerseits wird betont, dass Religion eine strikt persönliche Angelegenheit darstellt (*a strictly personal matter*), andererseits werden religiöse Aspekte bei vielen neuzeitlichen Problemen konstatiert.
- Die *Familie* wird genannt, mit ihrer überragenden Rolle im Blick auf die Erziehung der Kinder, allerdings auch mit feststellbaren Defiziten, wenn es um eine religiöse Sozialisation in Zeiten religiösen Pluralismus geht.
- Im Blick auf die *Medien* wird deren positive Rolle angemahnt und ihre Ignoranz gegenüber Religion kritisiert.
- Den *Regierungen* obliegt es, Gewissens- und Religionsfreiheit zu sichern, religiöse Bildung zu fördern, Dialog zwischen den Religionen zu fördern und ebenso die kulturellen und sozialen Aspekte von Religion zu beachten.
- Die *Religionsgemeinschaften* werden nicht explizit als Akteure genannt, allenfalls als Konsultationspartner (Abs. 14.6), wenn es um Lehrerausbildung und Lehrpläne geht.

Interpretation

Religionsverständnis

Die Darstellung von Religion im Text ist widersprüchlich. Einerseits wird der privat-individuelle Charakter von Religion betont (*a strictly personal matter*) und deutlich unterstrichen, andererseits wird konstatiert, dass dem privaten Charakter von Religion nicht entgegenstehe, über ein gutes Allgemeinwissen über Religionen zu verfügen. Daraus könne Toleranz erwachsen, die wichtig für *democratic citizenship* sei. Religion wird in ihrer kollektiven Ausprägung als *valid partner* für Demokratie angesehen.

Darüber hinaus stellt der Europarat fest, dass die Werte, die Grundlage seiner Arbeit sind (Demokratie, Menschenrechte und Rechtsstaatlichkeit), von den Religionen stammen (*stem from*).

Der kulturelle Aspekt von Religion wird in der Forderung an die Regierungen aufgegriffen, im Rahmen von Bildung den kulturellen und sozialen Erscheinungsformen von Religion eine größere Beachtung zu schenken. Ebenso wird die Sorge um das Gemeinwohl (*common good*) als gemeinsames Anliegen von Politik und Religionsgemeinschaften erwähnt. Mit diesen Formulierungen werden die kollektiven Ausdrucksformen von Religion und ihre Bedeutung für das öffentliche und politische Zusammenleben gewürdigt.

Die Spannung zwischen der Verortung von Religion als strikt persönlich oder privat und einer öffentlichen Funktion von kollektiver Religion wird weder aufgelöst, noch werden beide Perspektiven zueinander in Beziehung gesetzt. Das Potenzial, das in den Werten der monotheistischen Religionsgemeinschaften gesehen wird, und das die Grundlage für die den Europarat prägenden Werte bildet, wird genannt, jedoch nicht in dem Maße gewürdigt, dass eine weitergehende Kooperation zwischen dem Europarat und den Religionsgemeinschaften gefordert und gefördert wird. Dabei könnte die im Text enthaltene Zuschreibung Dialog und Kooperation fördern.

Bildungsverständnis

Wie in den bislang vorgestellten Texten auch, wird Bildung in dieser Empfehlung als zentral und wirksam angesehen. Schule hat dabei eine wichtige Aufgabe, ebenso die Familien und die Medien.

Im Blick auf religiöse Bildung wird die Präferenz für *Bildung über Religion(en)* bestätigt. Die Bedeutung religiösen Wissens wird betont und Abgrenzungen und Begriffsbestimmungen vorgenommen, wenn z.B. bei der näheren Bestimmung von *religious studies* auf die Gefahr hingewiesen wird, dass im Unterricht die Grenzen zwischen den Bereichen Kultur und Gottesdienst überschritten werden könnte, auch dort, wo es eine Staatsreligion gebe. Deutlich wird die Aufgabe eines Unterrichts über Religionen negativ abgegrenzt:

> „It is not a matter of instilling a faith but of making young people understand why religions are sources of faith for millions." (Abs. 14.4)

Diskussion

Auch wenn Religion als strikt persönliche Angelegenheit deklariert wird, finden sich im Text doch vielfältige Bezüge von Religion und Politik. Dies mag unter der Überschrift *education and religion* überraschen, aber es unterstreicht den politischen Charakter, den die Stellungnahmen des Europarates zu Bildungsfragen haben.

In diesem Dokument wird im Vergleich zu den bislang vorgestellten Texten eine differenziertere Wahrnehmung von Religion deutlich. Zwar werden mit Bezug auf frühere Empfehlungen wiederum auf die mit Religion verbundenen Probleme hingewiesen, gewichtiger ist jedoch, dass ihre öffentliche Funktion unterstrichen wird. Es ist eine Schlüsselaussage der Empfehlung, dass Demokratie und Religion im Blick auf das Gemeinwohl wertvolle Partner (*valid partners*) sein können.

Die Betonung einer engen Verbindung zwischen den Werten, die grundlegend für die Arbeit des Europarates sind, und den Werten der monotheistischen Religionen, bietet eine gute Grundlage für eine Intensivierung der Kooperation (*the values upheld by the Council of Europe stem from these values*). In dieser Weise wurde die enge Verbindung zwischen den Grundlagen der monotheistischen Religionen und den Werten des Europarates zuvor noch nicht formuliert. Allerdings sind Dialog und Kooperation weiter zu entwickeln.

Die zentrale Funktion von Bildung wird betont; ebenso werden Defizite und Probleme in diesem Bereich benannt, die bearbeitet werden sollen (*not enough resources, a shortage of teachers, study of religion not yet received special attention etc.*). Es wird eine deutliche Abgrenzung vorgenommen zwischen einem religionskundlichen Unterricht und einem konfessionell orientierten Unterricht, indem Kultur und Gottesdienst gegenübergestellt werden. Wer aus dieser Gegenüberstellung eine kritische Position zu einem konfessionell ausgerichteten Religionsunterricht herausliest, dem die Absicht von „Glaubensbildung" zugeschrieben wird, vernachlässigt die bestehenden Konzepte eines konfessionellen Religionsunterrichtes in der öffentlichen Schule in vielen Ländern Europas. In den Formen eines kooperativ-konfessionellen Religionsunterrichtes in Deutschland beispielsweise geht es darum, Zugänge zur eigenen Religion kennenzulernen, aber auch um die Kompetenz, andere Religionen und Weltanschauungen verstehen und mit ihnen umgehen zu können (vgl. Nipkow 2010). Eine explizite „Glaubensbildung" ist damit nicht verbunden. Eine Etikettierung wie sie der Europarat in seinem Dokument vornimmt, ist für das Verständnis der vielfältigen Situation des Religionsunterrichtes und für einen sachgemäßen Vergleich der Situation in einzelnen Ländern nicht hilfreich.

Anhaltspunkte für eine kritische Haltung gegenüber einem konfessionellen Religionsunterricht finden sich bereits in der in der Empfehlung *Religion and Democracy* (ER 2) wenn es heißt, dass *religious instruction* nicht auf Kosten von *lessons about religions* erteilt werden solle.

Die Beschreibung der europäischen Situation im Blick auf religiöse Bildung ist in diesem Dokument bruchstückhaft und an etlichen Stellen nicht sachgemäß. Es wird konstatiert, dass verschiedene Bildungssysteme existieren, dass jedoch – speziell in den sogenannten säkularisierten Ländern – nicht genug Ressourcen *für teaching about religions* zur Verfügung stünden. Dem steht die Tatsache entgegen, dass es in fast allen europäischen Staaten Religionsunterricht in den öffentlichen Schulen gibt (Ausnahmen sind Teile von Frankreich, Mazedonien, Slowenien und Albanien). Ebenso wird durch die Forderung, dass ein Unterricht über Religionen nicht die Grenze zwischen den Bereichen Kultur und Gottesdienst übertreten solle (*between the realms of culture and worship*), das Bild eines konfessionellen Religionsunterrichtes vermittelt, der so in Europa kaum zu finden ist.[109] Es lässt sich fragen, welche Intentionen hinter der

---

109 Vgl. als aktuellen Überblick zur Situation des Religionsunterrichtes: Kuyk et al. 2007; Jackson 2007; Schreiner 2011; Franken/Loobuyck 2011.

Verwendung einer angedeuteten „Konfliktlinie" zwischen Kultur und Gottesdienst wie auch zwischen der Gegenüberstellung einer Glaubensvermittlung (*instilling a faith*) und dem Verstehen von Religionen stecken. Es lässt sich ebenfalls nach dem Gehalt der Behauptung fragen, dass es in Ländern mit einer Staatsreligion durchgängig nur Unterricht über eben diese Religion gäbe. Die Beispiele eines multireligiösen, religionskundlich ausgerichteten Unterrichtes in England, Norwegen und Dänemark entsprechen dieser Zuschreibung nicht.

Resümierend kann festgehalten werden, dass sich im Dokument zwar eine ausführliche Beschäftigung mit Fragen religiöser Bildung findet, es jedoch nicht gelingt, als Grundlage dafür eine sachgemäße, differenzierte Darstellung der unterschiedlichen Kontexte und Gegebenheiten religiöser Bildung in den Mitgliedstaaten des Europarates zu berücksichtigen. Vielmehr findet sich eine einseitige Parteinahme für *ein* bestehendes Modell religiöser Bildung in der öffentlichen Schule in Europa. Hier liegt eine Aufgabe für den Dialog des Europarates mit den Religionsgemeinschaften und mit den für den Religionsunterricht in den einzelnen Ländern Verantwortlichen, eine differenziertere Sicht der gegebenen Situation zu entwickeln. Ein Ausgangspunkt für diesen Dialog könnte die konstatierte gemeinsame Wertebasis der Religionsgemeinschaften und des Europarates bilden.

4.1.1.5 *Empfehlung 1804 (2007) State, religion, secularity and human rights (ER 6)[110]*

Kurze Zeit nach Empfehlung 1720 hat sich die Parlamentarische Versammlung erneut mit Zusammenhängen von Religion und Bildung beschäftigt (Council of Europe, PAS 2007i). Auch wenn die Reihung komplexer Begriffe in der Überschrift dieser Empfehlung nicht darauf hindeutet, finden sich im Text zahlreiche Ausführungen zum Zusammenhang von Religion und Bildung. Der Bericht und die Empfehlung werden als Fortsetzung der Beschäftigung der Parlamentarischen Versammlung mit Fragen nach „religiöser Toleranz in einer demokratischen Gesellschaft" (ER 1) verstanden.

Der Text der Empfehlung umfasst 1.574 Wörter und ist in 24 Abschnitte gegliedert. Das Dokument wurde am 29. Juni 2007 von der Parlamentarischen Versammlung verabschiedet. Grundlage der Debatte war ein Bericht des Komitees für Kultur, Wissenschaft und Bildung. Das Bildungskomitee hat zur Vorbereitung ein Kolloquium zu Fragen von Staat und Religion durchgeführt (Strasbourg, 27. Februar 2007). Bei der Erarbeitung des Textes war als Experte Frank Cranmer, University College, London and Centre for Law and Religion, Cardiff, beteiligt. Der Entwurf der Empfehlung wur-

---

110 In der Liste der relevanten Dokumente des Europarates ist auch die Resolution on freedom of expression and respect for religious belief (zur Meinungsfreiheit und Respekt für religiöse Glaubensrichtungen) (ER 5) von 2006 aufgeführt, die von ihrem Inhalt nicht zentral für die Fragestellung dieser Studie ist. In diesem Dokument wird bestätigt, dass Religionen zu den spirituellen und moralischen Werten, Idealen und Prinzipien beigetragen haben, die das gemeinsame Erbe Europas bilden. Ebenso wird von den Staaten gefordert, Information und Bildung zu Religion zu intensivieren, unter Bezugnahme auf ER 4 (*education and religion*).

de vom Bildungskomitee am 31. Mai 2007 einstimmig angenommen. Der Text liegt nur in englischer Sprache vor.

Zu den Inhalten

Die Empfehlung 1804 *on state, religion, secularity and human rights* (ER 6) beginnt mit einer Würdigung von Religion als *important feature of European society*. Es wird konstatiert, dass sich Religionen auf dem europäischen Kontinent weiter ausbreiten und eine Vielfalt an Kirchen und Glaubensrichtungen besteht.

Im zweiten Abschnitt wird der Stellenwert der organisierten Religionsgemeinschaften als Teil der Zivilgesellschaft und ihr Potenzial für die Orientierung in ethischen und staatsbürgerlichen Fragen unterstrichen. Der Europarat wird aufgefordert, diesen Stellenwert der Religionen zur Kenntnis zu nehmen und Religion in ihrer vorhandenen Pluralität zu respektieren und positiv aufzunehmen. Religion wird als ethische, moralische und ideologische Orientierung europäischer Bürger/innen beschrieben. Wahrzunehmen seien auch die Unterschiede zwischen den Religionen und die unterschiedlichen Kontexte. Die Forderung nach einer positiven Grundhaltung gegenüber Religion, den Religionsgemeinschaften und den religiös orientierten Europäerinnen und Europäern wird durch andere Punkten der Erklärung bekräftigt, z.B. wenn davon die Rede ist, dass den Religionen eine hohe Bedeutung im sozialen Bereich zukomme (*highly beneficial social role)*. Die Regierungen sollten wahrnehmen, dass die Religionen ein spezielles Potenzial haben, Frieden, Kooperation, Toleranz, Solidarität und interkulturellen Dialog zu unterstützen und zur Verbreitung der Werte des Europarates (Demokratie, Menschenrechte und Rechtsstaatlichkeit) beizutragen (Abs. 11).

Initiativen für engere Beziehungen zwischen den Religionsgemeinschaften und dem Europarat werden begrüßt. Der für 2007 geplante strukturierte Dialog (Exchange) zur religiösen Dimension des interkulturellen Dialogs wird erwähnt, er fand erstmals 2008 statt und wurde von 2009 an jährlich geführt.

Auf die Trennung von Staat und Kirche als gemeinsamer europäischer Wert und Grundlage eines demokratischen Staates wird hingewiesen, und mit Bezug auf die Empfehlung 1720 zu *education and religion* (ER 4) wird unterstrichen, dass es sich bei Religion um eine strikte Privatangelegenheit handele (*a strictly personal matter*). Erwähnt wird, dass der Europäische Gerichtshof für Menschenrechte den einzelnen Ländern das Recht eingeräumt hat, im Rahmen der Europäischen Menschenrechtskonvention den Grad der Trennung zwischen Staat und Kirche selbst festlegen zu können.

Es folgen zwei Abschnitte mit Aussagen zum Stellenwert von Religion. Einerseits wird auf den zurückgehenden Gottesdienstbesuch während der letzten 20 Jahre verwiesen, andererseits auf die wachsende Bedeutung der islamischen Gemeinschaften in allen Mitgliedstaaten des Europarates (Abs. 6). Dass sich insbesondere einige Gruppen öffentlich bemerkbar machen, wird auf Globalisierung und die Möglichkeiten der neuen Kommunikationstechnologien zurückgeführt. Verwiesen wird auf aktive Katholiken (römisch-katholisch), Mitglieder der Orthodoxen Kirche, Evangelische (*Evangelists*) und Muslime. Nicht genannt werden Juden und andere Religionsgemeinschaften. Unbestritten sei es, dass Religion ein zentraler Diskussionspunkt in unseren Gesellschaften geworden ist.

Die Bedeutung des interkulturellen Dialogs wird unter Berücksichtigung seiner religiösen Dimension unterstrichen, und die Unterstützung der Parlamentarischen Versammlung wird für die Entwicklung einer übergreifenden Strategie des Europarates in diesem Bereich zugesichert. Allerdings sei aufgrund der bestehenden Trennung von Staat und Kirche zu berücksichtigen, dass der interkonfessionelle und interreligiöse Dialog keine Angelegenheit des Staates oder des Europarates sein könne. Unter Rückgriff auf die Empfehlung 1396 zu *religion und democracy* (1999) (ER 2) wird bestätigt, dass viele gesellschaftliche Probleme einen religiösen Aspekt haben, z.B. fundamentalistische Bewegungen und terroristische Handlungen, Rassismus, Xenophobie und ethnische Konflikte.

Es folgen im Text Aussagen über Regierungsführung (*governance*) und Religion sowie Religion und Demokratie. Regierungsführung und Religion sollten nicht miteinander vermischt werden, auch wenn zugestanden wird, dass Religionen bisweilen eine wirkungsvolle, konstruktive (*beneficial*) Rolle spielen. Mit Unterstützung der Religionen könnten die *civil authorities* etliche, wenn auch nicht alle, Ursachen des religiösen Extremismus abschaffen.

In der Erklärung wird die Bedeutung von Bildung für die Bekämpfung von Ignoranz, Stereotypen und Missverständnissen im Blick auf Religionen und ihren führenden Personen unterstrichen wie auch für die Förderung einer demokratischen Gesellschaft (Abs. 12).

Für die Lehreraus- und -fortbildung wird gefordert, einen „objektiven, ausgeglichenen" Unterricht über Religionen zu fördern. Für die Ausbildung religiöser Führungskräfte wird ein „Menschenrechtstraining" für erforderlich gehalten, insbesondere wenn diese im pädagogischen Bereich tätig sind.

Konzeptionelle Merkmale von Religion, Bildung und Politik
Nach der Zusammenfassung der wesentlichen Inhalte werden nun tabellarisch Textpassagen und diskursive Muster zusammengestellt, in denen Merkmale für die Bereiche Religion, Bildung und Politik formuliert werden (vgl. dazu Tab. 8).

Im Unterschied zu den bisher vorgestellten Dokumenten wird in diesem Text die Bedeutung von Religion für die Zivilgesellschaft betont. Religion wird auch als bedeutendes Element der europäischen Gesellschaft beschrieben, das in der öffentlichen Debatte vorkommen soll. Religionsgemeinschaften werden dabei nicht explizit genannt, lediglich für muslimische Gemeinschaften wird auf ein zunehmendes Wachstum hingewiesen.

Tab. 8: Diskursive Muster in Textpassagen zu Religion, Bildung und Politik in Rec. 1804 (2007) *on state, religion, secularity and human rights* (ER 6)

Dimensionen	Textpassagen	Diskursive Muster
Religion	Part of civil society;	Teil der Zivilgesellschaft;
	an important feature of European society;	bedeutendes Charakteristikum der europäischen Gesellschaft;
	a form of ethical, moral, ideological and spiritual expression of certain European citizens;	eine Form ethischen, moralischen, ideologischen und spirituellen Ausdrucks von europäischen Bürgerinnen und Bürgern;
	a strictly personal matter;	eine streng private Angelegenheit;
	a central issue of debate in our societies;	ein zentrales Thema der Debatten in unseren Gesellschaften;
	still multiplying in Europe today;	vervielfältigen sich heute in Europa;
	growing strength of the Muslim communities;	wachsende Stärke der muslimischen Gemeinschaften;
	sometimes religions play a highly beneficial social role.	manchmal spielen die Religionen eine beachtliche segensreiche soziale Rolle.
Bildung	Education plays a central role in forging a democratic society;	Bildung hat eine zentrale Rolle beim Entstehen einer demokratischen Gesellschaft;
	schools are an essential forum for intercultural dialogue;	Schulen sind wichtige Foren für den interkulturellen Dialog;
	schools lay the foundation of tolerant behaviour; media and families play an important part in teaching children;	Schulen legen den Grundstein für tolerantes Verhalten; Medien und Familien spielen eine wichtige Rolle in der Erziehung der Kinder;
	knowledge of religions as an integral part of knowledge of human history and civilizations;	Wissen über Religionen gehört zum Wissen über die menschliche Geschichte;
	education is the key to combating ignorance, stereotypes and misunderstanding of religions and their leaders;	Bildung ist ein Schlüssel zur Bekämpfung von Ignoranz, Stereotypen und Missverständnissen im Blick auf Religion und ihre leitenden Personen;
	schools can effectively combat fanaticism by teaching children the history and philosophy of the main religions with restraint and objectivity.	Schulen können Fanatismus wirkungsvoll bekämpfen, wenn sie die Geschichte und die Philosophie der wichtigsten Religionen objektiv und zurückhaltend unterrichten.

Dimensionen	Textpassagen	Diskursive Muster
Politik	Inter-religious and interde-nominational dialogue is not a matter for states or for the Council of Europe;	Interreligiöser und interkonfessioneller Dialog sind keine Angelegenheit der Staaten oder des Europarates;
	governance and religion should not mix;	Regieren und Religion sollten nicht vermischt werden;
	governments should take account of the special capacity of religious communities;	Regierungen sollten die besondere Kapazität der Religionen berücksichtigen;
	civil authorities can, with support of religions, eliminate some reasons for religious extremism;	Behörden können, mit Unterstützung der Religionen, einige Ursachen für Extremismus beseitigen;
	countries have a duty to teach the origins of all religions;	Die Länder haben die Pflicht, über den Ursprung aller Religionen zu unterrichten;
	promote a closer relationship between the Council of Europe and religious communities.	Förderung einer engeren Beziehung zwischen dem Europarat und den Religionsgemeinschaften.

Die Darstellung von Religion ist auf eine individualisierte und privatisierte Form fokussiert. Religion wird als Grund genannt für ethische, moralische, ideologische und spirituelle Äußerungen und Einstellungen von einigen Europäerinnen und Europäern (*of certain European citizens*). Die Wirkung von Religion wird als mitunter überaus segensreich (*highly beneficial*) beschrieben. Zielsetzungen im Blick auf Religion werden im Dokument nicht formuliert.

Bildung wird eine zentrale Rolle in einer demokratischen Gesellschaft beigemessen. Schulen legen Grundlagen für tolerantes Verhalten und sind ein substanzielles Forum für den interkulturellen Dialog, Medien und Familie spielen auch eine wichtige Rolle. Bildung wird als wirksamer Schlüssel angesehen, um Ignoranz, Vorurteile und Missverständnisse zu bekämpfen, insbesondere im Blick auf Religion und ihre leitenden Repräsentanten. Im Blick auf religiöse Bildung wird gefordert, dass in allen Staaten über den Ursprung aller Religionen unterrichtet werden soll.

In dem Dokument werden überwiegend politische Zielsetzungen formuliert. Religion solle nicht mit Politik vermischt werden, gleichwohl sollten die Regierungen die spezielle Kapazität der Religionsgemeinschaften in verschiedenen politischen Feldern berücksichtigen. Eine engere Kooperation zwischen dem Europarat und den Religionsgemeinschaften wird befürwortet.

Interpretation

Religionsverständnis

Der Text beschreibt die zentrale Bedeutung institutionalisierter, organisierter Religionen (*organised religions*) und die Bedeutung von Religion in der europäischen Gesellschaft (*important feature*). Religionen werden als Teil der Zivilgesellschaft angesehen und ihr Potenzial im Blick auf eine ethische und moralische Lebensführung wird gewürdigt. Auf Unterschiede zwischen den Religionen und den jeweiligen kontextuellen Gegebenheiten wird hingewiesen. Bemerkenswert im Vergleich zu früheren Empfehlungen der Parlamentarischen Versammlung des Europarates ist, dass Religion zunächst nicht als private Angelegenheit gesehen wird und diese Perspektive auch nicht im Rahmen der *state of affairs* vorkommt. Liegt hier ein Perspektivenwechsel vor, der sich auf eine differenzierte Wahrnehmung der Vielfalt zwischen und innerhalb der Religionen wie auch ihrer Kontexte fokussiert? Die Forderung an den Europarat ist deutlich (*welcome and respect religion*) und schließt ein, auch die Pluralität und die Unterschiede innerhalb und zwischen den Religionsgemeinschaften wahrzunehmen sowie die Auswirkungen des jeweiligen nationalen Kontextes.

Wurde in den bislang vorgestellten Dokumenten stark ein privater, nicht öffentlicher Charakter von Religion betont, so enthält der vorliegenden Text nun eine erweiterte Sicht im Blick auf die öffentliche Funktion von Religion. Religionen werden als Teil der Zivilgesellschaft verstanden und es wird ihnen ein hohes Potenzial in ethischen und bürgerlich-politischen Fragen zugesprochen. In einer weiteren Schlüsselpassage des Dokuments wird den Religionsgemeinschaften ein besondere Wirkungsfähigkeit (*capacity*) im Blick auf Frieden, Kooperation, Toleranz, Solidarität und interkulturellen Dialog zugeschrieben. Die Regierungen sollten dieses Potenzial wahrnehmen und in Kooperationen nutzen. Zugleich wird unterstrichen, dass die Religionsgemeinschaften zur Verbreitung der Werte des Europarates beitragen können.

Freilich wäre ein mit den beschriebenen Merkmalen angedeuteter Perspektivenwechsel nicht ohne Spannungen zu sehen. Diese können entstehen, wenn der positiv konnotierte öffentliche Charakter von Religion in Beziehung gesetzt wird mit der Trennung von Staat und Kirche und der Qualifizierung von Religion als *a strictly personal matter*. Die im Text vorfindlichen unterschiedlichen Sichtweisen auf Religion werden nicht komplementär gesehen, vielmehr bleiben sie weitgehend unverbunden nebeneinander stehen. Einerseits wird die strikte Trennung von Kirche und Staat betont und andererseits werden Erwartungen an den Beitrag der Religionsgemeinschaften für das Gemeinwohl formuliert. Die im ersten Teil des Dokuments vorfindliche differenzierte Sichtweise von Religion wird allerdings im handlungsleitenden Teil nicht durchgehalten. Es finden sich pauschale, zum großen Teil unbegründete Forderungen, wie z.B., dass sich alle religiösen Führer einem Menschenrechtstraining unterziehen sollen. Religionsgemeinschaften werden überwiegend als Objekte dargestellt, und von einem eigenständigen substanziellen Beitrag der Religionen wird nicht gesprochen. Insgesamt kann diese Haltung als Versuch einer Domestizierung von Religion durch den Europarat verstanden werden, auch wenn der interkonfessionelle und interreligiöse Dialog nicht als Angelegenheit der politischen Institutionen angesehen wird.

Bildungsverständnis

Bildung wird im Text als Schlüsselbereich dargestellt, um *ignorance, stereotypes and misunderstanding* zu bekämpfen (*combating*). Wie die Analyse der bisherigen Dokumente zeigt, ist dies eine gängige Aussage des Europarates. In diesem Text wird die Rolle von Bildung ausdrücklich auf die „Bekämpfung" von Ignoranz, Stereotypen und Missverständnissen im Blick auf Religionen und führende Religionsvertreter bezogen. Erkennbar wird in dieser Zuschreibung ein technologisch orientiertes, funktionales Bildungsverständnis, das politische Zielsetzungen hervorhebt, die durch Bildung erreicht werden sollen und nicht das Subjekt als ein sich zu bildendes beschreibt.

Der Schule wird eine ausschließlich positive Rolle zugeschrieben. Sie soll Fanatismus bekämpfen, indem sie die Geschichte und Philosophie der wichtigsten Religionen unterrichtet (*with restraint and objectivity*). Sie soll auch ein Forum für interkulturellen Dialog bieten und Grundlagen für tolerantes Verhalten schaffen. Unterschieden wird zwischen *knowledge of religions* als Teil des Wissens über die Geschichte der Menschheit, der Kulturen und Glaubenseinstellungen, und den Praktiken einer Religion (*belief in, and practice of, a particular religion*). Als leitendes Modell für religiöse Bildung in öffentlichen Schulen wird ein Bekenntnis zu einem religionskundlichen, auf die Vermittlung von Wissen angelegten Religionsunterricht abgelegt, ein konfessioneller Ansatz dagegen als stereotyp und randständig eingestuft.

Es wird nicht thematisiert, dass Schule auch Fremdenfeindlichkeit produzieren kann und nicht automatisch zu Verständigung und Bearbeitung von Vorurteilen beiträgt. Eine differenzierte Perspektive ist nicht erkennbar, es dominiert eine einseitig positive Sicht. Darüber hinaus wird Bildung grundsätzlich als Aufgabe des Staates verstanden, und private Träger, die in vielen Staaten einen gewichtigen Teil von Bildung verantworten, werden nicht berücksichtigt.

Diskussion

Im Vergleich mit den bislang vorgestellten Dokumenten wird in diesem Dokument ein ausdifferenziertes und erweitertes Verständnis von Religion deutlich. Dabei wird einerseits, wie in anderen Texten auch, auf den privaten Charakter von Religion als wichtiges Element im Blick auf die Wahrung und Stärkung der Religionsfreiheit verwiesen, zugleich wird jedoch, in stärkerem Maße als in den anderen bislang behandelten Texten, der öffentliche und kollektive Charakter von Religion unterstrichen. Religion wird als wichtiger Bestandteil einer europäischen Gesellschaft eingestuft und dies nicht nur aus historischen Gründen, sondern auch aufgrund ihrer aktuellen Bedeutung. Die Religionsgemeinschaften werden als Teil der Zivilgesellschaft verstanden.

Eine feinsinnige Differenzierung lässt sich im Text an der doppelten Verortung von Religion erkennen. Zum einen werden die Religionsgemeinschaften als wesentlicher Teil der Gesellschaft angesehen, in denen Bürgerinnen und Bürgern ihr Recht auf Religionsfreiheit ausüben, zum anderen als Teil der Zivilgesellschaft mit einem besonderen Potenzial, Richtlinien zu ethischen und staatsbürgerlichen Fragen zur Verfügung zu stellen, die für die religiöse wie säkulare Prägung der Gemeinschaft wichtig sind. Die ambivalente Einschätzung von Religion wird beibehalten, wobei die dem Gemeinwohl dienlichen Aspekte von Religion hervorgehoben werden.

Kritisch ist zu sehen, dass sich die im analytischen Teil vorhandene Differenzierung im Blick auf Religion im handlungsleitenden Teil nicht wiederfindet. Der Staat wird der Religion vorgeordnet, eher fundamentalistische Formen von Religion werden diskutiert, andere bestehende Traditionen und Ausformungen wie protestantische oder jüdische Traditionen finden keine Erwähnung.

Im Blick auf Bildungsinstitutionen wird der Schule ausschließlich eine positive Rolle zugeschrieben. Kann die Schule die damit verbundenen Erwartungen überhaupt erfüllen? Von der Schule wird erwartet, dass sie Fanatismus bekämpft und es kommt dabei nicht in den Blick, dass auch schulische Situationen Fanatismus und Vorurteile fördern können. Auch wenn es wichtig ist, den Beitrag der Schule zur Entwicklung von toleranten Haltungen und Einstellungen zu würdigen, so bleibt doch m.E. zweifelhaft, ob ein in der Gesellschaft vorfindlicher Fanatismus durch die Schule ausreichend „bekämpft" werden kann. Der Text legt nahe, Schule als „Problemlöser" der Gesellschaft zu interpretieren und sie durch die damit verbundenen Erwartungen zu überfordern.

Hinsichtlich eines Unterrichts über Religion in den Schulen Europas wird eine einseitige Position für einen religionskundlich orientierten Ansatz, ein *teaching about religion* bzw. *religious studies* eingenommen. Damit verbunden ist ein großes Zutrauen in die Wirkung der Vermittlung von Informationen bzw. des Potenzials historischen Wissens. Der Differenziertheit der europäischen Diskussion um angemessene Modelle religiöser Bildung in einer zunehmenden Situation religiöser Pluralität wird eine solche Positionierung nicht gerecht.

Resümierend kann festgehalten werden, dass der Text durch eine positive Grundhaltung des Europarates gegenüber den Religionsgemeinschaften geprägt ist. Sie werden als wesentlicher Teil der Zivilgesellschaft betrachtet, ihr Potenzial für die Bearbeitung von ethischen, aber auch bürgerschaftlichen Fragen wird gewürdigt. Eine enge Verbindung zum Europarat wird thematisiert und mit dem Argument unterstützt, dass der Ursprung der Werte des Europarates in den Werten der Religionen gesehen wird.

4.1.1.6 *Vergleich von Aussagen zu „Religion" und „Bildung"*

In den bislang vorgestellten Dokumenten wird Religion im Zusammenhang von Toleranz, Demokratie und Bildung sowie von Staat, Religion, Sicherheit und Menschenrechten thematisiert.

Zur weiteren Analyse und Diskussion der Aussagen zu Religion und Bildung werden nun die Merkmale und Zuschreibungen der in den bislang vorgestellten Dokumenten enthaltenen Zugänge zu Religion und zu allgemeiner und religiöser Bildung systematisch und tabellarisch zusammengestellt:

Dazu werden drei Kategorien verwendet, die sich als Ergebnis der Analyse abzeichnen:

- Religion privat
- Religion organisiert und institutionalisiert sowie
- Religion als Teil von Kultur.

(Vgl. dazu Tab. 9)

Gestützt auf den tabellarischen Überblick und die Analyse der einzelnen Dokumente aus dem Zeitraum von 1993 (*religious tolerance in a democratic society*) bis 2007 (*on state, religion, security and human rights*) lässt sich eine Entwicklung erkennen, die sich von einer eindimensionalen Sichtweise löst, in der Religion eng mit durch sie entstehenden Problemen verbunden wird, und zu einer zunehmend differenzierten Wahrnehmung von Religion gelangt, in der auch positive Funktionen von Religion anerkannt und gewürdigt werden.

Beim Vergleich der Äußerungen zu den verschiedenen Perspektiven von Religion in den Dokumenten fällt auf, dass Religion zwar durchgängig als strikte Privatangelegenheit verstanden wird, dass aber der organisierten, institutionalisierten Ausprägung von Religion und der kulturellen Bedeutung von Religion zunehmend ein größeres Gewicht zukommen.

Dies lässt sich insbesondere im kontrastiven Vergleich der Empfehlungen von 1993 (ER 1) und 2007 (ER 6) aufzeigen. Wurde in der Empfehlung zur religiösen Toleranz (1993) Religion zwar in ihrer privaten, individuellen Funktion als *enriching relationship for the individual* beschrieben, jedoch in ihrer öffentlichen Funktion überwiegend als Problem und Gefahr dargestellt, so wird in der Empfehlung von 2007 (*on state, religion, secularity and human rights*) das Potenzial von Religion herausgestellt, zu ethischen und staatsbürgerlichen Fragen einen konstruktiven Beitrag leisten zu können. Ebenso wird in diesem Text die bedeutende gesellschaftliche Funktion von Religion und ihre nützliche soziale Rolle betont. Damit wird die Ambivalenz von Religion nicht vernachlässigt, aber ihre pluralen Erscheinungsformen werden gewürdigt, und ihre Relevanz für ethische, moralische, ideologische und geistliche Orientierung für viele Europäerinnen und Europäer. Allerdings wird die bestehende reichhaltige Vielfalt der Ausprägungen der institutionalisierten Religionen weder wahrgenommen noch gewürdigt. Es wird weitgehend pauschal von Religion gesprochen, so als ob es keine Unterschiede zwischen den Religionen und auch nicht innerhalb der Religionen gäbe und auch keine Konkurrenz zwischen den jeweils in ihnen geltenden Wahrheitsansprüchen. Mit Fragen der Ursprünge der Religionen oder gar theologischen Themen will sich der Europarat offensichtlich nicht auseinandersetzen (vgl. Arthur 2011).

Zentrale Äußerungen zu Bildung und zu religiöser Bildung werden zusammengestellt, um auch in dieser Perspektive mögliche Entwicklungslinien entdecken zu können (vgl. dazu Tab. 10).

Tab. 9: Äußerungen zu „Religion" in den Empfehlungen Rec. 1202 (1993), Rec. 1396 (1997), Rec. 1720 (2005), Rec. 1804 (2007)

Quelle	Religion privat	Religion organisiert	Religion als Teil von Kultur
Rec. 1202 (1993) Religious tolerance in a democratic society **ER 1**	Provides an enriching relationship for the individual; a variety of religious beliefs.	Often reinforces conflicts; to be reconciled with the principles of democracy and human rights; the three (main) monotheistic religions; religious tolerance.	Religious obligations; renewed occurrence of religious intolerance; religious expression (...) promote interreligious encounters; fundamental religious texts.
Rec. 1396 (1997) Religion and Democracy **ER 2**	Religious freedom.	Religious communities; religious freedom; religion as a valid partner of democratic society; promote better relations with and between religions; conflict within and between religions; encourage dialogue between religions; the great old religions; promote inter-religious encounters; a set of values.	Religious expression; religious aspect to problems; democracy and religion; religious extremism; religious pluralism; religious buildings; religious festivals; cultural projects on religious issues; promote education about religions; promote the cultural and social expression of religions; religious instruction; lessons about religions; religious rites and customs; study of the history and philosophy of religion.

Quelle	Religion privat	Religion organisiert	Religion als Teil von Kultur
Rec. 1556 (2002) Religion and change in central and eastern Europe **ER 3**		Restore harmonious relations between religious institutions and the state; renew the social potential and focus on their basic, historical tasks (the spiritual education of the individual, the ethical improvement of society, and charitable, cultural, educational and other projects; exclude all possibility of governmental interference in questions of dogma, church organization and canon law; face religious differences; Europe's two Christian cultures – western and eastern – know very little of each other. This ignorance is a very dangerous obstacle on the path to a united Europe; include European religious traditions into the preamble of the future European constitution;	Preservation and development of traditional religious cultures; striking a balance between the principles of democracy and human rights, of freedom of conscience and religion, and the preservation of national cultural, ethnic and religious identity; islamic culture is becoming increasingly a part of the European scene.
Rec. 1720 (2005) Education and religion **ER 4**	Religion as a strictly personal matter.	The three monotheistic religions of the Book.	Religious aspect to many of the problems; freedom of religious expression; valid partner of politics; values of the three monotheistic religions; wearing religious symbols; democracy and religion; knowledge of religions.

Quelle	Religion privat	Religion organisiert	Religion als Teil von Kultur
Rec. 1720 (2005) Education and religion **ER 4**	Religion as a strictly personal matter.	The three monotheistic religions of the Book.	General knowledge of religions; teaching about religions; possible approaches to teaching about religions; study of religions; education on religions; comparative instruction in the different religion; comparative study of religions.
Rec. 1804 (2007) on state, religion, secularity and human rights **ER 6**	Religion as a strictly personal matter.	Organised religions; religious communities; religious organisations; religious worship; religious extremism; inter-religious and interdenominational dialogue; religion, in all its plurality; religions play a highly beneficial role.	Important feature of European society; still multiplying today; separation of state and church; in all its plurality; part of civil society; growing strength of the Muslim communities; governance and religion; intercultural dialogue and the religious dimension.

Tab. 10: Äußerungen zu „Bildung" und „religiöser Bildung" in den Empfehlungen Rec. 1202 (1993), Rec. 1396 (1997), Rec. 1720 (2005), Rec. 1804 (2007) und Rec. 1962 (2011)

Quelle	Bildung	Religiöse Bildung
Rec .1202 (1993) Religious tolerance in a democratic society **ER 1**		A knowledge of one's own religion as a prerequisite for true tolerance; studies of religions and ethics as part of school curriculum; differentiated and careful depiction of religions in school books and in classroom teaching; presenting young people ideas and deeds of living individuals of different religious beliefs; meetings and discussions with informed people of differing beliefs; promote inter-religious encounters.
Rec. 1396 (1997) Religion and Democracy **ER 2**	Education is the key to combat ignorance and stereotypes; freedom and equal rights of education to all citizens;	Lessons about religions; **to promote education about religions;**[*] teaching about religions to develop a discerning approach, within the framework of education on ethics and democratic citizenship; teaching the comparative history of different religions; to promote better understanding of various religions; meetings and discussions with informed people of differing beliefs; promote inter-religious encounters; avoid – in the case of children – any conflict between the state-promoted education about religion and the religious faith of the families.

Quelle	Bildung	Religiöse Bildung
Rec. 1556 (2002) Religion and change in central and eastern Europe **ER 3**		Spiritual education of the individual as a basic, historical task of religious institutions; state should co-operate with the church authorities in religious education; include information on Europe's main religious cultures and practices in school curriculum.
Rec. 1720 (2005) **Education and religion** **ER 4**	School as a major component of forming a critical spirit and of intercultural dialogue; a key role to education in the construction of a democratic society.	Family has a paramount role in the religious upbringing of children; education systems are not devoting enough resources to teaching about religions or are focusing on only one religion; knowledge of religions as an integral part of knowledge of mankind and civilisations; comparative instruction in the different religions; essential for combating ignorance, stereotypes and misunderstandings of religions; a good general knowledge of religions and the resulting sense of tolerance; schools should teach the history and philosophy of the main religions with restraint and objectivity; religious studies taught at primary and secondary levels; religious studies: to make pupils discover the religions practised in their own and neighbouring countries; including the right to have a religion or not having a religion.

---

* Die fett gedruckten Aussagen markieren Zwischenüberschriften im Forderungskatalog.

Quelle	Bildung	Religiöse Bildung
Rec. 1804 (2007) on state, religion, secularity and human rights **ER 6**	Education plays a central role in forging a democratic society; education is the key to combating ignorance, stereotypes and misunderstanding of religions and their leaders; schools are an essential forum for intercultural dialogue; schools lay the foundation of tolerant behaviour; the media and families play an important part in teaching children.	A knowledge of religions as an integral part of knowledge of human history and civilizations; schools can effectively combat fanaticism by teaching children the history and philosophy of the main religions with restraint and objectivity.

Die zentrale Funktion von Bildung im Blick auf die Bekämpfung von Ignoranz und Vorurteilen wird betont. Bildung wird als ein Schlüsselbereich angesehen, um Ignoranz, Stereotypen und Missverständnisse bearbeiten zu können, nicht nur im Blick auf Religion. Dabei wird in den Dokumenten ein kognitiv ausgerichteter Wissensbegriff (*knowledge*) verwendet, der in der Vermittlung von Fakten und Wissen seinen Fokus hat. Gute Kenntnisse über Religion und Religionen scheinen auszureichen, um Ignoranz, Stereotypen und Missverständnisse abschaffen zu können, ja sogar Fanatismus bekämpfen zu können. Haltungen und Einstellungen werden nicht thematisiert. Gerade wenn jedoch ein Bezug zum Demokratie lernen hergestellt wird, bleibt fraglich, ob ein ausschließlich kognitiv orientiertes Wissensverständnis ausreicht, um die angesprochenen Themen und Probleme adäquat bearbeiten zu können. Die Schlüsselrolle von Bildung für die Konstruktion einer demokratischen Gesellschaft wird unterstrichen, ohne dass eine kritische Auseinandersetzung mit einem funktionalen Bildungsverständnis stattfindet. Der Bildungsbegriff wird in unkritischer Weise verwendet.

Ein vergleichbarer Eindruck ergibt sich, wenn die Elemente des in den Dokumenten enthaltenen Konzepts religiöser Bildung betrachtet werden. Dem Wissen über die Geschichte der Religionen wird zugetraut, Fanatismus entgegentreten zu können und eine tolerante Haltung quasi automatisch zu fördern. Mit dieser Position wird die bestehende Ambivalenz von Religion nicht berücksichtigt und ebenso wenig, dass es eines eigenen Urteils bedarf im Blick auf das Potenzial der Religionen. Aus pädagogischer Perspektive ist diese fast exklusive Begrenzung auf Wissensvermittlung höchst problematisch.

Die Ergebnisse der bisher erfolgten Analyse zusammenfassend, werden nun Schlüsselthemen und damit verbundene Zielsetzungen zusammengestellt. Dabei wird zwischen *Ausgangspunkten* und konkreten *Zielsetzungen* unterschieden, die in der Zusammenschau der Texte deutlich werden.

Ausgangspunkte

Ein zentraler Ausgangspunkt für die Analyse liegt im Selbstverständnis des Europarates, eine humanistische politische Organisation zu sein, die nicht automatisch einen Zugang zu Religion hat oder gar sucht, sondern sich den verschiedenen Erscheinungsformen von Religion aus einer distanzierten Position nähert. Als säkular humanistische Organisation will sich der Europarat „neutral" und „objektiv" gegenüber bestehenden Religionsgemeinschaften und Weltanschauungsgemeinschaften verhalten. In dieser Haltung lässt sich ein Verständnis von Humanismus entdecken, das Distanz gegenüber Religion hält und wenig Gemeinsamkeiten sieht.[111] Diese Einstellung könnte sich darin begründen, dass sich der Europarat als „Wächter" der Grundwerte Menschenrechte, Demokratie und Rechtsstaatlichkeit versteht und die Beschäftigung mit Religion stets aus dieser Perspektive erfolgt. Die Motive für die Beschäftigung mit Religion gründen in konkreten Problemstellungen, die gelöst werden wollen, so z.B. Defizite im Bereich religiöser Toleranz, dem Verhältnis von Religion und Demokratie oder bei religiöser Bildung.

Ein weiterer Ausgangspunkt ist eine konstatierte Wertekrise in Europa, die dazu führt, nach Quellen und Ressourcen zu suchen, die in dieser Situation Klärung und Orientierung ermöglichen können. Es wird die enge Verbindung der Religionsgemeinschaften zu Werten wie Frieden, Toleranz, Respekt und Versöhnung gewürdigt und damit nahegelegt, dass sie das Potenzial haben, zur Bewältigung der Wertekrise beitragen zu können bei (insbes. in der Empfehlung von 1993).

Auf der Grundlage dieser Ausgangspunkte werden dann Zielvorstellungen formuliert, z.B. wie sich das Verhältnis von Staat und Religion in einer Situation zunehmender Pluralisierung der Lebensverhältnisse zu einer „Kultur der gegenseitigen Achtung" entwickeln und konstruktiv gestalten lässt. Und schließlich gehört dazu die Auseinandersetzung mit Modellen und Konzepten religiöser Bildung in den öffentlichen und privaten Schulen Europas, mit denen die Anliegen des Europarates verwirklicht werden können.

Im Blick auf das Verhältnis von Religion und Demokratie werden bestehende Probleme thematisiert, allerdings werden Demokratie und Religion nicht als unvereinbar angesehen, im Gegenteil: Es wird unterstrichen, dass Religion ein wertvoller Partner einer demokratischen Gesellschaft sein kann. Probleme entstehen dann, wenn Politik oder Religion ihre Grenzen überschreiten und den jeweils anderen Partner für ihre eigenen Zwecke instrumentalisieren will.

---

111 Verwiesen wird an dieser Stelle auf ein erweitertes, alternatives Verständnis von Humanismus im Rahmen eines Projektes des Kulturwissenschaftlichen Instituts Essen: „Humanismus in der Epoche der Globalisierung". In diesem Rahmen werden gemeinsame Einsichten und Anerkennungspotentiale von Humanismus und Religion thematisiert. Das Projekt zielt auf die Entwicklung eines neuen, interkulturell orientierten Verständnisses von Humanismus und einer Kultur der Anerkennung kultureller Differenz. Informationen über das Projekt unter: www.kwi-humanismus.de.

Zielsetzungen

Neben diesen generellen Ausgangspunkten lassen sich als Ergebnis der Analyse folgende Zielsetzungen festhalten:

(1) Garantie von Religions- und Gewissensfreiheit;
(2) Förderung von Bildung über Religionen;
(3) Förderung besserer Beziehungen zwischen und innerhalb der Religionen und
(4) Förderung der kulturellen und sozialen Ausdrucksformen der Religionen;
(5) Klärung des Verhältnisses von Politik und Religion.

Diese Zielsetzungen bilden sozusagen einen Rahmen des Europarates für den Bereich Religion und Bildung, aus dem verschiedene Aspekte durch die Empfehlungen der Parlamentarischen Versammlung bearbeitet werden.

Nachfolgend werden aus dieser Liste zwei Zielsetzungen näher betrachtet: die Förderung der Bildung über Religionen und die Förderung besserer Beziehungen zwischen und innerhalb der Religionen. Das bedeutet nicht, dass die anderen Zielsetzungen weniger wichtig wären. Fragen nach Religions- und Gewissensfreiheit als Teil der Menschenrechte bilden eine generelle Folie für Aktivitäten des Europarates als Wächter über Menschenrechte, Demokratie und Rechtsstaatlichkeit. Und die verschiedenen Ausdrucksformen von Religion spielen auch im Rahmen der beiden ausgewählten Zielsetzungen eine Rolle. Die ausgewählten Ziele sind jedoch zentrale Bereiche für die Frage nach Religion im Kontext einer Europäisierung von Bildung. Die Fokussierung auf die genannten zwei Aspekte erfolgt aufgrund des Schwerpunktes der Studie.

Bildung über Religionen

Die Beschreibung der europäischen Situation religiöser Bildung fällt in den Dokumenten bruchstückhaft aus. Es wird konstatiert, dass verschiedene Bildungssysteme existieren, dass jedoch – speziell in den sogenannten säkularisierten Ländern – keine ausreichenden Ressourcen für *teaching about religions* zur Verfügung stünden. Diese Behauptung ist nicht sachgemäß. Es wird nicht berücksichtigt, dass es in fast allen europäischen Staaten Religionsunterricht in den öffentlichen Schulen gibt (Ausnahmen sind Teile von Frankreich, Mazedonien, Slowenien und Albanien). Ebenso zeichnet die Forderung, ein Unterricht über Religionen solle nicht die Grenze zwischen den Bereichen Kultur und Gottesdienst übertreten (*between the realms of culture and worship*), ein verzerrtes Bild eines konfessionellen Religionsunterrichts (vgl. als Überblick zur Situation des Religionsunterrichts Kuyk et al. 2007; Schreiner 2011; Franken/Loobuyck 2011). Mit der Behauptung, dass ein konfessionell ausgerichteter Religionsunterricht die Grenze zwischen Kultur und Gottesdienst übertrete, wird jede Beteiligung von Religionsgemeinschaften am Religionsunterricht an öffentlichen Schulen abqualifiziert und negativ beurteilt. Der konfessionelle Religionsunterricht wird kontextlos betrachtet und Merkmale und Begründungen der bestehenden Formen werden nicht wahrgenommen. Jegliche Beteiligung von Religionsgemeinschaften an der Gestaltung des Religionsunterrichtes, wie immer sie dann konkret aussehen mag, wird durch die Darstellung des Europarates desavouiert.

Im Blick auf einen Unterricht über Religion in den Schulen Europas nimmt der Europarat eindeutig Position ein für einen religionskundlich ausgerichteten Ansatz, ein *teaching about religion* bzw. *religious studies*. Damit verbunden ist ein großes Zutrauen in die Wirkung von Informationen bzw. in das Potenzial historischen Wissens. Eine Beschäftigung mit anderen Dimensionen von Religion erfolgt nicht. Der Komplexität und Differenziertheit von Religion wird eine ausschließlich an der Vermittlung von Informationen und Fakten ausgerichtete Sichtweise nicht gerecht.

Die angedeuteten „Konfliktlinien" zwischen Kultur und Gottesdienst wie auch die zwischen der Vermittlung von Glauben und dem Verstehen von Religionen wirken überspannt, und die Argumentation scheint lediglich dazu zu dienen, die eigene Position zu stärken. Ob damit bestehende Probleme zutreffend beschrieben werden, ist fraglich, zumal empirische Grundlagen zu den angeführten Behauptungen fehlen. Die Aussage, dass in Ländern mit einer Staatsreligion nur diese unterrichtet werde, trifft nicht zu. Für England und Dänemark, beides Länder mit einer Staatsreligion und einem multireligiös, religionskundlich ausgerichteten Unterricht, trifft diese Behauptung nicht zu (vgl. zu England: Lankshear 2007; Cush 2011; zu Dänemark: Monrad 2007; Jensen 2011).

Das Konzept einer *„education about religion"* (Zielsetzung 2) wird wie folgt entfaltet:

- Religionen werden als „Wertecontainer" angesehen (*as sets of values*), zu denen junge Menschen ein kritisches Bewusstsein entwickeln sollen. *Teaching about religion* wird funktionalisiert und dem Rahmen einer *education on* ethics and democratic citizenship untergeordnet.
- Unterrichtet werden soll vergleichende Religionsgeschichte (*comparative history of different religions*) u.a. die Ursprünge der Religionen, ihre Werte, ihre Vielfalt an Gebräuchen, Traditionen, Festen usw.
- Studiert werden sollen Geschichte und Philosophie der Religionen, und eine entsprechende Forschung an der Universität, parallel zu bestehenden theologischen Fächern, wird gefordert.

Durch die Unterscheidung zwischen Kultur und Gottesdienst wird eine deutliche Abgrenzung vorgenommen zwischen einem religionskundlichen Unterricht und einem konfessionell orientierten Unterricht. Es soll kein Glaube vermittelt werden, sondern junge Menschen sollen verstehen lernen, warum Religionen Quellen des Glaubens für Millionen von Menschen sind. Einem konfessionell ausgerichteten Religionsunterricht wird die Absicht einer „Glaubensbildung" unterstellt. In dieser Allgemeinheit trifft dies für den konfessionellen Religionsunterricht in der öffentlichen Schule in vielen Ländern nicht zu. Hier sollte auf Seiten des Europarates differenzierter argumentiert werden. In den Formen eines kooperativ-konfessionellen Religionsunterrichtes in Deutschland beispielsweise geht es darum, Zugänge zur eigenen Religion kennenzulernen aber auch um die Kompetenz, andere Religionen und Weltanschauungen verstehen und mit ihnen umgehen zu können (vgl. Nipkow 2006). Eine „Glaubensbildung" ist damit nicht verbunden. Die im Text des Europarates vorgenommene Etikettierung ist für einen sachgemäßen Vergleich unterschiedlicher Modelle des Religionsunterrichtes nicht dienlich.

Den religiösen pädagogischen Einrichtungen wird ein Defizit unterstellt, und gefordert, dass sie sich intensiver mit Menschenrechten, Geschichte, Philosophie und
Wissenschaft beschäftigen sollten.

Die zentrale Funktion von (religiöser) Bildung wird betont, und es werden Defizite
und Probleme benannt, die bearbeitet werden sollen (*not enough resources, a shortage
of teachers, study of religion not yet received special attention etc.*). Anhaltspunkte
für eine kritische Haltung gegenüber einem konfessionellen Religionsunterricht lassen
sich auch in der in *Religion and Democracy* enthaltenen Aussage finden, dass *religious
instruction* nicht auf Kosten von *lessons about religions* gegeben werden sollte.

Zusammenfassend kann zu der Zielsetzung der Förderung von Bildung über Religionen festgehalten werden, dass sich in den Dokumenten zwar eine ausführliche Beschäftigung damit findet, die unterschiedlichen Kontexten und Gegebenheiten religiöser Bildung in den Mitgliedstaaten des Europarates dabei jedoch nicht ausreichend
berücksichtigt und gewürdigt werden.

Förderung besserer Beziehungen zwischen den und innerhalb der Religionen
Im Vergleich der Dokumente zwischen 1993 und 2007 lässt sich eine Entwicklung im
Blick auf eine zunehmend differenzierte Wahrnehmung von Religion, auch in ihrer öffentlichen Funktion, feststellen. Zwar wird vielfach auf Probleme hingewiesen, die mit
Religion verbunden werden, als eine Schlüsselaussage der Empfehlungen kann jedoch
gelten, dass Demokratie und Religion *valid partners* im Blick auf das Gemeinwohl
sein können. Die in den späteren Empfehlungen ausgesprochene Betonung der engen
Verbindung zwischen den Werten, die grundlegend für die Arbeit des Europarates sind,
und den Werten der monotheistischen Religionen materialisiert die Funktion der *valid
partners* und bietet eine gute Grundlage für eine Intensivierung der Kooperation. Die
monotheistischen Religionen und der Europarat können auf der Grundlage einer gemeinsamen Wertebasis kooperieren.

Auch wenn in den Texten der private Charakter von Religion immer wieder betont
wird, und dies ein wichtiges Element im Blick auf die Wahrung und Stärkung der individuellen Religionsfreiheit darstellt, so wird zugleich der öffentliche und kollektive
Charakter von Religion unterstrichen. Religion wird als zentraler Bestandteil der europäischen Gesellschaft gewürdigt und dies nicht nur aus historischen Gründen, sondern
auch aufgrund ihrer gegenwärtigen Bedeutung.

Die Religionsgemeinschaften werden als Teil der der Zivilgesellschaft angesehen,
eine Zuordnung, die innerhalb der Religionsgemeinschaften unterschiedlich beurteilt
wird. Eine feinsinnige Differenzierung findet sich in der folgenden Begründung: Zum
einen werden die Religionsgemeinschaften als wesentlicher Bestandteil der Gesellschaft
gesehen, getragen von Bürgerinnen und Bürgern, die ihr Recht auf Religionsfreiheit
ausüben. Zum anderen kommen sie als Institutionen der Zivilgesellschaft in den Blick,
die das Potenzial besitzen, Richtlinien zu ethischen und staatsbürgerlichen Fragen zur
Verfügung zu stellen, die für religiöse wie säkulare Gemeinschaften eine Rolle spielen.

Die Ambivalenz im Blick auf Religion wird deutlich, wobei die dem Gemeinwohl dienlichen Aspekte von Religion hervorgehoben werden.

Kritisch kann die Tatsache gesehen werden, dass sich die in analytischen Textteilen feststellbare Differenzierung im Blick auf Religion in handlungsleitenden Teilen nicht widerspiegelt. Der Staat wird der Religion vorgeordnet, eher fundamentalistische Ausprägungen von Religion werden diskutiert, andere bestehende Traditionen und Ausformungen, wie z.B. protestantische oder jüdische Traditionen finden keine Erwähnung. Die undifferenzierte Rede über Religion verhindert, dass spezifische Merkmale und Eigenheiten der unterschiedlichen Religionen und auch innerhalb der einzelnen Religionsfamilien wahrgenommen werden.

4.1.1.7 Weitere Texte der Parlamentarischen Versammlung

Ergänzend sollen nun einige weitere Entschließungen und Empfehlungen der Parlamentarischen Versammlung betrachtet werden, um überprüfen zu können, ob sich darin die bislang herausgearbeiteten diskursiven Muster im Blick auf Religion und Bildung bestätigen.

Die im Folgenden zusammenfassend dargestellten Texte verdanken sich jeweils einem konkreten politischen Anlass resp. einer aktuellen Entwicklung. So war die „Cartoon Affäre" in Dänemark der Anlass für die Entschließung der Parlamentarischen Versammlung *on freedom of expression and respect for religious beliefs* (Council of Europe, PAS 2007j). In diesem Dokument geht es um das Verhältnis von Meinungsfreiheit und Respekt für religiöse Glaubensrichtungen. Nach der Veröffentlichung einer Sammlung von 12 Cartoons mit Abbildungen des Propheten Muhammad in der dänischen Tageszeitung Jyllands-Posten kam es weltweit zu zahlreichen, mitunter gewaltsamen Protesten von Muslimen.[112] Im Blick auf Bildung werden die Staaten aufgefordert, *education about religion* zu unterstützen, um eine bessere Wahrnehmung der Religionen zu fördern wie auch einen kritischen Verstand im Blick auf Bildung und Religion.

Dem interkulturellen und interreligiösen Dialog wird eine zentrale Bedeutung zugeschrieben zur Förderung von Toleranz, Vertrauen und gegenseitigem Verständnis. Religion wird im Text als zentrales Element menschlicher Kultur angesehen und als historische Quelle, die zur Ausbildung der spirituellen und moralischen Werte beigetragen hat, die das gemeinsame Erbe Europas ausmachen. Den Religionsgemeinschaften wird das Recht zugesprochen, sich im Rahmen der Wahrung der Menschenrechte gegen Kritik zu wehren.

In der Empfehlung 1805 (2007) *on Blasphemy, religious insults and hate speech against persons on grounds of their religions* geht es um religiöse Beleidigungen und Hassreden (Council of Europe, PAS 2007d).

---

112 Die Spannung zwischen Meinungsfreiheit und dem Respekt vor Religion, die in der Entschließung thematisiert wird, soll an dieser Stelle nicht ausführlich behandelt werden, vielmehr geht es um Aspekte zum Religions- und Bildungsverständnis, die in diesem Dokument erkennbar sind.

Dabei wird der Respekt für die bestehende kulturelle Vielfalt als wichtige Grundlage des Zusammenlebens angesehen und die Notwendigkeit eines fortdauernden Dialogs unterstrichen. Es findet sich die Bitte an die Bildungsminister der Mitgliedstaaten, praktische Richtlinien zu entwickeln, die Verständigung und Toleranz zwischen Schüler/innen unterschiedlicher Glaubenszugehörigkeit fördern.

Ein explizites Verständnis von Religion wird nicht formuliert. Ausgangspunkt ist die Meinungsfreiheit und der Respekt für religiöse Einstellungen (*freedom of expression and respect for religious beliefs*). Gefordert wird, dass in einer demokratischen Gesellschaft eine offene Debatte über Religion und Glauben stattfinden solle. Die Bedeutung des Respekts vor religiöser Vielfalt wird unterstrichen. Den Religionsgemeinschaften wird nahegelegt, kritische öffentliche Stellungnahmen zu akzeptieren und Auseinandersetzungen über ihre Aktivitäten, ihre Lehren und Glaubenseinstellungen (*activities, teachings and beliefs*) zu bejahen, solange solche Äußerungen nicht unter gesetzeswidrige Hassreden oder Beleidigungen fallen.

Die Empfehlung *education and religion* wird im Text herangezogen, um auf die Bedeutung von Verständigung, Toleranz und Bildung hinzuweisen. Die Argumentation lautet: Wenn Menschen mehr über Religion und die gegenseitigen Empfindlichkeiten wissen, dann gibt es weniger religiöse Beleidigungen, die auf Ignoranz beruhen. Wissen wird eine zentrale Bedeutung zugeschrieben, es wird unterstellt, dass Wissen automatisch eine positive Wirkung hat.

Schließlich hat sich die Parlamentarische Versammlung in der Entschließung 1580 (2007) *on the dangers of creationism in education* (Council of Europe, PAS 2007c) mit der zunehmenden Verbreitung der Theorie des Kreationismus innerhalb der Bildungssysteme in Europa beschäftigt. Dazu lag dem Gremium ein umfangreicher Bericht vor (Lengagne 2007), in dem auf die Gefahren bei der Beschäftigung mit Kreationismus in der Schule hingewiesen wird. In den Schlussfolgerungen des Berichtes wird einer an Wissenschaft orientierten Bildung eine wichtige Rolle beigemessen, junge Menschen und Erwachsene darin zu unterstützen *to become important players in the transformation of societies* (Lengagne 2007, 55). Das werde verhindert, wenn wissenschaftlich verifizierte Theorien verleugnet werden und dadurch die intellektuelle und persönliche Entwicklung von „tausenden von Kindern" geschädigt werde. Wissenschaft sei ein prominenter Player und spielt eine große und aktive Rolle im Prozess der Evolution und Transformation von Gesellschaften (vgl. Lengagne 2007, 55).

Im Entschließungstext geht es um den Schutz einer wissenschaftlichen Fundierung von Bildung, die durch Initiativen zur Propagierung des Kreationismus unterminiert werden. Die Bedeutung religiöser und kultureller Bildung wird unterstrichen und eine Behandlung des Kreationismus, wie anderer theologischer Positionen auch, allenfalls im Rahmen des Religionsunterrichtes als möglich angesehen.

In der Resolution 1743(2010) on *Islam, Islamism and Islamophobia in Europe* (Council of Europe, PAS 2010) findet sich die Forderung, dass *teaching about religions* von den Mitgliedsstaaten unterstützt werden solle, um das Bewusstsein über den gemeinsamen

Ursprung und die Werte des Judentums, des Christentums und des Islam zu stärken und ihre Einfluss auf den modernen europäischen Humanismus. In den Institutionen der universitären Ausbildung sollten islamische Studien angeboten werden, um religiöse Wissenschaftler, Lehrkräfte und leitende Persönlichkeiten auszubilden und dafür Sorge zu tragen, dass zwischen Islam und Islamismus unterschieden werde.

Zusammenfassend kann festgehalten werden, dass die angeführten Entschließungen und Empfehlung die in den bislang vorgestellten Dokumenten enthaltenen Konzepte von Religion und Bildung bestätigen und den bislang bekannten Konzeptionen keine neuen Elemente hinzufügen. In den Texten werden spezifische Probleme und Spannungen thematisiert, die durch aktuelle Vorgänge in Europa entstanden sind. So geht es um die Spannung zwischen Meinungsfreiheit und dem Respekt vor Glaubenseinstellungen, um Blasphemie, religiöse Beleidigung und Hassreden, Islam und Islamophobie wie um Kreationismus als Gefahr für Bildung. Kritisch kann angefragt werden, ob der Europarat selbst die bestehende kulturelle und religiöse Vielfalt in der Weise wahrnimmt, wie sie in den Empfehlungen eingefordert wird.

Als problematisch kann angesehen werden, dass der „Wissensvermittlung" eine ungeteilt positive Funktion zugeschrieben wird und vernachlässigt wird, dass reines Wissen nicht automatisch zu einem Handeln führt, das am Gemeinwohl, an sozialem Zusammenhalt und Wahrung der Würde des Menschen ausgerichtet ist.

4.1.1.8 Themen und Zusammenhänge

Die Analyse der Texte der Parlamentarischen Versammlung ergibt eine Reihe von Themen und Zusammenhänge, die im Kontext des Europarates sowie für den wissenschaftlichen Diskurs von Bedeutung sind und einer weiteren Betrachtung bedürfen. Diese Themen werden nachfolgend aufgelistet, eine Diskussion dazu erfolgt im Auswertungskapitel (Kap. 5).

Grundlegend scheint zu sein, dass der Zusammenhang von Religion und Bildung in Bezug zu den Grundwerten des Europarates (Demokratie, Menschenrechte und Rechtsstaatlichkeit) thematisiert wird. Es lässt sich fragen, inwieweit die Analysen und Empfehlungen des Europarates auf einer sachgemäßen Sicht der kulturellen und religiösen Vielfalt in Europa beruhen. Hinweise dazu wurden bereits bei der Analyse einzelner Dokumente gegeben. An einzelnen Themen und Zusammenhängen, die im Rahmen der Diskussion wieder aufgenommen werden, ergeben sich:

- Staatsverständnis und Religion
- Menschenrechte und Religion
- das verwendete Bild von Europa
- Säkularisierung und Religion
- säkulare Demokratie/säkularer Staat und die Stellung von Religion
- Verhältnis von Religion zu den Prinzipien der Demokratie und der Menschenrechte
- Religion als Basis für Toleranz und gegenseitigen Respekt
- Religionen als „Wertecontainer"

– Religiöse Prägung von Kulturen (jüdische, christliche und islamische Kulturen)
– negative und positive Religionsfreiheit
– Würde des Menschen
– Interreligiöser Dialog
– Funktionalisierung von Religion
– Pädagogik und Religion
– Formen religiöser Bildung.

In Ergänzung zu den dargelegten Themen und Herausforderungen in der Arbeit der Parlamentarischen Versammlung gibt es weitere zentrale Arbeitsschwerpunkte des Europarates, in denen Religion und Bildung thematisiert werden: interkultureller Dialog und interkulturelle Bildung. Für die weitere Analyse werden deshalb zwei Dokumente herangezogen und analysiert, die im Rahmen des Ministerkomitees, dem höchsten beschlussfassenden Organ des Europarates, verabschiedet wurden: Das *Weißbuch zum interkulturellen Dialog „Gleichberechtigt in Würde zusammenleben"* (Europarat 2008) und die Empfehlung CM/Rec(2008)12 *Dimension of religions and non-religious convictions within intercultural education* (Council of Europe 2008). Beiden Dokumenten kommt eine Schlüsselrolle für die Frage nach Religion im Kontext von Bildungsinitiativen des Europarates zu. Thematisch wichtig ist ebenso die Empfehlung der Parlamentarischen Versammlung von 2011 (Council of Europe 2011), die weiterführende Vorschlägen für die Wahrnehmung der religiösen Dimension im Rahmen des interkulturellen Dialogs enthält. Untersucht wird, in welcher Weise Religion bzw. die religiöse Dimension in diesen Texten vorkommt und welche Vorstellungen von Bildung thematisiert werden.

4.1.2 Interkultureller Dialog und interkulturelle Bildung – nicht ohne die religiöse Dimension

Einführung

Das Ministerkomitee besteht aus den Außenministern der 47 Mitgliedstaaten und ist das höchste beschlussfassende Gremium des Europarates. Das Komitee hat eine Schlüsselrolle inne im Blick auf die Weitergabe und Konkretisierung von Empfehlungen der Parlamentarischen Versammlung. Darüber hinaus gibt es gemeinsam verabredete Initiativen und Aktivitäten. Betrachtet werden sollen im Folgenden Initiativen, die das Ministerkomitee für eine Neuausrichtung der Aktivitäten im Bereich des interkulturellen Dialogs und der interkulturellen Bildung entwickelt hat. Dabei wird zunehmend die religiöse Dimension in diesem Feld berücksichtigt.

Interkulturelle Bildung hat eine lange Tradition im Rahmen der Aktivitäten des Europarats und bisweilen wurde in diesem Rahmen auch Religion thematisiert. Der unmittelbare Ausgangspunkt für eine veränderte Konzeption interkulturellen Dialogs und interkultureller Bildung, mit Thematisierung der religiöse Dimension, lag jedoch nicht in dieser „Tradition", sondern in den politischen Reaktionen, die im Europarat durch die terroristischen Anschläge des 11. September 2001 und nachfolgender Ereignisse als erforderlich erachtet wurden.[113] Der damalige Generalsekretär Walter Schwimmer formulierte deutlich, dass diese Vorgänge dazu führen müssen, die religiöse Dimension im politischen Diskurs stärker zu berücksichtigen und entsprechende Positionen und Aktivitäten im Rahmen des Europarates zu entwickeln. Er forcierte den interkulturellen und interreligiösen Dialog als zentrales Thema des Europarates und forderte Maßnahmen „*… to promote a better understanding between cultural and/or religious communities through school education, on the basis of shared principles of ethics and democratic citizenship"* (Council of Europe 2002).

Ein weiterer Beweggrund für eine intensivere Wahrnehmung von Religion ging vom Beitritt neuer Mitgliedstaaten nach 1989 aus.[114] In etlichen dieser Staaten spielt Religion eine zentrale Rolle im Kontext von Politik und Gesellschaft. In Albanien (Beitritt 1995), Aserbaidschan (Beitritt 2001) Bosnien-Herzegowina (Beitritt 2002) und ebenso in der Türkei gehört die Mehrheit der Bevölkerung dem Islam an, Bulgarien, Rumänien und Russland sind mehrheitlich christlich orthodox geprägt.[115]

Die politischen Forderungen aufnehmend, wurde in der für interkulturelle Bildung zuständigen Generaldirektion IV (Directorate General Education, Culture and Heritage, Youth and Sport) das Projekt *The challenge of intercultural education today: religious diversity and dialogue in Europe* (2002 bis 2005) entwickelt, das den Ansatz interkultureller Bildung ausdrücklich auf dessen religiöse Dimension und die Situation der religiösen Vielfalt bezieht.

Im Rahmen der Realisierung des Projektes gab es eine Reihe von unterstützenden Maßnahmen und wegweisenden Initiativen wie die „Erklärung zur interkulturellen Bildung im neuen europäischen Kontext" der Bildungsminister der Mitgliedstaaten im November 2003 in Athen, in der es heißt:

> „Note with satisfaction the progress and results of the projects and activities currently being carried out by the Council of Europe, particularly (…) the launch of the project ‚the new intercultural challenge to education: religious diversity and dialogue in Europe', which will make a major contribution to the shared goals of mutual understanding, respect, and learning to live together." (European Ministers of Education 2007, 195f.)

---

113 Die „Guidelines on human rights and the fight against terrorism", verabschiedet vom Ministerkomitee am 11. Juli 2002, beinhalten als langfristige Maßnahmen Initiativen zur Förderung des Zusammenhalts der Gesellschaften, des interkulturellen und interreligiösen Dialoges (Council of Europe, Committee of Ministers 2002).

114 Ab 1990 kam es zu folgenden Beitritten: Ungarn (1990), Polen (1991), Bulgarien (1992), Estland, Litauen, Slowenien, Slowakische Republik, Tschechische Republik, Rumänien (1993), Andorra (1994), Lettland, Albanien, Moldawien, Ukraine, die ehemalige jugoslawische Republik Mazedonien (1995), Russische Föderation, Kroatien (1996), Georgien (1999), Armenien und Aserbaidschan (2001), Bosnien und Herzegowina (2002), Serbien (2003), Monaco (2004), Montenegro (2007).

115 Allerdings weist Risse (2010) darauf hin, dass durch die „Rückkehr nach Europa" zentral- und osteuropäischer Staaten auch antisäkulare und antimoderne Ideen, durchaus christlich geprägt, auf die europäische Tagesordnung drängten (ebd., 14).

Dazu gehören auch die „Warschauer Erklärung" und der „Aktionsplan" anlässlich des 50-jährigen Bestehens der Europäischen Kulturkonvention 2004, in der die Bedeutung des interkulturellen und interreligiösen Dialogs unterstrichen wird:

> „based on the primacy of common values, as a means of promoting awareness and understanding of each other, preventing conflicts, promoting reconciliation and ensuring the cohesion of society, through formal and non-formal education." (Zit. in: Council of Europe 2009, 6–7).

Auf der Grundlage dieser politischen Unterstützung wurden im Rahmen des Projektes u.a. folgenden Aktivitäten durchgeführt:

– Der Europarat veranstaltete im Juni 2004 in Oslo, unterstützt durch die norwegische Regierung, eine Konferenz mit Vertreter/innen fast aller Mitgliedstaaten unter dem Titel „Religious Dimension of Intercultural Education", bei der weiter konkretisiert wurde, wie die religiöse Dimension im Rahmen interkultureller Bildung aufgenommen werden kann (Council of Europe 2004).

– In einer Expertengruppe mit Vertreterinnen und Vertretern interkultureller und religiöser Bildung aus verschiedenen Kontexten Europas wurde ein Handbuch für den schulischen Bereich entwickelt (Keast 2007).

– Das Ministerkomitee des Europarates hat im Dezember 2008 die Empfehlung CM/REC(2008)12 *Dimensions of religions and non-religious convictions within intercultural education* verabschiedet, in der die Initiativen im Bereich des interkulturellen Dialogs unter Berücksichtigung der religiösen Dimension zusammenfassend bewertet und Perspektiven für die weitere Arbeit formuliert werden (Council of Europe 2009). Insbesondere im erläuternden Teil (*explanatory memorandum*) dieses Dokumentes wird Religion in differenzierter Weise dargestellt.

Ein weiteres zentrales Dokument stellt das im Frühjahr 2008 veröffentlichte Weißbuch zum Interkulturellen Dialog dar (Europarat, Ministerkomitee 2008). Darin wird die religiöse Dimension im Rahmen des interkulturellen Dialogs thematisiert. Die damit angestoßene Debatte wird in der Empfehlung 1962 (2011) der Parlamentarischen Versammlung *The religious dimension of intercultural dialogue* aufgenommen und weitergeführt (Council of Europe, PAS 2011). Die beiden Dokumente werden nun genauer vorgestellt und analysiert.

4.1.2.1 Weißbuch zum Interkulturellen Dialog „Gleichberechtigt in Würde zusammenleben" (2008) (ER 9)

Im Mai 2008 verabschiedeten die Außenminister des Europarates ein Weißbuch zum interkulturellen Dialog.[116] Der Text gliedert sich in sechs Kapitel. Die englische Ausgabe

---

116 Weißbücher haben die Funktion, den gegenwärtigen Stand eines Politikbereiches zusammenzufassen und Perspektiven für zukünftige Aktivitäten vorzulegen. Bislang hat der Europarat nur wenige Weißbücher veröffentlicht: 2000 *on the protection of the human rights and dignity of people suffering from mental disorder, especially those placed as involuntary*

umfasst 21.147 Wörter und liegt als gedruckte Publikation im Umfang von 60 Seiten DIN A 5 vor. Eine deutsche Übersetzung liegt als Internet-Text vor (Europarat 2008).

Der Veröffentlichung des Textes ging ein intensiver Konsultationsprozess voraus. Die zwischen Januar und Juni 2007 durchgeführte Befragung, mit jeweils auf die verschiedenen Gruppierungen abgestimmten Fragebögen, umfasste die betroffenen Lenkungsausschüsse des Europarates, alle Mitgliedstaaten, die Mitglieder der Parlamentarischen Versammlung und des Kongresses der Gemeinden und Regionen sowie weitere Institutionen des Europarates wie die Europäische Kommission gegen Rassismus und Intoleranz, den Europäischen Ausschuss für soziale Rechte, die Task Force zum sozialen Zusammenhalt (*social cohesion*) und den Menschenrechtskommissar. Einbezogen wurden ebenso die Vertreter der Religions- und Migrantengemeinschaften, Nichtregierungsorganisationen (NRO), Kultur- und andere Organisationen.[117] Es sind zahlreiche Stellungnahmen eingegangen, die bei der Erstellung des Textes berücksichtigt werden konnten. Für den Europarat stellt das Weißbuch daher auch „ein Ergebnis der demokratischen Debatte – das Herzstück des eigentlichen interkulturellen Dialogs" (Europarat 2008, 9) dar.

Das Dokument ist keine abschließende Stellungnahme zum Bereich interkultureller Dialog, sondern bietet Perspektiven für einen weitergehenden Prozess.

An den umfangreichen Konsultationen in der Phase der Erarbeitung des Textes war eine Reihe von kirchlichen und religiösen Organisationen beteiligt. So hat sich die Konferenz Europäischer Kirchen (KEK) gemeinsam mit der Kirchlichen Kommission für Migranten in Europa (CCME) mit einer ausführlichen Stellungnahme ebenso geäußert wie die Gemeinschaft evangelischer Kirchen in Europa (GEKE). Auch die Intereuropäische Kommission für Kirche und Schule (ICCS) und der Internationale Verband für evangelische Erzieher (IV) (neuerdings: Internationaler Verband für christliche Erziehung und Bildung) und die EKD (EKD, Büro Brüssel 2007) haben im Rahmen der Konsultation eine gemeinsame Stellungnahme abgegeben.

Zu den Inhalten

Das Weißbuch besteht aus sechs Kapiteln und zwei Anhängen und ist damit wesentlich umfangreicher als die bisher analysierten Dokumente der Parlamentarischen Versammlung.[118]

In der Einleitung werden Rahmen und Prozess des Weißbuches vorgestellt, sowie Überlegungen, die im Rahmen der Befragung und verschiedener Konsultationen vorgetragen wurden. Für den Begriff „interkultureller Dialog" wird folgende Definition verwendet:

---

patients in a psychiatric establishment; und 2003 *on the principles concerning the legal consequences of parentage.*

117 Das *consultation document* ist abgedruckt in: Council of Europe 2007, 234–248.

118 Da das Weißbuch in einer deutschen Übersetzung im Internet vorliegt, wird dieser Text als Grundlage der Analyse verwendet.

„Interkultureller Dialog ist ein offener Meinungsaustausch, der auf der Grundlage
von Achtung und gegenseitigem Verständnis zwischen Einzelnen und Gruppen mit
unterschiedlicher Herkunft, unterschiedlichem ethnischem, kulturellem, religiösem und
sprachlichem Erbe geführt wird." (Ebd., 11)

Diese Definition wird bei der Vorstellung des Rahmenkonzeptes (ebd., 20–30) weiter
erläutert.

Kapitel zwei stellt die kulturelle Vielfalt in Europa in den Mittelpunkt, wirbt für
eine positive Aufnahme und Akzeptanz dieser Vielfalt und markiert die Bedeutung
des interkulturellen Dialogs, wenn es darum geht, kulturelle Vielfalt zu gestalten, um
„Freiheit" und „Wohlstand" bewahren zu können.

„Pluralismus, Toleranz und Offenheit sind aber nicht immer genug: Proaktive, strukturierte
und von vielen gemeinsam getragene Maßnahmen müssen ergriffen werden, damit die
Bewältigung der kulturellen Vielfalt gelingt. Der interkulturelle Dialog ist hierbei ein
wichtiges Instrument, ohne das es schwierig sein wird, Freiheit und Wohlstand für alle
Bewohner des Kontinents zu bewahren." (Ebd., 14f.)

Es wird ein Überblick zu dem im Rahmen des Europarates entstandenen Regelwerkes
für die Wahrung der Menschenrechte und anderer demokratischer Werte gegeben. Die
Gefahren eines ausbleibenden Dialogs werden betont, denn dies könne einen Nährboden
für Extremismus wenn nicht gar Terrorismus liefern (vgl. ebd., 18).

Das „Rahmenkonzept" (Kapitel drei) umfasst eine Hinführung zum Begriff des interkulturellen Dialogs, Ausführungen zur Identitätsbildung in einem multikulturellen
Umfeld und die Vorstellung bisheriger Konzepte kultureller Vielfalt. Voraussetzungen
für den interkulturellen Dialog, genannt werden die Achtung der Würde der anderen,
die Menschenrechte, die Rechtsstaatlichkeit und die demokratischen Prinzipien, werden aufgeführt. Ein Schwerpunkt liegt dabei auf Gleichberechtigung und gegenseitiger
Achtung sowie der Gleichstellung der Geschlechter. Hier schließt sich ein Unterkapitel
mit der Überschrift „Religiöse Dimension" an, das für den Kontext unserer Studie zentral ist. Darin wird die Bedeutung der drei monotheistischen Weltreligionen für Europa
unterstrichen, auch wenn gleichzeitig die Rolle der Religion in Konflikten betont wird:

„Das reiche Kulturerbe Europas umfasst eine große Vielfalt an religiösen, aber auch
weltlichen Vorstellungen vom Sinn des Lebens. Christentum, Judentum und Islam
haben in jeweils eigener Auslegung einen weitreichenden Einfluss auf den europäischen
Kontinent gehabt. Europa hat jedoch vor längerer als auch kürzerer Zeit Konflikte erlebt,
in denen die Religion zum gemeinsamen Symbol wurde." (Ebd., 27).

Unterstrichen werden die Gedanken-, Gewissens- und Religionsfreiheit als Teil
der Grundlagen jeder demokratischen Gesellschaft, und es wird betont, dass diese Freiheit „unter genau festgelegten Bedingungen" gemäß Art. 9 der Europäischen
Menschenrechtskonvention eingeschränkt sein kann. Der Europäische Gerichtshof
für Menschenrechte (EGMR) kontrolliert die Einhaltung der sich aus der Konvention
ergebenden Verpflichtungen durch die einzelnen Staaten. Seine Gesetzgebung weist
den Staaten in Fragen einer möglichen Einschränkung der Religionsfreiheit einen begrenzten „Ermessensspielraum" zu (vgl. (Brummer 2008; Wiater 2010). Zwischen den

Mitgliedstaaten bestehe „kein Konsens über Religionsfragen" (ebd., 27), das wird im Weißbuch konstatiert, ohne dass zugleich die bestehende Vielfalt positiv gewürdigt wird. Hervorgehoben wird vielmehr die Schnittmenge gemeinsamer Anliegen zwischen Europarat und den Religionsgemeinschaften: „Menschenrechte, demokratischer Bürgersinn (*democratic citizenship*), Förderung der Werte, Frieden, Dialog, Bildung und Solidarität" (ebd., 27). Nicht zuständig sieht sich der Europarat für den interreligiösen Dialog, was ihn nicht daran hindert, in verschiedenen Erklärungen Stellung dazu zu nehmen. So wird im Weißbuch deutlich auf die Verantwortung der Religionsgemeinschaften hingewiesen, „durch interreligiösen Dialog zum besseren Verständnis zwischen den verschiedenen Kulturen beizutragen" (ebd., 27). Zwei Funktionen soll dieser interreligiöse Dialog erfüllen: Er soll die Religionsgemeinschaften ermutigen, Menschenrechte, Demokratie und Rechtsstaatlichkeit in einem multikulturellen Europa aktiv zu fördern und er soll dazu beitragen, innerhalb der Gesellschaft den Konsens zur Lösung sozialer Probleme zu stärken (vgl. ebd., 29).

Es folgt eine Aufzählung der bisherigen Initiativen des Europarates im Dialog mit den Religionsgemeinschaften, in der deutlich wird, dass es dabei weder um eine „theologische Debatte" noch um einen „interkonfessionellen Dialog" gehe.

Damit ist zusammenfassend vorgestellt, was im Weißbuch unter der „religiösen Dimension" des Rahmenkonzeptes für den interkulturellen Dialog verstanden wird.

Kapitel vier stellt fünf politische Handlungskonzepte zur Förderung des interkulturellen Dialogs vor. Es geht um einen demokratischen Umgang mit kultureller Vielfalt, um demokratischen Bürgersinn und Teilhabe, interkulturelle Kompetenzen, Räume für den interkulturellen Dialog sowie um die Rolle des Dialogs in internationalen Beziehungen. Für unseren Zusammenhang sind die Anmerkungen zur Förderung interkultureller Kompetenzen im Primar- und Sekundarunterricht wichtig (ebd., 38–39). Es wird ausgeführt, dass alle Fächer eine interkulturelle Dimension umfassen sollen, insbesondere gilt dies für „Geschichte, Fremdsprachenunterricht und Unterricht über religiöse Fakten und Weltanschauungen" (*teaching of religious and convictional facts*) (ebd., 39). Weiter wird dazu ausgeführt:

> „In einem Unterricht, in dem in interkulturellem Kontext religiöse Fakten und Überzeugungen vermittelt werden, können Kenntnisse über *alle* Religionen und Weltanschauungen und ihre Geschichte vermittelt werden, um so den Schülern die Möglichkeit zu geben, Religionen und Weltanschauungen zu verstehen und Vorurteile zu verhindern. Dieses Vorgehen wurde von der Parlamentarischen Versammlung des Europarates, vom Europäischen Gerichtshof für Menschenrechte und von der ECRI (Europäische Kommission gegen Rassismus und Intoleranz) beschlossen." (Ebd., 39)[119]

Verwiesen wird im Dokument auf die Schlusserklärung der 22. Sitzung der Ständigen Konferenz der europäischen Bildungsminister in Istanbul (Mai 2007). Darin wird betont, wie wichtig es ist, Maßnahmen zur Verbesserung des gegenseitigen Verständnisses

---

119 Als Begründung werden die Empfehlung 1720 (2005) *education and religion* der Parlamentarischen Versammlung angeführt, verschiedene Urteile des EGMR sowie die politische Empfehlung des ECRI Nr. 10 zur Bekämpfung von Rassismus und Rassendiskriminierung in und durch Schulbildung (2006).

kultureller und/oder religiöser Gemeinschaften durch Schulbildung auf der Grundlage von gemeinsamen ethischen Grundsätzen und demokratischer Bildung zu ergreifen. „Unabhängig vom jeweils geltenden Religionsunterrichtssystem muss der religiösen und weltanschaulichen Vielfalt Rechnung getragen werden" (ebd., 39).

Den Handlungskonzepten folgt ein Kapitel mit allgemeinen „politischen Empfehlungen und Richtlinien gemeinsamen Handelns" (Kapitel fünf), in dem an die gemeinsame Verantwortung der wichtigsten Akteure erinnert wird. Dazu werden die bereits im vorherigen Kapitel eingeführten Handlungskonzepte aufgenommen und auf ihre politische Realisierung hin beschrieben. Das Kapitel enthält Ankündigungen zu geplanten Aktivitäten des Europarates:

> „Es werden auch Initiativen im Kunstunterricht und im Unterricht über religiöse Fakten im Rahmen eines Programms zur Förderung der interkulturellen Bildung und des interkulturellen Dialogs gestartet. Dieses Programm soll durch die Erarbeitung gemeinsamer Referenzen für den Umgang mit gemischtkulturellen Klassen das Einbeziehen der interkulturellen Bildung in die Bildungsprogramme fördern." (Ebd., 60)

Schließlich wird in einem kurzen abschließenden Kapitel darauf hingewiesen, dass das Weißbuch als Einladung verstanden werden sollte, den Prozess des interkulturellen Dialogs weiter zu verfolgen und zu entwickeln, da er unverzichtbar sei

> „für die Neugestaltung eines Gesellschafts- und Kulturmodells in einem Europa des raschen Wandel, damit jeder Einzelne, der in Gesellschaften mit verschiedenen Kulturen lebt, seine Menschenrechte und Grundfreiheiten wahrnehmen kann." (Ebd., 67)

Es werden Anregungen und Empfehlungen im Blick auf Bildung und Erziehung gegeben. Wie bereits erwähnt, findet sich ein eigener Abschnitt zur religiösen Dimension im interkulturellen Dialog.

Das Weißbuch hat sich als ein Referenzrahmen etabliert, der weit über den Kontext des Europarates hinaus Beachtung findet. Es findet bislang große Resonanz in Teilen der Zivilgesellschaft inkl. der Religionsgemeinschaften. Zur aktiven Verbreitung tragen auch die bislang vorliegenden Übersetzungen in 16 Sprachen bei.

Systematisierung von Aussagen zu Religion, Bildung und Politik

Bei einer Analyse des Textes lassen sich folgende Merkmale für die Dimensionen Religion und religiöse Dimension, Bildung und Politik herausarbeiten:

Tab. 11: Diskursive Merkmale von Religion, Bildung und Politik im Weißbuch zum interkulturellen Dialog

Dimensionen	Diskursive Merkmale
Religion; religiöse Dimension	Dimension des interkulturellen Dialogs;
	Teil von Pluralismus;
	Kulturerbe Europas umfasst eine große Vielfalt an religiösen Vorstellungen vom Sinn des Lebens;
	Religionsfreiheit als wichtiges Element für die Identität der Gläubigen;
	Anliegen der Religionsgemeinschaften überschneiden sich mit Schwerpunkten des Europarates: Menschenrechte, demokratischer Bürgersinn, Förderung der Werte, Frieden, Dialog, Bildung und Solidarität;
	Verantwortung der Religionsgemeinschaften für den interreligiösen und intrareligiösen Dialog;
	wichtige Funktion der Religionsgemeinschaften im interkulturellen Dialog.
Bildung	Bildungsmaßnahmen zur Förderung des demokratischen Bürgersinns;
	interkulturelle Kompetenzen lernen und lehren;
	Schullehrplan mit interkultureller Dimension in allen Fächern, insbesondere: Geschichte, Fremdsprachenunterricht und Unterricht über religiöse Fakten und Weltanschauungen;
	Vermittlung von Kenntnissen über *alle* Religionen und Weltanschauungen;
	religiöser und weltanschaulicher Vielfalt Rechnung tragen unabhängig vom jeweils geltenden Religionsunterrichtssystem;
	außerschulisches Lernen fördern u.a. in Religionsgemeinschaften;
	Ausbildungsprogramm für Lehrkräfte.
Politik	Offener, transparenter und regelmäßiger Dialog mit den Religionsgemeinschaften;
	Unterstützung des interreligiösen Dialogs;
	Religionsgemeinschaften ermutigen, Menschenrechte, Demokratie und Rechtsstaatlichkeit aktiv zu fördern;
	Bekämpfung von Diskriminierung aufgrund von Religion.

Religion wird als Dimension des interkulturellen Dialogs verstanden. Kulturerbe und Pluralismus beziehen sich auf Religion. In der Religionsfreiheit wird ein wichtiges Element für die Gläubigen gesehen, die positive Religionsfreiheit als Freiheit für die ungehinderte Ausübung von Religion wird betont, im Gegensatz zur negativen Religionsfreiheit, die sich auf den Schutz vor Religion bezieht. Eine konstruktive Grundlage für Kooperationen zwischen dem Europarat und den Religionsgemeinschaften wird in der Überschneidung von thematischen Anliegen gesehen. Genannt werden Menschenrechte, demokratischer Bürgersinn, Förderung von Frieden, Dialog, Bildung und Solidarität. Eine wichtige Abgrenzung stellt die Aussage dar, dass die Religionen und nicht politische Institutionen für den interreligiösen Dialog zuständig seien.

Bildung. Es geht um interkulturelle Kompetenzen und um die Realisierung einer interkulturellen Dimension durch verschiedene Schulfächer. Im Blick auf Religion sollen Kenntnisse über alle Religionen und Weltanschauungen vermittelt werden und die in diesem Bereich bestehende Vielfalt soll berücksichtigt werden. Betont werden auch außerschulische Angebote sowie die Aus- und Fortbildung der Lehrenden.

Politik. Der Fokus liegt auf der Etablierung eines offenen, transparenten und regelmäßigen Dialogs mit den Religionsgemeinschaften. Der interreligiöse Dialog soll ausgebaut werden und die Religionsgemeinschaften sollen ermutigt werden, sich aktiver mit den grundlegenden Werten des Europarates zu identifizieren.

Interpretation

Religionsverständnis
Religion kommt im Weißbuch nicht als eigenständiges Phänomen vor, es wird nur von einer „religiösen Dimension" gesprochen. Im Zentrum steht der interkulturelle Dialog mit der Zielsetzung: „Gleichberechtigt in Würde zusammenleben". Er wird verstanden als „ein Erfordernis unserer Zeit", so Terry Davis, der damalige Generalsekretär des Europarates in seinem Vorwort zur deutschen Ausgabe, und als ein „Schlüsselelement für die Zukunft Europas". Den Religionsgemeinschaften wird im Rahmen des interkulturellen Dialogs eine wichtige Funktion zugeschrieben; ihre Verantwortung für den inter- wie intrareligiösen Dialog wird unterstrichen.

Dem interkulturellen Dialog wird eine „religiöse Dimension" als Teil des Rahmenkonzepts für den interkulturellen Dialog zugeschrieben.[120] Was darunter verstanden wird, bleibt im Weißbuch weitgehend offen und vage. Zur Charakterisierung des Feldes werden folgende Begriffe verwendet: „religiöses Erbe", „religiöse Traditionen", „religiöse Überzeugungen", „Religionsgemeinschaften", „religiöse

---

120 Andere genannte konzeptuelle Rahmenbedingungen sind die Begriffsbestimmung interkultureller Dialog, die Frage nach Identitätsbildung im multikulturellen Kontext, Ansätze zur Behandlung kultureller Vielfalt und Bedingungen des interkulturellen Dialogs. Eine Systematik der angeführten Rahmenbedingungen ist nicht erkennbar.

Herkunft", „religiöse Vorstellungen vom Sinn des Lebens", „Religionsfreiheit", „Religionsfragen".

Die Religionsgemeinschaften werden als Akteure und als Partner des Europarates genannt, da sich ihre Anliegen in weiten Teilen mit den Schwerpunkten des Europarates überschneiden. Dazu gehören: Menschenrechte, demokratischer Bürgersinn, Förderung der Werte, Frieden, Dialog, Bildung und Solidarität (vgl. ebd., 27). Dies stellt einen beeindruckenden Katalog dar, der nicht nur die öffentliche Bedeutung der Religionsgemeinschaften betont, sondern auch ein Potenzial für weitergehende Kooperationen zwischen Religionsgemeinschaften und politischen Institutionen enthält. Dennoch liegt in dieser Argumentation auch die Gefahr, dass Religion zum Handlanger für politische Zielsetzungen funktionalisiert wird und die Religionsgemeinschaften als nützliche Instrumente für Zwecke des Europarates gesehen werden. Gerade wenn die gegenseitige „Nichteinmischung" von Religion und Politik ein konstituierendes Merkmal des Verhältnisses von politischen Institutionen und Religionsgemeinschaften darstellt, sollte die Eigenständigkeit beider Bereiche gewahrt bleiben. Damit wird von Seiten der Religionsgemeinschaften auch eine kritische Wahrnehmung und Begleitung politischer Entwicklungen möglich.

Die *öffentliche Bedeutung* von Religion wird unterstrichen. Das lässt sich mit folgendem Zitat illustrieren:

> „Religionsausübung gehört zum täglichen Leben und kann und darf daher aus der Interessensphäre der öffentlichen Verwaltung nicht ausgeschlossen werden, auch wenn der Staat seine Rolle als neutraler und unparteiischer Garant für die Ausübung verschiedener Religionen, Glaubensrichtungen und Überzeugungen zu wahren hat." (Europarat, Ministerkomitee 2008, 28)

In dieser Passage findet sich eine veränderte Akzentuierung der Perspektive des Europarates, die sich deutlich unterscheidet von den bislang dargelegten Positionen in den Dokumenten der Parlamentarischen Versammlung. Religion wird nicht nur in ihrer privaten, individuellen Funktion gewürdigt, sondern die öffentliche Bedeutung von Religion wird betont und die Notwendigkeit für den Staat, ihren Stellenwert wahrzunehmen und anzuerkennen. Dabei bleibt der Staat gehalten, „neutral und unparteiisch" im Blick auf die Vielfalt vorhandener Religionen und Weltanschauungen zu agieren.

Im Text des Weißbuches findet sich kein explizites Verständnis von Religion; es wird nur von einer „religiösen Dimension" gesprochen. Dadurch bekommt der religiöse Aspekt eine wichtige Funktion für den interkulturellen Dialog. Es ist jedoch fraglich, ob damit die Rolle von Religion und von den Religionsgemeinschaften ausreichend beschrieben ist. Die Religionsgemeinschaften und verschiedene NRO haben in ihren Stellungnahmen zum Weißbuch diesen Aspekt thematisiert.

Bildungsverständnis
Aussagen zum Bildungsverständnis finden sich im Weißbuch im Rahmen der Ausführungen zum Handlungskonzept „Interkulturelle Kompetenzen lernen und lehren" (Ebd., 36–42). Bildung wird als ein gemeinsames Anliegen des Europarates und der Religionsgemeinschaften benannt (ebd., 27).

Eine veränderte Perspektive findet sich im Blick auf religiöse Bildung. Während in früheren Dokumenten von *teaching about religions* gesprochen wurde, ist nun von einem „Unterricht über religiöse Tatsachen und Weltanschauungen" bzw. von „religiösen Fakten und Überzeugungen" die Rede (*teaching of religious and convictional facts and knowledge about all world religions and beliefs*). Es wird von *facts and knowledge* gesprochen, von Tatsachen und Wissen, die auf Religionen und Überzeugungen, auf r*eligious and convictional facts*, bezogen werden. Auch wenn es interessant sein mag, die linguistischen Unterschiede im Gebrauch des Wortes *convictional* und seiner möglichen deutschen Übersetzungen zu diskutieren, soll an dieser Stelle lediglich auf zwei Beobachtungen hingewiesen werden: Zum einen wird nun fast durchgehend von „religiösen Fakten" bzw. „Tatsachen" gesprochen. Damit kommt ein auf den Informations- und Wissensaspekt von Religion bezogenes Verständnis zum Ausdruck. Zum anderen werden stets *religious and convictional facts* zusammen thematisiert. Religion wird also immer mit „Nicht-Religion" bzw. nichtreligiösen Überzeugungen und Weltanschauungen in Verbindung gebracht. Und dies nicht mit deutlich konturierten und etablierten Begriffen wie *philosophy* oder *world view*, sondern mit dem eher unbestimmten Begriff *conviction*.[121]

Die Vielfalt von bestehenden Ansätzen des Religionsunterrichtes in Europa wird zwar benannt, und damit eine Öffnung zu einer differenzierten Analyse theoretisch ermöglicht, jedoch mit der Forderung versehen, auf jeden Fall der *religious and convictional diversity* Rechnung tragen zu sollen.

Diskussion

Die Begrenztheit der Aufnahme von Religion im Weißbuch kann diskutiert werden durch einen Rückgriff auf kirchliche Stellungnahmen, die im Rahmen des Konsultationsprozesses zur Erstellung des Weißbuches erfolgten. Bezug genommen wird dabei insbesondere auf die gemeinsame Stellungnahme von CSC und CCME (Churches Commission for Migrants in Europe CCME & Conference of European Churches CEC/CSC 2007), die Stellungnahme der GEKE (Gemeinschaft Evangelischer Kirchen in Europa GEKE 2007c), die Stellungnahme der Evangelischen Kirche in Deutschland EKD (EKD, Büro Brüssel 2007) und von ICCS und IV (IV & ICCS 2007). Grundlage der Stellungnahmen ist ein vom Europarat vorgelegter ausführlicher Fragenkatalog.

In der Stellungnahme von CSC und CCME wird auf einen positiven Zusammenhang von Glauben und Integration hingewiesen sowie darauf, dass Religion ein zentraler Bestandteil von persönlicher Identität sein kann und es daher nicht angemessen ist, Religion lediglich als Teil von Kultur zu verstehen, wie es in vielen politischen Ansätzen geschieht:

---

121 Im Rahmen der Gesetzgebung des EGMR findet sich folgender Versuch einer Begriffsbestimmung: „The term ‚conviction', taken on its own, is not synonymous with the word ‚opinions' and ‚ideas'. It denotes views that attain a certain level of cogency, seriousness, cohesion and importance." (Wiater 2010, 62)

„We wish to underline that faith can be an important factor for integration. For many people religion is an essential part of their identity but often in policy approaches to integration religion is subsumed under culture." (Churches Commission for Migrants in Europe CCME & Conference of European Churches CEC/CSC 2007, 3)

Ein Zusammenhang von Kultur und Religion wird bestätigt, jedoch zugleich darauf hingewiesen, dass sich Religion nicht in Kultur „erschöpft". Das Verhältnis von Kultur und Religion ist komplex und kann nicht durch eine Zu- bzw. Unterordnung aufgelöst werden:

„Therefore, there *is* a religious dimension also to intercultural dialogue but the CoE must understand that religious communities do not believe that they or ‚religion' can be exhaustively described with a reference to culture alone. For this reason, religious communities will continue their ongoing processes of inter-religious dialogue. These dialogue processes can include elements that are not described by the discourse of cultural sociology, such as ‚transcendence', ‚otherness', ‚the divine', or ‚sanctity'." (Churches Commission for Migrants in Europe CCME & Conference of European Churches CEC/CSC 2007, 7)

Es wird darauf hingewiesen, dass im interreligiösen Dialog andere Bereiche thematisiert werden, wie die Fragen nach Transzendenz, dem Göttlichen oder nach Heiligkeit.

Die Bedeutung der Kirchen als Bildungsträger und Beteiligte am öffentlichen Bildungsdiskurs wird unterstrichen:

„Whereas CSC/CEC and CCME as platforms are actively involved in promoting human rights including issues such as gender and ethnic equality, our constituencies also emphasise the importance of both formal and non-formal education. According to our experience, having knowledge both about one's own as well as about others' religious and cultural identity contributes significantly to a successful dialogue. Education needs to encourage a sense of reflective self-identity and respect of the other." (Churches Commission for Migrants in Europe CCME & Conference of European Churches CEC/CSC o.J. 2007, 8)

In der Erklärung wird das Wissen über die eigene Religion und Kenntnisse über die Religion des Anderen auf einer Ebene angesiedelt, was gegen eine Abfolge bei der Aneignung von „eigener" und „fremder" Religion spricht, die in der Position des Europarates zum religiösen Lernen zum Ausdruck kommt. Ebenso wird die selbstreflexive Funktion von Bildung unterstrichen und die Förderung von Respekt des Anderen.

In der Stellungnahme der GEKE (Gemeinschaft Evangelischer Kirchen in Europa GEKE 2007c) wird eine Differenzierung im Blick auf verschiedene Formen des interkulturellen Dialogs gefordert, da sich ein Dialog zwischen politischen Institutionen und Vertreterinnen und Vertretern von sozialen, kulturellen und religiösen Gruppen doch wesentlich unterscheide z.B. von einem Dialog zwischen verschiedenen Gruppierungen der Zivilgesellschaft und dem direkten Dialog zwischen religiösen Gemeinschaften.

In der Stellungnahme wird auch betont, dass religiöse oder kulturelle Vielfalt innerhalb einer Gesellschaft nicht automatisch zu Schwierigkeiten oder Konflikten führe müsse. GEKE nimmt dabei Bezug auf das auch von der EKD angeführte Konzept der „Einheit in versöhnter Verschiedenheit", das als Vision für das Zusammenleben in multikulturellen Gemeinschaften gesehen wird. Es bedeutet „dass Gemeinsamkeiten gesucht und zum Ausdruck gebracht werden sollten, ohne dabei die verschiedenen Traditionen und Profile zu vernachlässigen" (EKD, Büro Brüssel 2007, 3).

Eine konkrete Position bezieht GEKE in der Stellungnahme zu Fragen religiöser Bildung. Dazu heißt es:

> „We see an important role for intercultural education in this context, which allows for learning to know cultures and religions. According to our experience, *a precondition for intercultural learning is having knowledge about one's own religious and cultural identity*. People will only be able to enter into a dialogue with other people about their cultural identity, if they have some idea about their own roots and cultural specifities. We therefore believe that education in everyone's own religion is a precondition for dialogue with others. Comparative religious studies do not provide a sufficient background for dialogue, because they do not provide a basis for a dialogue based on personal convictions." (Hervorh. P.S.). (Gemeinschaft Evangelischer Kirchen in Europa GEKE 2007c, 3)

Nach Auffassung der GEKE ist eine vergleichende Religionskunde nicht ausreichend als Vorbereitung für einen interkulturellen Dialog. Vielmehr gehe es darum, den Schülerinnen und Schülern ein profundes Wissen über ihre *eigene* religiöse und kulturelle Herkunft zu vermitteln, bevor sie in der Lage sind, sich konstruktiv in einen interkulturellen Dialog zu begeben.

In der Stellungnahme der EKD (EKD, Büro Brüssel 2007) wird deutlich, dass Religion zwar als eine Dimension von Kultur verstanden werden kann, damit jedoch keine „umfassende Beschreibung des Verhältnisses von Kultur und Religion" gegeben ist. Vielmehr könne dies zu dem Missverständnis führen, dass Religion „gänzlich in Kultur aufginge" (ebd., 1). Dagegen wird als Position formuliert: „Religion ermöglicht als eine Art Tiefendimension von Kultur immer auch eine Perspektive auf Kultur als Ganzes." (Ebd.)

Bildung – einschließlich des lebenslangen Lernens – wird in der EKD Stellungnahme als wichtiger Kontext für interkulturellen Dialog angeführt.

> „Interkultureller Dialog bildet eine fundamentale Dimension jeder Lebenserfahrung in der heutigen globalisierten Welt, welche jeden Menschen ständig in Kontakt mit mehr als einer Kultur bringt. Darüber hinaus spielt der interkulturelle Dialog eine wichtige Rolle in spezifischen Lernsituationen, welche durch eine Gruppe von kulturell unterschiedlich Lernenden und/oder durch ein kulturell differenziertes Lernumfeld (…) gekennzeichnet sind." (Ebd., 5)

In der Stellungnahme der Intereuropean Commission on Church and School ICCS und der International Association for Christian Education IV wird im Rahmen einer zukunftsfähigen Vision für das Zusammenleben in multikulturellen Gesellschaften das gemeinsame und wechselseitige „Lernen an Differenz" unterstrichen. Es soll bewusst gefördert werden, statt bestehende Vielfalt zu ignorieren. Bildung wird eine zentrale Funktion im Blick auf Selbsterkenntnis und Selbstbewusstsein zugesprochen, deren reflexiver Gebrauch einen konstruktiven Umgang mit Differenz ermögliche:

„Models for living together include common and mutual learning, the acceptance of difference and the „dance with difference". This contrasts with attempts to ignore diversity. Education has a vital role in the development of self-awareness and self-consciousness, especially among children and young adults. Self-awareness underpins a constructive and non-discriminatory approach to difference." (Ebd., 2)

Und im Blick auf den Zusammenhang von Bildung und interkulturellem Dialog heißt es:

"Education, which implies lifelong learning from the cradle to the grave, is an essential element for intercultural dialogue. That is chiefly because education is a safe context for dialogical learning on a basis that promotes reflective self-awareness." (Ebd., 3)

Es wird für ein umfassendes Verständnis von Bildung im Rahmen von Demokratie lernen geworben, wenn es heißt:

„Democracy requires an active, informed and responsible citizenry. That means citizens who can balance self-interest and empathy. Knowledge of the other is not enough. Educational activities should promote intercultural competence that includes
– Communication based on intercultural knowledge and attitudes.
– Self-reflectiveness enabling individuals to change their systems of reference.
– Empathy that recognises culture based action and facilitates flexible reaction.
– A change of perspective facilitating understanding of the Other and acceptance of disagreement." (Ebd., 4)

Die Bedeutung der Beteiligung der Religionsgemeinschaften am interkulturellen Dialog wird unterstrichen:

„By its nature, intercultural dialogue is incomplete without the involvement of religious communities in view of their engagement with the ‚religious dimension of intercultural dialogue'. As actors in civil society, they are in a position to offer an active and practical contribution as well as to examine its conceptual underpinning." (Ebd., 6)

Die angeführten Beiträge der Kirchen und kirchennaher Organisationen entstanden im Rahmen des Konsultationsprozesses zur Erstellung des Weißbuches. Nach der Veröffentlichung des Dokuments gibt es auch Reaktionen und Kommentierungen aus erziehungswissenschaftlicher Sicht. So hat die internationale erziehungswissenschaftliche Zeitschrift *Policy Futures in Education* (pfi) der Rezeption und Diskussion des Weißbuches eine Ausgabe gewidmet (Vol 9, No 1, 2011). Darin legt James Arthur (2011) dar, dass die Tatsache der religiösen Vielfalt im Weißbuch und der dahinter liegenden Analyse überstrapaziert werde. Ihre Bewertung entspreche nicht der Realität in den Staaten Europas, da die meisten von ihnen eine christliche Grundlage hätten, und andere Religionen demgegenüber eine zweitrangige Rolle spielen. Religionen würden im Weißbuch jedoch alle über einen Kamm geschoren, ohne bestehende inhaltliche, theologische Unterschiede wahrzunehmen und zu würdigen. Nach Auffassung Arthurs kann nicht allgemein über Religion geredet werden, denn es gebe nur partikulare Religionen, die sich wesentlich von anderen Religionen unterscheiden. Bis 2001 habe der Europarat religiöse Unterschiede ignoriert oder verleugnet und Religion(en) kaum wahrgenommen. Arthur kritisiert auch, dass im Rahmen eines demokratischen säkularen Humanismus, der als unhinterfragter Ausgangspunkt des Europarates gelte,

Religion auf ein kulturelles Faktum reduziert werde. Der Europarat vernachlässige, sich mit theologischen oder spirituellen Konzepten zu beschäftigen. Auch sei der säkulare Humanismus eine ideologisch geprägte Weltsicht und keineswegs eine neutrale Position. Als „restriktive Ideologie" verhindere diese Perspektive den interkulturellen und interreligiösen Dialog. Auch werden die unterschiedlichen Beziehungen zwischen Kirche und Religion in den verschiedenen Staaten nicht adäquat wahrgenommen.

Murphy (2011) thematisiert in seinem Beitrag das Problem, dass die Politik des interkulturellen Dialogs die Frage nicht lösen könne, wie sich die von Demokratie, Menschenrechten und Rechtsstaatlichkeit geprägte liberale Perspektive vereinbaren lasse mit den „Werten" voraufklärerischer militanter Gemeinschaften. Dialog könne die damit gegebenen Widersprüche nicht auflösen.

Resümierend kann festgehalten werden, dass das Weißbuch eine Öffnung des Diskurses zu interkulturellem Dialog zu religiösen Perspektiven bedeutet. Inhaltlich dokumentiert sich diese Entwicklung in der Wahrnehmung einer „religiösen Dimension" des interkulturellen Dialogs, strukturell fördert das Dokument eine Intensivierung des Austauschs mit den Religionsgemeinschaften. Allerdings sind die Voraussetzungen für diesen Dialog restriktiv und die Religionsgemeinschaften sind auf Einladungen und Initiativen des Europarates angewiesen.

Eng verbunden mit Initiativen des interkulturellen Dialogs sind Aktivitäten des Europarates zu interkultureller Bildung. Wie an anderer Stelle dargelegt, wurde ab 2000 die Frage der Berücksichtigung der gegebenen religiösen Vielfalt in verschiedenen Projekten und Aktivitäten bearbeitet. Zentral ist dafür eine Empfehlung des Ministerkomitees aus dem Jahre 2008 (ER 10), die nun vorgestellt wird.

4.1.2.2 *Empfehlung CM/REC(2008)12 Dimension of religions and non-religious convictions within intercultural education (ER 10)*

Das Ministerkomitee des Europarates hat im Dezember 2008 die Empfehlung CM/REC(2008)12 *Dimension of religions and non-religious convictions within intercultural education* (ER 10) verabschiedet, die als Zusammenfassung der Initiativen im Bereich des interkulturellen Dialogs unter Berücksichtigung der religiösen Dimension angesehen werden kann (Council of Europe 2008) (vgl. 4.1.2). Das Dokument besteht aus 2739 Wörtern und ist in drei Teile gegliedert: eine Empfehlung, ein Anhang zur Empfehlung und ein erklärendes Memorandum (*explanatory memorandum*), das den Kontext und die Zielsetzung der Empfehlung darlegt und weiter erläutert. Die Empfehlung des Ministerkomitees wurde vom Steering Committee for Education (CDED) vorgeschlagen und vorbereitet.

Zu den Inhalten

In dem Text werden zunächst die verschiedenen vorliegenden Empfehlungen und Aktivitäten mit kurzen Charakterisierungen ihrer jeweiligen Ergebnisse gewürdigt. Der Fokus liegt dabei auf Ergebnissen und Empfehlungen des Projektes *The New*

Challenge to Intercultural Education: Religious Diversity and Dialogue in Europe (2002–2005) und den in diesem Rahmen entstandenen konzeptionellen und innovativ methodischen Vorschlägen. Den Mitgliedstaaten werden unter Berücksichtigung ihrer jeweiligen nationalen rechtlichen und bildungspolitischen Gegebenheiten folgende drei Empfehlungen gegeben:

> „a. draw on the principles set out in the appendix to this recommendation in their current or future educational reforms;
>
> b. pursue initiatives in the field of intercultural education relating to the diversity of religions and non-religious convictions in order to promote tolerance and the development of a culture of ‚living together';
>
> c. ensure that this recommendation is brought to the attention of the relevant public and private bodies (including religious communities and other convictional groups), in accordance with national procedures." (2008, 8)

Im Unterschied zu anderen Empfehlungen – und dem dabei üblichen Format – fällt bei diesem Dokument auf, dass der Text inhaltlich zwar die Vorgeschichte und einzelne Aktivitäten würdigt, aber nicht aus sonst üblichen (bildungs)politischen Empfehlungen an die Regierungen der Mitgliedstaaten besteht. Dafür wird auf den Anhang verwiesen, der die Substanz der Empfehlung inhaltlich konkretisiert und für diesen Typus eines politischen Dokuments sehr ausführlich verfasst und differenziert gegliedert ist. Mit dieser Strategie ist es möglich, breiter und differenzierter zu argumentieren, als es üblicherweise in dieser Art von Dokumenten geschieht. Da in den Anhängen wichtige inhaltliche Aussagen gemacht werden, werden diese Textteile in die Analyse einbezogen.

In den Punkten 1 bis 3 des Anhangs werden zunächst der Rahmen und die zentralen Begriffe vorgestellt. Die Berücksichtigung von religiösen Dimensionen und nicht-religiöser Überzeugungen (*dimensions of religions and non-religious convictions*) im Rahmen interkultureller Bildung soll dazu beitragen, Menschenrechte, demokratische Bürgerschaft und Partizipation zu stärken. Kompetenzen sollen entwickelt werden auf folgenden Ebenen:

> – „Education policies, in the form of clear-cut principles and objectives;
> – Institutions, especially through open setting for learning and inclusive policies;
> – Professional development of teaching staff through adequate training." (S. 9)

Eine wesentliche Präzisierung wird dann im folgenden Punkt vorgenommen:
„2. For the purpose of this recommendation ‚religions' and ‚non-religious convictions' are considered as ‚cultural facts' within the larger field of social diversity." (Ebd.)

Das Verständnis von Religion (und nicht-religiöser Überzeugungen) als ein „kulturelles Faktum" bzw. eine „kulturelle Gegebenheit" wird als ein gemeinsamer Ausgangspunkt verstanden, auf dem die Aktivitäten des Europarates beruhen. Begrenzt man Religion auf ein kulturelles Faktum, so spart man sich eine Auseinandersetzung mit der Komplexität und der Vielfalt von Religion(en). Diese Interpretation wäre möglich, ist jedoch im Blick auf den vorliegenden Text zumindest nicht eindeutig zu begründen, denn im nächsten Absatz heißt es:

„3. Religions and non-religious convictions are diverse and complex phenomena; they are not monolithic. In addition, people hold religious and non-religious belief to varying degrees, and for different reasons. For some, these convictions are essential and may be a matter of choice, for others they are subsidiary and maybe a matter of historical circumstances. The dimension of religions and non-religious convictions within intercultural education should therefore reflect this diversity and complexity at the local, regional and international level." (Ebd.)

Die Vielfalt und Komplexität von Religionen wird anerkannt und zugleich wird die mögliche individuelle Bedeutung von Religion reflektiert. Auch wenn sich diese differenzierte Sicht von Religionen und Weltanschauungen im Text des Anhangs der Empfehlung wesentlich von bisher vorgestellten Positionen des Europarates unterscheidet, so bleibt doch abzuwarten, wie konsequent sich diese Differenzierung in der Gestaltung der zukünftigen Politik des Europarates zeigt.

Im Anhang der Empfehlung werden drei grundlegende „Pfeiler" benannt und kurz vorgestellt, die den Rahmen bilden, in dem sich der Europarat, als humanistisch ausgerichtete, Religionen und Weltanschauungen neutral gegenüberstehende politische Organisation, mit Religion bzw. der religiösen Dimension im interkulturellen Dialog und im Bereich interkultureller Bildung beschäftigen kann: (1) als Stärkung der universellen Werte Menschenrechte, Demokratie und Rechtsstaatlichkeit; (2) in der Begrenzung von Religion auf eine kulturelle Gegebenheit (*cultural fact*); (3) in der Wahrnehmung der Komplexität und Vielfalt innerhalb der Religionsgemeinschaften.

Auf dieser Grundlage werden dann in Punkt vier Prinzipien für die Aufnahme der religiösen Dimension im Rahmen interkultureller Bildung formuliert. Dazu gehören:

– Religionsfreiheit, die das Recht, einer Religion anzugehören ebenso beinhaltet, wie keiner Religion anzugehören oder die Religion zu wechseln.
– Das Verständnis von Religionen als „kulturelle Gegebenheiten", die zum sozialen wie zum individuellen Leben ebenso beitragen wie Sprache, Geschichte und kulturelle Traditionen.
– Wissensvermittlung, um Toleranz, Verständigung und gegenseitiges Vertrauen zu fördern.

Gefordert wird ein interdisziplinärer Ansatz für religiöse, moralische und demokratische Bildung, „to develop sensitivity to human rights (including gender equality), peace, democratic citizenship, dialogue and solidarity." (Ebd., 10)

In Punkt fünf des Anhangs wird in einer Liste mit Forderungen konkretisiert, wie interkulturelle Kompetenzen gefördert werden sollen. Darin findet sich:

„fostering an ability to analyse and interpret impartially the many varied types of information relating to the diversity of religions and non-religious convictions, while respecting pupils' religious or non-religious convictions and without prejudice to the religious education given outside the public education sphere". (Ebd., 11)

Neben der Anerkennung der Vielfalt an möglichen Informationen über Religionen sind in diesem Abschnitt vor allem zwei Punkte bemerkenswert:

a) der Bezug auf die eigene religiöse oder nicht-religiöse Überzeugung der Schüler/innen und b) die Verwendung des Begriffs *religious education*, auch wenn er auf religiöse Bildung außerhalb der öffentlichen Schulen bezogen wird.

Bedingungen (*requirements*), und Hindernisse (*obstacles*) im Umgang mit der Vielfalt von Religionen und nicht-religiösen Weltanschauungen werden benannt. Zu ihrer Bearbeitung gehört, den Stellenwert von Religionen und Weltanschauungen im öffentlichen Raum und in der Schule wahrzunehmen, kulturelle und religiöse Vielfalt wie auch sozialen Zusammenhalt wertschätzen zu können, die prägende Bedeutung von Religionen und Weltanschauungen für die individuelle Identität anzuerkennen, Vorurteile und Stereotypen, insbesondere im Blick auf die Situation von Minderheiten und Migrant/innen, zu überwinden. Insgesamt soll zu einer solidarischen Gesellschaft beigetragen werden.

Den Aspekten des Lehrens wird ein eigener Punkt gewidmet, der die konzeptionellen und methodischen Vorschläge zusammenfassend darstellt, die in dem erwähnten Handbuch für Schulen (Keast 2007) ausführlich vorgestellt werden. Dazu gehören Prinzipien wie: Sensibilität für die Würde aller Menschen, gegenseitiges Vertrauen, Schaffung von „sicheren Räumen" zur Förderung des Dialogs und der Kooperation, „kooperatives Lernen", „Empathie", und Methoden wie Rollenspiele, dialogorientierte Formen, Simulationen und anderes. Hinzu kommen eine Reihe von Empfehlungen für die Aus- und Fortbildung von Lehrkräften.

Dem Anhang folgt ein weiterer Text (*explanatory memorandum*). Darin werden der Kontext der Empfehlung und die einzelnen Schritte des Entstehungsprozesses vorgestellt. Deutlich wird, dass die verschiedenen Ansätze des Religionsunterrichtes in den Schulen kein Thema im Rahmen des Projektes sind, jedoch wird eine übergreifende Zielsetzung propagiert, die auch im Religionsunterricht aufgenommen werden soll. Es heißt dazu:

> „In terms of policy, the working group (of the project) recommended that, regardless of the system of religious education in any particular state, children should have education that takes religious and philosophical diversity into account as part of their intercultural education, irrespective of how exactly this is included in the curriculum." (Ebd., 16)

Und im Blick auf die „religiöse Dimension" wird ausgeführt:

> „It was also underlined that taking into account the dimensions of religions and non-religious convictions within intercultural education requires that, despite different personal and societal views on religion, everyone can agree that religion is at least a 'cultural fact'. Knowledge and understanding of religion at this basic level is highly relevant to good community relations and personal relationships and is therefore a legitimate concern of public policy." (Ebd.)

Es wird in diesem Abschnitt deutlich, dass Religion nicht generell auf ein kulturelles Faktum eingegrenzt wird, dieses Verständnis jedoch als kleinste Gemeinsamkeit gelten soll, dem alle zustimmen können, auch wenn sich die persönlichen und gesellschaftlichen Bedeutungen von Religion voneinander unterscheiden, d.h. über Religion als „kulturelles Faktum" hinausreichen.

An anderer Stelle wird ausgeführt, dass Religion für viele deutlich mehr bedeutet als ein kulturelles Faktum zu sein. „For many, religion is more than this: it may be a way of life, an embodiment of revealed truth or linked with important ethical convictions." (Ebd., 18)

Für das Ministerkomitee des Europarates ist die Diskussion um die *religious dimension* mit dem verwendeten Minimalverständnis nicht beendet, vielmehr ermögliche es ihm

> „to begin to develop further the implications for religion for intercultural education and to release the potential for considering how religion can contribute to positive intercultural education." (Ebd., 18)

Religion wird nicht mehr ausschließlich als Privatsache verstanden, sondern es wird ihr ein Potenzial zugeschrieben, den interkulturellen Dialog positiv prägen zu können:

> „The recognition that the role of religious, philosophical and moral convictions goes beyond the private sphere has it opponents, but without such a concept the potential of exploring and using the religious dimension of intercultural education and dialogue is very limited." (Ebd., 19)

Insgesamt zeigt sich in diesem Dokument ein differenzierter Umgang mit „Religion", der die bestehende Vielfalt und Komplexität wahr- und ernst nimmt. Gleichzeitig wird mit dem Selbstverständnis des Europarates begründet, warum Religion als „kulturelles Faktum" eine Basis für Projekte und Aktivitäten ist.

Im Blick auf die im Dokument genannten verschiedenen *Akteure und Zielgruppen* lassen sich folgende Aspekte unterscheiden:

– das *Ministerkomitee* des Europarates als höchste politische Instanz verantwortet die Empfehlung.

– Das Dokument ist gerichtet an die *Regierungen der Mitgliedstaaten*, die bei ihren Bildungsreformen die Prinzipien, die im Anhang der Empfehlung dargelegt sind, berücksichtigen (*draw on),* und zugleich Initiativen im Bereich interkulturelle Bildung entwickeln sollen, in denen die Vielfalt der Religionen und nicht religiösen Weltanschauungen berücksichtigt werden. Die Empfehlung soll auch an wichtige öffentliche und private Gruppierungen weitergeben werden (inkl. Religionsgemeinschaften und andere Weltanschauungsgruppierungen).

– Der *Generalsekretär des Europarates* soll die Empfehlung an die Staaten weitergeben, die nicht Mitglied des Europarates sind und die Europäische Kulturkonvention unterzeichnet haben.

Merkmale von Religion, Bildung und Politik

Nach der inhaltlichen Zusammenfassung werden nun als Ergebnis der Analyse Merkmale zusammengestellt, die sich im Text zu den Dimensionen Religion, Bildung und Politik finden lassen:

Tab. 12: Diskursive Merkmale von Religion, Bildung und Politik in der Empfehlung CM/REC(2008/12) *on the dimension of religions and non-religious convictions within intercultural education* (2008)

Dimensionen	Diskursive Merkmale
Religion; religiöse Dimension	Diverse and complex; dimensions of religions and non-religious convictions; religions and non religious convictions – as cultural facts; – as diverse and complex phenomena; – are at least „cultural facts" that contribute to social and individual life; – are often an important part of individual identity; the term „religious dimension" does not define a type of „religious education"; religion may be for many: – a way of life, – an embodiment of revealed truth or – linked with important ethical convictions.
Bildung	Education for democratic citizenship as a factor for social cohesion, mutual understanding, intercultural and inter-religious dialogue, and solidarity; Fundamental importance of taking into account the religious dimension of intercultural education; innovative teaching approaches and learning strategies which take into account religious diversity within intercultural dialogue; reflect diversity and complexity of religions and non-religious convictions at a local, regional and international level. Information on and knowledge of religions and non-religious convictions – should be taught in order to develop tolerance as well as mutual understanding and trust; – develop on the basis of individual learning and experience – take into account the age and maturity of pupils. Education should develop intercultural competences through a range of activities; recognise the place of religions and non-religious convictions in the public sphere and at school as topic for discussion and reflection. Overcoming prejudices and stereotypes concerning religions and non-religious convictions, especially the practices of minority groups and immigrants.

Dimensionen	Diskursive Merkmale
Politik	Provide better relations with and between religions; promote initial and in-service training for teachers with a view to the objective, balanced teaching of religions as they are today and of religions in history; Council of Europe should enter into dialogue with religious organisations, underpinned by universal values and principles; any democratic state is obliged to take a position vis-á-vis religious diversity. It has to manage its relations with the dominant faith communities which have for centuries shaped social, moral and even political life.

Religion wird als „kulturelles Faktum" betrachtet. Das könne ein gemeinsamer Ausgangspunkt sein, dem wohl niemand ernsthaft widerspreche. Ein weitergehendes Potenzial wird angedeutet in der Funktion, die Religion für Gläubige hat. Für sie bietet Religion eine Orientierung für die Lebensführung oder verkörpert eine offenbarte Wahrheit oder wird mit wichtigen ethischen Überzeugungen verbunden. Der zentrale Begriff „religiöse Dimension" wird nicht definiert, allerdings negativ abgegrenzt von Religionsunterricht bzw. *religious education*.

Im Blick auf Bildung wird die Bedeutung von *Education for Democratic Citizenship* unterstrichen, ein Feld, in dem auch der interreligiöse Dialog gefördert werden soll. Die religiöse Vielfalt erfordere innovative Lehr- und Lernansätze; Komplexität und Vielfalt von Religionen und Weltanschauungen sollten auf den verschiedenen Ebenen reflektiert werden. Bei den Zielsetzungen wird ausdifferenziert, was durch Information und Wissen über Religionen erreicht werden soll. Im Blick auf die Politik sticht die Forderung nach mehr Dialog mit den Religionsgemeinschaften hervor wie auch die Aufgabe des demokratischen Staates, die Gestaltung der religiösen Vielfalt konstruktiv anzugehen.

Interpretation

Religionsverständnis

Religion wird als ein vielfältiges und komplexes Phänomen (*divers and complex phenomena*) wahrgenommen. Religiöse und nicht religiöse Überzeugungen werden stets zusammen thematisiert. Es kann vermutet werden, dass damit die Unparteilichkeit und Neutralität der Position des Europarates zum Ausdruck kommen soll, die auf keinen Fall eine religiöse oder weltanschauliche Position präferieren darf, auch auf die Gefahr der Relativierung hin.

Religion wird als wichtiges Element individueller Identität angesehen, sofern sich jemand dafür entscheidet.

Gemeinsamer Ausgangspunkt ist es, Religion als „kulturelles Faktum" zu verstehen (*are at least cultural facts*), verbunden mit der Feststellung, dass Religion für viele mehr bedeuten kann. Diese Position wird auch nicht als abschließendes Ergebnis angesehen, sondern als ein Ausgangspunkt für weitere Entwicklungen

„that allows the Council of Europe to begin to develop further the implications of religion for intercultural education and to release the potential for considering how religion can contribute to positive intercultural education" (ebd., 18).

Religion kann mehr bedeuten als ein „kulturelles Faktum" und hat das Potenzial, zu einer „positiven" interkulturellen Bildung beizutragen. Was mit diesem Attribut gemeint ist, wird nicht weiter erläutert.

Bildungsverständnis

Religiöse und weltanschauliche Aspekte werden in unterschiedlichen Bildungsansätzen thematisiert. Dies geschieht im Rahmen interkultureller Bildung und von *Education for Democratic Citizenship (EDC)*. Im deutschen Kontext wird häufig von „Demokratie lernen" gesprochen, wenn solche Initiativen thematisiert werden. Es sind hohe Erwartungen, die sich mit EDC verbinden: Sie soll einen Beitrag zum sozialen Zusammenhalt leisten und zur gegenseitigen Verständigung. Auch interkultureller und interreligiöser Dialog sowie Solidarität sollen gefördert werden. Die Wahrnehmung der religiösen Dimension im Rahmen interkultureller Bildung wird unterstrichen. Damit verbinden sich die Vermittlung von Informationen und von Wissen über Religionen und Weltanschauungen, die Berücksichtigung der bestehenden Vielfalt und das Praktizieren innovativer Lehr- und Lernmethoden.

Die Forderung nach einem altersgemäßen Unterricht über religiöse und nicht-religiöse Weltanschauungen wird mit einem interdisziplinären Ansatz verbunden. Bildung soll interkulturelle Kompetenz fördern, die Toleranz und Reflexion religiöser und weltanschaulicher Vielfalt ermöglichen soll.

Diskussion

Die *Struktur* der Empfehlung ist ungewöhnlich. Der formalste und kürzeste Teil ist die Empfehlung selbst, wichtige Differenzierungen zu Begriffen und Entwicklungen finden sich im Anhang und dem ebenfalls angefügten Memorandum. Offensichtlich lassen sich komplexe Themen und Herausforderungen um religiöse und nicht-religiöse Dimensionen im Rahmen interkultureller Bildung nicht einfach in einem kurzen programmatischen Text substanziell fassen. Das Dokument unterscheidet sich darin von früheren Dokumenten, in denen weit weniger differenziert argumentiert wird.

Inhaltlich wird durch die Empfehlung das Potenzial für einen weitergehenden Dialog mit den Religionsgemeinschaften angedeutet, da Religion als „kulturelles Faktum" nicht als abschließende Definition verwendet wird, sondern ein darüber hinausgehendes Potenzial angedeutet wird. Vielmehr vermittelt die differenzierte Argumentation und die Wahrnehmung von Religion als vielfältiges und komplexes Phänomen das Angebot, den Dialog über den Stellenwert und die Bedeutung von Religion im Rahmen interkultureller Bildung zu intensivieren, auch wenn Religion für interkulturelle Bildung funktionalisiert wird.

Die Empfehlung wird als Zwischenergebnis in einem fortzuführenden Prozess verstanden. Initiativen des Europarates, die gemeinsam mit dem Europäischen Wergeland

Zentrum durchgeführt werden, beschäftigen sich mit weiteren Konkretisierungen der Empfehlung.

Bislang ist noch keine öffentliche Resonanz aus den Mitgliedstaaten auf diese Empfehlung bekannt. Der Europarat hat 2010 eine Expertengruppe berufen, die sich mit Fragen der Umsetzung in dem Mitgliedstaaten und der Weiterführung der in der Empfehlung formulierten Positionen beschäftigt.

4.1.2.3 Empfehlung 1962 (2011) The religious dimension of intercultural dialogue (ER 12)

In Fortführung der Beschäftigung mit der religiösen Dimension des interkulturellen Dialoges hat die Parlamentarische Versammlung im Frühjahr 2011 eine weitere Empfehlung verabschiedet (Council of Europe, PAS 2011). Das Dokument ist in 20 Abschnitte unterteilt und umfasst 1.587 Wörter.

Der Auftrag für die Erarbeitung der Empfehlung und des begleitenden Berichtes erging im Oktober 2010 vom Präsidenten der Parlamentarischen Versammlung, Mevlüt Çavuşoğlu, an das Komitee für Kultur, Wissenschaft und Bildung. Zur Vorbereitung der Empfehlung wurde eine Anhörung organisiert mit (meist französischen) Vertretern verschiedener Glaubensgemeinschaften (katholisch, orthodox, protestantisch, jüdisch und muslimisch).

Der die Empfehlung einführende Bericht enthält einen Überblick zu Situation und Stellenwert von Religion in den europäischen Staaten, eine Zusammenfassung der Rechtsprechung des Europäischen Gerichtshofes für Menschenrechte sowie Ausführungen zur religiösen Dimension des interkulturellen Dialogs und der Förderung der grundlegenden Werte des Europarates. Hervorgehoben werden das Prinzip der Unabhängigkeit der Religionsgemeinschaften vom Staat als logische Konsequenz staatlicher Neutralität und Religionsfreiheit und die Möglichkeit der Kooperation zwischen Staat und Religionsgemeinschaften. Gewürdigt werden die bisherigen Aktivitäten zur Förderung der religiösen Dimension im Rahmen des interkulturellen Dialogs. Nicht behandelt werden in dem Bericht und dem Text der Empfehlung Fragen, die mit dem Stellenwert von Religion in der Öffentlichkeit zusammenhängen oder mit Fragen nach Säkularität und Religion.

Zur Einbringung, Diskussion und Verabschiedung der Empfehlung wurden leitende Persönlichkeiten des Judentums, des Christentums (orthodox, katholisch und evangelisch) und des Islam eingeladen, sich vor der Parlamentarischen Versammlung zum interkulturellen Dialog und der religiösen Dimension zu äußern.[122] Damit wurde ein wichtiger weiterer Schritt in der Etablierung eines Dialogs mit den Kirchen und

---

122 Die Teilnehmenden: Patriarch Daniel von Rumänien, Kurienkardinal Jean-Louis Tauran, Präsident des Päpstlichen Rates für den Interreligiösen Dialog, Oberrabbiner Berel Lazar, Oberrabbiner Russlands und der rabbinischen Allianz der Gemeinschaft unabhängiger Staaten, Prälat Bernhard Felmberg, Bevollmächtigter der EKD bei der Bundesrepublik Deutschland und der Europäischen Union, Professor Mehmet Görmez, Vorsitzender von Diyanet (dem Amt für Religiöse Angelegenheiten) in der Türkei.

Religionsgemeinschaften getan. Allerdings ist festzustellen, dass überwiegend nationale Vertreter eingeladen wurden und nicht europäische Repräsentanten z.B. der KEK oder der GEKE oder dem Zusammenschluss der Katholischen Bischofskonferenzen im Rahmen von CCEE.

Zu den Inhalten

Die Empfehlung geht von einem wachsenden Interesse am interkulturellen Dialog in Europa und weltweit aus. Es wird unterstrichen, dass ein fehlender Dialog die Beziehungen und die Kooperation zwischen Gemeinschaften innerhalb der Gesellschaft und zwischen den Völkern gefährdet. Dialog solle dem Gemeinwohl dienen und dazu beitragen, Spannungen und barbarische Fälle von Hass und Gewalt zu vermeiden.

Die große Bedeutung des Weißbuches zum Interkulturellen Dialog und des 2008 begonnenen regelmäßigen Austausches mit den Religionsgemeinschaften zur „Religiösen Dimension des interkulturellen Dialogs", wird unterstrichen. Meinungs-, Gewissens- und Religionsfreiheit sind grundlegend für eine demokratische Gesellschaft, daran wird im Text erinnert. Die religiöse Dimension wird als ein zentraler Aspekt der Identität von Gläubigen benannt, der auch für Atheisten, Agnostiker und Skeptiker wichtig sei. Kirchen und Religionsgemeinschaften haben in Europa das Recht, ungehindert existieren zu können. Religionsfreiheit sei geknüpft an die vorbehaltlose (*unreserved*) Akzeptanz der fundamentalen Werte, die in der Europäischen Menschenrechtskonvention niedergelegt sind.

Als Aufgabe wird genannt, die Einstellung gegenüber der bestehenden Vielfalt positiv zu gestalten. Es gehe darum, sowohl die Bedeutung der religiösen Dimension des interkulturellen Dialogs als auch die Zusammenarbeit der Religionsgemeinschaften zu unterstreichen, um die Werte zu stärken, die den gemeinsamen Kern der europäischen Gesellschaften bilden.

Dazu sei es notwendig, dass die Kirchen und Religionsgemeinschaften gegenseitig die Religionsfreiheit anerkennen. Es sei auch wichtig, eine „neue Kultur des Zusammenlebens" zu entwickeln, die auf der gleichen Würde eines jeden Menschen beruhe und ein aufrichtiges Bekenntnis zu demokratischen Prinzipien und den Menschenrechten beinhalte. Die Kirchen und Religionsgemeinschaften werden aufgerufen, sich weiterhin um einen an diesen Zielsetzungen ausgerichteten Dialog zu bemühen.

Die Staaten werden aufgefordert, die Rahmenbedingungen zur Gestaltung eines religiösen und weltanschaulichen Pluralismus zu garantieren und allen Religionsgemeinschaften, die sich zu den grundlegenden Werten bekennen, den gleichen rechtlichen Status zu gewähren.

Es wird als notwendig erachtet, eine dynamische, produktive Partnerschaft zu etablieren zwischen den öffentlichen Institutionen, den Religionsgemeinschaften und den nicht religiös orientierten Gruppierungen. Als gemeinsamer Ausgangspunkt könne die Auffassung dienen, dass die Menschenwürde ein essenzielles und universelles Vermögen darstelle. Lokal und national sollten interreligiöse Dialoge organisiert werden, an denen auch humanistische und nicht-religiöse Gruppierungen beteiligt sein sollen, mit dem Ziel, die sozialen Bindungen zu stärken zum Wohl der am stärksten Verletzbaren in einer Gesellschaft und gegen Diskriminierung.

Die Bedeutung des Bildungssystems im Blick auf Wissen von und Verständigung zwischen den Kulturen wird unterstrichen. Dazu gehöre auch die Beschäftigung mit den für die Kulturen grundlegenden Glaubens- und Weltanschauungsrichtungen. Es wird vorgeschlagen, dass sich staatliche Behörden und Religionsgemeinschaften, auf der Grundlage der Richtlinien des Europarates, gemeinsam mit Fragen des Unterrichts über Religionen, mit konfessioneller Bildung und mit der Ausbildung von Lehrkräften und Geistlichen beschäftigen sollen.

Für den Religionsunterricht in der Schule sollte die staatliche Neutralität Grundlage sein und die nationalen Behörden sollten strikt darauf achten, dass die religiöse bzw. nicht religiöse Weltanschauung der Eltern nicht verletzt werde.

Nach dieser inhaltlichen Zusammenfassung der Empfehlung werden nun Textpassagen tabellarisch zusammengestellt, in denen sich diskursive Muster im Blick auf Religion, Bildung und Politik erkennen lassen.

Tabelle 13: Diskursive Merkmale von Religion, Bildung und Politik in der Empfehlung 1962 (2011) *The religious dimension of intercultural dialogue* (ER 12)

Dimensionen	Paraphrasierte Textpassagen	Diskursive Merkmale
Religion	Churches and religious communities have the right to exist and to organize themselves independently;	Kirchen und Religionsgemeinschaften haben das Recht zu existieren und sich unabhängig zu organisieren;
	freedom of religion and freedom to have a philosophical or secular world view are inseparably from unreserved acceptance by all of the fundamental values enshrined in the Convention;	Religions- und Weltanschauungsfreiheit sind nicht zu trennen von der Akzeptanz der fundamentalen Werte in der Europäischen Menschenrechtskonvention;
	convinced of the importance of the religious dimension of intercultural dialogue;	die Bedeutung der religiösen Dimension des interkulturellen Dialogs wird unterstrichen;
	collaboration between religious communities to foster the values that make up the common core of our European societies and of any democratic society;	die Kooperation zwischen den Religionsgemeinschaften bedeutet eine Verstärkung der gemeinsamen Werte als Kern der europäischen Gesellschaften und jeder demokratischen Gesellschaft;

Dimensionen	Paraphrasierte Textpassagen	Diskursive Merkmale
Religion	necessary that the various Churches and religious communities recognize each other's right to freedom of religion and belief;	Es ist notwendig, dass die Kirchen und Religionsgemeinschaften gegenseitig die Religionsfreiheit achten;
	people of all beliefs and world views accept to intensify dialogue building on the common assertion of all people's equal dignity and wholehearted commitment to democratic principles and human rights;	ein intensivierter Dialog wird von Menschen jeglicher Glaubens- und Weltanschauungsrichtung akzeptiert auf der gemeinsamen Annahme der gleichen Würde für alle Menschen und einem aufrichtigen Bekenntnis für demokratische Prinzipien und Menschenrechte;
	calls upon all religious communities and Churches to persevere in their endeavours for dialogue;	Religionsgemeinschaften und Kirchen sollen sich beharrlich um Dialog bemühen;
	internal autonomy of religious institutions is limited by fundamental rights, democratic principles and the rule of law.	die interne Autonomie der religiösen Institutionen wird begrenzt durch die Grundrechte, die demokratischen Prinzipien und die Rechtsstaatlichkeit.
Bildung	The Assembly reiterates the importance and the function of the education system for knowledge and understanding of the various cultures, including the beliefs and convictions which identify them, and for learning democratic values and respect for human rights;	Bedeutung von Bildung für die Vermittlung von Wissen und Verständnis der verschiedenen Kulturen, einschließlich den ihnen zugrunde liegenden Glaubens- und Weltanschauungssysteme und für das Erlernen demokratischer Werte und Respekt für Menschenrechte;
	the Assembly recommends that states and religious communities review together, on the basis of the guidelines provided by the Council of Europe, the questions regarding teaching on religions, denominational education, and training of teachers and of ministers of religion or those with religious responsibilities, according to a holistic approach.	Empfehlung, dass Staat und Religionsgemeinschaften gemeinsam Fragen nach Religionskunde, konfessionellem Religionsunterricht und Ausbildung anhand der Richtlinien des Europarates überprüfen, orientiert an einem ganzheitlich ausgerichteten Ansatz.
	The principle of state neutrality applies to religious education at school;	Das Prinzip staatlicher Neutralität sollte auch für den Religionsunterricht an Schulen gelten;

Dimensionen	Paraphrasierte Textpassagen	Diskursive Merkmale
Bildung	it rests with the national authorities to pay strict attention that parents' religious and non-religious convictions are not offended.	die staatlichen Behörden sollten strikt darauf achten, dass das Elternrecht auf Beachtung ihrer religiösen und nicht religiösen Weltanschauung nicht verletzt wird.
Politik	Assembly welcomes the positive momentum conducive to an approach mainstreaming the questions relating to intercultural dialogue and its religious dimension;	Die Versammlung begrüßt die positive Wirkung in der Beschäftigung mit Fragen der religiösen Dimension im Rahmen des interkulturellen Dialogs;
	the principle of state neutrality applies to religious education at school;	das Prinzip staatlicher Neutralität solle für den Religionsunterricht an Schulen gelten;
	the Assembly invites the religious institutions and leaders to study the appropriate way to better train the holders of religious responsibility in: – knowledge and understanding of other religions and convictions; – respect for fundamental rights, democratic principles and rule of law;	Einladung an die Verantwortlichen der religiösen Institutionen für eine wirksamere Ausbildung im Blick auf – Wissen und Verständnis für andere Religionen und Überzeugungen; – Respekt für fundamentale Rechte, demokratische Prinzipien und Rechtsstaatlichkeit;
	establish a place for dialogue, a workspace between the Council of Europe and high-level representatives of religions and of non-denominational organisations;	einen Ort des Dialogs und eine Arbeitsstruktur zwischen dem Europarat und hohen Repräsentanten der Religionen und nicht-religiöser Organisationen schaffen;
	place existing relations on a stable and formally recognized platform;	bestehende Beziehungen sollen auf einer stabilen und formal anerkannten Grundlage beruhen.
	Develop this initiative in concertation with interested parties; associate the Parliamentary Assembly and the European Union, invite the Alliance of Civilisations and other parties to contribute;	Entwicklung dieser Initiative in Zusammenarbeit mit interessierten Gruppierungen; Verbindungen zwischen der Parl. Versammlung und der Europäischen Union; Einladung an die Alliance of Civilisations und anderer Gruppierungen, sich zu beteiligen;
	organise dedicated meetings on the religious dimension of intercultural dialogue.	Organisation spezieller Treffen zur religiösen Dimension des interkulturellen Dialogs.

Interpretation

Religionsverständnis

Zwei grundlegende Merkmale liefern den Rahmen für die vorliegende Empfehlung und das darin enthaltene Religionsverständnis: Kirchen und Religionsgemeinschaften haben das Recht zu existieren und sich unabhängig zu organisieren; Religions- und Weltanschauungsfreiheit sind nicht zu trennen von der Akzeptanz der fundamentalen Werte, die in der Europäischen Menschenrechtskonvention, die eine wesentliche Grundlage der Arbeit des Europarates bildet, festgehalten sind.

Religiöser und weltanschaulicher Pluralismus soll durch den Staat garantiert werden. Vorgeschlagen wird eine Partnerschaft zwischen dem Europarat und den Religionsgemeinschaften wie auch den humanistischen Organisationen zur gemeinsamen Förderung von Demokratie und Menschenrechten.

Auf dem Hintergrund der Gedanken-, Gewissens- und Religionsfreiheit wird die religiöse Dimension als ein zentrales Element der Identität von Gläubigen und ihrer Lebensorientierung betrachtet, aber ebenso als „kostbares Vermögen" (*precious asset*) für Atheisten, Agnostiker, Skeptiker oder Gleichgültige. Mit dieser Charakterisierung geht eine Aufwertung von Religion einher, da nicht nur ihre Bedeutung für Gläubige unterstrichen wird, sondern auch für Nichtgläubige. Religion ist diskursfähig und Gegenstand öffentlicher Auseinandersetzung, die sich nicht auf einen Dialog zwischen Gläubigen und Nichtgläubigen einschränken lässt.

Bildungsverständnis

Bildung ist wichtig, um Wissen zu vermitteln und Verständnis für die verschiedenen Kulturen zu wecken, so Aussagen im Text. Behandelt werden sollen die Glaubensrichtungen und Überzeugungen, die den Kulturen eigen sind und demokratische Werte und Respekt für Menschenrechte sollen gelernt werden. Religiöse Bildung in den Schulen wird als eine gemeinsame Angelegenheit von Staat und Religionsgemeinschaften betrachtet, unter besonderer Beachtung des Rechtes der Eltern auf eine ihren Auffassungen gemäße Bildung ihrer Kinder. Auf der Grundlage der Empfehlungen und Richtlinien des Europarates sollen Staat und Religionsgemeinschaften Fragen nach dem Unterricht über Religionen, konfessionelle religiöse Bildung und die Aus- und Fortbildung von Lehrkräften überprüfen, und dabei auf einen ganzheitlichen Ansatz zurückgreifen. Diese Textpassagen unterscheiden sich deutlich von Positionen früherer Texte eines *teaching about religion*. Religionsunterricht wird nicht mehr als ein defizitäres Fach angesehen, sondern als eine gemeinsam von Staat und Religionsgemeinschaften zu regelnde Angelegenheit.

Diskussion

Mit der Empfehlung 1962 der Parlamentarischen Versammlung (2011) (ER 12) werden bestehende strukturelle und inhaltliche Initiativen fortgeführt, die religiöse Dimension im interkulturellen Dialog zu berücksichtigen und Konkretisierungen zu entwickeln. Gewürdigt werden das Weißbuch zum interkulturellen Dialog (2008)

(ER 9) und die seit 2008 stattfindenden Dialogveranstaltungen (*exchange*) mit den Religionsgemeinschaften und ebenso die Empfehlung des Ministerkomitees von 2008 *Dimensions of religions and non-religious convictions within intercultural education* (ER 10).

Ein neuer Akzent im Dialog liegt in dem Vorschlag, dass Mitgliedstaaten und Religionsgemeinschaften gemeinsam geltende Regelungen im Bereich religiöser Bildung und Konzepte der Aus- und Fortbildung von Lehrkräften überprüfen sollen. Auch die Perspektive im Blick auf Religion hat sich insofern verändert, als der private Charakter von Religion, der in früheren Empfehlungen ein zentraler Ausgangspunkt der Argumentation war, in diesem Text nicht erwähnt wird. Die staatliche Neutralität im Blick auf den Religionsunterricht gelte es zu wahren und die nationalen staatlichen Autoritäten sollten sorgsam dafür sorgen, dass die religiösen oder nicht-religiösen Überzeugungen der Eltern beachtet werden.

Beachtenswert ist auch die Tatsache, dass die Einbringung und Verabschiedung der Empfehlung mit einem Hearing der Parlamentarischen Versammlung mit Vertretern der Religionsgemeinschaften verbunden war. Auch wenn es sich dabei nicht um einen wirklichen Dialog gehandelt hat, ist das dadurch gegebene öffentliche Signal nicht zu unterschätzen. Mit dieser Einladung kommt eine neue Qualität des Dialogs zum Tragen.[123]

4.1.2.4 Zusammenfassende Interpretation

Die Dokumente des Ministerkomitees des Europarates und die Empfehlung 1962 der Parlamentarischen Versammlung (2011) (ER 12) haben ihren Schwerpunkt in Fragen des interkulturellen Dialoges und der interkulturellen Bildung unter besonderer Berücksichtigung der religiösen Dimension. Es ist zunächst zu würdigen, dass Religion überhaupt in den Zusammenhängen von interkulturellem Dialog und interkultureller Bildung zum Thema geworden ist. Dem liegt ein Perspektivenwechsel im Blick auf die Wahrnehmung von Religion zugrunde. Die Vorgeschichte zeigt, dass ein wesentliches Motiv dafür den tragischen Ereignissen des 11. September 2001 und ihren vielfältigen Folgen geschuldet ist. Erst die Radikalisierung eines (scheinbar) religiös motivierten Terrorismus hat im Europarat zu einer intensiveren Beschäftigung mit Religion geführt. Das hat eine problematische Seite, wenn Religion und religiöse Einstellungen einseitig als Ursache für Gewalt und Konflikte vereinnahmt und damit in gewisser Weise stigmatisiert werden. Auf dieser Grundlage sind dann auch die Forderungen an die Religionsgemeinschaften zu verstehen, mehr zu Toleranz und zu friedlichem Zusammenleben beizutragen.

---

123 Zu den fünf geladenen Religionsführern gehörte auch ein Vertreter der EKD, Prälat Bernhard Felmberg. Er warnte in seinem Beitrag davor, Menschen auf ihre Religion zu reduzieren, auch wenn Religion ein integraler Bestandteil individueller und kollektiver Identität darstelle (Felmberg 2011). Religionen können einen wertvollen Beitrag zum Gemeinwesen leisten, so Felmberg, und pluralistische Gesellschaften könnten von den verschiedenen Beiträgen der Religionen profitieren.

Der Perspektivenwechsel hat jedoch auch eine positive Seite. Der Dialog mit Vertreterinnen und Vertretern der monotheistischen Religionsgemeinschaften wurde intensiviert und verstetigt und eine Annäherung im Blick auf gemeinsame Werte und Kooperationsmöglichkeiten hat stattgefunden. Durch die Fortführung des Dialogs ist eine weitere Differenzierung in der Wahrnehmung von Religion auf Seiten des Europarates zu erwarten.

Ergebnisse der vergleichenden Analyse der Dokumente lassen eine Entwicklung rekonstruieren, die eine markante Veränderung der Konzeption des interkulturellen Dialogs und der interkulturellen Bildung anzeigen. Das wird im Vergleich zwischen dem Weißbuch zum interkulturellen Dialog (ER 9) und der Empfehlung Rec (2008)12 des Ministerkomitees zur religiösen Dimension im Rahmen interkultureller Bildung (ER 10) deutlich. Während im Weißbuch die religiöse Dimension weitgehend deskriptiv im Blick auf reale Beziehungen und Kontakte verwendet wird, findet sich in der Empfehlung REC (2008) 12 mit der Thematisierung der „Dimension der Religionen und nicht-religiösen Überzeugungen", eine differenziertere Sichtweise zu Religion, die auch deren innere Komplexität berücksichtigt. Zwar werden im Anhang des Textes sowohl „Religionen" als auch „nicht religiöse Überzeugungen" als „kulturelle Fakten" behandelt, es wird jedoch zugleich darauf hingewiesen, dass der Europarat auf dieser Grundlage weiter entwickeln kann, welche Implikationen die Einbeziehung von Religion für interkulturelle Bildung habe und welche positive Rolle Religion spielen könne. Es wird konstatiert, dass die Bedeutung von Religion für Gläubige weit über eine „kulturelle Gegebenheit" hinausgehe, als *way of life, an embodiment of revealed truth or linked with important ethical convictions* (ebd., 18).

Insgesamt dokumentieren sich in den Dokumenten eine zunehmend differenzierte Wahrnehmung von Religion und eine veränderte Gewichtung des Potenzials von Religion für Demokratie und das Zusammenleben in Europa.

Die Empfehlungen der Parlamentarischen Versammlung und des Ministerkomitees des Europarates sind öffentliche Dokumente, die aktiv verbreitet werden. Sie sind an die nationalen Regierungen gerichtet mit der Aufforderung, die ausgesprochenen Empfehlungen in ihrem Bereich umzusetzen. Dazu gibt es zwar keine rechtliche Verpflichtung, jedoch kann über Öffentlichkeitsarbeit und politische Lobbyarbeit diese Umsetzung eingefordert und aktiv begleitet werden. Einwirkungen erfolgen.

Die Dokumente, die im nächsten Teilkapitel analysiert werden, haben einen weniger öffentlichen Charakter. Sie sind entstanden im Kontext der Arbeit des Menschenrechtskommissars und des Europäischen Gerichtshofes für Menschenrechte (EGMR). Für den Kontext der Studie sind sie dennoch wichtig, denn es werden darin wesentliche Aspekte von Religion und Bildung thematisiert, die für die Meinungsbildung im Rahmen des Europarats und darüber hinaus von Bedeutung sind.

4.1.3 Religion und Bildung im Kontext der Wahrung der Menschenrechte

Es gibt zwei Einrichtungen des Europarates, denen es obliegt, in besonderer Weise die Einhaltung der Menschenrechte zu überwachen und einzufordern: das Amt des Menschenrechtskommissars und der Europäische Gerichtshof für Menschenrechte (EGMR). In beiden Institutionen werden auch Bildungsfragen unter Berücksichtigung religiöser Aspekte behandelt. Entsprechende Vorgänge, Initiativen und Dokumente der beiden Einrichtungen werden deshalb für die Studie berücksichtigt. Zunächst erfolgen einige einführende Bemerkungen zu den beiden Einrichtungen und zu den Texten, die in die Analyse einbezogen werden.

Die Position des Menschenrechtskommissars wurde 1999 mit der Aufgabe eingerichtet, sich für die Einhaltung der Menschenrechte in den Mitgliedstaaten des Europarates einzusetzen und dazu beizutragen, dass alle Menschen die in der Menschenrechtskonvention garantierten Rechte wahrnehmen können. Zu seinen Aufgaben gehört die öffentliche Sensibilisierung für die Anliegen der Menschenrechte, Beratung und aktives Monitoring mit Blick auf Mängel in Gesetzgebung und Praxis beim Schutz der Menschenrechte in den Mitgliedstaaten des Europarates. Der Menschenrechtskommissar übt seine Tätigkeit unabhängig und unparteiisch aus. Er ist eine nichtrichterliche Institution und behandelt keine Beschwerden von Einzelpersonen. Der Menschenrechtskommissar hat das Recht, schriftliche Kommentare zu laufenden Verfahren einzureichen und an mündlichen Verhandlungen des Europäischen Gerichtshofes für Menschenrechte teilzunehmen.

Das Amt ist dem Generalsekretär des Europarates zugeordnet. Sowohl der erste Amtsinhaber, der Spanier Alvaro Gil-Robles (1999 bis 2006), als auch sein Nachfolger, der Schwede Thomas Hammarberg (2006 bis 2012), haben den Dialog mit den Religions- und Weltanschauungsgemeinschaften aktiv vorangetrieben. Institutionalisiert wurde dies u.a. in einer Reihe von Dialogseminaren mit Repräsentanten der drei monotheistischen Religionsgemeinschaften (Judentum, Christentum und Islam) zwischen 2000 und 2006. Durch diese Initiative wurde der Dialog zwischen dem Europarat und den Religionsgemeinschaften u.a. zu Bildungsfragen weiter intensiviert. Zu den Seminaren liegt ein zusammenfassender Bericht vor (Office of the Commissioner for Human Rights 2006, ER 12), der Hintergrundpapiere und Abschlusserklärungen der Seminare enthält. Diese Dokumente werden für die Analyse herangezogen.

Der Europäische Gerichtshof für Menschenrechte (EGMR) besteht seit 1959 und hat die Aufgabe, die Einhaltung der „Konvention zum Schutz der Menschenrechte und Grundfreiheiten", besser bekannt als „Europäische Menschenrechtskonvention", zu überwachen. Er kann von Staaten und Individuen bei einer angenommenen Verletzung der Menschenrechte angerufen werden, wenn nationale Verfahren dazu abgeschlossen sind.

Klagen beim EGMR, in denen ein Zusammenhang von Religion und Bildung thematisiert wird, beziehen sich – wie die Ergebnisse der Analyse zeigen – auf das in der Menschenrechtskonvention enthaltene Recht auf Bildung und das Recht der

Eltern auf Übereinstimmung der Bildung ihrer Kinder mit ihren eigenen religiösen und weltanschaulichen Überzeugungen (Art. 2 des Zusatzprotokolls Nr. 1 zur Menschenrechtskonvention[124]) und auf Gedanken-, Gewissens- und Religionsfreiheit (Art. 9).

Für die Entwicklung von Positionen und Entscheidungen sind einzelne Fälle von besonderer Bedeutung, da die Europäische Menschenrechtskonvention zwar Standards im Blick auf die Realisierung und Einhaltung der Menschenrechte setzt, diese jedoch im Kontext des zu verhandelnden Falles interpretiert werden müssen. *„The Convention is (..) a ‚living instrument' which should be interpreted in the light of present-day conditions"* (Thorbjørn Jagland, Generalsekretär des Europarates, in: Wiater, 2010, 5). Die Rechtsprechung entwickelt sich weiter und zieht Urteile von konkreten Fällen als Argumentationshilfe für die Bestätigung oder Modifizierung inhaltlicher Positionen heran. Für die Analyse im Rahmen der Fragestellung der Studie werden die Urteilstexte von vier einschlägigen Fällen berücksichtigt, in denen Zusammenhänge von Religion und Bildung thematisiert werden (ER 13 bis ER 16).[125]

4.1.3.1 Aus der Arbeit des Menschenrechtskommissars

Rahmen und Inhalte der Dialogseminare

Auf Initiative des Menschenrechtskommissars wurde in den Jahren 2000 bis 2006 ein Dialog mit ausgewählten Vertreterinnen und Vertretern der monotheistischen Religionsgemeinschaften und wissenschaftlicher Institutionen etabliert.[126] Dazu fanden, mit Ausnahme von 2003, im jährlichen Abstand insgesamt fünf zweitägige Seminare statt, mit einer Bandbreite zwischen 16 (Syracus, 2000) und 99 (Kazan, 2006) Teilnehmenden. Thematische Schwerpunkte der drei ersten Seminare waren die Rolle der Religionen bei der Verhinderung bewaffneter Konflikte und die Staat-Kirche-Beziehungen unter besonderer Beachtung ihrer Auswirkungen auf die Religionsfreiheit. Der inhaltliche Fokus hat sich dann in den späteren Seminaren deutlich auf Fragen religiöser Bildung verlagert. Die Motivation des Menschenrechtskommissars für die Dialoginitiative findet sich im Vorwort des zusammenfassenden Berichtes:

> „I have always been convinced that understanding and co-operation between the major religions present in our continent, and their commitment to peace and non-violence,

---

124 Der Text von Art 2 – Recht auf Bildung lautet: Das Recht auf Bildung darf niemandem verwehrt werden. Der Staat hat bei Ausübung der von ihm auf dem Gebiete der Erziehung und des Unterrichts übernommenen Aufgaben das Recht der Eltern zu achten, die Erziehung und den Unterricht entsprechend ihren religiösen und weltanschaulichen Überzeugungen sicherzustellen.

125 Der Fall Leirvåg und andere gegen Norwegen wurde vor dem Menschenrechtskomitee der Vereinten Nationen verhandelt, wird jedoch wegen seiner inhaltlichen Relevanz und Bedeutung für die europäische Diskussion mit herangezogen.

126 Die Teilnahme erfolgte aufgrund einer Einladung des Menschenrechtskommissars, der dabei sowohl repräsentative wie thematisch orientierte Kriterien zugrunde legte und auf das bereits bestehende Netz an Kontakten zu den Kirchen und Religionsgemeinschaften zurückgreifen konnte.

can help build an international society capable of striving for the tranquility of good order governed by justice and freedom. I also think that religious leaders bear a specific responsibility in this respect, and that as recognized authorities in most of our societies, it rests with them to teach about and promote the grandeur and dignity of the human person in an effort to overcome divisions and advance mutual friendship and respect between peoples." (Office of the Commissioner for Human Rights 2006, 7).

Der Menschenrechtskommissar stellt sich in diesem Text dar als Fürsprecher der Förderung von Verständigung und Zusammenarbeit zwischen den Religionen und ihrer Mitwirkung an der Schaffung einer gerechten und freiheitlichen internationalen Gesellschaft. Er betont die besondere Verantwortung leitender religiöser Persönlichkeiten und ihre Aufgabe, Erhabenheit und Würde des Einzelnen zu fördern, um Spannungen zu überwinden und zu Freundschaft und gegenseitigem Respekt beizutragen. Dadurch könne Freundschaft und Respekt zwischen den Völkern entstehen.

In dem zusammenfassenden Bericht über die Seminare (ER 12) finden sich Informationen zu Programm und Teilnehmerschaft. Für drei Seminare gibt es jeweils ein Hintergrundpapier und von allen Treffen eine von den Teilnehmenden mit verantwortete Schlusserklärung (*conclusions*). Die Hintergrundpapiere und die Schlusserklärungen werden im Blick auf diskursive Muster von Religion und Bildung analysiert und interpretiert.

Die Titel der Seminare geben erste Hinweise auf die Zielsetzung der Dialoge. Sie lauten wie folgt:

- *The role of monotheist religions vis-à-vis armed conflicts (2000),*
- *Church-state relations in the light of the exercise of the right to freedom of religion (2001),*
- *Human rights, culture and religion: convergence or divergence? Beliefs, values and education (2002),*
- *Religion and education: the possibility of developing tolerance through the teaching of religious facts (2004) und*
- *Dialogue, Tolerance and Education: The concerted action of the Council of Europe and the Religious Communities (2006).*

Bei drei der fünf Seminartitel wird Bildung bereits im Titel thematisiert (2002, 2004 und 2006). Im Folgenden werden nun tabellarisch Textpassagen aus Dokumenten aller Seminare zusammengestellt und diskursive Muster identifiziert, in denen zum einen ein Verständnis von Religion deutlich wird, zum anderen von Bildung und religiöser Bildung.

Diskursive Muster in Textpassagen im Blick auf Religion, Bildung und religiöse Bildung
Diskursive Muster in Textpassagen aus Hintergrundpapieren (B = Background papers) und Abschlusserklärungen (C = Conclusions) der Dialogseminare, in denen Aspekte von Religion, Bildung und religiöser Bildung benannt sind, werden tabellarisch zusammengefasst. Unterschieden werden dabei zwei Typen von Textpassagen: solche, in denen von den verschiedenen Sprechern geteilte, deskriptive Positionen zum Ausdruck

kommen und solche mit normativ perspektivisch ausgerichteten Formulierungen und Zuschreibungen. Dabei ist zu berücksichtigen, dass die Hintergrundpapiere Arbeitsdokumente des Büros des Menschenrechtskommissars darstellen, die nicht in einem dialogischen Prozess entstanden sind oder von einem politischen Gremium verabschiedet wurden.

Tab. 14: Diskursive Muster in Textpassagen zu „Religion" im Rahmen der Dialogseminare des Menschenrechtskommissars des Europarates (2000–2006)

Charakteristika der Texte	Textinhalt: Religion	Diskursive Muster
Von den Sprechern geteilte affirmativ-deskriptive Positionen	Though freedom of religion is primarily a matter of individual conscience, it also implies the freedom to manifest one's religion or belief either alone or in community with others and in public or in private, in worship, teaching, practise, and observance. (B 2001, 17)	Religionsfreiheit wird als individuelles Recht betont, jedoch auch ihre kollektive Repräsentation thematisiert.
	The convention does not define what is to be understood under a ‚religion', but it follows from the text of article 9 and the subsequent jurisprudence that the right to freedom of religion has three aspects. The first concerns the absolute right of each individual to adhere, or not, to a religion or belief, and to change his religion or belief.	Auch wenn es keine Definition von „Religion" gibt, so sind doch drei Aspekte von Religionsfreiheit wichtig: Das Recht der Entscheidung *für* und *gegen* Religion und zum Religionswechsel; das Recht Religion zu praktizieren; das Recht der freien Organisation für Religionsgemeinschaften.
	The second covers the rights to practise, individually or collectively, one's own religion, or, in other words, to be able to participate effectively in a religion and to observe its rites. (...) The third aspect concerns the rights of religious associations to organize themselves freely. (B 2001, 17–18)	

Charakteristika der Texte	Textinhalt: Religion	Diskursive Muster
	Equally, the fields of human rights and religion may overlap, without being completely equivalent, since one does not include the other. However, human rights and religious principles can be applicable simultaneously. (C 2002, 37)	Überschneidung von Menschenrechten und Religion. Menschenrechte und religiöse Prinzipien sind gleichermaßen anwendbar.
	It was pointed out, that religion is not limited to a particular culture or a form of morality; it is distinguished by adhesion to a divine principle and appeals to the transcendent. (C 2002, 38)	Religion ist nicht auf eine Kultur oder Moral zu beschränken. Religion bezieht sich auf ein göttliches Prinzip und auf Transzendenz.
	Human rights constitute a universal expression of principles and belong to the sphere of public life, while religion represents a specific formulation of these principles within each community. (C 2002, 38)	Menschenrechte sind universell und Teil des öffentlichen Raumes, während Religion eine spezifische Ausdrucksform dieser Prinzipien innerhalb von Gemeinschaften repräsentiert.
	Tolerance, with the respect and love for one's neighbour that it may lead to, is enshrined at the heart of the monotheistic religions, thus opening up an important arena for the implementation of human rights. (C 2002, 38)	Toleranz, die zu Respekt und Nächstenliebe führen soll, ist ein Kernelement der monotheistischen Religionen und eröffnet einen wichtigen Raum für die Verwirklichung der Menschenrechte.
	Religion is one of the factors that have influenced life in society throughout the ages. It is a source of personal fulfilment and contributes to defining a person's identity. As the root of the word (Latin *religare, to bind*) indicates, religion enables those who so choose to bind themselves – to others and to things. (B 2004, 47)	Religion als gesellschaftsprägend, wirksames Element der Lebensgestaltung, Bindung an Überzeugungen und Element persönlicher Verwirklichung.

Charakteristika der Texte	Textinhalt: Religion	Diskursive Muster
	Religion is a factor that defines the identity and customs of an individual and a group. (B 2004, 48)	Individuelle und kollektive identitätsbildende Funktion von Religion.
	Religion can have a twofold consequence within a society: on the one hand it tends to foster cohesion among the followers of a religion and to open up dialogue with those of other religions or philosophies; and on the other, it can create the possibility of tension with the followers of other religions and individuals of no religious persuasion. (B 2004, 48)	Mögliche Wirkung von Religion in der Gesellschaft: Förderung von Zusammenhalt und Dialog oder Erzeugung von Spannungen zu Menschen anderer Religionszugehörigkeit oder Nichtgläubigen.
Perspektivisch-normative Positionen	Religions, which play an important role in young people's education, should also transmit human rights values through their teachings, by advocating recognition and respect. (C 2002, 39)	Religionen sollten durch die Förderung von Anerkennung und Respekt Menschenrechte im Rahmen von Bildung und Erziehung vermitteln.
	Moreover, the monotheistic religions already convey a message of tolerance and their teaching should emphasise this message. (B 2004, 49)	Die Botschaft der Toleranz, als Merkmal der monotheistischen Religionen, soll von diesen gelehrt werden.
	Religious beliefs must not be used to justify armed conflicts, just as armed conflicts must not be used to suppress the exercise of religious freedom. (C 2000, 11)	Religiöser Glaube darf nicht für gewaltsame Konflikte instrumentalisiert werden, auch dürfen bewaffnete Konflikte nicht dazu benutzt werden, das Recht auf Religionsfreiheit zu unterdrücken.
	It was confirmed that human rights should not replace religion. (C 2002, 37)	Menschenrechte sollen Religion nicht ersetzen.
	There is a need to restore religious discourse to the centre of public life. (C 2002, 38)	Der religiöse Diskurs sollte im Zentrum des öffentlichen Lebens wiederhergestellt werden.

Charakteristika der Texte	Textinhalt: Religion	Diskursive Muster
Perspektivisch- normative Positionen	Given the importance of religion in many people's lives, democratic societies must make its observance possible. (B 2004, 47)	Weil Religion im Leben vieler Menschen bedeutend ist, sollten die demokratischen Gesellschaften ihr Praktizieren ermöglichen.
	(Democratic societies) must ensure that religions coexist within society without placing any one of them at a disadvantage and, more important still, without placing those who practice it at a disadvantage. (B 2004, 47f.)	Demokratische Gesellschaften müssen gleichwertig Raum schaffen für alle Religionen.

In den Texten lassen sich zusammenfassend folgende Zusammenhänge und Themen in Verbindung mit Religion finden:

- Es geht weniger um eine Definition oder eine Beschreibung der Bedeutung von Religion als vielmehr um die Sorge der Wahrung individueller und kollektiver Religionsfreiheit.
- Eine individuelle und kollektive Repräsentation von Religion werden als gleichermaßen wichtig betont.
- Das Verhältnis von Menschenrechten und Religion wird thematisiert.
- Religion wird in ihrer vorhandenen Ambivalenz wahrgenommen, jedoch nicht einseitig negativ beurteilt.
- Das mögliche Bedingungsgefüge von Religion und Gewalt darf nicht zur Unterdrückung von Religion führen.
- Religion gebührt ein wichtigen Platz im öffentlichen Raum.
- Demokratische Gesellschaften sollten den Religionen einen gleichen Rang einräumen, ohne einzelne bevorzugt zu behandeln.
- Toleranz wird als Kennzeichen der monotheistischen Religionen verstanden.

Interpretation

Als Ergebnis der Analyse, die sich mit dem in den Dokumenten vorfindlichen Verständnis von Religion befasst, lassen sich folgende Dimensionen zusammenfassen:

- *Religion kommt in privater und öffentlicher Ausprägung vor.* Während in bisher analysierten Texten überwiegend eine laizistische Perspektive zum Ausdruck kommt, die Religion auf den privaten Bereich beschränkt, wird in den Texten der Dialogseminare auch die öffentliche Funktion und Bedeutung von Religion betont. Was sich in der Entwicklung der Empfehlungen der Parlamentarischen Versammlung ansatzweise findet, wird hier konsequent verstärkt.

– *Religion wird als Bindung und Element persönlicher Selbstverwirklichung verstanden.* Eine identitätsbildende Funktion kann Religion individuell wie kollektiv besitzen. Religion wird nicht auf ein Element von Kultur oder Moral beschränkt, wiewohl Religion nicht ohne Kultur zu haben sei. Der Begriff Religion wird von religio = Rückbindung bzw. religare = zurückbinden abgeleitet.
– *Das Verhältnis von Menschenrechten und Religion ist komplex.* Drei Aspekte prägen die Religionsfreiheit: das Recht des Einzelnen, sich für oder gegen eine Religion zu entscheiden (1), das Recht, die Religion wechseln zu können (2), das Recht, Religion auch öffentlich zu praktizieren (3). Auch wenn es eine Überschneidung zwischen den Menschenrechten und Religion gibt, so wird betont, dass die Menschenrechte Religion nicht ersetzen.
– *Religion ist ambivalent.* Religion kann den sozialen Zusammenhalt in der Gesellschaft fördern, aber auch Spannungen erzeugen oder verstärken. Wichtig ist, dass Religionen nicht für gewaltsame Konflikte instrumentalisiert werden. Toleranz wird als ein Kernelement der monotheistischen Religionen dargestellt.
– *Der Diskurs über Religion gehört zum öffentlichen Leben.* Aufgrund des hohen Stellenwertes, den Religion für Gläubige hat, und der kollektiven Bedeutung von Religion sollte der religiöse Diskurs in der Öffentlichkeit stattfinden. Demokratische Gesellschaften haben jedoch ihre weltanschauliche Neutralität gegenüber Religionen und Weltanschauungen zu wahren und sollten sich ihnen gegenüber unparteiisch verhalten.

Es überrascht nicht, dass in den Texten der Dialogseminare, an denen Vertreter/innen der monotheistischen Religionsgemeinschaften beteiligt waren, eine komplexere Auseinandersetzung mit Religion dokumentiert wird als in den anderen Dokumenten aus dem Kontext des Europarates. In den Texten wird ein Religionsverständnis deutlich, das sowohl die private wie die öffentliche Funktion von Religion thematisiert. Die Ambivalenz von Religion wird sowohl aus der Menschenrechtsperspektive des Europarates als auch von den Vertreterinnen und Vertretern der Religionsgemeinschaften bestätigt. Es wird gefordert, dass der Diskurs über Religion im öffentlichen Raum stattfinden solle.

Insgesamt zeigt sich, dass der Dialog zwischen Vertreterinnen und Vertretern der Religionsgemeinschaften und einer Institution des Europarates zu einer zunehmenden Differenzierung in den Positionen und den Perspektiven im Blick auf Religion führt.

Für das Verhältnis zwischen Menschenrechten und Religion scheint eine weitergehende Klärung anzustehen. Es wird zwar von Überschneidungen beider Bereiche gesprochen wie von der jeweiligen Eigenständigkeit, ohne dass jedoch die damit verbundenen Implikationen diskutiert werden.

In einem weiteren Schritt werden nun Textpassagen zusammengestellt, in denen Bildung thematisiert wird. Dabei ist zu berücksichtigen, dass die Hintergrundpapiere Arbeitsdokumente des Büros des Menschenrechtskommissars darstellen, die nicht in einem dialogischen Prozess entstanden sind oder von einem politischen Gremium verabschiedet wurden. Bei den jeweiligen Abschlussdokumenten kann davon ausgegangen werden, dass es im Rahmen der Seminare dazu Diskussionen mit den Teilnehmenden gegeben hat, ohne dass über die Erklärungen regelrecht abgestimmt wurde.[127]

Tab. 15: Diskursive Muster in Textpassagen zu „Bildung und religiöse Bildung" der Dialogseminare des Menschenrechtskommissars des Europarates (2000–2006)

Charakteristika der Texte	Textpassagen: Bildung und religiöse Bildung	Diskursive Muster
Affirmativ- deskriptive Positionen	The participants reaffirmed the essential role of education in developing the conscience of future citizens. (C 2002, 39)	Bedeutung von Bildung zur Bewusstseinsbildung zukünftiger Bürger/innen.
	Education in human rights should provide an opportunity for a transversal and multi-disciplinary approach. It should be incorporated in every place of education and in private or state school, whether these are denominational or non-denominational. (C 2002, 39)	Transversaler und multidisziplinärer Ansatz von Menschenrechtsbildung als Teil schulischer Bildung.
	The fact is that there is usually no general teaching of religion in European schools. (B 2004, 50)	Eine kontingente „Analyse" religiöser Bildung in Europa, die sich auf private Schulen und religiöse Bildung außerhalb der Schule konzentriert.
	We are left with the very widespread situation that private schools teach religion, while religious education is also provided for children in out-of-school institutions of the catechism or Talmud Torah kind. These two types of teaching present a common characteristic – they offer denominational religious education, imparted to children belonging to this or that faith by teachers of the same faith and intended to familiarize the children with the foundations of their religion. (B 2004, 50)	

---

127 Diese Einschätzung bezieht sich auf ein Gespräch mit James Barnett, der an einigen der Seminare als Vertreter von ICCS beim Europarat teilgenommen hat.

Charakteristika der Texte	Textpassagen: Bildung und religiöse Bildung	Diskursive Muster
Affirmativ-deskriptive Positionen	There remain a large number of pupils who receive no religious instruction and remain wholly cut off from knowledge of the subject. (B 2004, 50)	Kein Zugang zu religiöser Bildung für viele Schüler/innen.
	The transmission of the sacred and the cultural has, however, long been linked. We have witnessed, as a result, a decline in our general culture awareness. (C 2004, 53)	Die Vermittlung des Heiligen und Kulturellen war lange miteinander verbunden. Aktuell ist ein Rückgang unseres kulturellen Bewusstseins feststellbar.
	Religious teaching is currently encouraged in certain European public schools, while it is absent from others. (B 2006, 66)	Unterschiedlicher Stellenwert religiösen Unterrichts.
	Either the principle religion or religions are favoured in the framework of the school curriculum, including confessional classes, or there is no teaching of religious facts, as is the case in lay countries. (B 2006, 66)	Unterscheidung von konfessioneller religiöse Bildung versus keine religiöse Bildung in laizistischen Staaten.
	A distinction should be made between religious teaching and the teaching of religious facts. (B 2006, 67)	Es sollte unterschieden werden zwischen religiösem Unterricht und Religionskunde.
	In the majority of Council of Europe member states the new generations do not even receive an education in their own religious heritage, much less that of others. (C 2006, 69)	In der Mehrheit der Mitgliedstaaten erhalten die jungen Generationen keine Bildung über ihr eigenes religiöses Erbe und noch weniger über dasjenige Anderer.
	(Religion) could be taught in order to afford a fuller knowledge of others, and this fuller knowledge will foster tolerance. (B 2004, 48)	Religion könnte unterrichtet werden, um eine besseres Wissen über den Anderen zu erhalten und daraus mehr Toleranz entstehen zu lassen.

Charakteristika der Texte	Textpassagen: Bildung und religiöse Bildung	Diskursive Muster
Normativ-perspektivische Positionen	If religious teaching ought to remain within the exclusive domain of the religions themselves, it is incumbent on schools, whether public or private, to include other aspects of religious cultures in its teaching, such as their history, ethics, philosophy, artistic manifestations, literature and forms of social organisation. Such subjects will contribute to an understanding of religious beliefs as they are subjectively experienced by their congregations. (C 2004, 54)	Unterscheidung zwischen religiöser Bildung durch die Religionsgemeinschaften und der Aufgabe der Schule, Aspekte religiöser Kultur zu vermitteln. Komplementäre Beziehung beider Bereiche.
	We undertake to continue developing education in mutual respect and human rights, as opposed to the „teaching of contempt", while also fostering understanding of other people and groups. (C 2000, 11)	Bildung zum gegenseitigen Respekt und zur Achtung der Menschenrechte.
	Establish a specific training centre in which a methodology for integrating human rights into religious education, and for integrating the religious dimension into general education, could be developed. (C 2002, 39)	Schaffung eines Instrumentes zur Entwicklung einer Methodologie wie Menschenrechte in religiöse Bildung und die religiöse Dimension allgemeiner Bildung integriert werden können.
	The main purpose (of teaching religion) should certainly not be proselytism or propaganda, as some may fear, but to broaden knowledge of a cultural and spiritual phenomenon which has an important influence on the identity of individuals. Above all the aim should be to give an overview of a central element of civilisation, to teach culture, what is different and unfamiliar. (B 2004, 48)	Negative Abgrenzung zu Proselytismus und Propaganda, stattdessen Propagierung eines Unterrichts über Religion zur Verbreiterung von Wissen über ein kulturelles und spirituelles Phänomen, das die Identität der Individuen prägt. Religion als zentrales Element der Kultur.

Charakteristika der Texte	Textpassagen: Bildung und religiöse Bildung	Diskursive Muster
Normativ-perspektivische Positionen	More particularly, it is proposed that religious facts be taught. By ‚fact' we mean something that can be verified and demonstrated. Teaching religious facts would thus mean presenting religions in a relatively objective way. It would certainly not mean teaching dogma. (B 2004, 48–49)	Objektiver Unterricht über religiöse Tatsachen wird präferiert. Dogmen sollen nicht unterrichtet werden.
	Presenting religions in a concrete and relatively objective manner presupposes dealing with them as cultural and 'civilisational' phenomena rather than from the philosophical and spiritual standpoint. (B 2004, 49)	Die konkrete und relativ objektive Darstellung der Religionen versteht Religionen eher als kulturelle Phänomene und weniger von einer philosophischen und spirituellen Position her.
	It was considered essential to revitalise the understanding of our cultural heritages, in which religions play an integral part. Only one institution is capable of fulfilling this task – our schools, whether public or private. (C 2004, 53)	Nur die öffentliche und private Schule kann die Auffrischung des Wissens über das kulturelle Erbe leisten, zu dem Religion gehört.
	It was considered essential to revitalise the understanding of our cultural heritages, in which religions play an integral part. Only one institution is capable of fulfilling this task – our schools, whether public or private. (C 2004, 53)	Nur die öffentliche und private Schule kann die Auffrischung des Wissens über das kulturelle Erbe leisten, zu dem Religion gehört.
	The idea (...) is not to impose religious instruction on non-believers or believers of another faith, or to convert them to the major religions. The aim is rather to provide the foundations of the principle European religions. (B 2006, 66f.)	Gegen die Überwältigung von Nichtgläubigen oder Andersgläubigen zu einer Religion oder Konversion. Ziel ist die Einführung in die Grundlagen der wichtigsten Religionen in Europa.

Charakteristika der Texte	Textpassagen: Bildung und religiöse Bildung	Diskursive Muster
Normativ-perspektivische Positionen	Moreover, these lessons should not replace religious education, but should compliment it in those schools where it is favoured. (B 2006, 67)	Kein Ersetzen aber Ergänzung des Religionsunterrichtes, dort wo er besteht.
	The teaching of religious facts would henceforward consist of an objective presentation of religions; it must support (...) a positive and voluntarist interpretation of religion. There would be no teaching of dogma or practice. (B 2006, 67)	Unterricht über religiöse Tatsachen sollte objektiv erfolgen und eine positive und subjektiv gelebte Interpretation von Religion unterstützen. Dogma und Praxis sollten nicht gelehrt werden.
	They (the participants) consequently reiterated the efforts that religious communities and the educational establishment must make to ensure the teaching in state schools of ‚religious facts', in other words teaching about religions, including how they see themselves and other religions, and the human relations they induce. (C 2006, 69)	Ein Dialog zwischen Bildungsinstitutionen und Religionsgemeinschaften ist erwünscht, damit die Religionskunde das Selbstverständnis der Religionen berücksichtigt.
	The teaching should focus on the customs, rites and culture upheld by the basic tenets of the religion concerned. This training in spiritual, moral and civic values should strengthen public democracy and responsible citizenship based on respect for human rights. (C 2006, 69)	Der Unterricht sollte sich auf Gebräuche, Rituale und Kulturen beziehen, basierend auf den wesentlichen Grundsätzen der Religionen; Unterricht in spirituellen, moralischen und bürgerschaftlichen Werten soll demokratische und verantwortliche Bürgerschaft stärken.
	It is not intended to replace existing confessional religious education, but to supplement it. (C 2006, 69f.)	Kein Ersatz für konfessionellen Religionsunterricht, aber seine Ergänzung.

Interpretation

In den Textpassagen werden folgende Zusammenhänge und Konzepte thematisiert:

- *Bildung ist bedeutend für die Bewusstseinsbildung kommender Bürger/innen.* Die Bedeutung von Bildung wird in den Texten nicht bestritten. Es werden jedoch keine genaueren Vorstellungen vermittelt, welche Zielsetzungen und „Zukunftskompetenzen" Bildung fördern soll, und welchen Stellenwert die europäische Dimension einnehmen soll. Wenn Bildung Thema eines strukturierten Dialoges zwischen den Religionsgemeinschaften und den europäischen Institutionen werden soll, dann sollten die bestehenden Konzepte und Modelle, die von verschiedenen Religionsgemeinschaften verantwortet werden und die gewichtige Beiträge für allgemeine Bildung darstellen, präziser wahrgenommen werden. Der Diskurs sollte auch eine kritische Perspektive auf ein Bildungsverständnis beinhalten, das in der Gefahr steht, für ökonomische und/ oder politische Zwecke instrumentalisiert und funktionalisiert zu werden.

- *Ein transversaler und multidisziplinärer Ansatz von Menschenrechtsbildung ist erforderlich.* Menschenrechtsbildung wird als übergreifende Dimension verstanden, die in allen Fächern zum Tragen kommen soll. Damit wird ein bestehender Arbeitsschwerpunkt des Europarates positiv verstärkt. Genauere Ausführungen, wie das konkret werden kann, finden sich in den Dokumenten nicht.

- *Religiöse Bildung erfolgt durch die Religionsgemeinschaften und durch die Schule.* Eine konfessionelle religiöse Bildung wird als ausschließlich in privaten Schulen der Religionsgemeinschaften bzw. außerhalb von Schulen, als Unterricht des Katechismus oder des Talmud bzw. der Torah angesiedelt. Eine weitergehende Differenzierung wäre an dieser Stelle erforderlich, da die Situation privater Schulen in den Mitgliedstaaten des Europarates sehr unterschiedlich ist. So sind in den Niederlande etwa 2/3 aller Schulen von privaten Initiativen getragen, während in anderen Kontexten Privatschulen nur in geringer Zahl vorhanden sind.

- *Zielsetzungen für den Unterricht über Religion in den Schulen.* Mit der Aussage, dass ein Unterricht über Religion objektiv erfolgen solle und ebenso eine positive und subjektiv gelebte Interpretation von Religion unterstützen solle, werden Kriterien genannt, die in der erziehungs- und religionspädagogischen Diskussion mit der „Innenseite" und der „Außenseite" von Religion bezeichnet werden. Während sich ein religionskundlich ausgerichteter Unterricht auf die Außenperspektive im Blick auf Religionen beschränkt und seinen Schwerpunkt eher auf Informationsvermittlung legt (vgl. Alberts 2007), fördern die konfessionell orientierten Ansätze des Religionsunterrichtes auch eine religiöse Identitätsbildung. Dies geschieht in selbstständiger, erfahrungsbezogener Aneignung und Auseinandersetzung mit Religion und nicht religiösen Weltanschauungen, wohlwissend, dass über Glauben pädagogisch nicht verfügt werden kann und jegliche Form von Indoktrination fundamentalen pädagogischen Prinzipien widersprechen würde (vgl. Kirchenamt der EKD (Hg.) 1994;

Schweitzer 2001b, 2006, 2009; Nipkow 2005, 2008, 2010; Kieran/Hession 2008; Rothgangel/Schröder 2009; Rothgangel 2009).

- *Zum Verhältnis von Religionsunterricht und Religionskunde.* Konfessioneller Religionsunterricht soll nicht ersetzt, sondern ergänzt werden. Die Ausgangsbasis und die Sprachregelung ist an dieser Stelle in den Dokumenten unklar, da ein verzerrtes Bild über die bestehende Situation des Religionsunterrichtes in Europa gezeichnet wird und verschiedene Begriffe scheinbar beliebig verwendet werden. So wird von religious teaching ebenso gesprochen wie von religious instruction und von teaching of religious facts. Zwei wesentliche Merkmale scheinen in den Texten als gemeinsam zwischen den beteiligten Akteuren zu gelten: Religionskunde sollte das Selbstverständnis der Religionsgemeinschaften berücksichtigen und bestehender konfessioneller Religionsunterricht sollte nicht ersetzt, sondern ergänzt werden.

Diskussion

Die angeführten Textpassagen dokumentieren eine intensive Auseinandersetzung mit der Frage, wie eine angemessene religiöse Bildung in den öffentlichen und privaten Schulen Europas aussehen solle.

Das Hintergrundpapier für das Seminar in Malta (2004) bietet dafür eine problematische Analyse der gegenwärtigen Situation des Religionsunterrichtes in Europa. Sie berücksichtigt die vorliegenden vergleichenden Berichte und empirische Befunde nicht und besteht eher aus Meinungen und Vorurteilen als aus empirisch gestützten Aussagen. So wird behauptet, dass es in der Regel keinen allgemeinen Unterricht über Religion gäbe und lediglich in Privatschulen ein konfessioneller Religionsunterricht erteilt werde bzw. in Institutionen außerhalb der Schule:

„The fact is that there is usually no general teaching of religion in European schools. We are left with the very widespread situation that private schools teach religion, while religious education is also provided for children in out-of-school institutions of the catechism or Talmud Torah kind. These two types of teaching present common characteristics – they offer denominational religious education, imparted to children belonging to this or that faith by teachers of the same faith and intended to familiarise the children with the foundation of their religion.

It is therefore quite natural that this kind of education, in the best hypothesis, does not discuss other faiths and does not broaden the children's horizons, especially with regard to other people's religions, traditions, customs and history. This educational approach is certainly positive. But the fact remains that it does not in itself give the future citizens a global picture of religious and spiritual diversity and its manifestations." (Office of the Commissioner for Human Rights 2006, 50)

In dieser Darstellung wird vernachlässigt, dass es in nahezu allen europäischen Staaten religiöse Bildung in öffentlichen und privaten Schulen gibt (darauf weisen zahlreiche Analysen hin: Kodelja/Bassler 2004; Kuyk et al. 2007; Heimbrock 2004; Jackson et al. 2007; Schreiner 2000, 2002a, 2002b, 2003, 2007, 2009a, 2011). Zu den wenigen Ausnahmen gehören Frankreich (außer Elsass und Lothringen) aufgrund des strikten laizistischen Verständnisses, Albanien, Mazedonien und Slowenien. Es wird ebenso unterschlagen, dass es an öffentlichen Schulen in Europa sehr wohl auch einen konfessionellen Religionsunterricht gibt, der entweder in gemeinsamer Verantwortung von Staat und Religionsgemeinschaften unterrichtet wird (so in Deutschland und Österreich) oder der von den Religionsgemeinschaften im Auftrag und mit Billigung des Staates in den öffentlichen Schulen auf freiwilliger Basis angeboten wird (z.B. in Ungarn, der Tschechischen Republik und der Slowakischen Republik).

Auch die in dem Dokument vorfindliche dichotomisch angelegte Gegenüberstellung von religiöser Bildung in privaten Schulen und durch die Religionsgemeinschaften außerhalb der Schule respektive keiner Bildung über Religion verzerrt die Realität. Hingegen lässt eine Zusammenschau zum Religionsunterricht in Europa (vgl. Kuyk et al. 2007) eine große Vielfalt in den Beziehungen zwischen Religionsgemeinschaften und den staatlichen Stellen erkennen, die sich unter drei idealtypischen Strukturmodellen zusammenfassend darstellen lassen:

- Unterricht *allein* verantwortet durch die Religionsgemeinschaften (konfessionell/katechetisch), z.B. in Ungarn, Griechenland, Malta, Kroatien;
- Unterricht verantwortet durch den Staat *und* die Religionsgemeinschaften (konfessionell/nicht-konfessionell; Wahl- und/oder Pflichtfach), z.B. in England und Wales, Deutschland und Österreich;
- Unterricht *allein* verantwortet durch den Staat (nicht-konfessionell, religionskundlich), z.B. in Dänemark, Schweden und Norwegen, Estland, verschiedenen Kantonen der Schweiz.

Dabei wird das jeweilige bestehende Modell des Religionsunterrichtes von vielfältigen Faktoren bestimmt. Die religiöse Landkarte und das Verhältnis von Staat und Kirche spielen ebenso eine Rolle wie die Struktur des Bildungswesens und das Image von Religion in der Gesellschaft. Das Zusammenwirken dieser Faktoren prägen Geschichte und gegenwärtiges Profil des Faches (vgl. dazu Schreiner 2002b, 2003, 2007, 2011; Miedema 2007).

Es wird in den Dokumenten von einer „Arbeitsteilung" zwischen einer religiösen Unterweisung durch die Religionsgemeinschaften und dem Unterricht über Religion in den Schulen gesprochen. In den Schulen soll es um Fakten und Wissen gehen, für die religiöse Unterweisung außerhalb der Schulen seien die Religionsgemeinschaften zuständig. Diese Sicht vernachlässigt bestehende Modelle, die den Religionsunterricht an öffentlichen Schulen in gemeinsamer Verantwortung von Staat und Kirche organisieren (so z.B. in Deutschland, in Österreich und in verschiedenen Kantonen in der Schweiz). In dieser Konstellation liegen Verantwortung und Zuständigkeit für die Lehrkräfteausbildung bei den staatlichen Stellen und die Religionsgemeinschaften sind i.d.R. für Inhalte und die Weiterbildung der Lehrenden zuständig. Gerade aufgrund der religiösen Neutralität des Staates und der Wahrung der Religionsfreiheit, soll es nach dieser Auffassung keinen allein staatlich verantworteten Unterricht zu Religion und daraus erwachsenen Wertvorstellungen geben.

Nach Auffassung des Europarates haben religiöse Erfahrungen ihren Ort im Rahmen eines von den Religionsgemeinschaften verantworteten Unterrichts außerhalb der öffentlichen Schule, als Ziel der Thematisierung von Religion in unterschiedlichen Fächern in der Schule wird das „Verstehen" der unterschiedlichen Religionen als ausreichend angesehen. Von einem eigenen Fach Religionskunde resp. Religionsunterricht in der Schule wird im Text nicht gesprochen.

Wenn die Dokumente der Seminare chronologisch vergleichend betrachtet werden, so lässt sich feststellen, dass die im Hintergrundpapier für Malta 2004 formulierte Sichtweise zur Situation der religiösen Schulbildung weiterentwickelt wurde. So heißt es in dem Hintergrundpapier für das Seminar in Kazan (2006):

> „Religious teaching is currently encouraged in certain European schools, while it is absent from others. Its presence or absence are conditioned by the overall legal relations between the State and the Church, or Churches. Either the principle religion or religions are favoured in the framework of the school curriculum, including confessional classes, or there is no teaching of religious facts, as is the case in lay countries." (Office of the Commissioner for Human Rights 2006, 66)

Findet sich im Hintergrundpapier für das Seminar in Malta 2004 noch eine weitgehend unzutreffende Sicht zu den Gegebenheiten religiöser Bildung in den Schulen Europas, wird nun darauf hingewiesen, dass die Regelungen in den einzelnen Länder unterschiedlich sind und u.a. von den rechtlichen Beziehungen zwischen Kirchen und Staat abhängen. Diese Veränderung in der Wahrnehmung kann durchaus als ein (Zwischen-) Ergebnis des Dialoges mit den Religionsgemeinschaften gelten.

Mit dem Thema des die Initiative des Menschenrechtskommissars abschließenden Seminars in Kazan 2006: *Dialogue, Tolerance and Education: The Concerted Action of the Council of Europe and the Religious Communities* wird eine deutliche Verschiebung des Dialogs zu Bildungsfragen zum Ausdruck gebracht.

Für eine weitere Intensivierung des Dialogs mit der Religionsgemeinschaften wird vorgeschlagen, einen *Religious Advisory Body* zu etablieren, der den Beziehungen zwischen den Religionsgemeinschaften und dem Europarat einen institutionellen Rahmen geben und zugleich die gemeinsamen inhaltlichen Fragestellungen vorantreiben könnte.

Im Blick auf den konkreten Unterricht solle eine objektive Präsentation religiöser Tatsachen bzw. Fakten durch eine positive und subjektiv gelebte Interpretation von Religion unterstützt werden. Das beinhalte keinen Unterricht über Dogmen oder religiöse Praxis. Eine Unterscheidung wird getroffen zwischen religiösem Unterricht (*religious teaching*) und dem Unterricht über religiöse Fakten (*teaching of religious facts*).

Hinsichtlich religiöser Unterweisung (*religious instruction*) wird angemerkt, dass sie nicht dazu dienen solle, Nichtgläubige oder Andersgläubige zu unterrichten oder sie zur Konversion zu bewegen. Ziel solle vielmehr sein, die Grundlagen der wesentlichen Religionen Europas zu vermitteln. Dieser Unterricht über religiöse Fakten soll jedoch den Religionsunterricht, dort, wo es ihn gibt, nicht ersetzen sondern ergänzen.

In den Schlussfolgerungen wird diese Position bestätigt und das Profil eines Unterrichtes über *religious facts* weiter ausdifferenziert, wenn es heißt:

> „They (die Teilnehmenden P.S.) consequently reiterated the efforts that religious communities and the educational establishment must make to ensure the teaching in state schools of ‚religious facts', in other words teaching about religions, including how they see themselves and other religions, and the human relations they induce." (Office of the Commissioner for Human Rights 2006, 69)

Gefordert wird, dass die den Religionen eigene Sichtweise ebenso Gegenstand des Unterrichts sein soll, wie auch ihre Wahrnehmung der jeweils anderen Religionen und ihre Wirkmächtigkeit für die Gestaltung menschlicher Beziehungen. Der Unterricht über religiöse Fakten solle also nicht ohne Beteiligung der Religionsgemeinschaften erfolgen. Vielmehr gehe es darum, ihr Selbstverständnis und ihre Sicht der anderen Religionen im Unterricht zu berücksichtigen. Nicht in jedem Falle lässt sich jedoch ein solches komplementäres Verhältnis herstellen. Gerade die Frage, in welchem Ausmaße die Religionsgemeinschaften am Religionsunterricht in den öffentlichen Schulen beteiligt werden sollen, ist in vielen Kontexten strittig. Das hat zur Zurückdrängung von Formen der Beteiligung der Religionsgemeinschaften an religiöser Bildung in öffentlichen Schulen geführt.

Bestätigt wird, dass ein solcher Unterricht einen konfessionellen Religionsunterricht nicht ersetzen, sondern ihn ergänzen soll (*It is not intended to replace existing confessional religious education, but to supplement it*, ebd., 69f.).

Die Schlussfolgerungen der Tagung von Kazan nehmen auch die Frage nach einem Institut wieder auf, das nun als *research centre*, als *training centre for instructors, a meeting place and a forum for dialogue and exchange* charakterisiert wird. Vorgeschlagen wird eine enge Kooperation mit Vertreterinnen und Vertretern der Religionsgemeinschaften, wenn es heißt: *Course content should be defined in close cooperation with representatives of the different religions traditionally present in Europe* (ebd., 69). Eine gewisse Unabhängigkeit wird für das Institut gefordert, ebenso eine enge Kooperation mit den Religionsgemeinschaften. Mit Blick auf den Dialog zwischen den Religionsgemeinschaften und dem Europarat wird ein Gremium (*advisory body*) auf Seiten der Religionsgemeinschaften vorgeschlagen, das die Zusammenarbeit mit dem Europarat strukturiert vorbereitet.

Auch wenn die Bedeutung der angeführten Seminare und der damit zusammenhängenden Dokumente nicht zu hoch eingeschätzt werden sollte, insbesondere aufgrund ihres informellen Charakters und der Sonderstellung des Amtes des Menschenrechtskommissars in der Struktur des Europarates, gibt es doch eine Reihe von Impulsen, die zu beachten sind, wenn es um Fragen nach Religion im Kontext einer Europäisierung von Bildung geht. Immerhin dokumentiert die Seminarreihe, dass sich allmählich ein intensiver Dialog mit den Religionsgemeinschaften im Rahmen des Europarates etabliert.

4.1.3.2 Europäischer Gerichtshof für Menschenrechte

Die Konvention zum Schutz der Menschenrechte und Grundfreiheiten, besser bekannt als Europäische Menschenrechtskonvention (1950 verabschiedet und 1953 in Kraft getreten), und die sie weiterentwickelnden Protokolle haben einen Standard in Europa etabliert, der einen politischen und rechtlichen Rahmen für den interkulturellen Dialog wie auch für den Zusammenhang von Religion und Bildung bietet (vgl. Wiater 2010). Der Europäische Gerichtshof für Menschenrechte ist die Instanz, die über die Einhaltung der Menschenrechtskonvention urteilt. Konvention und Gerichtshof gelten als Wahrzeichen des Europarates (vgl. Brummer 2008, 169). Die Tatsache, dass mehr als 50.000 Klagen jährlich eingereicht werden, zeigt u.a. die Bedeutung, die Individualbeschwerden gegen Mitgliedstaaten gewonnen haben. Urteile, die der EGMR getroffen hat, wirken sich auf die Politik des Europarates ebenso aus wie auf die Politik der betroffenen Mitgliedstaaten. Sie werden vielfach als Referenzrahmen verwendet. Einige von ihnen berühren Bereiche, die für die Frage nach Religion im Kontext einer Europäisierung von Bildung von Belang sind. Dazu gehören Entscheidungen von Klagen gegen staatliche Verstöße gegen Art. 2, Prot. 1, in dem das Recht der Eltern auf Erziehung und Unterricht ihrer Kinder gemäß ihrer eigenen religiösen und weltanschaulichen Überzeugungen garantiert wird.[128]

Wenn es um Religion und Öffentlichkeit geht, spielen auch Art. 9 (Gedanken-, Gewissens- und Religionsfreiheit), Art. 10 (Freiheit der Meinungsäußerung) sowie Art. 11 (Versammlungs- und Vereinigungsfreiheit) eine Rolle.

Bei der Betrachtung von einzelnen Fällen geht es nun im Folgenden nicht darum, die Urteile zu bewerten oder zu kommentieren, vielmehr werden die dazu vorliegenden Dokumente nach dem in ihnen enthaltenen Verständnis von Religion untersucht, das wiederum grundlegend für den Umgang mit Bildung ist. Dieses Vorgehen begründet sich auch in der Beobachtung, dass häufig einzelne Fälle als Argumentationshilfe für Positionen verwendet werden, und die Urteile des EGMR so zur Meinungsbildung im europäischen Kontext beitragen.

Nachfolgend werden vier Fälle vorgestellt, deren zugrundliegenden Konflikte und Urteile meinungsbildend wirken für den Stellenwert von Religion im Kontext einer Europäisierung von Bildung sowie für die Frage nach Möglichkeiten und Grenzen religiöser Bildung, die von staatlicher Seite verantwortet wird.

Zunächst werden die wesentlichen Fakten der ausgewählten Fälle tabellarisch vorgestellt:

---

128 Der Text von Art. 2 lautet: „Niemandem darf das Recht auf Bildung verwehrt werden. Der Staat hat bei Ausübung der von ihm auf dem Gebiet der Erziehung und des Unterrichts übernommenen Aufgaben das Recht der Eltern zu achten, die Erziehung und den Unterricht entsprechend ihren eigenen religiösen und weltanschaulichen Überzeugungen sicherzustellen."

Tab. 16: Ausgewählte Fälle des Europäischen Gerichtshofes für Menschenrechte EGMR im Bereich Religion und Bildung

Kläger und Beklagte Datum und Instanz	Gegenstand der Klage	Urteil und Konsequenzen	Pädagogische Implikationen
Leirvåg und andere gegen Norwegen 2002 / Menschenrechts-komitee der Vereinten Nationen, Sitzung am 3. November 2004	Verstoß gegen Art. 18 des Bundes über Zivile und Politische Rechte, (teilw.) Abmeldung vom verpflichtenden Fach „Christian Knowledge and Religious and Ethical Education"	Veröffentlicht am 23. 11. 2004 CCPR/C/82/1155/ 2003 (ER 13); Norwegen revidiert das Curriculum	Vermittlung von Religion als Wissen und die Rolle religiöser Erfahrungen; negative und positive Religionsfreiheit
Folgerø und andere gegen Norwegen Antrag Nr. 29. Juni 2007 Große Kammer des EGMR	Verstoß geg. Art. 2, (teilw.) Abmeldung vom verpflichtenden Fach „Christian Knowledge and Religious and Ethical Education"	Urteil mit 9 zu 8 Richterstimmen (ER 14); Norwegen revidiert das Curriculum	Vermittlung von Religion als Wissen und die Rolle religiöser Erfahrungen
Zengin gegen die Türkei Antrag Nr. 1448/04, verhandelt am 09.10.2007 vor der früheren Zweiten Sektion	Art. 2 und Art. 9 der Konvention; fehlende Abmeldemöglichkeit vom verpflichtenden Fach „Religiöse Kultur und Ethik"	Veröffentlicht am 09.01.2008 (ER 15); keine bildungspolitischen Konsequenzen	Gesellschaftliches Problem der Akzeptanz des Alevitentums in der Türkei und der Umgang in der Schule damit
Lautsi gegen Italien Antrag Nr. 30814/06 Kleine Kammer 03.11.2009 Große Kammer 18.03.2011	Klage gegen Kruzifix im Klassenzimmer als Verstoß gegen Art. 2 und Art. 9 der Konvention	Klage stattgegeben durch die Kleine Kammer, nach Widerspruch der ital. Regierung an die Große Kammer verwiesen; Anhörung Juni 2010; Urteil am 18. März 2011 weist die Klage ab (ER 16)	Religion als Teil der Kultur, religiöse Symbole im öffentlichen Raum

Quelle: eigene Darstellung

Zur Analyse werden die Begründungstexte der Urteile und ausgewählte Reaktionen und öffentliche Kommentare herangezogen.

Vorstellung der Fälle

Bei den Fällen *Leirvåg und andere gegen Norwegen* und *Folgerø und andere gegen Norwegen* geht es um die Frage der möglichen Abmeldung bzw. die Realisierung einer teilweisen Abmeldung vom verpflichtenden Schulfach *Christian Knowledge and Religious and Ethical Education* (CKREE oder KRL = *kristendomskunnskap med religions- og livssynsorientering*) (vgl. European Court of Human Rights, 2007a). KRL wurde als verpflichtendes Fach 1997 in Norwegen eingeführt und löste die bis dahin alternativ zu wählenden Fächer *Christian Knowledge* und *Philosophy of Life* ab. Eine teilweise Abmeldung von Unterrichtsteilen, die eine praktische Einübung von religiösen Elementen beinhalten, wurde rechtlich ermöglicht. Geklagt wurde, dass die bestehende Regelung gegen das Elternrecht verstoße, ihre Kinder in Übereinstimmung mit ihren religiösen oder philosophischen Grundsätzen in der Schule unterrichten zu lassen und nicht zu diskriminieren. Grundlage der Klage beim EGMR war Art. 2 des Protokolls Nr. 1 der Konvention und beim Menschenrechtskomitee der Vereinten Nationen Art. 18 des Internationalen Bundes für zivile und politische Rechte (CCPR),[129] sowie Art. 17 (Wahrung der Privat- und Familiensphäre) und Art. 26 (Diskriminierungsverbot).

Im Fall Zengin gegen die Türkei geht es um die fehlende Abmeldemöglichkeit von dem verpflichtenden Fach „Religiöse Kultur und Ethik" (vgl. Lied 2010; Wiater 2010, 61ff.; OSCE/ODIHR 2007). Diese sei erforderlich, da die Religion der Antragsteller, das Alevitentum, bei den Lehrinhalten nicht berücksichtigt sei. Das Agieren des türkischen Staates verstoße gegen Art. 2, Prot. Nr. 1 EMK und ebenso gegen das in der Verfassung festgeschriebene Prinzip der Säkularität.

Eine Debatte um Religion im Kontext von Bildung hat auch der Fall Lautsi versus Italien (2009) ausgelöst, bei dem eine Mutter gegen die verpflichtende Anbringung von Kruzifixen im Klassenzimmer ihres Sohnes geklagt hatte. Die Kläger sind der Ansicht, dass dies gegen das Prinzip des Säkularismus ebenso verstoße wie gegen ihr Recht auf einen Unterricht ihrer Kinder, der ihren Weltauffassungen und der Religionsfreiheit entspreche (Art. 2 und Art. 9 EMRK).

Charakterisierung der Urteilstexte

Die Urteilstexte des EGMR beinhalten i.d.R. eine Darstellung der Faktenlage mit Hintergründen des Falles, die Anliegen des/der Kläger/s, eine Darstellung der nationalen Rechtslage und Praxis, Bezüge zu internationalen Texten, die Positionen des/der Kläger und des beklagten Staates sowie das Urteil des EGMR mit generellen Prinzipien und ihrer Anwendung in dem konkreten Fall. Durchgängig wird in den angeführten Fällen auf Art. 2, Prot. Nr. 1 EMK Bezug genommen, in dem das Elternrecht auf

---

129 Art. 18,4 lautet: „The State Parties to the present Covenant undertake to have respect for the liberty of parents and, when applicable, legal guardians to ensure the religious and moral education of their children in conformity with their own convictions."

Erziehung ihrer Kinder gemäß ihrer religiösen oder nichtreligiösen Weltanschauung festgelegt ist. In der inhaltlichen Zielsetzung ist Art. 18,4 des Internationalen Bundes für zivile und politische Rechte der Vereinten Nationen vergleichbar.

Im Dokument zur Verhandlung des Falles *Leirvåg und andere gegen Norwegen* vor dem Menschenrechtskomitee (Human Rights Committee of the United Nations 2004) sind die Argumente der Kläger (*authors*) und des beklagten Staates Norwegen (*the State party*) wie in einem schriftlichen Dialog aufgeführt. Das Potenzial zur Diskriminierung durch die Implikationen der Regelungen für die teilweise Abmeldemöglichkeit wird ausführlich dargestellt:

> „The exemption arrangement requires that the authors have a clear insight into other life stances and educational methodology and practice, an ability to formulate their opinions, and the time and opportunity follow up the exemption arrangement in practice, whereas no such requirements apply to Christian parents. The exemption arrangement stigmatises in that it obliges the authors to state which segments of the CKREE subject are problematic in relation to their own life stance, which in turn will appear as a ‚deviation' from the commonly held life stance." (Human Rights Committee of the United Nations 2004, 9)

In seinen Schlussfolgerungen bestätigt das Komitee die Zulässigkeit der Beschwerde der Kläger und würdigt, dass es für die Kläger keine Möglichkeit der vollständigen Abmeldung von KRL gebe. Fokus der weiteren Urteilsbildung ist die Frage, ob durch die Organisation von KRL eine Verletzung der in Art. 18 des Bundes niedergelegten Religionsfreiheit vorliege. Herangezogen wird ein allgemeiner Kommentar zu Art. 18 von 1993, in dem unterschieden wird zwischen einer neutralen und objektiven Religionskunde und dem Recht auf Abmeldung in einem Unterricht *that includes instruction in a particular religion or belief.* (Ebd., 22)

Auf dieser Grundlage beurteilt das Komitee a) ob KRL in einer neutralen und objektiven Weise unterrichtet wird und b) ob das Recht auf teilweise Anmeldung für die Erziehungsberechtigten praktikabel ist.

Insgesamt entspreche die gegebene Praxis nicht den vom Staat vorgegebenen Ansprüchen, der Klage wird stattgegeben und eine Verletzung von Art. 18,4 des Bundes konstatiert. Der Staat wird um entsprechende Abhilfe gebeten.

In der Begründung des Urteils im Fall *Folgerø und andere gegen Norwegen* wird auf die Verpflichtung zur Neutralität und Unparteilichkeit des Staates im Blick auf religiöse Erziehung an öffentlichen Schulen abgehoben. Die Große Kammer des EGMR führt in ihrem Urteil (European Court of Human Rights Grand Chamber 2007b) einige grundlegende Prinzipien an. Dazu gehören die Wahrung von Pluralität im Bildungsbereich und die Geltung des Art. 2 für alle Fächer ohne Ausnahme. Die Verpflichtung, die religiösen und weltanschaulichen Überzeugungen der Eltern zu berücksichtigen, beziehe sich nicht nur auf Inhalte und Struktur des Unterrichts, sondern schließe alle Aspekte der Unterrichtspraxis mit ein. Das Elternrecht sei zu schützen und seine Realisierung zu ermöglichen. Der EGMR erläutert auch den Begriff *conviction*, der nicht gleichzusetzen sei mit „Meinungen" (*opinions*) oder „Ideen" (*ideas*) sondern eine genauere Bedeutung habe: *It denotes views that attain a certain level of cogency, seriousness, cohesion and importance* (ebd., 25). Dem Staat stehe es jedoch zu, über die Gestaltung der Curricula zu entscheiden. Dies beinhalte auch die Möglichkeit, religiöse oder philosophische Inhalte vorzusehen. Dem können sich Eltern nicht widersetzen. Andererseits dürfe der Staat auf keinen Fall durch das Bildungssystem Indoktrination betreiben, da dies dem Elternrecht widersprechen würde.

Auf der Grundlage der generellen Prinzipien wurde über die Frage geurteilt, ob der Staat im Fach KRL Wissen auf „objektive, kritische und pluralistische" Weise vermittle oder ob der Unterricht indoktriniere und somit das Elternrecht im Blick auf die religiösen oder weltanschaulichen Einstellungen verletze. Die im Gesetz vorgesehene Unterscheidung, sich abmelden zu können von einer *aktiven Teilnahme* an religiösen Aktivitäten im Unterricht, nicht dagegen von der *Vermittlung von Wissen* über diese religiöse Aktivitäten, sei in der Praxis schwer zu treffen. Kritisch wurde auch beurteilt, dass im Bildungsgesetz dem Unterricht über Bibel und Christentum ein höheres Gewicht gegeben werde als dem Unterricht über andere Religionen und Weltanschauungen, für die der Anspruch des „gründlichen Wissens" nicht formuliert wird. Ebenso wird kritisiert, dass das Recht zur teilweisen Abmeldung vom Unterricht nicht praktikabel sei. Als problematisch wird auch die Bestimmung in der Norwegischen Verfassung angesehen, dass Eltern, die der Evangelisch-lutherischen Staatskirche Norwegen angehören, dazu verpflichtet sind, ihre Kinder in diesem Sinne zu erziehen (Art. 2, *Christian object clause*). Auf der Grundlage dieser Argumente wurde eine Verletzung nach Art. 2, Prot. No. 1 konstatiert.

Das Urteil erging mit neun zu acht Stimmen. Die knappe Entscheidung zeigt, wie kontrovers auch unter den Richtern die Klage, der Kontext und die Argumente beurteilt wurden. Sidsel Lied (2009) hat unter pädagogischer Perspektive einen Vergleich der unterschiedlichen richterlichen Positionen vorgenommen. Sie bestätigt zunächst, dass der Wechsel von einer möglichen vollständigen Abmeldung in der Konstellation bis 2007 vor Einführung des neuen Faches zu einer nun möglichen teilweisen Abmeldung vom Fach KRL zu den umstrittensten Punkten in der Diskussion gehörte. Die Argumentation der abweichenden Meinung vom getroffenen Urteil nimmt ihren Ausgangspunkt bei der zentralen Rolle des Christentums für Geschichte und Kultur Norwegens, die auch in einem breiten und inklusiv angelegten Lehrplan ihren Stellenwert haben solle. Der Lehrplan beinhalte neben christlichen auch humanistische Werte. Schließlich sei die unterschiedlich gewichtete Behandlung von Christentum und anderen Religionen und Weltanschauungen ausschließlich quantitativer, nicht qualitativer Natur.

Lieds Schlussfolgerung aus dem Vergleich der beiden Positionen läuft auf zwei konkrete Vorschläge hinaus: Erstens stärker zwischen einem nationalen Rahmenlehrplan und seiner lokalen Konkretisierung zu unterscheiden, und den Lehrkräften in ihrem lokalen Kontext einen größeren Entscheidungsspielraum bezüglich der Inhalte des Lehrplans einzuräumen und zweitens eine Revision des bestehenden Faches vorzunehmen, in die Gesichtspunkte der kontroversen Diskussion einfließen sollten.

Im Fall *Hasan und Eylem Zengin gegen die Türkei* klagte ein Vater alevitischer Herkunft, dass seine Tochter an dem verpflichtenden Fach „Religiöse Kultur und Ethik" teilnehmen müsse und es kein Abmelderecht für sie gäbe. In der Klage wird Bezug genommen auf Art. 2, Prot. No. 1 (Elternrecht) und auf Art. 9 (Gedanken-, Gewissens- und Religionsfreiheit). Die Kläger legten folgende Argumentation zugrunde:

> „Further, the content and syllabus of the classes in religious culture and ethics were organised in such a way that the existence of the applicants' faith was denied and Islam was taught from a Sunnite perspective. (...) The applicants challenged the argument that the subject contained no information of a religious nature on the doctrine and rituals of a specific religion. (...) In addition, according to the applicants, a State governed by the principle of secularism could not have a wide margin of appreciation in the field of religious education. The State could not teach a religion to children who were educated in state schools. The applicants alleged that the State's duty of neutrality and impartiality was incompatible with any power on the State's part to assess the legitimacy of religious beliefs or their means of expression." (European Court of Human Rights Former Second Section 2007a, 12)

Es wird beklagt, dass im Unterricht das Alevitentum nicht behandelt und der Islam ausschließlich aus sunnitischer Sicht betrachtet werde. Aus staatlicher Sicht wird angeführt, dass es im Unterricht keine Informationen religiöser Natur über Glaubenssätze und Rituale einer spezifischen Religion gäbe.[130]

Im Urteilstext wird Bezug genommen auf die beiden Empfehlungen des Europarates 1396 (1999) *on religion and democracy* (ER 2) und 1720 (2005) *on education and religion* (ER 4), die auch in dieser Studie vorgestellt werden (vgl. Kap. 4.1.1). Die Texte wirken also positionsbildend auch im Rahmen der Rechtsprechung des EGMR. Ebenso wird ein Bericht der *European Commission against Racism and Intolerance* (ECRI) angeführt, der über die Situation in der Türkei (2005) verfasst wurde. Darin heißt es:

> „The syllabus covers all religions and is chiefly designed to give pupils an idea of all existing religions. However, several sources have described these courses as instruction in the principles of the Muslim faith rather than a course covering several religious cultures." (Ebd., 9)

Die Situation des Religionsunterrichts (RU) in Europa wird umrissen und die verschiedenen Modelle des RU als Pflichtfach, als Wahlpflichtfach oder als Wahlfach aufgeführt. Es wird angeführt, dass

> „almost all of the member States offer at least one route by which pupils can opt out of religious education classes (by providing an exemption mechanism or the option of attending a lesson in a substitute subject, or by giving pupils the choice of whether or not to sign up to a religious studies class)." (Ebd., 11)

Damit wird ein wichtiges Prinzip benannt, das der Gefahr von Indoktrination und Überwältigung entgegentritt, nämlich das Recht auf Abmeldung von einem konfessionell geprägten Unterricht als Garantie dafür, dass die Religionsfreiheit gewahrt bleiben kann.

---

130 Abmeldemöglichkeiten für den staatlich verantworteten Unterricht sind nur für Schüler/nnen christlicher oder jüdischer Religion vorgesehen, nicht jedoch für Schüler/innen alevitischer Herkunft.

In der Anwendung der allgemeinen Prinzipien, die bereits in der Darstellung des Falls Folgerø aufgeführt wurden, beurteilt das Gericht die Inhalte des Faches sowie die Frage, ob den Religions- bzw. Weltanschauungsauffassungen der Eltern ausreichend Respekt entgegengebracht wird.

Im Blick auf die Inhalte wird wie folgt geurteilt:

> „In this regard, the Court considers that, in a democratic society, only pluralism in education can enable pupils to develop a critical mind with regard to religious matters in the context of freedom of thought, conscience and religion. (...) In the light of the above, the Court concludes that the instruction provided in the school subject ‚religious culture and ethics‘ cannot be considered to meet the criteria of objectivity and pluralism, and, more particularly in the applicant‘s specific case, to respect the religious and philosophical convictions of Ms Zengin's father, a follower of the Alevi faith, on the subject of which the syllabus is clearly lacking." (European Court of Human Rights Former Second Section 2007a, 19)

Angeführt werden ‚Pluralität in der Bildung‘ als Voraussetzung zur Entwicklung einer kritischen Haltung im Blick auf religiöse Fragen im Kontext der Gedanken-, Gewissens- und Religionsfreiheit. Der EGMR sieht die Kriterien von Objektivität und Pluralität in den bestehenden Regelungen des Faches als nicht erfüllt an. Die bestehende Abmeldemöglichkeit wird als unzureichend angesehen, da nicht alle betroffenen Glaubensrichtungen darin eingeschlossen sind. Die Verletzung der Grundrechte der Kläger wird konstatiert und der Klage stattgegeben.

In Fall *Lautsi gegen Italien* klagte eine Mutter gegen die verpflichtende Anbringung von Kruzifixen in den Klassenzimmern ihrer Kinder in der staatlichen Schule Italiens. Dies verstoße gegen die elterlichen Erziehungsrechte nach Art. 2, Prot. Nr. 1 und der Religionsfreiheit nach Art. 9. (European Court of Human Rights Second Section 2009) wie auch gegen das Prinzip des Säkularismus, an dem sie die Erziehung ihrer Kinder orientiere. Die italienische Regierung dagegen betont, dass sie in dem Kruzifix ein Symbol des italienischen Staates sehe, da es ein Wahrzeichen der Katholischen Kirche darstelle, „which was the only church mentioned in the Constitution (Article 7)" (ebd., 2). Darüber hinaus würde die Botschaft des Kreuzes eine humanistische Botschaft sein, die unabhängig von ihrer religiösen Dimension verstanden werden könne und aus Prinzipien und Werten bestehe, die grundlegend für die Demokratien geworden seien (vgl. ebd., 8).

Der EGMR betont einen offenen, plural organisierten Kontext für schulische Bildung, wenn es heißt:

> „Respect for parents convictions must be possible in the context of education capable of ensuring an open school environment which encourages inclusion rather than exclusion, regardless of the pupils‘ social background, religious beliefs or ethnic origins. Schools should not be the arena for missionary activities or preaching; they should be a meeting place for different religions and philosophical convictions, in which pupils can acquire knowledge about their respective thoughts and traditions." (European Court of Human Rights Second Section 2009, 11)

In Abwägung der vorgetragenen Argumente von Kläger und Beklagtem hat der Gerichtshof folgendes Urteil getroffen:

> „The Court considers that the compulsory display of a symbol of a particular faith in the exercise of public authority in relation to specific situations subject to governmental supervision, particularly in classrooms, restricts the right of parents to educate their children in conformity with their convictions and the right of schoolchildren to believe or not believe. It is of the opinion that the practice infringes those rights because the restrictions are incompatible with the State's duty to respect neutrality in the exercise of public authority, particularly in the field of education." (European Court of Human Rights Second Section 2009, 13)

Es wird argumentiert, dass sich die negative Religionsfreiheit nicht auf das Fehlen religiöser Feiern oder religiöser Erziehung beschränke, sondern dass sie auch schütze vor der erzwungenen Konfrontation mit religiös-weltanschaulichen Praktiken und Symbolen.

Das Urteil der Kleinen Kammer hat eine breite öffentliche Diskussion ausgelöst. Der italienische Staat hat gegen das Urteil der Zweiten Sektion Berufung eingelegt, ebenso ging eine Reihe von Interventionen Dritter zu dem Fall und dem Urteil ein. Im Juni 2010 wurde der Fall auf Antrag Italiens erneut und nun vor der Großen Kammer verhandelt. Bei der Anhörung waren eine große Zahl von Dritt- oder Nebenparteien zugelassen, die eine Stellungnahme abgeben konnten. Die italienische Regierung wies dabei jede Verletzung der Grundrechte entschieden zurück. Kreuze seien „Ausdruck der Tradition" und „volkstümliches Symbol", sagte der Vertreter der Regierung in Rom. Als Nebenparteien in dem Verfahren traten zur Verteidigung Italiens orthodoxe Staaten wie Griechenland auf, wo das Christentum Staatsreligion ist, ferner Bulgarien, Zypern, Rumänien und Russland. Ihr Rechtsberater Joseph Weiler von der Universität New York plädierte dafür, die Frage der Kruzifixe den Regierungen zu überlassen. „Der Gerichtshof sollte sich nur einmischen, wenn ein religiöser Zwang auf die Schulkinder ausgeübt wird", sagte er. Er wolle verhindern, dass religiöse Symbole in der Öffentlichkeit als unzulässig erklärt würden oder dass sie nur noch aus kulturellen Gründen in öffentlichen Gebäuden hängen. Der EGMR dürfe kein Land zur Laizität verpflichten, so Weiler.

Das Urteil wurde am 18.03.2011 verkündet. Mit 15 gegen zwei Stimmen wurde die Klage abgewiesen. In der Begründung stellte der EGMR fest, dass den Staaten bei der Gestaltung der Unterrichtsumgebung ein Gestaltungsspielraum zustehe. Ein an der Wand aufgehängtes Kruzifix sei zwar in erster Linie als religiöses Zeichen zu betrachten, aber es sein ein „passives Symbol, dessen Einfluss auf die Schüler nicht mit (…) der Teilnahme an religiösen Aktivitäten verglichen werden kann". Das Kruzifix stehe nicht im Zusammenhang mit einem verpflichtenden christlichen Religionsunterricht.

Mit diesem Urteil wurde festgestellt, dass die Anbringung eines Kreuzes in staatlichen Schulen in Einklang mit der Menschenrechtskonvention steht. Das Urteil schließt jedoch nicht aus, dass nationale Verfassungsgerichte in Auslegung der nationalen Grundrechte zu anderen Ergebnissen kommen und eine weitergehende Neutralitätsverpflichtung vom Staat verlangen.

Interpretation

Der wachsende Einfluss der europäischen Rechtsprechung auf das Verhältnis von Religion und Bildung in nationalen Kontexten ist ein Element zunehmender Europäisierung von Bildung, so kann eine Schlussfolgerung aus den dargelegten Fällen formuliert werden. Gegenstand der analysierten Fälle sind einzelne nationale Regelungen im Blick auf die Gestaltung des Religionsunterrichts (Norwegen, Türkei) oder die Frage nach dem Gewicht religiöser Symbole in Kultur und Öffentlichkeit (Italien). Diese „nationalen Gegebenheiten" weisen jedoch weit über ihren Ursprungskontext hinaus. Sie prägen den europäischen und internationalen Diskurs zum Stellenwert von Religion in der Öffentlichkeit und zu der Frage, wie die Beziehungen zwischen Religion und Bildung sachgemäß zu gestalten sind.

Die Urteile der ausgewählten Fälle machen auch deutlich, dass es national wie europäisch erhebliche Unterschiede bei der Einschätzung der Frage gibt, inwieweit Religion im Bereich von Bildung präsent und wahrnehmbar sein soll, ob als Unterrichtsinhalt, als Teil von Kultur oder im Rahmen öffentlicher Darstellung.

Kriterien für die Beurteilung damit zusammenhängender Fragen orientieren sich an der Wahrung der individuellen Religionsfreiheit und dem Recht der Eltern, einen Unterricht für ihre Kinder gemäß ihrer eigenen religiösen bzw. weltanschaulichen Auffassungen erwarten zu können.

Es lässt sich nach dem Verhältnis von negativer und positiver Religionsfreiheit fragen und nach dem Gewicht, das beide Aspekte in den Urteilen haben. Zwei Schutzbereiche sind im Blick auf Religions- und Gewissensfreiheit zu unterscheiden: die „innere Welt einer Person" (*forum interna*) und die äußere, externe Manifestation von Religion (*forum externa*). Während die „innere Religionsfreiheit" zu den absoluten Rechten gehört, kann die externe Manifestation von Religion, gemäß dem Prinzip der Subsidiarität, auf der Grundlage von vier Gründen durch die nationale Gesetzgebung eingeschränkt werden: der öffentlichen Sicherheit, der öffentlichen Ordnung, Gesundheit und aufgrund der moralischen Grundlagen einer demokratischen Gesellschaft. Die Rechtsprechung des EGMR räumt den betroffenen Staaten stets einen Ermessensspielraum im Blick auf den Umgang mit Religion ein.

In den Fällen Folgerø gegen Norwegen und Zengin gegen die Türkei wurden nach dem Urteil die Gesetze, die sich auf religiöse Bildung beziehen, geändert (vgl. Relano 2010).

Bei den Urteilen des EGMR kommen zwei Grundprinzipien zum Tragen: Prinzipiell liegt es bei den Mitgliedstaaten, wie sie die schulische Bildung organisieren. Dies muss den religiösen bzw. philosophischen Überzeugungen (*convictions*) der Eltern der Schüler Rechnung tragen, entweder durch plural und objektiv ausgerichtete Lehrangebote oder indem das Recht auf Abmeldung vom Unterricht gewährleistet wird.

Diskussion

Insbesondere das in erster Instanz gefällte Lautsi-Urteil hat eine Welle von Reaktionen und Diskussionen quer durch Europa ausgelöst. Es wurde befürchtet, dass damit eine Präferenz gegenüber laizistisch ausgerichteten Staat-Kirche Verhältnisse formuliert wird, die allmählich als europäische Norm eingeführt wird. So kritisiert Patrick Schnabel (2009), dass der EGMR auf jegliche Ausführungen verzichtet habe, die den religiösen Beitrag zur Gesellschaft positiv werte. Er gibt zu bedenken, dass die Signatarstaaten der Menschenrechtskonvention nicht beabsichtigt hätten, ihre staatskirchlichen Unterschiede zu nivellieren. Der EGMR habe deshalb auch die Grenzen seines Mandates zu bedenken, das sich in der Wahrung eines Mindestniveaus an Grundrechtsschutz erschöpfe. Seine Aufgabe sei lediglich, darüber zu wachen, „dass durch das nationale Recht internationale Verpflichtungen nicht verletzt werden (ebd., 14). Die Revision des Urteils, die dem italienischen Staat ein größeres Maß der Selbstbestimmung im Blick auf die Gestaltung des Bildungssystems zuspricht, relativiert die von Schnabel benannten Befürchtungen. Dennoch bleibt es eine wichtige Frage, inwiefern durch die europäische Rechtsprechung nationale Verhältnisse in der Weise beeinflusst werden, dass Menschenrechte am Europäischen Gerichtshof „als etwas von der Religion Getrenntes" empfunden werde (Jäger 2010). „Das hat zur Folge, dass die Religionsferne unserer Urteile sehr viel evidenter ist als beim Bundesverfassungsgericht". (Ebd.) Die europäische Perspektive unterscheide sich nach Ansicht Jägers deutlich z.B. von der Realität in Deutschland und Österreich. „Die ‚wohlwollende Neutralität', die Deutschland den großen Kirchen, nicht aber den anderen Religionsgemeinschaften entgegenbringt – das ist europaweit die große Ausnahme." (Ebd.)

Neben dem Verhältnis von Menschenrechten und Religion wird in den Urteilen auch das Verhältnis von Religion und Demokratie thematisiert, das auch Thema zahlreicher Empfehlungen des Europarates ist. Wird Religion in diesem Zusammenhang nur pauschal beurteilt, wird damit keine sachgemäße Position gefördert, denn in den abrahamitischen Religionen Judentum, Christentum und Islam gibt es unterschiedliche Positionen und Einschätzungen im Blick auf das Verhältnis von Religion und Demokratie und auch von Staat und Religion. So wird z.B. die Frage diskutiert, ob Israel zugleich ein jüdischer Staat und eine Demokratie sein kann. Islam und Demokratie werden häufig als Gegensätze wahrgenommen. Unter Muslimen und nicht-Muslimen wird kontrovers diskutiert, ob und wie der Islam mit demokratischen Vorstellungen von Staat, Gesellschaft und freiheitlicher Rechtsordnung zu vereinbaren ist. Auch in der Beurteilung des Verhältnisses von Christentum und Demokratie gibt es unterschiedliche Positionen (vgl. dazu Brocker/Stein 2006).

Als Beispiel für eine Position, die davon ausgeht, dass (christliche) Religion wesentliche Grundlagen zu Demokratie beiträgt, wird auf Udo Di Fabio, Jurist und Richter am Bundesverfassungsgericht, verwiesen. Er beschäftigt sich mit der Frage, ob Religion ein Fundament oder eine Belastung für die Demokratie darstelle (2008). Di Fabio geht davon aus, dass man Glauben respektieren kann, ohne ihn zu teilen, dass man an Gott und Vernunft zugleich glauben kann, insbesondere dann, wenn ein vieldimensionales

Bild unserer Kultur zu Grunde gelegt wird. Nach Di Fabio können religiöse Muster sowie bestimmte Formen und Inhalte des Glaubens, die kulturellen Bedingungen der Demokratie und ihre Chance auf Selbstbehauptung und Entfaltung prägen. Demokratie kann jedoch auch in eine gewisse Sachgesetzlichkeit zu Säkularisierung und religionsfeindlicher Aufklärung abdriften. Sein Blick in die Entstehung der Idee der Volksherrschaft unterstreicht, „wie unwahrscheinlich es bereits anlässlich der modernen Staatenbildung war, politische Macht überhaupt aus traditionalen, moralischen, welterklärenden, spirituellen Bezügen herauszulösen und sie als selbständig, als souverän zu begreifen" (Di Fabio 2008, 124). Zusammenfassend lassen sich folgende Argumente erkennen: Die Demokratie dürfe nicht alles, der Mensch komme vor dem Staat, die Würde eines jeden einzelnen Menschen und die Idee davon stehen im Mittelpunkt der Rechtsordnung. Es gibt einen der Mehrheitsentscheidung nicht zugänglichen persönlichen Bereich personalen Eigensinns. Er wird durch die Grundrechte geschützt und er zielt darauf ab, außerhalb des staatlichen Regelwerks ein Ambiente für sittliche Vernunft zu erhalten, das nicht dem Machtanspruch zugänglich ist. Die Grundrechte inkl. der Religionsfreiheit stehen vor den Regeln der Staatsorganisation. Sie sind subjektive, gegen die Mehrheit durchsetzbare Rechte. Ein normativer Glaubenszusammenhang könne konkurrieren mit dem aufgeklärten, säkularen Staat. Religionen sind gemeinschaftsfundierte Ordnungssysteme mit einem über die empirisch erfahrbare Welt hinausweisenden existentiellen Deutungssinn. Seit Beginn der Neuzeit wird dem Glauben abverlangt, er solle das Gebot der ausdifferenzierten Selbstbeschränkung akzeptieren und nicht, gestützt auf Religionsfreiheit, versuchen, die vom Glauben gelöste weltliche Ordnung nach dem Bilde der jeweiligen Glaubensgewissheit umzugestalten. Allerdings sollte auch nicht umgekehrt die Öffentlichkeit oder das politische System Religionen als Subsysteme des Politischen verstehen, deren Bekundungen ohne sonderliches Verständnis für die Identität der Religionsgemeinschaft dann als bloße Beiträge im politischen Diskurs behandelt und kritisiert werden. Di Fabio betont das über eine funktionale Bestimmung hinausgehende Potenzial von Religion:

> „Glaube und Religion sind aus der Perspektive einer reflektierten Aufklärung, einer Aufklärung zweiter Ordnung, aber noch etwas anders. Sie sind ein Reservoir von Weisheit, das nicht identisch ist mit der vorherrschenden instrumentellen Vernunft und nicht dem Gebot intersubjektiver Überprüfbarkeit unterliegt: ‚Glauben' eben und nicht ‚Wissen'." (Ebd., 138)

Auf der Grundlage dieses Verständnisses fällt sein Urteil im Blick auf die Bedeutung von Glauben und Religion für die Demokratie positiv aus:

> „Religion und Kirchen, die aus den ko-evolutionär verschränkten Quellen neuzeitlicher Humanität und Säkularität schöpfen, Glaubensbekenntnisse und Religionen, die sich neu auf diese Fundament stellen und in dieser Rechtsordnung einen legitimen Rahmen für den eigenen Glauben und in Achtung des Anderen sehen, sind unentbehrlich für die lebendige Demokratie." (Ebd., 142)

4.1.4 Zusammenfassung

In diesem Teilkapitel wurden Positionen und Entwicklungen verschiedener Institutionen des Europarates betrachtet. Zusammenfassend kann folgendes festgehalten werden:

Die Empfehlungen der *Parlamentarischen Versammlung* an die Mitgliedstaaten enthalten Problembeschreibungen und Handlungsvorschläge zu einem breiten Spektrum an Themen. Schwerpunkte sind dabei Fragen von religiöser Toleranz, Religion und Demokratie, Menschenrechte sowie das Gewicht von Religion im Rahmen von Bildung und in Ansätzen religiöser Bildung.

Das *Ministerkomitee* hat in seiner Beschäftigung mit dem interkulturellen Dialog die religiöse Dimension thematisiert und damit ein gegenüber früheren Positionen erweitertes Verständnis von interkulturellem Dialog entwickelt. Auch im Kontext interkultureller Bildung soll die religiöse Dimension berücksichtigt werden.

Die intensiven Dialoge des *Menschenrechtskommissars* mit Vertreterinnen und Vertretern der abrahamitischen Religionsgemeinschaften haben einen strukturierten Dialog mit anderen Instanzen des Europarates vorbereitet und gefördert. In den dazu erstellten Papieren fällt die Kontingenz der Positionen auf und ihre zuweilen nicht sachgemäßen Grundlagen.

Dem *Europäische Gerichtshof für Menschenrechte* EGMR obliegt es, die Anerkennung und Einhaltung der Europäischen Menschenrechtskonvention (EMRK) zu überwachen. Ihm kommt ein zunehmendes Gewicht zu, da Rechtsstreitigkeiten um angemessene Interpretationen nationalen Bildungsrechts nach der Ausschöpfung der nationalen Instanzen vor den EGMR getragen werden. Die Auslotung zwischen dem Grundrecht der Religionsfreiheit und dem Recht der Eltern auf eine Erziehung ihrer Kinder gemäß ihrer eigenen religiösen oder philosophischen Einstellung bedarf nationaler Regelungen, die behutsam mit diesen Grundrechten umgehen, zugleich jedoch auch den jeweiligen national-kulturellen Hintergrund berücksichtigen können.

Auf der Grundlage der Ergebnisse der Analyse ergeben sich eine Reihe von Herausforderungen und Fragen, die einer weiteren Bearbeitung bedürfen.

– Im Blick auf die Empfehlungen der *Parlamentarischen Versammlung* entsteht ein Problem hinsichtlich einer erfolgreichen Implementierung in den Mitgliedstaaten. Sobald die Dokumente verabschiedet sind, gibt es keinen Follow-up-Prozess, mit dem überprüft wird, was im Blick auf die Rezeption, Verbreitung und Umsetzung des Dokumentes geschieht.

– Beim Vergleich der Äußerungen zu Religion in den analysierten Dokumenten fällt auf, dass Religion über die Zeit durchgängig konsequent als Privatangelegenheit verstanden wird, jedoch in diachroner Perspektive die kollektive Sicht von Religion und die kulturelle Bedeutung von Religion ein größeres Gewicht in den Dokumenten erhalten. Wird in der Erklärung zu „religiöser Toleranz in einer demokratischen Gesellschaft" von 1993 Religion noch überwiegend negativ und problematisch bestimmt, so differenziert sich in den später folgenden Texten die Wahrnehmung zunehmend in Richtung einer stärker ausgewogenen und umfassenden Sichtweise aus, die die Vielfalt innerhalb und zwischen den Religionen ebenso wahrnimmt wie die Nähe der von den Religionen vertretenen Werte und Grundhaltungen zu den Werten und Grundhaltungen des Europarates, bis zur Feststellung einer mehr oder minder großen Übereinstimmung.

— Neben diesen generellen Gesichtspunkten konzentrieren sich die Empfehlungen insbesondere auf folgende Zielsetzungen: Die Garantie von Religions- und Gewissensfreiheit, die Förderung einer Bildung über Religionen, die Förderung besserer Beziehungen zwischen und innerhalb der Religionsgemeinschaften und die Förderung der kulturellen und sozialen Ausdrucksformen der Religionen. Mit diesen Eckpunkten gibt sich der Europarat ein „Programm" für den Bereich Religion und Bildung, das in seinen verschiedenen Aspekten mit Hilfe der Empfehlungen der Parlamentarischen Versammlung bearbeitet wird.

— Das in den Dokumenten vorherrschende Verständnis von Bildung ist positivistisch und wenig reflektiert. Der Schwerpunkt liegt auf der Vermittlung von Informationen und es findet sich eine unkritische, die Schule überfordernde Einschätzung dessen, was Schule leisten kann.

— Mit Hilfe der Analyse der beiden Dokumente des *Ministerkomitees* lässt sich eine Entwicklung rekonstruieren, die eine deutliche Öffnung der Konzeption des interkulturellen Dialogs und der interkulturellen Bildung im Blick auf die religiöse Dimension bedeutet. Während dabei im Weißbuch zum interkulturellen Dialog die religiöse Dimension weitgehend beschreibend dargestellt wird, finden sich in der Empfehlung zur interkulturellen Bildung, in der die „Dimension der Religionen und nicht-religiösen Überzeugungen" thematisiert wird, differenziertere Sichtweisen, die die bestehende Komplexität von Religion würdigen, und die eine weitere Beschäftigung mit dem Potenzial von Religion einfordern. Insgesamt kann in Bezug auf diese Dokumente von einem Prozess einer sich ausdifferenzierenden Wahrnehmung von Religion und von einer zunehmenden Würdigung des Potenzials von Religion für Demokratie und für das Zusammenleben in Europa gesprochen werden.

— Durch die Dialogseminare des *Menschenrechtskommissars* hat sich der Austausch des Europarates mit Vertreterinnen und Vertretern der monotheistischen Religionsgemeinschaften weiter ausdifferenziert. In einem weitgehend informellen Setting konnten Fragen religiöser Bildung und die mögliche Rolle der Religionsgemeinschaften innerhalb und außerhalb der öffentlichen Schulen thematisiert werden. Dabei wird die Bedeutung von Bildung für die Bewusstseinsbildung kommender Bürger/innen unterstrichen. Eine konfessionelle religiöse Bildung soll in privaten Schulen der Religionsgemeinschaften und außerhalb von Schulen stattfinden. Ein religionskundlich ausgerichteter Unterricht in den öffentlichen Schulen (*teaching of religious facts*) sollte objektiv erfolgen, und eine positive und gelebte Form von Religion unterstützen. Durch den Dialog zwischen Bildungsinstitutionen und Religionsgemeinschaften sollte erreicht werden, dass im Rahmen der Religionskunde das Selbstverständnis der Religionen berücksichtigt wird. Dieser Unterricht wird komplementär zu einem

bestehenden konfessionellen Religionsunterricht gesehen und nicht als dessen Ersatz.
- Der wachsende Einfluss der europäischen Rechtsprechung auf das Verhältnis von Religion und Bildung in nationalen Kontexten ist ein Element zunehmender Europäisierung. Grundlage ist die Europäische Menschenrechtskonvention, der nun auch die EU beitreten wird und die damit zusätzliche Bedeutung erlangt. Gegenstand der analysierten Fälle sind nationale Regelungen im Blick auf die Gestaltung des Religionsunterrichts (Norwegen, Türkei) oder die Frage nach dem Gewicht religiöser Symbole in Kultur und Öffentlichkeit (Italien), die von den Kläger/innen als Verstoß gegen die Religionsfreiheit bzw. gegen ihr Elternrecht auf Bildung erlebt werden. Diese „nationalen Gegebenheiten" weisen jedoch weit über ihren Ursprungskontext hinaus. Sie prägen den europäischen und internationalen Diskurs zum Stellenwert von Religion in der Öffentlichkeit und zu der Frage, wie die Beziehungen zwischen Religion und Bildung sachgemäß zu gestalten sind.

Die Ergebnisse der Analyse zeigen, dass es in diesem Bereich eine Spannung gibt zwischen den Einflüssen einer Europäisierung des Diskurses und den bestehenden nationalen Gegebenheiten. Dabei geht es insbesondere um die Bewertung des religiösen Beitrags in der Gesellschaft, die bestehenden oder erwünschten Konzepte religiöser Bildung in der Schule und das Verhältnis von negativer und positiver Religionsfreiheit.

4.2 Europäische Union

Einführung

Durch die Analyse von Dokumenten der Europäischen Union (EU) soll überprüft werden, ob und in welcher Weise Religion im Rahmen einer Europäisierung von Bildung in Prozessen der europäischen Integration in diesem Rahmen thematisiert wird. Dazu werden zwei Perspektiven herangezogen: (1) der Dialog zwischen Institutionen der EU und den Kirchen und Religionsgemeinschaften und (2) Prozesse einer Europäisierung von Bildung.

Zu (1): Zum einen geht es um Motive und Ziele bei der Etablierung des Dialogs mit den Kirchen und Religionsgemeinschaften. Politische Stimmen betonen, dass es im Rahmen des europäischen Integrationsprozesses mit einer Einbindung der Kirchen und Religionsgemeinschaften zu einem besseren Verständnis zwischen den Menschen kommen könne.[131] Zugleich sehen sich auch die Kirchen und Religionsgemeinschaften in der Verantwortung, Prozesse der europäischen Integration kritisch und konstruktiv zu begleiten. Sie weisen z.B. auf Defizite und Mängel der europäischen Integration hin, bringen religiöse Orientierungen als wertestützend und wertebildend ein, oder hinter-

---

131 Beispielhaft dafür stehen die bisherigen Kommissionspräsidenten Jacques Delors, Jacques Santer und José Manuel Barroso.

fragen die vorherrschende rationale und ökonomische Logik europäischer Politik in kritischer Weise.

Grundlage und Gegenstand des Dialogs waren in den vergangenen Jahren Texte des Primär- und Sekundärrechts der Europäischen Union. Untersucht werden soll, welche Werte und Zielorientierungen im Blick auf die europäische Integration zentral sind und welche Äußerungen zum Beitrag der Kirchen und Religionsgemeinschaften in den Dokumenten zu finden sind.

Folgende Dokumente werden in Kapitel 4.2.1 zur Überprüfung herangezogen (in chronologischer Reihenfolge ihres Entstehens):

– Vertrag von Amsterdam, Erklärung Nr. 11 (1997) (EU 1)
– Charta der Grundrechte der Europäischen Union (2000) (Europäischer Rat et al. 2000) (EU 2)
– Weißbuch Europäisches Regieren (2001) (Europäische Kommission 2001b) (EU 3)
– Lissabon Vertrag, Art. 17 (2009) (EU 4).

Zu (2): Zum anderen geht es um die Analyse von Dokumenten europäischer Bildungspolitik, die eine Europäisierung von Bildung repräsentieren. Sie werden im Blick auf ihr Bildungsverständnis und auf mögliche Beiträge zu Religion analysiert. Anknüpfend an den in Kap. 2 dargelegten bildungspolitischen Paradigmenwechsel durch die Lissabon Strategie 2000 werden Dokumente, die nach dieser Zeit entstanden sind, herangezogen. Verwendet werden Arbeitsprogramme, Entschließungen und Beschlüsse zu einzelnen Aktionsbereichen sowie Empfehlungen an die Mitgliedstaaten. Die ausgewählten Dokumente werden drei Bereichen zugeordnet:

1. Grundlegende Dokumente, die den Rahmen für Bildung und Ausbildung als integrierten Bestandteil der Lissabon-Strategie konkretisieren und ausdifferenzieren,
2. Texte zum lebenslangen/lebensbegleitenden Lernen und
3. Texte zu Migration und Mobilität als Herausforderung für die europäischen Bildungs- und Ausbildungssysteme.

Als grundlegende Dokumente werden herangezogen:

– Mitteilung des Rates „Detailliertes Arbeitsprogramm zur Umsetzung der Ziele der Systeme der allgemeinen und beruflichen Bildung in Europa" (14. Juni 2002) (Europäischer Rat 2002a) (EU 5)
– Schlussfolgerung des Rates „zu einem strategischer Rahmen für die europäische Zusammenarbeit auf dem Gebiet der allgemeinen und beruflichen Bildung" („ET 2020") (12. Mai 2009) (Europäischer Rat 2009) (EU 12)
– Mitteilung der Kommission „Europa 2020. Eine Strategie für intelligentes, nachhaltiges und integratives Wachstum" (2010) (Europäische Kommission 2010a) (EU 13).

Lebenslanges/lebensbegleitendes Lernen hat sich seit den 1990er Jahren als Leitlinie der Aktivitäten der Europäischen Union im Bereich Bildung und Ausbildung etabliert.

Die in den 1980er Jahren begonnenen Aktions-und Austauschprogramme wurden 2006 unter dem Prinzip des lebenslangen Lernens integrierend zusammengefasst. In der Folge wurden Teilvorhaben konkretisiert, die bereits in früheren Dokumenten vorgeschlagen wurden, wie die Empfehlung zu Schlüsselqualifikationen und zur Einrichtung eines Europäischen Qualifikationsrahmens. Für die Analyse werden folgende Dokumente herangezogen:

- Arbeitsdokument der Kommissionsstellen „Memorandum über Lebenslanges Lernen" (30.Oktober 2000) (Europäische Kommission 2000) (EU 6)
- Mitteilung der Kommission „Einen europäischen Raum des lebenslangen Lernens schaffen" (November 2001) (Europäische Kommission 2001) (EU 7)
- Entschließung des Rates „zum lebensbegleitenden Lernen" (27. Juni 2002) (Europäischer Rat 2002b) (EU 8)
- Beschluss über ein „Aktionsprogramm im Bereich des lebenslangen Lernens" (2006) (Europäisches Parlament und Europäischer Rat 2006a) (EU 9)
- „Empfehlung zu Schlüsselkompetenzen für lebensbegleitendes Lernen" (2006) (Europäisches Parlament und Europäischer Rat 2006b) (EU 10)
- Empfehlung „zur Einrichtung des Europäischen Qualifikationsrahmens für lebenslanges Lernen" (23. April 2008) (Europäisches Parlament und Europäischer Rat 2008) (EU 11).

Und schließlich werden zwei Grünbücher der EU analysiert, die sich mit Herausforderungen zu Thema „Migration und Mobilität" beschäftigen. Sie handeln von „Migration & Mobilität: Chancen und Herausforderungen für die EU-Bildungssysteme" (2008) (EU 14) und davon „die Mobilität junger Menschen zu Lernzwecken fördern" (08. Juli 2009) (EU 15).

4.2.1 Dialog mit den Kirchen und Religionsgemeinschaften

Seit 1990 haben mehr als 100 Dialogtreffen zwischen der Europäischen Union, den Kirchen und Religionsgemeinschaften stattgefunden (vgl. Hogebrink 2011) und schon vor diesem Zeitraum gab es eine Reihe von Kontakten und informelle Gespräche, u.a. im Rahmen der EECCS[132].

Als Ausgangspunkt eines strukturierten Dialogs wird ein Treffen des damaligen Präsidenten der Europäischen Kommission Jacques Delors (1985–1995) mit einer Delegation von kirchenleitenden Persönlichkeiten der protestantischen und anglikanischen Kirchen am 5. November 1990 angesehen. Dabei hat Delors die Kirchen dazu aufgefordert, *the heart and the soul of Europe* mitzugestalten (vgl. Jenkins 2005, 80). Das übergreifende Thema des Treffens war *National Identity and Belonging to the Community,* eine Fragestellung, die sich wie ein roter Faden durch die Entwicklung der europäischen Integration zieht: Welche Beziehungen, Zuständigkeiten und Komplementaritäten zwischen Nationalstaat und EU sind zukunftsfähig? Verhandelt wurden u.a. die Veränderungen durch die politische Wende in Zentral- und Osteuropa

---

132 European Ecumenical Commission for Church and Society.

1989, die bevorstehende Ausweitung der EU und kirchliche Perspektiven eines vereinten Europas. Nachdem sich die Europäische Gemeinschaft lange Zeit mit technischen und rechtlichen Fragen der Entwicklung eines gemeinsamen Marktes beschäftigt habe, sei nun die Zeit reif für eine qualitativ neue Perspektive, eine Politische Union, so Delors. Und dazu brauche man eine breite Reflexion über die Ziele der europäischen Integration in einem Diskurs, in den auch die Kirchen mit ihrem theologischen Sachverstand einbezogen werden sollten. Diese Perspektive wurde fortan mit dem Terminus *Giving a Soul to Europe* verbunden.

Delors hat diese Perspektive bei späteren Treffen bekräftigt und bei einer Rede im Mai 1992 ausgeführt: „If in the next ten years we haven't managed to give a Soul to Europe, to give it spirituality and meaning, the game will be up." (Zit. nach Jenkins, ebd., 80, Fn 15) Eine Konsequenz des Treffens in 1990 war die Etablierung regelmäßiger Dialogveranstaltungen, die im Abstand von etwa sechs Monaten zwischen Vertreterinnen und Vertretern der EECCS, später dann der Kommission für Kirche und Gesellschaft KKG der KEK, und Vertreter/innen der Europäischen Kommission stattfanden. Die Dialogseminare haben sich über die Jahre zu einem bedeutenden Diskussionsforum für gemeinsame Anliegen entwickelt. Sie finden zweimal jährlich statt und werden vom BEPA (Bureau of European Policy Advisers) organisiert, gemeinsam mit der Kommission Kirche und Gesellschaft der KEK (Konferenz europäischer Kirchen) und seit 1995 auch mit der römisch-katholischen Kirche über COMECE.[133]

Bei der letzten Vollversammlung von EECCS in 1998, bevor der Zusammenschluss mit der Konferenz Europäischer Kirchen vollzogen wurde, hat der Nachfolger von Jacques Delors, Jacques Santer, die Kirchen aufgefordert, den Prozess des Dialogs strukturiert weiterzuentwickeln. Auch wenn sich aufgrund der Auflösung der Kommission unter Präsident Jacques Santer im folgenden Jahr die weitere Entwicklung verzögerte, hat sich das Interesse am Dialog mit den Religionsgemeinschaften unter Präsident Romano Prodi (ab 1999) und auch unter Präsident José Manuel Barroso (seit 2004) gehalten. Fragen einer europäischen Identität, des sozialen Zusammenhalts und des Zusammenlebens in Europa werden diskutiert.

Die Rede Delors von 1992 kann auch als Gründungsimpuls für eine Initiative angesehen werden, die unter dem Titel: „Eine Seele für Europa – Ethik und Spiritualität" den institutionellen Weg zu einem Dialog zwischen der Europäischen Kommission und den Kirchen, Religions- und Weltanschauungsgemeinschaften ab 1994 ebnete, den es zuvor nur informell gab (vgl. Weninger 2007, Hogebrink 2011). Im Rahmen dieser Initiative kam es auch zu einer Förderlinie für Projekte, in denen ethische und religiöse Fragestellungen der europäischen Integration bearbeitet wurden. Allerdings gelang es nicht, diese interreligiöse Initiative politisch und institutionell so ausreichend abzusichern, dass das Programm verstetigt werden konnte.

---

133 COMMISSIO EPISCOPATUUM COMMUNITATIS EUROPENSIS (COMECE), gegründet 1980, Mitglied sind die Bischofskonferenzen aus den Mitgliedstaaten der Europäischen Union.

Jährliche Gipfeltreffen mit religiösen Führern

Ein Ergebnis der Delors Initiative *„Giving a Soul to Europe"* waren regelmäßige Gipfeltreffen zwischen religiösen Führern der drei monotheistischen Religionen und den führenden Repräsentanten der Europäischen Organe (vgl. Hogebrink 2011, Weninger 2007). Themen, die dabei angesprochen wurden, waren u.a. nationale Identität und die Zugehörigkeit zur Europäischen Gemeinschaft (1990), kirchliche Perspektiven zu den politischen Umwälzungen in Europa nach 1989, Demokratie, ethische Aspekte, Einheit in der Vielfalt als ökumenisches Markenzeichen, Zielvorstellungen der europäischen Integration und Solidarität (1994), europäische Politik nach dem 11. September 2001 (2002). Nach dem Treffen 2003 wurde in den Schlussfolgerungen des Vorsitzes zum Europäischen Rat ein kontinuierlicher, offener und transparenter Dialog mit den verschiedenen Religionen auf Ministerebene angeregt, „als Instrument des Friedens und des sozialen Zusammenhalts in Europa und an seinen Grenzen" (zit. nach Söbbeke-Krajewski 2006, 60f., Fn 109)

Seit 2005 finden die Treffen nun jährlich statt, und seit 2007 nehmen neben dem EU Kommissionspräsidenten auch die amtierenden Ratspräsidenten und Präsidenten des Europäischen Parlamentes teil. (Vgl. dazu Tab. 17)

Auch wenn die Treffen gelegentlich als „Werbetreffen" bezeichnet werden, so ist doch bemerkenswert, dass sich auf dieser Ebene ein regelmäßiger Dialog etabliert hat, der die zentralen Einrichtungen der Europäischen Union umfasst und neben den monotheistischen Religionsgemeinschaften auch zunehmend weitere Religionen einbezieht. Die Wertschätzung und Anerkennung, die durch diese Treffen zum Ausdruck kommt, können positive Rückwirkungen für andere Prozesse der europäischen Integration erzeugen.

Tab. 17: Übersicht zu Dialogtreffen der Europäischen Institutionen mit den Religionsgemeinschaften 2005–2011

Datum	Anwesende	Themen
12. Juli 2005	EU-Kommissionspräsident José Manuel Barroso trifft 15 religiöse Führer der drei monotheistischen Religionen.	Terroristische Anschläge in London, Ergebnis der Referenden in Frankreich und den Niederlanden, die Rolle der Religionsgemeinschaften in der Überwindung der Kluft zwischen Europa und seinen Bürgerinnen und Bürgern, Zukunftsperspektiven, Europa als Wertegemeinschaft, Einheit in Vielfalt, europäische Bürgerschaft, religiöse Einheit versus Terrorismus, Bekenntnis zur Fortführung des Dialoges unabhängig von der Verabschiedung des Europäischen Vertrages (Barroso), Religionsfreiheit in der Türkei, Rolle des Islam in Europa, Bildung.
30. Mai 2006	Zweites Kontakttreffen von EU-Kommissionspräsident Barroso mit neun Kirchenführern, dem Dalai Lama, drei jüdischen und drei muslimischen Repräsentanten, vier EU-Kommissaren, und EU-Ratspräsident Wolfgang Schüssel.	Universelle Werte, Verhältnis von Religionsfreiheit und Meinungsfreiheit, Xenophobie und Nationalismus, öffentliche Rolle von Religion, Beitrag der Kirchen zur europäischen Integration, Europäische Ökumenische Versammlung in Sibiu 2007, Etablierung eines offenen, transparenten und regelmäßigen Dialogs mit den Kirchen und ähnlichen Organisationen.
15. Mai 2007	Drittes Kontakttreffen von 20 leitenden Persönlichkeiten aus Christentum, Judentum und Islam in Europa mit Barroso, auch mit Angela Merkel als amtierender EU-Ratspräsidentin, und dem Präsidenten des Europäischen Parlamentes Hans-Gert Pöttering.	Building a Europe based on human dignity
5. Mai 2008	EU-Kommissionspräsident Barroso, mit dem Präsidenten des Europäischen Rates Janez Jansa und dem Präsident des EP H.G. Pöttering.	Klimawandel: eine ethische Herausforderung für alle Kulturen; Versöhnung durch interkulturellen und interreligiösen Dialog.
11. Mai 2009	EU-Kommissionspräsident Barroso, Präsident des EP H.G. Pöttering mit religiösen Führern aus Judentum, Christentum und Islam.	Finanz- und Wirtschaftskrise; ethische Beiträge zu europäischer und globaler governance.

Datum	Anwesende	Themen
Juli 2010, erstes Treffen unter Art. 17 TFEU	EU-Kommissionspräsident Barroso, Präsident des EP Jerzy Buzek und EU-Ratspräsident Herman van Rompuy mit zwanzig hochrangigen religiösen Repräsentanten aus vierzehn Mitgliedstaaten. Neben Vertreterinnen und Vertretern der evangelischen und katholischen Kirchen sowie muslimischer, jüdischer und orthodoxer Gemeinschaften, sind zum ersten Mal auch Würdenträger der Sikh-Religion und der Hindu-Gemeinschaft dabei.	Thema „Gegen Armut und soziale Ausgrenzung"; Gewährleistung von Chancengleichheit beim Zugang zu Bildung und Ausbildung.
31. Mai 2011	EU-Kommissionspräsident Barroso, Präsident des EP Jerzy Buzek und EU-Ratspräsident Herman van Rompuy mit religiösen Führern inkl. Vertreter des Buddhismus.	Wahrung der Grundrechte und Grundfreiheiten im Rahmen einer Partnerschaft für Demokratie und gemeinsamen Wohlstand zwischen Europa und seinen Nachbarländern; Toleranz und Respekt.

Quelle: Eigene Zusammenstellung

4.2.2 Grundlagen und Orientierungen in Dokumenten des Primärrechts

Die Europäische Kommission unterhält enge Beziehungen zu den Zusammenschlüssen der Kirchen und Religionsgemeinschaften in Europa. Weninger (2007) führt an, dass es 2006 Kontakte mit mehr als 150 religiösen und kirchlichen sowie weltanschaulichen Gemeinschaften und Institutionen gegeben habe. Etwa 50 von ihnen verfügen über eigene Vertretungen in Brüssel. Der Dialog mit diesen Organisationen hat sich auch in der Gestaltung der rechtlichen Beziehungen zwischen der Europäischen Union und den Kirchen und Religionsgemeinschaften niedergeschlagen.[134]

Die Ausrichtung, religions-kirchenrechtliche Festlegungen den einzelnen Mitgliedstaaten zu überlassen, kommt im Primärrecht zuerst in einem Anhang (Erklärung Nr. 11) im *Vertrag von Amsterdam (1997)* (EU 1) zum Ausdruck. Darin heißt es zum Status der Kirchen und weltanschaulichen Gemeinschaften:

> „Die Europäische Union achtet den Status, den Kirchen und religiöse Vereinigungen oder Gemeinschaften in den Mitgliedstaaten nach deren Rechtsvorschriften genießen, und beeinträchtigt ihn nicht.

---

134 Unterschieden werden kann in diesem Zusammenhang zwischen drei Rechtsebenen:
  a) Dem *Primärrecht*, wie es in den Gründungsverträgen und Folgeverträgen der Europäischen Union zu finden ist,
  b) dem Sekundärrecht, gebildet von den einzelnen Gemeinschaftsorganen der EU und
  c) dem *staatskirchenrechtliche System*, das sich in den Mitgliedstaaten der EU z.T. deutlich unterscheidet.

Die Europäische Union achtet den Status von weltanschaulichen Gemeinschaften in gleicher Weise."

In diesem Passus kommt eine religionspolitische Zurückhaltung der Europäischen Union zum Ausdruck. Es wird eine Garantie ausgesprochen, den jeweils geltenden, unterschiedlichen Status der Staat-Kirche-Beziehungen in den Mitgliedstaaten der EU nicht zu beeinträchtigen und die Regelung dieser Beziehungen als nationale Angelegenheit zu betrachten (vgl. Tietze 2008, 400). Dass dennoch Gesetzgebungen in anderen Bereichen mittelbar auch das Staats-Kirchenrecht betreffen können, sei hier lediglich erwähnt.

Eine Wertschätzung des Dialogs mit den Kirchen und Religionsgemeinschaften findet sich auch im *Weißbuch zum Europäischen Regieren* vom Juli 2001 (Europäische Kommission 2001b) (EU 3). Bei der Beschreibung der Zivilgesellschaft wird den Kirchen und Religionsgemeinschaften eine besondere Rolle zugeschrieben, wenn es heißt:

„Die Zivilgesellschaft spielt insofern eine wichtige Rolle, als sie den Belangen der Bürger eine Stimme verleiht und Dienste erbringt, die den Bedürfnissen der Bevölkerung entgegenkommen. Kirchen und Religionsgemeinschaften spielen dabei eine besondere Rolle. Die Organisationen der Zivilgesellschaft mobilisieren die Menschen und unterstützen beispielsweise all jene, die unter Ausgrenzung und Diskriminierung leiden." (Europäische Kommission 2001b, 19)

Die in diesem Zitat zum Ausdruck gebrachte Wertschätzung der Kirchen und Religionsgemeinschaften und ihrer „besonderen Rolle" im Rahmen der Zivilgesellschaft bietet gute Voraussetzungen für einen konkreten Dialog, in dem die aktive Beteiligung der Kirchen und Religionsgemeinschaften an der Gestaltung eines sozialen und an den Bedürfnissen der Menschen orientierten Europas gewürdigt wird.

Wurde die Beziehung zwischen EU und den Religionsgemeinschaften im Vertrag von Amsterdam lediglich in einem Anhang thematisiert, so sind die Inhalte im Lissabon-Vertrag über die Arbeitsweise der Union (TFEU: Treaty on the Functioning of the European Union) (EU 4) integriert und werden durch Aussagen zum Dialog zwischen den europäischen Institutionen und den Kirchen, Religionsgemeinschaften und weltanschaulichen Gemeinschaften ergänzt. Art. 17 lautet:

1. Die Union achtet den Status, den Kirchen und religiöse Vereinigungen oder Gemeinschaften in den Mitgliedstaaten nach deren Rechtsvorschriften genießen, und beeinträchtigt ihn nicht.
2. Die Union achtet in gleicher Weise den Status, den weltanschauliche Gemeinschaften nach den einzelstaatlichen Rechtsvorschriften genießen.
3. Die Union pflegt mit diesen Kirchen und Gemeinschaften in Anerkennung ihrer Identität und ihres besonderen Beitrags einen offenen, transparenten und regelmäßigen Dialog.

Es gibt kein Bestreben, ein europäisch einheitliches Staats-Kirchenrecht zu entwickeln, die nationalen Regelungen werden geachtet. Hinzu kommt die Festlegung auf einen „offenen, transparenten und regelmäßigen Dialog". Nach Inkrafttreten des Vertrages geht es nun darum, wie dieser Dialog konkret gestaltet werden kann, mit welchen Institutionen der Europäischen Union der Dialog geführt wird und welche Themen er umfassen soll.[135]

Dazu haben COMECE und KEK (COMECE/Konferenz Europäischer Kirchen 2010) in einem gemeinsamen Papier Begründungen angeführt, in welcher Weise sich die Beiträge der Kirchen als „konstruktive und kritische Partner" im Dialog mit den Organen der Europäischen Union von anderen Dialogpartnern unterscheiden. Es heißt darin zum Engagement der Kirchen für ein humanes und soziales Europa:

> „On the basis of our Christian faith, we work towards a humane, socially conscious Europe, in which human rights and the basic values of peace, justice, freedom, tolerance, participation and solidarity prevail. (...) Religions, and in particular Christianity, have been, and still are important factors in the shaping of Europe's cultures, and the values and worldviews of its people. Churches form a distinctive part of society and see it as their responsibility to encourage human flourishing within society." (Ebd., 1–3)

Dieses Selbstverständnis stimmt in hohem Maße mit der Perspektive des Europarates überein, wenn er die Werte der Religionsgemeinschaften würdigt und darauf hinweist, dass seine Werte von denen der Religionsgemeinschaften abstammen. Für die Bearbeitung der Fragestellung der Studie ist dies eine wichtige Erkenntnis.

In Konkretisierung und Umsetzung des Artikels 17 des Lissabon-Vertrags wird eine effektive Implementierung im Blick auf den Umfang des Dialogs und die Regeln dafür angestrebt. In dem Arbeitspapier wird vorgeschlagen, den Dialog auch mit bislang noch nicht beteiligten Organen der Europäischen Union zu führen.[136] Es wird angeregt, beim Europäischen Parlament und beim Europäischen Rat einen Verantwortlichen für den Dialog mit den Kirchen zu bestimmen. Ebenso soll einer der 14 Vizepräsidenten des Europäischen Parlaments für den Dialog zuständig sein. Dabei kann auf Erfahrungen zurückgegriffen werden, die innerhalb des BEPA gesammelt wurden.

In dem Papier geht es auch darum, wie die drei Adjektive des Dialogs *open, transparent and regular* materialisiert werden können. Unter „offen" wird ein transparenteres Verfahren als bisher auch im Blick auf die Beteiligung an gesetzgeberischen Initiativen erwartet und ebenso im Blick auf die Bandbreite der Themen des Dialogs: „All policy fields within the EU's legislative and governmental competence come under the remit of an open dialogue." (Ebd., 4) „Transparent" ist eine zentrale Voraussetzung in Prozessen einer demokratischen Gesellschaft und eine Vorbedingung, damit Bürgerinnen und Bürger überhaupt an politischen Entscheidungsprozessen teilnehmen

---

135 Strukturell ist für den Dialog mit den Kirchen und Religionen das Bureau of European Policy Advisers (BEPA) zuständig, eine Abteilung, die direkt dem EU-Kommissionspräsidenten zugeordnet ist. Dort gibt es eine/n Berater/in, der/die für den „Dialogue with Religions, Churches and Communities of Conviction" zuständig ist. Zuvor gab es eine Forward Studies Unit, die bereits zu einem frühen Zeitpunkt gemeinsame Veranstaltungen mit der KEK durchführte.

136 Die Europäische Union umfasst fünf Institutionen (Europäische Kommission, Europäisches Parlament, Ministerrat, Europäischer Gerichtshof und den Europäischen Rechnungshof). Mit dem Lissabon-Vertrag kommen hinzu: der Europäische Rat und die Europäische Zentralbank.

können. Für die Kirchen liegt darin eine gute Möglichkeit, ihre Positionen im Dialog mit der Europäischen Union auch einer interessierten Öffentlichkeit zu vermitteln.

Zur Regelmäßigkeit der Treffen (*regular*) werden im Papier der Kirchen Vorschläge gemacht, wie sich der Dialog an die Rhythmen der politischen Entscheidungsprozesse der Organe der EU anpassen lässt.

In dem Papier werden keine Themen für den Dialog vorgeschlagen. Es wäre aufgrund der Ergebnisse der Studie wünschenswert, dass die Kirchen die zunehmende „Europäisierung von Bildung" in diesen Dialog einbeziehen.

Zur Diskussion um die Charta der Grundrechte und um eine europäische Verfassung

Die Charta der Grundrechte (EU 2) wurde vom Europäischen Rat im Dezember 2001 in Nizza beschlossen (Europäischer Rat et al. 2000). Sie ist die erste Kodifizierung der Grundrechte auf der Ebene der EU. Art. 6 des Lissabon-Vertrags verweist ausdrücklich auf die Charta und stellt klar, dass sie nun zum Besitzstand des EU-Primärrechtes gehört, mit der gleichen Rechtsverbindlichkeit wie die Verträge.

Im Prozess der Erarbeitung haben sich die Kirchen und Religionsgemeinschaften insbesondere für eine Verankerung eines Gottesbezugs bzw. der Bezugnahme auf das christlich-religiöse Erbe Europas in der Präambel eingesetzt. Die Forderung einer expliziten Aufnahme eines Gottesbezuges in den Text konnte sich letztlich nicht durchsetzen. Am Ende einer kontroversen Debatte wurde folgender Text verabschiedet:

> „Die Völker Europas sind entschlossen, auf der Grundlage gemeinsamer Werte eine friedliche Zukunft zu teilen, indem sie sich zu einer immer engeren Union verbinden.
> In dem Bewusstsein ihres *geistig-religiösen und sittlichen Erbes* gründet sich die Union auf die unteilbaren und universellen Werte der Würde des Menschen, der Freiheit, der Gleichheit und der Solidarität. Sie beruht auf den Grundsätzen der Demokratie und der Rechtsstaatlichkeit. Sie stellt die Person in den Mittelpunkt ihres Handelns, indem sie die Unionsbürgerschaft und einen Raum der Freiheit, der Sicherheit und des Rechts begründet.
> Die Union trägt zur Erhaltung und zur Entwicklung dieser gemeinsamen Werte unter Achtung der Vielfalt der Kulturen und Traditionen der Völker Europas sowie der nationalen Identität der Mitgliedstaaten und der Organisation ihrer staatlichen Gewalt auf nationaler, regionaler und lokaler Ebene bei." (Europäischer Rat et al. 2000; Hervorh. P.S.)

Im Text der Präambel wird Religion als Attribut eines „Erbes" angeführt. Der – insbesondere deutsch-französische – Konflikt um die Formulierung der Präambel wurde durch die Sprachenvielfalt bzw. mit Hilfe der Übersetzungskunst gelöst. So heißt es in der im Dezember 2000 von der Regierungskonferenz in Nizza verabschiedeten Fassung auf Französisch: „Consciente de son patrimoine *spirituel et moral* …", in der deutschen Fassung jedoch: „In dem Bewusstsein ihres *geistig-religiösen und sittlichen* Erbes …"

Religionsrelevant sind in der Grundrechtecharta die Artikel zu Gedanken-, Gewissens- und Religionsfreiheit (Art. 10) und zum Recht auf Bildung (Art. 14).[137]

Religion wird abgegrenzt von Gedanken und Gewissen. Gedankenfreiheit bezieht sich auf den innermenschlichen Bereich. Die begriffliche Trennung zwischen Religion und Gewissen ermöglicht es, zwischen der Freiheit *auf* die eigene Religion (positive Religionsfreiheit) und der Freiheit *von* der Religion (negative Religionsfreiheit) zu unterscheiden.

Religion wird auch von Weltanschauung unterschieden, die in der französischen Fassung des Artikels mit *conviction*, in der englischen mit *belief* übersetzt wird.

Mit den Erläuterungen zu den mit der Religionsfreiheit verbundenen Rechten wird der Religionsbegriff weiter spezifiziert. Darunter fällt das Recht des Religionswechsels. Religion wird als etwas betrachtet, das man annehmen und aufgeben kann. Sie ist nicht von Geburt an vorhanden, sondern existiert unabhängig vom Einzelnen und kann gewählt, respektive abgewählt oder gewechselt werden. „Die individuelle, nicht nach außen getragene Religiosität gehört zum *forum internum*, das durch die Garantie der Gedankenfreiheit jeglichem staatlichen Einfluss entzogen ist." (Tietze 2008, 406)

Auch wenn Art. 10 ein Individualrecht darstellt, so ist ihm doch durch „Gottesdienst" und „Unterricht" auch eine kollektive Dimension zu Eigen, in der individuelle und gemeinschaftliche Aspekte des Religionsbegriffs miteinander verknüpft werden.

Andere Artikel der Grundrechtecharta, in denen Religion erwähnt wird, beschäftigen sich mit Nichtdiskriminierung (Art. 21) und der Achtung der Vielfalt der Kulturen, Religionen und Sprachen (Art. 22.).

Im Prozess, der zu einem europäischen Verfassungsvertrag führen sollte, war die Frage des Gottesbezuges ein umstrittener Punkt. Auch in diesem Rahmen haben sich die Kirchen und Religionsgemeinschaften aktiv am Diskurs beteiligt (vgl. Böllmann 2010). Zum Hintergrund: Beim Gipfeltreffen der Staats- und Regierungschefs im Dezember 2001 in Laeken/Belgien wurde beschlossen, einen Konvent einzusetzen, der Empfehlungen für die zukünftige Gestaltung der Europäischen Union erarbeiten soll. Der „Konvent zur Zukunft Europas" tagte unter Vorsitz von Valerie Giscard d'Estaing

---

137 Die Artikel lauten: Art. 10: Gedanken-, Gewissens- und Religionsfreiheit. (1) Jede Person hat das Recht auf Gedanken-, Gewissens- und Religionsfreiheit. Dieses Recht umfasst die Freiheit, seine Religion oder Weltanschauung zu wechseln, und die Freiheit, seine Religion oder Weltanschauung einzeln oder gemeinsam mit anderen öffentlich oder privat durch Gottesdienst, Unterricht, Bräuche und Riten zu bekennen.

(2) Das Recht auf Wehrdienstverweigerung aus Gewissensgründen wird nach den einzelstaatlichen Gesetzen anerkannt, welche die Ausübung dieses Rechts regeln.

Art. 14: Recht auf Bildung. (1) Jede Person hat das Recht auf Bildung sowie auf Zugang zur beruflichen Ausbildung und Weiterbildung. (2) Dieses Recht umfasst die Möglichkeit, unentgeltlich am Pflichtschulunterricht teilzunehmen. (3) Die Freiheit zur Gründung von Lehranstalten unter Achtung der demokratischen Grundsätze sowie das Recht der Eltern, die Erziehung und den Unterricht ihrer Kinder entsprechend ihren eigenen religiösen, weltanschaulichen und erzieherischen Überzeugungen sicherzustellen, werden nach den einzelstaatlichen Gesetzen geachtet, welche ihre Ausübung regeln.

2002/2003 und bestand aus 105 Repräsentanten und Repräsentantinnen der nationalen Regierungen und Parlamente, der Europäischen Kommission und des Europäischen Parlamentes. Seine Aufgabe war es, die Zielsetzungen der europäischen Integration zu überprüfen und Reformvorschläge zu machen, wie diese Ziele realisiert werden können. Der Prozess war transparent und dialogisch angelegt, Kirchen und Religionsgemeinschaften konnten sich bei Anhörungen beteiligen.

Bei der Formulierung der Präambel und der ersten Artikel (Art. I-1 Gründung der Union, Art. I-2 Werte der Union, Art I-3 Ziele der Union) wurde über die Wertegrundlage der Europäischen Union und um ihre christliche Prägung gestritten (vgl. Böllmann 2010, 153).

Es gab intensive Bemühungen der Kirchen und vieler Regierungen, einen Gottesbezug und einen expliziten Hinweis auf das Christentum in den Text aufzunehmen. Der damalige Bundeskanzler Schröder erläuterte, dass der Gottesbezug wegen der „unterschiedlichen staatsphilosophischen und staatsrechtlichen Traditionen einiger Staaten" nicht durchgesetzt werden konnte (zit. nach EKD-Europa-Informationen Nr. 103, Juli/August 2004, 2). So kam es schließlich zu folgender Präambel des Verfassungsvertrages:

> „Schöpfend aus dem kulturellen, religiösen und humanistischen Erbe Europas, aus dem sich die unverletzlichen und unveräußerlichen Rechte des Menschen, Demokratie, Gleichheit, Freiheit und Rechtsstaatlichkeit als universelle Werte entwickelt haben ..." (Europäische Union 2009)

Der Entwurf einer Verfassung wurde dem Europäischen Rat im Juni 2003 vorgelegt. EKD und Deutsche Bischofskonferenz haben als Kernanliegen für die Überarbeitung der Verträge gefordert, dass die Union den nationalen Rechtsstatus der Kirchen unangetastet lässt und den Text der Erklärung Nr. 11 im Anhang des Amsterdamer Vertrages in den Vertragstext integriert. Es wurde gefordert, dem Selbstbestimmungsrecht der Kirchen auf europäischer Ebene Beachtung zu schenken und die Grundrechtecharta in den Vertragstext aufzunehmen. Damit sollte die Wertegebundenheit der Union zum Ausdruck gebracht werden. In der Präambel eines Unionsvertrages sollten die religiösen Wurzeln der EU aufgenommen werden (vgl. EKD Europa-Informationen Nr. 91, Juni 2002, 2). Diese Initiative hatte Erfolg.

Die angeführten Beispiele lassen erkennen, dass sich Dialog und Mitwirkungsmöglichkeiten von Kirchen und Religionsgemeinschaften im Rahmen der Europäischen Integration stetig entwickelt und verfestigt haben. Ihren Anliegen wird Raum gegeben und zentrale Forderungen wurden im Rahmen der Erarbeitung eines Verfassungsvertrages aufgenommen. Mit Art. 17 des Vertrages von Lissabon wird nicht nur der nationale Status der Kirchen und Religionsgemeinschaften anerkannt, die Institutionen der EU verpflichten sich auch zu einem „offenen, transparenten und regelmäßigen Dialog". Es wird jedoch auch deutlich, dass die Frage, in welchem Umfang sich Religion am politischen Geschäft beteiligen soll, bzw. welcher Grad an „Einmischung" dem Selbstverständnis der Kirchen und Religionsgemeinschaften entspricht, in den Mitgliedstaaten der Europäischen Union ganz unterschiedlich eingeschätzt wird. Diese Unterschiede beeinflussen das Vorhaben, eine gemeinsame Position in europäischen Diskursen zu entwickeln, deutlich.

Nach Texten des Primärrechts sollen nun zentrale Dokumente europäischer Bildungspolitik analysiert werden.

4.2.3 Bildung und Ausbildung als Faktoren zur Gestaltung der Zukunft Europas: Dokumente europäischer Bildungspolitik

Auf der Tagung des Europäischen Rates in Lissabon im März 2000 wurde das strategische Ziel formuliert, die Europäische Union zum dynamischsten wissensbasierten Wirtschaftsraum der Welt machen zu wollen. Damit sollte für Mitgliedstaaten und EU eine umfassende Antwort auf die Herausforderungen der Wissensgesellschaft, der Globalisierung und der EU-Erweiterung gegeben werden. In der Begründung wird ausgeführt, dass der notwendige Wandel nicht nur eine tiefgreifende Umgestaltung der europäischen Wirtschaft erfordere, um Wirtschaftswachstum mit mehr und besseren Arbeitsplätzen erzielen zu können, sondern auch die Modernisierung der bestehenden Sozial- und Bildungssysteme. Bildung und Ausbildung wurden zu Kernbereichen der Lissabon-Strategie erklärt und damit den Perspektiven der europäischen Integration zugeordnet. Spätestens ab diesem Zeitpunkt hat sich die EU neben anderen multilateralen Organisationen wie Weltbank, OECD und WTO als multilateraler Akteur internationaler Bildungspolitik und -planung etabliert (vgl. Ball 2008, 31f.).

4.2.3.1 Grundlegende Dokumente

Der Bildungsrat wurde in Fortführung der Beschlüsse von Lissabon gebeten, einen umfassenden Bericht über die künftigen Ziele der Bildungssysteme vorzubereiten. Dieser wurde am 31.01.2001 der Kommission der Europäischen Gemeinschaften vorgelegt (Europäische Kommission 2001a). Auf der Grundlage dieses Berichtes und den darin enthaltenen Vorschlägen hat der Europäische Rat im Frühjahr 2002 in Barcelona ein „Detailliertes Arbeitsprogramm zur Umsetzung der Ziele der Systeme der allgemeinen und beruflichen Bildung in Europa" (2002) gebilligt (Europäischer Rat 2002a) (EU 5). Mit diesem Dokument liegt erstmals ein Rahmen für die europäische Zusammenarbeit auf dem Gebiet der allgemeinen und beruflichen Bildung vor, konzipiert für den Zeitraum bis 2010. Zunächst wird nun dieses Arbeitsprogramm vorgestellt und das darin enthaltene Bildungsverständnis beschrieben.

Detailliertes Arbeitsprogramm zur Umsetzung der Ziele der Systeme der allgemeinen und beruflichen Bildung in Europa (2002) (EU 5)
Das Dokument beginnt mit einer „Zusammenfassung" in Form von strategischen Zielen und einer Zielbeschreibung für die weitere Qualifizierung der Bildungs- und Ausbildungssysteme. Mit Hilfe der offenen Methode der Koordinierung (OMK), soll die Zusammenarbeit der Mitgliedstaaten im Bereich der allgemeinen und beruflichen Bildung intensiviert werden. Dadurch wird angestrebt,

„dass gemeinsame Anliegen und Ziele bestimmt, Informationen über bewährte Praktiken weitergegeben und die Fortschritte mit Hilfe eines vereinbarten Instrumentariums gemessen werden, mit dem sich die erzielten Leistungen sowohl im Verhältnis zwischen den europäischen Ländern als auch in Bezug auf die übrige Welt vergleichen lassen." (Ebd., 3)

Die wesentlichen Elemente des Arbeitsprogramms werden in sechs einleitenden Abschnitten entfaltet. Drei strategische Ziele sind in 13 Teilzielen und 42 Kernthemen ausdifferenziert. Der Grundsatz des lebensbegleitenden Lernens wird betont und in einem weit gespannten Rahmen konkretisiert, unter Nennung von Bestandteilen und Ebenen von Bildung und Ausbildung, die von Grundfertigkeiten bis zur Berufs- und Hochschulbildung reichen. Das Dokument enthält sodann einen Zeitplan für den Beginn der Follow-up-Maßnahmen zur Realisierung der Ziele und statistische Daten, mit denen die Notwendigkeit der angestrebten Zielsetzungen empirisch unterfüttert wird. Insgesamt besteht das Dokument aus 22 Seiten (DIN A 4).

Zusammenfassung der Inhalte

Was enthält das Arbeitsprogramm? Zunächst eine Begründung, dass Bildung und Ausbildung entscheidende Faktoren für die Zukunft Europas im Wissenszeitalter geworden sind, und deshalb eine Verbesserung von Qualität und Wirksamkeit der nationalen Systeme unumgänglich sei. Für folgende Bereichen wird dies gefordert: Mobilität, lebensbegleitendes Lernen, Berufsausbildung, Fortbildung und höhere Bildung, Bewertung und Sicherung der Qualität, elektronisch gestütztes Lernen und internationale Zusammenarbeit.

Das Arbeitsprogramm formuliert drei strategische Ziele, die bis 2010 erreicht werden sollten. Sie lauten: Erhöhung der Qualität und Wirksamkeit der allgemeinen und beruflichen Bildung in der EU,[138] leichterer Zugang zur allgemeinen und beruflichen Bildung für alle,[139] Öffnung der Systeme der allgemeinen und beruflichen Bildung gegenüber der Welt.[140] (vgl. ebd., 3)

Die Umsetzung der Ziele erfordert Maßnahmen auf nationaler Ebene zur Verbesserung der Bildungs- und Berufsbildungssysteme. Hinzu kommen ergänzende Instrumente auf EU-Ebene im Rahmen ihrer unterstützenden Kompetenz. Auf der Grundlage

---

138 Teilziele sind: (1.1) Verbesserung der allgemeinen und beruflichen Bildung von Lehrkräften und Ausbildern; (1.2) Entwicklung der Grundfertigkeiten für die Wissensgesellschaft; (1.3) Zugang zu den Informations- und Kommunikationstechnologien (IKT) für alle; (1.4) Förderung des Interesses an wissenschaftlichen und technischen Studien; (1.5) Bestmögliche Nutzung der Ressourcen.

139 Teilziele sind: (2.1) Ein offenes Lernumfeld; (2.2) Lernen muss attraktiver werden; (2.3) Förderung von aktivem Bürgersinn, Chancengleichheit und gesellschaftlichem Zusammenhalt.

140 Teilziele sind: (3.1) Engere Kontakte zur Arbeitswelt und zur Forschung sowie zur Gesellschaft im weiteren Sinne; (3.2) Entwicklung des Unternehmergeistes; (3.3) Förderung des Fremdsprachenerwerbs; (3.4) Intensivierung von Mobilität und Austausch; (3.5) Stärkung der europäischen Zusammenarbeit.

der offenen Methode der Koordinierung (OMK) werden organisiertes wechselseitiges Lernen zwischen den Mitgliedstaaten und der Austausch bewährter Verfahren vorgeschlagen.[141] Mit diesem Instrument sollen bewährte Praktiken weitergegeben werden. Angestrebt wird auch eine größere Konvergenz zwischen den Mitgliedstaaten. Die OMK ist ein dezentraler Ansatz, „der im Rahmen unterschiedlicher Formen von Partnerschaften angewandt würde und den Mitgliedstaaten eine Hilfe bei der schrittweisen Entwicklung ihrer eigenen Politiken sein soll" (ebd., 5). Sie soll regelmäßige Beobachtung, Evaluierung und gegenseitige Bewertungen als „Lernprozesse aller Beteiligten" ermöglichen (ebd., 5). Dazu werden Durchschnittsbezugswerte (Europäische Benchmarks) formuliert, die ein Level für Teilbereiche formulieren, das erreicht werden soll.

Verabredet wurden zweijährliche Zwischenberichte zur Evaluation der Umsetzung des Arbeitsprogramms.

Zum Bildungsverständnis

Bildung und Ausbildung werden als Kernbereiche der Lissabon-Strategie zur Verwirklichung der langfristigen Ziele für Wachstum und Beschäftigung angesehen. Sie sollen dazu verhelfen, die sozioökonomischen, demografischen und technologischen Herausforderungen zu bewältigen, mit denen Europa und seine Bürger/innen konfrontiert sind. Es gehe darum, den Quantensprung der Globalisierung und einer wissensbasierten Wirtschaft zu bewältigen. Dafür müsse verstärkt in „Humankapital" investiert werden.

Im Arbeitsprogramm kommt ein modernisierungstheoretisch geprägtes Bildungsverständnis zum Ausdruck, das in der Qualifikation und in damit angestrebten Kompetenzen der Menschen einen Schlüssel zum (wirtschaftlichen) Erfolg der EU sieht. Die Leistungen der Systeme allgemeiner und beruflicher Bildung werden an ihren Ergebnissen, ihrem *outcome*, gemessen, konkret danach, was sie zu Beschäftigungsfähigkeit, Flexibilität und Mobilität beitragen können. Europa soll im globalen Wettbewerb bestehen können, das wird als das übergreifende Ziel formuliert.

Neben dieser Grundausrichtung von Bildung werden weitere Aufgaben für allgemeine und berufliche Bildung genannt:

> „Sie (die Systeme der allgemeinen und beruflichen Bildung) spielen eine wichtige Rolle für die Festigung des sozialen Zusammenhalts, für die Verhinderung von Diskriminierung, Ausgrenzung, Rassismus und Fremdenfeindlichkeit und somit für die Förderung der Toleranz und die Achtung der Menschenrechte." (Europäischer Rat 2002a, 4)

Es geht auch um die „Verbreitung der Grundwerte der europäischen Gesellschaften" (ebd., 4). Als roter Faden und übergreifende Zielsetzung wird unterstrichen, dass lebensbegleitendes Lernen in allen Bereichen der Wissensgesellschaft ermöglicht wer-

---

141 Die offene Methode der Koordinierung (OMK) wurde 1993 erstmals mit dem „Weißbuch – Wachstum, Wettbewerbsfähigkeit und Beschäftigung – Herausforderungen der Gegenwart und Wege ins 21. Jahrhundert" der Europäischen Kommission (Commission of the European Communities 1993) eingeführt.

den soll. Lebenslanges Lernen wurde bereits im November 2001 als Leitprinzip für die allgemeine und berufliche Bildung festgelegt (s. unten).

Bildung und Ausbildung werden nicht nur als Mittel zur Herstellung der Beschäftigungsfähigkeit angesehen, sondern sollen weitergehend einen „entscheidenden Beitrag" leisten zu „Wirtschaftswachstum, Innovation, nachhaltige Beschäftigungsfähigkeit und sozialen Zusammenhalt" (ebd., 5). Sie sollen auch aktiven Bürgersinn, Chancengleichheit und gesellschaftlichen Zusammenhalt fördern (ebd., 12).

Diskussion

Die angeführten Elemente von Bildung in diesem Text dokumentieren, wie der Bildungsbegriff im Rahmen einer Europäisierung von Bildung und europäischer Bildungspolitik seiner ursprünglichen Bedeutung der Persönlichkeitsbildung weitgehend entledigt und zunehmend den Interessen und Bedarfen der Ökonomie untergeordnet wird. Ausgangspunkt dafür ist die maximalistisch formulierte Zielsetzung im Rahmen der Lissabon-Strategie als Perspektive für die weitere europäische Integration: die Union zum wettbewerbsfähigsten und dynamischsten wissensbasierten Wirtschaftsraum der Welt zu machen (und dies im Zeitrahmen bis 2010). Die mit dem Arbeitsprogramm vorlegten Ziele sind dabei so allgemein und inhaltsabstinent formuliert, dass sie im politischen Diskurs kaum bestritten werden können: Wer wird schon dagegen sein, die Qualität und Wirksamkeit der Bildungs- und Ausbildungssysteme zu erhöhen oder einen leichteren Zugang und eine Öffnung der Systeme gegenüber der Welt zu schaffen?

Der Eindruck formaler und überaus allgemeiner Formulierungen wird auch nicht wesentlich korrigiert, wenn die im Arbeitsprogramm enthaltenen 13 Teilziele und die Vorstellung, wie diese erreicht werden sollen, einbezogen werden. So werden zur Erhöhung der Qualität und Wirksamkeit der Systeme der allgemeinen und beruflichen Bildung gefordert, die allgemeine und berufliche Bildung von Lehrkräften und Ausbildern zu erhöhen, Grundfertigkeiten für die Wissensgesellschaft zu fördern und einen Zugang zu den Informations- und Kommunikationstechnologien (IKT) für alle zu erreichen.

Kritik fand die Formulierung, von einer „höchsten Qualität" im Bereich der allgemeinen und beruflichen Bildung zu sprechen.

Für die Umsetzung des Arbeitsprogramms wurde die offene Methode der Koordinierung (OMK) für den Bereich der Bildung als „softer Mechanismus" unterhalb von Rechtsakten etabliert, um „gegenseitige Lernprozesse" anzuregen. Es liegt auf der Hand, dass damit auch Konkurrenz zwischen den Staaten im Bildungs- und Ausbildungsbereich geschürt wird, wenn es darum geht, welches System mit den globalen Herausforderungen am besten umgehen kann.

Damit sind Tendenz und Intention des Arbeitsprogramms formuliert. Sie werden stringent durchgehalten, auch wenn es verkürzt wäre, Bildungsrat und Kommission zu unterstellen, in allgemeiner und beruflicher Bildung *nur* Mittel zur Herstellung von Beschäftigungsfähigkeit (*employability*) zu sehen. Es scheint jedoch die leitende Zielvorstellung zu sein. Andere Elemente eines umfassenden Verständnisses von Bildung und Ausbildung werden dem untergeordnet, so wenn Bildung als Beitrag zur „persönliche(n) Entwicklung im Blick auf ein besseres Leben und eine aktive Ausfüllung ihrer Rolle als Bürger einer demokratischen Gesellschaft unter Achtung der kulturellen und sprachlichen Vielfalt" deklariert wird (ebd., 5).

Die im Papier enthaltene Vermutung, dass das Programm aus „ehrgeizigen, aber realistischen Ziele(n)" besteht, hat sich bei seiner Umsetzung nicht bestätigt. Die Bilanz fällt eher nüchtern aus, die im Arbeitsprogramm enthaltenen Zielsetzungen wurden laut den regelmäßig vorgelegten Fortschrittsberichten nicht erreicht. Das dokumentiert sich z.B. in dem im Januar 2008 vorgelegten Fortschrittsbericht, der – wie frühere Berichte auch – auf der Grundlage der Auswertung vorliegender nationaler Berichte entstanden ist (Europäischer Rat 2008). Der inhaltliche Schwerpunkt liegt auf „Wissen, Kreativität und Innovation durch lebenslanges Lernen"; und als wesentliche Inhalte werden Schlüsselkompetenzen und lebenslanges Lernen thematisiert. Von den nationalen Bildungsverantwortlichen wird gefordert, das Qualifikationsniveau von allgemeiner Bildung und Ausbildung weiter anzuheben. Fortschritte werden vermeldet bei nationalen Strategien zum lebenslangen Lernen, auch wenn die öffentlichen Ausgaben für diesen Bereich stagnieren. Unterstrichen wird die Bedeutung des Wissensdreiecks: Bildung, Forschung und Innovation, in dem Bildung ein Schlüsselelement darstellt. Verbesserungen gibt es bei der Entwicklung nationaler Qualitätsrahmen und bei Systemen zur Validierung des nicht-formalen und informellen Lernens, ebenso lässt sich eine zunehmende Anerkennung der Bedeutung der Vorschulbildung konstatieren. Unzureichend ist jedoch die praktische Umsetzung des lebenslangen Lernens, und es gibt auch keinen Fortschritt im Blick auf die Senkung der Zahl der Schulabbrecher. Die Zahl der Sekundarstufe II Abschlüsse ist leicht erhöht und ebenso gibt es eine Steigerung bei Schlüsselqualifikationen.

Im Vergleich mit dem Arbeitsprogramm von 2002 soll nun der „Strategische Rahmen für die europäische Zusammenarbeit auf dem Gebiet der allgemeinen und beruflichen Bildung (ET 2020)" von 2009 betrachtet werden (Europäischer Rat 2009) (EU 12), mit dem ausdrücklich an das Arbeitsprogramm von 2002 angeknüpft wird. Es handelt sich um einen aktualisierten Rahmen für die Kooperation auf dem Gebiet der allgemeinen und beruflichen Bildung für den Zeitraum von 2010 bis 2020. Lässt sich in diesem Dokument eine im Vergleich mit dem Arbeitsprogramm von 2002 realistischere Zielsetzung erkennen? Hat sich das Bildungsverständnis modifiziert? Sind Erfahrungen mit der mangelnden Umsetzung der ambitionierten Ziele erkennbar in dieses Dokument eingeflossen?

Strategischer Rahmen für die europäische Zusammenarbeit auf dem Gebiet der allgemeinen und beruflichen Bildung ET 2020 (2009) (EU 12)

Die Bilanzierung der Ergebnisse des Arbeitsprogramms von 2002 ist eingeflossen in den neuen „Strategischen Rahmens für die europäische Zusammenarbeit auf dem Gebiet der allgemeinen und beruflichen Bildung" („Education and Training – ET

2020"). Das Dokument wurde 2009 vom Europäischen Rat verabschiedet und gilt bis 2020. So erklären sich auch Name und Akronym.[142]

Das Arbeitsprogramm von 2002 schlug zur Realisierung bis 2010 fünf Benchmarks vor (zu den Bereichen: Zahl der Hochschulabsolventen in den Bereichen Mathematik, Naturwissenschaften und Technologie, Beteiligung Erwachsener am lebenslangen Lernen, Schulabbrecherquote, Anteil der Schüler mit schlechten Leseleistungen und Anteil der Personen mit Abschluss der Sekundarstufe II), die von den Mitgliedstaaten erreicht werden sollten. Mit der OMK sollte das Erreichen der damit verbundenen Zielmarken gefördert werden.

Die Umsetzung des Programms war weitgehend nicht erfolgreich. Von den fünf vereinbarten Benchmarks wurde nur die Benchmark über die Zahl der Hochschulabsolventen in den Bereichen Mathematik, Naturwissenschaften und Technologie erreicht. Die übrigen vier Benchmarks sind nun in revidierter Fassung im neuen Arbeitsprogramm enthalten, und es soll auf den bislang erreichten Zwischenergebnissen aufgebaut werden.

Struktur und Inhalt

Das Dokument besteht aus einem darstellenden Teil und einem Anhang mit Informationen zu den genannten europäischen Benchmarks (Europäische Durchschnittsbezugswerte) und eine Vorstellung der prioritären Bereiche für den ersten Zyklus 2009–2011.
Als strategische Ziele werden formuliert:

1. Verwirklichung von lebenslangem Lernen und Mobilität;
2. Verbesserung der Qualität und Effizienz der allgemeinen und beruflichen Bildung;
3. Förderung der Gerechtigkeit, des sozialen Zusammenhalts und des aktiven Bürgersinns;
4. Förderung von Innovation und Kreativität – einschließlich unternehmerischen Denkens – auf allen Ebenen der allgemeinen und beruflichen Bildung.

Zu den Arbeitsmethoden und Strategien gehören: Verabredungen zu „Arbeitszyklen" von jeweils drei Jahren, für die prioritäre Bereiche für die europäische Zusammenarbeit formuliert werden; „peer-learning"-Aktivitäten; Konferenzen, Studien und Analysen sowie eine aktive Verbreitung erzielter Ergebnisse und Fortschrittsberichte auf der Basis von nationalen Berichten der einzelnen Mitgliedstaaten.
Die Mitgliedstaaten haben sich auf folgende fünf Benchmarks verständigt:

1. *Beteiligung Erwachsener am lebenslangen Lernen*: Bis 2020 sollten durchschnittlich 15% der Erwachsenen am lebenslangen Lernen teilnehmen.
2. *Schüler/innen mit schlechten Leistungen bei den Grundkompetenzen*: Bis 2020 sollte der Anteil der 15-Jährigen mit schlechten Leistungen in den Bereichen Lesen, Mathematik und Naturwissenschaften unter 15% liegen.

---

142 Der Strategische Rahmen steht in engem Zusammenhang mit der neuen Wirtschafts- und Wachstumsstrategie „Europa 2020" als Nachfolgestrategie für Lissabon 2000, die anschließend vorgestellt wird.

3. *Erwerb von Hochschulabschlüssen*: Bis 2020 sollten mindestens 40% der 30- bis 34-Jährigen einen Hochschulabschluss besitzen.
4. *Frühzeitige Schul- und Ausbildungsabgänger*: Bis 2020 sollte der Anteil frühzeitiger Schul- und Ausbildungsabgänger weniger als 10% betragen.
5. *Vorschulbildung*: Bis 2020 sollten mindestens 95% der Kinder im Alter zwischen vier Jahren und dem gesetzlichen Einschulungsalter in den Genuss einer Vorschulbildung kommen.

Zusätzliche von der Europäischen Kommission vorgeschlagene Benchmarks zu Mobilität, Beschäftigungsfähigkeit und Fremdspracherwerb wurden vom Europäischen Rat nicht verabschiedet, sondern sollen zunächst von der Kommission weiter entwickelt werden.

Zum Bildungsverständnis

In den „Schlussfolgerungen des Rates vom 12. Mai 2009 zu ET 2020" wird die entscheidende Rolle betont, die allgemeine und berufliche Bildung spielen „im Hinblick auf die Bewältigung der sozioökonomischen, demografischen, ökologischen und technologischen Herausforderungen (…), mit denen Europa und seine Bürger (*sic!*) gegenwärtig und in den kommenden Jahren konfrontiert sind" (Europäischer Rat 2009, 119/2).

Allgemeine und berufliche Bildung sollen einen wesentlichen Beitrag leisten zur Verwirklichung des durch die Lissabon-Strategie angestrebten hohen Niveaus von Wachstum und Beschäftigung auf der Grundlage von Nachhaltigkeit und Wissen. Gleichzeitig sollen persönliche Entwicklung, der soziale Zusammenhalt und aktiver Bürgersinn gefördert werden. Ergänzend sind in dem Dokument auch die Förderung demokratischer Werte und des interkulturellen Dialogs als Bildungsziele aufgenommen.

Die Perspektive lebenslangen Lernens, als strategisches Ziel Nr. 1 formuliert, hebt sich in der Gewichtung von den anderen Zielsetzungen ab, es wird als Grundprinzip des gesamten Rahmens angesehen:

> „Lebenslanges Lernen wäre also tatsächlich als ein Grundprinzip des gesamten Rahmens anzusehen, das jede Art des Lernens – formal, nicht formal oder informell – auf allen Ebenen abdecken soll: von der Bildung im frühen Kindesalter und der Schulbildung über die Hochschulbildung und die Berufsbildung bis hin zur Erwachsenenbildung." (Europäischer Rat 2009, 119/3)

Im Rahmen der Erläuterungen zum strategischen Ziel 3: „Förderung der Gerechtigkeit, des sozialen Zusammenhalts und des aktiven Bürgersinns" heißt es:

> „Das Bildungswesen sollte interkulturelle Kompetenzen, demokratische Werte und die Achtung der Grundrechte und der Umwelt fördern sowie jegliche Form der Diskriminierung bekämpfen und alle jungen Menschen dazu befähigen, einen positiven Umgang mit Altersgenossen unterschiedlicher Herkunft zu pflegen." (Europäischer Rat 2009, 119/4)

Mit dem Dokument wird ein umfassendes Bildungsverständnis dokumentiert, das sich an der Leitlinie lebenslangen Lernens ausrichtet. Es geht nicht nur um den Beitrag von Wissen und Bildung für „intelligentes, nachhaltiges und integratives Wachstum", wie es wenige Monate später in der Strategie EU 2020 zum Ausdruck gebracht wird, es geht auch um den Beitrag von Bildung zur Förderung von Gerechtigkeit, sozialen Zusammenhalt und aktivem Bürgersinn. Allerdings gilt es kritisch zu überprüfen, ob die genannten Zielsetzungen auch gleichermaßen operativ verfolgt werden und ob sie in der Umsetzungsstrategie erkennbar bleiben.

Diskussion

Die Diskussion des Dokumentes erfolgt im Vergleich mit dem „Detaillierten Arbeitsprogramm" von 2002. Zunächst kann festgehalten werden, dass im Strategischen Rahmen direkt an den früheren Text angeknüpft wird und eine Zusammenfassung seiner Zielsetzung die Ouvertüre des Dokuments von 2009 bildet.

Eine Reihe von Initiativen wird angeführt, die dokumentiert, dass sich die Europäisierung von Bildung und die Zusammenarbeit der Mitgliedstaaten zwischen 2000 und 2009 erheblich weiterentwickelt haben. Als „Erfolg" werden der Kopenhagen-Prozess für den Bereich der beruflichen Bildung und der Bologna-Prozess für den Bereich der höheren Bildung sowie die Entwicklung von gemeinsamen europäischen Instrumenten genannt, „die Qualität, Transparenz und Mobilität fördern" (Europäischer Rat 2009, 119/2). Zugleich wird allerdings konstatiert, dass wesentliche Herausforderungen noch zu bewältigen sind, „wenn Europa sein Ziel erreichen soll, zum wettbewerbsfähigsten und dynamischsten wissensbasierten Wirtschaftsraum in der Welt zu werden" (ebd.). Das Ziel von Lissabon 2000 wird also bestätigt, trotz bislang mangelnder Umsetzung und Konkretisierung. Wachstum und Beschäftigung werden eng mit wirksamer allgemeiner und beruflicher Bildung verknüpft. Sozioökonomische, demografische, ökologische und technologische Herausforderungen werden als zu bewältigende Probleme genannt, ohne diese allerdings weiter auszudifferenzieren. Mit dem Strategischen Rahmen soll auf jeden Fall eine wirksamere Zusammenarbeit erreicht werden.

Während das Dokument von 2002 drei strategische Zielsetzungen enthält, werden nun vier Ziele aufgeführt, darunter die Verwirklichung von lebenslangem Lernen und Mobilität sowie die Förderung von Gerechtigkeit, des sozialen Zusammenhalts und des aktiven Bürgersinns. Innovation und Kreativität, zu der unternehmerisches Denken gehört, werden genannt. Auf den ersten Blick könnte dies als eine Erweiterung im Bildungsverständnis der Europäischen Union verstanden werden, aber auf den zweiten Blick überwiegen nach wie vor die Zielsetzungen die an der Schaffung eines wettbewerbsfähigen Wirtschaftsraumes orientiert sind.

Der Vorschlag zur Realisierung und Überprüfung der einzelnen Entwicklungsschritte ist systematischer als 2002. Es gibt fünf verabredete Benchmarks. Außerdem hat die Kommission den Auftrag erhalten, in den Bereichen Mobilität, Beschäftigungsfähigkeit und Fremdsprachenerwerb weitere Überlegungen anzustellen. Die Durchschnittsbezugswerte dienen „der Beobachtung von Fortschritten, der Ermittlung von Herausforderungen" und „als Beitrag für eine faktengestützte Politik" (ebd., 7) zur Realisierung der im Dokument formulierten strategischen Ziele.

Im Text des Strategischen Rahmens wird ein umfassendes Bildungsverständnis dargelegt, durch das die „persönliche, soziale und berufliche Entwicklung" gefördert werden soll. Demokratische Werte, sozialer Zusammenhalt, aktiver Bürgersinn und interkultureller Dialog sollen durch Bildung erreicht werden.

Ein weiteres Spezifikum ist die im Text geforderte Öffnung gegenüber nichtformalen und informellen Formen des Lernens. Lebenslanges Lernen wird als Grundprinzip des Rahmens etabliert.

Der Strategische Rahmen wird in der Nachfolgestrategie für Lissabon thematisiert, die nun vorgestellt wird.

Europa 2020. Eine Strategie für intelligentes, nachhaltiges und integratives Wachstum (2010) (EU 13)

Als eine Perspektive zur Bewältigung der größten Wirtschafts- und Finanzkrise, mit der die Europäische Union in den Jahren 2008 und 2009 konfrontiert wurde, hat die Kommission im März 2010 den Entwurf einer neuen Strategie der Europäischen Union vorgelegt (Europäische Kommission 2010a) (EU 13), orientiert an einem Wachstumsverständnis, das qualifiziert wird mit den Attributen „intelligent, nachhaltig und integrativ". Das Dokument soll eine Perspektive für die weitere Entwicklung der europäischen Integration für die nächsten 10 Jahre liefern. Es besteht aus 36 Seiten und gliedert sich in sechs Abschnitte.

Die EU-Staats- und Regierungschefs haben bei ihrem Treffen im März 2010 das Gesamtkonzept unterstützt, drei der vorgeschlagenen Ziele verabschiedet und eine Entscheidung in den Bereichen Bildung und Armut aufgeschoben. Nach weiteren Beratungen u.a. der Bildungsminister (Mai 2010) und der Arbeitsminister (Juni 2010) wurde die Strategie „Europa 2020" im Juni 2010 angenommen (Europäische Kommission 2010a). Sie tritt an die Stelle der Lissabon-Strategie. Das Programm umfasst sieben große politische Initiativen und fünf quantitative Zielsetzungen in den Bereichen Beschäftigung, Bildung, Armut, Klimawandel sowie Forschung und Entwicklung. Die Regierungschefs werden aufgefordert, nationale Ziele zu setzen, um die EU beim Erreichen ihrer Ziele zu unterstützen.

Zu den Inhalten

In der Zusammenfassung zu Beginn des Dokumentes wird das Ziel der Europäischen Union genannt, eine intelligente, nachhaltige und integrative Wirtschaft zu werden, die gekennzeichnet ist „durch ein hohes Beschäftigungs- und Produktionsniveau sowie einem ausgeprägten sozialen Zusammenhalt" (ebd., 3). Was ist mit den drei Attributen verbunden? *Intelligentes* Wachstum meint die Entwicklung einer auf Wissen und Innovation gestützten Wirtschaft, *nachhaltiges* Wachstum soll eine ressourcenschonende, ökologischere und wettbewerbsfähigere Wirtschaft fördern und *integratives* Wachstum ist fokussiert auf eine Wirtschaft mit hoher Beschäftigung und ausgeprägtem sozialen und territorialen Zusammenhalt.

Zur Erreichung dieser Zielvorgaben werden fünf „EU-Kernziele" vorgeschlagen, darunter für den Bildungsbereich: „Der Anteil der Schulabbrecher sollte auf unter 10% abgesenkt werden, und mindestens 40% der jüngeren Generation sollten einen Hochschulabschluss haben." (Ebd., 3)

Insgesamt werden von der Kommission sieben Leitinitiativen vorgeschlagen, um innerhalb der einzelnen Prioritäten Fortschritte zu erzielen. Dazu gehört die Leitinitiative „Jugend in Bewegung", die auf leistungsfähigere Bildungs- und Ausbildungssysteme abzielt, um den Jugendlichen den Eintritt in den Arbeitsmarkt zu erleichtern.

Die Leitinitiativen sollen für die EU und ihre Mitgliedstaaten bindend sein. Die Strategie Europa 2020 beruht auf zwei Säulen: dem thematischen Ansatz, wie er in dem vorliegenden Papier skizziert ist, und dem System der Länderberichte, das die Mitgliedstaaten dabei unterstützen soll, eigene Strategien zu entwickeln, die ihnen eine „Rückkehr zu nachhaltigem Wachstum und soliden öffentlichen Haushalten" (ebd., 4) ermöglichen.

In fünf Kapiteln werden Grundlagen und Elemente der Strategie vorgelegt, die in einem sechsten Punkt in einer Beschlussvorlage für den Europäischen Rat kondensiert werden. Zwei Anhänge ergänzen das Dokument. Sie geben einen Überblick über die Kernziele und die sieben Leitinitiativen und legen eine Zeitleiste für den Zeitraum von 2010–2012 vor.

Zum Bildungsverständnis

Wenn man berücksichtigt, wie zäh sich Bildung als europäisches Thema etabliert hat, so ist der nun erreichte politische Stellenwert und die zentrale Wertschätzung im Rahmen einer umgreifenden Entwicklungsstrategie für die Fortführung der Europäischen Integration bemerkenswert. Das wird u.a. durch dieses politische Dokument dokumentiert. Leistungsfähigere Bildungssysteme sollen Jugendlichen den Eintritt in den Arbeitsmarkt erleichtern. Als Ziel wird festgelegt, den Anteil der Schulabbrecher auf unter 10% abzusenken und dafür Sorge zu tragen, dass mindestens 40% der jüngeren Generation einen Hochschulabschluss haben. Im Rahmen der Leitinitiative „Jugend in Bewegung" sollen auf EU-Ebene folgende Aufgaben wahrgenommen werden: Integration und Ausbau der Mobilitäts-, Hochschul- und Forschungsprogramme der EU (1), Ausbau der Modernisierungsprogramme der Hochschulen (2), Förderung des Unternehmergeistes (3), Förderung der Anerkennung des nicht-formalen und informellen Lernens (4) und die Einführung eines Rahmens zum Abbau der Jugendarbeitslosigkeit (5).

Die Mitgliedstaaten werden aufgefordert, wirkungsvoll in Bildung zu investieren, die Ergebnisse der Bildungseinrichtungen zu verbessern und für Offenheit und Transparenz in den Bildungssystemen zu sorgen, u.a. mit der Einführung nationaler Qualifikationsrahmen und der Förderung von „besser auf den Bedarf der Arbeitsmärkte zugeschnittenen Bildungsergebnissen" (ebd.,14).

Konkrete Aussagen zu Inhalten, die sich mit einer Modernisierung von Bildung verbinden, finden sich in dem Strategiepapier nicht explizit. Schlüsselforderungen sind Arbeitsmarktfähigkeit, Flexibilität und Mobilität. Es geht um den Erwerb „neuer

Qualifikationen", um sich an neue Gegebenheiten anpassen zu können und sich ggf. beruflich umzuorientieren.

Diskussion

Bildung und Forschung spielen in dem Strategiepapier eine zentrale Rolle. Allerdings werden beide Bereiche ausschließlich als Mittel zum Zweck eines ausdifferenzierten mit politischen Wärmemetaphern versehenen Wachstums verstanden (*intelligent, nachhaltig, integrativ*). Eine zu einseitige Konzentration von Bildung auf Arbeitsmarktfähigkeit (*employability*) blendet jedoch den Beitrag von Bildung zur Persönlichkeitsentfaltung ebenso aus wie zur Ermöglichung der Teilhabe in der Gesellschaft und zum sozialen Aufstieg. Es kann in der „Wissensgesellschaft" nicht ausschließlich um hochqualifizierte Individuen gehen, Wissen und Ausbildung werden auch in der Breite der Gesellschaft benötigt. Bildung und Wissen haben eine Schlüsselfunktion zur Verwirklichung von Chancengleichheit und der Förderung sozialer Aufstiegsmöglichkeiten. Dazu ist ein umfassendes, ganzheitliches Bildungsverständnis förderlich.

In der gemeinsamen Stellungnahme der beiden großen christlichen Kirchen in Deutschland zu „Europa 2020"[143] wird das Ziel einer „an den Bedürfnissen des Menschen orientierten Bildungspolitik" (EKD et al., 2010, 2) argumentativ vertreten. In dem Text wird ein umfassendes Bildungsverständnis formuliert, das im Zentrum „jeglichen Bildungsinteresses" den Menschen „als Individuum in seiner ganzheitlichen Würde und Entfaltung in der Bezogenheit zu Gott, zu sich selbst, zu seinen Mitmenschen, seiner Umwelt und Gesellschaft" sieht (ebd., 5). Daraus erwachsen folgende Zielsetzungen von Bildung: „Bildung zielt auf die Befähigung des Menschen zu vernünftiger Selbstbestimmung, zur Freiheit des Denkens, Urteilens und Handelns ab. Über Wissen und Einsicht sollen sich Erfahrungs- und Urteilsfähigkeit, das Selbst- und Weltverständnis des Menschen herausbilden. Insofern beschreibt Bildung einen lebenslangen Prozess der Identitätsentwicklung eines Menschen." (Ebd., 5) Es wird begrüßt, dass die Europäische Kommission bei der Bildungspolitik die soziale Dimension berücksichtigt. Und weiter wird als christliches Bildungsverständnis dargelegt: „Aus unserer Sicht ist Bildung mehr als bloßes Verfügungswissen, sie umfasst zugleich die Frage nach den Zielen von Lernen und Erlerntem, ist also Orientierungswissen. Dieses ermöglicht erst verantwortungsbewusstes Handeln. (…) Es entspricht der Würde des Menschen, sich selbstbestimmt zu entfalten und von seinen Gaben Gebrauch zu machen, Fertigkeiten und soziale Fähigkeiten zu erwerben sowie einen unternehmerischen Geist zu entwickeln." (ebd.) Konsequent wird gefordert, eine einseitige Ausrichtung der Bildungsprozesse auf EU-Ebene an ökonomischen und funktionalen Interessen zu vermeiden. Denn „weder die Verbesserung der Wettbewerbsfähigkeit der EU, noch die Belieferung des Arbeitsmarktes mit „menschlichem Kapital" (sollte) primäres Ziel der (Aus-)Bildung von (jungen) Menschen (sein)." (Ebd., 5f.)

---

143 Die Stellungnahme erfolgte durch den Bevollmächtigten des Rates der EKD bei der Bundesrepublik Deutschland und der Europäischen Union und dem Kommissariat der Deutschen Bischöfe und ihrer Werke, Caritas und Diakonie.

Bildung wird in der Stellungnahme als „lebenslanger Prozess der Identitätsbildung" mit folgenden Zielsetzungen beschrieben: (Die) Befähigung des Menschen zu vernünftiger Selbstbestimmung, zur Freiheit des Denkens, Urteilens und Handelns. Unterstrichen wird die Bedeutung von „Bildung als Orientierungswissen". Weder die Verbesserung der Wettbewerbsfähigkeit der EU, noch die Belieferung des Arbeitsmarktes mit „menschlichem Kapital" dürfe primäres Ziel von Bildung und Ausbildung junger Menschen sein, davor wird in der Stellungnahme ausdrücklich gewarnt.

Es wurde bereits mehrfach darauf hingewiesen, dass lebenslanges Lernen als Grundprinzip des gesamten Rahmens europäischer Bildungspolitik angesehen wird. Deshalb werden nachfolgend Dokumente analysiert, die zu einem Prozess zunehmender Europäisierung von Bildung durch die Thematisierung, Differenzierung und Promotion lebenslangen Lernens beitragen. Berücksichtigt werden Texte im Zeitraum von 2000 bis 2002, einer zentralen Entwicklungsphase, und spätere Dokumente, die einzelne Punkte der Strategie vertiefen.

4.2.3.2 Texte zum lebenslangen/lebensbegleitenden Lernen

Kontext

In den 1990er Jahren wurde die Idee des lebensbegleitenden bzw. lebenslangen Lernens im Rahmen der EU populär. In Anlehnung an andere internationale Organisationen, die z.T. schon früher für lebenslanges Lernen eintraten (UNESCO, OECD), wurde lebenslanges Lernen ein Schlüssel für die Bildungsaktivitäten der EU. Ioannidou (2010) weist darauf hin, dass erste Hinweise für die Auseinandersetzung mit der Thematik des lebenslangen Lernens bereits in dem 1995 veröffentlichten Weißbuch der EU zu „Lehren und Lernen – Auf dem Weg zur kognitiven Gesellschaft" zu finden sind. 1996 wurde das „Europäische Jahr des lebensbegleitenden Lernens" ausgerufen. Auf einer Tagung des Europäischen Rates in Luxemburg im November 1997 wurden größere Beschäftigungsfähigkeit und größere Anpassungsfähigkeit als vorrangige Themen in die beschäftigungspolitischen Leitlinien aufgenommen. Seither ist lebensbegleitendes Lernen zu einem zentralen Ziel der europäischen Beschäftigungsstrategie geworden.

Mit der Verabschiedung der Lissabon-Strategie hat sich die Diskussion um lebenslanges Lernen intensiviert. Eine der Konkretisierungen daraus war das von der Kommission im Herbst 2000 vorgelegte „Memorandum über lebenslanges Lernen" (Europäische Kommission 2000) (EU 6). Ihm folgte 2001 die Mitteilung der Kommission „Einen europäischen Raum des lebenslangen Lernens schaffen" (Europäische Kommission. Generaldirektion Bildung und Kultur und Generaldirektion Beschäftigung und Soziales 2001) (EU 7), in die Ergebnisse eines breit angelegten Konsultationsprozesses einflossen und schließlich im Juni 2002 die „Entschließung des Rates zum lebensbegleitenden Lernen" (Europäischer Rat 2002b) (EU 8). Die seit den 1980er Jahren bestehenden gemeinschaftlichen Förderprogramme wurden 2006 in einem „Aktionsprogramm im Bereich des lebenslangen Lernens" zusammengefasst (Europäisches Parlament und Europäischer Rat 2006a) (EU 9). 2007 wurden Empfehlungen zu Schlüsselkompetenzen veröffentlicht (Europäische Kommission

2007) (EU 10). Die aufgeführten Dokumente werden analysiert im Blick auf ihr Bildungsverständnis und auf evt. mögliche Assoziationen zu Religion.

Arbeitsdokument der Kommissionsstellen Memorandum über Lebenslanges Lernen (2000) (EU 6)

Unter Aufnahme der Schlussfolgerungen des Europäischen Rates von Lissabon, in denen u.a. bekräftigt wurde, dass der erfolgreiche Übergang zur wissensbasierten Wirtschaft und Gesellschaft mit einer Orientierung am lebenslangen Lernen einher gehen müsse, legt die Kommission ein Memorandum vor, um „eine europaweite Diskussion über eine umfassende Strategie zur Implementierung lebenslangen Lernens auf individueller und institutioneller Ebene in allen Bereichen des öffentlichen und privaten Lebens in Gang zu setzen" (Europäische Kommission 2000, 3). Die Zielsetzung ist dabei ambitioniert:

> „Lebenslanges Lernen ist nicht mehr bloß ein Aspekt von Bildung und Berufsbildung, vielmehr muss es zum Grundprinzip werden, an dem sich Angebot und Nachfrage in sämtlichen Lernkontexten ausrichten. Im kommenden Jahrzehnt müssen wir diese Vision verwirklichen." (Ebd.)

Vier Ziele des lebenslangen Lernens werden genannt: aktive und demokratische Bürgerinnen und Bürgern; persönliche Entfaltung; Beschäftigungsfähigkeit und soziale Eingliederung (vgl. ebd., 6 und 10f.).

Das Memorandum enthält sechs „Schlüsselbotschaften", die einen Rahmen für eine offene Diskussion zur praktischen Umsetzung lebenslangen Lernens bieten sollen. Sie lauten: (1) Neue Basisqualifikationen für alle; (2) Höhere Investitionen in die Humanressourcen; (3) Innovation in den Lehr- und Lernmethoden; (4) Bewertung des Lernens; (5) Umdenken in Berufsberatung und Berufsorientierung; (6) Das Lernen den Lernenden auch räumlich näher bringen.

Zu jeder Schlüsselbotschaft findet sich im Dokument eine Reihe von Fragen, die insbesondere durch den angestoßenen Konsultationsprozess in den Mitgliedstaaten weiter bearbeitet werden sollen.

Mit dem lebenslangen Lernen sind die Förderung der aktiven Staatsbürgerschaft und der Beschäftigungsfähigkeit verbunden. Ein zentrales Merkmal der vorliegenden Konzeption ist die Propagierung der Integration formalen, nicht-formalen und informellen Lernens und die Orientierung an integrierten politischen Konzepten, „die soziale und kulturelle Zielsetzungen mit wirtschaftlichen Argumenten für lebenslanges Lernen verknüpfen" (ebd., 11).

Verbindungen werden hergestellt zu anderen Initiativen wie zur Umsetzung der Schlussfolgerungen des Europäischen Rates von Lissabon. Auch hier soll die offene Methode der Koordinierung (OMK) angewendet werden:

> „Das neue offene Koordinierungsverfahren wird eine kohärente Politikentwicklung und eine durchgängige Ressourcenmobilisierung auf europäischer Ebene der Mitgliedstaaten zur Förderung lebenslangen Lernens ermöglichen. Auf Gemeinschaftsebene werden Indikatoren und politische Initiativen entwickelt und Ressourcen mobilisiert." (Europäische Kommission 2000, 24)

In dem Dokument bittet die Kommission die Mitgliedstaaten um die Organisation eines „bürgernahen Konsultationsprozesses" unter Beteiligung der für lebenslanges Lernen zuständigen Schlüsselakteure auf allen Ebenen. In Aussicht gestellt wird ein Bericht der Kommission bis Herbst 2001 über die Ergebnisse des Konsultationsprozesses mit Vorschlägen für spezifische Ziele, konkrete Maßnahmen und Benchmarks zur Implementierung einer Strategie für lebenslanges Lernen.

Mitteilung der Kommission Einen europäischen Raum des lebenslangen Lernens schaffen (November 2001) (EU 7)

Ergebnisse des breit angelegten Konsultationsprozesses, an dem sich mehr als 12.000 Bürgerinnen und Bürger beteiligten, flossen in ein 40-seitiges Dokument ein, das als Mitteilung der Kommission veröffentlicht wurde. Mit diesem Text wird ein neuer, übergreifender Aktionsrahmen zum lebenslangen Lernen vorgeschlagen, der insbesondere die Kohärenz von Maßnahmen auf europäischer Ebene sicherstellen, den Austausch von Beispielen guter Praxis fördern sowie die Entwicklung kohärenter Strategien lebenslangen Lernens der Mitgliedstaaten unterstützen soll. Ein europäischer Raum des lebenslangen Lernens soll entstehen durch die Zusammenführung allgemeiner Bildung und Berufsbildung mit zentralen Aspekten in anderen Bereichen, der Jugend-, Beschäftigungs-, Integrations- und Forschungspolitik.

Mit dem Dokument wird die Diskussion um eine tragfähige Definition lebenslangen Lernens weitergeführt. Im Rahmen der Konsultation wurde auf allgemeine Aspekte wie die spirituelle und kulturelle Dimension von Lernen verwiesen wurde.

Als Definition lebenslangen Lernens, die das breite Spektrum der genannten Ziele abdecken soll, wird in dem Dokument verwendet:

„alles Lernen während des gesamten Lebens, das der Verbesserung von Wissen, Qualifikationen und Kompetenzen dient und im Rahmen einer persönlichen, bürgergesellschaftlichen, sozialen, bzw. beschäftigungsbezogenen Perspektive erfolgt." (Ebd., 9)

Es werden verschiedene ‚Bausteine' vorgelegt als Orientierungshilfe zur Entwicklung und Umsetzung von kohärenten und umfassenden Strategien lebenslangen Lernens auf der Ebene der Mitgliedstaaten. Sie lehnen sich an die Kriterien im Gemeinsamen Beschäftigungsbericht 2001 an. Folgende Stichworte werden den Bausteinen zugeordnet:

Tab. 18: Bausteine, Zielsetzungen und Akteure lebenslangen Lernens

Baustein	Zielsetzungen	Akteure
Partnerschaft	Kooperation aller relevanten Akteure; Strategien vor Ort sollen Wirkung zeigen.	Kommission; staatliche Stellen; Arbeitgeber; Gewerkschaften; Bildungsträger; lokale Gruppen und Freiwilligenorganisationen; Bürger/innen

Baustein	Zielsetzungen	Akteure
Erkenntnisse über die Lernnachfrage	Analyse des Kompetenzbedarfs auf allen europäischen Arbeitsmärkten; Bedarfe an Lesen, Schreiben, Rechnen, IKT-Kenntnissen und sonstigen Grundqualifikationen; Bedarfe von Arbeitgebern; Auswirkungen des LLL auf Lernförderer; Interesse (potenziell) Lernender; Auswirkungen der Wissensgesellschaft auf die Bedarfe.	
Angemessene Mittelausstattung	Steigerung der öffentlichen und privaten Investitionen; neue Aufteilung verfügbarer Ressourcen; neue Investitionskonzepte; Einbindung von höheren Investitionen in geeignete Strategien auf lokaler Ebene.	
Zugang zu Bildungsangeboten verbessern	Bestehende Angebote besser bekannt machen; neue Lernprozesse, -angebote und -umgebungen entwickeln; Thematisieren von Chancengleichheit und Zielgruppenorientierung; Beseitigung sozialer, geografischer, psychologischer und sonstiger Hindernisse; Einbeziehung nicht-formalen und informellen Lernens in die im formalen Sektor geltenden Vorschriften für Zugang, Bildungsweg und Anerkennung.	
Schaffung einer „Kultur des Lernens für alle"	Lernen erstrebenswerter machen; direkte Maßnahmen zur Motivation (potenziell) Lernender; nicht-formales und informelles Lernen anerkennen und belohnen; positivere Wahrnehmung des Lernens bereits im frühen Kindesalter; gezielte Mittelvergabe; Förderung von Informations-, Beratungs- und Orientierungsdiensten; Unternehmen zu ‚lernenden Organisationen' entwickeln; Unterstützung zielgruppenspezifischer Bildungsangebote.	*Kommission:* Austausch von Erfahrungen und guter Praxis im nicht-formalen und informellen Lernen; *Mitgliedstaaten:* Schaffung angemessener rechtlicher Rahmenbedingungen.

Baustein	Zielsetzungen	Akteure
Höchstmaß an Qualität	Beurteilung ehrgeiziger Ziele durch vordefinierte Indikatoren; robuste Instrumente für die Qualitätssicherung in der formalen und nicht-formalen Bildung; Maßnahmen zur Bewertung der (nationalen) Strategien (Kriterien: Vollständigkeit, Kohärenz; nationale/gemeinschaftliche Ziele, gemeinsame Indikatoren); Überprüfung und Überarbeitung von Strategien.	

Quelle: Eigene Darstellung

Aktionsschwerpunkte, die im Dokument benannt werden, beziehen sich auf die Schlüsselbotschaften des Memorandums und sind auf zwei Umsetzungsebenen ausgerichtet:

1. Die europäische Dimension lebenslangen Lernens.
2. Die Einbeziehung von Akteuren auf nationaler, regionaler und lokaler Ebene.

Folgende Schwerpunkte werden benannt: (1) Bewertung des Lernens; (2) Information, Beratung und Orientierung; (3) Zeit und Geld in Lernen investieren; (4) Lernende und Lernangebot zusammenführen; (5) Grundqualifikationen; (6) Innovative Pädagogik.

Auf einen möglichen Konflikt zwischen der Verantwortlichkeit der Mitgliedstaaten für Inhalt und Gestaltung der Bildungs- und Berufsbildungssysteme und den Aufgaben auf europäischer Ebene wird hingewiesen:

„Die Mitgliedstaaten sind für Inhalt und Gestaltung ihrer Bildungs- und Berufsbildungssysteme selbst voll verantwortlich, und es ist nicht Aufgabe der EU, Rechts- und Verwaltungsvorschriften in diesen Bereichen zu harmonisieren. Zugleich werden jedoch spezifische politische Aufgaben in Verbindung mit lebenslangem Lernen auf europäischer Ebene wahrgenommen. Neben der Durchführung einer Berufsbildungspolitik sieht der Vertrag eine zentrale Rolle der Gemeinschaft bei der Erhöhung der Qualität der Bildung durch europaweite Zusammenarbeit vor. Der EU kommt eine besondere Aufgabe bei folgenden Fragen zu: Bürgerschaft, Freizügigkeit, ob zu Zwecken des Lernens oder der Beschäftigung; Entwicklung der europäischen Arbeitsmärkte und Koordinierung der Politik im Bereich von Beschäftigung und sozialer Eingliederung. Transnationale Bildung, Berufsbildung und Erwerbstätigkeit sind für einige Bürger bereits Realität. Dennoch stehen dem Lernen, Arbeiten und Leben in einem anderen Mitgliedstaat weiterhin Hindernisse entgegen. " (Europäische Kommission. GD Bildung und Kultur, November 2001, 26)

Das Zitat verweist auf ein Spannungsfeld zwischen dem politischen Agieren der Europäischen Kommission einerseits und den bestehenden rechtlichen Grundlagen, die den Mitgliedstaaten die Kompetenz für Inhalte und Struktur im Bereich allgemeiner und beruflicher Bildung belässt und der EU lediglich eine unterstützende Kompetenz zuschreibt.

Auf der Grundlage der durch die beiden Dokumente angestoßenen Entwicklung, lebenslanges Lernen als Grundprinzip eines Europäischen Bildungsraums zu etablieren und eine intensive Kooperation der Mitgliedstaaten anzuregen, kam es zu einer Entschließung des Europäischen Rates, die als Bündelung der bisherigen Initiativen angesehen werden kann.

Entschließung des Europäischen Rates zum lebensbegleitenden Lernen (Juni 2002) (EU 8)

Das „Memorandum über Lebenslanges Lernen" und die Mitteilung der Kommission „Einen europäischen Raum des lebenslangen Lernens schaffen" wurden durch eine Entschließung des Rates zum lebensbegleitenden Lernen politisch bestätigt (Europäischer Rat 2002b). Der Text fasst die bislang vorliegenden Gründe und Entwicklungen für eine übergreifende Strategie lebensbegleitenden Lernens zusammen und bekräftigt die Unterstützung lebensbegleitenden Lernens durch Aktionen und Politiken

> „im Rahmen der Europäischen Beschäftigungsstrategie, des Aktionsplans für Qualifikation und Mobilität, der Gemeinschaftsprogramme Sokrates, Leonardo da Vinci und Jugend, der Initiative eLearning und der Forschungs- und Innovationsmaßnahmen" (S. 2).

Der Rat ersucht die Mitgliedstaaten, umfassende und kohärente Strategien auszuarbeiten, die für die Strategien benötigten Mittel bereitzustellen, das Lernen am Arbeitsplatz sowie die Aus- und Weiterbildung der Lehrkräfte zu fördern wie die Validierung der Ergebnisse von Lernprozessen und die aktive Beteiligung am lebensbegleitenden Lernen.

Zum Kontext der Entschließung

Mit diesem Dokument kommt ein bereits lange vor 2002 begonnener Prozess im Blick auf die Etablierung lebenslangen Lernens als Leitprinzip Europäischer Bildungspolitik zu einem gewissen Abschluss. Die bislang vorliegenden Dokumente werden gewürdigt. Zugleich werden die in der Mitteilung genannten Bausteine für die Strategie des lebensbegleitenden Lernens in ihrer Bedeutung bekräftigt.[144] Angeregt werden u.a. umfassende und kohärente Strategien der Mitgliedstaaten, beruhend auf den genannten Grundsätzen und Bausteinen; die Bereitstellung der für diese Strategien benötigten Mittel; die Förderung des Lernens am Arbeitsplatz; die Förderung der Aus- und Weiterbildung der im Bereich lebensbegleitenden Lernens tätigen Lehrkräfte und Ausbilder und der beteiligten jungen Menschen.

Mit diesen einzelnen Schritten haben die Institutionen der Europäischen Union in einem abgestimmten Verfahren das Prinzip lebenslangen Lernens als zentrale

---

144 Die Entschließung bestätigt die bereits vorgestellten sechs Bausteine: (1) Partnerschaften im Bildungswesen; (2) Erkenntnisse über die Lernnachfrage sammeln; (3) Angemessene Mittelausstattung; (4) Zugang zu Bildungsangeboten verbessern; (5) Schaffung einer Lernkultur; (6) Ein Höchstmaß an Qualität anstreben.

Dimension eines Europäischen Bildungsraumes und zugleich als Bündelungs- und Straffungsinstrument etabliert, um bislang mehr oder weniger getrennte Programme und Initiativen stärker zu integrieren. Ein markantes Beispiel dafür bildet die Reform der seit 1980er bestehenden Aktions- und Austauschprogramme, die in einem entsprechenden Beschluss (Europäisches Parlament und Europäischer Rat 2006a) niedergelegt wurde.

Beschluss über ein Aktionsprogramm im Bereich des lebenslangen Lernens (2006)
(EU 9)

In Fortführung der Entwicklung einer umfassenden Strategie lebenslangen Lernens wurde einige Jahre später ein Aktionsprogramm für lebenslanges Lernen beschlossen,

> „das durch lebenslanges Lernen dazu beiträgt, dass sich die Europäische Union zu einer fortschrittlichen Wissensgesellschaft entwickelt – eine Gesellschaft mit nachhaltiger wirtschaftlicher Entwicklung, mehr und besseren Arbeitsplätzen und größerem sozialen Zusammenhalt." (Europäisches Parlament und Europäischer Rat 2006a, 46)

Es handelt sich um ein ausführliches Dokument, das im Amtsblatt der Europäischen Union 23 Seiten umfasst. Das Beschlussverfahren beinhaltet Stellungnahmen des Europäischen Wirtschafts- und Sozialausschusses und des Ausschusses der Regionen. Die Bedeutung des Aktionsprogramms liegt darin, Erfahrungen mit den seit 1986 bestehenden Aktions- und Austauschprogrammen in unterschiedlichen Bildungs- und Ausbildungsbereichen zu berücksichtigen, zu bündeln und einen neuen integrierten Ansatz für den Zeitraum von 2007 bis 2013 vorzuschlagen.

Die zentrale Funktion des Aktionsprogramms ist die Schaffung von Synergien und Effizienz durch die Zusammenlegung bislang eigenständiger Aktionsprogramme. Folgende Motive werden genannt: die Herstellung engerer Verbindungen zwischen den Gemeinschaftsprogrammen und den politischen Entwicklungen im Bereich der allgemeinen und beruflichen Bildung (1), eine bessere Abstimmung der Struktur der Gemeinschaftsmaßnahmen im Blick auf das Paradigma des lebenslangen Lernens (2), eine vereinfachte, benutzerfreundliche und flexible Umsetzung der Maßnahmen (3) sowie eine bessere Zusammenarbeit zwischen den verschiedenen Bildungs- und Ausbildungsbereichen (4).

Zum Kontext des Aktionsprogramms

Die bisher bestehenden Programme für den Bereich der Vorschul- und Schulbildung (Comenius), der Hochschulbildung (Erasmus), der beruflichen Bildung (Leonardo da Vinci) und der Erwachsenenbildung (Grundtvig) wurden mit diesem Aktionsprogramm zusammengelegt und als ‚sektorale Einzelprogramme' unter die übergreifenden Programmatik des ‚lebenslangen Lernens' gefasst. Hinzu kommt ein Querschnittprogramm, das mit seinen Aktivitäten die politische Zusammenarbeit im Bereich lebenslangen Lernens fördern soll wie auch das Sprachenlernen, die Entwicklung innovativer, IKT-gestützter Inhalte, pädagogischer Ansätze und Verfahren für lebenslanges Lernen sowie eine Verbreitung von guter Praxis.

In der Liste der Begründungen für das Aktionsprogramm findet sich als zentrale Botschaft:

> „Eine fortschrittliche Wissensgesellschaft ist der Schlüssel zu höheren Wachstums- und Beschäftigungsraten. Allgemeine und berufliche Bildung sind wesentliche Prioritäten für die Europäische Union auf dem Weg zur Verwirklichung der Ziele von Lissabon."
> (Europäisches Parlament und Europäischer Rat 2006a, 45)

Schlüsselbegriffe

Ausgehend von der Hypothese, dass eine „fortschrittliche Wissensgesellschaft" der Schlüssel zu höheren Wachstums- und Beschäftigungsraten sei, werden nachfolgend die damit zusammenhängenden zentralen Begriffe, die sich in dem Dokument finden und die einen roten Faden durch dieses und andere EU-Dokumente im Bereich allgemeiner und beruflicher Bildung darstellen, aufgenommen. Die im Text vorfindlichen Merkmale und mit ihnen verbundene Zielvorstellungen werden aufgelistet, um eine Diskussion des damit umrissenen Bildungsverständnisses vorzubereiten.

Tab. 19: Schlüsselbegriffe und ihre Charakteristika im Aktionsprogramm im Bereich lebenslanges Lernen (2006)

Schlüsselbegriff	Charakterisierung
Wissensgesellschaft	Fortschrittlich; Schlüssel zu höheren Wachstums- und Beschäftigungsraten, EU als wettbewerbsfähigster und dynamischster wissensbasierter Wirtschaftsraum der Welt;
	Gesellschaft mit nachhaltiger wirtschaftlicher Entwicklung, mehr und besseren Arbeitsplätzen und größerem sozialen Zusammenhalt.
Systeme der allgemeinen und beruflichen Bildung	Weitweite Qualitätsreferenz; intensivere Kooperation; Austausch, Zusammenarbeit und Mobilität fördern;
	Synergie zwischen Kultur, allgemeiner und beruflicher Bildung; Förderung des interkulturellen Dialogs; Förderung einer aktiven Bürgerschaft und der Achtung der Menschenrechte und der Demokratie sowie eines verstärkten Kampfes gegen alle Formen der Ausgrenzung, einschließlich Rassismus und Fremdenfeindlichkeit;
	Zugangsmöglichkeiten für benachteiligte Bevölkerungsgruppen verbessern; Zusammenarbeit bei der Qualitätssicherung.

Schlüsselbegriff	Charakterisierung
Lebenslanges Lernen (LLL)	Größere Kapazitäten zur Unterstützung von LLL schaffen; hochwertig;
	gilt als übergreifendes Paradigma; Verbesserung von Qualität, Attraktivität und Zugänglichkeit; Verwirklichung eines europäischen Raums des LLL; Beitrag zum sozialen Zusammenhalt, zur aktiven Bürgerschaft, zum interkulturellen Dialog, zur Gleichstellung der Geschlechter und zur persönlichen Entfaltung; Beitrag zur Entwicklung eines europäischen Bürgersinns auf der Grundlage der Sensibilisierung für Menschenrechte und Demokratie und deren Achtung sowie bei der Förderung von Toleranz und Respekt für andere Menschen und Kulturen; (umfasst) alle Formen der allgemeinen, der beruflichen und der nicht-formalen Bildung sowie des informellen Lernens während des gesamten Lebens, aus denen sich eine Verbesserung von Wissen, Fähigkeiten und Kompetenzen im Hinblick auf persönliche, staatsbürgerliche, soziale und/oder beschäftigungsbezogene Ziele ergibt, einschließlich der Bereitstellung von Beratungsdiensten.
	Steigerung der Beteiligung von Menschen aller Altersgruppen;
	Innovative, IKT-gestützte Inhalte, Dienste, päd. Ansätze und Verfahren.
Schlüsselbegriff	**Charakterisierung**
Mobilität und Kooperation	Positive Wirkung auf Einzelpersonen und auf die Bildungs- und Berufsbildungssysteme; wachsender Bedarf; kontinuierlich höhere Standards; Einzelpersonen werden gefördert; Mobilität von Lehrkräften zur Entwicklung einer langfristigen Zusammenarbeit zwischen Schulen in benachbarten Regionen; bilaterale und multilaterale Partnerschaften; multilaterale Projekte und Netze; Einführung neuartiger Maßnahmen in die Programme Comenius und Grundtvig; bessere Mobilitätschancen für Lehrlinge schaffen.

Quelle: Eigene Darstellung

Insbesondere solche Charakterisierungen, die sich auf Aspekte wie sozialen Zusammenhalt, aktive Bürgerschaft, interkultureller Dialog und persönliche Entfaltung beziehen, finden sich auch im Rahmen und in Programmen religiöser Bildung.

Spezifische Ziele der Einzelprogramme
Für die Einzelprogramme wird jeweils eine Reihe von Zielen angegeben, die mit dem Programm erreicht werden soll. Im Rahmen des auf Schulen ausgerichteten Comenius-Programms werden als Ziele genannt:

> „Unterstützung junger Menschen beim Erwerb der lebensnotwendigen Fähigkeiten und Kompetenzen für ihre persönliche Entfaltung, künftige Beschäftigungschancen und eine aktive europäische Bürgerschaft." (Europäisches Parlament und Europäischer Rat 2006a, 55)

Im Rahmen von „Leonardo da Vinci" (berufliche Bildung) finden sich:

> „Unterstützung der Teilnehmer von Aus- und Weiterbildungsmaßnahmen beim Erwerb und beim Einsatz von Wissen, Fähigkeiten und Qualifikationen zur Förderung ihrer persönlichen Entwicklung, ihrer Beschäftigungsfähigkeit und ihrer Teilnahme am europäischen Arbeitsmarkt." (Ebd., 58)

In dem auf Erwachsenenbildung ausgerichteten Programm (Grundtvig) geht es um folgende spezifische Ziele:

> „a) Bewältigung der durch die Alterung der Bevölkerung in Europa entstehenden Bildungsherausforderungen; (b) Unterstützung der Bereitstellung von Möglichkeiten für Erwachsene, ihr Wissen und ihre Kompetenzen auszubauen." (Ebd., 59)

Zur Diskussion des Bildungsverständnisses

In dem Dokument ist weniger von Bildung als vielmehr von lebenslangem Lernen die Rede. Lebenslanges Lernen soll zur Europäischen Union als einer „fortschrittlichen Wissensgesellschaft" beitragen, charakterisiert durch eine nachhaltige wirtschaftliche Entwicklung, mehr und bessere Arbeitsplätze und größeren sozialen Zusammenhalt. Damit soll Bildung bzw. lebenslanges Lernen überwiegend für ökonomische Zielsetzungen nutzbar gemacht werden, auch wenn ergänzend ihre Funktion für den sozialen Zusammenhalt erwähnt wird. Bildung wird zu einer Realisierungs- und Ideologisierungsform der Wissensgesellschaft. In der Wissensgesellschaft wird ein erheblicher Teil des Handelns, Fühlens und Denkens auf *employability* ausgerichtet, und beinahe das ganze Leben daraufhin orientiert. Bildungshandeln wird ökonomischer Rationalität unterworfen.

Mit der Zielsetzung des lebenslangen Lernens wird ebenso tendenziell ein defizitärer Status vermittelt, der das Gegenteil von Souveränitäts- und Kompetenzerfahrung beinhalten kann.

Die im Dokument angeführten Punkte der „Förderung einer aktiven Bürgerschaft und der Achtung der Menschenrechte und der Demokratie sowie eines verstärkten Kampfes gegen alle Formen der Ausgrenzung, einschließlich Rassismus und Fremdenfeindlichkeit" (ebd., 47) können als komplementär zu den angeführten, an einer prosperierenden Ökonomie ausgerichteten Zielbeschreibungen verstanden werden.

Insgesamt stellt das Dokument einen Beitrag zu einem neuen Bildungsdiskurs dar, der zwischen Anpassung und Selbstentfaltung changiert. Anpassung im Blick auf Erfordernisse und Bedürfnisse einer entstehenden „Wissensgesellschaft" mit globaler Orientierung und Selbstbezüglichkeit und Selbstverantwortung unter dem Diktum lebenslangen Lernens.

Im Rahmen der Neugestaltung ihrer Aktions- und Bildungsprogramme hat die Europäische Kommission eine Konsultation durchgeführt mit dem Titel: „Die künftige Entwicklung der Programme der EU in den Bereichen allgemeine und berufliche Bildung und Jugend nach 2006".

Der Bevollmächtigte des Rates der EKD hat sich an dieser Konsultation mit einer ausführlichen Stellungnahme beteiligt. Als Kriterien, an denen sich die zukünftigen EU-Bildungsprogramme orientieren sollen, werden darin genannt: Bildung und Orientierung, Partizipation, interkulturelles Lernen und europäischer Mehrwert. Es wird gegen eine einseitige Ausrichtung der Bildungsprozesse an ökonomischen oder funktionalen Interessen argumentiert und gegen eine entsprechende „Verzweckung" der Bildungsprogramme. Vorgeschlagen wird als neue Maßnahme

> „ein übergreifendes Programm (…), das Bildungsinitiativen unterstützt, in denen die Vorstellung einer europäischen Identität durch die Rückbindung an gemeinsame europäische Wurzeln konkretisiert wird. Dieses Ziel läßt sich aus unserer Sicht allerdings nur erreichen, wenn die Religions- und Weltanschauungsgemeinschaften in den Bildungsprozeß eingebunden werden. Dabei kommt dem Aspekt der religiösen Bildung in den Schulen Europas ein besonderer Stellenwert zu. Gerade hier geht es in den unterschiedlichen Ausrichtungen darum, das ‚Recht des Kindes auf Religion' in der Pluralität der Tradition Europäischer Kultur zu verwirklichen." (EKD, Der Bevollmächtigte des Rates der EKD 2003, 2)

Mit dem neuen Programm sollen besonders „innovative Ansätze im Blick auf Identitätsbildung und interreligiöse Verständigung" gefördert werden. Zum Bildungsverständnis wird ausgeführt:

> „Wir setzen uns dafür ein, dass das Orientierungswissen mit dem Verfügungswissen Schritt hält. ‚Bildung' fragt nach der Substanz und den Zielen von Wissen und Lernen und ermöglicht damit erst verantwortungsbewußtes Handeln. Deshalb sollte Bildung in einem umfassenden Sinn als Befähigung zu eigenbestimmter Lebensführung, als Aneignung von Selbstbildungsmöglichkeiten verstanden werden. Das schließt nach unserer Überzeugung die Herausbildung einer religiösen und ethischen Urteilsbildung mit ein, an der sich das menschliche Maß im Lernen, Wissen, Können und Handeln orientieren kann." (Ebd., 1)

Auch wenn nicht erwartet werden kann, dass die Europäische Kommission den Vorschlag für ein neues Programm umsetzt, und auch die Beteiligung der Religionsgemeinschaften nicht in dieser Weise umsetzbar ist, so wird in dem Vorschlag doch deutlich, dass die Kirchen stärker an der Programmgestaltung im Bildungsbereich beteiligt sein wollen. Auch wird erneut auf einen ganzheitlichen Anspruch bei Bildung verwiesen, den sich die Kirchen zu eigen machen.

Empfehlung zu Schlüsselkompetenzen für lebensbegleitendes Lernen (2006) (EU 10)

Die Vorstellung des Aktionsprogramms weist darauf hin, dass die Perspektive des „lebensbegleitenden Lernens" ein übergreifendes Leitmotiv für europäische bildungspolitische Empfehlungen geworden ist. Neben diesem Paradigma werden als weitere Schlüsselbegriffe identifiziert: „Wissensgesellschaft", „Mobilität" und „Kooperation" sowie die „Systeme allgemeiner und beruflicher Bildung".

Eine zeitnahe Weiterführung eines zentralen Teils dieser bildungspolitischen Initiative erfolgte durch die im Dezember 2006 veröffentlichte „Empfehlung zu Schlüsselkompetenzen für lebensbegleitendes Lernen" (Europäisches Parlament und Europäischer Rat 2006b), die auch einen Rahmen für weitere Aktionen auf Gemeinschaftsebene bieten soll. Damit werden Überlegungen zu „Grundfertigkeiten", die sich im „Detaillierten Arbeitsprogramm" von 2002 (EU 5) finden, konzeptionell weiter konkretisiert.

Der im Dezember 2006 veröffentlichte Text umfasst neun Seiten im Amtsblatt der Europäischen Union. Dabei umfassen die Begründung und die Empfehlung selbst zweieinhalb Seiten. In einem längeren Anhang werden die acht Schlüsselkompetenzen inhaltlich beschrieben.

Die Empfehlung soll nationale Reformen und die Zusammenarbeit zwischen den Mitgliedstaaten fördern und erleichtern. Als politischer Referenzrahmen für die Bestimmung von Schlüsselkompetenzen werden die „Integrierten Leitlinien für Wachstum und Beschäftigung 2005–2008" (Beschäftigungsleitlinien) genannt. Erneut sind es Wettbewerbserfordernisse, die die Initiative nach Schlüsselqualifikationen veranlassen:

> „Die Notwendigkeit, junge Menschen mit den erforderlichen Schlüsselkompetenzen auszustatten und ihr Bildungsniveau zu verbessern, ist Bestandteil der Integrierten Leitlinien für Wachstum und Beschäftigung 2005–2008, die im Juni 2005 vom Europäischen Rat gebilligt wurden. In den Beschäftigungsleitlinien wird insbesondere dazu aufgerufen, die Bildungs- und Berufsbildungssysteme an die neuen Wettbewerbserfordernisse anzupassen, indem die beruflichen Erfordernisse und Schlüsselkompetenzen in den Reformprogrammen der Mitgliedstaaten besser definiert werden." (Europäisches Parlament und Europäischer Rat 2006b, 11)

Zielgruppen für den Referenzrahmen sind „politische Entscheidungträger, Bildungs- und Ausbildungsträger, die Sozialpartner und die Lernenden selbst" (ebd., 11). Es geht um solche Schlüsselkompetenzen, „die in einer Wissensgesellschaft für persönliche Entfaltung, aktive Bürgerschaft, sozialen Zusammenhalt und Beschäftigungsfähigkeit notwendig sind" bzw. „die alle Menschen für ihre persönliche Entfaltung, soziale Integration, Bürgersinn und Beschäftigung benötigen" (ebd., 13). Kompetenzen werden definiert „als eine Kombination aus Wissen, Fähigkeiten und Einstellungen".

Ziele der Empfehlung sind „die Maßnahmen der Mitgliedstaaten durch einen gemeinsamen Referenzrahmen (zu fördern), der nationale Reformen und die weitere Zusammenarbeit zwischen den Mitgliedstaaten fördert und erleichtert" (ebd., 11).

Zur Begründung für die Palette der Schlüsselkompetenzen wird die „Globalisierung" angeführt, die es erforderlich mache, „sich flexibel an ein Umfeld anpassen zu können, das durch raschen Wandel und starke Vernetzung gekennzeichnet ist" (ebd., 13). Der Referenzrahmen umfasst die folgenden acht Schlüsselkompetenzen:

1. Muttersprachliche Kompetenz
2. Fremdsprachliche Kompetenz
3. Mathematische Kompetenz und grundlegende naturwissenschaftlich-technische Kompetenz

4. Computerkompetenz
5. Lernkompetenz
6. Soziale Kompetenz und Bürgerkompetenz
7. Eigeninitiative und unternehmerische Kompetenz
8. Kulturbewusstsein und kulturelle Ausdrucksfähigkeit.

Es gibt keine Hierarchie innerhalb der Liste, alle angeführten Schlüsselkompetenzen werden als gleich bedeutend betrachtet, „da jede von ihnen zu einem erfolgreichen Leben in einer Wissensgesellschaft beitragen kann" (ebd., 13), jedoch wird konstatiert, dass sich viele Kompetenzen überschneiden bzw. ineinander übergreifen. Eine Reihe von Merkmalen wird angeführt, die für alle Schlüsselkompetenzen eine Rolle spielen. Dazu gehören: kritisches Denken, Kreativität, Initiative, Problemlösung, Risikobewertung, Entscheidungsfindung und konstruktiver Umgang mit Gefühlen (vgl. ebd., 14).

Zu jeder der angeführten Kompetenzen enthält die Empfehlung eine einführende Definition und eine Auflistung von wesentlichen Kenntnissen, Fähigkeiten und Einstellungen.

Tab. 20: Schlüsselbegriffe und Merkmale in der Empfehlung zu
Schlüsselkompetenzen für lebensbegleitendes Lernen (2006) (EU 4)

Schlüsselbegriffe	Merkmale
Lebenslanges/lebens-begleitendes Lernen	Neue Grundfertigkeiten erwerben; umfasst die Zeitspanne vom Vorschul- bis ins Rentenalter; Verbesserung der Leistungsfähig-keit der Gemeinschaft im Beschäftigungsbereich;
	Schlüsselrolle für Anpassung „an den Wandel", und der Integrati-on in den Arbeitsmarkt; Erwerb von Kompetenzen und Qualifika-tionen; kohärentes und umfassendes Lernangebot
Lernende Organisati-onen	Teamwork, flachere Hierarchien, Dezentralisierung, größerer Bedarf an Multi-Tasking.

Quelle: Eigene Darstellung

Zum Bildungsverständnis
Bildung wird in dem vorliegenden Dokument weitgehend mit Kompetenzentwicklung gleichgesetzt. Kompetenz wird definiert als „eine Kombination aus Wissen, Fähigkeiten und Einstellungen, die an das jeweilige Umfeld angepasst sind (*sic!*)" (ebd. 13). Der Kompetenzbegriff zeichnet sich dadurch aus, dass er nicht eindeutig zu definieren ist. Zugleich beschreibt er das erstrebte Resultat eines Bildungsprozesses. Die angeführten Schlüsselkompetenzen werden als Einzelkompetenzen gefasst und damit in Bruchstücke aufgeteilt, die wiederum eine beliebige Modularisierung ermöglichen.

Die Ausrichtung auf Schlüsselkompetenzen wird verbunden mit einem formal an sozialen wie wirtschaftlichen Gesichtspunkten orientierten Bildungsverständnis:

> „Bildung mit ihrer doppelten – sowohl sozialen als auch wirtschaftlichen – Rolle spielt eine entscheidende Rolle bei der Gewährleistung, dass die Bürger Europas die Schlüsselkompetenzen erwerben, die sie benötigen, um sich diesen Veränderungen (bedingt durch die Globalisierung) flexibel anzupassen." (Ebd., 13)

Bildungsbenachteiligten Gruppen soll Gleichberechtigung und Zugang zu Bildung ermöglicht werden. Die Bedeutung „lebensbegleitendes Lernen" wird unterstrichen, denn Erwachsenen soll ermöglicht werden, „ihre Schlüsselkompetenzen im Rahmen eines kohärenten und umfassenden lebensbegleitenden Lernangebots weiterzuentwickeln und zu aktualisieren" (ebd., 11).

Die Fixierung von Bildung auf bestimmte als relevant angesehene und festgelegte Handlungsbefähigungsmuster bedeutet eine starke Einengung auf gesellschaftlich erwünschtes Verhalten.

Betrachtet man die Definition zur Schlüsselkompetenz „Soziale Kompetenz und Bürgerkompetenz" näher, so lassen sich einige Aspekte finden, die eine Nähe zu Religion bzw. Religiosität haben. Als Herzstück sozialer Kompetenz wird die Fähigkeit angesehen, „konstruktiv in unterschiedlichen Umgebungen zu kommunizieren, Toleranz aufzubringen, unterschiedliche Standpunkte auszudrücken und zu verstehen, zu verhandeln und dabei Vertrauen aufzubauen sowie Empathie zu empfinden" (ebd., 17).

In der Erläuterung zu „Bürgerkompetenz" wird betont, dass das „Verstehen der Unterschiede zwischen Wertesysteme unterschiedlicher Religionen oder ethnischer Gruppen" (ebd. 17) den Grundstein für eine positive Einstellung im Blick auf die Achtung der Menschenrechte und von Gleichheit als Grundlage für Demokratie legen kann. Das Streben nach Bürgerkompetenz beinhaltet auch „ein Bewusstsein der Ziele, Werte und politischen Konzepte gesellschaftlicher und politischer Bewegungen" zu entwickeln (ebd.).

Empfehlung zur Einrichtung des Europäischen Qualifikationsrahmens für lebenslanges Lernen (EQR) (2008) (EU 11)

Um die beiden zentralen europäischen Ziele Freizügigkeit und Mobilität von Lernenden in Europa zu fördern, wurde vom Europäischen Parlament und vom Europäischen Rat die Empfehlung „zur Einrichtung des Europäischen Qualifikationsrahmen für lebenslanges Lernen" (EQR) verabschiedet (Europäisches Parlament und Europäischer Rat 2008). Der EQR soll die Qualifikationssysteme der verschiedenen Länder miteinander verknüpfen und als Übersetzungsinstrument fungieren, um Qualifikationen über Länder- und Systemgrenzen in Europa hinaus verständlicher zu machen. Zwei Kernziele werden durch den EQR verfolgt: die Förderung der grenzüberschreitenden Mobilität von Bürgerinnen und Bürgern und die Unterstützung von Maßnahmen des lebenslangen Lernens.

Die Empfehlung besteht aus einer Zusammenstellung von 16 Gründen, die für die Einrichtung eines EQR sprechen, sechs Empfehlungen an die Mitgliedstaaten und eine Bestätigung (Billigung) des weiteren Vorgehens der Europäischen Kommission. Drei Anhänge ergänzen die Empfehlung: (1) Begriffsbestimmungen; (2) Deskriptoren zur Beschreibung der (acht) Niveaus des EQR; (3) Gemeinsame Grundsätze für die Qualitätssicherung in der Hochschul- und Berufsbildung im Kontext des EQR.

Die Zusammenstellung von 16 Gründen liefert inhaltliche und strukturelle Argumente, die darauf hindeuten, dass die Empfehlung eines EQR konsequent aus der bisherigen Entwicklung der europäischen Bildungspolitik und dort vereinbarten Zielsetzungen erfolgt. Inhaltlich programmatisch lautet die Argumentation wie folgt:

> „(1) Individuelle Entwicklung, Wettbewerbsfähigkeit, Beschäftigung und der soziale Zusammenhalt in der Gemeinschaft hängen entscheidend vom Ausbau und von der Anerkennung der Kenntnisse, Fertigkeiten und Kompetenzen der Bürger ab. Der Ausbau und die Anerkennung sollten die transnationale Mobilität von Beschäftigten und Lernenden erleichtern und dazu beitragen, dass den Anforderungen von Angebot und Nachfrage des europäischen Arbeitsmarkts entsprochen wird. Deshalb sollten der Zugang zum und die Teilnahme am lebenslangen Lernen für alle – auch für benachteiligte Menschen – und die Nutzung von Qualifikationen auf nationaler und auf Gemeinschaftsebene gefördert und verbessert werden." (Europäisches Parlament und Europäischer Rat 2008, 1)

Die Argumentation lässt sich so zusammenfassen: Bildung und Ausbildung haben eine zentrale Funktion sowohl für die individuelle Entwicklung und den sozialen Zusammenhalt, insbesondere jedoch für Wettbewerbsfähigkeit und Beschäftigung. Wenn nun Kenntnisse, Fertigkeiten und Kompetenzen der Bürger/innen ausgebaut und anerkannt werden, könnte dies die transnationale Mobilität erleichtern. Dies würde den Anforderungen von Angebot und Nachfrage des europäischen Arbeitsmarktes entsprechen. Deshalb sollten der Zugang und die Teilnahme am lebenslangen Lernen für alle wie auch die Nutzung von Qualifikationen national und europäisch gefördert und verbessert werden.

Dieser Argumentation folgt nun unter Bezug auf Ereignisse und Dokumente eine Reihe von strukturellen Gründen, die nachfolgend auch deshalb stichpunktartig vorgestellt werden, weil sie Bausteine einer Europäisierung von Bildung repräsentieren:

– Größere Transparenz der Beschäftigungsnachweise und die engere Zusammenarbeit im Universitätsbereich als auch die Verbesserung der Transparenz und Methoden zur gegenseitigen Anerkennung von Berufsbildungssystemen (Europäischer Rat in Lissabon 2000 und in Barcelona 2002).

– Rahmen für die Anerkennung von Qualifikationen im Bereich der allgemeinen und beruflichen Bildung (Entschließung vom 27. Juni 2002 zum lebenslangen Lernen von Rat und Kommission).

– Notwendigkeit der Entwicklung eines EQR (Gemeinsame Berichte des Rates und der Kommission zur Umsetzung des Arbeitsprogramms „Allgemeine und berufliche Bildung 2010" von 2004 und 2006).

– Entwicklung eines offenen und flexiblen Qualifikationsrahmens (Schlussfolgerungen des Rates im Kontext des Kopenhagen-Prozesses vom 15.11.2004 über die künftigen Prioritäten der Zusammenarbeit bei der beruflichen Bildung).

– Validierung nicht-formalen und informellen Lernens (Schlussfolgerungen des Rates vom 28. Mai 2004).

- Bedeutung der Verabschiedung eines EQR (Europäische Rat bei seinen Treffen im März 2005 und im März 2006).
- Einheitliches gemeinschaftliches Rahmenkonzept zur Förderung der Transparenz bei Qualifikationen und Kompetenzen und Empfehlung zu Schlüsselkompetenzen für lebenslanges Lernen (Entscheidung des Europäischen Parlaments EP und des EP gemeinsam mit dem Rat).
- Im Einklang mit dem Rahmen für den Europäischen Hochschulraum und die Zyklus-Deskriptoren im Rahmen des Bologna-Prozesses (im Mai 2005 in Bergen vereinbart).
- Die Umsetzung des EQR soll sich auf die Grundsätze für die Qualitäts-sicherung stützen und auf die verstärkte europäische Zusammenarbeit zur Qualitätssicherung in der Hochschulbildung sowie den Normen und Richtlinien für die Qualitätssicherung im Europäischen Hochschulraum (Schlussfolgerungen des Rates vom Mai 2004, Empfehlung des EP und des Rates vom Februar 2006 und Mai 2005).
- Richtlinie (2005/36/EG) des EP und des Rates über die Anerkennung der Berufsqualifikationen bleibt durch die Empfehlung unberührt.

In der Zusammenstellung der Gründe finden sich auch weitere Zielbeschreibungen und Argumente, wenn es in Pkt. 12 heißt:

„(12) Diese Empfehlung verfolgt das Ziel, einen gemeinsamen Referenzrahmen als Übersetzungsinstrument zwischen verschiedenen Qualifikationssystemen und deren Niveaus zu schaffen, und zwar sowohl für die allgemeine als auch für die berufliche Bildung." (Europäisches Parlament und Europäischer Rat 2008, 2)

Die Ziele, die durch den EQR gefördert werden sollen, sind anspruchsvoll:

„Diese Empfehlung sollte der Modernisierung des Bildungs- und Ausbildungssystems, der Kopplung zwischen Bildung, Ausbildung und Beschäftigung sowie der Brückenbildung zwischen formalem, nicht formalem und informellem Lernen dienen und auch zur Validierung von durch Erfahrungen erlangten Lernergebnissen beitragen." (Ebd., 7)

Eine weitere Begründung für das Agieren der EU wird darin gesehen, dass das Ziel, einen gemeinsamen Referenzrahmen als Übersetzungsinstrument zwischen verschiedenen Qualifikationssystemen und deren Niveaus zu schaffen, „wegen des Umfangs und der Wirkungen der Maßnahmen" (ebd. 2) besser auf Gemeinschaftsebene verwirklicht werden kann.

Das Dokument trat im April 2008 in Kraft. Den Ländern wurde empfohlen, bis 2010 ihre nationalen Qualifikationssysteme mit dem EQR zu verknüpfen. Bis 2012 soll dann sichergestellt sein, dass individuelle Qualifikationsbescheinigungen einen Verweis auf das zutreffende EQR-Niveau enthalten. Als Instrument zur Förderung des lebenslangen Lernens umfasst der EQR sämtliche Qualifikationsniveaus der allgemeinen, der berufli-chen und der akademischen Aus- und Weiterbildung. Durch dieses System, das in allen europäischen Ländern auf denselben Vergabeprinzipien beruht, sollen Kompetenzen und Bildungsabschlüsse international besser vergleichbar gemacht werden. Der EQR besteht aus acht Referenzniveaus, die die gesamte Bandbreite der Qualifikationen umfassen. Sie reichen von grundlegenden Niveaus (Niveau 1, z.B. Schulabschluss) bis zu fortgeschrittenen Niveaus (Niveau 8, z.B. Promotion).

Weil die europäischen Systeme allgemeiner und beruflicher Bildung so verschieden sind, richtet sich der EQR an den Lernergebnissen aus, um eine Vergleichbarkeit sowie eine Zusammenarbeit von Ländern und entsprechenden Einrichtungen zu ermöglichen. Lernergebnisse wiederum werden in drei Kategorien eingeteilt, in Kenntnisse, Fähigkeiten und Kompetenz. In den Begriffsbestimmungen, die der Empfehlung angehängt sind, wird unter Kompetenz verstanden,

> „die nachgewiesene Fähigkeit, Kenntnisse, Fertigkeiten sowie persönliche, soziale und methodische Fähigkeiten in Arbeits- oder Lernsituationen und für die berufliche und/oder persönliche Entwicklung zu nutzen. Im Europäischen Qualifikationsrahmen wird Kompetenz im Sinne der Übernahme von Verantwortung und Selbstständigkeit beschrieben." (Ebd., 11)

Jedes der acht Niveaus wird durch eine Reihe von Deskriptoren definiert. Sie beschreiben Lernergebnisse, die für die Erlangung der diesem Niveau entsprechenden Qualifikationen in allen Qualifikationssystemen erforderlich sind. Definiert werden Kenntnisse, Fertigkeiten und Kompetenz.

Zur Umsetzung in Deutschland

In den meisten EU-Mitgliedstaaten wurde damit begonnen, einen eigenen Nationalen Qualifikationsrahmen mit Bezug zum EQR zu entwickeln. Im Februar 2009 hat der „Arbeitskreis Deutscher Qualifikationsrahmen" einen „Diskussionsvorschlag eines Deutschen Qualifikationsrahmens für lebenslanges Lernen" (DQR) vorgelegt,[145] der zahlreiche Rückmeldungen aus unterschiedlichen Interessengruppen erhielt und in einer überarbeiteten Fassung am 22. März 2011 vom Arbeitskreis Deutscher Qualifikationsrahmen verabschiedet wurde (Arbeitskreis Deutscher Qualifikationsrahmen 2011). Als nationale Umsetzung des EQR berücksichtigt der DQR die Besonderheiten des deutschen Bildungssystems und soll zu einer angemessenen Bewertung und Vergleichbarkeit in Deutschland erworbener Qualifikationen in Europa beitragen. In dem Vorschlag werden Deskriptoren für acht Niveaustufen eingeführt unter Aufnahme der Kompetenzkategorien „Fachkompetenz" und „personale Kompetenz".

---

145 Die Initiative dazu ging im Oktober 2006 vom Bundesministerium für Bildung und Forschung (BMBF) und der Kultusministerkonferenz (KMK) aus. Sie haben eine „Bund-Länder-Koordinierungsgruppe Deutscher Qualifikationsrahmen" eingesetzt, die gemeinsam mit anderen Akteuren aus der allgemeinen Bildung, der Hochschulbildung, der beruflichen Bildung, Sozialpartner/innen und Expert/innen aus Wissenschaft und Praxis den „Arbeitskreis Deutscher Qualifikationsrahmen" bildet. Text unter www.deutscherqualifikationsrahmen.de.

Abb. 4: Einheitliche Struktur für die Beschreibung der acht Niveaustufen des DQR

Niveauindikator			
Anforderungsstruktur			
Fachkompetenz		Personale Kompetenz	
Wissen	Fertigkeiten	Sozialkompetenz	Selbstständigkeit
Tiefe und Breite	Instrumentale und systemische Fertigkeiten, Beurteilungsfähigkeit	Team-/Führungsfähigkeit, Mitgestaltung und Kommunikation	Eigenständigkeit/ Verantwortung, Reflexivität und Lernkompetenz

Quelle: Deutscher Qualifikationsrahmen für lebenslanges Lernen, verabschiedet vom „Arbeitskreis Deutscher Qualifikationsrahmen", am 22. März 2011, 5.

Kompetenz wird im DQR beschrieben als

> „die Fähigkeit und Bereitschaft des Einzelnen, Kenntnisse und Fertigkeiten sowie persönliche, soziale und methodische Fähigkeiten zu nutzen und sich durchdacht sowie individuell und sozial verantwortlich zu verhalten. Kompetenz wird in diesem Sinne als umfassende Handlungskompetenz verstanden." (Ebd., 16)

Individuelle Eigenschaften, aber auch normative und ethische Aspekte der Persönlichkeitsbildung und Persönlichkeitsmerkmale wie interkulturelle Kompetenz, gelebte Toleranz und demokratische Verhaltensweisen haben zunächst keine Aufnahme in die DQR Matrix gefunden. Der Entwurf des DQR beschränkte sich darauf, Qualifikationen und nicht-individuelle Lern- und Berufsbiografien abzubilden. Nach deutlichen Protesten u.a. aus dem Kreis der für Berufsbildung zuständigen Dozenten an den Religionspädagogischen Instituten, wurde der Text modifiziert.

Religionspädagogisch begründeter Einspruch
In der Diskussion des Entwurfs wurde u.a. von religionspädagogischen Organisationen der Sorge Ausdruck verliehen, „dass die Aufgaben des Bildungssystems immer stärker und mittlerweile fast exklusiv von den Bedürfnissen des Beschäftigungssystems her definiert werden" (Deutscher Katecheten-Verein 2009), und dafür plädiert, die ethische und speziell auch die berufsethische Dimension des Handelns stärker in die Überlegungen einzubeziehen. In einem „Zwischenruf" forderten die Dozentinnen und Dozenten für berufliche Bildung der Religionspädagogischen Institute der Ev. Landeskirchen in Deutschland und der EKD, religiöse, ethische und interkulturelle Kompetenzen in die Überlegungen einzubeziehen, da sie „unverzichtbar (seien) und nicht dem privaten Interesse Einzelner überlassen werden" sollten (Dozenten und Dozentinnen für berufl. Bildung der Religionspädagogischen Institute der Ev. Landeskirchen in Deutschland und der EKD, o.J.).

Diese Stellungnahmen unterstreichen beispielhaft, dass die Forderung nach einem breiter angelegten Bildungsverständnis und entsprechenden Korrektur des Kompetenzbegriffs im gemeinsamen Interesse von Religionslehrerverbänden, Kirchen und Gewerkschaften liegt.

Auch in der weiteren Debatte um den DQR konnte diese Position eingebracht werden. Dies führte schließlich zur Aufnahme eines umfassenden Bildungsverständnisses in den DQR:

> „Dem DQR liegt entsprechend dem deutschen Bildungsverständnis ein weiter Bildungsbegriff zugrunde, auch wenn sich der DQR wie der EQR ausdrücklich nur auf ausgewählte Merkmale konzentriert. Gleichwohl sind beispielsweise Zuverlässigkeit, Genauigkeit, Ausdauer und Aufmerksamkeit, aber auch interkulturelle und interreligiöse Kompetenz, gelebte Toleranz und demokratische Verhaltensweisen sowie normative, ethische und religiöse Reflexivität konstitutiv für die Entwicklung von Handlungskompetenz."
> (Arbeitskreis Deutscher Qualifikationsrahmen 2011, 4)

Nach der Analyse von Dokumenten, die den übergreifenden Rahmen für eine Europäisierung von Bildung im Bereich allgemeiner und beruflicher Bildung bilden, und zentralen Dokumenten im Diskurs um lebenslanges Lernen, soll es nun um eine spezifische Herausforderung für die europäischen Bildungs- und Ausbildungssysteme gehen: um Mobilität und Migration. Dazu hat die Europäische Kommission jüngst zwei Grünbücher vorgelegt.[146] Die beiden Dokumente, die analysiert werden, beschäftigen sich mit dem Zusammenhang von „Migration & Mobilität" sowie mit Fragen der Förderung von Mobilität junger Menschen.

4.2.3.3 Texte zu Migration und Mobilität

Grünbuch Migration & Mobilität: Chancen und Herausforderungen für die EU-Bildungssysteme (2008) (EU 14)

Mit diesem Dokument (Europäische Kommission 2008) thematisiert die Kommission ein zentrales Problem der Bildungssysteme: die hohe Zahl von Schülerinnen und Schülern mit Migrationshintergrund, die sich in einer schwachen sozioökonomischen Position befinden.

Die Herausforderung wird darin gesehen, ob die Bildungssysteme damit verbundene Probleme adäquat aufnehmen können oder ob sie daran scheitern. Einführend wird auf einen bereits 1994 veröffentlichten Bericht der Kommission verwiesen, in dem die Risiken genannt werden, die bestehen, wenn die Bildungchancen von Migrantenkindern nicht verbessert werden. Gravierende soziale Auswirkungen sind zu erwarten: „Vertiefung sozialer Gräben über Generationen hinweg, kulturelle Segregation, Ausgrenzung von Gemeinschaften und interethnische Konflikte. Das Potenzial hierfür ist weiterhin vorhanden." (Europäische Kommission 2008b, 3)

Thematisiert wird der Erlass 77/486/EWG von 1977 als früher Versuch der EU, die Mitgliedstaaten auf die Frage der schulischen Betreuung der Kinder von Migrantinnen und Migranten hinzuweisen. In dem Erlass werden die Mitgliedstaaten aufgefordert, den Kindern einen kostenlosen Unterricht anzubieten, und sie sowohl in der

---

146 Ein Grünbuch ist ein politisches Dokument, in dem eine spezifische Problemlage zusammengefasst wird und das i.d.R. Grundlage einer eine Konsultation ist, durch die Beiträge und Anregungen zur „Lösung" der dargelegten Probleme zusammengetragen werden sollen und zugleich ein Bewusstseinsbildungsprozess initiiert wird.

„Amtssprache des Aufnahmestaates" als auch „in der Muttersprache und der heimatlichen Landeskunde" zu fördern. Deutlich wird in der Wortwahl des Erlasses, dass 1977 noch von einem vorübergehenden Aufenthalt der Migrantinnen und Migranten ausgegangen wurde. Ist dieser Erlass 2008 noch zeitgemäß? Das ist eine der Fragen für die öffentliche Konsultation zum Grünbuch gewesen.

Das Bildungsverständnis im Text entspricht dem, was bereits in anderen vorgestellten Dokumenten zu finden ist. Bildung wird als „Schlüssel dafür (angesehen), dass diese Schüler zu integrierten, erfolgreichen und produktiven Bürgern des Aufnahmelandes heranwachsen können" (ebd., 3).

Folgende Punkte werden herausgestellt: Bildungspolitische Herausforderungen sind eng mit der Wahrung des sozialen Zusammenhalts verbunden, Migration kann potenziell bereichernd für die Schule sein, interkulturelle Kompetenz ist wichtig als Grundlage für einen toleranten und respektvollen Dialog.

Die Motivation und die Aufgabe, denen das Grünbuch gewidmet ist, werden so formuliert:

> „Das Grünbuch gibt (…) einen Rahmen vor, um das ganze Bündel von Herausforderungen in Zusammenhang mit der schulischen Bildung von Migrantenkindern zu prüfen; interessierte Kreise werden aufgefordert, ihre Vorstellungen darüber zu äußern, wie die EU künftig die Mitgliedstaaten bei der Formulierung ihrer Bildungspolitik in diesem Bereich unterstützen könnte und wie ein künftiger Prozess des Austausches und gegenseitigen Lernens gestaltet werden könnte und welche Themen abgedeckt werden sollten." (Ebd., 4)

Die Kompetenz der EU wird unterstrichen, die Mitgliedstaaten bildungspolitisch zu unterstützen und Prozesse des Austausches und gegenseitigen Lernens zu fördern.

Im zweiten Teil des Grünbuches wird die Problemdarstellung durch empirische Befunde der PIRLS-Studie und der PISA-Erhebungen der OECD unterfüttert.[147] Teil drei benennt Gründe für die Bildungsbenachteiligung von Kindern mit Migrationshintergrund und in Teil vier werden die bislang erfolgten Programme und Maßnahmen der EU vorgestellt. Darin wird auf die Empfehlung des Europäischen Parlaments und des Rates über „Schlüsselkompetenzen für lebenslanges Lernen" verwiesen und angeregt, dass die Schlüsselkompetenzen „soziale Kompetenz" und „Kulturbewusstsein und kulturelle Ausdrucksfähigkeit" im Kontext des hohen Anteils von Migrant/innen in der Schülerschaft besonders relevant sind. Sie können „als Rahmen für die Entwicklung nationaler Bildungskonzepte herangezogen werden" (S. 15).

Teil fünf beinhaltet den Vorschlag für eine Konsultation, bei der gefragt wird nach den wichtigsten politischen Herausforderungen, nach geeigneten politischen

---

147 Die Lesestudie PIRLS (*Progress in International Reading Literacy*) dient der standardisierten Messung von Schülerleistungen im Abstand von 5 Jahren. Das deutsche Akronym dafür lautet IGLU = Internationale Grundschul-Lese-Untersuchung. PISA (*Programme für International Student Assessment*) sind von der OECD durchgeführte Schulleistungsuntersuchungen, die seit 2000 regelmäßig im dreijährigen Turnus in den meisten Mitgliedstaaten der OECD und zunehmend darüber hinaus durchgeführt werden.

Antworten, der gewünschten Rolle der EU und schließlich nach dem Stellenwert der Richtlinie 77/486/EWG.

Religion wird in dem vorliegenden Dokument nicht thematisiert und auch bei den Ausführungen zu Kenntnissen über „die eigene Kultur" und über die „Kultur der anderen" sowie zu interkulturellem Lernen kommt Religion nicht vor. Der Text ist in dieser Hinsicht ein Beispiel für die „Religionsabstinenz" der Europäischen Union.

Im Rahmen der sechsmonatigen Konsultation wurden 101 Beiträge eingereicht, verfasst von einer großen Bandbreite an Institutionen. Dazu gehören nationale staatliche Institutionen (aus 19 Staaten), europäische Institutionen (Komitee der Regionen, Europäisches Parlament, Wirtschafts- und Sozialausschuss), Organisationen und Vereinigungen, regionale und lokale Einrichtungen, kirchliche Stellen, NRO, politische Parteien und Universitäten.

Ergebnisse der Konsultation liegen in einem zusammenfassenden Arbeitsbericht der Kommission vor (Commission of the European Communities 2009). Nach der Konsultation nahmen die EU-Bildungsminister im November 2009 eine Reihe von Schlussfolgerungen an, in denen Prioritäten zukünftiger Arbeit für die nationale und europäische Ebene formuliert sind.

Diskussion

Zur Diskussion des Grünbuches werden Stellungnahmen der EKD und von CCME, die in Kooperation mit anderen europäischen Netzwerken erstellt wurde, herangezogen. Es sind Beispiele, wie Dialogangebote von Seiten der Europäischen Union von Religionsgemeinschaften angenommen werden.

In der Stellungnahme der EKD, verfasst vom Büro in Brüssel (EKD, Büro Brüssel 2009b), wird auf die Notwendigkeit eines *policy mix* zur Lösung der Probleme hingewiesen. Damit ist gemeint, dass Fragen von Migration und Mobilität komplementär auf nationaler und auf europäischer Ebene zu bearbeiten seien. Zugleich wird betont, dass die eigenen Bildungseinrichtungen so gestaltet werden sollen, „dass von ihnen Impulse für das gesamte Bildungssystem ausgehen" (ebd., 2).

Als politische Antwort auf die Herausforderungen wird die Schlüsselstellung der Bildungspolitik für gelingende Integration betont:

> „Dies betrifft sowohl für die soziale Durchlässigkeit innerhalb einer Gesellschaft als auch für ihre Aufnahmefähigkeit gegenüber Fremden zu. In einer sich zunehmend pluralisierenden Gesellschaft gehört Bildung zu den wesentlichen zentripetalen oder Kohäsionskräften. In einer zunehmend auf Wissen und Kommunikation ausgerichteten Wirtschaft ist sie eine Grundvoraussetzung für nachhaltiges Wachstum der Volkswirtschaft und gesellschaftlichen (*sic!*) Partizipation der Individuen. Bildung ist daher nicht auf grundständige Bildung oder Bildung bis zum tertiären Abschluss zu beschränken, sondern als lebenslanger Prozess zu begreifen, der in jeder Stufe der Unterstützung durch Institutionen und Strukturen bedarf. Im ganzen Leben zu lernen, stärkt die Mündigkeit." (EKD, Büro Brüssel 2009b, 4)

Im Blick auf die Verständigung über den Bildungsbegriff wird aus protestantischer Sicht dem „bloßen Verfügungswissen" das „Orientierungswissen" als Frage nach den Zielen von Wissen und Lernen hinzugefügt. Als Merkmal dieses „integrativen Bildungsverständnisses" gilt die Förderung von Werten und Fähigkeiten, „die nicht wirtschaftlich verrechenbar sind" (ebd., 4).

Religionsgemeinschaften werden als wesentlicher Faktor der „Identitätsbewahrung" angesehen. Die Bedeutung von Religion wird unterstrichen und es wird gefragt:

> „Stabilisieren Einwandererreligionen das Gefühl der ‚Fremdheit' oder lassen sie sich auf einen Akkulturationsprozess ein? Um dies zu ermöglichen, muss die Gesellschaft ihnen gegenüber auf Abwehrreflexe verzichten. Formen der Unterrichtung in der Religion, die in der inhaltlichen Verantwortung der Religionsgemeinschaften, aber in struktureller Kooperation mit den Bildungsträgern angeboten werden, helfen, die Bewahrung von Identität und die Eingliederung in die neue Kultur und ihre ggf. differierenden Wertordnungen zusammen zu bringen. Hinzu kommt, dass die Einwandererreligionen auch Brücken zwischen den verschiedenen Ethnien der Einwanderer schlagen können." (Ebd., 7)

Betont wird die Kooperation zwischen Religionsgemeinschaften und Bildungträgern, wenn es um religiöse Bildung geht (Unterrichtung in der Religion), die dazu verhelfen soll, zwischen differierenden Wertordnungen zu vermitteln und die Spannung zwischen „Identität und Eingliederung" bearbeiten zu können. Den „Einwandererreligionen" wird eine brückenbildende Funktion zugeschrieben.

Von Seiten der Kommission für die Arbeit mit Migranten in Europa CCME wurde eine Stellungnahme gemeinsam mit anderen religiösen Organisationen verfasst. Darin wird die Bedeutung der EU für die Aufgabe unterstrichen, die Bildungssysteme der zunehmenden Diversität in der Schülerschaft anzupassen. Die gleiche Behandlung von EU-Bürgerinnen und Bürgern und *third country nationals* wird gefordert. Die Notwendigkeit eines *policy mix* wird unterstrichen, der auf Seiten der EU Benchmarks beinhaltet, die den Fortschritt sozialer Inklusion messen und den Wert von Vielfalt ebenso unterstreichen soll wie interkulturelles Lernen.

Es sind solche konkreten „Problemstellungen", die vom Dialog zwischen Religionsgemeinschaften und den Einrichtungen der europäischen Institutionen profitieren können, wenn es um Lösungen und Perspektiven für davon betroffene Menschen geht.

Grünbuch Die Mobilität junger Menschen zu Lernzwecken fördern (2009) (EU 15)

Welche Zielsetzung wird mit dem Dokument der EU verfolgt? Dazu wird im Fazit zusammenfassend festgehalten:

> „Die Mobilität zu Lernzwecken – d.h. ein Auslandsaufenthalt mit dem Ziel, neue Fähigkeiten und Kompetenzen zu erwerben – ist eine der grundlegenden Möglichkeiten, mit denen Einzelpersonen und insbesondere junge Menschen ihre Chancen auf dem Arbeitsmarkt steigern und ihre persönliche Entwicklung voranbringen können. Studien bestätigen, dass die Mobilität zu Lernzwecken die Qualität des Humankapitals verbessert, da die Schüler und Studierenden Zugang zu neuem Wissen erhalten, ihre Sprachkenntnisse erweitern und interkulturelle Kompetenzen erlangen." (Kommission der Europäischen Gemeinschaften 2009, 2)

Es geht in dem Dokument nicht um Arbeitsmarktmobilität, sondern um Mobilität zu Lernzwecken. Es geht um die Frage,

> „wie die bestehenden und neuen Mechanismen und Instrumente zur Förderung der Mobilität junger Menschen stärker aktiviert und wie die verschiedenen Behördenebenen (europäisch, national, regional und lokal) zusammen mit anderen Stakeholdern (Unternehmen, Zivilgesellschaft, Privatpersonen) mobilisiert werden können." (Ebd., 4)

Auch wenn die EU bereits eine Reihe von Programmen und Hilfsmitteln zur Förderung der Mobilität entwickelt hat, so haben 2006 lediglich 0,3% der Alterskohorte der 16- bis 29-Jährigen in der EU von solchen Maßnahmen profitiert. Deshalb muss „eindeutig mehr unternommen werden" (ebd., 6).

Mit Mobilität wird eine Reihe von Zielsetzungen verbunden, die nachfolgend aufgelistet werden:

Tab. 21: Merkmale und Zielsetzungen einer „Mobilität zu Lernzwecken"

Mobilität zu Lernzwecken: Merkmale und Zielsetzungen
Verbessert die Qualität des Humankapitals;
hat bereits zur Öffnung der Systeme und Einrichtungen der allgemeinen und beruflichen Bildung beigetragen;
verbessert Europas Wettbewerbsfähigkeit durch den Aufbau einer wissensintensiven Gesellschaft;
leistet einen Beitrag zu den Zielen der Lissabon-Strategie für Wachstum und Beschäftigung;
ist Bestandteil erneuerter Anstrengungen, in Europa Fähigkeiten und Kompetenzen aufzubauen, um auf internationaler Ebene innovativ und wettbewerbsfähig zu sein;
kann dazu beitragen, das Risiko von Isolationismus, Protektionismus und Fremdenfeindlichkeit zu bekämpfen;
kann ein tieferes Verständnis für die europäische Identität und den europäischen Bürgersinn fördern;
erhöht die Verbreitung von Wissen, welches der Schlüssel zu Europas wissensgestützter Zukunft ist; soll fester Bestandteil der europäischen Identität und eine Chance sein, die allen jungen Menschen offensteht; wird als Teil einer „fünften Grundfreiheit" verstanden, die sich auf den freien Verkehr von Wissen bezieht und u.a. junge Menschen in dieser Richtung fördern will;
eine Priorität, um die gegenwärtige Rezession zu überwinden und die Schaffung neuer Arbeitsplätze anzukurbeln; fördert die grenzüberschreitende Mobilität auf gleicher Ebene ebenso wie die Vermittlung von Menschen in andere Bereiche: aus der Welt der Bildung in die Welt der Unternehmen und umgekehrt, aus Bildungseinrichtungen in Freiwilligenarbeit; von der Berufsbildung in die Wissenschaft, von öffentlichen Forschungseinrichtungen in Unternehmen;
fokussiert auf *physische Mobilität* bei gleichzeitiger Anerkennung des Wertes der *virtuellen Mobilität*; Konzentriert sich auf 16- bis 35-Jährige; Bewältigung der Globalisierung, Erhöhung der Wettbewerbsfähigkeit und die Stärkung des sozialen Zusammenhalts.

Quelle: Eigene Darstellung

Zur Struktur

Das Grünbuch ist in drei Abschnitte unterteilt. Im ersten Abschnitt wird auf die Fragen bezüglich der Vorbereitung der Mobilitätsphasen eingegangen, der zweite Abschnitt beschäftigt sich mit dem Auslandsaufenthalt und damit zusammenhängender Fragen und schließlich werden in einem dritten Abschnitt Vorschläge zu einer neuen Partnerschaft für die Mobilität junger Menschen vorgestellt.

In den verschiedenen Abschnitten sind jeweils bereits Fragen aufgenommen, die im Rahmen der öffentlichen Konsultation bearbeitet werden sollen.

Was trägt das Dokument zur Bearbeitung unserer Fragestellung bei?

Das Dokument ist ein Beispiel für die ökonomisch orientierte Perspektive der EU, die sich in der Beschreibung von Bildung und Ausbildung niederschlägt: Es wird von „Humankapital" (ebd. 2) gesprochen und dem Aufbau einer „wissensintensiven Gesellschaft", einem Beitrag zu den Zielen der „Lissabon-Strategie für Wachstum und Beschäftigung". Es geht um den Aufbau von Fähigkeiten und Kompetenzen, „um auf internationaler Ebene innovativ und wettbewerbsfähig zu sein".

Diese Perspektive dominiert, auch wenn ergänzend dazu als Ziele genannt werden: Zugang zu neuem Wissen, Sprachkenntnissen und interkulturellen Kompetenzen sowie die Förderung eines tieferen Verständnisses für europäische Identität und europäischen Bürgersinn.

Thematisiert werden Freiwilligentätigkeiten und nicht-formales Lernen. Sprachen und Kulturen werden angeführt, jedoch wird nur das Sprachenlernen betrachtet, Inhalte und Zielsetzungen interkultureller Kompetenzen finden sich im Text nicht.

Konsultation und Resonanz

Der Konsultationszeitraum betrug fünf Monate und mehr als 3.000 Antworten sind u.a. von staatlichen Stellen auf nationaler und regionaler Ebene sowie von anderen Stakeholdern eingegangen. In der Auswertung der Europäischen Kommission kommt in ihnen „der allgegenwärtige Wunsch zum Ausdruck, die Mobilität zu Lernzwecken nicht nur in allen Bereichen des Bildungssystems (…) sondern auch im Bereich des nichtformalen und informellen Lernens wie z.B. der Freiwilligendienste auszubauen" (Europäische Kommission 2010b, 4).

Die Kommission hat auf Grundlage der Ergebnisse der Konsultation einen Vorschlag für eine Empfehlung des Rates vorgelegt, die auch auf die in „Europa 2020" enthaltene Leitinitiative „Jugend in Bewegung" eingeht und Vorschläge zur Förderung der Mobilität junger Menschen zu Lernzwecken macht (Europäische Kommission 2010b).

Diskussion

Zur Diskussion des Dokumentes werden zwei Stellungnahmen herangezogen. Zum einen hat sich die EKD geäußert (EKD 2009a), zum anderen die Konferenz Europäischer Kirchen im Verbund mit einigen assoziierten Mitgliedern der Kommission Kirche und Gesellschaft sowie anderen Freiwilligenorganisationen (CSC et al. 2009).

EKD Stellungnahme zur Mobilität junger Menschen (2009)

Die EKD hat sich an dem mit dem Dokument angeregten Diskussionsprozess mit einer ausführlichen Stellungnahme beteiligt, die vom Bevollmächtigten des Rates der EKD bei der Bundesrepublik Deutschland und der Europäischen Union, Büro Brüssel, verantwortet wurde (EKD, Büro Brüssel 2009a).

Bildung wird darin als zentrales Thema und Anliegen der EKD bezeichnet, an die Anfänge der Bildungsbegriffsgeschichte in der Reformation erinnert und auf die Mitverantwortung im öffentlichen Bildungswesen hingewiesen.

Im Teil „Vorbemerkungen" wird die zunehmende ethnische und kulturell-religiöse Heterogenität als eine Erscheinungsform weltweiter Globalisierungsprozesse genannt, die es erfordere, das allgemeine Bildungsziel „einer jeden Persönlichkeitsentwicklung" zu verfolgen, „konstruktiv mit kultureller Vielfalt umgehen zu können".

Für die Argumentation in Anspruch genommen werden der „Strategische Rahmen für die europäische Zusammenarbeit auf dem Gebiet der allgemeinen und beruflichen Bildung" von 2009 (EU 12) und die beiden darin enthaltenen zentralen Ziele für die Weiterentwicklung der Bildungs- und Ausbildungssysteme: (1) die persönliche, soziale und berufliche Entwicklung aller Bürger und (2) nachhaltiger wirtschaftlicher Wohlstand und Beschäftigungsfähigkeit unter gleichzeitiger Förderung der demokratischen Werte, des sozialen Zusammenhalts, des aktiven Bürgersinns und des interkulturellen Dialogs.

In der Stellungnahme der EKD wird ein Widerspruch zwischen diesen Zielsetzungen und der im Grünbuch vorgenommenen vorrangigen Kopplung der Bedeutung der Mobilität zu Bildungszwecken an wirtschaftspolitische Ziele gesehen. Kritisiert wird auch ein Bildungsverständnis, das „an vielen Stellen zu eng auf das formale Bildungssystem (Lernen) bezogen" ist. Dem wird ein umfassendes Bildungsverständnis gegenübergestellt, das die EKD vertritt. Es wird dazu ausgeführt:

> „Bildung fragt nach der Substanz und den Zielen von Wissen und Lernen. Bildung hat den einzelnen Menschen als Person im Blick und verfolgt dessen Förderung und Entfaltung. Bildung bedeutet deshalb die Förderung von Selbstverantwortung, Handlungsfähigkeit und Mündigkeit eines Menschen. Sie zielt auf eine reflektierte Auseinandersetzung mit der Welt und verfolgt die Ausbildung sozialer und gesellschaftlicher Verantwortung. Dabei geht es auch um die Aneignung eines Wertebewusstseins. Ein solches Bewusstsein ist jedoch weniger er*lern*bar, sondern erwächst vielmehr aus eigenen Erfahrungen und Lebensdeutungen. Zeit, Raum, Freiheit und Geduld sind dafür nötig und auch Scheitern muss mit einbezogen werden." (EKD, Büro Brüssel 2009a, 4)

Bildung wird in der Stellungnahme der EKD mehrdimensional verstanden:

> „Bildung umfasst ethische, soziale, religiöse, ästhetische, geschichtliche und philosophische Bildung. Erziehungs- und Bildungsaufgaben erstrecken sich demnach sowohl auf den schulischen als auch auf den außerschulischen Bereich und vollziehen sich in informeller, nonformaler und formaler Bildung." (Ebd., 5)

Die EKD regt in ihrer Stellungnahme dazu an,

> „das dem Grünbuch zugrunde liegende Bildungsverständnis weiter zu fassen und neben dem Aspekt des formalen Lernens die Bedeutung der informellen und nonformalen Bildung hervorzuheben" (ebd., 5).

Das Beispiel dieser Stellungnahme zeigt, dass es aus der Sicht religiöser Organisationen darum geht, bestehende Konzepte von Bildung im Rahmen der EU kritisch aufzunehmen und ihnen Alternativen gegenüberzustellen, die im Dialog weiter ausdifferenziert werden müssten.

Stellungnahme der KEK und anderer Organisationen (CSC et al. 2009)

Das Grünbuch und seine Intention, zur erhöhten Mobilität junger Menschen beizutragen, werden in der gemeinsamen Stellungnahme der Kommission Kirche und Gesell= schaft der KEK, des EYCE, von WSCF-E und der AGDF begrüßt. Unter „Prinzipien" wird auf Menschenwürde und globale Solidarität verwiesen und die Chance, die in der Begegnung mit dem *unknown neighbour* liegt, auch Trennungen innerhalb Europas überwinden zu können. Bildung wird als universales und grundlegendes Menschenrecht verstanden, und das Recht auf Bildung wird gegen bestehende Bildungsungerechtigkeit betont.

Die Bedeutung des Zusammenspiels von formalem, nicht-formalem und informellem Lernen und einem entsprechendem Bildungsverständnis wird unterstrichen. Dazu findet sich im Text:

> „We understand education as more then (sic!) only prepare young people for the labour market. In our understanding, learning processes should encourage active citizenship, solidarity and personal development for everyone in our societies. Learning is also learning of values in favour of humanity." (Ebd., 3)

Unterstrichen wird die Bedeutung, die *ecumenical and inter-religious lifelong learning* für die eigene Arbeit hat. Folgender Aufruf ist Bestandteil der Stellungnahme:

> „We encourage our young learner to develop a critical view on their own tradition and the traditions of the other, and at the same time we encourage them to be aware of the rich heritage religious tradition brings to the individual and to the community. Value and faith education, coming along with non-formal exchanges in the ecumenical field, is crucial for young people to develop their own beliefs and values and the feeling of belonging." (Ebd., 4)

Im Teil „Vorschläge" wird die Bedeutung gleicher Zugänge für alle zu Mobilität unterstrichen und die zentrale Funktion interkultureller Fähigkeiten betont. Das Phänomen der „Europäisierung" wird aufgegriffen und dazu aufgefordert, insbesondere die horizontale Dimension dieses Prozesses zu stärken, indem die Mitgliedstaaten verstärkt die Kooperation mit NRO und religiösen Organisationen suchen sollen.

Zwei Aspekte der Stellungnahme sind zu unterstreichen. Einmal die Bedeutung der religiösen Tradition, sowohl der eigenen als auch der des Anderen, für Individuum wie für die Gemeinschaft gleichermaßen und die Betonung der Lernmöglichkeiten, die in ökumenischen Begegnungen geschehen, in denen junge Menschen ihren eigenen Glauben im Dialog mit anderen weiterentwickeln können.

4.2.4 Zusammenfassung

Während in der Analyse der Dokumente des Europarates ein explizites Verständnis von Religion und religiöser Bildung herausgearbeitet werden konnte, sind Äußerungen in Dokumenten der Europäischen Union zu Religion und zu religiöser Bildung kaum zu finden. Das bedeutet nicht, dass Religion keine Rolle spielt. Es gibt eine Wertschätzung von Religion und der Religionsgemeinschaften in grundlegenden Texten des Primärrechts, die schließlich in die Festlegung eines „transparenten, offenen und verstetigten Dialogs" mündet (Art. 17, TFEU). Ein eigenständiges europäisches Religionsrecht wird nicht angestrebt, bestätigt wird die Wahrung der nationalen Gegebenheiten im Blick auf das Verhältnis von Staat und Kirche.

In der Verstetigung des Dialogs der Institutionen der Europäischen Union mit den Religionsgemeinschaften, in der Auseinandersetzung um religiöse Bezüge in grundlegenden Texten der europäischen Integration wie der Charta der Grundrechte und dem Verfassungsentwurf, der schließlich in modifizierter Form als Lissabon-Vertrag verabschiedet wurde, dokumentiert sich ein positives Verhältnis zu Religion und zu den Religionsgemeinschaften.

Zugleich lassen sich in der Analyse der Dokumente europäischer Bildungspolitik deutlich Aspekte eines vielfältigen Prozesses einer Europäisierung von Bildung erkennen. Der mit dem Lissabon-Beschluss eingeleitete Paradigmenwechsel im Blick auf die Bedeutung von allgemeiner und beruflicher Bildung für die weitere Entwicklung der europäischen Integration hat zu einer Zunahme und Ausdifferenzierung von Initiativen geführt, die sich unter der übergreifenden Dimension des lebenslangen Lernens Fragen und Herausforderungen zuwenden, die für die Realisierung der drei Ziele *„Employability, Flexibility* und *Mobility"* Qualität und Effizienz der Bildungssysteme erhöhen wollen. Auch wenn die Förderung des „Humankapitals" im Zentrum steht, werden andere Bildungsziele im Blick auf sozialen Zusammenhalt, interkultureller Kompetenz und einem aktiven Bürgerverständnis propagiert und gefördert.

Mit den beiden Texten zu Migration und Mobilität dokumentiert sich zweierlei: Sie sind Beispiele dafür, dass zentrale Problemstellungen und Herausforderungen durchaus komplementär „europäisch" und „national" bearbeitet werden können und sollen, und dass es für europäische Bildungsinitiativen mehr als geraten erscheint, Prozesse der Konsultation und des Dialoges intensiv zu fördern, um in konstruktiver Weise und ggf. komplementär eine unterstützende und begleitende Funktion aus der Zivilgesellschaft und durch nationale Bildungspolitiken erreichen zu können.

Es gibt kein Bildungsdokument der Europäischen Union, in dem Religion oder religiöse Bildung thematisiert werden. Ist der Europarat an dieser Stelle „religiöser" orientiert als die Europäische Union?

Jedenfalls kann dazu kritisch angemerkt werden, dass es triftige Argumente dafür gibt, Bildung ohne Berücksichtigung von Religion als unvollständig anzusehen, da ein Modus des Weltverstehens unberücksichtigt bleibt. Diese Position kommt in anderen internationalen Zusammenhängen deutlich zum Ausdruck. So liegt z.B. der PISA-Studie

(OECD 2001) – im Gegensatz zur EU – ein Bildungsverständnis zugrunde, „das religiöse Bildung in einem Konzept Allgemeiner Bildung für unabdingbar hält. Religion gehört in die Schule, weil es die spezifische Form religiös-konstitutiver Rationalität bzw. – einfach ausgedrückt – weil es Religion gibt" (Fischer/Elsenbast 2006, 13).[148]

Wie lässt sich die Position der EU verstehen? Die Formulierung des Verhältnisses der Europäischen Union zu den Kirchen und Religionsgemeinschaften im Primärrecht geben einen Hinweis auf mögliche Ursachen des genannten Befundes. Es heißt dort: „Die Union achtet den Status, den Kirchen und religiöse Vereinigungen oder Gemeinschaften in den Mitgliedstaaten nach deren Rechtsvorschriften genießen und beeinträchtigen ihn nicht." (Art. 17, TFEU)

Es wird also kein einheitliches europäisches Religionsrecht angestrebt, Regelungen im Blick auf Religion und Staat verbleiben in nationaler Verantwortung und damit gibt es wohl keine Veranlassung, sich intensiv mit Religion zu befassen. Auch der Bildungsbereich ist ja ein Politikfeld, in dem die EU allenfalls eine *unterstützende Kompetenz* wahrnimmt, wenn auch etliche Entwicklungen die Tendenz einer vertikalen Europäisierung von Bildung verstärken. Das ist im Rahmen dieser Studie bereits deutlich geworden. Wenn nun Religion als „nationale Angelegenheit" verstanden wird und auch die Verantwortung für Inhalte und Struktur des Bildungswesens bei den Mitgliedstaaten liegt, so besteht offensichtlich keine Veranlassung, sich mit Religion zu beschäftigen, auch nicht im Zusammenhang mit Bildung.

Der Zugang zu Religion und den Religionsgemeinschaften auf Seiten der EU liegt in der Wertschätzung von Kirchen und Religionsgemeinschaften als wichtiger Teil der Zivilgesellschaft, der Belange der Bürgerinnen und Bürger vertritt und in ihrer Unterstützung insbesondere für diejenigen, die unter „Ausgrenzung und Diskriminierung" leiden (Weißbuch Europäisches Regieren 2001).

Es liegt deshalb nahe, im nächsten Abschnitt als Exkurs zunächst auf die Kirchen und Religionsgemeinschaften als Dialogpartner der europäischen Institutionen einzugehen und anhand einiger ausgewählter Dokumente den Beitrag von Kirchen zur europäischen Integration darzustellen. Die drei ausgewählten grundlegenden Dokumente werden auch daraufhin analysiert, ob Bildung thematisiert wird und ggf., welches Bildungsverständnis verwendet wird.

---

148 Ein substanziell gehaltvoller und konsistenter Begriff von Allgemeinbildung sollte unterschiedliche Weltzugänge und unterschiedliche Horizonte des Weltverstehens eröffnen. Die PISA-Studie nennt in diesem Zusammenhang „Orientierungswissen vermittelnde Begegnung mit kognitiver, moralisch-evaluativer, ästhetisch-expressiver und religiöse-konstitutiver Rationalität" (OECD 2001, 21) Für Jürgen Baumert (2002) besteht die Grundlage moderner Allgemeinbildung darin, dass sich in den unterschiedlichen Modi des Weltverstehens die latente Struktur eines Orientierungswissens abbildet. Religion und Philosophie befassen sich in diesem Zusammenhang mit „Probleme(n) konstitutiver Rationalität" (ebd., 113).

Exkurs:
Ausgewählte Dokumente europäischer kirchlicher Zusammenschlüsse

Einführung

Kirchliche Akteure: KEK, GEKE und COMECE

Die Konferenz Europäischer Kirchen (KEK) gründete sich 1959, wenige Jahre nach dem Ende des Zweiten Weltkrieges, mit der Zielsetzung, Brücken zu bauen zwischen West und Ost, den Kirchen und den Menschen. Heute arbeiten 125 Mitgliedskirchen und 40 assoziierte Organisationen im Rahmen der KEK zusammen. Ein wesentlicher Teil der Arbeit geschieht in drei Kommissionen: der Kommission für Dialog, der Kommission für Kirche und Gesellschaft (KKG) und in der Kirchlichen Kommission für die Arbeit mit Migranten (CCME). Büros der KEK gibt es in Genf, Brüssel (KKG) und in Straßburg (KKG). Die Kommission für Kirche und Gesellschaft entstand 1999 als Ergebnis der Integration der KEK mit der European Ecumenical Commission for Church and Society (EECCS).[149] Sie hat die Aufgabe, Kontakte zu den europäischen und internationalen Organisationen wahrzunehmen, insbesondere zu den Institutionen der Europäischen Union, dem Europarat, aber auch zur Organisation für Sicherheit und Zusammenarbeit in Europa (OSZE), zur NATO und zu den Vereinten Nationen. Entwicklungen in den Europäischen Institutionen werden aktiv begleitet durch Diskussionsbeiträge und Stellungnahmen im Auftrag der Mitgliedskirchen. Zugleich bildet die KKG auch ein Bindeglied zwischen den Aktivitäten der Mitgliedskirchen und europäischen Entwicklungen. Für verschiedene Themenbereiche etabliert die KKG Arbeits- oder Projektgruppen und kooperiert mit anderen ökumenischen Organisationen. 2011 wurde erstmals auch eine Arbeitsgruppe zu „Bildung" eingerichtet.[150]

Mit der Verabschiedung der „Leuenberger Konkordie" im Jahre 1973 wurde die 450-jährige Kirchenspaltung im Protestantismus in Europa endgültig überwunden. Zwischen den beteiligten lutherischen, reformierten und unierten Kirchen wird mit dem Dokument die Kirchengemeinschaft bei bleibender Bekenntnisverschiedenheit realisiert. Die Kirchen gewähren einander Gemeinschaft in Wort und Sakrament und streben eine möglichst große Gemeinsamkeit in Zeugnis und Dienst an der Welt an. Heute gehören 105 Kirchen der Gemeinschaft Evangelischer Kirchen in Europa (GEKE) – wie die Leuenberger Kirchengemeinschaft seit 2003 heißt – an. Zu den oben genannten protestantischen Konfessionen kamen die Waldenser, die Kirche der Böhmischen Brüder, die Hussiten und die Methodisten dazu. Schwerpunkt der Arbeit der GEKE sind Lehrgespräche und Theologische Studien. Mit einem Beschluss der 6. Vollversammlung in Budapest 2006 wurde eine Initiative begonnen, zu Fragen von

---

149 Eine der ersten Äußerungen zu Bildung und Europa stammt von EECCS, die sich im November 1998 zu der Mitteilung „Europa des Wissens", einer Mitteilung der Kommission vom 12. November 1997 geäußert hat (vgl. EECCS 1998).

150 Eine Revisionsgruppe der KEK, eingesetzt bei der 13. Vollversammlung 2009 in Lyon, hat im Januar 2012 einen Diskussionsvorschlag zu veränderten Strukturen und einem veränderten Mandat der KEK vorgelegt, das in den Mitgliedskirchen beraten wird und bei einer Sondervollversammlung im Sommer 2013 in Budapest verabschiedet werden soll.

Protestantismus, Bildung und Europa Positionen und Beteiligungsperspektiven für die GEKE am europäischen Bildungsdiskurs zu entwickeln.[151]

Als katholisches Pendant und Kooperationspartner der KEK fungiert die Kommission der Bischofskonferenzen der Europäischen Gemeinschaft, COMECE, die 1980 gegründet wurde. Sie setzt sich aus Bischöfen der katholischen Bischofskonferenzen aus dem Gebiet der Europäischen Union zusammen. Ihr ständiges Sekretariat hat seinen Sitz in Brüssel.

Nachfolgend werden nun drei zentrale Dokumente aus der Arbeit der KEK und der GEKE herangezogen, die im Rahmen der Arbeit einen wichtigen Stellenwert einnehmen. Als besonderer Aspekt soll betrachtet werden, inwieweit in diesen Texten Bildungsaspekte vorkommen und ob damit ein substanzieller Beitrag im Diskurs einer Europäisierung von Bildung vorgelegt wird.

Charta Oecumenica, Leitlinien für die wachsende Zusammenarbeit unter den Kirchen in Europa

Die Delegierten der Ökumenischen Versammlung in Graz 1997 formulierten theologische Botschaften und verbanden sie mit konkreten Handlungsempfehlungen, wie Versöhnung gelebt werden könne. Sie beschlossen den Prozess zur Erarbeitung einer *Charta Oecumenica – Leitlinien für die Zusammenarbeit der Kirchen in Europa –*, in der sich die Christen Europas zu einem gemeinsamen Zeugnis der versöhnenden Kraft Christi und zu einer glaubwürdigen Zusammenarbeit verpflichten. Dieses ökumenische Dokument wurde am 22. April 2001 in Straßburg feierlich unterzeichnet (Konferenz Europäischer Kirchen [KEK] und Rat der Europäischen Bischofskonferenzen [CCEE] 2001).

Die *Charta Oecumenica* enthält eine Beschreibung grundlegender ökumenischer Aufgaben und leitet daraus eine Reihe von Leitlinien und Verpflichtungen für die wachsende Zusammenarbeit unter den Kirchen in Europa ab. Ihre Funktion ist die einer Selbstverpflichtung der europäischen Kirchen und ökumenischen Organisationen.

Der Text besteht aus einem Vorspann und drei Kapiteln mit folgenden Überschriften:
I. Wir glauben „die eine, heilige, katholische und apostolische Kirche".
II. Auf dem Weg zur sichtbaren Gemeinschaft der Kirchen in Europa und
III. Unsere gemeinsame Verantwortung in Europa.
Insgesamt werden zwölf grundlegende ökumenische Aufgaben vorgestellt und dazu Leitlinien und Selbstverpflichtungen formuliert.
Der Text wird nun analysiert im Blick auf Aussagen zu Erziehung und Bildung sowie zur europäischen Integration.
Teil III. „Unsere gemeinsame Verantwortung in Europa" wird in folgenden Aufgaben entfaltet:

---

151 Im Rahmen einer Tagung im September 2011 zu „Bildung der Zukunft" an der Evangelischen Akademie in Tutzing wurden dazu erste Vorschläge entwickelt, die in den Gremien der GEKE weiter beraten werden.

- Europa mitgestalten
- Völker und Kulturen versöhnen
- die Schöpfung bewahren
- Gemeinschaft mit dem Judentum vertiefen
- Beziehungen zum Islam pflegen
- Begegnungen mit anderen Religionen und Weltanschauungen.

Die Verantwortung der Kirchen soll sich in der ökumenischen Mitgestaltung Europas konkretisieren mit einem besonderen Augenmerk auf die Versöhnung der Völker und Kulturen und der Bewahrung der Schöpfung. Damit wird Bezug genommen auf ein Gründungsmotiv der europäischen Integration. Die zweite Perspektive bezieht sich auf den Kontakt mit anderen Religionen und Weltanschauungen. Hier wird differenziert, indem im Blick auf das Judentum von einem Vertiefen der Gemeinschaft gesprochen wird, im Blick auf den Islam von einem Pflegen der Beziehungen und schließlich von Begegnungen mit anderen Religionen und Weltanschauungen.

Bildungsaspekte werden an zwei Stellen erwähnt. In Teil II der Erklärung findet sich als Verpflichtung, „ökumenische Offenheit und Zusammenarbeit in der christlichen Erziehung, in der theologischen Aus- und Fortbildung sowie auch in der Forschung zu fördern" *(*ebd., 7). Und in Teil III geht es in der gemeinsamen Verantwortung in Europa darum, „dass der christliche Glaube und die Nächstenliebe Hoffnung ausstrahlen für Moral und Ethik, für Bildung und Kultur, für Politik und Wirtschaft in Europa und in der ganzen Welt" (ebd., 9).

Mit dem ersten Zitat wird der Blick nach innen gerichtet, auf die eigenen Bereiche christlicher Bildungsverantwortung, auf christliche Erziehung und auf theologische Aus- und Fortbildung. Im zweiten Zitat geht es um die Auswirkungen des christlichen Glaubens, die allgemein auch in dem Bereich „Bildung und Kultur" spürbar sein sollen.

Kritisch bleibt anzumerken, dass für ein grundlegendes Dokument im Rahmen der wachsenden Zusammenarbeit unter den Kirchen in Europa Bildung weder als Thema noch als eigener Schwerpunkt aufgenommen wurde.

„Kirche und Bildung" im Bericht der Gemeinschaft Evangelischer Kirchen in Europa GEKE: „Kirche gestalten" (2007)

Die 6. Vollversammlung der GEKE hat bei ihrem Treffen in Budapest im September 2006 einen Beitrag der Regionalgruppe Süd-Ost-Mittel-Europa mit Dank entgegengenommen, der sich mit der Frage der Gestalt und der Gestaltung evangelischer Kirchen in einem sich verändernden Europa beschäftigt (Gemeinschaft Evangelischer Kirchen in Europa GEKE 2007b). Der umfangreiche Bericht (ca. 80 Seiten) enthält in Kapitel vier („Perspektiven und Konsequenzen") einen Abschnitt zu „Kirche und Bildung" (S. 134–137), der hier näher betrachtet werden soll.

Eine erste Aufgabe wird darin gesehen, sich darüber zu verständigen, welcher Art von „europäischer Bildung" es braucht, um die europäischen Transformationsprozesse gestalten zu können. Dabei spielen Kirchen eine wichtige Rolle: „Die europäische Dimension von Kirche wahrzunehmen, ist eine neue Aufgabe, die nach neuen

Fähigkeiten, nach neuer Bildung verlangt." (Ebd., 134) Die Kirchen sollen die „europäische Dimension" des Christentums für ihre Mitglieder erschließen helfen.

Bildung wird als Schlüsselwort der europäischen Integration verstanden, auch wenn nach Auffassung der Verfasser der Begriff bislang weder auf der Prioritätenliste der europäischen Institutionen noch auf der der Kirchen stehe. Dies wird als Defizit des europäisch-kirchlichen Integrationsprozesses konstatiert. Es heißt dazu:

> „Die Integration Europas wird scheitern, wenn es nicht gelingt, über die ökonomischen Perspektiven hinaus, die Grundfragen und -bedürfnisse der Menschen und der Gesellschaft(en) als Horizont und Motiv der Integration wahrzunehmen. Ansätze dazu (Wertediskussion, geistesgeschichtliche Traditionen Europas, Identität Europas, Ethik etc.) sind vorhanden. Ausgeblendet wird jedoch, wie die als gegeben vorausgesetzten Grundlagen produktiv in den Integrationsprozess aufgenommen werden können. Das ist das Thema der Bildung. Die europäische Integration ist im Wesentlichen ein Bildungsprozess, den es zu gestalten gilt." (Gemeinschaft Evangelischer Kirchen in Europa GEKE 2007b, 134–135)

Bildung soll dazu beitragen, die ökonomische Perspektive der Integration Europas zu erweitern. Zugleich wird sie als Brücke verstanden, Fragen und Bedürfnisse der Menschen im Prozess der Integration aktiv aufzunehmen. Die europäische Integration wird selbst als ein Bildungsprozess verstanden, in dem es darum geht, gemeinsame Werte, Vorstellungen einer europäischen Identität und ethische Orientierungen produktiv in den Integrationsprozess aufzunehmen. Bei der Gestaltung dieses Bildungsprozesses sind die Kirchen als Akteure gefragt.

Für die GEKE gehört zu den geforderten Bildungsprozessen notwendig die religiöse Bildung dazu:

> „Denn zum einen vermittelt Religion individuelles und kollektives Orientierungswissen. (…) Zum anderen braucht Religion selber Bildung, um das Zusammenleben der Religionen auf europäischer Ebene einüben zu können (religiöse Bildung als Selbstaufklärung und Fremdverstehen)." (Ebd., 135)

Die Unverzichtbarkeit religiöser Bildung stößt, so der Bericht, auf zwei Schwierigkeiten:

Zum einen darauf, dass religiöse Bildung als „Teil des europäischen Bildungskanons" umstritten ist, nicht zuletzt durch die Dominanz eines „aufgeklärten, säkularistischen Laizismus" im Westen und den Nachwirkungen der kommunistischen Tradition im Osten. Für die europäische Ebene wird ein Übergewicht der negativen Religionsfreiheit konstatiert:

> „Die weitgehend negativ bestimmte Religionsfreiheit lässt kaum Raum für ein positives Recht, das Religionsausübung nicht nur ermöglicht, sondern als konstitutiven Bestandteil europäischer Bildung fördert und fordert." (Ebd., 135)

Eine zweite Schwierigkeit wird bei den Kirchen selbst gesehen, wenn sie sich aufgrund demographischer Entwicklungen und ökonomischen Drucks auf ihr vermeintliches Kerngeschäft zurückzuziehen:

> „Kirchen, auch die evangelischen Kirchen, ziehen sich, entgegen ihrer eigenen theologisch begründeten und gewachsenen Bildungskompetenz, in Europa weitgehend aus der Bildungsverantwortung zurück." (Ebd., 135)

Wenn Glaube von Bildung abgekoppelt wird, dann fallen, so die Verfasser, auch weitergehende Bildungsprozesse auf europäischer Ebene aus. Wer jedoch an der Gestaltung europäischer Werte mitwirken will, oder gar beklagt, dass Traditionen, die diese Werte begründen, schwinden, wer Versöhnung als zentrale Aufgabe europäischer Integration erkannt hat, der brauche auch einen Bildungsrahmen, der Information vermittelt sowie Dialog und Verständigung fördert.

Es wird an die Bildungsverantwortung der Kirchen appelliert, und mit der Empfehlung 1202 des Europarates *on religious tolerance in a democratic society* (von 1993, vgl. 4.1.1.1) (ER 1) und der *Charta Oecumenica* werden ein politisches und ein ökumenisch-kirchliches Dokument zur Unterstützung der Forderung herangezogen. Eigene kirchliche Schulen werden als hilfreiche Instrumente in diesem Zusammenhang erwähnt.

In diesem Dokument der Protestantischen Kirchen Europas wird nicht nur begründet, warum Europa ein „Bildungsthema" ist, sondern auch, warum Bildung ein „Schlüsselthema" für Europa ist. Darüber hinaus wird kritisch angemerkt, dass die Kirchen den Zusammenhang von „Europa und Bildung" in ihrem Kontext noch nicht ausreichend wahrgenommen haben. In dem Bericht wird als Aufgabe gesehen, das in den Kirchen vorherrschende, am Menschen orientierte Bildungsverständnis so um eine europäische Perspektive zu erweitern, dass es anschlussfähig wird an europäische Bildungsdiskurse.

Mit Fragen kirchlicher europäischer Bildungsverantwortung wird sich die GEKE weiter beschäftigen. Die Vollversammlung in Budapest hat den Beschluss gefasst, das Thema „Protestantismus und Bildung" im europäischen Kontext weiter zu bearbeiten. Ziel des Projektes soll es sein „die Bildungspotenziale der evangelischen Kirchen bewusst zu machen, Glaubensbildung als Zukunftsweg der Kirchen zu beschreiben und den evangelischen Beitrag für eine zukünftige europäische Bildung zu skizzieren" (Gemeinschaft Evangelischer Kirchen in Europa GEKE 2007a, 311).[152]

Church & Society Commission: Policy paper. European Integration. A way forward? (2009)

Mit dem Stand der europäischen Integration, mit aktuellen Herausforderungen und Problemstellungen und mit der Frage nach der Beteiligung der KEK Mitgliedskirchen beschäftigt sich ein Dokument der Kommission Kirche und Gesellschaft der Konferenz Europäischer Kirchen KKG (Church & Society Commission of the Conference of European Churches 2009). Mit dem Text soll die Auseinandersetzung innerhalb der

---

152 Erste Schritte zur Konkretisierung eines evangelischen Beitrages im Rahmen einer Europäisierung von Bildung wurden bei einer Konsultation im September 2011 an der Evangelischen Akademie Tutzing diskutiert. Es bleibt abzuwarten, in welcher Weise die Vollversammlung der KEK 2012 in Florenz, eine vorgeschlagene Schwerpunktsetzung in diesem Bereich unterstützt. Allerdings setzt dies voraus, dass sich die GEKE selbst stärker als Teil einer europäischen Zivilgesellschaft versteht, die die europäische Bedeutung von Bildung auch in bildungspolitischen Aktivitäten wahrnimmt und aktiv mitgestaltet.

Mitgliedskirchen zu Themen und Problemstellungen der europäischen Integration befördert werden.

Der Text liegt in Englisch vor. Er enthält eine deutsche und eine französische Übersetzung der Leitlinie zum Dokument (ebd., 6–9) und eine kurzen Zusammenfassung (ebd., 12–15). Der 80-seitige Text ist von einer theologischen Argumentation geprägt und geht davon aus, dass innerhalb der Kirchen nicht nur die verschiedenen Aspekte der Integration diskutiert werden, sondern dass die Kirchen selbst „in vielerlei Hinsicht" (ebd., 7) Wesentliches zur europäischen Integration beitragen. Die fünf Kapitel des Textes deuten bereits die allgemeine Perspektive des Dokumentes an: Ausgangspunkt ist das Zusammenwachsen in Europa (Kap. 1) und die bisher gesammelten Erfahrungen mit dem Integrationsprozess (Kap. 2). Anschließend wird eine Vision der Kirchen zur Zukunft Europas vorgestellt (Kap. 3), die in eine Beschreibung der aktuellen Situation der europäischen Integration mündet (Kap. 4). Schließlich diskutiert das fünfte Kapitel die Kirchen als aktiven und besonderen Teil der Zivilgesellschaft.

Das Ziel des Dokuments wird in der Förderung von zwei Aspekten gesehen:

- „Durch ein Verständnis des Integrationsprozesses die Kirchen dazu befähigen, sich stärker in den europäischen Integrationsprozess einzubringen.
- Den Beitrag der Kirchen zur Europäischen Gemeinschaft zu diskutieren und damit besser zu verstehen." (Ebd., 13)

In der Kurzfassung wird unterstrichen, dass menschliche, ethische und spirituelle Werte ein untrennbarer Teil des Prozesses der europäischen Integration sind. Die Kirchen seien ein integraler Bestandteil der europäischen Gesellschaft und tragen aktiv zur Gestaltung des Gemeinwesens auf verschiedenen Ebenen bei (vgl. ebd., 12–13).

Diese Zuschreibung konkretisiert sich in den Bereichen, in denen kirchliche Aktivitäten stattfinden und ein Beitrag zur europäischen Integration geleistet wird. Die Kirchen fördern Gleichstellung und Vielfalt, unterstützen aktiv den Gemeinsinn und tragen damit zur Erneuerung der Zivilgesellschaft bei. Auch sind sie in Projekten sozialer Integration und in der Arbeit mit Migranten-Gemeinden aktiv. Der interreligiöse und der interkonfessionelle Dialog sind ihnen ebenso wichtig wie die Beschäftigung mit Herausforderungen des Klimawandels. Und schließlich bringen sich die Kirchen auch in den Dialog mit politischen Stellen ein (vgl. ebd., 13).

Wichtige Differenzierungen zum Verhältnis von Kultur und Religion finden sich im Dokument in Teil 1.5, in dem es um Kultur als Faktor des Integrationsprozesses geht (ebd., 32–35). In diesem Abschnitt wird ein Verständnis von Kultur vertreten, in dem, unter Bezugnahme auf den Theologen Paul Tillich, Religion ein unverzichtbarer Bestandteil ist (Tillich: „Kultur als Funktion des Lebens").

Dass an prominenter Stelle der langjährige EU-Kommissar für Bildung, Kultur und Jugend Ján Figel' zitiert wird, ist nicht zufällig, denn Figel' förderte in seiner Amtszeit (2004–2009) intensiv den Dialog mit den Religions- und Weltanschauungsgemeinschaften und hat stets den engen Zusammenhang von Kultur und Religion betont. Ein beeindruckendes Dokument seiner integrierenden Sicht bildet seine Rede bei der Dritten Europäischen Ökumenischen Versammlung in Sibiu (2007), die in dem KEK-Dokument zitiert wird. Figel' vertrat darin folgende Vorstellung von Europa:

> „Europe should be a synonym of openness, combining open mind and open heart. The former is about the rational approach, competence and competitiveness. The latter is about empathy, sympathy and solidarity with others. (…) We should never lose sight of these ultimate goals, because they give a sense of direction to our action, which is necessarily constrained by the pressing issues of the day. Unity needs a spiritual, value base." (Ebd., 3)

Die Forderung Figel's, dass die europäische Einheit eine spirituelle, werteorientierte Basis brauche, verdeutlicht seine Nähe zu kirchlichen Positionen. Und den Christen und Kirchen schreibt er eine bedeutende Rolle im Rahmen der europäischen Integration zu:

> „Christians – individually and collectively – have a very important role to play for the future of Europe: to foster citizenship, enhance democracy, develop responsibility for the preservation of mankind, nature and heritage, to protect the dignity of the human person, spread peace and the reconciliation of peoples and cultures – including the dialogue with the other large monotheistic religions." (Zit. ebd., 79)

Figel' benennt Themen, die einerseits zentrale Herausforderungen der europäischen Integration sind, andererseits das verkörpern, was Christinnen und Christen bei der Gestaltung der Gesellschaft, ob national oder europäisch, von ihrem Selbstverständnis her aktiv einbringen können und sollen.

Gewürdigt wird im KEK-Dokument das Weißbuch zum Interkulturellen Dialog des Europarates, insbesondere die Thematisierung der religiösen Dimension des interkulturellen Dialoges und die Würdigung der Religionsgemeinschaften als wichtige Dialogpartner (vgl. ebd. 33).

Die öffentliche Funktion von Religion und das Verhältnis zu säkularen Weltsichten werden diskutiert. Dazu heißt es:

> „Religions, in their social dimensions, are considered a part of civil society. (…) Religion cannot be pushed out of the public arena. (…) It is encouraging that European institutions are increasingly open to accepting culture and religion as constructive components, contributing to the integration process in Europe." (Ebd., 34)

Religionen sind insbesondere durch ihre sozialen Dimensionen Teil der Zivilgesellschaft. Hier stimmen KEK und die europäischen Institutionen überein. Veränderungen in der Wahrnehmung von Religion und einer Würdigung der konstruktiven Seiten von Religion durch die europäischen Institutionen werden begrüßt. In den zusammenfassenden Schlussfolgerungen werden drei zentrale Herausforderungen für die Zukunft des europäischen Projekts benannt, die auf Bildungsaktivitäten bezogen werden können. Es sind:

> – The future of the values debate, including the question of how European society will deal with various sorts of fundamentalism and populism;
> – The social and human face of the EU;
> – Dialogue between religions. (Ebd., 78)

Die erste Herausforderung lässt sich auf eine Werteerziehung als Teil religiöser Bildung beziehen, die zweite Herausforderung verlangt eine Erziehung zur Humanität, zu Respekt und Toleranz und schließlich beinhaltet die dritte Herausforderung die Notwendigkeit interreligiösen Lernens als Vorbereitung und Bestandteil eines Dialogs zwischen den Religionen.

Diskussion

In diesem Exkurs wurden drei zentrale Dokumente der kirchlichen Zusammenarbeit auf europäischer Ebene vorgestellt. Wenn wir die Dokumente im Blick auf die Frage nach Religion im Kontext einer Europäisierung von Bildung würdigen, so ist das Ergebnis im Blick auf Bildung eher ernüchternd. Bildung wird als Thema der europäischen Integration weitgehend vernachlässigt. Die *Charta Oecumenica* betont zwar die Notwendigkeit der Zusammenarbeit im Bereich christlicher Erziehung, beschränkt sich jedoch im Rahmen der Wahrnehmung gemeinsamer Verantwortung auf ein „Ausstrahlen" des christlichen Glaubens und der Nächstenliebe. Diese Ausstrahlung soll auch für Bildung und Kultur gelten.

Auch in dem ausführlichen Dokument der KKG zur europäischen Integration findet sich Bildung nicht als Bereich, der zu den Beiträgen der Kirchen zum europäischen Integrationsprozess gehört.

Am differenziertesten wird zum Zusammenhang von Bildung und Europa im GEKE-Bericht argumentiert. Darin werden die Kirchen aufgefordert, „die europäische Dimension von Kirche wahrzunehmen" und in diesem Rahmen auch Bildungsverantwortung in Europa zu übernehmen. Als kritischer Spiegel wird dazu die Empfehlung zur religiösen Toleranz des Europarates (ER 1) von 1993 angeführt, in der die Bedeutung von Religion für den Menschen unterstrichen wird und religiöse Bildung eingefordert wird. Aber auch bei den GEKE Äußerungen stellt sich die Frage, ob die Kirchen Prozesse einer Europäisierung von Bildung bereits ausreichend berücksichtigen und in diesem Feld als Akteure erkennbar sind.

4.3 Zusammenfassende Darstellung der Ergebnisse

Bei der Analyse der Dokumente von Europarat und Europäischer Union wurden zentrale Themen und Phänomene identifiziert, die in Verbindung mit Religion und Bildung gebracht werden können. Nachfolgend werden die wesentlichen Ergebnisse dieser Analyse zusammengestellt und interpretiert. Sie werden folgenden Themen und Zusammenhängen zugeordnet, die sich im Rahmen der Analyse ergeben haben und mit denen eine Reihe weiterer Fragen verbunden sind:

- *Perspektiven auf Religion und der Dialog mit den Religionsgemeinschaften.*
  Lassen sich Veränderungen in der konzeptionellen Wahrnehmung von Religion
  im untersuchten Zeitraum erkennen? Welche Entwicklung nimmt der Dialog der
  europäischen Institutionen mit den Religionsgemeinschaften?

- *Staat-Kirche-Verhältnis (Staat und Religion).* Das Verhältnis von Religion und Politik ist bestimmt von unterschiedlichen Staat-Kirche-Verhältnissen in Europa. Welches Verständnis prägt die europäischen Institutionen und wie wird die bestehende Vielfalt wahrgenommen und bewertet?
- Der Zusammenhang von *Gesellschaft und Religion* materialisiert sich in der Frage nach der Bedeutung von Religion im öffentlichen Raum und dem Stellenwert der Religionsgemeinschaften in der Zivilgesellschaft. Welche Rolle kann und soll Religion im gesellschaftlichen Zusammenhang spielen?
- *Bildung und Religion.* Die analysierten Dokumente weisen auf den zunehmend wichtiger werdenden Stellenwert von Bildung im Rahmen der europäischen Integration hin. Welche Implikationen hat das Streben nach mehr Qualität und Wirksamkeit von Bildung? Welche „Erfordernisse", bringt eine entstehende Wissensgesellschaft mit sich? Welche Bedeutung soll Religion im Kontext von Bildung haben und an welchen Stellen sind die Religionsgemeinschaften bei der Mitgestaltung der „Wissensgesellschaft" gefordert?

Unter diesen vier Themen sollen die wesentlichen Ergebnisse aus der Analyse der Dokumente zusammengefasst und profiliert werden. Es wird dabei deutlich, dass sich die Ergebnisse der Analyse der Dokumente des Europarates und der Europäischen Union unterscheiden. Gemeinsamkeiten werden formuliert und Unterschiede festgestellt in der Beschreibung und Bedeutung von Religion im Kontext einer Europäisierung von Bildung.

4.3.1 Perspektiven auf Religion

Als ein Ergebnis der Analyse lassen sich, insbesondere in den Dokumenten des Europarates, idealtypisch drei Perspektiven von Religion unterscheiden: Religion als Privatsache; Religion als Institutionalisierung in Religionsgemeinschaften; Religion als Teil von Kultur.

Diesen Perspektiven lassen sich folgende Merkmale zuordnen:
- *Religion als Privatsache* dient der ethischen, moralischen und ideologischen Orientierung des Einzelnen. Die Religionsfreiheit ist nach Art. 9 der EMRK garantiert. Jedermann hat Anspruch auf Gedanken-, Gewissens- und Religionsfreiheit. Unterschieden wird dabei zwischen dem *forum internum*, der inneren Überzeugungsbildung von Werten und Überzeugungen, das unverfügbar ist und nicht der Rechtsprechung unterliegen kann, und dem *forum externum*, das Fälle umfasst, in denen eine gewissens- oder religiös bedingte Überzeugung öffentlich dargestellt und entfaltet wird. Wird Religion als Privatsache verstanden, so wird Bezug genommen auf etwas Unverfügbares, das den Einzelnen betrifft.
- *Religion als Institutionalisierung in Religionsgemeinschaften:* Religion manifestiert sich kollektiv und öffentlich. Religionsgemeinschaften werden als Teil der Zivilgesellschaft verstanden, in der sie mit ihrem Potenzial in ethischen, gesellschaftspolitischen und interkulturellen Fragen wirken können. Die mono-

theistischen Religionsgemeinschaften werden von den politischen Institutionen zum interreligiösen Dialog untereinander aufgefordert und zur Beteiligung am gesellschaftlichen interkulturellen Dialog, auch mit den europäischen Institutionen.

– *Religion als Teil von Kultur:* Kulturen sind von Religion geprägt (es wird von jüdischen, christlichen und islamischen Kulturen gesprochen); und Religionen sind von Kultur geprägt. Der Zusammenhang von Kultur und Religion ist ein gemeinsamer Nenner im Rahmen der dargestellten politischen Initiativen. Damit geht eine Einschränkung in der Beschäftigung mit Religion einher. Im schulischen Unterricht soll Religion nur als kulturelles Wissen vermittelt werden, eine Beschäftigung mit der „Innensicht" der Religion ist nicht vorgesehen, es soll auch keinen „Gottesdienst" in der Schule geben.

Mit den drei genannten Perspektiven wird ein je unterschiedlicher Blick auf Religion geworfen, ohne dass dieser Blick zugleich als umfassende Definition von Religion verstanden werden sollte. Vielmehr liegt die heuristische Funktion der Unterscheidung darin, in den Dokumenten Positionen und Entwicklungsprozesse markieren zu können, die analytisch und programmatisch zu berücksichtigen sind.

Als weiteres Ergebnis der Analyse lassen sich im Vergleich der Dokumente folgende Prozesse bzw. Ausdifferenzierungen der Semantik aufweisen:

Religion schwindet, nimmt jedoch an Bedeutung zu.
Das Schwinden der christlichen Religion wird an formalen Kriterien wie der Abnahme des regelmäßigen Gottesdienstbesuches u.ä. festgemacht (vgl. ER 6). Zugleich wird konstatiert, dass die Bedeutung von Religion zunimmt, insbesondere begründet im Wachstum muslimischer Gemeinschaften (vgl. ER 6, ER 11).

Eine Veränderung in der Beurteilung von Religion lässt sich im Vergleich der Texte von 1993 (ER 1) und 2007 (ER 7) erkennen. In den älteren Dokumenten zeigt sich eine starke Fokussierung auf *Religion als Privatsache* und eine weitgehend negativ ausgerichtete Beurteilung von *organisierter Religion.* Insbesondere in den Dialogen des Menschenrechtskommissars (2000 bis 2006) werden die Religionsgemeinschaften als hervorgehobene Partner (Gil-Robles: *conspicious partners*) eingestuft, eine gegenüber früher veränderte Wahrnehmung, verbunden mit der Betonung einer gemeinsamen Wertebasis der Religionsgemeinschaften und des Europarates. In den jüngeren Dokumenten findet sich eine intensive, funktionalisierte Beschäftigung mit *kultureller Religion*, ausgerichtet an den politischen Interessen des Europarates. Die Fokussierung auf „Religion als kulturelle Gegebenheit" wird als kleinster gemeinsamer Nenner verwendet, der als nicht strittig gilt. Religion wird in diesem Zusammenhang nicht unabhängig von nicht-religiösen Überzeugungen (*convictions*) thematisiert.

In der Analyse wurde deutlich, dass in den Dokumenten des Europarates zum interkulturellen Dialog und zur interkulturellen Bildung (vgl. ER 9; ER 10; ER 12) eine Thematisierung von Religion über die Verwendung des Attributs „religiöse Dimension" erfolgt. Man kann darin eine weitere Perspektive in der Wahrnehmung von

Religion sehen. Die religiöse Dimension wird als Teil des Rahmenkonzeptes des interkulturellen Dialoges verstanden und hat die Funktion, die Bedeutung einer religiösen Perspektive im Rahmen des interkulturellen Dialoges und der interkulturellen Bildung zu unterstreichen. Als Argumente dafür finden sich, dass sich die Schwerpunkte des Europarates in weiten Teilen mit den Anliegen der Religionsgemeinschaften überschneiden (Menschenrechte, demokratischer Bürgersinn, Werteorientierung, Frieden, Dialog, Bildung und Solidarität). Erwartet wird, dass die Berücksichtigung der religiösen Dimension gegenseitige Verständigung und Toleranz fördert und zu einer „Kultur des Zusammenlebens" beiträgt (ER 10). Das Attribut wird auch verwendet, um eine weitere Beschäftigung mit Religion in dem angezeigten Rahmen anzuregen. „Religiöse Dimension" ist somit keine Definition, eher wird der Begriff als Impuls und Bedeutungsmarker verstanden, den Dialog mit den Religionsgemeinschaften fortzuführen.

Abgegrenzt wird die religiöse Dimension interkultureller Bildung von religiöser Bildung (*religious education*) (vgl. ER 10), die außerhalb der öffentlichen Schulen angesiedelt wird. Mit diesem Thema beschäftigt sich der Europarat jedoch nicht, es geht ihm ausschließlich um die Thematisierung von Religion im Rahmen interkultureller Bildung. Die Zielsetzungen sind gegenseitige Wahrnehmung und Respekt, und zu lernen, miteinander zusammenleben zu können unter Förderung von sozialem Zusammenhalt und bürgerschaftlicher Beteiligung (*civic participation*).

Religion ist Privatsache, aber eine öffentlich bedeutsame Angelegenheit.
Die Zuschreibung, dass es sich bei Religion um eine *strict personal matter* handelt, ist in den Texten des Europarates durchgängig zu finden. Dabei wird unterstrichen, dass eine persönliche Glaubensüberzeugung nicht von äußeren Umständen und sozialen oder politischen Zwängen abhängig sein darf. Der Schutz persönlichen Glaubens ist ein wesentliches Element von Religionsfreiheit, die als Freiheit *für* eine Religion und als Freiheit *von* Religion zu verstehen ist. In radikalem Verständnis bedeutet die Zuschreibung „Religion ist Privatsache" das Zurückdrängen des Religiösen aus der staatlichen und gesellschaftlichen Öffentlichkeit in die Privatsphäre. Die Spannung zwischen der Perspektive, Religion als Privatsache anzusehen, und der Perspektive, organisierter Religion gemeinschaftlich wirksame, öffentlich und gesellschaftlich relevante Aspekte zuzusprechen, ist in den Dokumenten in unterschiedlicher Ausprägung zu entdecken. Insbesondere in den Dokumenten des Europarates dominiert ein laizistisch geprägtes Verständnis, das Religion wenig öffentliche Bedeutung zubilligt.

Diese Auseinandersetzung um „privat" versus „öffentlich" im Blick auf Religion findet sich im Rahmen der Europäischen Union nicht. Die Religionsgemeinschaften werden in den Dokumenten der Europäischen Union als wichtiger Teil der Zivilgesellschaft anerkannt und ihnen wird eine hohe öffentliche Bedeutung zugesprochen.

Religion ist ein kulturelles Faktum, aber für Gläubige bedeutet Religion weitaus mehr.
Im Rahmen der untersuchten Dokumente findet sich im Anhang zur Empfehlung CM/Rec(2008)12 *Dimensions of religions and non-religious convictions within intercultural*

education (ER 12) des Ministerkomitees des Europarates eine differenzierte Position im Blick auf Religion. Es wird davon gesprochen, dass Religionen vielfältige und komplexe Phänomene sind, die nicht monolithisch verstanden werden dürfen. Auch wenn die Bewertung von Religion unterschiedlich sein kann, so habe interkulturelle Bildung stets die Vielfalt und Komplexität von Religion zu berücksichtigen.

Im dazu erläuternden Memorandum wird ausgeführt, dass für viele (religiös gläubige) Menschen Religion mehr ist als ein kulturelles Phänomen, auch wenn sich der Europarat auf diese Perspektive beschränkt. Religion lässt sich als ein lebensbestimmendes Element verstehen, als Verkörperung geoffenbarter Wahrheit oder als Grundlage zentraler ethischer Überzeugungen, so lauten die weitergehenden Charakterisierungen von Religion in dem angeführten Text. Die Beschränkung darauf, Religion als ein kulturelles Phänomen zu verstehen, erlaube dem Europarat jedoch, das Potenzial von Religion für interkulturelle Bildung zu erschließen, ohne sich auf eine kontroverse Diskussion um Religion einlassen zu müssen.

Als weiteres Ergebnis der vergleichenden Dokumentenanalyse zeigt sich eine zunehmende Gewichtung der organisierten, institutionalisierten Religion in Form der Religionsgemeinschaften. Insbesondere für die Gestaltung interkultureller Bildung wird ihre Beteiligung eingefordert.

Es zeigt sich bei der Analyse der Dokumente zum interkulturellen Dialog jedoch auch, dass Religion hier lediglich in der Ausprägung einer „religiösen Dimension" wahrgenommen wird, die neben anderen Dimensionen für den interkulturellen Dialog Bedeutung habe. Es gibt keinen herausgehobenen Stellenwert für Religion, das zeigt auch die Verbindung von Religion mit „nicht religiösen Überzeugungen" (*convictions*). Religion und Nicht-Religion werden auf eine Stufe gestellt.

Es scheint Teil einer Vermeidungsstrategie zu sein, wenn Religion auf eine „kulturelle Gegebenheit" reduziert wird und religiöse Bildung auf die Vermittlung von *religious facts*. Diese Begrenzung von Religion steht in Spannung zu der in neueren Dokumenten enthaltenen Position, Religionen als vielfältige und komplexe Phänomene zu betrachten (z.B. ER 10, ER 12).

Die zunehmende Bedeutung von Religion wird gesehen, aber für politische Zielsetzungen funktionalisiert.

Die Analyse zeigt, dass die zunehmende Bedeutung von Religion in den Texten des Europarates gewürdigt wird, allerdings werden damit politische Erwartungen verbunden, dass Religion und die Religionsgemeinschaften einen Beitrag zur Bewahrung der Grundwerte und damit zusammenhängenden Themen und Problemen leisten sollen. Als „Messlatte" dieser *Funktionalisierung* erweist sich dabei die Trias Demokratie, Menschenrechte und Rechtsstaatlichkeit, die grundlegenden Werte des Europarates und auch der Europäischen Union.

Deutlich wird in den Texten eine Abgrenzung zu den (Teilen von) Religionsgemeinschaften vorgenommen, denen unterstellt wird, dass diese Werte für sie nicht zentral sind. Es wird auf Defizite bei den Religionsgemeinschaften verwiesen und auf die Notwendigkeit ihrer „Versöhnung" mit Demokratie (z.B. in ER 1). Es findet jedoch keine konkrete Auseinandersetzung oder Differenzierung im Blick auf das Verhältnis der Religionsgemeinschaften zur Demokratie statt, vielmehr bleibt es beim Generalverdacht der Demokratieunverträglichkeit der Religionen. Zugleich werden die Religionen als „Wertecontainer" verstanden, die eine Basis bieten für die Entstehung von Toleranz und gegenseitigem Respekt.

In der Betonung der Würde des Menschen als gemeinsame Wertegrundlage der Religionsgemeinschaften und des Europarates kann eine Öffnung der beschriebenen Funktionalisierung der Religionen gesehen werden. Der Europarat weist auf die Ursprünge *seiner* Werte in den Religionen hin. Damit eröffnen sich weitergehende Möglichkeiten des Dialoges und der Kooperation mit den Religionsgemeinschaften.

An dieser Stelle bedarf es einer Unterscheidung zwischen unterschiedlichen Perspektiven, denn die genannten Spannungslinien finden sich überwiegend in Dokumenten des Europarates, nicht jedoch in Dokumenten der Europäischen Union. Im Gegensatz zum Europarat findet sich in den Dokumenten der Europäischen Union keine explizite Thematisierung von *Religion als Privatsache* und von *kultureller Religion*. Es gibt daher auch keine Definitions- oder Eingrenzungsversuche von Religion. Vielmehr werden die Religionen, insbesondere in ihrer institutionellen Ausprägung, als Teil der Zivilgesellschaft angesehen, und ihr Beitrag zu Fragen der Grundwerte und des Zusammenlebens in Europa wird gewürdigt. Im Dialog zwischen Institutionen der EU und den Kirchen und Religionsgemeinschaften geht es um den aktuellen Status der Religionsgemeinschaften und um die Konkretisierung ihres Beitrags zur Werteorientierung und zu den Perspektiven der Europäischen Union.

Aus normativer Perspektive scheint es m.E. nicht sachgemäß, Religion als monolithisch wahrzunehmen und damit ihre vorhandene intra- wie interperspektivisch vorhandene Vielfalt zu vernachlässigen. Vielmehr wären sowohl die „Innenperspektive" wie auch die „Außenperspektive" von Religion gleichermaßen zu berücksichtigen.

Der Dialog mit den Religionsgemeinschaften wird intensiviert.
Als weiteres Ergebnis der Analyse lässt sich festhalten, dass in beiden europäischen Institutionen der Dialog mit den Religionsgemeinschaften intensiviert und verstetigt wird. Im Rahmen des Europarates kommt dabei der Initiative des Menschenrechtskommissars eine wichtige Rolle zu. Seine zwischen 2000 und 2006 durchgeführten Seminare bereiteten einen strukturierten Dialog des Ministerkomitees mit den Religionsgemeinschaften vor, der nun seit 2008 regelmäßig stattfindet. Ein Dialog mit Vertreter/innen der Religionsgemeinschaften wurde etabliert und zu für beide Seiten relevanten Themen geführt. Bei den ersten beiden Treffen standen Fragen religiöser Bildung im Zentrum, 2010 und 2011 ging es um die Rolle der Medien im interkulturellen Dialog, unter besonderer Berücksichtigung der religiösen Dimension.

Die Initiative des Menschenrechtskommissars hat auch dazu beigetragen, das Europäische Wergeland Zentrum in Oslo zu etablieren, das sich als Fortbildungs- Forschungs- und Dokumentationszentrum für die Bereiche *Education for Intercultural*

Understanding, Human Rights and Democratic Citizenship etabliert hat.[153] In diesem Rahmen entstehen auch Beiträge zu Definition und Bedeutung von Religion im Kontext europäischer Grundwerte wie auch zu angemessenen Konzepten von Bildung und religiöser Bildung.

Die Empfehlungen der Parlamentarischen Versammlung und des Ministerkomitees unterstreichen die Wichtigkeit des Dialogs und schlagen eine Verstetigung vor. Dabei zeigen die Analyseergebnisse, dass entsprechende strukturelle Vorschläge immer konkreter werden bis hin zu dem Vorschlag, eine genuine Partnerschaft für Demokratie und Menschenrechte zwischen dem Europarat und den Religions- und Weltanschauungsgemeinschaften zu etablieren und eine Arbeitsstruktur für den Dialog zu schaffen (vgl. ER 12).

Durch die Analyse der Dokumente wird deutlich, dass es bei der Europäischen Union einen im Vergleich mit dem Europarat intensiveren Dialog mit den Religionsgemeinschaften gibt. Ein „offener, transparenter und regelmäßiger" Dialog ist seit 2009 im Primärrecht der Europäischen Union festgeschrieben (Art. 17, TFEU). Die Themen und Felder, die bei diesem seit 1990 geführten Dialog angesprochen werden (vgl. Hogebrink 2011; Weninger 2007), berücksichtigen bislang den Zusammenhang von Religion und Bildung nur am Rande, auch wenn mitunter allgemeine Bildungsfragen angesprochen werden.

Im Dialog der Präsidenten der Institutionen der Europäischen Union (EU-Kommission, Europäisches Parlament, EU-Ratspräsident) mit den Religionsgemeinschaften werden von Seiten der politischen Institutionen immer wieder Erwartungen und Kooperationsangebote formuliert, und die Vertreter der Religionsgemeinschaften bekräftigen ihre Absicht, die europäischen Organe bei deren Bemühungen um mehr Demokratie, sowie Wahrung der Menschenrechte und Grundfreiheiten zu unterstützen, Punkte, die für die Schaffung pluralistischer, demokratischer Gesellschaftssysteme unverzichtbar sind (vgl. Europäische Kommission 2011).

Dieser Dialog trägt zu einer zunehmenden Differenzierung in Positionen und Perspektiven zu Religion und Bildung bei. Dazu gehört auch ein intensiver Austausch darüber, wie ein Unterricht über Religionen in den Schulen gestaltet werden soll.

Wenn wir nun die Ergebnisse im Blick auf die in den Dokumenten vorhandenen Perspektiven von Religion zusammenfassend würdigen, so kann von einem zweifachen Prozess gesprochen werden: Es gibt eine „(Wieder-)Entdeckung von Religion" als wichtige Bezugsgröße für die Arbeit des Europarates und der Europäischen Union unter zunehmender Würdigung der öffentlich institutionalisierten und der kulturell bedeutenden Perspektive von Religion. Ebenso lässt sich eine „Domestizierung von Religion" konstatieren, in deren Rahmen die Elemente und Eigenschaften von Religion goutiert werden, die für die Verwirklichung und Wahrung der drei Grundwerte des Europarates

---

153 Das Zentrum ist ein Kooperationsprojekt der norwegischen Regierung mit dem Europarat (Informationen über: www.theewc.org) und hat im Bereich der Lehrerfortbildung etliche Initiativen entwickelt. Es spielt auch für die Vernetzung von Wissenschaft, Zivilgesellschaft und Europarat eine wichtige Rolle.

und der Europäischen Union (Demokratie, Menschenrechte und Rechtsstaatlichkeit) sowie den wirtschaftlichen und politischen Zielen der Europäischen Union dienlich sind.

In der Analyse der Dokumente deutet sich zudem an, dass eine Intensivierung des Dialoges mit den Religionsgemeinschaften eine weitergehende Differenzierung der gegenseitigen Wahrnehmung ebenso erwarten lässt wie gemeinsame Initiativen zur Bearbeitung europäischer Herausforderungen.

4.3.2 Staat-Kirche-Verhältnis

In der Analyse der Dokumente wurden im Hinblick auf die Konzeptualisierung des Verhältnisses von Staat und Kirche fünf Aspekte deutlich, die im Folgenden näher in den Blick genommen werden.

Zum einen ist das *Staat-Kirche-Verhältnis* als regulativer Rahmen in den europäischen Ländern verschieden organisiert und zeigt eine Bandbreite, die von Formen eines staatskirchlichen Verhältnisses bis zu Formen einer strikten Trennung von Staat und Religion (*laïcité*) reichen.

Zum anderen wird der Zusammenhang von *Religion und Menschenrechten* thematisiert, konkret die Frage nach Elternrecht und Religionsfreiheit.

Schließlich stellen sich, anknüpfend an das Verhältnis von Staat und Kirche, Fragen nach der Ausgestaltung einer *säkularen Demokratie* und nach dem Verhältnis des *säkularen Staates* zu den Religionsgemeinschaften.

Fragen nach *Toleranz und religiöser Toleranz* finden sich ebenfalls als wichtiges Thema in den Dokumenten.

Zum Staat-Kirche-Verhältnis
Die Vielfalt der Staat-Kirche-Beziehungen in Europa wird typologisch unterschieden in Staatskirchen-, Kooperations- und Trennungssystemen. Die Typen unterscheiden sich im Grad der Nähe respektive Ferne von Staat und Kirche (vgl. Robbers 1995, 2006; Behr 2006).

Staatskirchliche Verhältnisse sind charakterisiert durch eine oder mehrere offizielle Religionen, mit denen sich der Staat identifiziert, ihnen entsprechende Privilegien einräumt und dies in den bestehenden Rechtsverhältnissen zum Ausdruck bringt.

Kooperationssysteme gehen von einer grundsätzlichen Trennung von Staat und Kirche aus, lassen jedoch eine institutionelle und inhaltliche Kooperation zwischen Staat und Religionsgemeinschaften z.B. im Bereich Bildung oder soziale Dienste nicht nur zu, sondern verstehen diese als konstitutiv für das Staat-Kirche-Verhältnis.

Schließlich sind Trennungssysteme davon geprägt, dass Religion und Staat keine kooperativen Verhältnisse eingehen. In diesem Rahmen kann es bis zu einem Verbot religiöser Tätigkeiten außerhalb des privaten Bereiches kommen.

Die Analyse der Dokumente zeigt, dass es beim Europarat kaum eine Auseinandersetzung mit der Bandbreite der bestehenden Staat-Kirche-Verhältnisse in Europa gibt. Vielmehr dominieren laizistische Perspektiven mit einer strikten Trennung von Staat und Religion (vgl. ER 3 und ER 6). Es findet sich eine distanzierte bis ablehnende

Haltung gegenüber Religion, die mit dem humanistischen Verständnis der Organisation begründet wird (vgl. ER 2).

Im Vergleich dazu findet sich in den Dokumenten der Europäischen Union keine Gewichtung der vorhandenen Modelle, vielmehr wird die Regelung des Staat-Kirche-Verhältnisses, wie sie auf nationaler Ebene vorgenommen wurde, akzeptiert und kein homogenes europäisches Religionsrecht angestrebt (Art 17 AEUV).

Religion und Menschenrechte

Eng mit dem Staat-Kirche-Verhältnis zusammen hängt die Auslegung der Gedanken-, Gewissens- und Religionsfreiheit (Art. 9 der Europäischen Menschenrechtskonvention; Art. 18 der Allgemeinen Erklärung der Menschenrechte) durch die Rechtsprechung des EGMR. Gedanken-, Gewissens- und Religionsfreiheit ist eine zentrale, von politischen Institutionen und Religionsgemeinschaften getragene Grundüberzeugung und ein Pfeiler der europäischen Zusammenarbeit. Auf Art. 9 wird deshalb in zahlreichen analysierten Dokumente Bezug genommen (vgl. ER 1; ER 2; ER 6).

Die rechtlichen Formulierungen des Prinzips der Religionsfreiheit beinhalten sowohl die Freiheit *von* Religion als auch die Freiheit *für* Religion. Dabei ist die Gewichtung beider Aspekte abhängig von dem jeweils bestehenden Staat-Kirche-Verhältnis, und damit durchaus unterschiedlich. Die Gedanken-, Glaubens- und Gewissensfreiheit schließen die Freiheit ein, „seine Religion oder Weltanschauung einzeln oder in Gemeinschaft mit anderen öffentlich oder privat, durch Gottesdienst, Unterricht, durch Ausübung und Betrachtung religiöser Gebräuche auszuüben" (Art. 9 Europäische Menschenrechtskonvention EMKR). Im deutschen Kontext wird von negativer und positiver Religionsfreiheit gesprochen.

Insbesondere die angeführten Urteile des Europäischen Gerichtshofes für Menschenrechte wirken meinungsbildend im europäischen Diskurs. In den Fällen Leirvåg gegen Norwegen und Folgerø gegen Norwegen sind es Abwägungen zwischen dem Recht auf Religionsfreiheit und dem Recht des Staates auf die Organisation des Bildungswesens, einschließlich religiöser Bildung, die zum Tragen kommen. In beiden Urteilen wurde der Staat verpflichtet, bestehende Regelungen anzupassen und den Unterricht „neutral und objektiv" gegenüber nicht-religiösen Weltanschauungen zu organisieren.

Im Falle Lautsi gegen Italien („Kruzifix-Urteil") wurde das erste Urteil der Kleinen Kammer revidiert, das in der verpflichtenden Anbringung von Kruzifixen in italienischen Staatsschulen eine Verletzung der elterlichen Erziehungsrechte nach Art. 2 des Prot. Nr. 1 und der Religionsfreiheit sah. In dem revidierten Urteil der Großen Kammer wird den Mitgliedstaaten ein weiter Beurteilungsspielraum in Fragen kultureller Traditionen und nationaler Identität beigemessen. Die Richter befanden, dass weder die Identifizierung Italiens mit seinem christlichen Erbe noch die Anbringung von Kruzifixen im Klassenzimmer mit den Grundrechten kollidiere. Allerdings solle das schulische Umfeld durch Toleranz und Pluralität geprägt sein, und auch andere religiöse Symbole seien zulässig.[154]

---

154 Die Gewichtung positiver und negativer Religionsfreiheit bedeutet ein Balanceakt, der in den Mitgliedstaaten verschieden gehandhabt wird. Die deutsche Richterin am Europäischen

Es lässt sich ein wachsender Einfluss auf die Gestaltung nationaler religiöser Bildung durch die Entscheidungen des Europäischen Gerichtshofes für Menschenrechte konstatieren. Urteile in den Fällen, in denen durch die Organisation religiöser Bildung auf nationaler Ebene gegen das Recht der Eltern auf Erziehung und Unterricht ihrer Kinder gemäß ihren religiösen und weltanschaulichen Überzeugungen verstoßen wird (Art. 2, Prot. 1) oder die Gedanken- Gewissens- und Religionsfreiheit (Art. 9) verletzt wird, prägen bildungspolitische Entscheidungen und den damit zusammenhängenden Diskurs.

In den dargelegten Fällen Leirvåg sowie Folgerø gegen Norwegen und Zengin gegen die Türkei wird dem Elternrecht Vorzug gegeben und die bestehenden staatlichen Regelungen kritisiert. Das Lautsi-Urteil zur Frage der Anbringung von Kruzifixen in den Schulen Italiens ist jedoch ein aktuelles Beispiel dafür, dass die Position des EGMR den Mitgliedsstaaten das Recht einräumt, bestehende kulturelle und religiöse Gegebenheiten bei der Organisation des Bildungswesens angemessen zu berücksichtigen.

Säkulare Demokratie, säkularer Staat und die „Rückkehr der Religionen"
Im heutigen Europa gewinnt die Frage nach dem Verhältnis von Religion und Demokratie eine neue, zentrale Bedeutung. Das liegt u.a. an der „Rückkehr der Religionen" (Riesebrodt 2000) in die Öffentlichkeit, für die vielfach eine „Rückkehr des Islam auf die politische Bühne" (Raiser 2010) als zentrales Beispiel angeführt wird. In den meisten westlichen Demokratien wächst mit dem islamischen Bevölkerungsanteil eine Minderheit, die sich vielfach auf religiöse Perspektiven bezieht, wenn Vorstellungen im Blick auf Demokratie formuliert werden. Diese veränderte Situation wird auch in etlichen der analysierten Dokumente, insbesondere des Europarates, thematisiert.

Die „Rückkehr der Religionen" korrespondiert mit der bereits genannten Trennung von Staat und Kirche als Grundlage des modernen, demokratischen Staates. In den Dokumenten des Europarates wird diese Trennung als europäischer Grundwert benannt. Politik hat sich von Kirchen als politischen Machtinstitutionen emanzipiert, das bleibt ein Verdienst der Aufklärung. Der Rationalismus des aufgeklärten säkularen Staates geht einher mit einer weltanschaulichen Neutralität, zumindest in der Mehrheit der europäischen Staaten.

Die religiös-weltanschauliche Neutralität des Rechtsstaates ist ein wichtiges Gut. Allerdings meint dies keine generelle „Wertneutralität", sondern vielmehr eine „Nicht-Identifizierung", unter der Prämisse der menschlichen Freiheit. Die religiösweltanschauliche Neutralität des Rechtsstaates ergibt sich aus der Achtung gegenüber einem zentralen Verfassungswert: dem Menschenrecht der Religions- und Weltanschauungsfreiheit (vgl. Bielefeldt 2011, 24–27). Diese Neutralität schließt jedoch eine produktive Kooperation mit den Religionsgemeinschaften nicht aus. Nach Bielefeldt tauge der Neutralitätsbegriff nicht dazu, europäische politische Wirklichkeit zu be-

---

Gerichtshof für Menschenrechte, Renate Jäger, hat in einem Gespräch mit der Süddeutschen Zeitung am 12. Oktober 2010 davon gesprochen, dass von der europäischen Rechtsprechung weiterer Einfluss auf das nationale Verhältnis von Staat und Kirche erwartet werden kann (Jäger 2010).

schreiben, denn es gebe vielfältige Beispiele, wo der Staat im Blick auf Kooperation und Distanz zu den verschiedenen Religionsgemeinschaften unterschiedliche Grade von Nähe aufweise und sich faktisch nicht neutral verhalte.

Wie bereits erwähnt, werden im Rahmen der Europäischen Union die unterschiedlichen kirchlichen und religiösen nationalen Gegebenheiten geachtet (vgl. Art. 17 TFEU). Es wird kein europäisches Kirchen- oder Religionsrecht angestrebt.

Die Analyse zeigt, dass im Blick auf das Verhältnis von Religion und Demokratie die Ambivalenz von Religion und die Eigenständigkeit beider Bereiche thematisiert wird sowie das Potenzial, das in der Entwicklung einer komplementären Beziehung liegt. Religion soll einen konstruktiven Beitrag leisten für die Entwicklung von Demokratie und die Wahrung der Menschenrechte, ohne sich jedoch in politische Belange einzumischen oder gar Politik ersetzen zu wollen. In den Dokumenten des Europarates und der Europäischen Union wird deutlich, dass Demokratie einen Bedarf an Religion hat, weil diese Sinn bzw. Werte generiert. Religionsgemeinschaften werden als Mitverantwortungsträger für das Gemeinwohl gesehen, ihre Werte als Grundlage der Werte des Europarates.

Die Ergebnisse der Analyse zeigen, dass in den Dokumenten des Europarates davon gesprochen wird, die Religionen wieder mit der Demokratie zu versöhnen (*reconciled*). Ob diese Forderung berechtigt ist und wie das Verhältnis von Religion und Demokratie im wissenschaftlichen Diskurs gesehen wird, soll im Rahmen des folgenden Diskussionskapitels beleuchtet werden.

In der Analyse der Dokumente wird deutlich, dass, gespiegelt am Selbstverständnis der christlichen Kirchen, die Gefahr besteht, Kirchen und Religionsgemeinschaften für politische Zwecke zu funktionalisieren und ihren Beitrag zur religiösen Orientierung im öffentlichen Diskurs einzugrenzen und zu verharmlosen. Für die christlichen Kirchen ist die Verkündigung und Bezeugung der Herrschaft Gottes in Jesus Christus entscheidend und verbindlicher als irdische Loyalitäten. Die Kirchen sind zu Solidarität und zu prophetischer Kritik aufgerufen. Sie vertreten dabei nicht ihre eigenen Interessen, sondern treten anwaltlich ein für Randgruppen und Ausgeschlossene, denen die Verheißungen Gottes gelten.

Toleranz und religiöse Toleranz

Konzeptionell und theoretisch ist Toleranz ein komplexer Begriff, der Indifferenz, erlaubte Freizügigkeit, Geduld oder Ausdauer bedeuten kann (vgl. Afdal 2006, bes. 86–133). Toleranz gilt als Grundpfeiler einer europäischen Zivilreligion (vgl. Kleger 2008).

Die Ergebnisse der Analyse zeigen, dass Toleranz und insbesondere religiöse Toleranz in Dokumenten des Europarates eingefordert wird. Dies wird begründet mit vorherrschenden Phänomenen eines intoleranten Fundamentalismus, mit Terrorismus, Rassismus und Xenophobie (vgl. ER 2). Die Ergebnisse der Analyse zeigen, dass religiöse Toleranz als zentraler Bestandteil einer demokratischen Gesellschaft gefordert wird (vgl. ER 1). Den drei abrahamitischen Religionen wird dabei ein Potenzial für Toleranz und gegenseitigen Respekt zugeschrieben, das allerdings weiter entwickelt werden müsse (vgl. ER 1). In einem anderen Dokument (ER 4) wird Toleranz als wesentliche Grundlage für demokratische Bürgerschaft bezeichnet.

Es wird zwischen „schwacher" und „starker" Toleranz unterschieden (vgl. ER 10). Toleranz wird als ein Freiheitsrecht verstanden, das alle Menschen in Anspruch nehmen können. Starke Toleranz beinhaltet, dass ich meine eigenen Überzeugungen für gut und wahr halte und ebenso die Überzeugungen anderer als für sie selbst gut und wahr halte, ohne ein Urteil darüber zu fällen, was denn nun ein „gutes Leben" sei oder nicht.

Religiöser Bildung wird die Aufgabe zugesprochen, die Grundlage für „wahre Toleranz" zu entwickeln (ER 1). Der Erwerb von Wissen wird als Grundlage für Toleranz als ausreichend angesehen, andere Aspekte werden nicht thematisiert. Mit dieser Position wird die Erwartung verbunden, dass, wer Wissen über andere Religionen hat, auch eine tolerante Haltung ihnen gegenüber entwickelt.

Zusammenfassend bleibt festzuhalten, dass die europäischen Institutionen mit dem Verhältnis von Staat und Religion unterschiedlich umgehen. Während in den Dokumenten des Europarates der Fokus auf einer laizistisch verstandenen Trennung von Staat und Religion liegt und damit eines der Grundmodelle in Europa favorisiert wird, anerkennt die Europäische Union die bestehenden (unterschiedlichen) nationalen Verhältnisse und strebt kein einheitliches europäisches Religionsrecht an. Die nationalen Verhältnisse geben auch Hinweise für die Organisation religiöser Bildung in den öffentlichen Schulen, da mit dem jeweiligen Staat-Kirche-Verhältnis eine wesentliche Rahmenbedingung dafür gegeben ist.

4.3.3 Gesellschaft und Religion

In der Analyse der Dokumente zeigt sich, dass der Zusammenhang von Gesellschaft und Religion konkret an der Frage nach dem Verhältnis von *Religion in der Zivilgesellschaft* und ebenso im Blick auf die Beziehungen zwischen *Religion und Politik* diskutiert wird.

Religion in der Zivilgesellschaft
Welche Funktion wird Religion im öffentlichen Raum zugebilligt? Die Perspektive der Zivilgesellschaft wird aufgenommen, um sich dieser Frage anzunähern. Wenn von „Zivilgesellschaft" die Rede ist, dann geht es „um Wahrnehmung und Gestaltung gesellschaftlicher Verantwortung zwischen dem politisch-öffentlichen und dem privat-individuellen Lebensbereich" (GEKE 2007b, 90). Hier entstehen Strukturen bürgerschaftlichen Engagements in den einzelnen Staaten wie auch zwischen ihnen. Zivilgesellschaftliche Aktivitäten fördern ein „Europa der Bürger/innen". Dazu gehören auch die Kirchen und Religionsgemeinschaften, die nach ihrem Selbstverständnis für die Würde jedes Menschen eintreten und sich insbesondere den Anliegen der Schwachen und Benachteiligten verpflichtet fühlen.

Die Bewertung der Rolle der Zivilgesellschaft nötigt zu einem erweiterten Begriff von Politik und ihrer Beziehung zur politischen Öffentlichkeit. Politik kann nicht mehr ausschließlich verstanden werden als die Handhabung der Macht in der Leitung des Staates. Vielmehr erscheint staatliches politisches Handeln als eine spezifische Funktion im Leben eines politischen Gemeinwesens.

Diese Thematik wird in Dokumenten der Europäischen Union aufgenommen. Der Zivilgesellschaft wird eine wichtige Rolle beigemessen, da sie den Belangen der Bürgerinnen und Bürgern eine Stimme verleiht, die Menschen mobilisiert und diejenigen unterstützt, die unter Ausgrenzung und Diskriminierung leiden (vgl. dazu EU 3). In dem erwähnten Weißbuch zum Europäischen Regieren wird die besondere Rolle der Kirchen und Religionsgemeinschaften in der Zivilgesellschaft gewürdigt (Europäische Kommission 2001b).

Im wissenschaftlichen Diskurs wird diese Position durch das Plädoyer von Jürgen Habermas unterstützt, der dafür argumentiert, dass religiöse Perspektiven in den öffentlichen Diskurs einbezogen werden sollen.

> „Säkularisierte Bürger dürfen, soweit sie in ihrer Rolle als Staatsbürger auftreten, weder religiösen Weltbildern grundsätzlich ein Wahrheitspotential absprechen, noch den gläubigen Mitbürgern das Recht bestreiten, in religiöser Sprache Beiträge zu öffentlichen Diskussionen zu machen. Eine liberale politische Kultur kann sogar von den säkularisierten Bürgern erwarten, dass sie sich an Anstrengungen beteiligen, relevante Beiträge aus der religiösen in eine öffentlich zugängliche Sprache zu übersetzen." (Habermas 2005, 118)

Diese Position findet sich durchaus in Entwicklungen der europäischen Institutionen wieder, die den Kirchen und Religionsgemeinschaften eine besondere Rolle zuschreiben, und sie als Teil der Zivilgesellschaft verstehen. Dafür stehen die mehrfach erwähnten Dialogveranstaltungen (*Exchange*) des Europarates mit den Religionsgemeinschaften, die seit 2008 stattfinden, und die von Seiten der EU eingegangene rechtliche Verpflichtung zu einem „offenen, transparenten und regelmäßigen Dialog" mit den Kirchen und Religionsgemeinschaften (Art. 17 TFEU).

An dieser Stelle bietet es sich an, die bereits vorgestellten kirchlichen Dokumente europäischer Zusammenschlüsse noch einmal heranzuziehen und auf Aussagen zu Gesellschaft und Religion hin zu überprüfen.

Positionen in kirchlichen Dokumenten

In der *Charta Oecumenica*, der kirchlich-ökumenischen Verpflichtung zum Dialog und zur Zusammenarbeit (KEK & CCEE 2001), wird die gemeinsame Verantwortung der Kirchen für die Einigung des europäischen Kontinentes betont. Es gilt, ein humanes und soziales Europa zu verwirklichen, „in dem die Menschenrechte und Grundwerte des Friedens, der Gerechtigkeit, der Freiheit, der Toleranz, der Partizipation und der Solidarität zur Geltung kommen" (ebd., 9). Die Frage der Zivilgesellschaft wird in diesem Dokument nicht thematisiert. Allerdings gibt es eine Reihe von Absichtserklärungen wie das Fördern des Prozesses der Demokratisierung in Europa, das Engagement für eine Friedensordnung auf der Grundlage gewaltfreier Konfliktlösungen, die Förderung sozialer Gerechtigkeit, die eng mit zivilgesellschaftlichen Akteuren und Aktivitäten verbunden werden kann.

Der GEKE Bericht „Kirche gestalten – Zukunft gewinnen" (GEKE 2007b) mit der Perspektive auf die Situation der evangelischen Kirchen in Süd-Ost-Mittel-Europa, beschäftigt sich mit den Herausforderungen der Kirchen durch das Entstehen einer „europäischen Zivilgesellschaft". Zu den offenen Fragen eines „europäischen Protestantismus" wird gezählt, wie es möglich ist, „zwischen staatlicher, öffentlich-rechtlicher Herkunft und zivilgesellschaftlicher Zukunft das Proprium und die Eigenständigkeit von Kirche zu gestalten" (ebd., 98). Es wird als Aufgabe gesehen, sich auf „zivile Partnerschaften auf Zeit" einzulassen und zugleich „darin die eigene Identität (zu) wahren" (ebd.). Die Entstehung einer europäischen Zivilgesellschaft biete einen geeigneten Rahmen für die „öffentliche Kommunikation des Evangeliums". Zum Beitrag der Kirchen in der Zivilgesellschaft heißt es:

> „Die Kirchen leisten einen wichtigen Beitrag zur Entwicklung der Zivilgesellschaft. Sie ermuntern ihre Mitglieder, politische Verantwortung zu übernehmen und schließen sich selbst verschiedenen Kampagnen, Bündnissen und Netzwerken an. Sie ermutigen ihre Geistlichen, ihre Mitarbeiter und Mitarbeiterinnen, zum wirkungsvollen kirchlichen Zeugnis in der Welt und bilden sie dazu aus." (Ebd., 140).

Im Dokument der Kommission für Kirche und Gesellschaft (Church & Society Commission of the Conference of European Churches 2009) *European Integration. A way forward?* bieten sich die Kirchen als Partner im Prozess der „Erneuerung der Zivilgesellschaft" an durch „creating social capital, developing citizenship skills, enhancing civic engagement, developing social enterprise and increasing democratic participation" (ebd., 69). Es wird eine Übereinstimmung mit vielen Zielen der Europäischen Union betont: Soziale Inklusion, gesellschaftlicher Zusammenhalt, aktive Bürgerschaft und die Schaffung von sozialem Kapital werden genannt.

Die Gegenüberstellung der beiden Perspektiven zum Stellenwert von Religion/ Kirchen in der Zivilgesellschaft lässt etliche Fragen offen. Fühlen sich die Kirchen selbst der Zivilgesellschaft zugehörig oder nicht? Geschieht die Stärkung der Zivilgesellschaft aus einer Innenperspektive oder einer Außenperspektive?

Religion und Politik oder: wie politisch darf Religion sein?
Das Verhältnis von Religion und Politik ist ein zentrales Thema in den analysierten Dokumenten. In den Dokumenten des Europarates findet sich die Position, dass sich Religion nicht in Politik einmischen und Politik sich aus den internen Angelegenheiten der Religionsgemeinschaften heraushalten solle. Beide Domänen werden vor jeweiligen Übergriffen gewarnt. Ist damit die Frage nach dem Verhältnis von Religion und Politik ausreichend beschrieben? Gehen wir von den drei identifizierten Perspektiven von Religion aus (Religion als Privatsache, Religion als Institutionalisierung in Religionsgemeinschaften, Religion als Teil von Kultur), so wird von religiös orientierten Bürgerinnen und Bürgern sehr wohl erwartet, dass sie sich politisch verhalten. Die zahlreichen Initiativen für eine „aktive Bürgerschaft" (*active citizenship*) weisen darauf hin. Auch die Religionsgemeinschaften ermutigen ihre Mitglieder, politische Verantwortung zu übernehmen.

Ebenso zeigt sich in der Analyse, dass eine politische Betätigung der Religionsgemeinschaften von den europäischen Institutionen erwünscht wird, wenn es um die Verwirklichung gemeinsamer Werte geht. Die Religionsgemeinschaften werden als *genuine partners* angesehen, eine Überschneidung inhaltlicher Interessen wird immer wieder betont. Allerdings liegt darin durchaus ein Konfliktpotenzial, wenn es darum geht, wie sich die allgemeinen, universal verstandenen Werte wie Menschenrechte, Demokratie und Rechtstaatlichkeit kontextuell verwirklichen lassen. Die Ergebnisse der Analyse zeigen, dass die vorhandene Ambivalenz von Religion, die in der Spannung zwischen Konfliktursache und Friedenstifter beschrieben werden kann, nüchtern wahrgenommen werden will, und politisch eine Stärkung des sozialen Zusammenhaltes und der bestehenden Vielfalt angestrebt wird. Die Religionsgemeinschaften werden in die Pflicht genommen, bei der Realisierung von Werten wie Demokratie, Toleranz und Menschenrechten, die ihre Wurzeln in ihrem eigenen Selbstverständnis haben, mitzuwirken; zugleich besteht dabei die Gefahr der politischen Vereinnahmung.

Religionen können wertvolle Partner von Politik und Gesellschaft sein, ohne dass sie dabei ihr kritisches Potenzial vernachlässigen, das sie dazu motiviert, eine an den Menschen orientierte Politik einzufordern und insbesondere für die Interessen armer und marginalisierter Gruppen einzutreten. Ihre Aufgabe könnte darin liegen, eine Haltung „kritischer Solidarität" oder „eloquenter Loyalität" (Nikolaus Schneider) gegenüber den politischen Institutionen national und europäisch zu zeigen.

4.3.4 Bildungsverständnis, Religion und religiöse Bildung

Bildung erhält im Rahmen der europäischen Integration und Zusammenarbeit einen zunehmend wichtiger werdenden Stellenwert. Es entsteht ein Europäischer Bildungsraum, der sich mit den Stichworten Lissabon-Prozess (allgemeine Bildung), Bologna-Prozess (universitäre Bildung) und Kopenhagen-Prozess (berufliche Bildung) beschreiben lässt. Koordination und Austausch werden intensiver und Prozesse einer Europäisierung von Bildung lassen sich beobachten. Dazu enthalten die analysierten Dokumente zahlreiche Beispiele.

Wenn wir das in den Dokumenten vorfindliche Bildungsverständnis charakterisieren wollen, so zeigt sich, dass im Rahmen des Europarates ein enges, auf Wissen fokussiertes Bildungsverständnis dominiert, dem es an Weite und Differenzierung fehlt. Ergebnisse der Analyse lassen erkennen, dass Bildung hoch gewichtet wird, ihr die Lösung komplexer gesellschaftlicher Probleme zugetraut wird und dennoch das präsentierte Konzept von Bildung weitgehend in einer kognitivistischen Orientierung verharrt. Mit diesem Bildungsverständnis wird suggeriert, dass, wer über das notwendige Wissen verfügt, auch tolerant sein kann, Fundamentalismus und Fanatismus widerstehen und als aktive/r Bürger/in zu Toleranz und Gerechtigkeit beiträgt. Dem Bildungsverständnis in den analysierten Dokumenten des Europarates fehlen andere Aspekte, die ein umfassendes Bildungsverständnis ausmachen. Eine Aufklärung über Bildung wäre im Rahmen dieses Bildungsdiskurses wünschenswert, in der der „Zusammenhang von Lernen, Wissen, Können, Wertbewusstsein und Handeln im Horizont sinnstiftender Lebensdeutungen" (Kirchenamt der EKD 2003, 90) thematisiert wird.

Im Rahmen der Europäischen Union orientiert sich die Bildungsdiskussion an der Zielsetzung, die Europäische Union zum wettbewerbsfähigsten und dynamischsten wissensbasierten Wirtschaftsraum der Welt zu machen (Beschluss des Europäischen Rates in Lissabon 2000). Bildung und Ausbildung wurden zu zentralen Bestandteilen der Strategie der europäischen Integration erklärt und Qualität und Wirksamkeit der nationalen Bildungssysteme sollten entsprechend gesteigert werden. In der Folge hat sich eine ausdifferenzierte Bildungsdiskussion in einem Europäischen Bildungsraum entwickelt. Zentrale Themen in diesem Diskurs sind die Frage nach Qualität und Wirksamkeit von Bildung, nach den Erfordernissen einer Wissensgesellschaft und nach der Notwendigkeit lebenslangen Lernens. Dazu werden Schlüsselkompetenzen propagiert und ein Europäischer Qualifikationsrahmen vorgeschlagen, der Abschlüsse und Qualifikationen auf nationaler Ebene transparent und vergleichbar machen soll. Ebenso werden strategische Ziele von Bildung und Ausbildung als Plangrößen für einen Zeitraum von 10 Jahren formuliert. In allen diesen Themen stellt sich die Frage nach der Berücksichtigung von Religion bzw. der Funktion und dem Stellenwert religiöser Bildung.

Zu den genannten Themen lassen sich folgende Aspekte benennen:

Qualität und Wirksamkeit von Bildung

Der Bildungsbegriff in den Dokumenten der Europäischen Union lässt eine doppelte Zielsetzung erkennen: Bildung und Ausbildung sollen einerseits ein hohes Niveau von Wachstum und Beschäftigung auf der Grundlage von Nachhaltigkeit und Wissen ermöglichen; gleichzeitig soll Bildung auch die persönliche Entwicklung, den sozialen Zusammenhalt und den aktiven Bürgersinn fördern. Hinzu kommen die Förderung demokratischer Werte und des interkulturellen Dialogs.

Die Gewichtung der unterschiedlichen Bildungsaspekte orientiert sich an der übergreifenden Zielsetzung des Europäischen Rates in Lissabon 2000. Damit verbinden sich ein funktionales, auf Arbeitsmarkt und Mobilität ausgerichtetes Verständnis von Bildung und die Förderung wirtschaftlichen Fortschritts durch Bildung. Die anderen genannten Ziele von Bildung lassen sich gut in ein erweitertes Bildungsverständnis integrieren, das mit der Zielsetzung verbunden werden kann, die EU über eine Wirtschaftsunion hinaus zu einer wertebezogenen Gemeinschaft zu entwickeln. Was in den Dokumenten als spannungsfrei und additiv dargestellt wird, bedeutet in der Bildungsrealität jedoch erhebliche Spannungen, denn die Ambivalenz von Selbstentfaltung und Ökonomisierung ist nicht einseitig aufzulösen.

Erfordernisse einer Wissensgesellschaft

In den analysierten Dokumenten der Europäischen Union wird der Begriff der „Wissensgesellschaft" häufig verwendet. Herausforderungen der Wissensgesellschaft brauchen als Antwort höchste Qualität im Bereich der allgemeinen und beruflichen Bildung (vgl. ER 1); in einer „fortschrittlichen Wissensgesellschaft" (vgl. ER 3) wird der Schlüssel zu höheren Wachstums- und Beschäftigungsraten gesehen. Insgesamt changieren die Äußerungen zu Wissensgesellschaft zwischen Mythen, Ideologie und Realität. Der Begriff wird verwendet und hoch besetzt, ohne dass eine analytische Auseinandersetzung dazu erfolgt.

Dabei stellen sich die Aufgaben für Politik und Pädagogik unterschiedlich dar. Es geht um ein Wechselverhältnis, das nicht auf eine Seite hin verkürzt werden kann und soll. Pädagogik sollte sich kritisch auseinandersetzen mit der vorherrschenden sozial selektiven Individualisierung, die mit einer Idee der Modularisierung individueller Selbstentwicklung einhergeht. Diese Entwicklung führt dazu, dass nicht mehr das ‚Bürgerrecht auf Bildung' zu den tragenden Zielen von Bildung zählt, sondern das individualisierte Subjekt in der Wissensgesellschaft. Die in der Geschichte der Pädagogik geführte Auseinandersetzung zwischen „Anpassung oder Widerstand" (Schelsky 1961), oder von „Bildung und Brauchbarkeit" (Blankertz et al. 1965) wird kaum noch erinnert bzw. weitergeführt.

Bildung sollte als soziale Aufgabe begriffen werden mit dem Ziel, möglichst „allen jungen Menschen ein Verständnis für Bildung zu vermitteln" (Scheunpflug 2010, 4).

Lebensbegleitendes/lebenslanges Lernen

Als Grundprinzip des strategischen Rahmens für die europäische Zusammenarbeit auf dem Gebiet der allgemeinen und beruflichen Bildung wird lebenslanges Lernen angesehen. Es umfasst

> „alle Formen der allgemeinen, der beruflichen und der nicht formalen Bildung sowie des informellen Lernens während des gesamten Lebens, aus denen sich eine Verbesserung von Wissen, Fähigkeiten und Kompetenzen im Hinblick auf persönliche, staatsbürgerliche, soziale und/oder beschäftigungsbezogene Ziele ergibt, einschließlich der Bereitstellung von Beratungsdiensten" (Europäisches Parlament und Europäischer Rat 2006, 50).

Bildung wird als Kompetenzentwicklung verstanden und durch die Forderung nach lebensbegleitendem bzw. lebenslangem Lernen konturiert. Die Zumutung und Ideologie des lebenslangen Lernens verlängert den Anpassungsdruck über die gesamte (Erwerbs-) Lebensspanne und macht die Handhabung damit zugleich zu einer Sache selbstbezüglicher und selbstverantworteter Entscheidungen des/der Einzelnen. Anpassung als Zweck von Bildung widerspricht jedoch Bildung als individueller Entfaltung und Bildung als Mittel zu sozialer Gleichheit.[155]

---

155 Barbara Rößer (2006) spricht von einem transformierten Bildungsdiskurs als Realisierungs- und Ideologisierungsform der Wissensgesellschaft: „In der Anpassung als Zweck von Bildung liegt nicht nur ein Widerspruch zu einem Bildungsverständnis, das individuelle Entfaltung zum Zweck hat, sondern auch ein Widerspruch zu einem Bildungsverständnis, das soziale Gleichheit zum Zweck hat. Denn lebenslanger Anpassungsdruck bedeutet auch, einem lebenslangen – oder wie man neuerdings sagt: lebensbegleitenden – Selektionsdruck ausgesetzt zu ein." (Ebd., 276).

Fokussierung auf Schlüsselkompetenzen

Eine der Konkretisierungen, den Herausforderungen der Globalisierung und der Wissensgesellschaft zu begegnen, liegt in der Festlegung von Grundfertigkeiten oder Schlüsselkompetenzen, über die die „Menschen Europas" verfügen sollten. Für die politische Ebene wurde dieser Aspekt als Priorität angesehen im Sinne von Voraussetzungen für die Teilnahme an Maßnahmen des lebensbegleitenden Lernens.

Ein europäischer Referenzrahmen sollte nationale Reformen und den Informationsaustausch erleichtern. Dabei werden diejenigen Kompetenzen als Schlüsselkompetenzen eingestuft, die alle Menschen für ihre persönliche Entfaltung, soziale Integration, Bürgersinn und Beschäftigung benötigen (vgl. Europäisches Parlament und Europäischer Rat 2006b, 13).

In kritisch-pädagogischer Perspektive dienen Schlüsselkompetenzen dem Zwecke einer funktionalisierbaren Selbststeigerung. Eine permanente Anpassungsfähigkeit als Maßstab des Lernens wird präferiert gegenüber einer Auseinandersetzung mit der Umwelt in Wechselwirkung mit eigener Zwecksetzung. Auf eine Kurzformel gebracht geht es bei Kompetenzen um Wissen, Können und Wollen. Im Deutschen Qualifikationsrahmen (DQR) (Arbeitskreis Deutscher Qualifikationsrahmen 2011) wird unter Kompetenz verstanden

> „die Fähigkeit und Bereitschaft des Einzelnen, Kenntnisse und Fertigkeiten sowie persönliche, soziale und methodische Fähigkeiten zu nutzen und sich durchdacht sowie individuell und sozial verantwortlich zu verhalten. Kompetenz wird in diesem Sinne als umfassende Handlungskompetenz verstanden" (ebd., 4).

Im DQR wird ein weiter Bildungsbegriff verwendet, der „normative, ethische und religiöse Reflexivität (als) konstitutiv für die Entwicklung von Handlungskompetenz" ansieht (ebd., 4).

Religion und religiöse Bildung

Der Zusammenhang von Bildung und Religion wird in den europäischen Institutionen unterschiedlich behandelt. In den Dokumenten der Europäischen Union werden Modelle religiöser Bildung nicht thematisiert; im Rahmen des Europarates gibt es dagegen zahlreiche Empfehlungen, die sich allerdings einseitig an der Promotion eines religionskundlich orientierten Modells religiöser Bildung orientieren. Als zentrale Zielsetzungen ragen hervor, durch Bildung Ignoranz, Stereotype und Missverständnisse im Blick auf Religion bearbeiten zu können und im Rahmen interkultureller Bildung die religiöse Dimension zu berücksichtigen. Dabei bleibt weitgehend ungeklärt, was mit „religiöser Dimension" gemeint ist.

Der Vermittlung von Wissen wird ein überragender Stellenwert zugeschrieben, ohne ein kritisches Verständnis von Wissen oder Wissensvermittlung zu thematisieren. Beispielhaft sei auf die Empfehlung COM(2008)12 *Dimensions of religions and non-religious convictions within intercultural education* (ER 10) verwiesen, in der es heißt:

„Students should have information on and knowledge of religions and non-religious convictions, which influence the behaviour of individuals in public life, in order to develop tolerance as well as mutual understanding and trust." (Ebd., 10)

Der Europarat könnte von seinen eigenen Aktivitäten und programmatischen Aussagen im Bereich von Education for Democratic Citizenship EDC lernen, in der alternative Lehr- und Lernmethoden propagiert und als integraler Bestandteil von EDC ausgewiesen werden (vgl. Bîrzéa 2000; Eurydice 2005; Kerr/Losito 2010).

Die Ergebnisse der Analyse zeigen, dass die bestehende Vielfalt von Modellen religiöser Bildung in Europa, die dem jeweiligen nationalen Kontext mit seinen unterschiedlichen Bedingungsfaktoren geschuldet ist, nicht wahrgenommen wird. In den analysierten Dokumenten des Europarates ist eine eindeutige Parteinahme zugunsten eines religionskundlichen, gegenüber existenziellen Aspekten von Religion distanzierten Ansatzes erkennbar. Die Forderung nach einem interdisziplinären Ansatzes in der Bildung von religiösen, moralischen und bürgerschaftlichen Werten wirkt auf dieser Grundlage rhetorisch aufgesetzt und nicht in der eigenen Programmatik verankert.

Betont wird dabei, dass sich der Europarat nicht mit der bestehenden Vielfalt des Religionsunterrichtes in öffentlichen Schulen beschäftigen will (oder kann?), allerdings wird durch die vorgenommene Positionierung eine bildungspolitische Einflussnahme gefördert.

5. Religion und Bildung im Spannungsfeld nationaler und europäischer Kontexte

In diesem Kapitel werden die Ergebnisse der Analyse in einen Zusammenhang eingeordnet und diskutiert. Dazu wird zunächst eine deskriptive Zusammenschau der Ergebnisse der Analyse von Merkmalen und Konzepten von Religion und Bildung in den ausgewählten Dokumenten vorgelegt[156] und anschließend aus einer normativen christlich-protestantischen Perspektive diskutiert.[157] Die zentralen Kategorien der Analyse sind *Religion* und *Bildung,* sie stehen im Zentrum der Diskussion. Als Subkategorien werden bei Religion diskutiert: *Religionsverständnis, Staat-Kirche-Verhältnis* sowie *Gesellschaft, Demokratie und Religion.* Bei Bildung sind es die Subkategorien *Bildungsverständnis, Wissensgesellschaft und lebenslanges Lernen, religiöse Bildung und Religionsunterricht.*

5.1 Verdichtete Zusammenschau der Ergebnisse als Grundlage der Diskussion

Es geht in der Studie um Bezugnahmen auf Religion im Kontext einer Europäisierung von Bildung. Dazu wurden Dokumente und Vorgänge des Europarates und der Europäischen Union einer Inhaltsanalyse unterzogen. Im Vergleich der beiden europäischen Institutionen und ihrer Dokumente finden sich sowohl gemeinsame Positionen als auch unterschiedliche Akzentuierungen im Blick auf die Gewichtung von Religion im Kontext einer Europäisierung von Bildung. Darauf wird bei der Diskussion der einzelnen Ergebnisse einzugehen sein.

Resümierend kann bereits an dieser Stelle Folgendes festgehalten werden: Während in den Empfehlungen des Europarates *Religion* explizit benannt und diskutiert wird, findet sich in den Dokumenten der Europäischen Union keine direkte Thematisierung von Religion.

---

156 Der Bezug zur Zusammenfassung der Ergebnisse (Kap. 4.3) liegt in einer iterativen Erinnerung, weitergehenden Akzentuierung und Verdichtung der Ergebnisse.

157 Auch andere religiöse Perspektiven wären prinzipiell möglich. Vergleichend wäre eine Beurteilung aus einer katholischen, einer christlich-orthodoxen, einer jüdischen oder einer muslimischen Perspektive interessant.

Mit der Einnahme einer protestantischen und damit spezifisch christlich-konfessionellen Perspektive soll darauf verwiesen werden, dass es neben einer allgemeinen Rede über „Religion" darauf ankommt, die unterschiedlichen Traditionen und Konfessionen wie auch Unterschiede *innerhalb* einer Religionsgemeinschaft wahrzunehmen, da sich Religion stets in einem spezifischen Kontext materialisiert und nicht im luftleeren Raum existiert. Die hier eingenommene protestantische Perspektive ist eine überwiegend deutsche Perspektive, die europäische Positionen in den Blick nimmt und bisweilen auch andere nationale Kontexte einbezieht, sofern entsprechende Dokumente dazu vorliegen.

Im Blick auf *Bildung* wird in den Texten des Europarates ein allgemeiner Zusammenhang von Bildung und Religion hergestellt, ebenso werden Anforderungen an und Zielsetzungen von religiöser Bildung thematisiert. Es finden sich keine Beiträge, die sich inhaltlich und konzeptionell mit Bildungskonzepten auseinandersetzen, es bleibt bei der iterativen Feststellung, Bildung sei gut und wichtig. Im Vergleich dazu kommt es im Rahmen der EU zu einer differenzierten Auseinandersetzung um ein europäisch konturiertes Bildungsverständnis. Dies hängt mit dem seit 2000 forcierten Unternehmen zusammen, Bildung und Ausbildung als integrierte Bereiche für die Wachstumsstrategie der EU auf europäischer Ebene zu protegieren.[158] Ein Diskurs um Religion im Rahmen von Bildung findet sich jedoch in den Dokumenten der EU nicht.

Die Analyse lässt sich pointiert so zusammenfassen: Während im Kontext des Europarates eine Auseinandersetzung mit Religion stattfindet und Bildung lediglich genannt aber nicht diskutiert wird, gibt es im Rahmen der EU eine intensive Auseinandersetzung mit Bildung, ohne dass Religion dabei explizit thematisiert wird.

5.1.1 Religion

In diesem Teil geht es um Ergebnisse, die darlegen, welches *Religionsverständnis* konzeptionell im Rahmen der europäischen Institutionen verwendet wird, wie dabei die Staat-Kirche-Verhältnisse in Europa berücksichtigt werden und wie Religion im Blick auf Gesellschaft und Demokratie verortet wird.[159]

Religionsverständnis

In den Dokumenten des Europarates finden sich drei Perspektiven von Religion: Religion als Privatsache (private Religion), Religion als kollektiv organisierte Religion (organisierte Religion) und Religion als Bestandteil von Kultur (kulturelle Religion).

Durchgängig wird dabei, auch in aktuellen Texten, insbesondere auf *private Religion* fokussiert, allerdings werden in den aktuellen Dokumenten zu Bildung und Religion die *organisierte Religion* und ihre damit verbundene Rolle im öffentlichen Raum stärker wahrgenommen, konkret: die Rolle und das Potenzial der Religionsgemeinschaften im Rahmen der europäischen Integration. Auch der *kulturellen Religion* wird in neueren Dokumenten ein größeres Gewicht als zuvor beigemessen. Dabei kommt es zu einer Reduzierung von Religion auf ein „kulturelles Gut" (*cultural fact*) und zur Betonung einer religiösen Dimension im Rahmen des interkulturellen Dialogs. Religion als „kulturelles Gut" zu verstehen (ER 10), ermöglicht einerseits die Wahrnehmung eines öffentlich bedeutsamen Aspektes von Religion; andererseits wird es im Rahmen des Europarates als „Minimalkonsens" für die Beschäftigung mit Religion verstanden. Die

---

158 Diese Zielsetzung wird durch das „bildungspolitische Dilemma" beeinflusst, das darin besteht, dass nach dem Primärrecht der EU die Mitgliedstaaten für Inhalte und Struktur von Bildung zuständig sind und der EU selbst nur eine unterstützende Funktion (supporting competence) zukommt.

159 Die Ergebnisse werden jeweils thetisch zusammengefasst (*kursiver Teil*) und dann erläutert.

Thematisierung einer „religiösen Dimension" bedeutet eine konzeptionelle Öffnung des interkulturellen Dialogs. Dieser Aspekt wird insbesondere im Weißbuch des Europarates (Europarat 2008) als Rahmenbedingung des interkulturellen Dialoges behandelt (ER 9). Die genannten Perspektiven stehen nicht unverbunden nebeneinander.[160]

Im Rahmen der Europäischen Union gibt es kein explizites Religionsverständnis, die bestehenden nationalen Verhältnisse von Staat und Religion werden jedoch respektiert und anerkannt und als nationale Angelegenheiten verortet.

Den Religionsgemeinschaften wird im Rahmen der Zivilgesellschaft ein besonderer Stellenwert beigemessen. Ein offener, transparenter und regelmäßiger Dialog mit ihnen ist im Primärrecht verankert (Art. 17, AEUV).

Insgesamt kann festgehalten werden, dass im europäischen Kontext, etwa bis zum Jahr 2000, eine Marginalisierung von Religion evident war und sich erst in neuerer Zeit die Berücksichtigung eines differenzierten Religionsverständnisses erkennen lässt. Es scheint zugleich so, dass Religion für politische Zielsetzungen instrumentell verwendet wird oder eingrenzend (nur) als „Dimension" des interkulturellen Dialogs thematisiert wird. Der Dialog mit den Religionsgemeinschaften wird dabei intensiviert, ihre Beteiligung an Prozessen der europäischen Integration ist erwünscht.[161] In dieser Entwicklung spiegelt sich eine veränderte Wertschätzung von *organisierter Religion,* die auch im Primärrecht der EU explizit benannt wird. Der entsprechende Artikel spiegelt wider, dass einerseits die bestehenden nationalen Verhältnisse im Blick auf Staat und Religion respektiert werden und sich die EU andererseits auf einen offenen, transparenten und regelmäßigen Dialog mit den Religionsgemeinschaften verpflichtet (Art. 17 AEUV).

Staat-Kirche-Verhältnis

Das Verhältnis von Staat und Kirche ist ein zentrales Thema des Europarates. Es werden dabei vorhandene strikte Trennungssysteme (laïcité) von Religion und Staat präferiert wahrgenommen (ER 1). Religion wird in diesem Modell überwiegend als

---

160 An dieser Stelle soll auf das vielfach als Grundlage der Argumentation herangezogene Recht auf Gedanken-, Gewissens- und Religionsfreiheit (Art. 9, EMK, Art. 4,1 GG) verwiesen werden. Darin findet sich das Recht jedes einzelnen auf Gedanken-, Gewissens- und Religionsfreiheit in zwei Dimensionen: einmal als individuelles Recht, aber auch als gemeinschaftliches Recht, seine Religionszugehörigkeit mit anderen gemeinsam öffentlich zu bekunden und auszuüben. Art. 9 EMK bietet die Grundlage für eine negative Religionsfreiheit, als Freiheit von Religion, wie auch für eine positive Religionsfreiheit, als Recht, einer Religion anzugehören und diese auszuüben (vgl. dazu Di Fabio 2009). Art. 9 repräsentiert eine der Grundlagen einer demokratischen Gesellschaft.

161 Im Rahmen des Europarates finden seit 2008 regelmäßig Dialogveranstaltungen (Exchanges) mit Vertreterinnen und Vertretern der Religionsgemeinschaften statt, im Rahmen der Europäischen Union jährliche Spitzentreffen zwischen den Institutionen der EU und leitenden Persönlichkeiten der Religionsgemeinschaften.

Privatsache behandelt und nicht als öffentliche Angelegenheit angesehen. Aus dieser Perspektive ist die Anerkennung der organisierten Religionsgemeinschaften und deren Rolle bei der Gestaltung des europäischen Gemeinwesens begrenzt, da eine öffentliche Funktion von Religion mit den Prinzipien der laïcité nicht vereinbar ist.

Zur Beurteilung dieser Position ist folgender Kontext wichtig: Die Verhältnisse von Staat und Kirche in Europa sind, bedingt durch die geschichtlichen Entwicklungen, national unterschiedlich.[162] Die Spannbreite reicht von einem in Frankreich und Belgien bestehenden Laizismus (*laïcité*) mit einer strikten Trennung von Staat und Religion bis zu Staatskirchen in England, Dänemark, Norwegen und Griechenland. Hinzu kommen kooperative Modelle zwischen Staat und Kirche, niedergelegt in einem Religionsverfassungsrecht, wie in Deutschland, verschiedenen Kantonen der Schweiz oder in Österreich. Grundlage dafür ist die im Zeitalter der Aufklärung erfolgte prinzipielle Trennung von geistlicher und weltlicher Sphäre, von Kirche und Staat, die sich in den nationalen Kontexten unterschiedlich konkretisiert hat. Ein Ergebnis der Erfahrung des religiösen Bürgerkrieges in Europa[163] war es, dass es keine vollständige und bedingungslose Unterordnung des staatlichen Rechts unter religiöse Prinzipien mehr gibt.[164] Auf dieser Grundlage hat sich eine in dem genannten Spektrum angesiedelte Vielfalt an Staat-Kirche Verhältnissen entwickelt. Es kann daher nicht von einem einheitlichen europäischen Religionsrecht gesprochen werden.

In der Diskussion um bestehende Staat-Kirche-Modelle kommt dem Grundrecht der Religionsfreiheit übergreifend eine zentrale Bedeutung zu. Es hat eine individuelle, aber auch eine korporative Komponente.

---

162 Ein Überblick zu den Staat-Kirche Verhältnissen in Europa mit vergleichenden Aspekten findet sich bei Robbers 1995 und Robbers 2006 sowie Walter 2008.

163 Mit dem Westfälischen Frieden, der 1648 in Münster und Osnabrück geschlossen wurde, ging ein von konfessionellen Gegensätzen bestimmter Dreißigjähriger Krieg (1618–1648) in Deutschland und zugleich ein Achtzigjähriger Unabhängigkeitskrieg der Niederlande zu Ende. Der fünf Jahre während Friedenskongress, an dem nahezu alle großen europäischen Mächte vertreten waren, wurde zum Vorbild für spätere Friedenskonferenzen, da alle Staaten gleichberechtigt waren. Erstmals wurde ein Krieg in Europa durch einen ausgehandelten Friedensschluss beendet. Kern der Regelungen war ein neues Reichsreligionsrecht, das zu einem friedlichen Nebeneinander der Konfessionen beitrug.

164 Diese findet sich etwa in Art. 4 der iranischen Verfassung, in dem der Vorrang „islamischer Kriterien" benannt wird.

Die EU würdigt die bestehende Vielfalt der Staat-Kirche-Verhältnisse (Art. 17 AEUV) und die eigenständige Rolle der Kirchen und strebt kein einheitliches europäisches Religionsrecht an.[165] Prozesse einer Europäisierung zeigen jedoch zunehmend Auswirkungen auf das Staat-Kirche Verhältnis auf nationaler Ebene.[166]

Die verschiedenen Staat-Kirche Modelle werden im Rahmen des Europarates nicht differenziert gewürdigt. Zugleich wird für das Verhältnis von Religion und Menschenrechte eine wechselvolle Geschichte konstatiert und allgemein ein Nachholbedarf bei den Religionen im Blick auf die Beachtung und Unterstützung der Menschenrechte festgestellt.

Gesellschaft, Demokratie und Religion

Von den europäischen Institutionen werden die Komplexität des Verhältnisses von Gesellschaft, Demokratie und Religion sowie ihre geschichtliche Prägung zunehmend berücksichtigt. Im Rahmen des Europarates gibt es ein Misstrauen hinsichtlich der demokratischen Orientierung von Religionsgemeinschaften.
Die Europäische Union würdigt den Stellenwert der Religionsgemeinschaften und hebt sie als Akteure der Zivilgesellschaft hervor.
Es entwickelt sich eine veränderte Wahrnehmung von Religion in der europäischen Gesellschaft und den Religionsgemeinschaften wird ein Potenzial zur Mitgestaltung europäischer Prozesse zugesprochen, das für demokratische Entwicklungen förderlich sein kann.

Religion wird in etlichen Dokumenten im Zusammenhang mit „säkularer Demokratie" und „säkularem Staat" diskutiert und die Rolle von Religion wird dabei im Rahmen des Europarates ambivalent eingeschätzt. In einigen Dokumenten wird ein offensiver Säkularismus vertreten, der keine aktive Rolle der Religionsgemeinschaften vorsieht und sie eher als demokratiefern charakterisiert (ER 2). In anderen Texten wird darauf verwiesen, dass es gemeinsame Werte der Religionsgemeinschaften und des Europarates gebe bzw. dass die Werte des Europarates von den Werten der Religionsgemeinschaften abstammen (ER 6).

Die Europäische Union ordnet Religion in zivilgesellschaftliche Bezüge ein und sieht in den Religionsgemeinschaften wichtige Interessenvertreter und Kooperationspartner.

Zusammenfassend lassen sich im europäischen Kontext zwei Tendenzen in der Beurteilung von Religion erkennen. Zum einen werden die Religionsgemeinschaften zunehmend zu wertvollen Partner der Politik bei der Gestaltung einer demokratischen

---

165 Heinrich de Wall (2007) weist darauf hin, dass das Europarecht die Religionsgemeinschaften in gleichsam mediatisierter Weise wahrnimmt und deren eigenständige Rolle berücksichtigt und würdigt.

166 Sergio Carrera/Joanna Parkin (2010) geben einen Überblick zur Verortung von Religion in europäischer Rechtsprechung und Politik; Markus Söbbeke-Krajewski (2006) beschäftigt sich in seiner Studie mit Ansätzen eines systematischen Religionsrechts insbesondere in den bestehenden EU-Verträgen.

Gesellschaft, sofern sie sich an vorgegebene Rahmenbedingungen halten. Zum anderen wird das Geflecht zwischen Religion, Demokratie und Gesellschaft als facettenreich charakterisiert. Das zeigt eine knappe Auflistung der Ausdifferenzierungen in der europäischen Semantik, die im Rahmen der Analyse aufgewiesen werden konnten:

- Religion schwindet, nimmt jedoch gesellschaftlich an Bedeutung zu;
- Religion ist Privatsache, aber eine öffentlich bedeutsame Angelegenheit;
- Religion ist ein kulturelles Faktum, aber für Gläubige bedeutet Religion weitaus mehr.

5.1.2 Bildung

In diesem Abschnitt geht es um den Stellenwert von *Bildung* und um Konturen des Bildungsbegriffs, um zentrale Rahmenkonzepte sowie um die Beziehung von Bildung und Religion.

Bildungsverständnis

Beim Europarat wird Bildung hoch gewichtet und positiv in ihrer gesellschaftlichen Funktion verstanden, ohne dass es zu weitergehenden Differenzierungen kommt.
Bei der EU wird Bildung zunehmend europäisiert und erhält eine zentrale Funktion für Wirtschafts- und Wachstumsinteressen unter Beachtung der Zuständigkeit der Mitgliedstaaten für Inhalte und Struktur von Bildung.

Im Rahmen des Europarates wird unter Bildung überwiegend Wissenserwerb verstanden. In den analysierten Dokumenten wird die Position vertreten, dass, wer Wissen über andere Religionen hat, ihnen gegenüber auch eine tolerante Haltung entwickeln kann (ER 3). Das damit verbundene Bildungsverständnis ist zielgerichtet: Toleranz soll gefördert werden, Bildung soll dazu führen, Widerstandsfähigkeit gegenüber Fundamentalismus, Fremdenfeindlichkeit und Fanatismus auszubilden und soll zu Gerechtigkeit beitragen. Zuvörderst ist Bildung im Kontext des Europarates auf die zentralen Werte Demokratie, Menschenrechte und Rechtsstaatlichkeit bezogen.

Die Bildungspolitik der EU fordert einerseits mehr *Qualität und Wirksamkeit* der nationalen Bildungssysteme, andererseits findet sich im Rahmen der *Lissabon-Strategie* ein vergleichsweise enges, funktionales Verständnis von Bildung, das sich überwiegend an Arbeitsmarktfähigkeit, Mobilität und Flexibilität als Zielsetzungen orientiert. Nationale Bildungssysteme werden als defizitär eingestuft im Blick auf das Erreichen der Ziele von Lissabon. Im Strategischen Rahmen zur Kooperation im Bereich allgemeine Bildung und berufliche Bildung von 2009 (EU 12) wird die entscheidende Rolle unterstrichen, die allgemeine und berufliche Bildung für Wachstum und Beschäftigung spielen. Wirksame Investitionen in „Humankapital" sind dafür notwendig. Zugleich werden als strategische Ziele von Bildung auch die Förderung von Gerechtigkeit, sozialem Zusammenhalt und aktiven Bürgersinns genannt, und damit einem umfassenden Bildungsverständnis Raum gegeben. Bei den Begründungen dieser konzeptionellen Ausrichtung von Bildung wird auf die Erfordernisse einer Wissensgesellschaft rekurriert, die lebenslanges Lernen von allen erfordere.

Wissensgesellschaft und lebenslanges Lernen

Wissensgesellschaft wird, insbesondere in den Dokumenten der Europäischen Union, als gesellschaftliche Veränderung und damit als zentrale Rahmenbedingung und Begründungsmuster dafür verwendet, dass sich Qualität und Effizienz von Bildungssystemen steigern müssen. Zu dem Konzept Wissensgesellschaft wird jedoch im Rahmen der europäischen Institutionen kaum ein inhaltlicher Diskurs geführt.

Es wird davon ausgegangen, dass die Konstatierung von Prozessen der Globalisierung und das Entstehen einer Wissensgesellschaft die Notwendigkeit lebenslangen Lernens ausreichend begründen. Lebenslanges Lernen hat sich als eine übergreifende Zielsetzung und Programmatik im Rahmen einer Europäisierung von Bildung etabliert.

Mit der Strategie Europa 2020 wird Wissen in den Mittelpunkt der EU im Streben nach intelligentem, nachhaltigem und integrativem Wachstum gerückt; es geht um die Stärkung einer wissensbasierten Wirtschaft.

Erfordernisse einer *Wissensgesellschaft* werden insbesondere in den Bildungsdokumenten der EU unter der Prämisse angeführt, die EU zu einer „fortschrittlichen Wissensgesellschaft" zu entwickeln (z.B. Europäisches Parlament und Europäischer Rat 2006a, 45). Es gibt jedoch keine Auseinandersetzung darüber, was das Konzept Wissensgesellschaft impliziert und welche Konsequenzen sich daraus für Bildung und Ausbildung ergeben. Vielmehr bleibt die Argumentation bei der Behauptung stehen, dass Wissen zur entscheidenden Produktivkraft moderner im globalen Wettbewerb miteinander stehenden Ökonomien geworden sei.

Die programmatische Leitlinie wurde vom Europäischen Rat mit seinem Beschluss in Lissabon (2000) vorgegeben, Europa zum wettbewerbsfähigsten und dynamischsten wissensbasierten Wirtschaftsraum in der Welt werden zu lassen. Auch in der aktualisierten Fassung der Vision einer europäischen sozialen Marktwirtschaft des 21. Jahrhunderts (EU 13) wird ein „intelligentes Wachstum" als eine von drei Prioritäten propagiert, das eine auf Wissen und Innovation gestützte Wirtschaft prägen soll.

Lebenslanges Lernen hat sich zu einem Mantra und zu einem Schlüsselbegriff europäischer (und auch nationaler) Bildungspolitik entwickelt. Es wird als Schlüssel zum 21. Jahrhundert verstanden (Delors 1997, 18).[167] Die Trennung zwischen Erstausbildung und Weiterbildung, formalem, nicht-formalem und informellem Lernen soll überwunden werden.[168]

---

167 In seinem Memoiren (2004) kommt Delors auf den Begriff zurück, und bedauert, dass lebenslanges Lernen bloß ein Schlagwort geblieben sei, und „keine ernsthafte Arbeit sozialer, pädagogischer oder organisatorischer Reform" damit verbunden werde (ebd., 491).

168 Ein wichtiges, diese bildungspolitische Diskussion vorbereitendes Dokument ist der 1996 von der UNESCO vorgelegte „Delors-Report" (UNESCO 1996; deutsche Ausgabe: Deutsche UNESCO-Kommission 1997). Darin werden vier Säulen als tragendes Gerüst von Bildung benannt, die grundlegend für lebenslanges Lernen sein sollen: Lernen, zusammen zu leben; Lernen, Wissen zu erwerben; Lernen zu handeln und Lernen für das Leben. Das damit vorgelegte Lern- und Bildungsverständnis hat auch in der deutschen Erziehungswissenschaft einige Aufmerksamkeit hervorgerufen. Allerdings wird in den Folgejahren das wertorientierte, für ethische und spirituelle Perspektiven offene Bildungsverständnis der Kommission

Aus dem Schlagwort „Lernen für das Leben"[169] wurde die Forderung nach „lebenslangem Lernen" mit einem Kontinuum sämtlicher Lernaktivitäten „von der Wiege bis zum Grab". Lebenslanges Lernen hat sich zu einem übergreifenden Schlüsselbegriff europäischer Bildungspolitik entwickelt (vgl. Bîrzéa 2005, 19). Im Rahmen der EU wird es als ein „Grundprinzip" verstanden, „an dem sich Angebot und Nachfrage in sämtlichen Lernkontexten ausrichten" sollen (Europäische Kommission 2000, 3). Die „Grundbotschaften" enthalten das Streben nach Schlüsselqualifikationen und -kompetenzen für alle und höhere Investitionen in „Humanressourcen" (vgl. ebd., 12ff.).

Es kommt in diesem Prozess zu einer zunehmenden „Verzahnung formalen, nonformalen und informellen Lernens" (Amos, 2009, 92) die anzeigt, dass historisch begründete Trennungen keine angemessene Antworten mehr auf gesellschaftliche Herausforderungen bereithalten.[170]

Ein zentraler Bereich von Europäisierung von Bildung ist die Fokussierung auf *Schlüsselkompetenzen* für lebenslanges Lernen. *Alle* Bürgerinnen und Bürger sollen über Wissen und Fertigkeiten verfügen, die für die bestehenden Qualitätsprofile wichtig sind. Dazu gehören Lesen, Schreiben, Rechnen, logisches Denken und Computer literacy. Die festgelegten Schlüsselkompetenzen sollen Dispositionen zu Arbeitsmarktfähigkeit (*employability) und* Flexibilität (*flexibility*) fördern und ermöglichen.

---

nicht umfassend rezipiert. Bildung soll zur „Saat eines neuen Humanismus" werden „der deutlich durch eine ethische Komponente charakterisiert ist und sein Gewicht auf Wissen von und Respekt vor anderen Kulturen und spirituellen Werten verschiedener Zivilisationen legt. Ein mehr als notwendiges Gegengewicht zu einer Globalisierung, die ansonsten rein ökonomisch und technisch ausgerichtet wäre!" (Deutsche UNESCO-Kommission 1997, 41). Die Nähe des im Bericht erkennbaren Menschenbildes mit den in der Bibel überlieferten jüdischen und christlichen Traditionen wird im Rahmen der Diskussion betont (vgl. Evangelische Akademie Arnoldshain/Deutsche UNESCO-Kommission 1998). Der Delors-Report entwickelt sein Bildungsverständnis von einer globalen Perspektive her, die auch zu beachten ist, wenn es um eine Europäisierung von Bildung geht. Aus dieser globalen Perspektive kann die Anregung eines ganzheitlichen Bildungsverständnisses aufgenommen werden, bei dem die spirituelle und religiöse Dimension nicht ausgeklammert wird (vgl. Schreiner 2005b).

169 Der erste Bericht zu den Ergebnissen der Schulleistungsstudie PISA trug den Titel: „Lernen für das Leben" (Organisation for Economic Co-operation and Development 2001). Die UNESCO-Projektschulen stehen unter dem Motto „Lernen für das Leben in der Weltgesellschaft" (vgl. http://www.ups-schulen.de/index.php).

170 Ein zentrales Dokument, das diese Verzahnung aufnimmt und fördert, ist der Europäische Qualifikationsrahmen (EU 11). Er versteht sich als „Instrument zur Förderung des lebenslangen Lernens" (Europäische Kommission, Generaldirektion Bildung und Kultur, 2008, 3). Darin wird die Validierung nicht-formalen und informellen Lernens gefordert. Die acht Referenzniveaus werden in Form von Lernergebnissen beschrieben, die Auskunft darüber geben, was ein Lernender nach Abschluss eines Lernprozesses weiß, versteht und in der Lage ist zu tun.

Religion und religiöse Bildung

Ein expliziter Zusammenhang von Bildung und Religion wird in den Dokumenten des Europarates thematisiert. Dabei wird die Position eines „teaching about religions" präferiert, die in der Vermittlung von Wissen den Zweck religiöser Bildung erfüllt sieht. Die Vielfalt bestehender Konzepte eines Religionsunterrichts in den Schulen Europas und damit verbundene Erfahrungen werden nicht aufgenommen und diskutiert.
Bildung und Religion werden im Rahmen der EU nicht explizit thematisiert, allerdings spielt der Zusammenhang eine Rolle im intensiver werdenden Dialog mit Kirchen und Religionsgemeinschaften.

Der Zusammenhang von Bildung und Religion wird in den Dokumenten des Europarates thematisiert und bewertet. Die unterschiedlichen Begrifflichkeiten, die verwendet werden, es wird von „teaching about religions" gesprochen, aber auch von „education about religions", „studies of religions and ethics" und „lessons about religions", haben gemeinsam, dass es in diesem Ansatz vorrangig um die Vermittlung von Fakten und Informationen geht, eben einem „teaching about religions."

Mit dieser Zusammenschau wird eine Grundlage für die Diskussion der Ergebnisse geschaffen. Nachfolgend werden nun die Ergebnisse der Analyse thesenhaft benannt und aus einer christlich-protestantischen Perspektive heraus diskutiert. Damit wird eine deskriptive Perspektive zu Religion bzw. Religionen verlassen und eine normative christlich-protestantische Perspektive eingenommen, die nur *eine* Stimme im Konzert der Religionen auf europäischer Ebene darstellt und auch nicht das gesamte Spektrum des Protestantismus repräsentieren will. Die Darstellung der protestantischen Perspektive beruht überwiegend auf deutschen Quellen, die ergänzt werden durch Positionen und Perspektiven anderer nationaler Kontexte und von europäischen kirchlichen Zusammenschlüssen, die protestantisch orientiert sind (GEKE), bzw. in denen die protestantischen Kirchen mit anderen Konfessionsfamilien (anglikanisch, orthodox, altkatholisch) zusammenarbeiten (KEK).

5.2 Diskussion der Ergebnisse aus einer protestantischen Perspektive

Eine protestantische Perspektive mit ihren reformatorischen Grundlegungen bildet die „Brille" zur Diskussion der Ergebnisse.[171] Es werden dazu zunächst knappe Erläuterungen zu den Grundlagen des Protestantismus gegeben und drei zentrale Zusammenhänge genannt, die für die Diskussion wichtig sind: Protestantismus, Säkularisierung und Pluralität, Protestantismus und Bildung und Protestantismus und europäische Integration.

Eine protestantische Perspektive bietet sich auch deshalb an, weil sich die Reformation um Bildung und Schule bemüht hat und der Protestantismus von Anfang an ein europäisches Phänomen gewesen ist. Unabhängig von seinen verschiedenen

---

171 Die Verwendung einer protestantischen Perspektive zur Diskussion der Ergebnisse wurde argumentativ bereits in Kap. 1.2 vorbereitet.

Richtungen und Ausprägungen ist der Protestantismus insgesamt von Respekt für den Pluralismus der Überzeugungen und von einer Orientierung am Dialog geprägt.[172] Grundlegende Einsichten der Reformation haben das individuelle Freiheitsverständnis vertieft und den Sinn für die Säkularität des Politischen geschärft. Dem Protestantismus sind Reformfähigkeit, gestaltete Vielfalt und der Verzicht auf eine zentralisierte und hierarchische Organisationsstruktur eigen (vgl. Huber 2007c, 145). Die protestantische Perspektive lässt sich generell mit den Begriffen „Freiheit und Verantwortung" charakterisieren, mit denen der Fokus auf das Individuum und seine Verantwortung für das Gemeinwohl zum Ausdruck gebracht werden. Im Bildungsbereich sind eigene christlich-protestantische Bildungsaktivitäten wie auch die Mitverantwortung der protestantischen Kirchen für öffentliche Bildung davon geprägt.[173]

Die protestantische Sicht zu Säkularisierung und Religion, zum Verhältnis von Religion, Staat und Gesellschaft legt Grundlagen, die auch die Beziehungen von Religion und Bildung prägen. Protestantismus gilt als „Religion der Freiheit" und wird mit Attributen verbunden wie „religiös fundierte Autonomie, Glaubens- und Gewissensfreiheit, vernünftige Selbstbestimmung, Denkglaube, sittlicher Ernst, asketische Strenge und überhaupt die spezifisch neuzeitliche, modernitätsfähige Gestalt des Christlichen" (Graf 2010, 15 unter Bezug auf J.H. Campe). Mit der Reformation im 16. Jahrhundert entstand die Vielfalt des Protestantismus als eigene Überlieferungsgestalt des Christlichen in ausdrücklicher Differenz zum römischen Katholizismus und zum orthodoxen Christentum. Unbeschadet der spannungsreichen Vielfalt seiner Überlieferungsgeschichten sind für den Protestantismus folgende theologische Elemente grundlegend gemeinsam: *„allein durch Christus"* (*solus Christus*) kann die Erlösung des sündigen Menschen erfolgen, *„allein durch die Schrift"* (*sola scriptura)*, d.h. die Betonung der exklusiven Bindung an die Heilige Schrift, ist es möglich, kirchliche Überlieferungen und Praktiken zu kritisieren und zu erneuern, *„allein aus Glauben"* (*sola fide)*, das allen verdienstvollen

---

172 Einen knappen Überblick zu Geschichte und Gegenwart des Protestantismus sowie seinen verschiedenen Facetten bietet Friedrich Wilhelm Graf (2010); zum Zusammenhang von Protestantismus und Pluralismus und Dialog vgl. auch Wolfgang Huber (2006b, 2006c).

173 Im Mittelpunkt des römisch-katholischen Kirchenverständnisses steht die Gemeinschaft (communio), die sich auf zwei miteinander verbundenen Ebenen verwirklicht: Die Gläubigen haben im Abendmahl (Eucharistie) leibhaftigen Anteil an Christus und dadurch Gemeinschaft mit Gott; Daraus wächst und lebt die Gemeinschaft der Menschen untereinander als Leib Christi. Die Gemeinschaft der Kirche umfasst als Leib Christi und Volk Gottes die Gläubigen aller Orten und aller Zeiten (katholisch bedeutet: umfassend, über die ganze Erde verbreitet). Dem Katholizismus sind das Papsttum und die religiöse Internationalität bzw. das Verständnis Weltkirche zu sein eigen. Katholiken sollen in der Gesellschaft „auf der Höhe der Zeit" mitwirken. Das Judentum ist nicht nur Religion sondern auch Volk; es ist geprägt von kritischem Denken, kritischem Bewusstsein und dem Wille zur Humanität und zu Gerechtigkeit; Islamische Herrschaft läuft auf eine Theokratie hinaus, wobei dieser Anspruch keine universelle Gültigkeit beanspruchen kann; das Verhältnis von Islam zu Demokratie und Vernunft ist ein umstrittenes Thema (vgl. dazu Mernissi 2002; zu aktuellen Entwicklungen Krämer 2011; Perthes 2011).

Werken oder Gnadenschätzen von Heiligen eine Absage erteilt, und schließlich „*allein durch die Gnade*" (*sola gratia)* ist die Rechtfertigung des Sünders möglich.

Die Reformation ist von ihren Ursprüngen her auch eine Bildungsbewegung.[174] Martin Luther (1483–1546) schrieb 1524 „an die Ratsherren aller Städte deutschen Landes, dass sie christliche Schulen aufrichten und halten sollen". Philipp Melanchthon (1497–1560) strebte einen Ausgleich von Christentum und Humanismus sowie von Frömmigkeit und Bildung an. Er erwartete aus dieser Synthese den größtmöglichen religiös-ethischen Nutzen für das Individuum. Im nachreformatorischen Kontext hat Johann Amos Comenius (1592–1670) ein umfassendes System der Pädagogik entwickelt, das eng auf seine politisch-sozialreformerische Tätigkeit bezogen war. Für ihn war Pädagogik die Mitwirkung des Menschen an der Verbesserung der göttlichen Schöpfung.[175]

Bevor nun einzelne Ergebnisse der Analyse aus einer protestantischen Perspektive diskutiert werden, sollen drei zentrale Zusammenhänge genannt werden, die für die Diskussion wichtig sind: Der Zusammenhang von Protestantismus, Säkularisierung und Pluralität, das Verhältnis von Protestantismus und Bildung sowie der Beitrag des Protestantismus zur europäischen Integration.

– *Es gibt eine protestantische Bejahung von Säkularisierung und Pluralität.*[176] Beispielhaft hat der evangelische Theologe Eberhard Jüngel diese Perspektive in seinem Beitrag bei der Europäischen Evangelischen Versammlung in Budapest 1992 begründet (Jüngel 1993). Er spricht von „säkularisierten Schätzen der Kirche" wie z.B. die allgemeine Schulpflicht und vielen anderen Errungenschaften des modernen Rechtsstaates. Für ihn ist Säkularisierung kein Gegenbegriff zum Christentum und er plädiert dafür, „die recht verstandene

---

174 Dazu findet sich bei Kaufmann (2009) ein Kapitel zu bildungsgeschichtlichen Voraussetzungen der Reformation (ebd., 98ff.) und zu Initiativen für ein gegliedertes Schulwesen (ebd., 427f.).

175 Bildung als reformatorisches Anliegen ist keine Nebensache sondern zentral für den angestrebten Prozess der Veränderung von Kirche. Hinzu kommt, dass evangelisch geprägte Freiheit seit der Reformationszeit die allmähliche Anerkennung von Gewissens- und Religionsfreiheit und von anderen Menschenrechten vorbereitet hat. Die Entwicklung des Verhältnisses von Protestantismus und Kultur oder die Folgewirkungen der Reformation für die Entstehung konfessionell homogener lutherischer und reformierter Gemeinwesen für Politik, Ökonomie, Bildungswesens, Wissenschaft, Kunst und Lebensführung der Menschen können hier nicht nachgezeichnet werden, allenfalls wird auf einige daraus erwachsenen, bis heute nachwirkenden Prinzipien verwiesen wie die „Freiheit eines Christenmenschen" (Martin Luther) bzw. die damit verbundene Aufwertung der Individualität, die religiöse Verweltlichung der Welt (protestantische Berufstreue für die Durchsetzung eines bürgerlichen Leistungsethos) und die Entstehung des Protestantismus als Bildungsmacht durch den entscheidenden Beitrag der reformatorischen Bewegung für die Entwicklung des Schulwesens und der Universität (vgl. dazu Nipkow/Schweitzer 1991, 1994; Biehl/Nipkow 2003).

176 Pluralität bezeichnet die Situation gesellschaftlicher, kultureller, religiöser und weltanschaulicher Vielfalt, während Pluralismus ein reflektiertes Verhältnis zu dieser Situation meint.

Weltlichkeit der Welt nicht als säkularisiertes Christentum mit Argwohn (zu) verfolgen" (ebd., 46). Die Haltung einer „recht verstandenen Weltlichkeit der Welt" prägt den Protestantismus und erschließt Möglichkeiten, aus evangelischer Freiheit heraus das Gemeinwesen mitzugestalten (vgl. Greschat 2005; Hoburg 1999; Jüngel 1993, 44–48; Graf 2006). Für den Protestantismus ist der entscheidende Ort christlichen Lebens der Alltag der Welt (vgl. Graf 2006, 80).

– *Protestantismus und Bildung gehören zusammen.* Das haben u.a. bereits die Reformatoren Melanchthon und Luther verdeutlicht. Bildung gilt als „Lebensform des Glaubens", auch wenn ebenso gilt: „Es gibt keine Bildung zum Glauben, aber eine Bildung aus dem Glauben"[177] (Kammer der EKD für Bildung und Erziehung 1991, 38). Es würde dem Selbstverständnis der protestantischen Kirchen und ihren Mitgliedern zutiefst widersprechen, wenn Glauben und die darin manifestierten Sichtweisen von Mensch und Welt nur als private Angelegenheit gelten würden. Deshalb entfaltet sich protestantische Bildungsverantwortung in zwei Richtungen: als ungeteilte Verantwortung im eigenen Bereich der Glaubensüberlieferung von Generation zu Generation und als mit anderen geteilte Mitverantwortung im öffentlichen Bildungssystem (vgl. Nipkow 2002; Biehl und Nipkow 2003; Kammer der EKD für Bildung und Erziehung 2009; Schweitzer 2002; Schreiner et al. 2006).[178]

Die protestantische Bejahung von Pluralität und die Verbindung von Protestantismus und Bildung haben zu einem ausgeprägten Diskurs um eine Religionspädagogik im Pluralismus geführt.[179]

---

177 Der Bezug auf die Rechtfertigungslehre begründet die Nicht-Lehrbarkeit des Glaubens. Er ist ein Geschenk Gottes, das von Menschen nicht herbeigeführt werden kann. Allerdings steht dem die Notwendigkeit des Lernens nicht entgegen, denn Lernen kann als Voraussetzung des Glaubens betrachtet werden (vgl. Schweitzer 2006, 31ff., Kunstmann 2010, 38).

178 Die EKD-Synode 1990 in Lübeck-Travemünde hat dieses Verständnis evangelischer Bildungsverantwortung in einem Beschluss bekräftigt.

179 Wegweisend für die Diskussion sind die umfassenden Analysen von K.E. Nipkow zu einer Religionspädagogik im Pluralismus (Nipkow 1998, 2000, 2010) und der Entwurf einer pluralitätsfähigen Religionspädagogik, der von Schweitzer et al. (2002) vorgelegt wurde. Nipkow geht von folgender Zielsetzung aus: „Das Verständnis evangelischer kirchlicher Bildungsverantwortung soll sich im Kontext eines vielfältigen Pluralismus bewähren und sich hierbei nicht nur auf den religiösen, sondern auch ganz auf den nichtreligiösen Pluralismus einlassen." (1998, Bd. 2, 14f.) Der binnenchristliche Bezugsrahmen begreift Pluralität als Verständigungsproblem nach innen und als Dialogproblem nach außen. Nipkow geht über diesen Rahmen hinaus, indem er die Pluralität der lebenden Religionen thematisiert, und die Fragen nach einem multireligiösen Religionsunterricht als „Hauptschauplatz des religiösen Pluralismus heute und das Hauptthema einer Religionspädagogik im Pluralismus für die Zukunft" (ebd., 16) ansieht. Diese Position wird diskutiert in Schweitzer u.a. (2008), in dem die Position Nipkows aus der Sicht ihrer Rezeption in verschiedenen europäischen Ländern betrachtet wird. Miedema (2008) weist dabei darauf hin, dass die zurückhaltende Rezeption der Perspektive Nipkows in den Niederlande daran liege, dass er die jüdisch-christliche

– *Die evangelischen Kirchen tragen zu einem Europa in Gerechtigkeit und Frieden bei.* Im europäischen Kontext kommt dies durch die ökumenisch verfasste *Charta Oecumenica* aber auch in anderen Positionen der KEK und der GEKE zum Ausdruck. Im nationalen deutschen Kontext weist Felmberg auf eine kritisch-konstruktive Begleitung von Politik hin (Felmberg 2009), die sich berufen kann auf die protestantische Tradition von Respekt für den Pluralismus der Überzeugungen und das Interesse an einem ernsthaften Dialog. Auch andere evangelische Kirchen in Europa teilen diese Zielsetzung.[180] Das Leitbild des mündigen Christen erfordere es, „Menschen durch Bildung dazu zu befähigen, eine religiöse Identität auszubilden, von ihr Rechenschaft ablegen und andere religiöse Haltungen verstehen zu lernen" (Huber 2007b, 244). Eine wichtige Folie für den Dialog mit den europäischen Institutionen bilden Elemente der Prägekraft des Christentums für die politische Kultur Europas. Freiheit und Verantwortung als prägende Leitlinien eines protestantischen Verständnisses kommen zum Ausdruck in der Wahrung der Würde des Menschen und der elementaren Menschenrechte, in einer Kultur der wechselseitigen Achtung, bei den sozialen Rahmenbedingungen wirtschaftlichen Handelns und bei der Mitbeteiligung am Aufbau und der Entfaltung der Demokratie auch im europäischen Kontext. Diese protestantische Perspektive weist eine inhaltliche Nähe und eine weitgehende Übereinkunft mit den Werten der europäischen Institutionen auf.[181]

Tradition präferiere, während in den Niederlande diese Präferenz nicht mehr vorhanden sei (ebd., 298).

180 Der Christian Council of Sweden hat dazu 2009 eine differenziertes Positionspapier mit dem Titel „Take responsibility in Europe – for diversity, justice and peace" vorgelegt (Christian Council of Sweden 2009), ebenso haben sich die Ev.-Lutherische Kirche von Finnland (vgl. Evangelical Lutheran Church of Finland 2009), und die Protestantische Kirche der Niederlande (vgl. Heetderks 2011) geäußert.

181 Wolfgang Huber fasst die prägenden Elemente wie folgt zusammen: „Wenn wir von der Prägekraft des Christentums für die politische Kultur Europas sprechen, geht es also um die Werte und Normen, die, von Christen und aus christlichen Glaubensgrundsätzen entwickelt, weithin wirkungskräftiges Gemeingut im demokratischen Staat und seiner Gesellschaft sind und bleiben sollen. (...) Es geht um die Würde der menschlichen Person, die als Grenze aller staatlichen Machtausübung, aber auch aller wirtschaftlichen Machtansprüche geltend gemacht wird. Es geht um die elementaren Menschenrechte, die unbeschadet ihrer Wurzeln nicht als europäisches Sondergut betrachtet werden, sondern mit der Allgemeinen Erklärung der Menschenrechte zu Grundelementen eines universalen Rechtsethos geworden sind. Es geht um eine Kultur der wechselseitigen Achtung, in der sichergestellt wird, dass Unterschiede der Überzeugung nicht mit Gewalt oder Unterdrückung, sondern in einer Atmosphäre der Toleranz und des Respekts ausgetragen werden. Es geht um Rahmenbedingungen wirtschaftlichen Handelns, die den Grundvorstellungen einer sozialen Marktwirtschaft entsprechen. Es geht um eine Atmosphäre des bürgerschaftlichen Engagements, das sich auch in der Mitwirkung und Mitbeteiligung am Aufbau und der Entfaltung der Demokratie zeigt." (Huber 2006b, 23; aus katholischer Sicht vgl. dazu Lehmann 2006)

Auf dieser Grundlage sollen nun in Abschnitt 5.2 Herausforderungen und Fragen diskutiert werden, die sich im Anschluss an die herausgearbeiteten Religions- und Bildungskonzepte, ihren Subkategorien und damit verbundenen Perspektiven der europäischen Institutionen stellen. Die Argumentationslinie der einzelnen Subkategorien orientiert sich dabei an folgender Struktur:

- Unter (1) werden zunächst die wesentlichen Ergebnisse zusammengefasst,
- dem folgt unter (2) die zu dem jeweiligen Thema korrespondierende protestantische Perspektive,
- und in (3) wird eine aus den ersten beiden Teilen hervorgehende Konklusion im Blick auf die Fragestellung der Studie vorgenommen.

Die einzelnen Punkte werden jeweils durch einen zusammenfassenden Abschnitt eingeführt und dann weiter erläutert.

Resümee und Ausblick erfolgen anschließend in forschungsmethodischer Hinsicht (5.3.1) und im Blick auf Anregungen zur Weiterentwicklung der Forschung (5.3.2). Ebenso werden auf der Grundlage der Ergebnisse und ihrer Diskussion Anregungen für Bildungspolitik und eine Europäisierung evangelischer Bildungsverantwortung gegeben (5.3.3).

5.2.1 Zur Wahrnehmung von Religion

(1)

Religion wird im Kontext einer Europäisierung von Bildung aus der Perspektive der grundlegenden Zielsetzungen der europäischen Institutionen wahrgenommen und beurteilt. Dies betrifft im Blick auf die EU die Realisierung einer Wirtschafts-, Werte- und Sozialgemeinschaft und einer Politischen Union. Im Blick auf den Europarat sind es die Wahrung und Konkretisierung der grundlegenden Werte Demokratie, Menschenrechte und Rechtsstaatlichkeit. Religion soll mit Demokratie vereinbar und ihr Partner sein. Die Religions- und Gewissensfreiheit wird als ein hohes individuelles Gut geschätzt und die Organisation der Religionsgemeinschaften soll rechtsstaatlichen Prinzipien entsprechen.
Religion und Religionsgemeinschaften werden damit insgesamt für politische Interessen zur Realisierung der genannten Zielsetzungen instrumentalisiert und funktionalisiert. Im Blick auf das Verhältnis zu Kultur wird Religion domestiziert und lediglich als kulturelles Faktum bzw. als religiöse Dimension thematisiert.

Dass Religion aus der Perspektive der grundlegenden Zielsetzungen der europäischen Institutionen wahrgenommen und beurteilt wird, sollte nicht überraschen. Eine aktive Rolle wurde den Religionsgemeinschaften im Rahmen der EU zu einem Zeitpunkt zugesprochen, als die Frage nach den verbindenden grundlegenden Werten einer Politischen Union, die über eine Europäische Wirtschaftsgemeinschaft hinausgeht, relevant wurde. Das Stichwort „Europa eine Seele geben" steht für den zu dieser Zeit begonnenen, nun rechtlich verankerten Dialog. Es steht für den politischen Impetus, die Frage nach gemeinsamen Werten und Orientierungen als Fundament einer Politischen Union zivilgesellschaftlich breit zu thematisieren und die Kirchen und Religionsgemeinschaften dafür als aktive Partner der Politik zu gewinnen.[182]

Die *organisierte Religion* wird von der EU in der hervorgehobenen Rolle, die Kirchen und Religionsgemeinschaften im Rahmen der Zivilgesellschaft spielen, gewürdigt, und es findet ein regelmäßiger Dialog mit Kirchen und Religionsgemeinschaften statt. Dagegen werden *private Religion* oder die *kulturelle Religion* in Dokumenten der EU nicht thematisiert.

Eine andere Situation ist beim Europarat gegeben. Die Wahrung und Konkretisierung der grundlegenden Werte Demokratie, Menschenrechte und Rechtsstaatlichkeit beeinflussen auch die Wahrnehmung unterschiedlicher Perspektiven von Religion. Im Blick auf *private Religion* ist das Recht auf Gedanken-, Gewissens- und Religionsfreiheit ein Grundpfeiler der Europäischen Menschenrechtskonvention und ein zentraler Klagegrund beim Europäischen Gerichtshof für Menschenrechte, häufig in Fällen von beklagter Diskriminierung durch Rahmenbedingungen national organisierter religiöser Bildung. Religion in erster Linie als „*strictly personal matter*" zu verstehen, ist einerseits nachvollziehbar, wenn es um persönliche Glaubenspraxis geht und das Recht sich zu einer Religion zu bekennen oder eben auch nicht. Andererseits wird dadurch die Komplexität religiöser Orientierungen keinesfalls ausreichend abgebildet.[183]

Religion soll mit Demokratie vereinbar und ihr Partner sein, Religions- und Gewissensfreiheit werden als hohes individuelles Gut geschätzt und die Organisation der Religionsgemeinschaften soll rechtsstaatlichen Prinzipien entsprechen. Betrachten

---

182 Der frühere Kommissionspräsident Jacques Delors hat diese Forderung bei einem Treffen mit Vertreterinnen und Vertretern von EECCS eingebracht (vgl. Jenkins 2005, 80) und seine Nachfolger haben dieses Thema ebenfalls aufgegriffen (vgl. Santer 1997; Jansen 2000). Ein allerdings finanziell gering ausgestattetes Programm gleichen Namens wurde 1994 aufgelegt um Projekte der Kirchen und Religionsgemeinschaften zu ethischen und religiösen Aspekten der europäischen Integration zu fördern (vgl. Weninger 2007, 247; vgl. dazu auch den Überblick bei Hogebrink 2011).

183 Zu „Religion als Privatsache" korrespondiert die in der Religionssoziologie vertretene Diskussion um die Zunahme religiöser Individualisierung, ohne dass beide Konzepte miteinander verwechselt werden sollten (vgl. Gräb 2007). Mit Individualisierung ist gemeint, dass sich der Einzelne zunehmend von institutionalisierten Formen von Religion reflexiv entfernt und seine eigene Religion konzipiert, im Sinne einer „Patchwork-Religion" (Barz 1992; Ziebertz 2003; 2008), oder eines „Bastel-Gottes" (Beck 2008). Zugespitzt spricht Ulrich Beck von einem „eigenen Gott", und meint damit auch eine Individualisierung von der Religion. Schieder (2008, 31) und Arens (2011) setzen sich kritisch mit dieser Position auseinander. Die von Beck verwendete Formel wird von beiden als problematisch angesehen, da er neureligiöse „Bastel-Gott" Strömungen mit existenziellen Grenzsituationen Gläubiger unkritisch vermengt und dem schlichten Muster unterordnet: „Böser Monotheismus – guter eigener Gott" (so der Vorwurf von Schieder). Krech/Hero (2011) unterscheiden zwischen Individualisierung in der Sozial- und in der Sachdimension. Eingewendet werden kann gegen die Prominenz der Individualisierungsthese auch, dass damit ein Phänomen westlicher plural verfasster Kulturräume beschrieben wird und dies in islamisch oder konfuzianisch geprägten Kulturen eher fremd erscheint.

wir die Tendenz zur Funktionalisierung von Religion durch die europäischen Institutionen, so geht es um *organisierte Religion* in Form der Religionsgemeinschaften. Es gibt im europäischen Kontext, insbesondere im Rahmen des Europarates, bestimmte Vorstellungen, wie sich Religionsgemeinschaften zu den grundlegenden Werten europäischer Integration, Demokratie, Menschenrechte und Rechtsstaatlichkeit, verhalten sollten. Sie sollen aktiv zu deren Realisierung beitragen. Dabei werden „die Religionen" bzw. „Religionsgemeinschaften" meist pauschal thematisiert und bestehende Unterschiede zwischen ihnen und auch innerhalb jeder einzelnen Religionsgemeinschaft nicht berücksichtigt.[184]

Bei der Markierung von Religion als „kulturelles Faktum" (ER 10) bzw. der Thematisierung einer „religiösen Dimension" im Rahmen des interkulturellen Dialog und der interkulturellen Bildung (ER 12), kann zunächst gewürdigt werden, dass dadurch Religion überhaupt thematisiert wird. Allerdings bleibt weiter zu klären, welche Wirkkraft von der Beschränkung des Europarates auf einen Minimalkonsens „Religion als kulturelles Faktum" ausgehen kann und was substanziell unter „religiöse Dimension" zu verstehen ist.

(2)

Protestantische Kirchen wirken am Gemeinwohl mit, sie übernehmen eine politische Rolle; verstehen sich als Akteure der Zivilgesellschaft, wollen sich jedoch nicht funktional domestizieren lassen. Christlicher Glaube und das konkrete Handeln von Christen haben eine öffentliche Dimension und können nicht auf den privaten Bereich begrenzt werden.

Es geht für den Protestantismus um die Wahrnehmung von Mitverantwortung, das Einbringen von Werteorientierungen und ethischen Grundsätzen, kurz: die Annahme einer politischen Rolle, die jedoch nicht unkritisch den Interessen und Perspektiven der europäischen Institutionen folgt.[185] Es geht nicht darum Politik zu machen, je-

---

184 Nach Arens lässt sich dort von institutioneller Religion reden, „wo religiöse Handlungsträger innerhalb und außerhalb einer Religionsgemeinschaft als deren legitime und verantwortliche Akteure agieren" (Arens, 2011, 108). Religionsgemeinschaften dokumentieren eine organisierte Form von Religion. Sie streben nach öffentlicher Anerkennung, nach öffentlicher Sichtbarkeit und auch nach öffentlichem Bekenntnis. In einer gesellschaftlich pluralen Situation wirken sie mit an der Förderung des Gemeinwohls und verstehen sich als Teil der Zivilgesellschaft. Diese Beschreibung trifft das Verständnis protestantischer Kirchen: „Die Grundelemente des demokratischen und sozialen Rechtsstaates entsprechen in ihrer Zielrichtung dem christlichen Verständnis des Menschen, der in Verantwortung vor Gott wahrgenommenen Freiheit, die aus dem christlichen Glauben folgt, und dem Gebot der Nächstenliebe. Der zum Ebenbild Gottes geschaffene Mensch ist in seiner Würde unantastbar und zur Mitmenschlichkeit bestimmt." (Kirchenamt der EKD 1997, 8) Nichtstaatliche Körperschaften des öffentlichen Rechts sind die Evangelische Kirche in Deutschland und die Evangelischen Landeskirchen (Sonderstatus des Weimarer Kirchenkompromiss von 1919).

185 Für den europäischen Kontext wird dieses Verständnis als „gemeinsame Verantwortung in Europa" ökumenisch übergreifend in der Charta Oecumenica (2001) formuliert (vgl. Kap.

doch für eine Werteorientierung in der Politik einzutreten, die bestimmt ist von der Wahrung der Würde jedes Menschen, der Achtung der Menschenrechte und der Ausrichtung am Gemeinwohl. Der Protestantismus nimmt für sich in Anspruch, ein kritischer Partner europäischer Institutionen zu sein, der in „beredter Loyalität"[186] politische Prozesse begleitet.

Für die protestantische Perspektive ist es konstitutiv, dass christlicher Glaube und das Handeln von Christen und ihren Institutionen eine öffentliche Dimension haben und nicht auf den privaten Bereich begrenzt werden können.[187] Das gilt auch im europäischen Kontext. Einer überzogenen Betonung von Religion als privater Angelegenheit ist daher zu widersprechen. Ebenso ist die Unterscheidung zwischen privater und individualisierter Religion hilfreich (vgl. Gräb 2007)[188]. Von christlichen Bürgerinnen und Bürgern wird gemäß den protestantischen Prinzipien Freiheit und Verantwortung erwartet, dass sie bereit sind, sich gesellschaftlich und politisch zu informieren und zu engagieren. Dabei sind Zivilcourage und Verständigungsbereitschaft wichtige Ressourcen. Die evangelischen und die katholischen Kirchen bekennen sich zu ihrer Verantwortung, die sie für das demokratische Gemeinwesen tragen.[189] Diese explizit für den nationalen

---

4.2.4 Exkurs). Betont wird darin der Einsatz der Kirchen „für ein humanes und soziales Europa (..), in dem die Menschenrechte und Grundwerte des Friedens, der Gerechtigkeit, der Freiheit, der Toleranz, der Partizipation und der Solidarität zur Geltung kommen" (ebd., 9), ein wahrhaft europäisches Programm. Der Bevollmächtigte der EKD, Prälat Dr. Bernhard Felmberg, hat zur Verantwortung der Kirchen ausgeführt: „Selbstverständlich sehen sich die Kirchen für die politische Ausgestaltung des europäischen Integrationsprozesses in einer gesellschaftlichen (Mit-)Verantwortung. Grundlage und Legitimation für eine konstruktiv-kritische Begleitung der Politik ist der Öffentlichkeitsauftrag der Kirchen, sei es auf nationaler oder europäischer Ebene." (Felmberg 2009, 1) Zugleich beschreibt er als Aufgabe der Kirchen: „Zur Aufgabe der Kirchen gehört es dabei, Staat und Gesellschaft immer wieder auf das Gemeinwohl zu verpflichten. In diesem Sinne sind die Kirchen auch auf europäischer Ebene aufgerufen, sich um ‚Gottes Willen politisch einzumischen'."

186 Mit diesem Begriff umschreibt der EKD-Ratsvorsitzende, Präses Dr. Nikolaus Schneider, eine angemessene Form kirchlichen „Einmischens" und „Mitmischens" in politischen Prozessen im Rahmen evangelischen Engagements für Europa (Schneider 2011).

187 Erinnert werden kann an dieser Stelle daran, dass es christlich orientierte Persönlichkeiten waren, wie Robert Schumann in Frankreich, Alcide de Gasperi in Italien oder in Deutschland Konrad Adenauer, die Grundlagen für die heutige Friedensordnung Europas gelegt haben (vgl. Zollitsch 2009).

188 Gräb führt dazu aus: „Die Individualisierung der Religion darf aber nicht mit ihrer Privatisierung verwechselt werden. Auch die individualisierten religiösen Beziehungen sind sozial vermittelt und bewegen sich in traditionsgebundenen kulturellen Kontexten. Sie bilden sich nie gänzlich losgelöst von den religiösen Gemeinschaften und den verfassten Religionen aus." (Gräb 2007, 192)

189 Zum Ausdruck kommt dies z.B. im Gemeinsamen Wort des Rates der EKD und der Deutschen Bischofskonferenz zur Zukunft unseres demokratischen Gemeinwesens von 2006 (Kirchenamt der EKD und Sekretariat der Deutschen Bischofskonferenz [Hg.] 2006). In diesem Dokument werden die Affinitäten zwischen Christentum und Demokratie skizziert. Aus der Sicht des christlichen Glaubens sind Menschenwürde und Menschenrechte

Kontext formulierte Position wird zunehmend auch auf die Europäische Integration bezogen.

Die Kirchen verstehen ihr Wirken als Ausdruck eines Öffentlichkeitsauftrags, der in Deutschland vom Staat auch in spezifischen staatskirchenrechtlichen Regelungen anerkannt ist. Er bezieht sich auf das Recht und die Pflicht der Kirchen, in der Öffentlichkeit zu wirken.[190]

(3)

> Aus dieser Perspektive wäre anzustreben, dass in den europäischen Institutionen die Wahrnehmung von Religion weiter differenziert erfolgt und eine Mitwirkung der Kirchen und Religionsgemeinschaften an Diskursen zu Fragen der europäischen Integration aktiv gewollt und gefördert wird.

Dabei kann die Wertekonvergenz zwischen dem Europarat und den monotheistischen Religionsgemeinschaften ebenso hilfreich sein wie die Etablierung eines offenen, transparenten und regelmäßigen Dialogs (Art. 17, AEUV). Aus den zunehmend differenzierten Sichtweisen zu Religion, die in diachroner Betrachtung der Dokumente deutlich wird, könnte geschlussfolgert werden, dass diese Differenzierung auch auf den Dialog mit den Religionsgemeinschaften zurückzuführen ist.

Tendenzen einer instrumentellen Verzweckung von Religionsgemeinschaften gilt es kritisch zu begegnen und deutlich zu machen, dass Religionsgemeinschaften nicht in politischen Vorgängen aufgehen und unkenntlich werden, sondern ihre Aufgabe vielmehr darin liegt, nationale und europäische politische Prozesse sachkundig und kritisch zu begleiten und mitzugestalten, ohne selbst Politik betreiben oder ersetzen zu wollen. Kirchen und Religionsgemeinschaften sollten sich mit dieser Tendenz auseinandersetzen. Ihre Beiträge zur europäischen Integration orientieren sich nicht ausschließlich an politischen und wirtschaftlichen Kriterien, sondern in ihnen werden die den Kirchen und Religionsgemeinschaften eigenen Werte und Orientierungen im Dialog mit den

---

Kategorien, die in der Gottebenbildlichkeit des Menschen wurzeln. Zu den christlichen Tugenden gehören die Achtung und der Respekt vor der Würde des Einzelnen. Auch die Ausrichtung am Gemeinwohl bringen die Kirchen in den Diskurs mit der Politik ein, ohne selbst Politik zu machen.

190 Sutor (2011) weist darauf hin, dass sich der Öffentlichkeitsauftrag der Kirchen zum einen darauf auswirkt, Bürgerinnen und Bürger zu befähigen, aus Motiven ihres Glaubens heraus sozial und politisch tätig zu sein, also eher indirekt ethisch-politisch und zum anderen auch in ihrer direkten Beteiligung am öffentlich-politischen Diskus durch Soziallehre und Sozialethik (vgl. Sutor 2011). Graf (2011) erinnert daran, dass die Präsenz religiöser Akteure im Diskurs pluralistischer Gesellschaften von politischen Philosophen kontrovers diskutiert wird. Er weist dazu auf die Position von John Rawls hin, der für den öffentlichen Diskurs nur strikt rationale Argumente gelten lässt und deshalb fordert, alle „umfassenden religiösen oder philosophischen Lehren" aus dem politischen Diskurs auszuschließen. Jürgen Habermas dagegen hat eine Position entwickelt, in der religiöse Akteure im öffentlichen Diskurs einer freien Gesellschaft das Recht zugestanden wird, ihre Position geltend zu machen (vgl. Graf 2011, 17f.).

europäischen Institutionen in kritischer Solidarität zur Geltung gebracht. Bisweilen ist auf dieser Grundlage Widerständigkeit bei politischen Vorgängen gefordert.

Religionen existieren nicht im luftleeren Raum, sie sind in organisierter Form stets in einer konkreten Kultur beheimatet. Kultur prägt Religion und Religion prägt Kultur. Zwischen beiden Bereichen besteht ein dynamisches Verhältnis. Im Rahmen des Europarates ist Religion „zumindest" ein kulturelles Faktum. Aus protestantischer Perspektive jedoch ist einer Reduzierung von Religion auf Kultur zu widersprechen. „Wer Religion auf Kultur reduziert, nimmt der Botschaft des Evangeliums die Schärfe und die Kraft. Das Kreuz ist keine Folklore, sondern ein Skandalon." (Kemmerer 2007, 13)[191]

5.2.2 Säkularisierung und Religion

(1)

> Im Rahmen des Europarates dominiert ein striktes Verständnis von Säkularisierung, das Religion auf den Bereich des Privaten verweist und einen Stellenwert von Religion im öffentlichen Raum bestreitet. Dieser Position liegt die Theorie zugrunde, gesellschaftliche Modernisierung sei mit einem gänzlichen Bedeutungsverlust von Religion verbunden.

Mit der Analyse einer zunehmenden Säkularisierung wird davon ausgegangen, dass in modernen Gesellschaften religiöse Bindungen, Praktiken und Traditionen an Bedeutung verlieren.[192] Der Begriff bezeichnet Prozesse, die im Zuge der funktionalen

---

191 Graf (2004) spricht kritisch von einer „kulturalistischen Wiederkehr" der Religion.

192 Säkularisierung hat im wissenschaftlichen Diskurs den Stellenwert eines umstrittenen historischen Prozessbegriffs (vgl. Krech/Hero 2011, 116ff.; Bauman/Neubert 2011; Casanova 2009). Auguste Comte (1798–1857) skizzierte im 19. Jahrhundert einen evolutionären Ablaufprozess, in welchem die Gesellschaft vom „theologischen" Stadium über das „metaphysische" Stadium den Weg zum „wissenschaftlichen „ Stadium beschreitet. Die Denkweise des aufgeklärten Rationalismus wird hier aufgegriffen, in der Religion maximal als Vorform der Moderne und als „überholter" Vorgänger der Rationalität wahrgenommen wird. Max Weber (1864–1920) war vom Niedergang der Religion und religiöser Weltbilder der Moderne überzeugt. Der Gegensatz zwischen Rationalität und Religion stellte dann in der Folge eine Basis säkularisierungstheoretischen Denkens dar. Da sich die Entwicklung der Religion nicht an säkularisierungstheoretische Erwartungen gehalten hat und fortbesteht, gewinnt eine stärker differenzierende Sichtweise an Bedeutung. Dazu gehört es, verschiedene Ebenen von Säkularisierung zu unterscheiden (vgl. Pollack 2003): (1) Auf struktureller und institutioneller Ebene kommt es zu einer Autonomisierung und Differenzierung von Politik und (christlicher) Religion; (2) auf politisch-kultureller Ebene erodiert organisierte (christliche) Religion und (christlich) religiöse Praxis schwindet; und (3) auf der gesellschaftlichen Ebene gibt es einen Rückzug verbliebener organisierter Religion sowie religiöser Symbole und Praktiken aus der Sphäre der Politik und der politischen Öffentlichkeit in den nichtpolitischen Bereich des Privaten. José Casanova (2009) unterscheidet zwischen Säkularisierung als *institutionelle Differenzierung*; Säkularisierung als *Entzauberung* im Sinne einer Lockerung der Bindung des

Differenzierung moderner Gesellschaften, u.a. durch die Trennung von Staat und Kirche, zu einer Entkoppelung gesellschaftlicher Institutionen und Handlungsfeldern von inhaltlichen und institutionellen Vorgaben im Namen von Religion führten (vgl. Schröder 2009, 11). Die weltliche Sphäre mit ihren Eigenlogiken hat sich von der religiösen Sphäre emanzipiert. Entkirchlichung, Individualisierung von Religion und eine Zunahme atheistischer Positionen gehen mit Säkularisierung einher. Religiöse Institutionen haben keine Deutungshoheit mehr wie in vergangenen Zeiten und nur noch einen begrenzten Einfluss auf gesamtgesellschaftliche Zusammenhänge (vgl. Pollack 2003, 2011; Lehmann 2004).

Das im Europarat dominierende strikte, meist säkularisierungstheoretisch verfasste Plädoyer für Religion als Privatsache und eine daraus konsequent folgende Trennung von Staat und Kirche um der Freiheit der Bürger und der Autonomie der Politik willen, sieht sich einer wachsende Kritik gegenüber. Die Säkularisierungsthese hat im Bereich der Religionssoziologie an Gewicht verloren (vgl. Davie et al. 2003), wird jedoch in den Dokumenten des Europarates verwendet, ohne dass vorliegende wissenschaftliche Erkenntnisse angemessen berücksichtigt werden. Im Rahmen der EU sind damit zusammenhängende Fragen kein explizites Thema.

Individuums an religiöse Werte und Institutionen und Säkularisierung als *Pluralisierung* der Welt der organisierten Religion und religiöser und weltanschaulicher Positionen. Nach Casanova kommt Religion in ihrer ausdifferenzierten Form mehr Relevanz zu als dies in den Dokumenten der europäischen Institutionen zum Ausdruck kommt. In seiner Sicht werden die Subthesen der Säkularisierung, nämlich „der Niedergang der Religion" und die „Privatisierung der Religion" zahlreichen Kritiken und Revisionen unterzogen, während das Herzstück der Säkularisierungsthese, die funktionale Ausdifferenzierung der säkularen institutionellen Sphären, in den Sozialwissenschaften unbestritten bleibt (ebd., 84). Casanova spricht von einem protestantischen Pfad der Säkularisierung und meint damit ein „ Verwischen der Grenzen" und „eine wechselseitige Beeinflussung des Religiösen und des Säkularen, sodass in gewissem Sinne das Religiöse säkular und das Säkulare religiös wird." (ebd.,87)

Auch Charles Taylor (2009) weist auf verschiedene Bedeutungen von Säkularität hin, die miteinander korrespondieren: In der Öffentlichkeit gibt es keine Bezugnahme mehr auf Gott (1), religiöser Glaube und Praktiken verschwinden (2) und die Bedingungen des Glaubens sind eine Option von mehreren in einer Gesellschaft, „und zwar häufig nicht die bequemste Option" (Taylor 2009, 14). Er unterstreicht, dass es ist nicht mehr selbstverständlich ist – im Gegensatz zu früheren Epochen – religiöse Bezüge in den öffentlichen Diskurs einzubringen. Jörn Rüsen beschreibt Stärken und Schwächen des säkularen Humanismus der Zivilgesellschaft: „Es ist die Neutralität des Säkularen gegenüber dem Religiösen, das diesem die Chance gibt, sich ungehindert von abweichender religiöser Ausrichtung anderer Menschen als Lebensform zur Geltung zu bringen. In dieser Neutralität steckt (sic!) die Stärke und die Schwäche des säkularen Humanismus der Zivilgesellschaft. Stark ist sie als Friedensgarantie im Verhältnis religiöser Differenzen (in dem Maße, in dem diese Garantie mit dem Gewaltmonopol des Staates rechtlich aufrechterhalten wird). Schwach ist sie, indem sie die subjektive Tiefe religiöser Überzeugungen nicht erreicht, sondern ihr gegenüber eher als Sinndefizit erscheint." (Rüsen 2007, 38–39)

(2)

> Aus protestantischer Perspektive wird die Säkularisierung im Blick auf die religiöse und weltanschauliche Neutralität des Staates bejaht. Sie wird allerdings mit der Position verbunden, dass es einen Gestaltungsraum für Religionsgemeinschaften in der Zivilgesellschaft geben müsse und dass gemeinsame Wirkfelder von Staat und Kirche bestehen. Kooperationen finden z.B. im sozialen Bereich und im Bildungsbereich statt. Der Protestantismus versteht sich in diesem Sinne als eine öffentliche Religion.

Die Säkularisierung als „Verweltlichung der Welt" und die religiöse und weltanschauliche Neutralität des Staates werden aus protestantischer Perspektive bejaht und begrüßt. Nach dem Zerbrechen der christlichen Einheit in der Reformation und den folgenden Konfessionskriegen war der Staat nicht mehr von einem gemeinsamen Glauben her legitimierbar. Neue Staatstheorien begründeten ihn in der Idee eines Gesellschaftsvertrages. Der Staat war nicht mehr für den Glauben und das ewige Heil seiner Bürgerinnen und Bürger zuständig (vgl. Sutor 2009). Der Rückzug des Staates aus dem Streit um religiöse Wahrheit ermöglichte Religionsfreiheit und Religionsfrieden. Weltlichkeit und religiöse Neutralität des Staates werden daher von den Religionsgemeinschaften und Kirchen anerkannt. In der christlichen Sozialethik wird ebenso wie in der politischen Philosophie gesehen, dass die Säkularisierung auch eine geschichtliche Folge des christlichen Glaubens ist. Der Glaube an einen transzendenten Gott relativiert alle irdischen Mächte und widerspricht ihrem möglichen Absolutheitsanspruch. Allerdings genügt die Typisierung des Staates als „säkular" nicht als Kennzeichnung freiheitlicher Demokratien, denn schon in seinen Anfängen sollte der säkulare Staat zwar religiös neutral, jedoch keineswegs wertneutral sein, sondern auf dem Konsens seiner Bürger /innen in grundlegenden Werteüberzeugungen beruhen. [193]

Im Blick auf das Verhältnis von Staat und Religion ist es protestantische Position, dass die aufgeklärte Säkularität der politischen Ordnung gesellschaftlichen Raum schaffen soll für das religiöse Bekenntnis und die gemeinschaftliche Betätigung von Religion (vgl. Huber 2007a, 133). Diese Sichtweise gilt es auch für die Europäische Union anzuwenden, zumal die bestehende kulturelle und religiöse Vielfalt in Europa als christliches Erbe angesehen wird und sich daraus eine Verpflichtung für die Mitgestaltung der politischen Kultur in der EU ableitet:

> „Kulturelle und religiöse Vielfalt, das Prinzip des Pluralismus, waren aber keineswegs immer selbstverständliche Elemente politischer Kultur in Europa. Sie sind ein christliches Erbe. Das Christentum hat wesentlich zur europäischen Pluralität beigetragen und ist auch weiterhin Garant und Prägekraft für die politische Kultur in der EU." (Huber 2006b, 16f.)

---

193 Bielefeldt weist darauf hin, dass die Grenze legitimen Engagements des Staates überschritten wäre, wenn der Versuch gemacht würde, den Staat auf ein säkularistisches Glaubensbekenntnis zu verpflichten: „Denn ein säkularistischer Konfessionsstaat würde das Prinzip der respektvollen Nicht-Identifikation verletzen und stünde damit – nicht weniger als ein religiöser Konfessionsstaat – im Gegensatz zur gebotenen religiös-weltanschaulichen Neutralität des Staates". (Bielefeldt 2011, 26)

(3)

Die Inanspruchnahme des Konzeptes der Säkularisierung bei den europäischen Institutionen sollte von der Differenziertheit geprägt sein, die im wissenschaftlichen Diskurs erreicht wurde. Der Wandel von Religion und die zunehmend differenzierten Gegebenheiten sind von den europäischen Institutionen in den Blick zu nehmen. Für den Dialog zwischen Religionsgemeinschaften und den europäischen Institutionen wie auch zwischen Wissenschaft und Politik stellen sich damit zentrale Aufgaben.

Die lange Zeit in der Religionssoziologie vorherrschende Säkularisierungsthese wird zunehmend durch andere Perspektiven ergänzt bzw. ersetzt, die von Differenzierung, Entprivatisierung und von öffentlicher Religion sprechen. Im religionssoziologischen Kontext geht es um eine Neuformierung von Religion in der Gegenwart in Reaktion auf und in Abgrenzung von einzelnen Topoi der Säkularisierungsthese (vgl. Baumann/ Neubert 2011), und darüber hinaus um die Frage, welche Formen öffentlicher Religion mit den Bedingungen moderner politischer Öffentlichkeit kompatibel sind (vgl. Casanova 2009; Raiser 2010). Der Wandel von Religion ist in den Blick zu nehmen, durchaus unter Berücksichtigung der Ambivalenz des Religiösen (vgl. Krech 2011; Baumann/Neubert 2011).

Die konstatierte Neuformierung von Religion im öffentlichen Raum, die mit Konzepten wie Religionspolitik, Zivilreligion und Entprivatisierung beschrieben wird, beeinflusst auch die europäischen Diskurse.

Für die Frage der Wertschätzung von Religion bei den Europäischen Institutionen bedeuten die dargelegten Positionen, ein differenziertes Verständnis von der Rolle der Religionsgemeinschaften in europäischen Zusammenhängen zu entwickeln.[194]

5.2.3 Religion und Politik

(1)

In beiden europäischen Institutionen werden die Religionsgemeinschaften zunehmend als Partner von Politik anerkannt und in Anspruch genommen. Ausgangspunkt und Grundlage dafür ist die Übereinstimmung zwischen den Werten der

---

194 Friederike Böllmann hat sich in ihrer Studie zur Europäisierung als Lernprozess in Religionsgemeinschaften mit der Organisation und Legitimation von deren Interessen beschäftigt. Auf der Grundlage ihrer Ergebnisse plädiert sie für einen differenzierten Umgang mit Prozessen der Säkularisierung (Böllmann 2010, 39–40). Sie verbindet damit eine Kritik an der Politik und ihrer Unfähigkeit, das Christentum offen als eine der konstitutiven Komponenten der kulturellen und politischen Identität Europas anzuerkennen. Die Autorin plädiert dafür, Prozesse der Säkularisierung, der religiösen Transformationen sowie der Sakralisierung als fortlaufende, sich wechselseitig konstituierende, globale Prozesse zu betrachten und nicht als sich gegenseitig ausschließende Prozesse. Mit Joas (2011a) ist dabei für eine Verabschiedung von vermeintlichen Gewissheiten zu plädieren: „Müssen sich also die Gläubigen von einer scheinbaren Gewissheit heute verabschieden, gilt dies auch für diejenigen Ungläubigen und Religionskritiker, die in der Religion etwas geschichtlich Überholtes sehen." (Joas 2011a, 6)

Religionsgemeinschaften und den grundlegenden Werten der europäischen Integration Demokratie, Menschenrechte, Rechtsstaatlichkeit und Schutz von Minderheiten. Die Wahrung der Würde des Menschen, die Achtung der Menschenrechte und die Ausrichtung am Gemeinwohl sind zentrale gemeinsame Anliegen. Religion wird daher zunehmend als Faktor für die Gestaltung der Politik zum Wohle der Menschen anerkannt und einbezogen. Dabei besteht die Gefahr ihrer instrumentellen Verzweckung durch politische Interessen.

Eine Veränderung in der Wahrnehmung der Rolle der Religionsgemeinschaften geschieht im europäischen Kontext in dem Maße, wie in neueren Dokumenten und Entwicklungen beim Europarat und der Europäischen Union, die *organisierte Religion* mit ihrem für die europäische Integration konstruktiven Potenzial bewusster wahrgenommen wird.[195] Gemeinsame Werte werden propagiert und der Dialog dazu wird intensiviert. Die monotheistischen Religionsgemeinschaften werden als Quellen angesehen, aus denen die für den europäischen Kontext zentralen Werte stammen. Dabei stehen die Wahrung der Würde des Menschen und die Achtung der Menschenrechte im Mittelpunkt. Der Diskurs um das Verhältnis von Religion und Politik bewegt sich in einem Spannungsbogen, der bestimmt ist einerseits von einer tendenziellen instrumentellen Verzweckung von Religion und Religionsgemeinschaften durch die Politik und andererseits von einer Distanzierung der Religion von Politik bzw. einer Nichtwahrnehmung einer öffentlichen Verantwortung und Mitwirkung. Beide Pole bergen Gefahren für das Verhältnis von Religion und Politik. Im Blick auf die Kirchen und Religionsgemeinschaften hängen Präferenzen mit „unterschiedlichen Agenden kirchlichen Handelns" (vgl. Christoph 2002, 249) zusammen. Einige Kirchen beschränken sich auf ihre eigenen Verkündigungsangelegenheiten, andere Kirchen wirken öffentlich im diakonischen, bildungsorientierten und publizistischen Raum.

Entsprechend unterschiedlich gewichtet werden auch Initiativen zu den genannten Grundwerten.

---

195 Exemplarisch stehen dafür folgende Vorgänge: Zum einen wird im Rahmen der EU in Art. 17 des AEUV die Identität und der besondere Beitrag von Kirchen und Religionsgemeinschaften anerkannt und zugleich ein offener, transparenter und regelmäßiger Dialog vereinbart. Seit 2005 gibt es jährliche Gipfeltreffen mit Religionsvertretern, die seit 2007 von den drei Präsidenten der europäischen Institutionen (Kommission, Rat und Parlament) empfangen werden (vgl. Tab. 14); Dialogseminare, organisiert von BEPA in Kooperation mit COMECE und KKG finden seit den späten 1990er Jahren statt. Zum anderen führt der Europarat seit 2008 einen regelmäßigen *Exchange* mit den Religionsgemeinschaften auf der Ebene des Ministerkomitees durch und die Parlamentarische Versammlung hat bei der Einbringung der Empfehlung 1962 (2011) (ER 12) Religionsvertreter zu einem Dialog mit der Versammlung eingeladen. In dem Dokument wird eine „genuine partnership for democracy and human rights" zwischen dem Europarat und den Religionsgemeinschaften empfohlen.

(2)

Für den Protestantismus ist eine Mitwirkung am Gemeinwesen konstitutiv. Die Grundelemente der Demokratie zeigen eine besondere Nähe zum biblischen Menschenbild. Die christliche Bejahung der Demokratie trägt immer den Charakter kritischer Solidarität. Eine Beteiligung am politischen Diskurs der Europäisierung hat daher die Funktion eines kritischen Korrektivs, das insbesondere Prinzipien der Repräsentation und Toleranz sowie soziale und ethische Fragen thematisiert. Religion und Politik bleiben voneinander unabhängige Domäne, die in einem gemeinsamen Wechselspiel und in gegenseitiger Abhängigkeit für die Lösung gesellschaftlicher Probleme eintreten. Beide Bereiche können sich komplementär ergänzen, gehen aber nicht ineinander auf.

Eine institutionelle Trennung geht mit gemeinsamen „Wirkfeldern" (vgl. Schnabel 2007) einher.[196] Protestantische Kirchen haben damit begonnen, politische Prozesse und Entwicklungen in Europa aktiv wahrzunehmen und sich strukturell und inhaltlich für eine Mitwirkung an damit verbundenen Meinungsbildungsprozessen zu formieren.[197] Dies geschieht auf nationaler Ebene, durch Büros und Vertretungen in Brüssel (vgl. Hatzinger 2010a, 2010b), und durch gemeinsame europäische Aktivitäten im Rahmen der KEK und der GEKE. Die Beteiligung am politischen Diskurs wird mit dem Öffentlichkeitsauftrag der Kirchen begründet und mit der Verantwortung, die Kirchen für das demokratische Gemeinwesen tragen.

Aus ökumenisch-kirchlicher Perspektive hat sich Konrad Raiser (2010) mit dem Zusammenhang von Religion und Politik beschäftigt. Religion befinde sich im öffentlichen Raum Europa und habe eine wesentliche Rolle zu spielen bei der Suche nach einer zukunftsfähigen Weltordnung. Andere Perspektiven, die in Religion in erster Linie einen problematischen Faktor im politischen Feld sehen, der so gut es geht zu neutralisieren und aus den politischen Prozessen herauszuhalten sei, werden nach Raiser der gegebenen Situation nicht gerecht. Raiser vertritt eine Sicht von Religion, die auf Dialog und Kooperation aufbaut und von gemeinsamen Werten ausgeht, die „Brücken in die Zukunft" gestalten können (z.B. in Form des von Hans Küng vertretenen Modells eines gemeinsamen Weltethos der Religionen). Religionen sind in dieser Perspektive wertvolle Partner von Politik und Gesellschaft, mit einem kritischen Potenzial, das eine am Menschen orientierte Politik fordert und sich insbesondere den Perspektiven der marginalisierten Gruppen in der europäischen Gesellschaft verpflichtet fühlt. Damit ist der Anspruch einer aktiven Beteiligung der Religionsgemeinschaften an der Gestaltung

---

196 Zu den gemeinsamen Wirkfeldern bei Trennung der Institutionen gehören z.B. in Deutschland der Religionsunterricht an den öffentlichen Schulen, die Regelungen für Schulen in konfessioneller Trägerschaft, die theologischen Fakultäten, die Militärseelsorge, das Friedhofsrecht etc. (vgl. Schnabel, 2007, 5).

197 Beispiele für eine aktive Mitgestaltung europäischer Prozesse finden sich bei der EKD (vgl. Felmberg 2009; Hatzinger 2010a, 2010b; Schneider 2011), der Ev. Luth. Kirche von Finnland (Evangelical Lutheran Church of Finland 2009), des Christian Council of Sweden (2009) und der Protestantischen Kirche der Niederlande (vgl. Heetderks 2011).

des Gemeinwesens formuliert, der zunehmend auch im Rahmen der europäischen Integration zum Tragen kommen sollte.

(3)

Religion ist ein Wirkfaktor im öffentlichen Raum und daher auch an der Gestaltung der politischen Kultur zu beteiligen. Religionen können sich als Anwälte einer Kultur des Dialogs und des Friedens profilieren. Angestrebt werden sollte Komplementarität statt Funktionalität im Verhältnis von Religion und Politik. Religionsgemeinschaften sollten einer Instrumentalisierung kritisch begegnen. Religionsgemeinschaften können zu validen Partnern von Politik werden. Konzepte einer Zivilreligion und damit verbunden einer angemessenen Religionspolitik können die komplementäre Perspektive befördern.

Die überwiegend negative Bewertung von Religionsgemeinschaften, die in den frühen Dokumenten des Europarates zum Ausdruck kommt, hat sich verändert. Es findet sich nun eine differenziertere Perspektive, und auf dieser Grundlage entwickelt sich ein dialogisches, offenes Verhältnis zwischen Religionsgemeinschaften und den europäischen Institutionen. Das Verhältnis von Religion und Politik formiert sich auf dieser Ebene neu, stärker zu beobachten bei der EU als beim Europarat. Das kann mit der „Sinnkrise" der europäischen Integration zusammenhängen, deren Bewältigung darauf angewiesen ist, den Bürgerinnen und Bürgern den Wert und die positive Zielsetzung einer supranationalen Kooperation auf europäischer Ebene nicht nur zu verdeutlichen, sondern sie zu aktiv Mitwirkenden zu machen. Organisationen der Zivilgesellschaft wie die Kirchen und Religionsgemeinschaften spielen in diesem Zusammenhang eine zentrale Rolle. Sie sollten sich aktiv in den Diskurs darüber einbringen, welche religiösen und weltanschaulichen Grundlagen die europäische Integration prägen.

Anregungen können dabei aus dem Diskurs um Zivilreligion kommen, bei dem nach dem Verhältnis von Religion und Politik gefragt wird (vgl. Schieder 2001, 94), und bei dem es „um religiöse und weltanschauliche Grundlagen der Gesellschaft, vor allem in ethisch-moralischer Hinsicht" geht (Schweitzer 2004, 314–315 unter Bezug auf Schieder 1987, 2001).[198]

---

198 Schieder (2001) zeichnet die Geschichte des Zivilreligionsbegriffs nach. Aurelius Augustinus hat in seinem Werk Vom Gottesstaat, bereits das Wesentliche zu dieser Religionsform gesagt hat. Er kritisiert die römische Zivilreligion und bezeichnet die Zivilreligion Betrug als des Staates an seinen Bürgern. Dagegen propagiert er das Reich Gottes als politisches Modell. Die mittelalterliche Kirche transformierte Augustinus' Vorstellung von der Pilgerschaft der Mitglieder des Gottesstaates in ein ekklesiokratisches Modell der Überlegenheit der Kirche über den Staat. Die Reformatoren bestanden auf der selbstständigen religiösen Würde des irdischen Gemeinwesens (z.B. Martin Luther mit seiner Zwei-Reiche-Lehre). Machiavelli löste im katholischen Florenz das spannungsvolle Ineinander von Reich-Gottes-Hoffnung und Gestaltung des weltlichen Reiches nach der Seite des Staates hin auf. Thomas Hobbes begründete die Notwendigkeit einer öffentlichen Religion nicht machtpolitisch, sondern mit der Legitimitätsschwäche des Staates.

Dafür steht der Begriff der Zivilreligion mit dem die zielwahlorientierenden Überzeugungen vom Ursprung, von der Verfassung und der Bestimmung eines Gemeinwesens tradiert werden (vgl. Schieder 2001, 74).

Wenn die Frage gestellt wird, ob Europa eine Zivilreligion braucht (vgl. z.B. Hildebrandt 2006), so verbirgt sich dahinter die Frage nach dem Zusammengehörigkeitsbewusstsein bzw. der politisch-kulturell-religiösen Identität. Können die Charta der Grundrechte und die im Primärrecht als verbindend genannten Werte eine Grundlage dafür liefern? Zu ihnen gehören eine plural verfasste Demokratie, die Menschenrechte und die Rechtsstaatlichkeit. Im Primärrecht der Europäischen Union werden genannt die Achtung der Menschenwürde, Freiheit, Gleichheit, Pluralismus, Nichtdiskriminierung, Toleranz, Gerechtigkeit und Solidarität sowie die Gleichheit von Frauen und Männern. Die Frage, ob sich auf dieser Grundlage eine europäische Zivilreligion erkennen lasse, wird allerdings kontrovers beurteilt.[199]

Mit dem Konzept der Zivilreligion verbindet sich der Anspruch einer positiven Religionspolitik des Staates und auch der europäischen Institutionen gegenüber den Religionsgemeinschaften.[200] Möglichkeiten und Grenzen gilt es auszuloten, ohne in die Falle einer Funktionalisierung von Religion zu tappen.

Jean-Jacques Rousseau propagierte eine vom Christentum unabhängige religion civile und trat für eine Individualisierung und Privatisierung von Religion ein. Robert N. Bellah sprach 1967 von ‚civil religion', er gilt als Urheber des aktuellen Begriffs und 1977 sprachen Niklas Luhmann und Hermann Lübbe von ‚Zivilreligion'.

199 Hildebrandt konstatiert, dass es diese im Grunde (noch) nicht gibt: „Zwar fühlen sich die meisten Europäer in der Tat an diese Prinzipien (Pluralismus, Toleranz, Gerechtigkeit, Solidarität und Nichtdiskriminierung) gebunden, dies jedoch zumeist im Rahmen ihrer nationalstaatlichen Verfassungen ohne damit gleichzeitig Loyalitätsverpflichtungen gegenüber Europa zu verbinden. In diesem Sinne kann also von der Existenz einer europäischen Zivilreligion keine Rede sein. (Hildebrandt 2006, 446) Kleger hingegen füllt den Begriff „europäische Zivilreligion" mit folgenden Wertvorstellungen: „Mit europäischer Zivilreligion ist (...) die Erinnerung an den Holocaust und der antitotalitäre Konsens als Zivilreligion sowie die Zivilreligion der Menschenwürde, der Toleranz und der Solidarität gemeint." (Kleger 2008, 37) Sein Konzept schreibt einer politisch förderlichen Zivilreligion drei Funktionen zu: Erinnerungsgebot, Brückenbau, Grenzziehung. Schieder schließlich versteht unter Zivilreligion den „Umgang des Staates und der politischen Öffentlichkeit mit den positiven Religionen" (Schieder, 2009, 154). Nach seiner Auffassung geht es um die Frage, wie man die Religionen so zivilisieren kann, dass ihr Friedens- und Versöhnungspotenzial gestärkt wird (Schieder 2008). Die religionspädagogische Perspektive korrespondiert mit der politikwissenschaftlichen Sicht von Meyer (2005), der sich kritisch mit der öffentlichen Rolle von Kirchen auseinandersetzt und gegen eine Resakralisierung der Gesellschaft argumentieren. Allerdings fügt Meyer dieser Kritik hinzu: „Welchen Beitrag Religionen zur Legitimation und Stabilität demokratischer Rechtsstaaten leisten können, hängt entscheidend davon ab, ob die politische Religion ihrerseits erfolgreich zivilisiert worden und, vor allem, vom Bürgergeist moderner Zivilgesellschaften durchdrungen ist." (Meyer 2005, 23)

200 Religionspolitik (Schieder) geht von der Trennung von Staat und Kirche aus und bezieht das Getrennte sinnvoll aufeinander. Von Seiten des Staates ist sie dann erfolgreich, wenn die

Staat-Kirche-Verhältnis

(1)

Das Verhältnis von Staat und Kirche ist ein zentrales Thema des Europarates. Dabei werden bestehende strikte Trennungssysteme (*laïcité*) präferiert wahrgenommen. Die EU würdigt die bestehende Vielfalt der Staat-Kirche-Verhältnisse und strebt kein einheitliches europäisches Religionsrecht an. Prozesse einer Europäisierung zeigen jedoch zunehmend Auswirkungen auf das Staat-Kirche-Verhältnis auf nationaler Ebene.

Mit der übermäßigen Gewichtung einer laizistischen Perspektive (wie in den Dokumenten des Europarates) werden andere Staat-Kirche-Verhältnisse in Europa nicht ausreichend gewürdigt. Eine konstruktive Kooperation zwischen Religionsgemeinschaften und dem Europarat wird nicht gefördert, wenn der Ausgangspunkt von der Vorstellung geprägt ist, alles Religiöse müsse aus der Öffentlichkeit verbannt werden.
Die Perspektive der Europäischen Union, die von den gegebenen unterschiedlichen nationalen Verhältnissen zwischen Staat und Religionsgemeinschaften ausgeht, scheint eine weniger belastete Grundlage für den Dialog mit den Religionsgemeinschaften darzustellen. Die Zusage der EU einen „offenen, transparenten und regelmäßigen" Dialog mit den Religionsgemeinschaften zu führen, schafft dafür einen verlässlichen Rahmen.[201]

(2)

Staat und Kirche sind prinzipiell getrennte Bereiche als logische Konsequenz der Unterscheidung zwischen dem religiösen Verhältnis des Menschen zu Gott und der politischen Verantwortung für die Welt. Die institutionelle Trennung von Kirche und Staat macht eine rechtliche Regelung des beiderseitigen Verhältnisses jedoch nicht überflüssig. In kooperativen Verhältnissen wird eine gemeinsame Verantwortung in verschiedenen Bereichen (Bildung, Ausbildung, soziale Dienste) wahrgenommen. Das ist auch im europäischen Kontext sinnvoll und notwendig zur Förderung des Gemeinwohls, zur Unterstützung eines sozialen Europas und zur Wahrnehmung von Interessen von Benachteiligten und marginalisierten Bevölkerungsgruppen.

---

empirischen und historischen Daten über Religion und das religiöse Leben stimmig sind, wenn die religionspolitisch Aktiven ihren Religionsbegriff und ihr Religionsverständnis offen legen, Religion und Religionsgemeinschaften nicht vereinnahmen wollen und wenn die Ziele einer Religionspolitik klar sind (vgl. Schieder 2007, 18). Von Seiten der Religionsgemeinschaften geht es darum, Potenziale für das Zusammenleben in der Gesellschaft zu liefern, ohne von Politik instrumentell verzweckt zu werden und das eigene Profil zu verlieren.

201 Der französische Religionssoziologe Willaime geht allerdings davon aus, dass der Europarat für den Dialog mit den Religionsgemeinschaften bessere Voraussetzungen bietet als die EU. Als Begründung führt er an, dass es dem Europarat nicht in erster Linie um die Schaffung einer ökonomischen und politischen Einheit gehe, sondern vielmehr humanistische Werte und grundlegende demokratische Prinzipien im Zentrum der Aktivitäten stehen (vgl. Willaime 2007a).

Aus protestantischer Perspektive haben religiöse Zusammenhänge einen Platz im öffentlichen Raum. Glaube und politische Verantwortung sind zu unterscheiden, aber nicht zu trennen. Das Verhältnis der beiden Institutionen Staat und Kirche ist differenziert zu beschreiben.[202] Von den bestehenden Modellen des Verhältnisses von Staat und Kirche wird die Trennung von Staat und Kirche präferiert unter der Bedingung voller Religionsfreiheit. Innerhalb dieses Modells gibt es staatskirchliche Verhältnisse wie in den lutherisch geprägten skandinavischen Ländern, kooperative Formen wie in Deutschland, Italien und Spanien sowie Formen vollständiger Trennung, wie in einigen westeuropäischen Ländern (Frankreich, Belgien, Irland und die Niederlande) und den USA. In der unterschiedlichen Zuordnung kommen unterschiedliche Staatsverständnisse zum Ausdruck (vgl. Walter 2008).

(3)

> Die bestehende Vielfalt sollte nicht in ein einheitliches europäisches Religionsrecht überführt werden. Im Rahmen der Trennung von Staat und Kirche, die von beiden Seiten begrüßt wird, stellt sich die Frage nach notwendigen und synergetisch angelegten Kooperationen.[203]

Religiöse Neutralität darf nicht zu laizistischer Unduldsamkeit werden, wenn die Kirchen und Religionsgemeinschaften als Partner im Rahmen der europäischen Integration gewonnen werden sollen. Das wird auch im Diskurs um Religionsfreiheit und Menschenrechte deutlich. Religionsfreiheit verlangt zwar die Trennung von Religion und Staat aber nicht von Religion und Gesellschaft. Religionsfreiheit darf daher nicht einseitig als Abwehrrecht verstanden werden, sondern es muss auch als Ermöglichungsrecht bewahrt bleiben.[204]

---

202 Im deutschen Kontext haben die christlichen Kirchen und andere Religionsgemeinschaften den Status einer Körperschaft des öffentlichen Rechts, vorgesehen für Organisationen, die öffentliche Aufgaben erfüllen. In den skandinavischen Ländern war die evangelisch-lutherische Konfession lange im Rang einer Staatsreligion bzw. Staatskirche oder Nationalkirche. Dänemark und Norwegen haben seit der Reformation bis heute evangelisch-lutherische Staatkirchen, auch in Island ist die evangelisch-lutherische Kirche Staatskirche. In Schweden wurde die Staatskirche 1999 abgeschafft. In Finnland sind die Evangelisch-lutherische Kirche und die Orthodoxe Kirche Nationalkirchen.

203 Casanova (2009) analysiert das Eintreten von Religion in den öffentlichen Raum als Zwang des modernen Staates zum Nachdenken über zugrunde liegende Werte einerseits, als Anpassungsprozess der public religion andererseits.

204 Der Staatsrechtler Gerhard Robbers hat im Zusammenhang mit dem Kruzifixurteil des Europäischen Gerichtshofes für Menschenrechte EGMR (Lautsi gegen Italien, vgl. Kap. 4.1.3.2) die antikonfessionelle, antireligiöse Richtung in der getroffenen Entscheidung gerügt (vgl. Evangelischer Pressedienst 2010). Tendenziell vertreibe das Gericht damit „religiöse Zusammenhänge aus dem öffentlichen Raum". Nach Robbers würden dadurch Staaten kultur- und traditionslos. Er bescheinigte dem Gericht historisches Unwissen, wenn es die religiösen Wurzeln von Pluralismus, Demokratie und Menschenrechten nicht wahrnehme. „Es sind Christen gewesen, die die Allgemeine Erklärung der Menschenrechte

Religion, Demokratie und Toleranz

(1)

> Im Rahmen des Europarates wird das Verhältnis der Religionsgemeinschaften zu Demokratie und Toleranz als verbesserungswürdig charakterisiert. Sie seien (noch) nicht zuverlässig im Blick auf Demokratie und Toleranz. Häufig wird der Missbrauch von Religion thematisiert und pauschal den Religionsgemeinschaften angelastet. Das Potenzial gesellschaftlicher Desintegration stellt Religion unter Verdacht.

In den Dokumenten des Europarats findet sich eine zurückhaltende Position, wenn es um das Verhältnis der Religionsgemeinschaften zu Demokratie und Toleranz geht. Der Europarat sieht bei Religionen ein Defizit im Blick auf Demokratie haben und fordert sie dazu auf, sich mit der Demokratie zu versöhnen (*to be reconciled*) (ER 1). Diese Sichtweise hat sich im Analysezeitraum zugunsten der Wahrnehmung eines Demokratiepotenzials der Religionsgemeinschaften verändert (ER 2), jedoch bleibt ein Rest Misstrauen erkennbar, ob den Religionsgemeinschaften in dieser Hinsicht zu (ver-)trauen ist.

Die Frage nach religiöser Toleranz war Gegenstand der Empfehlung des Europarates von 1993, die im Rahmen dieser Studie analysiert wurde (ER 1). Es wird darin deutlich, dass den Religionsgemeinschaften Defizite im Blick auf Toleranz innerhalb ihrer Struktur als auch zwischen den Religionsgemeinschaften unterstellt wurden.

(2)

> Für den Protestantismus ist ein konstruktives Verhältnis zu Demokratie zentral und konstitutiv. So haben sich die demokratischen Gemeinwesen z.B. in Skandinavien in enger Kooperation zwischen Staatskirche und Gesellschaft entwickelt. In kooperativen Verhältnissen wie in Deutschland haben Stellungnahmen der EKD zu einer Demokratisierung der Gesellschaft beigetragen.[205]
> Mit dem Begriff der Toleranz, der im 16. Jhr. Im Kontext der Konfessionalisierung geprägt wurde, ist auch die religiöse Dimension Europas angesprochen. Toleranz gilt es aktiv zu gestalten. Im Rahmen der Akzeptanz von Pluralität in der Gesellschaft ergeben sich Konsequenzen für eine demokratische Orientierung.

Christen haben lange gebraucht, um ein konstruktives Verhältnis zur Demokratie zu finden.[206] Historisch bestand ein in weiten Teilen durchaus ambivalentes Verhältnis von Religion und Demokratie und Grundpostulate der Demokratie haben oft gegen die Kirchen den Weg in Staatsverfassungen gefunden. Immer deutlicher wurden je-

---

wesentlich mitgeschaffen haben, es sind Christen gewesen, die den Europarat gegründet haben", so Robbers bei einer Veranstaltung vor Europaabgeordneten im September 2010.

205 Beispiele dafür sind insbesondere die Ost-Denkschrift der EKD von 1965: Die Lage der Vertriebenen und das Verhältnis des deutschen Volkes zu seinen östlichen Nachbarn, und die Demokratiedenkschrift von 1985.

206 Nachgezeichnet hat diese Entwicklung Wolfgang Huber (1990; 2009).

doch die Affinitäten betont, die zwischen Christentum und Demokratie bestehen.[207] Sie fokussieren sich in dem Streben nach Menschenwürde und der Verwirklichung der Menschenrechte, beides Kategorien, die aus christlicher Sicht in der Gottebenbildlichkeit des Menschen wurzeln. Die Achtung und der Respekt vor der Würde des Menschen ist ein gemeinsames Gut christlicher Überlieferung und demokratischer Konzepte.

(3)
> Dem kritischen Blick der europäischen Institutionen auf das Verhältnis von Religionsgemeinschaften zu Demokratie und Toleranz gilt es mit konstruktiven Beiträgen zur Gestaltung des Gemeinwesens zu begegnen. Der Bildungsbereich sollte von einem konstruktiven Verhältnis von Religion und Demokratie bestimmt sein. [208]

Es zeigt sich, dass die fehlende Differenzierung in der Wahrnehmung von Unterschieden zwischen den Religionsgemeinschaften zu einem oberflächlichen Urteil führen kann. Der Zusammenhang von Demokratie und Religion ist komplexer und konstruktiver als die oftmals vorgenommene Abgrenzung in europäischen Dokumenten suggeriert. Kirchen und Konfessionen haben unterschiedliche Beziehungsmodelle zu Staat und Demokratie entwickelt. Diese bestehende Vielfalt sollte z.B. in der Perspektive des Europarates Berücksichtigung finden. Dabei geht es nicht um die Herstellung unkritischer, harmonischer Verhältnisse.

Weitergehende Anregungen könnten von einem Toleranzverständnis ausgehen, das Toleranz als aktive Wahrnehmung von Vielfalt und Respekt gegenüber dem Anderssein des Anderen definiert, die keine unkritische Zustimmung zu diesem Anderssein bedeute, jedoch den Respekt der Menschenrechte als Grundlage von Toleranz zum Ausdruck bringt.[209] Dieses Verständnis kommt in einer Stellungnahme des *European Council of Religious Leaders* zum Ausdruck:

---

207 Herausragende Dokumente dafür sind zum einen die 1985 erschienene Demokratiedenkschrift des Rates der EKD (Kirchenamt der EKD [Hg.] 1985), eine Stellungnahme zu Christentum und politische Kultur (Kirchenamt der EKD [Hg.] 1997) und das Gemeinsame Wort „Demokratie braucht Tugenden" des Rates der EKD und der Deutschen Bischofskonferenz zur Zukunft des demokratischen Gemeinwesens (Kirchenamt der EKD und Sekretariat der Deutschen Bischofskonferenz [Hg.] 2006).
208 Zum Verhältnis von Religion und Demokratie sind die Überlegungen hilfreich, die Arthur et al. (2010) vorgelegt haben. Sie zeichnen historische Entwicklungen nach, begründen, warum es im Verhältnis von Religion und Politik des konstruktiven Konflikts bedarf und argumentieren für ein erneuertes, „versöhntes" Verhältnis von Bildung, Religion und Politik.
209 Wolfgang Huber (2006b, 19f.) unterscheidet drei Ebenen des Toleranzgedankens, die persönliche, die gesellschaftliche und die politische Toleranz. Die persönliche Toleranz handelt von der Freiheit zur Bildung eigener Überzeugungen und zur Bindung an sie und ist daher eine überzeugte und keine indifferente. Heinz Kleger (2008) sieht Toleranz als Seele eines in sich vielfältigen Europas und als Grundpfeiler einer europäischen Zivilreligion. José Casanova (2009) plädiert für eine wechselseitige Toleranz von religiösen Autoritäten und demokratisch-politischen Institutionen.

„Tolerance is an active recognition of diversity and means respecting the otherness of the other with whom we differ religiously, culturally, or otherwise, with compassion and benevolence. Tolerance does not mean unconditional approval of the ideas of others nor of the way they live their lives. Tolerance means respecting the others' human rights, but not necessarily sharing his or her viewpoints." (European Council of Religious Leaders 2010)

Die auf dieser Grundlage zu entwickelnde gesellschaftliche Toleranz zielt auf eine wechselseitige Achtung von unterschiedlichen Überzeugungen und Lebensformen, nicht auf ihren Verzicht. Und schließlich hat die politische Toleranz ihren Sinn darin, gesellschaftliche Toleranz zu ermöglichen, d.h. einen gesellschaftlichen Raum zu schaffen, in dem sich unterschiedliche Überzeugungen bilden und entfalten können.

5.2.4   Perspektiven auf Bildung und Religion

Bildungsverständnis: Zwischen humaner Bildung und Wettbewerbsorientierung

(1)

Das Bildungsverständnis des Europarates ist positivistisch geprägt, da Bildung als Problemlöser bestimmter gesellschaftlicher Probleme angesehen wird. Eine Auseinandersetzung mit dem Bildungsbegriff wird nicht geführt. Eine überragende Bedeutung von Bildung wird lediglich postuliert, jedoch nicht argumentativ dargelegt.

Das Bildungsverständnis der EU ist bestimmt von der Förderung des „Humankapitals", das als Schlüsselbereich angesehen wird, damit Europa zum wettbewerbsfähigsten und dynamischsten wissensbasierten Wirtschaftsraum wird, der global konkurrenzfähig ist. Bildung soll insbesondere Arbeitsmarktfähigkeit, Flexibilität und Mobilität fördern. Bildung wird ebenso funktional gesehen für sozialen Zusammenhalt und für demokratische Werte sowie aktiven Bürgersinn, wobei allerdings die ökonomische Perspektive dominiert.

Die Auseinandersetzung um das Bildungsverständnis, das aus den Dokumenten des Europarates und der Europäischen Union exploriert wurde, lässt sich charakterisieren als eine Auseinandersetzung zwischen einem umfassenden humanen Bildungsverständnis und einem funktionalen, am weltweiten Wettbewerb instrumentell orientierten Bildungsverständnis. Es ist dabei durchaus nachvollziehbar, dass sich die Bildungsperspektive der europäischen Institutionen an den Implikationen einer „Wissensgesellschaft" orientiert und einen Fokus auf Wissenserwerb, Flexibilität und Arbeitsmarktfähigkeit als Maßstäbe legt, an denen sich Bildung zu messen hat.

(2)

Ein protestantisch geprägtes Bildungsverständnis changiert zwischen humaner Bildung und Wettbewerbsorientierung. Nach protestantischem Verständnis umfasst Bildung mehr als Arbeitsmarktfähigkeit, Flexibilität und Mobilität. Es geht um Maße des Menschlichen (Kirchenamt der EKD 2003), die für ein umfassendes, mehrdimensionales Bildungsverständnis Geltung beanspruchen.

Bildung soll „zur verantwortlichen Mitgestaltung einer sich räumlich und zeitlich entgrenzenden und leidenden Welt" befähigen (ebd., 76). Dazu wird ein Bildungsverständnis entfaltet, das umfassend ist. „Die evangelische Kirche versteht Bildung als *Zusammenhang von Lernen, Wissen, Können, Wertbewusstsein, Haltungen (Einstellungen) und Handlungsfähigkeit im Horizont sinnstiftender Deutungen des Lebens.*" (ebd., 66, Hervorh. im Original).

Durch die Stellungnahmen der Protestantischen Kirchen zieht sich dieses umfassende, ganzheitliche Bildungsverständnis durch und konkretisiert sich auch in Positionen im Blick auf europäische Politik. So fordert die EKD von der EU,

> „neben dem Aspekt des formalen Lernens die Bedeutung der informellen und nonformalen Bildung hervorzuheben, die gerade im Zusammenhang mit dem Stichwort Mobilität einen hohen Stellenwert besitzen." (EKD Büro Brüssel 2009a, 5)[210]

(3)

> Ein am Subjekt orientiertes Bildungskonzept ignoriert nicht die gesellschaftspolitische und ökonomische Funktion von Bildung, die zu Arbeitsmarktfähigkeit führen soll, gewichtet jedoch Persönlichkeitsbildung, Orientierung in komplexen Zusammenhängen und kulturelle Gestaltungskompetenz in gleicher Weise. Es geht nicht um eine Hierarchie der einzelnen Orientierungen, eher um ihre Komplementarität.

In einer umfassenden Perspektive gilt jedoch ebenso, die Leistung von Bildungskonzepten für Orientierung, Verständigungsfähigkeit in zunehmend vielfältigen Lebenskontexten, für den Umgang mit religiöser und kultureller Komplexität und für selbstbestimmte Gestaltungsmöglichkeiten zu thematisieren. Unter Verwendung von etablierten Schlagworten geht es um die Förderung des „Humankapitals" und weiterführend um ein mehrdimensionales Verständnis von Bildung, das sich an „Maßen des Menschlichen" orientiert (vgl. Kirchenamt der EKD 2003).

Wie das „Zusammenspiel" der verschiedenen Maßstäbe für Bildung aussehen kann, darum sollte es im Diskurs mit den europäischen Institutionen gehen. Dazu gehört aus protestantischer Perspektive eine kritische Distanz und eine Auseinandersetzung mit

---

210 Das Bildungsverständnis wird in dieser Stellungnahme wie folgt weiter entfaltet: „Bildung fragt nach der Substanz und den Zielen von Wissen und Lernen. Bildung hat den einzelnen Menschen als Person im Blick und verfolgt dessen Förderung und Entfaltung. Bildung bedeutet deshalb die Förderung von Selbstverantwortung, Handlungsfähigkeit und Mündigkeit eines Menschen. Sie zielt auf eine reflektierte Auseinandersetzung mit der Welt und verfolgt die Ausbildung sozialer und gesellschaftlicher Verantwortung. Dabei geht es auch um die Aneignung eines Wertebewusstseins. Ein solches Bewusstsein ist jedoch weniger erlernbar, sondern erwächst vielmehr aus eigenen Erfahrungen und Lebensdeutungen. Zeit, Raum, Freiheit und Geduld sind dafür nötig und auch Scheitern muss mit einbezogen werden." (Ebd., 4)

Konzepten wie „Wissensgesellschaft" und „lebenslangem Lernen", die den europäischen Bildungsdiskurs prägen.[211]

Wissensgesellschaft und lebenslanges Lernen

(1)

> Insbesondere im Rahmen der EU wird das Konzept der Wissensgesellschaft als leitende Zeitdiagnose verwendet, das die Förderung des „Humankapitals" verlange und Bildung und Lernen als Schlüssel zu höheren Wachstums- und Beschäftigungsraten ansieht. Das Konzept des lebenslangen Lernens gilt als Schlüssel für den Einzelnen in der Wissensgesellschaft und hat sich als leitendes Paradigma europäischer Bildungspolitik etabliert.

Erfordernisse einer Wissensgesellschaft werden im Rahmen der europäischen Institutionen als dominante und Bildungspolitik anleitende Zeitdiagnose verwendet. Damit korrespondiert die politische Forderung, das „Humankapital" weiter zu fördern.[212] Dabei ist das Konzept der Wissensgesellschaft im akademischen Diskurs durchaus umstritten, sein Realitätsgehalt wird unterschiedlich beurteilt. Die Positionen bewegen sich zwischen den Zuschreibungen Mythos, Ideologie oder Realität.[213]

---

211 Einerseits wird mehr Qualität und Wirksamkeit von Bildung von den nationalen Bildungssystemen gefordert, andererseits findet sich ein vergleichsweise enges Verständnis von Bildung (vgl. Dale 2009b) im Rahmen der Lissabon-Strategie. Nationale Bildungssysteme werden als defizitär eingestuft im Blick auf das Erreichen der Ziele von Lissabon. Mit dem neuen Strategischen Rahmen zur Kooperation im Bereich Bildung und Ausbildung (EU 12) wurde ein Katalog von vier Zielen propagiert, der ein weitergehendes, umfassendes Bildungsverständnis dokumentiert.

212 Höhne vergleicht das „Humankapitalkonzept" mit dem Konzept der Wissensgesellschaft. Während erstes primär auf die Erhöhung der Zahl hochqualifizierter Arbeitskräfte zielte mit dem Zweck, ökonomisch davon zu profitieren und den Wettlauf um den technologischen und wissenschaftlichen Fortschritt für sich entscheiden zu können, werden im Kontext neoliberaler Vorstellungen der Wissensgesellschaft „Humanum" und „Kapital" neu konfiguriert, indem Bildung, Lernen und Kompetenzerwerb wesentlich als Individualisierungs- und Differenzierungstechniken gegenüber globalen Bildungsstrategien begriffen werden. Höhne 2003, 14.

213 EU und Europarat sind Akteure, die mit dem vermuteten Wandel hin zur Wissensgesellschaft in Zusammenhang gebracht werden. In einer Reihe von Studien zur Zeitdiagnose Wissensgesellschaft (Gorz 2001; Bolder 2006; Bittlingmayer/Bauer 2006; Rößer 2006; Liessmann 2008; Münch 2009a) wird darauf hingewiesen, dass das Konzept weder wissenschaftsgeschichtlich originell oder so revolutionär ist, wie es auf den ersten Blick aussieht, noch dass es ohne Anleihen bei anderen zeitdiagnostischen Diskursen und Theorien auskommt. Für Bolder (2006) ist Wissensgesellschaft ein Konstrukt, bei dem es erstaunlich ist, wieviel Resonanz es erzeugt trotz dürftiger empirischer Trends. Es gibt einen Streit darüber, ob Gesellschaften aufgrund des technischen Fortschritts und des Wirtschaftswachstums in der Nachkriegszeit als Industriegesellschaften oder als spätkapitalistische Gesellschaften bezeichnet werden müssen.

Folgen wir vorliegenden Begründungen der „Wissensgesellschaft" so können zwei Varianten unterschieden werden. Es wird angenommen:

a) dass sich das wissenschaftliche Wissen vom engeren Wissenschaftssystem (Universitäten, Forschungszentren) in den letzten Jahrzehnten in alle anderen gesellschaftlichen Bereiche (Wirtschaft, Politik, Recht, Kultur) ausgedehnt hat und inzwischen das gesamte alltägliche Leben umstrukturiert hat und

b) dass Wissen in allen Sektoren des Lebens eine zentrale Rolle spielt (vgl. Hack 2006).

Beide Varianten gehen davon aus, dass gesellschaftliche Strukturen und Prozesse nicht mehr angemessen interpretiert werden können, wenn die konstitutive Funktion von „Wissen" nicht berücksichtigt werde.

Die Diagnose der Wissensgesellschaft ist eingebettet in die Zeitdiagnose der Globalisierung. Wissensgesellschaften erscheinen als nationalstaatliche Verkleidungen einer globalisierten Welt.

Im Diskurs über die Wissensgesellschaft wird ebenso von einer veränderten Rolle der Individuen in Gegenwartsgesellschaften ausgegangen. Die Wissensgesellschaft bildet die Kehrseite der individualisierten Gesellschaft. Zentrale Themen sind lebenslanges Lernen, Bildung und Kompetenz.

(2)

Aus protestantischer Perspektive erhöhen „Wissensgesellschaften" den Bedarf nach Wissensbegründung. Eingeführt wird die Unterscheidung zwischen „Verfügungswissen" und „Orientierungswissen". Es wird darauf hingewiesen, dass Bildung

---

Berggreen-Merkel (2001) charakterisiert die Wissensgesellschaft pragmatisch als fortlaufenden, nie endenden Prozess, der auf der Einführung von Informations- und Kommunikationstechniken im Unterricht beruht und lebenslange Weiterbildung erfordere. Münch (2009a) und Bauer (2006) sehen die Wissensgesellschaft durch eine wissensbasierte Ökonomie geprägt, und die Stratifikation in der Gesellschaft nach dem Grad der Verfügung über Wissen geprägt. Liessmann (2008) geht von einer Industrialisierung des Wissens aus und fordert eine kritische Analyse der Konzepte lebenslangen Lernens. Bittlingmayer/ Bauer verbinden den Diskurs um Wissensgesellschaft mit anderen Diskursen und Theorien: „Erstens setzt der Diskurs um die Zeitdiagnose Wissensgesellschaft den diagnostischen Streit darüber fort, ob Gesellschaften aufgrund des technischen Fortschritts und des Wirtschaftswachstums der Nachkriegszeit als Industriegesellschaften oder als spätkapitalistische Gesellschaften bezeichnet werden müssen. (...) Zweitens ist die Diagnose der Wissensgesellschaft in gewisser Weise eingebettet in die Zeitdiagnose der Globalisierung. Wissensgesellschaften erscheinen als nationalstaatliche Verkleidungen einer globalisierten Welt. (...) Drittens wird im Diskurs über die Wissensgesellschaft von einer veränderten Rolle der Individuen in Gegenwartsgesellschaften ausgegangen. In der Perspektive einer in den Erziehungswissenschaften sehr populären Studie wird die Wissensgesellschaft als Kehrseite der individualisierten Gesellschaft konstruiert. (...) Viertens schließlich bezeichnet die Diagnose der Wissensgesellschaft die mehr oder weniger unhinterfragte Hintergrundschablone für die populären pädagogischen Konzepte des lebenslangen oder lebensbegleitenden Lernens." (Bittlingmayer/Bauer 2006, 11–12)

mehr ist als Wissen und Lernen. „Derjenige Mensch ist gebildet, der umsichtig und verantwortungsbewusst ist und sich an dem orientiert, was hinsichtlich der ‚menschlichen Angelegenheiten' (rerum humanum J.A. Comenius) alle gemeinsam angeht." (Kirchenamt der EKD 2003, 69). Die protestantische Perspektive ist kritisch gegenüber Wissen als unmittelbarem Produktionsfaktor und etlicher anderer Implikationen des Konzepts Wissensgesellschaft. Die Aufforderung zu „lebenslangem Lernen" wird als ambivalent eingeschätzt. Sie darf nicht auf eine lebenslängliche Anpassung an sich ständig ändernde wirtschaftliche Erfordernisse und Ziele verengt werden.

Eine differenzierte protestantische Perspektive zu diesen Fragen liegt mit der vom Rat der EKD veröffentlichten Denkschrift zu evangelischen Perspektiven zur Bildung in der Wissens- und Lerngesellschaft vor (Kirchenamt der EKD [Hg.] 2003). Darin wird ausgeführt, dass „Wissensgesellschaften" den Bedarf nach Wissensbegründung erhöhen. Wissen ist darauf hin zu überprüfen, „wozu es dem einzelnen und dem Zusammenleben der Menschen dient" (ebd., 69). In dem Dokument wird angeraten, ökonomisch erforderliche Bildung zu ergänzen durch „kulturelle Bildung, wertorientierte Bildung der Person und Stärkung der Einzelnen als Subjekte" (ebd., 74).[214]

Die Forderung nach lebensbegleitendem/lebenslangen Lernen beinhaltet die ständige Nötigung, die eigenen Qualifikationen und Kompetenzen auf dem neuesten Stand zu halten.

(3)

Es bedarf einer differenzierten Auseinandersetzung mit dem Konzept der Wissensgesellschaft, in die Maßstäbe des Menschlichen einzubringen sind.

Pädagogik und protestantischer Bildungsverantwortung gemein ist es, eine skeptische Instanz im Blick auf Implikationen der Wissensgesellschaft zu werden.[215]

Es bedarf einer kritischen Begleitung der Prognose „Wissensgesellschaft" und der damit begründeten Dynamik „lebenslangen Lernens". Aus protestantischer Perspektive

---

214 Die EKD-Synode im Herbst 2010 hatte den Schwerpunkt Bildungsgerechtigkeit. In der am Ende der Debatte verabschiedeten Kundgebung werden folgende Ziele argumentativ begründet: Die Verstehens- und Orientierungsdimension von Bildung; gegen eine Reduktion von Bildung auf Wissen und die Betonung der wechselseitigen Angewiesenheit von Bildung und Religion in der Wissensgesellschaft des 21. Jahrhunderts (vgl. EKD-Synode 2010).

215 Rößer (2006) hat sich kritisch mit Pädagogik in der Wissensgesellschaft beschäftigt und kommt u.a. zu folgenden Erkenntnissen: „Eine permanente Anpassung an die Dynamiken der Wissensproduktion, -distribution und -verwendung als Leitziel der Pädagogik forciert also eine Verabschiedung der Pädagogik von einer Auseinandersetzung verschiedener möglicher Leitziele von Pädagogik. Sie versteht sich stattdessen eher als *technokratische* denn als *skeptische* Instanz und zieht sich von ihrem spezifischen, in der Tradition begründeten *sozialen Auftrag* zurück. Will sie sich nicht weiterhin zu einem Fragment entwickeln, muss sie ein Instrumentarium der Beurteilung dessen, was *Zweck von Bildung* sein soll, zur Verfügung stellen und darf sich nicht damit begnügen, alle gleichermaßen in ihrem Bildungsprozess alleine zu lassen. " (Rößer 2006, 282, Hervorheb. im Orig.)

ist darauf hinzuweisen, dass der Mensch mehr ist als die Summe dessen, was er lebenslang gelernt hat.

Religion, Bildung und Religionsunterricht

(1)

> Eine Auseinandersetzung um die unterschiedlichen bestehenden Formen des Religionsunterrichtes in den Schulen Europas gibt es in den analysierten Dokumenten nicht. Der Europarat bezieht keine Position im Blick auf die bestehende Vielfalt, das wird als Sache der Mitgliedstaaten verstanden. Allerdings wird durch die Fokussierung auf ein „teaching about religions" die Annahme präferiert, dass sich in einer objektiven und neutralen Wissensvermittlung über Religionen die Funktion und Zielsetzung religiöser Bildung ausreichend bestimmt.

Der Zusammenhang von Religion und Bildung resp. religiöser Bildung und Religionsunterricht wird in Dokumenten des Europarates thematisiert, nicht jedoch im Rahmen der EU. Dabei wird das Konzept eines Unterrichtes über Religionen befürwortet (ER 4). Zu den unterschiedlichen Ansätzen des Religionsunterrichtes in Europa, die von einem konfessionsgebundenen Unterricht bis zu einem nur religionskundlichen Unterricht reichen und jeweils kontextuell begründet sind, verhält sich der Europarat nicht explizit, auch wenn es in den Dokumenten viele Hinweise auf eine Präferierung eines religionskundlichen Ansatzes, eines „teaching about religions" gibt.[216] Abgegrenzt werden davon andere Formen von Religionsunterricht, insbesondere Formen religiöser Unterweisung (*religious instruction*). Diese Zuschreibung wird der Komplexität der Situation des Religionsunterrichtes in den Schulen Europas nicht gerecht. Sie ignoriert, dass es eine Reihe von Ansätzen konfessionellen oder kirchlich verantworteten Religionsunterrichtes gibt, die sich neben theologischen Argumenten in erster Linie pädagogisch begründen und sich als einen „freien Dienst in einer freien Schule" verstehen.[217] Es wird ebenfalls vernachlässigt, dass es eine breite Diskussion um die unterschiedlichen Ansätze religiöser Bildung im schulischen Kontext in Europa gibt und keineswegs geklärt ist, welches Modell des Religionsunterrichtes den Anforderungen

---

216 Der Begriff „teaching about religions" hat seinen Ursprung in der englischen Diskussion um Zielsetzungen des multireligiös konzipierten Faches „Religious Education". Ursprünglich wurde er von dem englischen Religionspädagogen Michael Grimmitt (1975) in die Diskussion eingebracht und hat sich in englischen Lehrplänen in der gleichwertigen Aufnahme eines „learning about religion" und eines „learning from religion" etabliert. Bei der ersten Zielsetzung geht es darum, etwas über Glaubensrichtungen und Praktiken der großen Weltreligionen zu erfahren, aber ebenso über religiöse Antworten auf „letzte Fragen", bei „learning from religion" zielt darauf ab, dass Schüler/innen beim Umgang mit religiösen Inhalten über sich selbst lernen und dieses Wissen für sie persönlich Bedeutung erhält. (Zur Entwicklung und Begriffsgeschichte vgl. Teece 2010, zum aktuellen Stand der Diskussion vgl. Grimmitt 2010).

217 So die zentrale Begründung eines evangelischen Religionsunterrichtes, wie sie im Schulwort der EKD bei der EKD-Synode in Berlin-Weißensee von 1958 formuliert wurde.

eines pluralen und vielfältigen Kontextes im Blick auf den angestrebten „outcome" besser entspricht.[218]

(2)

> Religionsunterricht und religiöse Bildung werden als Teil einer allgemeinen Bildung verstanden, und der Religionsunterricht als Förderung der Wahrnehmung der Religionsfreiheit inhaltlich begründet. Ziele sind die Orientierung in religiösen Inhalten, religiöse Wahrnehmungs-, Kommunikations- und Handlungsfähigkeit und insgesamt die Entwicklung von Kompetenzen religiöser Bildung. Auch soziale und ethische Fragen sind Thema eines solchen Religionsunterrichtes. Für den Protestantismus ist eine Beteiligung von Kirchen und Religionsgemeinschaften bei der Gestaltung von Religionsunterricht in den Schulen Europas denkbar und möglich. Es gibt Formen der Kooperation zwischen Staat und Kirche (z.B. Deutschland), in denen der Staat die generelle Verantwortung für Schule und Religionsunterricht als ordentliches Fach trägt und die Kirchen bzw. Religionsgemeinschaften tragen Verantwortung für Lehrpläne und Unterricht.

Aus protestantischer Perspektive werden Religionsunterricht und religiöse Bildung als Teil einer allgemeinen Bildung verstanden, der sich theologisch und pädagogisch begründet und insbesondere die Situation der Schülerinnen und Schüler als Ausgangspunkt und Gegenstand religiöser Bildung aufnimmt. Im Mittelpunkt stehen die alters- und schulstufengemäße Orientierung an religiösen Inhalten, die Ausbildung religiöser Wahrnehmungs-, Kommunikations- und Handlungsfähigkeit und insgesamt die Entwicklung von Kompetenzen religiöser Bildung. Auch soziale und ethische Fragen sind Thema eines solchen Religionsunterrichtes.[219]

---

218 Eine aktuelle Zusammenstellung der Diskussion und ihrer einzelnen Ansätze findet sich in Franken/Loobuyck (Hg.) 2011; darin Schreiner 2011 zu aktuellen Tendenzen der europäischen Entwicklung.

219 In der erziehungswissenschaftlichen Diskussion wird davon ausgegangen, dass es kein einigendes Band für die bestehenden ausdifferenzierten unterschiedlichen kulturellen Wertsphären, Rationalitätsformen und Systemlogiken gibt, welches das Ganze konsistent zusammenhalten kann. Ein substanziell gehaltvoller und zugleich konsistenter Begriff von Allgemeinbildung ist aufgrund dieses Ausdifferenzierungsprozesses nicht mehr möglich. Es gehe in der Schule vielmehr darum, in ihr Raum zu geben für die unterschiedlichen Weltzugänge und Horizonte des Weltverstehens. Diese sind nicht wechselseitig substituierbar und auch nicht nach Geltungshierarchien zu ordnen. Unterschieden werden empirische, logisch-rationale, hermeneutische und musisch-ästhetische Weltzugänge mit ihren jeweils unterschiedlichen Potenzialen an Verfügungswissen und Orientierungswissen sowie ihren jeweils eigenen Rationalitätsformen (vgl. Dressler 2007, 2009). Nach Dietrich Benner konstituiert sich daraus ein nicht-hierarchisches Verhältnis zwischen Bildung und Religion. Für ihn ist Religion „ein unverzichtbarer durch die anderen Praxisfelder und Bildungshorizonte nicht ersetzbarer Bereich menschlichen Fühlens, Denkens, Wollens und Handelns." (Court/Klöcker 2009, 32–33). Dieser Bereich bedarf neben der Tradierung durch die Religionsgemeinschaften auch einer Absicherung „durch eine freiwillige öffentliche Erziehung und Unterweisung (…). Der religiösen Sorge um die Welt und der religiösen

(3)

> Der Zusammenhang von Religion und Bildung sollte weiter gefasst werden sowohl im Blick auf die Komplexität und Ambivalenz von Religion als auch im Blick auf eine Bestimmung dessen, welchen Stellenwert Religion im Rahmen von Bildung erhalten soll. Neben der Vermittlung von Wissen sollten im Rahmen von religiöser Bildung weitere Aspekte im Zusammenhang mit Religionen thematisiert werden, die dazu beitragen, eine umfassende religiöse Kompetenz zu fördern. Religiöse Kompetenz kann sich nicht auf Wissen beschränkt, sondern umfasst darüber hinaus Fähigkeiten, Können und das Wollen, sich mit der eigenen Religion und der Religion des Anderen vielfältig auseinander setzen zu können. Sie hat sich in kulturell und religiös pluralen Kontexten zu bewähren. Wahrnehmungs-, Kommunikations- und Handlungsfähigkeit sind Prüfsteine eines an religiöser Kompetenz ausgerichteten Unterrichts.

Die bestehenden Konzepte des Religionsunterrichtes begründen sich in einem Komplex von kontextuellen Bedingungen. Ein einheitliches „Modell" für Europa lässt sich aus den vorliegenden unterschiedlichen Erfahrungen nicht ableiten. Vielmehr sind Vor- und Nachteile der bestehenden Konzepte sorgfältig zu überprüfen und auf ihre Leistung bezüglich der Herausbildung einer durch RU geförderten Kompetenzen, auf religious literacy und auf interreligiöse Kompetenz hin empirisch zu überprüfen. Einer einseitigen Parteinahme der europäischen Institutionen für eine religionskundliche Ausrichtung gilt es aus protestantischer Perspektive zu widersprechen. Anregungen kommen dabei von Ansätzen der Pädagogik und der Religionspädagogik, die mit dem Religionsunterricht einen politischen Anspruch verbinden, und ihm die Aufgabe sowohl des interreligiösen Lernens als auch des Demokratie Lernens bzw. von citizenship education zuschreiben

---

Thematisierung der unterschiedlichen Welt-Verhältnisse steht auf diese Weise zugleich eine bildende Sorge um Religion gegenüber." (Ebd.) Nach Benner darf Religion nicht aus dem Bereich der zur conditio humana gehörenden Praxis- und Reflexionsformen verabschiedet werden, sondern steht unter einem eigenen Proprium im Rang einer Weltdeutung und Lebensform.

Nach Bernhard Dressler (2006) gehört es zur „Bildung, dass sie unterschiedliche Weltzugänge, unterschiedliche Horizonte des Weltverstehens eröffnet, die – das ist entscheidend – nicht wechselseitig substituierbar und auch nicht nach Geltungshierarchien zu ordnen sind. Die PISA-Studie spricht von der ‚Orientierungswissen vermittelnde(n) Begegnung mit kognitiver, moralisch-evaluativer, ästhetisch-expressiver und religiös-konstitutiver Rationalität.'" (ebd., 2). Pointiert formuliert er an anderer Stelle: „Solange die Ökonomisierung aller Lebensverhältnisse als die ideologische Signatur der Zeit seit 1989 vorherrschen wird, wird Bildung nicht auf angemessene Weise zur ihrem Recht kommen." (2009, 5)

Religiöse Bildung ist als eine eigene, nicht austauschbare Rationalitätsform anzusehen, die ihren ureigensten, für die Allgemeinbildung grundlegenden Horizont des Weltverstehens anbieten kann. Ihr „Alleinstellungsmerkmal" ist die Beschäftigung mit und das Angebot der Antwort auf „jene letzten Fragen der Lebens- und Daseinsdeutung", die die anderen Rationalitätsformen nicht stellen. sondern fordert, dass die Rationalitätsformen, schulisch konkret die verschiedenen Schulfächer, sich ergänzen und unterstützen, sich zugleich aber in ihrer Eigenwertigkeit respektieren.

(vgl. für die Niederlande: Miedema/Bertram-Troost 2008; Miedema 2009; Miedema/ ter Avest 2011; ter Avest et al. 2011; für Nordirland: Richardson 2009; für Norwegen: Skeie 2009; Leganger-Krogstad 2012; für die englische Debatte Jackson 2003; aus der Perspektive der Entwicklung in den europäischen Institutionen: Jackson 2007, 2008).

Religiöse Bildung hat mehr Potenzial zu bieten als ausschließlich die Vermittlung sachgemäßer Informationen, die wichtig sind, jedoch nur einen Teil des Bildungs-anspruches erfüllen können.

5.3 Resümee und Ausblick

Es wird in der Studie deutlich, dass europäische Prozesse in vielfältiger Weise auf nationale Bildungs- und Ausbildungssysteme einwirken und dass die europäischen Institutionen zentrale Akteure sind. Es wurde auch aufgezeigt, dass Religion in *expliziter* Form (Europarat) und in *impliziter* Form (Europäische Union) als Inhalt wie auch in ihrer organisierten Form (Kirchen und Religionsgemeinschaften) als Teil der europäischen Zivilgesellschaft wahrgenommen und einbezogen wird.

Die Zusammenschau der Ergebnisse und ihre Diskussion aus einer protestanti-schen Perspektive sollen nun in diesem abschließenden Teilkapitel durch ein Resümee und einen Ausblick ergänzt werden. Das methodische Vorgehen wird reflektiert und Fragestellungen und Themen für weitergehende Forschungsprojekte werden benannt. Dafür sind Voraussetzungen zu schaffen, z.B. in Form von nationalen und europäischen Förderstrukturen, mit Möglichkeiten für Forschungsprojekte, in denen Aspekte von Religion im Kontext einer Europäisierung von Bildung weiter erforscht und bearbeitet werden können.

Ein erstes Resümee legt sich nahe, wenn die aufgrund der Ergebnisse der Studie getroffene Schlussfolgerung zutrifft, dass ein zunehmender Dialog zwischen den Kirchen und Religionsgemeinschaften mit den europäischen Institutionen zu einer Differenzierung des Religionsverständnisses auf Seiten der europäischen Institutionen beiträgt: Dieser Dialog sollte intensiviert werden. Ein Ziel wäre dabei, auch For-schungseinrichtungen mit einzubeziehen, um gemeinsame resp. komplementäre Themen und Fragestellungen zu identifizieren, deren Bearbeitung für die Schaffung eines sozialen, friedensförderndes und an Maßen des Menschlichen orientiertes Europa von zentraler Bedeutung sind. Eine wichtige Grundlage dafür ist die sachgemäße Wahrnehmung des jeweils anderen Dialogpartners, seiner Interessen und inhaltlichen Positionen wie auch seiner institutionellen Gegebenheiten. Dazu will die Studie einen Beitrag leisten.

Als weiteres Resümee ist festzuhalten, dass Prozesse einer Europäisierung nicht nur *vertikal* zwischen der europäischen und der nationalen Ebene zu beobachten sind, wie die Beschäftigung mit „europäischen" Dokumenten scheinbar nahelegt. Ein wichtiges konzeptuelles Element in der Europäisierungsforschung bezieht sich eben auch auf Prozesse einer *horizontalen* Europäisierung, der „Öffnung des nationalen Containers" zur Seite hin (Ulrich Beck). Dieser Aspekt wird im dritten Abschnitt auf-genommen, wenn es um Anregungen für eine weitergehende Europäisierung nationaler Bildungspolitik geht wie auch für eine Europäisierung im Rahmen evangelischer Bildungsverantwortung, national wie in den entsprechenden europäischen Zusammenschlüssen und Organisationsformen.

5.3.1 Reflexion und Bewertung der Studie aus forschungsmethodischer Sicht

Im Rahmen der Studie wurden drei methodische Perspektiven miteinander kombiniert und angewendet. Die Methodenkombination hat es ermöglicht, explizit und implizit vorhandene konzeptionelle Vorstellungen zu Religion und Bildung in den Dokumenten des Europarates und der Europäischen Union herauszuarbeiten und vergleichend zu betrachten. Im Blick auf die verwendeten Methoden ergibt sich folgendes Resümee:

a) Mit der *qualitativen Inhaltsanalyse* war es möglich, Themen und Konzepte zu Religion und Bildung aus den Dokumenten des Europarates und der Europäischen Union zu erschließen,

b) die *Diskursanalyse* diente der Untersuchung des Wandels in den europäischen Institutionen, der Thematisierung von Macht- und Herrschaftsaspekten und der Zuordnung der europäischen Institutionen in ein übergreifendes Geflecht internationaler Organisationen. Diskursanalytisch reflektiert wurden die Frage nach der Funktion der dargestellten Diskurse und ihre Wirkmächtigkeit im Blick auf nationale Entwicklungen und Prozesse, auch wenn darin kein Schwerpunkt der Studie lag. Grundlegend ist dabei das Verständnis, dass Diskurse selbst ein Machtfaktor sind, indem sie Verhalten und (andere) Diskurse induzieren.

c) Perspektiven der *Grounded Theory* wurden herangezogen, um zu angemessenen Begriffen und Kategorien im Rahmen der Fragestellung der Studie zu kommen u.a. durch die gleichzeitige Anwendung von Dokumentenerhebung und Analyse und um die Auswahl der zu analysierenden Dokumente begründet vorzunehmen.

Zu a)

Der analytische Dreischritt Deskription, Interpretation und Diskussion als zentraler Teil der inhaltsanalytischen Methode ermöglichte es, Themen und Konzepte von Religion und Bildung schrittweise aus den Dokumenten zu explorieren, diachrone und synchrone Entwicklungen zu rekonstruieren, diese zu interpretieren und zu diskutieren. Zudem konnten mit der gewählten Methode auch vorhandene Beziehungen zwischen Religion und Bildung zusammengefasst, rekonstruiert, interpretiert und diskutiert werden. Der methodische Dreischritt ermöglichte die Entwicklung einer Argumentationskette, die zu einer konturierten Konzeption der Schlüsselkategorien Religion und Bildung hinführte. Zudem war mit der Anwendung der Instrumente der Inhaltsanalyse eine reflexive Distanz zur Fragestellung der Studie möglich. Damit konnte der Gefahr einer normativ geprägten Vorgehensweise begegnet werden bzw. die eigene Normativität kontrolliert werden.

Zu b)

Mit Hilfe der *Diskurstheorie* war es möglich, die weitergehenden Kontexte der europäischen Institutionen zu analysieren und in einen größeren Zusammenhang zu stellen. Dabei wurden die europäischen Institutionen als „loci der Diskursproduktion" identifiziert. Das dokumentiert sich an der Zahl der Texte, die für die Analyse herangezogen werden konnten. Die europäischen Institutionen erweisen sich als Impulsgeber und Akteure im Rahmen einer Europäisierung von Bildung. Es wurde durch die diskursanalytische Perspektive auch möglich, die Strategie der Europäischen Union im Umgang mit dem strukturell bestehenden bildungspolitischen Dilemma offen zu legen. Da legale Zuständigkeiten im Bildungsbereich weitgehend fehlen, werden softe Mechanismen wie die OMK etabliert, um den Anpassungsdruck auf nationale Bildungs- und Ausbildungssysteme zu erhöhen.

Zu c)

Die aus der *Grounded Theory* übernommenen Anregungen bestanden insbesondere in der Methode des ständigen Vergleichs zwischen den herangezogenen Dokumenten und in der Konstruktion vorläufiger theoretischer Erklärungen, Kategorien und Hypothesen aus dem Material selbst. Durch den ständigen Vergleich der verwendeten Dokumente, minimal und maximal kontrastierend, und durch eine Sättigung des Samples anhand der herangezogenen Dokumente konnten schrittweise Konturen von Religion und von Bildung als zentrale Kategorien mit entsprechenden Subkategorien herausgearbeitet werden. Mit der auf dieser Grundlage möglichen Argumentationskette konnten konzeptionelle Entwicklungen aufgezeigt werden, die sich im Rahmen des Europarates in einem zunehmend differenzierten Verständnis von Religion materialisieren, auch wenn ein kulturgeprägtes Verständnis von Religion dominiert.

Weiterführend könnten einige der ausgewählten Dokumente noch intensiver diskursanalytisch ausgewertet werden, um zu erheben, von welchen Ereignisse und Dynamiken im Kontext der beiden europäischen Institutionen Auswirkungen auf die Abfassung politischer Dokumente ausgingen und wie dadurch getroffene Aussagen beeinflusst wurden. In der vorliegenden Studie war die Wirkungsanalyse der Dokumente auf die nationalen Ebenen kein zentrales Anliegen. Der Schwerpunkt lag vielmehr auf der inhaltsanalytischen Rekonstruktion der Konzepte von Religion und Bildung. Es wäre ebenso interessant, in weiteren Studien mögliche Effekte der Dokumente bei den in dem Texten genannten Adressaten und Zielgruppen zu untersuchen.

5.3.2 Weiterführende Anregungen zur Forschung

Die Ergebnisse der Studie haben gezeigt, dass es zunehmend europäische Prozesse gibt, die sich auf nationale Bildungs- und Ausbildungssysteme auswirken. Dabei ist die Programmatik der europäischen Institutionen prägend. Zentrale Themen sind die Gestaltung einer Wissensgesellschaft und die Gestaltung lebenslangen Lernens. Die Perspektiven sind dabei von Seiten des Europarates von den Grundwerten Menschenrechte, Demokratie und Rechtsstaatlichkeit geprägt, von Seiten der Europäischen Union von Wirtschafts- und Wachstumsinteressen, die „intelligent, nachhaltig und integrativ" orientiert sind (EU 2020), bestimmt.

Zusammenfassend ergeben sich für eine Weiterentwicklung der Forschung folgende strukturelle Anregungen:

– *Europäische Entwicklungen sollten aktiver wahrgenommen werden.*
   Dabei sind neben der Politikwissenschaft auch die Erziehungswissenschaft, die Theologie und die Religionspädagogik gefordert. Es gibt Nachholbedarf. Das von der EU propagierte Dreieck Forschung – Innovation – Bildung wird in den Disziplinen noch wenig aufgenommen und in Projekten realisiert. Auch vergleichende interdisziplinäre Forschung zu europäischen Entwicklungen gilt es zu fördern.

– *Bestehende Wahrnehmungslücken im Europäisierungsdiskurs gilt es zu bearbeiten.*
   Im Blick auf Prozesse einer *vertikalen* Europäisierung, die den impact der Policy europäischer Institutionen auf nationaler Ebene in den Blick nehmen, wären Studien aus unterschiedlicher Länderperspektive interessant, die vergleichend miteinander in Beziehung zu setzen wären.

– *Europäisierung ist konzeptionell als Forschungsperspektive weiterzuentwickeln.*
   Für die weiterführende Forschung ist Europäisierung ein vielversprechendes Paradigma, weil es die Fixierung auf vertikale Entwicklungsprozesse aufbricht und die horizontale Ebene der Vernetzung von Akteuren der europäischen Zivilgesellschaft miterfassen kann. Zugleich können damit mehrdimensionale Entwicklungen analysiert werden. Dazu ist ein umfassendes Konzept von Europäisierung zukunftsweisend, mit dem sowohl *vertikale* wie auch *horizontale* Prozesse in den Blick genommen und multiperspektivisch analysiert werden können.
   Bereits in Kapitel zwei wurde jedoch auch darauf hingewiesen, dass die zunehmende Verwendung des Konzeptes der Europäisierung als analytisches Werkzeug bzw. als Forschungsperspektive noch keine methodische und inhaltliche Klarheit erbracht hat. Daran ist weiter zu arbeiten.

– *Es bedarf europäischer Projektlinien, die dem wachsenden Interesse an Religion im europäischen Kontext durch die Förderung von Projekten entspricht.*
   Das von der EU und dem Europarat propagierte Wissensdreieck: Forschung – Innovation – Bildung gilt es zu stärken. Es fehlen Förderinstrumente für die Erforschung ethischer und religiöser Orientierungen im Rahmen einer zunehmenden Europäisierung vielfältiger Lebensprozesse und Politikbereiche. Einerseits sollte Religion ein explizites Thema in Studien werden, andererseits gilt es, die nationale Orientierung von Forschenden aufzubrechen und vermehrt vergleichende, europäisch und international ausgerichtete Forschungsverbünde zu schaffen und zu nutzen.

Im Blick auf Forschungsthemen ergeben sich zusammenfassend folgende Anregungen:

1. *Europäisierung sollte als Forschungsperspektive und analytisches Werkzeug, als leitendes Paradigma im interdisziplinären Diskurs weiterentwickelt werden.* Es dominieren bislang politikwissenschaftliche Perspektiven. Da allgemeine und berufliche Bildung zunehmend in eine weitergehende Entwicklungsstrategie der europäischen Integration integriert werden, liegt hier auch eine zentrale Aufgabe für die Erziehungswissenschaft und die Religionspädagogik.

2. *Prozesse vertikaler und horizontaler Europäisierung sollten aus unterschiedlicher nationaler Perspektive analysiert werden.* Um die Auswirkungen der analysierten Dokumente auf nationale Bildungssysteme messen zu können, und damit Aussagen zu ihrer „normativen Kraft" zu treffen, müssten Indikatoren für mögliche Wirkungen und Resonanzen auf nationaler Ebene auf Empfehlungen europäischer Institutionen entwickelt und überprüft werden.

3. *Studien zur policy anderer internationaler Organisationen und ihrer Einflussnahme auf eine Europäisierung von Bildung (OECD, OSZE, UNESCO, Weltbank) sowie auf die Frage nach Religion im Kontext einer Europäisierung von Bildung sind ergänzend wünschenswert.* Dabei kann auf Untersuchungen zum wachsenden Einfluss internationaler Organisationen auf national orientierte Bildungspolitik verwiesen werden, wie sie z.B. Parreira do Amaral (2007, 2010) vorgelegt hat. Seine Ergebnisse lassen vermuten, dass der Einfluss internationaler Organisationen zunehmend wächst und ein Wechselspiel zwischen internationalen und nationalen Orientierungen entsteht. Dabei kommen nicht nur die beiden großen europäischen Institutionen in den Blick, vielmehr spielen hier auch andere internationale Organisationen wie die OECD, die UNESCO oder die OSZE (vgl. OSCE/ODIHR 2007; Durham et al. 2008)[220] eine wichtige Rolle.

4. *Europäisierung sollte in Relation zu Globalisierung und zu Ansätzen einer kosmopolitischen Orientierung* (Beck, Habermas, Appiah*) untersucht werden.* Die Frage des Zusammenhangs zwischen Europäisierung und Globalisierung wird noch nicht intensiv bearbeitet (vgl. Dale 2009, Seitz 2002). Mit dem Vorschlag eines „kosmopolitischen Europas" (Beck/Grande 2004) bzw. der Weiterentwicklung der EU im Kontext einer kosmopolitischen Gemeinschaft der Staaten und Weltbürger (Habermas 2011) werden Konzepte vorgelegt, die eine ökonomistische Verengung aufbrechen und eine gemeinsame, werteorientierte Binnenperspektive anstreben. Diese Perspektive sollte weiter untersucht werden.

---

220 Ein Beispiel für ein internationales Dokument, das europäische und national Resonanz hervorgerufen hat, sind die Toledo Guiding Principles on Teaching about Religion and Beliefs in Public Schools (OSCE/ODIHR 2007), die sowohl im Rahmen des Europarates als Referenz herangezogen werden, ebenso in Korrelation mit den Ergebnissen des in Kap. 2.3.4 vorgestellten REDCo Forschungsprojektes gesehen werden wie auch in die Statuten des European Forum for Teachers of Religious Education in Europe EFTRE eingeflossen sind.

5.3.3   Anregungen für Bildungspolitik und für die Europäisierung evangelischer Bildungsverantwortung

Die Frage der Wirksamkeit der analysierte Dokumente und der damit verbundenen Europäischen Bildungspolitik auf der nationalen Ebene war kein zentrales Thema der Studie. Dennoch lassen sich für die verschiedenen Akteure Anregungen zu dieser Perspektive formulieren:

- *Im deutschen Kontext sollten die Empfehlungen des Europarates und die Dokumente der EU stärker aufgenommen und breit diskutiert werden.*

    Durch die bestehende föderale Struktur im Bildungswesen und das begrenzte Mandat der KMK für übergreifende Fragestellungen, sind europäische Initiativen im bundesdeutschen Bildungskontext wenig populär, Schlüsseltexte werden kaum in die deutsche Sprache übersetzt, Anregungen und Empfehlungen versickern. Die Initiativen bei Bildungsfragen gehen durch das Nadelöhr der Kultusministerkonferenz, die wiederum die Bildungsaktivitäten der 16 Bundesländer koordinieren, ohne deren Eigenständigkeit beinträchtigen zu wollen. Hinzu kommt, dass das für den Europarat zuständige Ministerium das Außenministerium ist, in dem Fragen nach Bildung und Religion eher randständig angesiedelt sind. Allerdings haben sich Initiativen in diesem Feld verstärkt durch die Einrichtung einer eigenen Stelle bei der KMK, die für Bildungsaktivitäten auf europäischer Ebene zuständig ist. Die Wahl der entsprechenden Person in den geschäftsführenden Ausschuss des neu beim Europarat eingerichteten Komitees für Bildungspolitik und Bildungspraxis (CDPPE) bei dem konstituierenden Treffen am 28. März 2012 ist ein gewichtiges Indiz für ein mögliches stärkeres Engagement der KMK.

- *Die Position des Protestantismus zu Bildung, aber auch zum Verhältnis von Religion und Öffentlichkeit und zur Funktion von Kirchen und Religionsgemeinschaften in der Zivilgesellschaft sollte aktiver in den europäischen Diskurs eingebracht werden.*

    Aus protestantischer Perspektive lässt sich Religion nicht auf Kultur reduzieren. Damit wird der Impuls einer religiösen Orientierung, die Sinnfragen aufnimmt und beantwortet, verharmlost. Zu widersprechen ist einer durch laizistische Positionen in Europa geförderte Privatisierung des Christentums, die in Gefahr steht zu einer „Selbstprivatisierung der Kirchen" (J.B. Metz) zu werden. Demgegenüber ist eine Position zu stärken, die den Protestantismus als eine öffentliche Religion versteht, für die die Mitwirkung am Gemeinwesen auch im europäischen Kontext konstitutiv ist. Demokratische Verhältnisse sind ein Anliegen des Protestantismus, der sich als Teil der Zivilgesellschaft mit einem hohen Potenzial in ethischen, gesellschaftspolitischen, bildungspolitischen und interkulturellen Fragen einbringen kann. Auf diesem Hintergrund geht es um ein Verständnis von Säkularisierung, das den Stellenwert von Religion im öffentlichen Raum nicht bestreitet, sondern die Vielfalt religiöser und nichtreligiöser Weltanschauungen zulässt. Gemeinsame Wirkfelder von Staat und

Religionsgemeinschaften wie Bildung und soziales Engagement sind zu pflegen und auszubauen.

Die dem Protestantismus eigene Bildungsverantwortung verlangt unabdingbar, sich in die europäische Bildungsdiskussion mit qualifizierten Beiträgen erkennbar einzubringen. Dazu kann zu einer europäischen Bürgerschaft beigetragen werden, „die von Mündigkeit, Teilhabe, Gerechtigkeit, einer Kultur der Barmherzigkeit und einer ehrfürchtigen Haltung der Selbstbegrenzung bestimmt ist" (Marggraf 2008, 140).

Als „Widerständigkeit" wäre von Seiten einer protestantischen Perspektive einzubringen, dass der Mensch nicht identisch ist mit der Summe seiner Lernleistungen und er auch nicht aus politischen Gründen darauf reduziert werden sollte (vgl. Frank 2005). Lebenslanges Lernen sollte als Lernen für das Leben verstanden werden und nicht als permanente Anpassung an Bedürfnisse des Arbeitsmarktes.

— *Der Dialog mit den europäischen Institutionen sollte intensiviert werden, um gegenseitig differenzierte Wahrnehmungen zu fördern.*

Dabei sind die zunehmende Europäisierung von Bildung und die Rolle von Religion als Thema aufzunehmen.

Trifft die anhand der Ergebnisse der Studie vorgenommene Schlussfolgerung zu, dass eine Zunahme des Dialogs zwischen den europäischen Institutionen und den Kirchen und Religionsgemeinschaften zu einer Differenzierung der Konzepte von Bildung und Religion geführt haben, so liefert diese Erkenntnis starke Motive, den Dialog regelmäßig fortzuführen und ggf. zu intensivieren.

Zur Qualifizierung des Dialoges braucht es jedoch vermehrt Kapazitäten und Expertise, um Positionen und Perspektiven zu europäischen Themen und Arbeitsfeldern entwickeln zu können.

— *Europäisierung von Bildung sollte zu einer intensiveren Zusammenarbeit im Rahmen der Konferenz Europäischer Kirchen KEK und der Gemeinschaft Evangelischer Kirchen GEKE im Blick auf ihre Bildungsinitiativen führen.*

Angebote und Voraussetzungen von Seiten des Europarates und der Europäischen Union für einen intensiven Dialog mit den Kirchen und Religionsgemeinschaften sind gegeben. Auch thematisch liegen gemeinsame Interessen und Herausforderungen auf der Hand. Zwei Voraussetzungen sollten für eine intensive Wahrnehmung von Entwicklungen und eine aktive Beteiligung geschaffen werden: Zum einen bedarf es einer arbeitsfähigen Struktur, um Vorgänge und Themen der europäischen Institutionen wahrnehmen und aufbereiten zu können, damit sich die Kirchen sachkundig in diese Entwicklungen einbringen können.

Zum anderen bedarf es der Bereitstellung von Fachexpertise, die es ermöglicht, an den dargelegten Prozessen kompetent und sachorientiert mitwirken zu können. Aus protestantischer Perspektive gibt es spezifische Vorstellungen zu

Themen im Zusammenhang von Religion, Bildung und Staat, die in den europäischen Kontext eingebracht werden sollten.

Auf europäischer Ebene sollten sachgemäße Voraussetzungen für eine Intensivierung der Aufnahme einer Europäisierung von Bildung sowohl bei der Gemeinschaft Evangelischer Kirchen in Europa GEKE als auch bei der Konferenz Europäischer Kirchen in Europa KEK geschaffen werden.

Über die detaillierte Beschäftigung mit konkreten Themen kann es gelingen, interne Kapazitäten auszubilden, in einen Fachdiskurs mit den europäischen Institutionen einzutreten und zugleich die Mitgliedskirchen in die Lage zu versetzen, sich partizipativ an europäischen Themen und Vorgängen zu beteiligen. Dazu gehört eine stetige Lobbyarbeit bei den europäischen Institutionen, um deren Projekte und Initiativen kritisch begleiten zu können und um eigene Interessen in bestehende Arbeitsstrukturen einzubringen. Ein wichtiger Schritt in diese Richtung bedeutet die Zuerkennung eines Beobachterstatus in dem 2012 neu gebildeten Komitee für Bildungspolitik und Bildungspraxis, das alle wesentlichen Projekte und Initiativen des Europarates berät.

Zusammenfassung

1. Kontext und Forschungsfrage

Der Schwerpunkt der Studie liegt bei der Untersuchung der Frage nach der Bedeutung von Religion im Kontext einer Europäisierung von Bildung. Dazu werden Dokumente des Europarates und der Europäischen Union herangezogen und analysiert.

Hintergrund und Anlass lassen sich insbesondere in zwei Entwicklungen begründen:

- Fragen nach Religion haben ein erneuertes Interesse in Europa hervorgerufen. Dazu finden sich verschiedene Perspektiven: Religion wird als wichtiger Teil menschlicher Existenz angesehen; religiöse Gemeinschaften und Kirchen werden von den politischen Institutionen als zentrale Organisationen der Zivilgesellschaft wahrgenommen; Religion wird als Teil von Kultur, als „kulturelles Faktum" verstanden.
- Empirisch lässt sich nachweisen, dass europäische Prozesse und Dynamiken zunehmend nationale Bildungs- und Ausbildungssysteme beeinflussen. Damit verbundene Entwicklungen haben z.B. zu einem Europäischen Bildungsraum und zu einer Europäischen Bildungspolitik geführt.

Auf diesem Hintergrund lautet die Forschungsfrage:

- Inwieweit ist Religion ein Thema im Kontext einer Europäisierung von Bildung?
- Welche Konzepte, Vorstellungen, Bilder und Stereotypen von Bildung und Religion lassen sich im Rahmen einer Europäisierung von Bildung herausarbeiten?

2. Theorie und Methode

Das Konzept „Europäisierung" wurde als theoretische Perspektive für die Studie verwendet. Den mit diesem Ansatz verbundenen unterschiedlichen Ansätzen ist gemeinsam, dass sie von einer prozessorientierten Entwicklung der europäischen Integration ausgehen und einen wechselseitigen Einfluss der verschiedenen Ebenen von lokal bis europäisch konstatieren. Das Konzept „Europäisierung" eignet sich zur Erklärung komplexer Prozesse, zu denen direkte Auswirkungen politischer Aktivitäten der Europäischen Union ebenso gehören wie die Wirkung von Empfehlungen des Europarates auch im Bereich Bildung auf lokaler und nationaler Ebene. Die Studie befasst sich schwerpunktmäßig mit Dokumenten des Europarates und der Europäischen Union als den beiden zentralen Organisationen, die für den Prozess der europäischen Integration bestimmend sind. Beide Organisationen sind Vehikel, um Politiken zu implementieren; sie tragen zur Verbreitung von Werten, Normen und Erwartungen bei.

Als Erhebungsmethode und für die Bildung des Samples kommen die Diskursanalyse und die Grounded Theory zur Anwendung. Die *Diskursanalyse* wird verwendet, um die Bedeutung der europäischen Institutionen im weiteren Kontext zu untersuchen. Es wird davon ausgegangen, dass die europäischen Institutionen „loci der Diskursproduktion" sind und sich Positionen und Perspektiven in offiziellen und nicht offiziellen Dokumenten und Texten finden lassen. Elemente der *Grounded Theory* bereichern den Erhebungsprozess insbesondere durch die Methode des ständigen Vergleichs (maximal und minimal) bei der Analyse der Dokumente, durch das Konzept des Theoretischen Sampling und durch die induktive Weise, Kategorien aus den Dokumenten selbst heraus zu entwickeln.

Als Auswertungsmethode der Dokumente wird insbesondere die Qualitative Inhaltsanalyse nach Philipp Mayring verwendet. Diese Methode ist zentral im Mix der verschiedenen Untersuchungsmethoden im Rahmen der Studie. Die vorausgewählten Dokumente werden in drei Schritten analysiert: Zunächst wird jedes Dokument mit seinen zentralen Aussagen zu Bildung und Religion zusammengefasst, anschließend werden die Textpassagen interpretiert und erste Kategorien festgelegt und schließlich werden die Ergebnisse der Analyse diskutiert.

Das Sample besteht insgesamt aus 47 Dokumenten, von denen 34 Dokumente tiefergehend analysiert wurden. Aus dem Bereich der Arbeit des Europarates wurden dazu 16 Dokumente herangezogen und 15 Dokumente aus dem Bereich der Europäischen Union. Hinzu kommen drei Dokumente aus dem Bereich von europäischen Zusammenschlüssen evangelischer Kirchen bzw. dem weiteren ökumenischen Zusammenhang. Zentrale Themen in diesen Dokumenten sind religiöse Toleranz, Demokratie, Bildung und Menschenrechte, interkultureller Dialog und interkulturelle Bildung, Religionsfreiheit, lebenslanges Lernen und Wissensgesellschaft, Migration und Mobilität.

3. Ergebnisse

– Ein erstes Ergebnis ist der Unterschied, wie die Beziehungen von Religion und Bildung in den Dokumenten des Europarates und der Europäischen Union überhaupt thematisiert werden. Während diese Beziehungen in den Europaratsdokumenten explizit thematisiert und diskutiert werden, findet sich dieser Zusammenhang in Dokumenten der Europäischen Union nur in indirekter Weise.

– *Religion*: In den Dokumenten des Europarates lassen sich analytisch drei Perspektiven von Religion unterscheiden: Religion als Privatsache, Religion in kollektiver und organisierter Form und Religion als kulturelles Faktum. In diachronischer Perspektive lässt sich analytisch nachweisen, dass Religion als Privatsache eine durchgängig in den Dokumenten verwendete und etablierte Perspektive darstellt; es kommt hinzu, dass die organisierte Religion im Laufe der letzten Jahre zunehmend positiv wahrgenommen wird. Grundlage dieser

Aussage ist ein Vergleich vorliegender Konzepte in Dokumenten, die zwischen 1993 und 2011 entstanden sind. Die Übereinkunft, Religion zumindest als kulturelles Faktum zu betrachten, findet sich als Minimalkonsens in aktuellen Dokumenten des Europarates.

– *Religion*: In den Dokumenten der Europäischen Union lässt sich kein explizites Konzept von Religion finden, die EU respektiert jedoch den rechtlichen Status der Kirchen und Religionsgemeinschaften und die bestehenden Beziehungen von Staat und Kirche in den Mitgliedstaaten. Die EU organisiert auch einen regelmäßigen Dialog mit den Kirchen und Religionsgemeinschaften.

– *Bildung:* Im Rahmen des Europarates wird Bildung hoch gewichtet und positiv als „Problemlösung" verstanden. Allerdings lässt sich in den analysierten Dokumenten keine weitergehende, differenzierte Auseinandersetzung mit dem Konzept Bildung finden. Im Kontext der EU wird Bildung zunehmend europäisiert, ihr wird eine spezifische Rolle und Funktion zugesprochen im Blick auf Wirtschafts- und Wachstumsinteressen. Lebenslanges Lernen wurde als übergreifendes Prinzip für die Entwicklung der EU zu einer zukunftsfähigen Wissensgesellschaft etabliert, das zugleich zum Bewusstseins einer europäischen Bürgerschaft beitragen soll, die auf Verständigung, dem Respekt für Menschenrechte und Demokratie ebenso beruht wie auf der Förderung von Toleranz und Respekt für andere Völker und Kulturen.

– *Religion und religiöse Bildung*: Ein expliziter Zusammenhang von Bildung und Religion wird in den Dokumenten des Europarates thematisiert. Dabei wird die Position eines „teaching about religions" präferiert, die in der Vermittlung von Wissen den Zweck religiöser Bildung erfüllt sieht. Die Vielfalt bestehender Konzepte eines Religionsunterrichts in den Schulen Europas und damit verbundene Erfahrungen werden nicht aufgenommen und diskutiert.
Bildung und Religion werden im Rahmen der EU nicht explizit thematisiert, allerdings spielt der Zusammenhang eine Rolle im intensiver werdenden Dialog mit Kirchen und Religionsgemeinschaften.

Zusammenfassend lassen sich im europäischen Kontext zwei Tendenzen in der Beurteilung von Religion erkennen. Zum einen werden die Religionsgemeinschaften zunehmend zu wertvollen Partner der Politik bei der Gestaltung einer demokratischen Gesellschaft, sofern sie sich an vorgegebene Rahmenbedingungen halten. Zum anderen wird das Geflecht zwischen Religion, Demokratie und Gesellschaft als facettenreich charakterisiert. Das zeigt eine knappe Auflistung der Ausdifferenzierungen in der europäischen Semantik, die im Rahmen der Analyse aufgewiesen werden konnten:
– Religion schwindet, nimmt jedoch gesellschaftlich an Bedeutung zu;
– Religion ist Privatsache, aber eine öffentlich bedeutsame Angelegenheit;
– Religion ist ein kulturelles Faktum, aber für Gläubige bedeutet Religion weitaus mehr.

4. Diskussion

Eine Diskussion der Ergebnisse erfolgt im Rahmen dieser Studie aus einer protestantischen Perspektive. Diese Entscheidung verdankt sich der Erkenntnis, dass sich Religion nicht abstrakt, sondern stets gebunden in einer historischen und einer kulturell kontextgebundene Ausprägung vorfinden lässt. Zum Tragen kommen dabei Merkmale, die den Protestantismus prägen wie seine Affinität zu Säkularisierung und Pluralität in der Gesellschaft, die enge Verbindung von Protestantismus und Bildung sowie der aktive Beitrag protestantischer Kirchen zu Fragen der europäischen Integration, zu Gerechtigkeit und Frieden in Europa.

Die Diskussion der Ergebnisse kann in drei Punkten zusammengefasst werden:

– Aus einer protestantischen Perspektive kann der Position einer Privatisierung von Religion und einer Marginalisierung von Religion in der Öffentlichkeit nicht zugestimmt werden. Die Forderung geht vielmehr in Richtung einer stärker differenzierten Wahrnehmung von Religion, die Raum und Möglichkeiten zulässt für Kirchen und religiöse Gemeinschaften wie auch für gemeinsame Projekte und Aktionen zwischen Staat und den Religionsgemeinschaften. Auf diese Weise kann auch einer Instrumentalisierung der Religionsgemeinschaften für politische Interessen vorgebeugt werden.

– Aus einer protestantischen Perspektive bedeutet Bildung mehr als die Förderung von Arbeitsmarktfähigkeit, Flexibilität und Mobilität. Orientiert an Maßen des Menschlichen wird ein ganzheitliches, multidimensionales Verständnis von Bildung vertreten, das sich komplementär versteht gegenüber einem Bildungsverständnis, das Fähigkeiten und Wissen zu Arbeitsmarktfähigkeit ins Zentrum stellt.

– Schließlich lässt sich aus protestantischer Perspektive fordern, dass die Beziehung zwischen Religion und Bildung nicht auf einen Wissensaspekt, auf ein „teaching about religion" beschränkt wird. Die Vermittlung von Wissen sollte ergänzt werden durch die Beschäftigung mit anderen Aspekten von Religion, um ein Konzept einer religiösen Kompetenz zu fördern, das sich nicht auf die Vermittlung von Information und Wissen beschränkt, sondern ebenso Fähigkeiten, Einstellungen und volitionale Elemente umfasst, um mit der eigenen Religion wie mit der Religion des anderen in vielfältiger Weise umgehen zu können.

5. Perspektiven

Aus der Diskussion der Ergebnisse lassen sich zusammenfassend folgende Perspektiven ableiten:

–   Für den Bereich der Forschung lässt sich festhalten, dass europäische Entwicklungen im Bereich Religion und Bildung aktiver wahrgenommen werden sollten. Die von der EU geförderte Programmatik im Dreieck von Forschung – Innovation – Bildung wird in den einzelnen Disziplinen und interdisziplinär noch wenig aufgenommen. Allerdings bedarf es auch geeigneter europäischer Projektlinien, um Forschungs- und Entwicklungsprojekte zu ermöglichen und zu unterstützen.

–   Das Konzept einer vertikalen und horizontalen Europäisierung sollte als Forschungsperspektive und analytisches Werkzeug, als leitendes Paradigma im interdisziplinären Diskurs, weiterentwickelt werden, u.a. in Relation zu anderen Prozessen der Globalisierung und zu Ansätzen einer kosmopolitischen Orientierung.

–   Der Dialog zwischen den Kirchen und Religionsgemeinschaften und den europäischen Institutionen sollte intensiviert werden. Ziel wäre dabei, zu einer zunehmenden Differenzierung im Religionsverständnis beizutragen und gemeinsame Herausforderungen zu identifizieren, die gemeinsam bearbeitet werden können.

–   Die Position des Protestantismus zu Bildung und Gesellschaft, aber auch zum Verhältnis von Religion und Öffentlichkeit und zur Funktion von Kirchen und Religionsgemeinschaften in der Zivilgesellschaft, sollte aktiver in den europäischen Diskurs eingebracht werden. Dazu kann eine intensivere Zusammenarbeit im Rahmen der KEK und der GEKE im Blick auf ihre Bildungsinitiativen beitragen.

Summary

The focus of this study is the investigation of the importance of religion in the context of a Europeanisation of education. Qualitative research methods are used to explore concepts of religion and education in key documents of the Council of Europe and the European Union and to contribute to the debate about the value of religion in education. This is a contested debate with contributions from different perspectives such as education science, religious education and the social sciences.

The background of the study reflects two general developments as underlying presumptions:

- Religion has gained a renewed interest in the context of Europe. Religion is valued as an important element of human experience, and religious communities are recognized by political institutions as a specific part of civil society. In this sense, religion is seen as a 'cultural fact'.
- Developments towards Europeanisation have taken place in the field of education and have led to areas such as a European Education Space and a European Education Policy. The concept of Europeanisation reflects the complexity of processes, which include transnational flows and networks, ideas and practices across European boarders, direct effects of EU policy and the Council of Europe's recommendations on domestic change together with the influences of international organisations and dynamics of globalisation on different levels of Europe.

The research is focused on documents in the Council of Europe and the European Union as the two important political organisations shaping the process of European integration in collaboration with its 47 (Council of Europe) and 27 member states (European Union). Both institutions are vehicles for implementing policies and disseminating norms and expectations.

Documents from both organisations are valued as meaning markers in an ongoing discourse and as contributions to a development of Europeanising education by influencing key domestic constituencies.

The *Council of Europe* with its 47 member states has the image of being the 'conscience' of Europe, by fostering international collaboration based on democracy, human rights and the rule of law. In this institution education has gained a significant place and value since its foundation in 1949. Some of the key activities of education include 'Shared histories for a Europe without dividing lines', teacher training and capacity building for teacher trainers, language policy, education for democratic citizenship and intercultural understanding.

The *European Union* is a key institution for the European integration that started as a project of peace and reconciliation after the Second World War. While education was not a priority when the first steps of the European Communities and later the European Union were made, education now receives a more incorporated role in the

European integration process. Quality and lifelong learning are at the heart of debate in the Community related to the issue of how education can contribute to a European strategy for 'smart, sustainable and inclusive growth' named 'Europe 2020'. Education has become an area of European public policy supported by the establishment of 'soft' processes such as policy networks, action programmes, indicators and benchmarks, providing European solutions to European challenges in education, and encouraging more quality and efficiency of national education systems.

The concept of Europeanisation was used as an underlying theoretical perspective in relation to my research. This theory has been developed in political science but is increasingly used also in other disciplines such as the social sciences and education.

Based on the general aims of the study, the following research questions were formulated:

– Is religion an issue in the context of a Europeanisation of education?
– Which specific definitions, understandings, concepts, images, pictures and stereotypes of religion and education can be worked out in the context of the work of the Council of Europe and the European Union?

To answer these questions, three steps were taken. Firstly some theoretical reflections were undertaken and the status of current research on Europe, education, and religion was explored. Secondly selected documents mainly from the Council of Europe and the European Union were analysed using a mix of methodologies including qualitative content analysis, grounded theory and discourse analysis. Thirdly the findings were discussed and used as an empirical background to formulate recommendations for theory and practice. A special focus in this part of the study was given to a Protestant perspective for reflecting on the findings.

Basic theoretical Considerations about Europe – Education – Religion, and the State of Research (Chapter 2)

The first section on theoretical considerations and the status of current research introduces the history of the European integration with a special emphasis on the role and value of education. It is argued that education increasingly has gained importance through the stages of European integration. While at the beginning there was a clear accord that education was almost exclusively a matter of national concern and responsibility with no competence given to the European institutions, this has changed over the years. The Lisbon summit of 2000 especially marks a change of perspective due to the commitment to make Europe 'become the most competitive and dynamic knowledge-based economy in the world'. Apart from setting specific objectives, such as an increased investment in human resources, the promotion of education mobility and the implementation of a European framework for lifelong learning measures, the newly promoted 'open method of coordination' (OMC) suggested a new style of policy based on a soft form of governance, using indicators and benchmarking as policy tools. Post Lisbon 'lifelong learning' and the implications of a 'knowledge society' were to become dominant discourses in the European Education Space and in European Education Policy.

In the next section the concept of religion and relations between religion and Europe are introduced. The discussion takes into account the manifold, often painful history that has shaped the encounter with religion in Europe since the Middle Ages: Reformation and Counter-Reformation, the Thirty Years' War ending with the Peace of Westphalia, the period of Enlightenment with its secularisation processes and a diminution of institutionalised religion are important developments.

These provide a context for a current colourful religious landscape and the political concept of the separation of state and church. The principled separation of state and church has led to different models of state church relations in Europe due to a mix of factors in the different regions. In modern Europe the long-time dominant concept of secularization has lost its exclusive supremacy and is complemented by the concept of the transformation of religion and the resurgence of religion in a differentiated shape. It is also mentioned that any attempt to define religion depends on the context and the user's epistemological perspective. Any discussion on religion is shaped by the manifold context of Europe with its multi-coloured religious landscape, the different models of state-church relationships and the different levels of impact of the secularisation process. This has to be taken into account when a "European perspective" comes into the picture. Churches and religious communities are seen as main actors in civil society in Europe. They are presented in this chapter as dialogue partners with the European institutions.

The main academic disciplines were investigated in relation to how far they contribute to the discourse and relationship of Europe, education and religion. The focus of political science is on European integration. The limited evidence of traditional theories such as integration theories, including approaches of neo-functionalism and intergovernmentalism, policy analysis and the debate about a European constitution has pioneered the development of the concept of Europeanisation. Although there is no common understanding of Europeanisation among scholars, they share the process-oriented character and the mutual influence of the different political levels from the local to the European and global level. As an influential example of a broad definition Johan P. Olsen's approach can be used. He differentiates between the following processes of Europeanization:

1. Changes in external boundaries
2. Developing institutions at the European level
3. Central penetration of national systems of governance
4. Exporting forms of political organizations
5. A political unification project.

Educational science has long been focused on the national context and has been widened just recently to the European and international levels. Even though concepts such as lifelong learning and knowledge society have become important European issues, educational science needs to europeanise and globalise its view not only to develop a more comparative perspective but to understand a European perspective as an increasingly important area for research and development.

Theological and religious education perspectives are needed for analysing correlations of education and religion. A European theological perspective appreciates the plurality of theological thinking due to the existing rich religious diversity in Europe. Theological discourse does not strive for any European harmonization. However theological reasoning can deal with the issue of common values in Europe and this can contribute to providing a framework for living together in a situation of increasing cultural and religious plurality. A special focus is on solidarity, human dignity, reconciliation and peace.

A number of comparative research projects have been launched during recent years, especially in religious education, covering issues such as the relevance of the subject, existing models of religious education in schools and their impact on general education, religious competence and religious diversity and education (such as REDCo, TRES, RaLP). While the value of religion in school is contested a more European oriented exchange takes place among scholars that provides space and opportunities for further European research projects.

My own particular research interest focuses on an analysis of selected documents of the Council of Europe and the European Union. A criterion of selection has been whether or not aspects of religion and education are implicitly or explicitly mentioned. In this framework a Europeanisation of education is valued as a discursive fact and is investigated diachronically and synchronically.

The main points of my analysis are the following:

- European integration is a project of peace and reconciliation that started with economic collaboration and developed toward a value based political Union.
- In the framework of European integration education increasingly gains relevance in relation to both the economic and the value perspective of Europe.
- The European Union and the Council of Europe are central actors of European integration. In both institutions education and vocational training have become important policy areas.
- Religion as a source, dimension and challenge to European values receives increasing recognition.
- Research on Europe in political science has changed in character and increasingly gives more attention to other sciences such as the social sciences and education.
- Educational science is discovering the importance of Europe and places it in the wider frame of globalisation.
- Theological perspectives foster human dignity, the common good and solidarity. These perspectives can contribute to European integration, making a value-based contribution.
- Initiatives in the field of religious education provide empirical data that gain prominence and influence in the European discourse.

– The analytical perspective of 'Europeanisation' is promising because it can explain complex, interactive processes on different levels.

Reconstruction and Analysis of European Discourse (Chapter 3 and 4)

My analysis of the documents is based on the method of qualitative content analysis. This is central to the particular combination of research methods used in my thesis. Three steps were taken in analysing the pre-selected documents: Firstly, each document is summarized with its main points and arguments on religion and education, secondly, categories are formulated and interpreted and thirdly, the findings are discussed.

Discourse analysis is used to as a means to viewing the European institutions and their impact as part of a wider picture. European institutions are seen as places where discourse is produced (loci of discourses). This has put the analysis of documents in a broader context that takes into account dynamics of the political field, including aspects of power.

Elements of Grounded Theory enriched the research process especially through a constant comparative analytical perspective, using the concept of theoretical sampling and the inductive development of basic categories from the documents.

In the context of the different institutions of the Council of Europe the recommendations of the Parliamentary Assembly and the recommendations and a White Paper from the Committee of Ministers play a crucial role. Also documents from activities of the Commissioner on Human rights are analysed as well as judgments of the European Court of Human Rights. The institutions of the Council of Europe have different mandates and perspectives. The Parliamentary Assembly in its recommendations deal with issues such as religious tolerance, democracy, education religion and human rights. Another area is the field of intercultural dialogue and intercultural education where the emphasis lies with the Committee of Ministers. The importance of documents for the study is linked to the fact that since the year 2002 a new recognition and acknowledgement about the religious dimension came into force in both fields.

For the perspective of the European Court of Human Rights ECHR the protection of human rights is at the centre of its mandate. This includes issues of freedom of thought, conscience and religion (Art. 9, European Convention for the protection of Human Rights and Fundamental Freedoms) and the right of parents to ensure such education and teaching in conformity with their own religious and philosophical convictions (Art. 2, first protocol of the Convention).

European Union documents include those primary legal documents where religion or an equivalent term is mentioned. The value and the wording of a religious basis for European integration was a contested issue in the debate, especially in the development of the Charter of Fundamental Rights of the European Union and also in the process of attempting to develop a European constitution.

The other area covered relates to European Education Policy. My work on this is shaped by basic documents in which instruments for quality in education are promoted, especially activities that foster initiatives for lifelong learning. Examples for this are key competencies and the European Qualification Framework (EQF). Moreover the issues of migration and mobility have been taken up by the European Union as one of the burning issues in education in relation to social cohesion.

As a mirror to the selected documents from the European institutions, and as contributions to a European dialogue, a number of documents from church networks such as Conference of European Churches CEC and the Community of Protestant Churches in Europe CPCE are included that specify a perspective concerning religion and education as a contribution to a European discourse. They were included and investigated for two reasons: Their aims show some consistency with the political documents concerning aims and values of European integration and they provide a contrast in terms of rationale for the inclusion of a broader concept of religion.

Results of the study are clustered under perspectives of religion, state-church relationship, society and religion, education, religion, and religious education.

Proposals for Theory and Practice and Outlook (Chapter 5)

This chapter includes a systematised summary of the findings concerning elements and concepts of religion and education in the selected documents. The focus is on the main categories "religion" and "education". Sub-categories of religion are: the concept of religion, state- church relationship and society, democracy and religion. Sub-categories of education are the concepts of education, knowledge society and lifelong learning, and religious education.

In summarizing the findings the following should be mentioned:

- An initial finding is a distinction between the ways in which Council of Europe documents and European Union documents handle the interrelatedness of religion and education, despite the close overlap of interests and policy in the two institutions. In Council of Europe documents, the relationship is explicit, whereas European Union documents tend to deal with the interrelationship of religion and education implicitly or indirectly.

- The Council of Europe deals with religion in a sophisticated and differentiated manner in its different institutions. The main institutional bodies within the Council of Europe dealing with religion and education are the Parliamentary Assembly, the Committee of Ministers, the Commissioner of Human Rights and the European Court of Human Rights. While in recommendations of the Council of Europe religion is explicitly mentioned and discussed in relation to tolerance, democracy and education, this is not the fact in documents of the European Union.

- Concerning education a general relation between education and religion can be found in Council of Europe's documents as well as criteria and demands of teaching about religion and about concepts of religious education. A preference of the Council of Europe is a knowledge based concept of "teaching/education about religion" whereas other aspects of religious education such as learning from religion and learning religion are not dealt with extensively.

– In the documents of the Council of Europe three different perspectives of religion can be analysed: religion as a private matter (private religion), religion as collective and organised (organised religion) and religion as a cultural fact (cultural religion). From a diachronical perspective private religion is an established image while organised religion gains more sympathy and recognition in the history of the documents analysed between 1993 and 2011. This is explicitly expressed when in several documents a reference is made to the values of the religious communities providing a source of the values of the Council of Europe. The agreement on the fact that religion is, at least, a 'cultural phenomenon', has received prominence in current documents of the Council of Europe. It is based on the conviction that this concept establishes a basic definition of the nature of religion that allows the Council to begin to develop further the implications of religion for intercultural education.

– In the context of the European Union no explicit concept of religion is expressed in the documents, but the EU respects and does not prejudice the status under national law of churches and religious associations or communities in the Member States. In primary law an open, transparent and regular dialogue with churches and religious communities is included (Art. 17 TFEU).

– The relation of state and church is a central issue of the Council of Europe. Existing systems of strict separation (laïcité) are preferred although there has been some movement in relation to this issue. In this model religion is mainly a private matter and has no central value in the public sphere. In this perspective also the role of churches and religious communities in co-shaping a European society is limited due to the principle of laïcité. However, exchanges between different actors in the field of religions and beliefs, including religious bodies and representatives of religious communities, have been a feature of the Council of Europe's work in recent years, indicating some easing from laïcité in its most strict understanding.

– The EU is not working towards a common European law on religion but respects the existing plurality in state-church relationship. Processes of Europeanisation increasingly influence the state-church relation on national level.

– The European institutions increasingly acknowledge the complexity of the relationship between society, democracy and religion. In the context of the Council of Europe some mistrust is expressed of certain documents concerning the democratic orientation of religious communities. The European Union appreciates the status of the religious communities and emphasizes them as specific actors in civil society.

- In general a more differentiated perception of religion in European society emerges and the religious communities are valued as partners of the European institutions with a reliable potential to promote democratic developments in Europe.

In summarizing the findings concerning religion in the European context a twofold statement can be proposed:

On the one hand religious communities are increasingly seen as valid partners of politics in creating a democratic society, provided that they follow existing political conditions and frameworks. The danger of a functionalized perception of religion and religious communities has to be carefully recognized in this context.

On the other hand the relationship of religion, democracy and society is seen as manifold and complex. This can be documented in the following slightly antagonistic findings:

- Religion fades away, but receives increasing importance in society.
- Religion is a private matter, but becomes increasingly an issue within the public sphere
- Religion is a cultural fact, but for many, religion is more than this: it may be a way of life, an embodiment of revealed truth or linked to important ethical convictions.

The Council of Europe gives high value and a positive image to education as a problem solver for society. No further differentiated perspective on the concept of education can be found in the analyzed documents.

In the context of the EU, education becomes increasingly a European issue with a special role and value for matters of economics and growth. At the same time the competence of the member states concerning content and structure of education is recognized in line with increasing 'soft' mechanisms for collaboration and comparison. The main discourses are organized around the concept of a knowledge society and lifelong learning.

The knowledge society is used as background and argument to improve quality and efficiency of the national education systems. However, in spite of the central place of knowledge society as an idea, there is no content-oriented discourse about the underlying concepts of knowledge society as an idea, in the European institutions. It seems that stating the fact that processes of globalisation take place and that a knowledge society has come into existence are sufficient presuppositions to constitute an argument for the necessity of lifelong learning. Lifelong learning has become a guiding principle for the development of the European Union as an advanced knowledge society and for creating a sense of European citizenship based on understanding and respect for human rights and democracy, and encouraging tolerance and respect for other peoples and cultures.

The Council of Europe promotes a debate about concepts of religion and education. Its preference is with an approach that has its main focus on an impartial and respectful teaching about religions that takes into account the diversity and complexity of religious traditions. Uncritical confidence in the transmission of knowledge as a sole instrument to combat intolerance, stereotypes can be stated along with the observation that the existing range of models of religious education in Europe is not recognized.

The relation of education and religion is not an explicit policy issue of the EU, although it is from time to time it is a subject in the dialogue with churches and religious communities.

The discussion of findings from a Protestant perspective I have articulated starts with three basic understandings that shape this religious tradition:
- Protestantism accepts secularization and plurality in society.
- Protestantism and education are closely related, education is seen as a 'life form of faith'.
- Protestant churches contribute to justice and peace in Europe.

Against this background the findings of the study were discussed. A Protestant commitment for Europe and the processes of European integration is shaped by a 'silver-tongued loyality' (Nikolaus Schneider) toward the political institutions that accept an active role especially when it comes to issues of values and ethical orientation. But it also includes a critical stance concerning human dignity, respect of human rights and orientation towards the common good.

From a Protestant perspective a privatization of religion and a marginalization of its role in the public sphere cannot be accepted. The plea for a more differentiated perception of religion provides space and encounters for churches and religious communities and allows collaborative actions between state and religion. Religion and politics are independent domains that can collaborate in solving problems of society. The domains do not merge but can act in a complementary way. This can also prevent an instrumentalization of religious communities for political interests.

From a Protestant perspective education means more than employability, flexibility and mobility. Oriented on a human scale a comprehensive, multi-dimensional concept of education (*Bildung*) including cultural and value based education is needed in order to complement the part of education that focuses on skills and knowledge and on employability for an increasingly global labour market. This perspective can serve as a critical statement in the discourse about lifelong learning and the concept of knowledge society that is dominant in the European institutions.

A final point from a Protestant perspective is the demand that the relation between religion and education should go beyond the knowledge aspect of teaching about religion. The transmission of knowledge should be complemented by exploring other aspects of religion to promote a concept of religious competence that is not limited to knowledge but includes also skills, attitudes and the volition to deal with one's own religion as well as with the religion of the other in a manifold way. Recent recommendations and documents, especially of the Council of Europe, are not far from this line of thought.

"Religie" in de context van een europeïsering van het onderwijs. Een reconstructie van Europese debatten en ontwikkelingen vanuit protestants perspectief (Samenvatting)

Deze studie richt zich op het onderzoek naar het belang van religie in de context van de Europese dimensie van het onderwijs. Er worden kwalitatieve onderzoeksmethoden gebruikt om de begrippen 'religie' en 'onderwijs' in de belangrijkste documenten van de Raad van Europa en de Europese Unie te verkennen en om een bijdrage te leveren aan het debat over de waarde van religie in het onderwijs. Dit is een uitdagend debat waaraan wordt bijgedragen vanuit verschillende perspectieven, zoals die van de onderwijskunde, godsdienstige opvoeding en sociale wetenschappen.

De achtergrond van de studie reflecteert twee algemene ontwikkelingen als onderliggende vooronderstellingen:

- Binnen Europa is er een vernieuwde belangstelling ontstaan voor religie. Religie wordt gewaardeerd als een belangrijk element in de menselijke ervaring en religieuze gemeenschappen worden erkend door politieke instituties als specifiek onderdeel van de civil society. In deze zin is religie een 'cultureel feit'.
- Binnen het terrein van het onderwijs hebben ontwikkelingen ten aanzien van de Europese dimensie plaatsgevonden die ertoe hebben geleid dat er terreinen zijn ontstaan als een Europese Onderwijs Ruimte en een Europese Onderwijs Politiek. Het begrip 'Europese dimensie' reflecteert de complexiteit van processen, inclusief transnationale stromingen en netwerken, ideeën en praktijken die Europese grenzen overschrijden, directe effecten van de politiek van de Europese Unie en aanbevelingen met betrekking tot nationale ontwikkeling van de Raad van Europa in samenhang met de invloeden van internationale organisaties en de groei van globalisering op verschillende Europese niveaus.

Het onderzoek richt zich met name op documenten van de Raad van Europa en de Europese Unie als de twee belangrijkste politieke organisaties die vorm geven aan het proces van de Europese integratie in samenwerking met hun 47 (Raad van Europa) en 27 (Europese Unie) lidstaten. Beide instituties zijn voertuigen voor de implementatie van politieke opvattingen en het verspreiden van normen en verwachtingen. Documenten van beide organisaties worden gewaardeerd als toonaangevend in het voortgaande debat over en als bijdragen aan de ontwikkeling van de Europese dimensie van het onderwijs die nationale vormgeving beïnvloeden.

De *Raad van Europa* met zijn 47 lidstaten heeft het imago het 'geweten van Europa' te zijn vanwege zijn bevordering van internationale samenwerking gebaseerd op democratie, mensenrechten en jurisdictie. Sinds de oprichting van de Raad in 1949 wordt aan onderwijs een waardevolle betekenis toegekend. Enkele van de belangrijkste activiteiten ten aanzien van het onderwijs betreffen 'Gedeelde geschiedenissen voor een Europa zonder scheidslijnen', opleiding van leraren en capacity building voor lerarenopleiders, taalpolitiek, onderwijs voor democratisch burgerschap en intercultureel begrip.

De *Europese Unie* is een sleutelinstelling voor de Europese integratie die startte als een proces voor vrede en verzoening na de Tweede Wereldoorlog. Hoewel onderwijs geen prioriteit had toen de eerste stappen werden gezet voor de Europese Gemeenschap – later de Europese Unie, wordt onderwijs nu meer betrokken bij het proces van de Europese integratie. Kwaliteit en levenslang leren staan nu centraal in het Europese debat over hoe onderwijs kan bijdragen aan een Europese strategie voor een 'slimme, duurzame en inclusieve groei' gericht op 'Europa 2020'. Onderwijs is een aandachtgebied geworden voor de Europese politiek ondersteund door de instelling van 'zachte' processen als politieke netwerken, actieprogramma's, indicatoren en benchmarks, verstrekken van Europese oplossingen voor Europese uitdagingen in het onderwijs, en het bevorderen van hogere kwaliteit en efficiëntie van nationale onderwijsstelsels.

Het concept van Europeïsering werd gehanteerd als een onderliggend theoretische perspectief in relatie tot mijn onderzoek. Deze theorie is ontwikkeld in de politicologie, maar wordt in toenemende mate ook in andere disciplines zoals die van de sociale wetenschappen en de onderwijskunde gebruikt. Op basis van het centrale doel van de studie zijn de volgende onderzoeksvragen geformuleerd:

- Is religie een onderwerp binnen de context van de Europese dimensie van het onderwijs?
- Welke specifieke definities, interpretaties, begrippen, beelden en stereotiepen van religie kunnen in kaart worden gebracht in het werk van de Raad van Europa en de Europese Unie?

Om deze vragen te beantwoorden werden drie stappen gezet. Eerst vond theoretische reflectie plaats waarbij de status werd verkend van het huidige onderzoek naar Europa, onderwijs en religie. Vervolgens werden documenten geselecteerd, in hoofdzaak van de Raad van Europa en de Europese Unie, en geanalyseerd. Deze analyse werd verricht met behulp van een mix van methoden, te weten kwalitatieve inhoudsanalyse, 'grounded theory' en discours-analyses. Ten derde werden de bevindingen bediscussieerd en gebruikt als empirische achtergrond om aanbevelingen voor theorie en praktijk te kunnen formuleren. Daarbij werd speciaal aandacht besteed aan een protestants perspectief om op de onderzoeksresultaten te reflecteren.

Basale theoretische overwegingen ten aanzien van Europa – onderwijs – religie en de status van onderzoek (hoofdstuk 2)

In het eerste deel over theoretische overwegingen en de status van huidig onderzoek wordt de geschiedenis van de Europese integratie geïntroduceerd waarbij speciaal aandacht wordt besteed aan de rol en de waarden van onderwijs. Er wordt vastgesteld dat onderwijs in toenemende mate van betekenis is geworden in de verschillende fasen van Europese integratie. Terwijl er aanvankelijk duidelijke overeenstemming was over het feit dat onderwijs een exclusieve nationale verantwoordelijkheid is zonder bevoegdheid voor Europese instituten, is dit in de loop der jaren veranderd. In het bijzonder markeert de Lissabon Top van 2000 een perspectief wisseling vanwege de toen bereikte overeenstemming om Europa 'te laten ontwikkelen tot de meest competitieve en dynamische kennisrijke economie van de wereld'. Afgezien van het stellen van specifieke doelen suggereert zo'n toename in human resources, de bevordering van mobiliteit in het onderwijs en de implementatie van een Europees kader van maatregelen voor levenslang leren en de 'open coördinatie methode' (OMC) een nieuwe politiek gebaseerd op een zachte vorm van sturing die indicatoren en benchmarking als publieke gereedschappen gebruikt. Na Lissabon werden 'levenslang leren' en de gevolgen van een 'kennissamenleving' de dominerende discussies binnen de Europese Onderwijs Ruimte en in de Europese Politiek.

In het volgende gedeelte worden het begrip 'religie' en de relaties tussen religie en Europa geïntroduceerd. In de discussie wordt daarbij rekening gehouden met de veelzijdige, vaak pijnlijke geschiedenis die sinds de Middeleeuwen in Europa ten aanzien van de ontmoetingen met religie plaats vond. Reformatie en Contra-Reformatie, de Dertigjarige Oorlog die eindigde met de Vrede van Westfalen, de periode van Verlichting met haar secularisatieprocessen en de afname van geïnstitutionaliseerde religie. Dat schiep een context voor een hedendaags kleurrijk religieus landschap en het politieke concept van de scheiding van kerk en staat. Het principe van die scheiding heeft geleid tot uiteenlopende modellen voor de verhoudingen tussen kerk en staat in Europa. Dit ten gevolge van een samenspel van uiteenlopende factoren in de verschillende regio's. In het moderne Europa heeft het lange tijd dominante begrip 'secularisatie' zijn exclusiviteit verloren en wordt het nu geflankeerd door begrip 'transformatie van religie' en de herleving van religie in verscheiden gedaanten. Er wordt ook op gewezen dat iedere poging om religie te definiëren afhankelijk is van de context en het epistemologische perspectief van degene die definieert. Iedere discussie over religie wordt gevormd en bepaald door de veelzijdige context van Europa met zijn veelkleurig religieuze landschap, de uiteenlopende modellen van verhoudingen tussen kerk en staat en de verschillende niveaus van het secularisatieproces. Hiermee dient rekening te worden gehouden wanneer een 'Europees perspectief' in beeld komt. Kerken en religieuze gemeenschappen worden beschouwd als hoofdspelers in de Europese civil society. In dit hoofdstuk worden ze gepresenteerd als partners in de dialoog met de Europese instituties.

De inzichten van de belangrijkste academische disciplines werden benut in relatie tot de vraag in hoeverre ze kunnen bijdragen aan de discours en de relatie met Europa, onderwijs en religie. De focus van de politicologie is gericht op Europese integratie. De beperkte geldigheid van traditionele theorieën, zoals die betreffende integratie, inclusief benaderingen van neo-functionalisme en intergovermentalisme, politieke analyses en het debat over een Europese Grondwet was pionierswerk met betrekking tot begrip voor de Europese dimensie. Ofschoon er onder de wetenschappers geen communis opinio bestaat ten aanzien van de Europese dimensie delen zij wel opvattingen over het proces-georiënteerde karakter en de wederzijdse wederkerige beïnvloeding van de verschillende politieke niveaus uiteenlopend van het lokale naar het Europese en mondiale niveau. De benadering van Johan P. Olsen met zijn brede definitie kan hier als invloedrijk voorbeeld worden genoemd. Hij maakt bij de toename van de Europese dimensie een onderscheid tussen de volgende processen:

1. Veranderingen van de externe grenzen.
2. Ontwikkeling van instituties op Europees niveau.
3. Centrale penetratie in nationale bestuurlijke systemen.
4. Vormen van export van politiek organisaties.
5. Een project tot politieke eenwording.

De onderwijskunde heeft zich lang gericht op de nationale context en is pas vrij onlangs aandacht gaan besteden aan de Europese en internationale niveaus. Hoewel begrippen als levenslang leren en de kennissamenleving belangrijke Europese thema's zijn geworden, moet de onderwijskunde zijn perspectief een duidelijker Europese en mondiale dimensie geven en een sterker comparatief karakter opdat het Europese perspectief begrepen kan worden als van toenemend belang voor onderzoek en ontwikkeling.

Er zijn perspectieven nodig op theologisch en religieus onderwijs om de samenhang tussen onderwijs en religie te kunnen analyseren. Een Europees theologisch perspectief waardeert de veelvormigheid van het theologisch denken op basis van de rijke religieuze diversiteit in Europa. De theologische discours streeft niet naar één of andere vorm van Europese harmonisatie. Theologische reflectie kan echter wel betrokken zijn op gemeenschappelijke waarden in Europa, – en kan een bijdrage leveren aan het ontwikkelen van een blauwdruk om samen te leven in een situatie van toenemende culturele en religieuze diversiteit. Een specifiek aandachtspunt daarbij is gericht op solidariteit, menselijke waardigheid, verzoening en vrede.

In de afgelopen jaren zijn er enige vergelijkende onderzoeksprojecten gestart, speciaal gericht op godsdienstonderwijs, onder meer met betrekking tot thema's als de relevantie van het schoolvak, bestaande modellen voor godsdienstonderwijs in scholen en hun invloed op het onderwijs in het algemeen, religieuze competenties en religieuze diversiteit en onderwijs (bijvoorbeeld: REDCo, TRES, RaLP). Terwijl de betekenis van religie in school ter discussie staat, vindt een meer op Europa gerichte uitwisseling plaats onder wetenschappers waarmee ruimte en mogelijkheden worden verschaft voor verdergaande Europese onderzoeksprojecten.

Mijn eigen onderzoeksbelangstelling is gericht op een analyse van een selectie van documenten van de Raad van Europa en van de Europese Unie. Een selectie criterium daarbij was of aspecten van religie en onderwijs daarin impliciet of expliciet worden genoemd. In dit kader wordt de Europese dimensie in het onderwijs gezien als een beredeneerd feit dat diachroon en synchroon wordt onderzocht.

De belangrijkste punten in mijn analyses zijn de volgende:

– De Europese integratie is een project van vrede en verzoening dat startte met economische samenwerking en ontwikkeling in de richting van een op waarden gebaseerde politieke Unie.

- In het kader van Europese integratie neemt de betekenis van onderwijs toe in vergelijking met zowel het economisch – als het waarden – perspectief van Europa.

- De Europese Unie en de Raad van Europa zijn centrale spelers in de Europese integratie. Bij beide instituties zijn onderwijs en beroepstraining belangrijke politieke gebieden geworden.

- Religie als een bron, dimensie en uitdaging voor Europese waarden krijgt steeds meer erkenning.

- Politicologisch onderzoek van Europa is van karakter veranderd en schenkt in toenemende mate aandacht aan andere wetenschappelijke disciplines zoals sociale wetenschappen en de onderwijskunde.

- De onderwijskunde ontdekt het belang van Europa en plaatst dat in het kader van globalisering.

- Theologische perspectieven bevorderen de menselijke waardigheid, het algemeen goede en solidariteit. Deze perspectieven kunnen bijdragen aan de Europese integratie en daartoe een op waarden gebaseerde bijdrage leveren.

- Initiatieven op het terrein van godsdienstonderwijs zorgen voor empirische data die van toenemende betekenis zijn in het Europese discours.

- Het analytisch perspectief van de toename van de Europese dimensie is veel belovend omdat het complexe interactieve processen op verschillende niveaus kan verklaren.

Reconstructie en analyse van de Europese discours (Hoofdstuk 3 en 4)

Mijn analyse van de documenten is gebaseerd op de methode van kwalitatieve inhoudsanalyse zoals die door Philipp Mayring is ontwikkeld. Deze staat centraal in de combinatie van onderzoeksmethoden die in dit proefschrift worden gebruikt. Er werden drie stappen gezet bij de analyse van de vooraf geselecteerde documenten: Allereerst werd ieder document op hoofdpunten en argumenten ten aanzien van religie en onderwijs samengevat. Vervolgens werden er categorieën geformuleerd en geïnterpreteerd, en ten derde werden de bevindingen bediscussieerd.

Een discours-analyse is gebruikt als instrument om naar de Europese instellingen en hun invloed te kijken om daarmee een breder beeld te krijgen. Europese instellingen worden daarbij gezien als plaatsen waar de discours is geproduceerd (loci of discourse). Daarmee kon de analyse van de documenten in een bredere context worden geplaatst waarbij rekening wordt gehouden met de dynamiek van het politieke veld inclusief het krachtenveld.

Elementen van de 'grounded theory' verrijkten het onderzoeksproces, speciaal vanwege het permanente gebruik van een vergelijkend analytisch perspectief waarbij gebruik werd gemaakt van het concept van theoretische steekproeven en de inductieve ontwikkeling van basis-categorieën uit de documenten.

In de context van de verschillende instituten van de Raad van Europa spelen de aanbevelingen van de Parlementaire Assemblee en de aanbevelingen en een White paper van het Comité van Ministers een centrale rol. Ook worden documenten over activiteiten van de Commissaris van de Mensenrechten geanalyseerd evenals uitspraken van het Europese Hof voor de Mensenrechten. De instellingen van de Raad van Europa hebben verschillende mandaten en perspectieven. De aanbevelingen van de Parlementaire Assemblee betreffen onderwerpen als religieuze tolerantie, democratie, godsdienstonderwijs en mensenrechten. Een ander aandachtsveld is de interculturele dialoog en intercultureel onderwijs; hierop ligt de nadruk bij het Comité van Ministers. Het belang van de bestudering van de documenten ligt in het feit dat sinds 2002 een nieuwe herkenning en erkenning van de religieuze dimensie van kracht werd.

Voor de perspectieven van Het Europese Hof voor de Mensenrechten (ECHR) staat de bescherming van de mensenrechten centraal. Dat sluit onderwerpen in als: vrijheid van gedachten, geweten en godsdienst (Art. 9, Europese Conventie voor de Bescherming van Rechten van de Mens en Fundamentele Vrijheden), en het recht van ouders tot keuze van onderwijs overeenkomstig hun eigen religieuze en filosofische overtuiging (Art. 2, eerste protocol van de Conventie).

Documenten van de Europese Unie bevatten primair wettelijke documenten waarin religie of een gelijkwaardige term worden genoemd. De waarde en de benoeming van een religieuze basis voor Europese integratie was een controversieel onderwerp in het debat, in het bijzonder bij het opstellen van het Charter voor Fundamentele Rechten van de Europese Unie en ook bij het proces van de poging om tot een Europese Grondwet te komen.

Het andere gebied waaraan aandacht wordt geschonken is de Europese Onderwijs Politiek. Op dat gebied wordt mijn werk vormgegeven door basisdocumenten die instrumenten bevatten ter bevordering van de kwaliteit van het onderwijs en in het bijzonder activiteiten ter bevordering van permanent leren. Voorbeelden daarvan zijn basiscompetenties en het Europese Kwalificatie Raamwerk (EQF). Daarnaast zijn de thema's migratie en mobiliteit opgepakt door de Europese Unie als een van de brandende kwesties in het onderwijs in relatie met sociale cohesie.

Ter spiegeling voor de geselecteerde documenten van de Europese instellingen en als bijdrage aan de Europese dialoog wordt een aantal documenten bij het onderzoek betrokken zoals die van kerkelijk netwerken als de Conferentie van Europese Kerken (CEC) en de Gemeenschap van Protestantse Kerken in Europa (CPCE). Deze documenten specificeren een perspectief op religie en onderwijs als een bijdrage aan een Europese discours. Zij werden om twee redenen bij het onderzoek betrokken. Hun doelstellingen tonen enerzijds grote overeenkomst met de politieke documenten betreffende de Europese doelen en waarden van de Europese integratie en zij contrasteren anderzijds daarmee ten aanzien van het includeren van een breder begrip van 'religie'.

De resultaten van de studie worden bijeengebracht vanuit de perspectieven: religie, de verhouding kerk en staat, samenleving en religie, onderwijs, religie en godsdienstonderwijs.

Voorstellen voor de theorie en praktijk en een perspectief (hoofdstuk 5)

Dit hoofdstuk bevat een gesystematiseerde samenvatting van de bevindingen uit de geselecteerde documenten met betrekking tot elementen en begrippen van religie en onderwijs. Daarbij ligt de focus op de hoofdcategorieën 'religie' en 'onderwijs'. Sub-categorieën van religie zijn daarbij: het begrip religie, de verhoudingen tussen kerk en staat en samenleving, democratie en religie. Sub-categorieën van onderwijs zijn daarbij: het begrip onderwijs, kennissamenleving en levenslang leren, en godsdienstonderwijs. De opsomming van de bevindingen luidt als volgt:

- Allereerst is er een onderscheid tussen de wijzen waarop in de documenten van de Raad van Europa en die van de Europese Unie wordt omgegaan met samenhang tussen religie en onderwijs. Dit ondanks de overlapping van belangen en politiek van de twee instituties. In de documenten van de Raad van Europa wordt de relatie expliciet weergegeven, terwijl in de documenten van de Europese Unie de samenhang tussen religie en onderwijs voornamelijk impliciet en indirect aan de orde komt.

- In de verschillende instituties van de Raad van Europa wordt op een genuanceerde en gedetailleerde wijze omgegaan met religie. De belangrijkste organen van de Raad van Europa met betrekking tot religie en onderwijs zijn de Parlementaire Assemblee, het Comité van de Ministers, de Commissaris voor Mensenrechten en het Europese Hof voor de Mensenrechten. Terwijl in de aanbevelingen van de Raad van Europa religie expliciet wordt benoemd en besproken in relatie met tolerantie, democratie en onderwijs, is dat niet het geval in de documenten van de Europese Unie.

- Met betrekking tot onderwijs kan in de documenten van de Raad van Europa een algemene relatie tussen onderwijs en religie worden aangetroffen. Hetzelfde geldt voor criteria en eisen voor het onderwijzen van godsdienst en ten aanzien van opvattingen over godsdienstonderwijs. De Raad van Europa prefereert een in kennis geworteld begrip van 'onderwijzen/onderwijs over religie', terwijl andere aspecten van godsdienstonderwijs zoals 'leren van godsdienst' en 'godsdienst leren' niet uitvoerig ter sprake komen.

- In de documenten van de Raad van Europa kunnen drie verschillende perspectieven op religie worden geanalyseerd: religie als een private zaak (private religie), religie als een collectiviteit en georganiseerd (georganiseerde religie) en religie als een cultureel feit (culturele religie). Vanuit een diachroon perspectief is private religie een gevestigd beeld, terwijl georganiseerde religie meer sympathie en herkenning krijgt zo blijkt uit de documenten uit de periode 1993 tot 2011.

Dat komt nadrukkelijk naar voren wanneer in verscheidene documenten verwezen wordt naar de waarden van religieuze gemeenschappen die als een bron worden aangeduid voor de waarden van de Raad van Europa. De overeenstemming over het feit dat religie, tenminste een 'cultureel verschijnsel' is, heeft een prominente plaats gekregen in documenten van de Raad. Dat is gebaseerd op de overtuiging dat dit concept een basisdefinitie geeft voor de aard van religie die de Raad in staat stelt om implicaties van religie voor intercultureel onderwijs verder te ontwikkelen.

– In de context van de Europese Unie komt in de documenten geen expliciet concept van religie ter sprake, maar de EU respecteert de status van religie, kerken en religieuze gemeenschappen in de lidstaten van de Unie. In de primaire wetgeving wordt een open, transparante en reguliere dialoog met kerken en religieuze gemeenschapen voorzien (Art. 17 TFEU).

– De relatie tussen kerk en staat is een centraal onderwerp in de opvattingen van de raad van Europa waarbij een strikte scheiding (laïcité) de voorkeur heeft, ofschoon er ten aanzien van dit onderwerp sprake is van enige beweging. In dit model wordt religie vooral als private zaak beschouwd en heeft daarmee op zich geen waarde voor het publieke domein. In dit perspectief is ook de rol van kerken en andere religieuze gemeenschappen bij het gezamenlijk vormgeven van een Europese samenleving beperkt vanwege het principe van de laïcité. Echter, uitwisselingen tussen verschillende actoren op het terrein van godsdienst en levensovertuigingen, inclusief religieuze organisaties en vertegenwoordigers van religieuze gemeenschappen, hebben de laatste jaren aandacht gekregen in het werk van de Raad van Europa. Dat wijst erop dat de laïcité wat minder strikt wordt gehanteerd dan voorheen.

– De EU werkt niet in de richting van algemene wetgeving ten aanzien van religie maar respecteert wel de veelvormigheid op nationaal niveau van de relatie tussen kerk en staat.

– De Europese instellingen erkennen in toenemende mate de complexiteit van de relaties tussen maatschappij, democratie en religie. In de context van de Raad van Europa wordt enige argwaan geuit ten aanzien van bepaalde documenten met betrekking tot de democratische oriëntatie van religieuze gemeenschappen. De Europese Unie waardeert de status van religieuze gemeenschappen en benadrukt die als specifieke actoren in de civil society.

– In het algemeen is er sprake van een gedifferentieerde perceptie van religie in de Europese samenlevingen en worden de religieuze gemeenschappen gewaardeerd als partners van de Europese instellingen met een betrouwbare potentie om democratische ontwikkelingen in Europa te promoten.

De bevindingen betreffende religie in de Europese context samenvattend kan een tweeledig standpunt worden gepresenteerd:

Enerzijds worden religieuze gemeenschappen in toenemende mate beschouwd als waardevolle partners bij het tot stand komen van een democratische samenleving, overigens onder de voorwaarde dat zijn bestaande politieke condities en kaders volgen. In deze context dient het gevaar van een functionalistische perceptie van religie en religieuze gemeenschappen te worden herkend.

Anderzijds wordt de relatie tussen religie, democratie en samenleving als veelzijdig en complex gezien. Dit kan worden onderbouwd met de volgende onderling licht tegenstrijdige constateringen:

- Religie sterft uit, maar verwerft in toenemende mate invloed in de samenleving.
- Religie is een private zaak, maar wordt in toenemende mate een onderwerp in het publieke domein.
- Religie is een cultureel feit, maar voor velen is religie meer dan dat: het kan een 'way of life' zijn, de belichaming van geopenbaarde waarheid of verbonden met ethische overtuigingen.

De Raad van Europa kent grote waarde toe aan onderwijs als een probleemoplosser in de samenleving. Maar in de geanalyseerde documenten kan geen nader perspectief op het begrip onderwijs worden aan getroffen.

Binnen de context van de EU wordt onderwijs in toenemende mate een Europees onderwerp met een specifieke rol en waarde voor zaken als economie en groei. Gelijktijdig worden de competenties van de lidstaten met betrekking tot de inhoud en structuur van het onderwijs erkend in lijn met de toenemende 'zachte' mechanismen voor samenwerking en vergelijking. De belangrijkste discussies betreffen de concepten 'kennissamenleving' en 'permanente educatie'.

De kennissamenleving wordt gebruikt als achtergrond en argument om de kwaliteit en effectiviteit van de nationale onderwijssystemen te verbeteren. Er is echter, ondanks de centrale plaats die in de Europese instituties wordt toegekend aan de kennissamenleving, geen inhoudelijk georiënteerd discours over de onderliggende begrippen van de kennissamenleving als idee. Het lijkt er op alsof de uitspraak dat er processen van globalisering plaatsvinden en dat de kennissamenleving is ontstaan, voldoende redenen zijn om de noodzaak van levenslang leren te beargumenteren. Levenslang leren is een richtlijn geworden voor de ontwikkeling van de Europese Unie als een vooruitstrevende kennissamenleving en voor het scheppen van de zin voor een Europees burgerschap gebaseerd op begrip en respect voor andere mensen en culturen.

De Raad van Europa stimuleert een debat over de concepten 'religie' en 'onderwijs'. Daarbij wordt een voorkeur uitgesproken voor een benadering waarbij het accent ligt op onpartijdig en respectvol onderwijs over religies waarbij rekening wordt gehouden met de diversiteit en complexiteit van religieuze tradities. Een niet kritisch vertrouwen op de overdracht van kennis als het enige instrument om intolerantie en stereotypen te bestrijden, kan worden vastgesteld evenals de observatie dat het bestaande brede spectrum van modellen van godsdienstonderwijs binnen Europa niet wordt herkend.

De relatie tussen onderwijs en religie is geen expliciet politiek onderwerp bij de EU, ofschoon het van tijd tot tijd een onderwerp is in de dialoog met kerken en religieuze gemeenschappen.

De discussie over de bevindingen, vanuit een Protestants perspectief zoals ik eerder heb aangekondigd, start met drie basale begrippen die deze religieuze traditie vorm geven:

– Protestantisme accepteert secularisatie en veelvormigheid in de samenleving.
– Protestantisme en onderwijs zijn nauw met elkaar verbonden; onderwijs wordt beschouwd als een 'levensvorm van geloof'.
– Protestantse kerken dragen bij aan gerechtigheid en vrede in Europa.

Tegen deze achtergrond werden de bevindingen bediscussieerd. Een Protestantse betrokkenheid bij Europa en de processen van Europese integratie krijgt vorm door een 'silver-tongued' loyaliteit (Nikolaus Schneider) in de richting van politieke instituties die een actieve rol accepteeren in het bijzonder wanneer het aankomt op thema's met betrekking tot waarden en ethische oriëntaties. Maar het omvat ook een kritische houding met betrekking tot de menselijke waardigheid, respect voor mensenrechten en oriëntatie op het gemeenschappelijk goede.

Vanuit een Protestants perspectief kan privatisering van religie en marginalisatie van haar rol in het publieke domein niet worden geaccepteerd. Het pleidooi voor een meer gedifferentieerde perceptie van religie biedt ruimte en ontmoeting voor kerken en religieuze gemeenschappen, en staat samenwerking tussen staat en religie toe. Religie en politiek zijn van elkaar onafhankelijke domeinen die kunnen samenwerken om problemen in de samenleving op te lossen. De domeinen versmelten niet maar kunnen elkaar complementeren. Zo kan een instrumentele benadering van religieuze gemeenschappen voor politieke doeleinden worden voorkomen.

Vanuit een Protestantse visie betekent onderwijs meer dan werknemerschap, flexibiliteit en mobiliteit. Vanuit het perspectief van een menselijke schaal is een totaal multidimensionaal concept van onderwijs (*Bildung*) nodig, inclusief cultureel en waardengeoriënteerd onderwijs, om daarmee dat deel van het onderwijs te complementeren dat zich uitsluitend richt op vaardigheden en kennis, en op het werknemerschap voor een in toenemende mate globaliserende markt. Dit perspectief kan dienst doen als een kritisch standpunt in de discours over levenslang leren en de opvattingen over de kennissamenleving die dominant zijn bij de Europese instellingen.

Een slotopmerking vanuit een Protestants perspectief is dat de relatie tussen religie en onderwijs verder behoort te gaan dan het aspect van onderwijzen over religie. De overdracht van kennis moet worden aangevuld met de exploratie van andere aspecten van religie om daarmee een begrip van religieuze competentie te bevorderen dat niet beperkt is tot kennis, maar ook vaardigheden, attituden en de wil omvat om zowel met de eigen religie als die van de ander op veelvoudige wijze om te gaan. Recente aanbevelingen en documenten, in het bijzonder die van de Raad van Europa, zijn niet ververwijderd van deze gedachtelijn.

Abkürzungsverzeichnis

AEUV	Vertrag über die Arbeitsweise der Union (Teil des Vertrags von Lissabon); s. auch TFEU
AGDF	Aktionsgemeinschaft Dienst für den Frieden
BEPA	Bureau of European Policy Advisers
BMBF	Bundesministerium für Bildung und Forschung (Deutschland)
CCEE	lt.: CONSILIUM CONFERENTIARUM EPISCOPORUM EUROPAE, Rat der Europäischen Bischofskonferenzen
CCME	The Churches' Commission for Migrants in Europe
CDED	Steering Committee for Education (Europarat, bis 2011)
CDESR	Steering Committee for Higher Education and Research (Europarat, bis 2011)
CDPPE	Steering Committee for Educational Policy and Practice (Einrichtung des Europarates)
CEC	Conference of European Churches, s. auch KEK
CEDEFOP	Europäisches Zentrum für die Förderung der Berufsbildung
CoGREE	Coordinating Group for Religion and Education in Europe
COMECE	lt.: Commissio Episcopatum Communitas Europensis; Kommission der Bischofskonferenzen der Europäischen Gemeinschaft
Comenius	Gemeinschaftsprogramm der Europäischen Union für den schulischen Bereich
COMETT	Community programme on education and training for technologies
CM/REC	Council of Ministers/Recommendation
CPCE	Community of Protestant Churches in Europe, deutsch: GEKE
CSC	The Church and Society Commission (of CEC), deutsch: KKG
DECVET	Entwicklung eines Leistungspunktesystems in der beruflichen Bildung (Pilotinitiative des BMBF)
DG	Directorate General
DGfE	Deutsche Gesellschaft für Erziehungswissenschaft
DIHK	Deutsche Industrie- und Handelskammer
DQR	Deutscher Qualifikationsrahmen
EAWRE	European Association for World Religions in Education
ECER	European Conference on Educational Research
ECTS	European Credit Transfer and Accumulation System (Hochschulen)
ECVET	European Credit System for Vocational Education and Training
EECCS	Europäische Ökumenische Kommission für Kirche und Gesellschaft
EERA	European Educational Research Association
EFTRE	European Forum for Teachers of Religious Education
EGKS	Europäische Gemeinschaft für Kohle und Stahl
EGMR	Europäischer Gerichtshof für Menschenrechte

EGV	Vertrag zur Gründung der Europäischen Gemeinschaft
EKD	Evangelische Kirche in Deutschland
EMRK	Europäische Konvention zum Schutz der Menschenrechte
EP	Europäisches Parlament
EQF	European Qualifications Framework, europäischer Qualifikationsrahmen
Erasmus	European Community action scheme for the mobility of university students
ET	Education and Training
EUROTECNET	Programm zur Förderung der Innovation in der Berufsbildung
EUV	Vertrag über die Europäische Union (Teil des Vertrags von Lissabon)
EYCE	Ecumenical Youth Council in Europe
FORCE	Aktionsprogramm zur Förderung der beruflichen Weiterbildung in der Europäischen Gemeinschaft
GEKE	Gemeinschaft Evangelischer Kirchen in Europa; englisch: CPCE
Grundtvig	Gemeinschaftsprogramm der Europäischen Union für den Bereich der Erwachsenenbildung
ICCS	Intereuropean Commission on Church and School
INGO	International nongovernmental organisation
IV	International Association for Christian Education
KEK	Konferenz Europäischer Kirchen; englisch: CEC
KKG	Kommission für Kirche und Gesellschaft (der KEK); englisch: CSC
KMK	Kultusministerkonferenz (Ständigen Konferenz der Kultusminister der Länder in der Bundesrepublik Deutschland
Leonardo da Vinci	Programm der Europäischen Union für die Zusammenarbeit in der beruflichen Aus- und Weiterbildung
NRO	Nichtregierungsorganisation
OECD	Organisation for Economic Co-operation and Development
OIC	Organisation der Islamischen Konferenz
OSZE	Organisation für Sicherheit und Zusammenarbeit in Europa
PAS	Parliamentary Assembly, Parlamentarische Versammlung des Europarates
PESC	Peace Education Standing Commission of Religions for Peace (RFP)
PETRA	Initial Training for Young People and Youth Exchanges (EU Programm)
pfie	Policy Futures in Education (online-Fachzeitschrift)
PIRLS	Progress in International Reading Literacy Study
PISA	Programme for International Student Assessment
RaLP	Religion and Life perspectives of young People (Titel empirischer Studie)

REDCo	Religion in Education. A contribution to Dialogue or a factor of Conflict in transforming societies of European countries; (Titel eines europäisch-vergleichenden Forschungsprojektes [2006-2009])
TEMPUS	Trans-European mobility scheme for university studies
TFEU	Treaty of the Functioning of the European Union, s. auch AEUV
TRES	Teaching Religion in a multicultural European Society
UNESCO	United Nations Educational, Scientific and Cultural Organisation
WSCF-E	World Student Christian Federation of Europe
WTO	World Trade Organization
ZfE	Zeitschrift für Erziehungswissenschaft

Verzeichnis der Tabellen und Abbildungen

Tabellen

Tab. 1   Übersicht zu europäischen Aktionsprogrammen zur Förderung
von Austausch, Mobilität und Kooperation 30

Tab. 2   Analysierte Dokumente des Europarates 94

Tab. 3   Analysierte Dokumente der Europäischen Union 95

Tab. 4   Analysierte kirchliche Dokumente 96

Tab. 5   Diskursive Muster in Textpassagen zu Religion, Bildung und
Politik in Rec. 1202 (1993) *on religious tolerance in a
democratic society* 107

Tab. 6   Diskursive Muster in Textpassagen zu Religion, Bildung
und Politik in Rec. 1396 (1999) *religion and democracy* 117

Tab. 7   Diskursive Muster in Textpassagen zu Religion, Bildung
und Politik in Rec. 1720 (2005) *education and religion* 128

Tab. 8   Diskursive Muster in Textpassagen zu Religion, Bildung
und Politik in Rec. 1804 (2007) *on state, religion, secularity
and human rights* (ER 6) 136

Tab. 9   Äußerungen zu „Religion" in den Empfehlungen Rec. 1202
(1993), Rec. 1396 (1997), Rec. 1720 (2005), Rec. 1804 (2007) 142

Tab. 10   Äußerungen zu „Bildung" und „religiöser Bildung" in
den Empfehlungen Rec. 1202 (1993), Rec. 1396 (1997),
Rec. 1720 (2005), Rec. 1804 (2007) und Rec. 1962 (2011).................145

Tab. 11   Diskursive Merkmale von Religion, Bildung und Politik
im Weißbuch zum interkulturellen Dialog 162

Tab. 12   Diskursive Merkmale von Religion, Bildung und Politik
in der Empfehlung CM/REC(2008/12) *on the dimensions
of religions and non-religious convictions within intercultural
education* (2008) 174

Tab. 13   Diskursive Merkmale von Religion, Bildung und Politik in der
Empfehlung 1962 (2011) *The religious dimension of
intercultural dialogue* (ER 12) 179

Tab. 14   Diskursive Muster in Textpassagen zu „Religion" im
Rahmen der Dialogseminare des Menschenrechts
kommissars des Europarates (2000–2006) 188

Tab. 15   Diskursive Muster in Textpassagen zu „Bildung und
            religiöse Bildung" der Dialogseminare des Menschen
            rechtskommissars des Europarates (2000–2006) 193

Tab. 16   Ausgewählte Fälle des Europäischen Gerichtshofes
            für Menschenrechte EGMR im Bereich Religion
            und Bildung 204

Tab. 17   Übersicht zu Dialogtreffen der Europäischen Institutionen
            mit den Religionsgemeinschaften 2005–2011 221

Tab. 18   Bausteine, Zielsetzungen und Akteure lebenslangen Lernens 241

Tab. 19   Schlüsselbegriffe und ihre Charakteristika im Aktions
            programm im Bereich lebenslanges Lernen (2006) 246

Tab. 20   Schlüsselbegriffe und Merkmale in der Empfehlung zu
            Schlüsselkompetenzen für lebensbegleitendes Lernen
            (2006) (EU 4) 251

Tab. 21   Merkmalen und Zielsetzungen einer „Mobilität zu
            Lernzwecken" 261

Abbildungen

Abb. 1   Struktur des Europarates (Teilaspekte) 43

Abb. 2   Die Organe der Europäischen Union 45

Abb. 3   Einflüsse von Europäisierung auf Dimensionen von Politik 81

Abb. 4   Einheitliche Struktur für die Beschreibung der acht
           Niveaustufen des DQR 256

Verzeichnis der analysierten Dokumente (mit Internet-Quellen)

Europarat und Menschenrechtskomitee der Vereinten Nationen

Council of Europe, Committee of Ministers (2008): Dimension of religions and non-religious convictions within intercultural education. Recommendation CM/Rec(2008) 12 adopted by the Committee of Ministers on 10 December 2008 and explanatory memorandum. Strasbourg (2009). Auch online verfügbar: https://wcd.coe.int/ViewDoc.jsp?id=1386911&Site=CM

Council of Europe, Parliamentary Assembly (2002): Religion and change in central and eastern Europe. Recommendation 1556(2002). Online: assembly.coe.int/Main.asp?link=/Documents/AdoptedText/ta02/EREC1556.htm (abgerufen 05.07.2011).

Council of Europe, Parliamentary Assembly (2007a): Recommendation 1720 (2005) on education and religion, rapporteur Mr Schneider (Doc. 10673). In: Council of Europe, Parliamentary Assembly (Hg.) (2007): Intercultural and inter-religious dialogue. Strasbourg, S. 93–94. Auch online verfügbar: http://assembly.coe.int/ASP/Doc/XrefATDetails_E.asp?FileID=17373.

Council of Europe, Parliamentary Assembly (2007c): The dangers of creationism in education. Straßburg (Resolution, 1580 (2007)). Online: http://assembly.coe.int/Main.asp?link=/Documents/AdoptedText/ta07/ERES1580.htm (abgerufen 29.05.2011).

Council of Europe, Parliamentary Assembly (2007d): Blasphemy, religious insults and hate speech against persons on grounds of their religion. Straßburg (Recommendation, 1805 (2007)). Online: http://assembly.coe.int/Main.asp?link=/Documents/AdoptedText/ta07/EREC1805.htm (abgerufen 07.07.2011).

Council of Europe, Parliamentary Assembly (2007g): Recommendation 1202 (1993) on religious tolerance in a democratic society. In: Council of Europe, Parliamentary Assembly (Hg.) (2007): Intercultural and inter-religious dialogue. Strasbourg, S. 71–72. Auch online verfügbar: http://assembly.coe.int/ASP/Doc/XrefATDetails_E.asp?FileID=15236.

Council of Europe, Parliamentary Assembly (2007h): Recommendation 1396 (1999) on religion and democracy. In: Council of Europe, Parliamentary Assembly (Hg.) (2007): Intercultural and inter-religious dialogue. Strasbourg, S. 77–79. Auch online verfügbar: http://assembly.coe.int/ASP/Doc/XrefATDetails_E.asp?FileID=16672

Council of Europe, Parliamentary Assembly (2007i): Recommendation 1804 (2007) on state, religion, secularity and human rights. Strasbourg. Online: http://assembly.coe.int/mainf.asp?Link=/documents/adoptedtext/ta07/erec1804.htm (abgerufen 19.08.2009).

Council of Europe, Parliamentary Assembly (2010): Islam, Islamism and Islamophobia in Europe. Strasbourg (Resolution). Online: http://assembly.coe.int/Mainf.asp?link=/Documents/AdoptedText/ta10/ERES1743.htm (abgerufen 29.05.2011).

Council of Europe, Parliamentary Assembly (2011): Recommendation 1962 (2011) The religious dimension of intercultural dialogue. Strasbourg. Online :http://assembly.coe.int/Main.asp?link=/Documents/AdoptedText/ta11/EREC1962.htm (abgerufen 07.02.2012).

Europarat, Ministerkomitee (2008): Weißbuch zum Interkulturellen Dialog. „Gleichberechtigt in Würde zusammenleben". vorgelegt von den Außenministern des Europarates anlässlich der 118. Sitzung des Ministerkomitees. Straßburg. Online: www.coe.int/dialogue (abgerufen 11.06.2010).

European Court of Human Rights Former Second Section (2007a): Case of Hasan and Eylem Zengin v. Turkey. (Application no. 1448/04). Judgment. Strasbourg. Online: http://strasbourgconsortium.org/document.php?DocumentID=4286 (abgerufen 02.02.2011)

European Court of Human Rights Grand Chamber (2007b): Case of Folgerø and others vs. Norway. (Application no. 15472/02). Judgement. Strasbourg. Online: http://strasbourgconsortium.org/document.php?DocumentID=4221 (abgerufen 02.02.2011).

European Court of Human Rights Second Section (2009): Case of Lautsi v. Italy. (Application no. 30814/06). Judgement. Strasbourg. Online: http://www.echr.coe.int/echr/resources/hudoc/lautsi_and_others_v__italy.pdf (abgerufen 02.02.2011)

Human Rights Committee (2005): Communication No. 115/2003, Leirvåg v. Norway (Views adopted on 3 November 2004, eighty-second session). In: United Nations (2005): Report of the Human Rights Committee, Volume II (A/60/40[Vol. II], S. 203-225. Online: http://daccess-dds-ny.un.org/doc/UNDOC/GEN/441/50/PDF/GD0544150.pdf? OpenElement (abgerufen 02.02.2011).

Office of the Commissioner for Human Rights (2006): Dialogue of the Council of Europe Commissioner for Human Rights with the religious communities. Strasbourg (CommDH(2003)6 6rev3). Online: http://www.coe.int/t/commissioner/WCD/searchseminars_en.asp# (abgerufen 24.02.2011).

Europäische Union

Europäische Gemeinschaften (2008): Der Europäische Qualifikationsrahmen für lebenslanges Lernen (EQR). Luxemburg: Amt für Amtliche Veröff. der Europ. Gemeinschaften. Auch online verfügbar: http://ec.europa.eu/education/lifelong-learning-policy/eqf_de.htm.

Europäische Kommission (2000): Memorandum über Lebenslanges Lernen. Arbeitsdokument der Kommissionsdienststellen. Brüssel (SEK(2000) 1832). Online: www.bologna-berlin2003.de/pdf/MemorandumDe.pdf (abgerufen 16.08.2010).

Europäische Kommission (2007): Schlüsselkompetenzen für lebensbegleitendes Lernen. Ein Europäischer Referenzrahmen. Luxemburg: Amt für amtliche Veröffentlichungen der Europäischen Gemeinschaften. Auch online verfügbar: http://ec.europa.eu/education/lifelonglearning-policy/key_de.htm.

Europäische Kommission (2008b): Grünbuch Migration & Mobilität: Chancen und Herausforderungen für die EU-Bildungssysteme. Brüssel (KOM(2008) 423 endgültig). Online: http://ec.europa.eu/education/news/20080703-migrant-children-and-education_de.htm (abgerufen 16.07.2010).

Europäische Kommission (2010a): Europa 2020. Eine Strategie für intelligentes, nachhaltiges und integratives Wachstum. Mitteilung der Kommission. Brüssel (KOM(2010) 2020). Auch online verfügbar: http://ec.europa.eu/eu2020/pdf/COMPLET%20%DE%20SG-2010-80021-06-00-DE-TRA-00.pdf.

Europäische Kommission. Generaldirektion Bildung und Kultur; Generaldirektion Beschäftigung und Soziales (2001): Einen europäischen Raum des lebenslangen Lernens schaffen. Mitteilung der Kommission. Brüssel (KOM(2001) 678 endgültig). Auch online verfügar: http://eur-lex.europa.eu/LexUriServ/LexUriServ.do?uri=COM:2001:0678:FIN:DE:PDF.

Europäische Union (1999): Vertrag von Amsterdam. Auch online verfügbar: http://eur-lex.europa.eu/de/treaties/dat/11997D/htm/11997D.html

Europäische Union (2009): Vertrag von Lissabon. Auch online verfügbar: http://europa.eu/lisbon_treaty/index_de.htm

Europäischer Rat (2002a): Detailliertes Arbeitsprogramm zur Umsetzung der Ziele der Systeme der allgemeinen und beruflichen Bildung in Europa (Amtsblatt der Europäischen Gemeinschaften, C 142). Auch online verfügbar: http://eur-lex.europa.eu/LexUriServ/LexUriServ.do?uri=OJ:C:2002:142:0001:0022:DE:PDF.

Europäischer Rat (2002b): Entschliessung des Rates vom 27. Juni 2002 zum lebensbegleitenden Lernen. Brüssel (Amtsblatt der Europäischen Gemeinschaften, C 163). Auch online verfügbar: http://eur-lex.europa.eu/LexUriServ/LexUriServ.do?uri=OJ:C:2002:163:0001:0003:DE :PDF

Europäischer Rat (2009): Schlussfolgerungen des Rates vom 12. Mai 2009 zu einem strategischen Rahmen für die europäische Zusammenarbeit auf dem Gebiet der allgemeinen und beruflichen Bildung („ET 2020"). 2009/C 119/02 (Amtsblatt der Europäischen Union, C 119/2). Auch online verfügbar: http://europa.eu/legislation_summaries/education_training_ youth/general_framework/ef0016_de.htm.

Europäischer Rat; Europäisches Parlament; Europäische Kommission (2000): Charta der Grundrechte der Europäischen Union. Nizza. Online: http://www.europarl.europa.eu/char ter/default_de.htm, (abgerufen 11.05.2012).

Europäisches Parlament und Europäischer Rat (2006a): Beschluss Nr. 1720/2006/EG des Europäischen Parlaments und des Rates vom 15. November 2006 über ein Aktionsprogramm im Bereich des lebenslangen Lernens (Amtsblatt der Europäischen Union, L 327, S. 45–68). Auch online verfügbar: http://europa.eu/legislation_summaries/education_training_youth/ general_framework/c11082_de.htm.

Europäisches Parlament und Europäischer Rat (2008): Empfehlung zur Einrichtung des Europäischen Qualifikationsrahmens für lebenslanges Lernen. Brüssel (Amtsblatt der Europäischen Gemeinschaften, C 111, S. 1-7 (06.05.2008). Auch online verfügbar: http://ec.europa.eu/education/lifelong-learning-policy/eqf_de.htm.

Kirchliche Zusammenschlüsse

Church & Society Commission of the Conference of European Churches (2009): European Integration. A way forward? Churches in Europe contributing to Europe's future: framework and issues. A policy document of the Church and Society Commission of the Conference of European Churches. Brussels. Auch online verfügbar: http://csc.ceceurope.org/fileadmin/ filer/csc/European_Integration/europe_integration.pdf.

Gemeinschaft Evangelischer Kirchen in Europa GEKE (2007b): Kirche gestalten, Zukunft gewinnen. Gestalt und Gestaltung evangelischer Kirchen in einem sich verändernden Europa. Beitrag der Regionalgruppe Süd-Ost-Mittel-Europa 2002–2005. In: Wilhelm Hüffmeier (Hg.): Gemeinschaft gestalten – evangelisches Profil in Europa. Budapest 12.–18. September 2006. Frankfurt, M.: Lembeck, S. 76–152.

Konferenz Europäischer Kirchen (KEK); Rat der Europäischen Bischofskonferenzen (CCEE) (2001): Charta Oecumenica. Leitlinien für die wachsende Zusammenarbeit unter den Kirchen in Europa. Originalsprache: Deutsch. St. Gallen & Genf. Auch online verfügbar: http://www.ceceurope.org/fileadmin/filer/cec/CEC_Documents/ChartaOecumenicaDE.pdf.

Literatur

Adick, Christel (2003): Globale Trends weltweiter Schulentwicklung: Empirische Befunde und theoretische Klärungen. In: Zeitschrift für Erziehungswissenschaft 6 (2), S. 173–187.

Adick, Christel (2008): International vergleichende Erziehungswissenschaft. In: Hannelore Faulstich-Wieland (Hg.): Erziehungswissenschaft. Ein Grundkurs. Reinbek: Rowohlt Taschenbuch Verlag (Rororo, 55692), S. 389–407.

Afdal, Geir (2006): Tolerance and curriculum. Conceptions of tolerance in the multicultural unitary Norwegian compulsory school. Münster: Waxmann (Religious diversity and education in Europe, 2).

Akgün, Lale (2011): Aufstand der Kopftuchmädchen. Deutsche Musliminnen wehren sich gegen den Islamismus. 2. Aufl. München: Piper.

Alberts, Wanda (2007): Integrative religious education in Europe. A study-of-religions approach. Berlin: de Gruyter (Religion and reason, 47).

Allan, Julie (2011): Responsibly Competent: teaching, ethics and diversity. In: pfie 9 (1), S. 130.

Amos, S. Karin (2009): ‚Bildung' in der Spätmoderne. Zur Intersektion von Educational Governance und Gouvernementalität. In: Tertium Comparationis. Journal für International und Interkulturell Vergleichende Erziehungswissenschaft 15 (2), S. 81–107.

Angermüller, Johannes (2007): Was fordert die Hegemonietheorie? Zu den Möglichkeiten und Grenzen ihrer methodischen Umsetzung. In: Martin Nonhoff (Hg.): Diskurs, radikale Demokratie, Hegemonie. Zum politischen Denken von Ernesto Laclau und Chantal Mouffe. Bielefeld: Transcript (Edition Moderne Postmoderne), S. 159–172.

Angermüller, Johannes (2010): Widerspenstiger Sinn. Skizze eines diskursanalytischen Forschungsprogramms nach dem Strukturalismus. In: Johannes Angermüller und Silke van Dyk (Hg.): Diskursanalyse meets Gouvernementalitätsforschung. Perspektiven auf das Verhältnis von Subjekt, Sprache, Macht und Wissen. Frankfurt a.M.: Campus Verl., S. 71–100.

Angermüller, Johannes; Bunzmann, Katharina; Nonhoff, Martin (Hg.) (2001): Diskursanalyse: Theorien, Methoden, Anwendungen. 1. Aufl. Hamburg: Argument (Argument-Sonderband, n.F., AS 286).

Appiah, Kwame Anthony (2007): Der Kosmopolit. Philosophie des Weltbürgertums. München: C.H. Beck.

Arbeitskreis Deutscher Qualifikationsrahmen (2011): Deutscher Qualifikationsrahmen für lebenslanges Lernen. Verabschiedet vom Arbeitskreis Deutscher Qualifikationsrahmen (AK DQR) am 22. März 2011. Online: www.deutscherqualifikationsrahmen.de, (abgerufen 25.05.2011).

Arens, Edmund (2011): Der „eigene Gott" und die öffentliche Religion: Rolle und Relevanz christlicher Tradition in moderner Gesellschaft. In: Martin Baumann und Frank Neubert (Hg.): Religionspolitik – Öffentlichkeit – Wissenschaft. Studien zur Neuformierung von Religion in der Gegenwart. Zürich: Pano Verl (CULTuREL, 1), S. 105–126.

Arthur, James (2011): Intercultural versus Interreligious Dialogue in a Pluralist Europe. In: pfie 9 (1), S. 74-80.

Arthur, James; Gearon, Liam; Sears, Alan (2010): Education, Politics and Religion. Reconciling the Civil and the Sacred in Education. 1st. London, New York: Routledge.

Auel, Katrin (2006): Europäisierung nationaler Politik. In: Hans-Jürgen Bieling (Hg.): Theorien der europäischen Integration. 2. Aufl. Wiesbaden: VS Verlag für Sozialwissenschaften, S. 293–318.

Avest, Ina ter; Bertram-Troost, Gerdien; Miedema, Siebren (2011): Religious Education in a Pillarised and Postsecular Age in the Netherlands. In: Leni Franken und Patrick Loobuyck (Hg.): Religious Education in a Plural, Secularised Society. A Paradigm Shift. Münster: Waxmann, S. 85–98.

Avest, Ina ter; Jozsa, Dan-Paul; Knauth, Thorsten; Rosón, Javier; Skeie, Geir (Hg.) (2009): Dialogue and conflict on religion. Studies of classroom interaction in European countries. Münster, New York, NY, München, Berlin: Waxmann.

Bahr, Petra (2007): Religion und Säkularität in Europa – ein gezähmter Widerspruch? In: Evangelische Kirche in Deutschland. (Hg.): Protestantismus und europäische Kultur. 1. Aufl. Gütersloh: Gütersloher Verlagshaus (Protestantismus und Kultur), S. 85–96.

Bahr, Petra; Huber, Wolfgang; Schlink, Bernhard (2007): Vorwort. In: Evangelische Kirche in Deutschland (Hg.): Protestantismus und europäische Kultur. 1. Aufl. Gütersloh: Gütersloher Verlagshaus (Protestantismus und Kultur), S. 7–8.

Ball, Stephen J. (1998): Big Policies/Small World: an introduction to international perspectives in education policy. In: Comparative Education 34 (2), S. 119–130.

Ball, Stephen J. (2008): Education Debate. Bristol: Policy Press (Policy and politics in the twenty-first century).

Barnett, James (Hg.) (2005a): A Theology for Europe. The Churches and the European Institutions. Oxford: Lang (Religions and discourse, 28).

Barnett, James (2005b): A Spectator Calls. In: James Barnett (Hg.): A Theology for Europe. The Churches and the European Institutions. Oxford: Lang (Religions and discourse, 28), S. 25–45.

Barroso, José Manuel (2007): Die versöhnte Vielfalt in einem vereinten Europa. (Original: Französisch). 3. Europäische Ökumenische Veranstaltung. Sibiu, 06.09.2007. Online: http:// europa.eu/rapid/pressReleasesAction.do?reference=SPEECH/07/509&format=HTML&age d=0&language=FR&guiLanguage=fr (abgerufen 26.01.2010).

Barz, Heiner (1992): Religion ohne Institution? Eine Bilanz der sozialwissenschaftlichen Jugendforschung. Opladen: Leske + Budrich (Forschungsbericht „Jugend und Religion", 1).

Baumann, Martin; Neubert, Frank (Hg.) (2011): Religionspolitik – Öffentlichkeit – Wissenschaft. Studien zur Neuformierung von Religion in der Gegenwart. Zürich: Pano Verl (CULTuREL, 1).

Baumert, Jürgen (2002): Deutschland im internationalen Bildungsvergleich. In: Nelson Killius u.a. (Hg.): Die Zukunft der Bildung. 1. Aufl. Frankfurt/M.: Suhrkamp (Edition Suhrkamp, 2289), S. 100–150.

Beck, Ulrich (2008): Der eigene Gott. Von der Friedensfähigkeit und dem Gewaltpotential der Religionen. Orig.-Ausg., 1. Aufl. Frankfurt/M.: Verl. der Weltreligionen.

Beck, Ulrich; Grande, Edgar (2004): Das kosmopolitische Europa. Gesellschaft und Politik in der Zweiten Moderne. Orig.-Ausg., 1. Aufl., Frankfurt/M.: Suhrkamp (Edition Zweite Moderne).

Becker, Winfried (1999): Von der Idee „Europa" zur Europäischen Gemeinschaft. In: Wulf Köpke und Bernd Schmelz (Hg.): Das Gemeinsame Haus Europa. Handbuch zur europäischen Kulturgeschichte. Originalausg. München: Deutscher Taschenbuch Verlag, S. 128–134.

Behr, Hartmut (2006): Einleitung: Politik und Religion in der Europäischen Union: Zwischen nationalen Traditionen und Europäisierung. In: Hartmut Behr und Mathias Hildebrandt (Hg.): Politik und Religion in der Europäischen Union. Zwischen nationalen Traditionen und Europäisierung. 1. Aufl. Wiesbaden: VS Verlag für Sozialwissenschaften (Politik und Religion), S. 11–20.

Bektchieva, Jana (2004): Die europäische Bildungspolitik nach Maastricht. Münster: Lit (Zur Zukunft Europas, 4).

Benhabib, Seyla (2008): The Philosophical Foundations of Cosmopolitian Norms. In: Seyla Benhabib, Jeremy Waldron und Robert Post (Hg.): Another Cosmopolitanism. Oxford: Oxford Univ. Press (The Berkeley Tanner lectures), S. 13–44.

Benner, Dietrich (2002): Bildung und Religion. Überlegungen zu ihrem problematischen Verhältnis und zu den Aufgaben eines öffentlichen Religionsunterrichts heute. In: Achim Battke, Thilo Fitzner, Rainer Isak und Ullrich Lochmann (Hg.): Schulentwicklung – Religion – Religionsunterricht. Profil und Chance von Religion in der Schule der Zukunft. Freiburg im Breisgau: Herder, S. 51–70.

372

Benner, Dietrich (2004): Erziehung – Religion, Pädagogik – Theologie, Erziehungswissenschaft – Religionswissenschaft. Systematische Analysen zu pädagogischen, theologischen und religionspädagogischen Reflexionsformen und Forschungsdesiderata. In: Engelbert Groß und Dietrich Benner (Hg.): Erziehungswissenschaft, Religion und Religionspädagogik. Münster: Lit (Forum Theologie und Pädagogik, 7), S. 9–50.

Benner, Dietrich (2005): Theologie und Erziehungswissenschaft, Religion und Erziehung. In: Lothar Kuld (Hg.): Pädagogik ohne Religion? Beiträge zur Bestimmung und Abgrenzung der Domänen von Pädagogik, Ethik und Religion. Münster: Waxmann, S. 53–68.

Béraud, Céline (2009): The Role of Religion in Students' Lives and their Surroundings. In: Pille Valk (Hg.): Teenagers' perspectives on the role of religion in their lives, schools and societies. A European quantitative study. Münster: Waxmann, S. 397–408.

Bérengère, Massignon (2003): Regulation of Religious Diversity by the Institutions of the European Union: from confrontation of national exceptions to the emergence of a European model. A paper was presented at the annual meeting of the Association for the Sociology of Religion, Atlanta, Georgia, August 15, 2003. Online: http://hirr.hartsem.edu/sociology/massignon.html (abgerufen 07.07.2011).

Berggreen-Merkel, Ingeborg (2000): Bildungspolitische Zusammenarbeit in der Europäischen Union. In: Klaus Schleicher und Peter J. Weber (Hg.): Zeitgeschichte europäischer Bildung 1970-2000. Band I: Europäische Bildungsdynamik und Trends. 2. Aufl. Münster: Waxmann (Umwelt, Bildung, Forschung, 4), S. 45–82.

Berggreen-Merkel, Ingeborg (2001): Aufbau eines Europäischen Bildungssystems? In: Recht der Jugend und des Bildungswesens RdJB (2), S. 133–150.

Bertelsmann-Stiftung (Hg.) (2009): Woran glaubt die Welt? Analysen und Kommentare zum Religionsmonitor 2008. Gütersloh: Bertelsmann Stiftung.

Bertram-Troost, Gerdien (2009): How do European Students see Religion in School? In: Pille Valk (Hg.): Teenagers perspectives on the role of religion in their lives, schools and societies. A European quantitative study. Münster: Waxmann, S. 409–422.

Biehl, Peter; Nipkow, Karl Ernst (Hg.) (2003): Bildung und Bildungspolitik in theologischer Perspektive. Münster: Lit (Schriften aus dem Comenius-Institut, Bd. 7).

Bielefeldt, Heiner (2011): Religiös-weltanschauliche Neutralität des säkularen Rechtsstaats. Verständnisse und Missverständnisse eines Verfassungsprinzips. In: Neue Gesellschaft/Frankfurter Hefte 58 (4), S. 24–27.

Bieling, Hans-Jürgen (Hg.) (2006): Theorien der europäischen Integration. 2. Aufl. Wiesbaden: VS Verlag für Sozialwissenschaften.

Bieling, Hans-Jürgen; Deppe, Frank (1996): Gramscianismus in der internationalen Politischen Ökonomie. In: Das Argument (217), S. 729–740.

Bieling, Hans-Jürgen; Lerch, Marika (2006): Theorien der europäischen Integration: ein Systematisierungsversuch. In: Hans-Jürgen Bieling (Hg.): Theorien der europäischen Integration. 2. Aufl. Wiesbaden: VS Verlag für Sozialwissenschaften, S. 9–37.

Bîrzéa, César (2000): Education for democratic citizenship: a lifelong learning perspective. Council of Europe. Strasbourg (DGIV/EDU/CIT (2000) 21).

Bittlingmayer, Uwe H. (2001): „Spätkapitalismus" oder „Wissensgesellschaft"? In: Aus Politik und Zeitgeschichte (B 36), S. 15–23.

Bittlingmayer, Uwe H.; Bauer, Ullrich (2006): Strukturierende Vorüberlegungen zu einer kritischen Theorie der Wissensgesellschaft. In: Uwe H. Bittlingmayer und Ullrich Bauer (Hg.) (2006): Die „Wissensgesellschaft". Mythos, Ideologie oder Realität? 1. Aufl. Wiesbaden: VS Verl. für Sozialwiss, S. 11–23.

Blankertz, Herwig (Hg.) (1965): Bildung und Brauchbarkeit. Texte von J.H.Campe und P. Villaume: Westermann.

Blum, Sonja; Schubert, Klaus (Hg.) (2011): Politikfeldanalyse. 2. Aufl. Wiesbaden: VS Verlag für Sozialwissenschaften/Springer Fachmedien Wiesbaden GmbH Wiesbaden (Elemente der Politik).

Bohnsack, Ralf (2006): Standards nicht-standardisierter Forschung in den Erziehungs- und Sozialwissenschaften. In: Zeitschrift für Erziehungswissenschaft 8 (Beiheft 4), S. 63–81.

Bohnsack, Ralf; Marotzki, Winfried; Meuser, Michael (Hg.) (2006): Hauptbegriffe qualitativer Sozialforschung. Ein Wörterbuch. 2. Aufl. Leverkusen: Leske + Budrich (UTB; Soziologie, Erziehungswissenschaft, 8226).

Böhm, Andreas (2003, 2. Aufl.): Theoretisches Codieren: Textanalyse in der Grounded Theory. In: Uwe Flick, Ernst von Kardorff und Ines Steinke (Hg.): Qualitative Forschung. Ein Handbuch. Reinbek bei Hamburg: Rowohlt Taschenbuch Verlag (Rowohlts Enzyklopädie, 55628), S. 475–485.

Bolder, Axel (2006): Weiterbildung in der Wissensgesellschaft. Die Vollendung des Matthäus-Prinzips. In: Uwe H. Bittlingmayer und Ullrich Bauer (Hg.): Die „Wissensgesellschaft". Mythos, Ideologie oder Realität? 1. Aufl. Wiesbaden: VS Verl. für Sozialwiss., S. 431–444.

Böllmann, Friederike (2010): Organisation und Legitimation der Interessen von Religionsgemeinschaften in der europäischen politischen Öffentlichkeit. Eine quantitativ-qualitative Analyse von Europäisierung als Lernprozess in Religionsorganisationen, Würzburg, Universität Marburg.

Börzel, Tanja A. (2005): Europeanization: How the European Union Interacts with its Member States. In: Simon Bulmer und Christian Lequesne (Hg.): The Member States of the European Union. Oxford: Oxford Univ. Press (The new European Union series), S. 45–69.

Börzel, Tanja A. (2006): Europäisierung der deutschen Politik? In: Manfred G. Schmidt und Reimut Zohlnhöfer (Hg.): Regieren in der Bundesrepublik Deutschland. Innen- und Außenpolitik seit 1949. 1. Aufl. Wiesbaden: VS Verlag für Sozialwissenschaften, S. 491–509.

Börzel, Tanja A.; Risse, Thomas (2003): Conceptualizing the Domestic Impact of Europe. In: Kevin Featherstone und Claudio M. Radaelli (Hg.): The Politics of Europeanization. Oxford: Oxford Univ. Press, S. 57–80.

Breuer, Franz; Dieris, Barbara; Lettau, Antje (2009): Reflexive Grounded Theory. Eine Einführung für die Forschungspraxis. Wiesbaden: VS Verlag für Sozialwissenschaften (Lehrbuch).

Brocker, Manfred; Stein, Tine (Hg.) (2006): Christentum und Demokratie. Darmstadt: Wiss. Buchges.

Bruell, Cornelia (2005): Sprache als Werkzeug diskursiver Konstruktionen kollektiver EU-Identitäten - Der Verfassungsdiskurs als Ankerpunkt einer Analyse. In: Helmut Heit (Hg.): Die Werte Europas. Verfassungspatriotismus und Wertegemeinschaft in der EU? Münster: Lit (Region, Nation, Europa, Bd. 31), S. 259–270.

Brummer, Klaus (2008): Der Europarat. eine Einführung. 1. Aufl. Wiesbaden: VS Verl. für Sozialwiss.

Brunn, Gerhard (2009): Die Europäische Einigung von 1945 bis heute. 3., überarb. u. aktualisierte Aufl. Stuttgart: Reclam (Reclams Universal-Bibliothek, 18644).

Brüsemeister, Thomas (2000): Qualitative Forschung. Ein Überblick. Wiesbaden: Westdeutscher Verlag (Hagener Studientexte zur Soziologie, Bd. 6).

Buda, Daniel (2008): Der Weg zur EÖV3 – Die Europäischen Ökumenischen Versammlungen von Basel (1989) und Graz (1997). In: Jürgen Henkel und Daniel Buda (Hg.): Neue Brücken oder neue Hürden? Eine Bilanz der Dritten Ökumenischen Versammlung (EÖV3). Weinheim und Basel: Lit Verlag, S. 7–21.

Buller, Jim; Gamble, Andrew (2002): Conceptualising Europeanisation. In: Public Policy and Administration 17 (2),4–24. Online: http:ppa.sagepub.com/content/17/2/4 (abgerufen 17.08.2010).

Bundesausschuss der CDU Deutschlands (2000): Aufbruch in die lernende Gesellschaft. Bildungspolitische Leitsätze. Beschluss des Bundesausschusses der CDU Deutschlands vom 20. November 2000 in Stuttgart. Stuttgart. Online: http://www.cdu.de/doc/pdfc/ba20112000_aufbruch_in_die_lernende_gesellschaft.pdf (abgerufen 23.02.2012).

Bundesministerium für Bildung und Forschung (BMBF) (2001): Europäischer Bildungsraum. Grenzenlos Lernen und Arbeiten. Bonn. BMBF PUBLIK.

Bundesrat (1998): Beschluß des Bundesrates. Mitteilung der Kommission der Europäischen Gemeinschaften an den Rat, das Europäische Parlament, den Wirtschafts- und Sozialausschuß und den Ausschuß der Regionen: „Für ein Europa des Wissens" KOM(97) 536 endg.; Ratsdok. 11946/97.

Bundeszentrale für Politische Bildung; Deutsches Institut für Menschenrechte; Europarat (Hg.) (2005): Kompass. Handbuch zur Menschenrechtsbildung für die schulische und außerschulische Bildungsarbeit. 1. Aufl. Bonn: Bundeszentrale für Polit. Bildung (Themen und Materialien/Bundeszentrale für Politische Bildung).

Bundeszentrale für Politische Bildung; Europäische Union. (2008): Vertrag von Lissabon. Konsolidierte Fassung von Vertrag über die Europäische Union, Vertrag über die Arbeitsweise der Europäischen Union, Charta der Grundrechte der Europäischen Union, Protokolle, Erklärungen, Deutsches Recht. Bonn (Schriftenreihe/Bundeszentrale für Politische Bildung, 709). Auch online verfügbar: http://www.gbv.de/dms/ilmenau/toc/573590648.PDF.

Büttner, Gerhard; Scheunpflug, Annette; Elsenbast, Volker (Hg.) (2007): Zwischen Erziehung und Religion. Religionspädagogische Perspektiven nach Niklas Luhmann. Berlin, Münster: Lit (Schriften aus dem Comenius-Institut, Band 18).

Carrera, Sergio; Parkin, Joanna (2010): The Place of Religion in European Union Law and Policy. Competing Approaches and Actors inside the European Commission (RELIGARE Working Document, No. 1/September 2010). Online: http://www.religareproject.eu/content/place-religion-european-union-law-and-policy (abgerufen 28.03.2011).

Casanova, José (1996): Chancen und Gefahren öffentlicher Religion. Ost- und Westeuropa im Vergleich. In: Otto Kallscheuer, José Casanova und Rémi Brague (Hg.): Das Europa der Religionen. Ein Kontinent zwischen Säkularisierung und Fundamentalismus. Frankfurt am Main: S. Fischer, S. 181–210.

Casanova, José (2007): Die religiöse Lage in Europa. In: Hans Joas und Klaus Wiegandt (Hg.): Säkularisierung und die Weltreligionen. Originalausg. Frankfurt am Main: Fischer Taschenbuch Verlag (Fischer), S. 322–357.

Casanova, José (2009): Europas Angst vor der Religion. 1. Aufl. Berlin: Berlin University Press (Berliner Reden zur Religionspolitik).

Castells, Manuel (2003): Das Informationszeitalter. Wirtschaft, Gesellschaft, Kultur. Unveränd. Studienausg. Opladen: Leske + Budrich (UTB, 8295-8261).

Christian Council of Sweden (Sveriges Kristna Rad) (2009): Ta Ansvar i Europa – för mångfald, rättvisa och fred (2009): Take responsibility in Europe – for diversity, justice and peace. Online: www.skr.org (abgerufen 28.02.2010).

Christoph, Joachim E. (2002): Interessenvertretung der evangelischen Kirchen bei der Europäischen Union. In: ZevKR (Zeitschrift für evangelisches Kirchenrecht) 47, S. 249–263.

Churches Commission for Migrants in Europe CCME & Conference of European Churches CEC/CSC (o.J. 2007): CSC/CCME response to the Council of Europe White Paper consultation on Intercultural Dialogue. Online: http://www.cec-kek.org/pdf/CSC_CCMEResponseCoEIntercultural.pdf (abgerufen 29.01.2010).

COMECE; Konferenz Europäischer Kirchen (KEK) (2010): Article 17 of the Treaty on the Functioning of the European Union. General Considerations on the implementation of the dialogue foreseen by its paragraph 3.

Comenius-Institut (2012): Arbeitsbericht des Comenius-Instituts 2010–2011. Vorgelegt zur Mitgliederversammlung 2012. Münster: Comenius-Institut.

Commission of the European Communities (1993): Growth, competitiveness, employment. The challenges and way forward into the 2st century (Bulletin of the European Communities, Supplement 6/93). Online: http://europa.eu/documentation/official-docs/white-papers/pdf/growth_wp_com_93_700_parts_a_b.pdf (abgerufen 16.07.2010).

Commission of the European Communities (2009): Results of the consultation on the education of children from a migrant background. Commission Staff Working Document. Brussels (Sec, 2009 1115 final). Online: http://ec.europa.eu/education/news/doc/sec1115_en.pdf (abgerufen 26.01.2010)

Conference of European Churches (2008): Churches to contribute to shaping a Europe of Values. In: monitor (62), S. 1–3.

Corbin, Juliet (2006): Grounded Theory. In: Ralf Bohnsack, Winfried Marotzki und Michael Meuser (Hg.): Hauptbegriffe qualitativer Sozialforschung. Ein Wörterbuch. 2. Aufl. Leverkusen: Leske + Budrich (UTB; Soziologie, Erziehungswissenschaft), S. 70–75.

Corbin, Juliet; Strauss, Anselm L. (2008): Basics of qualitative research. Techniques and procedures for developing grounded theory. 3. ed. Los Angeles: Sage Publ.

Council of Europe (2002): Education for intercultural and interfaith dialogue: Proposal for a new project, unveröffentlichtes Arbeitspapier der Generaldirektion IV.

Council of Europe (2004): The Religious Dimension of Intercultural Education. Conference proceedings Oslo, Norway, 6 to 8 June 2004 Straßburg (reprint 2006).

Council of Europe; Committee of Ministers (2002): Guidelines on human rights and the fight against terrorism. adopted by the Committee of Ministers on 11 July 2002 at the 804th meeting of the Ministers' Deputies. Hg. v. Directorate General of Human Rights. Online: http://www.coe.int/t/dlapil/cahdi/Source/Docs2002/H_2002_4E.pdf (abgerufen 09.08.2010).

Council of Europe, Committee of Ministers (2007): Memorandum of Understanding between the Council of Europe and the European Union. Strasbourg (CM Documents, (2007)74). Online: https://wcd.coe.int/ (abgerufen 13.04.2012).

Council of Europe, Committee of Ministers (2009): Dimension of religions and non-religious convictions within intercultural education. Recommendation CM/Rec(2008)12 adopted by the Committee of Ministers on 10 December 2008 and explanatory memorandum. Strasbourg: Council of Europe Publ.

Council of Europe; Congress of Local and Regional Authorities (2007): Recommendation 170 (2005) on intercultural and inter-faith dialogue: initiatives and responsibilities of local authorities. In: Council of Europe, Parliamentary Assembly (Hg.) (2007): Intercultural and inter-religious dialogue. Strasbourg, S. 199–201.

Council of Europe, Parliamentary Assembly (2007b): Resolution 885 (1987) on the Jewish contribution to European culture. In: Council of Europe, Parliamentary Assembly (Hg.) (2007): Intercultural and inter-religious dialogue. Strasbourg, 63. Auch online verfügbar: http://assembly.coe.int/ASP/Doc/XrefATDetails_E.asp?FileID=16296.

Council of Europe, Parliamentary Assembly (2005): Education and religion. Report. Committee on Culture, Science and Education; rapporteur: André Schneider, France, Group of the European People's Party. Online: http://assembly.coe.int (abgerufen 07.07.2011).

Council of Europe, Parliamentary Assembly (Hg.) (2007): Intercultural and inter-religious dialogue. Strasbourg.

Council of Europe, Parliamentary Assembly (2007e): Recommendation 1162 (1991) on the contribution of the Islamic civilisation to European culture. In: PCouncil of Europe, Parliamentary Assembly (Hg.) (2007): Intercultural and inter-religious dialogue. Strasbourg, S. 65–67. Online: http://assembly.coe.int/ASP/Doc/XrefATDetails_E.asp?FileID=15196.

Council of Europe, Parliamentary Assembly (2007f): Recommendation 1178 (1992) on sects and new religious movements. In: Council of Europe, Parliamentary Assembly (Hg.) (2007): Intercultural and inter-religious dialogue. Strasbourg, S. 69. Online: http://assembly.coe.int/mainf.asp?Link=/documents/adoptedtext/ta92/erec1178.htm

Council of Europe, Parliamentary Assembly (2007j): Resolution 1510 (2006) on freedom of expression and respect for religious beliefs, rapporteur Mrs. Hurskainen (Doc. 10970). In: Council of Europe, Parliamentary Assembly (Hg.) (2007): Intercultural and inter-religious dialogue. Strasbourg, S. 95–96. Online: http://assembly.coe.int/ASP/Doc/XrefATDetails_E.asp?FileID=17457.

Council of Europe, Parliamentary Assembly (2011): The religious dimension of intercultural education. Report. Committee on Culture, Science and Education. Rapporteur: Ms Anne Brasseur, Luxembourg, Alliance of Liberals and Democrats for Europe. Unter Mitarbeit von Anne Brasseur. Strasbourg (Doc., 12553). Online: http://assembly.coe.int/Documents/WorkingDocs/Doc11/EDOC12553.pdf (abgerufen 29.05.2011).

Court, Jürgen; Klöcker, Michael (Hg.) (2009): Wege und Welten der Religionen. Forschungen und Vermittlungen. Festschrift für Udo Tworuschka. Frankfurt am Main: Lembeck.

Cowles, Maria Green; Caporaso, James A.; Risse, Thomas (Hg.) (2001): Transforming Europe. Europeanization and domestic change. Ithaca: Cornell Univ. Press (Cornell studies in political economy).

Csáky, Moritz (2007): Einleitung. In: Moritz Csáky und Johannes Feichtinger (Hg.): Europa – geeint durch Werte? Die europäische Wertedebatte auf dem Prüfstand der Geschichte. Bielefeld: Transcript-Verl., s. 9–17.

CSC; EYCE; WSCF-E; AGDF (2009): Answer on the Greenpaper consultation „ Promoting the learning mobility of young people" (COM(2009)329final), Commission of the European Communities. Brussels. Online: http://csc.ceceurope.org/fileadmin/filer/csc/Education/CSCJoint_answer_Greenpaper.pdf (abgerufen 12.05.2012).

Cush, Denise (2011): Without Fear or Favour: Forty Years of Non-confessional and Multi-faith Religious Education in Scandinavia and the UK. In: Leni Franken und Patrick Loobuyck (Hg.): Religious Education in a Plural, Secularised Society. A Paradigm Shift. Münster: Waxmann, S. 69–84.

Dale, Roger (2009a): Introduction. In: Roger Dale und Susan L. Robertson (Hg.): Globalisation & Europeanisation in Education. Oxford U.K.: Symposium Books, S. 7–19.

Dale, Roger (2009b): Contexts, Constraints and Resources in the Development of European Education Space and European Education Policy. In: Roger Dale und Susan L. Robertson (Hg.): Globalisation & Europeanisation in Education. Oxford U.K.: Symposium Books, S. 23–43.

Dale, Roger; Robertson, Susan L. (Hg.) (2009): Globalisation & Europeanisation in Education. Oxford U.K.: Symposium Books.

Dalferth, Ingolf U.; Luibl, Hans-Jürgen; Weder, H. (Hg.) (1997): Europa verstehen. Zum europäischen Gestus der Universalität. Zürich: Pano.

Daun, Holger (2011): Globalization, EU-ification, and the New Mode of Educational Governance in Europe. In: European Education 43 (1 Spring 2011), S. 9–32.

Davie, Grace; Heelas, Paul; Woodhead, Linda (Hg.) (2003): Predicting religion. Christian, secular and alternative futures. Aldershot: Ashgate (Theology and religion in interdisciplinary perspective series).

Daxner, Michael (2000): Europäische Bildungsforschung. Akzente und Trends. In: Klaus Schleicher und Peter J. Weber (Hg.): Zeitgeschichte europäischer Bildung 1970–2000. Band I: Europäische Bildungsdynamik und Trends. 2. Aufl. Münster: Waxmann (Umwelt, Bildung, Forschung, 4), S. 117–138.

Delors, Jacques (1997): Bildung: Eine notwendige Utopie. In: Deutsche UNESCO-Kommission (Hg.): Lernfähigkeit. Unser verborgener Reichtum; Unesco-Bericht zur Bildung für das 21. Jahrhundert. Neuwied: Luchterhand, S. 11–28.

Delors, Jacques (2004): Erinnerungen eines Europäers. Aus dem Französischen von Karl-Udo Bigott und Annette Casasus. Berlin: Parthas-Verlag.

Deutsche UNESCO-Kommission (Hg.) (1997): Lernfähigkeit. Unser verborgener Reichtum. Unesco-Bericht zur Bildung für das 21. Jahrhundert. Neuwied: Luchterhand.

Deutsche UNESCO Kommission (2003): Erklärung über interkulturelle Bildung im neuen europäischen Umfeld. Übersetzung der Erklärung der europäischen Bildungsminister. Athen. Online: www.unesco.de/455.html (abgerufen 26.07.2011).

Deutscher Katechetenverein (2009): Stellungnahme zum Diskussionsvorschlag eines Deutschen Qualifikationsrahmens zum lebenslangten Lernen (DQR). München. Online: http://www. katecheten-verein.de/relaunch.2011/pdf/stellungnahmen/sn_dqr_dkv_231109.pdf (abgerufen 12.05.2012).

Di Fabio, Udo (2008): Gewissen, Glaube, Religion. Wandelt sich die Religionsfreiheit? 1. Aufl. Berlin: Berlin University Press (Berliner Reden zur Religionspolitik).

DIHK – Gesellschaft für berufliche Bildung (Hg.) (2007): Europäische Union. Bielefeld: W. Bertelsmann Verlag.

Donati, Paolo R. (2001): Die Rahmenanalyse politischer Diskurse. In: Reiner Keller, Andreas Hirseland, Werner Schneider und Willy Viehöfer (Hg.): Handbuch sozialwissenschaftliche Diskursanalyse. Band 1: Theorien und Methoden. [Versch. Aufl.]. Opladen: Leske + Budrich (Handbücher), S. 147–177.

Dozenten/innen für berufl. Bildung der Religionspädagogischen Institute der Ev. Landes-kirchen in Deutschland und der EKD: „Zwischenruf" Religiöse, ethische und interkulturelle Kompetenzen gehören in den DQR! Kritische Anmerkungen zum Deutschen Qualifikations-rahmen für lebenslanges Lernen (DQR). Online: http://www.bru-portal.de/PDF/DQR%20 ALPIKA%20BS%20Zwischenrufauthorisiert.pdf (abgerufen 26.07.2011).

Dressler, Bernhard (2006): Modi der Weltbegegnung als Gegenstand fachdidaktischer Analysen. Vortrag bei der 40. Tagung der Didaktik der Mathematik. Osnabrück. Online: http://www.uni-marburg.de/zfl/ueber_uns/artikel/rede_dressler_modi, zuletzt aktualisiert am 06.03.2006, (abgerufen 26.09.2010).

Dressler, Bernhard (2007): Religiöse Bildung und funktionale Ausdifferenzierung. In: Gerhard Büttner, Annette Scheunpflug und Volker Elsenbast (Hg.): Zwischen Erziehung und Reli-gion. Religionspädagogische Perspektiven nach Niklas Luhmann. Berlin, Münster: Lit (Schriften aus dem Comenius-Institut, Band 18), S. 130–140.

Dressler, Bernhard (2009): Religion – Bildung – Rationalitäten. Die Lesbarkeit der Welt im Plural. In: Michael Meyer-Blanck (Hg.): Religion, Rationalität und Bildung. Würzburg: Ergon-Verl (Studien des Bonner Zentrums für Religion und Gesellschaft, 5), S. 19–30.

Du Bois-Reymond, Manuela (2004): Lernfeld Europa. Eine kritische Analyse der Lebens- und Lernbedingungen von Kindern und Jugendlichen in Europa. 1. Aufl. Wiesbaden: VS Verl. für Sozialwissenschaften.

Durham, W.; Cole, J.R.; Ferrari, Silvio; Santoro, Simona (2008): The Toledo Guiding Principles on Teaching about Religion and Beliefs in Public Schools. In: Security and Human Rights (3), S. 229–239.

Dyson, Kenneth; Goetz, Klaus H. (2003): Germany, Europe and the politics of constraint. Oxford: Oxford University Press (Proceedings of the British Academy, 119).

Eckardt, Philipp (2005): Der Bologna-Prozess. Entstehung, Strukturen und Ziele der europäi-schen Hochschulreformpolitik. Orig.-Ausg. Norderstedt: Books on Demand.

Eising, Rainer (2006): Europäisierung und Integration. Konzepte in der EU-Forschung. In: Markus Jachtenfuchs und Beate Kohler-Koch (Hg.): Europäische Integration. Unveränd. Nachdr. der 2. Aufl. Wiesbaden: VS Verl. für Sozialwiss. (Lehrbuch), S. 387–416.

EKD, Büro Brüssel (2007): Stellungnahme des EKD-Büros Brüssel zum Konsultationsprozess zur Vorbereitung des „Weißbuchs zum interkulturellen Dialog" des Europarates. Online: www.ekd.de/print.php?file=/bevollmaechtigter/stellungnahmen…(abgerufen 17.02.2010.)

EKD, Büro Brüssel (2009a): Stellungnahme zum Grünbuch der Kommission der Europäischen Gemeinschaften „Die Mobilität junger Menschen zu Lernzwecken fördern". Brüssel. Online: http://www.ekd.de/bevollmaechtigter/stellungnahmen/68600.html (abgerufen 24.01.2012).

EKD, Büro Brüssel (2009b): Migration & Mobilität: Chancen und Herausforderungen für die EU-Bildungssysteme. Beitrag zur Konsultation Migration & Mobilität: Chancen und Herausforderungen für die EU-Bildungssysteme. Hg. v. Büro Brüssel EKD. Brüssel. Online: http://www.ekd.de/print.php?file=/bevollmaechtigter/stellungnahmen/61892.html (abgerufen 20.03.2009).

EKD, Der Bevollmächtigte des Rates der EKD (2003): Stellungnahme der Evangelischen Kirche in Deutschland (EKD) zu der Konsultation „Die künftige Entwicklung der Programme der EU in den Bereichen allgemeine und berufliche Bildung und Jugend nach 2006". Brüssel. Online: http://www.ekd.de/bevollmaechtigter/bruessel/print/stellungnahmen (abgerufen 04.03.2008).

EKD-Europa-Informationen Nr. 91, Juni 2002, Brüssel.

EKD-Europa-Informationen Nr. 103, Juli/August 2004, Brüssel.

EKD; Kommissariat der Deutschen Bischöfe; Diakonie; Caritas (2010): Gemeinsame Stellungnahme zur Konsultation „EU 2020". Brüssel. Online verfügbar unter http://www.ekd.de/bevollmaechtigter/stellungnahmen/2010/68769.html (abgerufen 28.06.2010).

EKD-Synode (2010): Kundgebung: „Niemand darf verloren gehen". Evangelisches Plädoyer für mehr Bildungsgerechtigkeit. 3. Tagung der 11. Synode der EKD. Hannover. Online: http://www.ekd.de/synode2010/beschluesse/74177.html (abgerufen 26.07.2011)

Elsenbast, Volker (2008): Das Comenius-Institut – zwischen Theorie und Praxis interdisziplinärer Verständigung. In: Friedrich Schweitzer, Volker Elsenbast und Christoph Th. Scheilke (Hg.): Religionspädagogik und Zeitgeschichte im Spiegel der Rezeption von Karl Ernst Nipkow. 1. Aufl. Gütersloh: Gütersloher Verlagshaus, S. 231–240.

Engelhardt, Anina; Kajetzke, Laura (Hg.) (2010): Handbuch Wissensgesellschaft. Theorien, Themen und Probleme. Bielefeld: Transcript-Verl. (Sozialtheorie).

Europäische Kommission (1995): Lehren und Lernen. Auf dem Weg zur kognitiven Gesellschaft. Weißbuch zur allgemeinen und beruflichen Bildung (KOM(95) 590). Online: http://europa.eu/documents/comm/white_papers/pdf/com95_590_de.pdf (abgerufen 16.07.2010).

Europäische Kommission (2001a): Die konkreten künftigen Ziele der Bildungssysteme. Bericht der Kommission. Brüssel (KOM(2001) 59 final).

Europäische Kommission (2001b): Europäisches Regieren. Ein Weißbuch. Brüssel (KOM(2001) 428 endgültig). Online: http://eur-lex.europa.eu/LexUriServ/site/de/com/2001/com2001_0428de01.pdf (abgerufen 21.01.2010).

Europäische Kommission (2007): Schlüsselkompetenzen für lebensbegleitendes Lernen. Ein Europäischer Referenzrahmen. Luxemburg: Amt für amtliche Veröffentlichungen der Europäischen Gemeinschaften.

Europäische Kommission (2008a): Bessere Kompetenzen für das 21. Jahrhundert: eine Agenda für die europäische Zusammenarbeit im Schulwesen. Mitteilung der Kommission an das Europäische Parlament, den Rat, den Europäischen Wirtschafts- und Sozialausschuss und den Ausschuss der Regionen. Brüssel (KOM(2008) 425 endgültig). Online: http://eur-lex.europa.eu/LexUriServ/LexUriServ.do?uri=COM:2008:0425:FIN:DE:PDF (abgerufen 21.01.2010).

Europäische Kommission (2010b): Vorschlag für eine Empfehlung des Rates „Jugend in Bewegung" – die Mobilität junger Menschen zu Lernzwecken fördern (KOM, (2010) 478 endgültig).

Europäische Kommission (2011a): Mitteilung der Kommission an das Europäische Parlament, den Rat, den Wirtschafts- und Sozialausschuss und den Ausschuss der Regionen. Erasmus für alle. Das EU-Programm für allgemeine und berufliche Bildung, Jugend und Sport. Brüssel (KOM, (2011) 787 endgültig). Online: http://ec.europa.eu/education/erasmus-for-all/doc/com_de.pdf (abgerufen 09.01.2012).

Europäische Kommission (2011b): Demokratische Rechte und Freiheiten: Präsidenten der Kommission, des Europäischen Parlaments und des Europäischen Rates diskutieren mit Kirchenführern. Brüssel (IP/11/658, 11/658). Online: http://europa.eu/rapid/pressRelease-sAction.do?reference=IP/11/658&format=HTML&aged=0&language=DE&guiLanguage=en (abgerufen 16.06.2011).

Europäische Kommission. Generaldirektion Bildung und Kultur (2008): Der Europäische Quali-fikationsrahmen für Lebenslanges Lernen (EQR). Luxemburg. Amt für amtliche Veröffent-lichungen der Europäischen Gemeinschaften.

Europäischer Rat (2008): Entwurf des gemeinsamen Fortschrittsberichts 2008 des Rates und der Kommission über die Umsetzung des Arbeitsprogramms „Allgemeine und berufliche Bildung 2010". Wissen, Kreativität und Innovation durch lebenslanges Lernen (EDUC, 29).

Europäisches Parlament und Europäischer Rat (2006b): Empfehlung des Europäischen Parla-ments und des Rates vom 18. Dezember 2006 zu Schlüsselkompetenzen für lebensbegleiten-des Lernen (Amtsblatt der Europäischen Union, L 394, S. 10-18). Online: http://europa.eu/legislation_summaries/education_training_youth/lifelong_learning/c11090_de.htm (abgeru-fen 16.06.2011).

Europarat (1954): Europäisches Kulturabkommen. Paris. Online: http://conventions.coe.int/Treaty/ger/Treaties/Html/018.htm (abgerufen 21.01.2010).

European Council of Religious Leaders (2010): Istanbul Declaration on Tolerance. Our commitment to Justice, Equality and Sharing. Online: http://www.rfp-europe.eu/index.cfm?id=295421 (abgerufen 16.06.2011).

European Ecumenical Commission for Church and Society EECCS (1998): Europa des Wissens. Eine Herausforderung auch für die Kirchen.

European Ministers of Education (2007): „Intercultural education: managing diversity, strengthe-ning democracy". Declaration by the European Ministers of Education on intercultural edu-cation in the new European context. (Athens, 10–12 November 2003). In: Parliamentary Assembly Council of Europe (Hg.) (2007): Intercultural and inter-religious dialogue. Strasbourg, S. 195–197.

Eurydice (2005): Citizenship Education at School in Europe. Brussels: Eurydice (EURYDICE Survey). Online: http://www.eurydice.org (abgerufen 14.03.2010).

Evangelical Lutheran Church of Finland (2009): The Church and The EU – active participation and commitment to common values. The Evangelical-Lutheran Church of Finland's aims and priorities in the field of EU affairs. Helsinki.

Evangelischer Pressedienst, Profildienst (2010): „Staatsrechtler rügt Kruzifix-Urteil des Men-schenrechtsgerichtshofes", 23. September 2010.

Fairclough, Norman (2007): Analysing discourse. Textual analysis for social research. Reprinted. London: Routledge.

Featherstone, Kevin; Radaelli, Claudio M. (2003a): A Conversant Research Agenda. In: Kevin Featherstone und Claudio M. Radaelli (Hg.): The Politics of Europeanization. Oxford: Oxford Univ. Press, S. 331–341.

Featherstone, Kevin; Radaelli, Claudio M. (Hg.) (2003b): The Politics of Europeanization. Oxford: Oxford Univ. Press.

Felmberg, Bernhard (2009): Politische Herausforderungen in Europa. Referat bei: IX. Inter-nationale Konferenz. Die Rolle der Kirche im Prozess der europäischen Integration. Christliche Verantwortung angesichts der Krise. Herausforderungen in Politik, Wirtschafts-und Sozialordnung und Kommunikation. Krakau, 11.09.2009. Online: http://www.ekd.de/download/2009_09_11_politische_herausforderungen_europa.pdf (abgerufen 05.10.2009).

Felmberg, Bernhard (2011): „Religion ist integraler Bestandteil individueller und kollektiver Identität". Rede vor dem Europarat in Straßburg. Online: http://www.ekd.de/bevollmaech-tigter/predigten_vortraege/20110412_felmberg_europarat.html (abgerufen 16.06.2011).

Feustel, Robert; Schochow, Maximilian (2010): Einleitung: Zwischen Sprachspiel und Methode. Perspektiven der Diskursanalyse. In: Robert Feustel und Maximilian Schochow (Hg.): Zwischen Sprachspiel und Methode. Perspektiven der Diskursanalyse. Bielefeld: Transcript (Sozialtheorie), S. 7–16.

Filipovic, Alexander (2007): Öffentliche Kommunikation in der Wissensgesellschaft. Sozialethische Analysen. Bielefeld: W. Bertelsmann (Forum Bildungsethik, [Bd. 2]).

Fischer, Dietlind; Elsenbast, Volker (Red.) (2006): Grundlegende Kompetenzen religiöser Bildung. Zur Entwicklung des evangelischen Religionsunterrichts durch Bildungsstandards für den Abschluss der Sekundarstufe I. Erarbeitet von der Expertengruppe am Comenius-Institut. Münster: Comenius-Institut.

Fischer, Richard (2005): The Council of Europe and the Churches: the Same Struggle? In: James Barnett (Hg.): A Theology for Europe. The Churches and the European Institutions. Oxford: Lang (Religions and discourse, 28), S. 63–72.

Flick, Uwe; Kardorff, Ernst von; Steinke, Ines (Hg.) (2003, 2. Aufl.): Qualitative Forschung. Ein Handbuch. Reinbek bei Hamburg: Rowohlt Taschenbuch Verlag (Rowohlts Enzyklopädie, 55628).

Flitner, Wilhelm (1967): Über die Einheit europäischer Kultur und Bildung. Eduard Spranger zum 70. Geburtstag gewidmet. (1952). In: Wilhelm Flitner (Hg.): Ausgewählte pädagogische Abhandlungen. Paderborn: Ferdinand Schöningh (Schöninghs Sammlung pädagogischer Schriften Quellen zur Geschichte der Pädagogik), S. 18–28.

Foucault, Michel (2005): Archäologie des Wissens. Frankfurt am Main: suhrkamp taschenbuch wissenschaft.

Frank, Jürgen (2005): Die Stimme des Protestantismus im europäischen Bildungsdiskurs. In: Klaus Holz (Hg.): Bildung fördern. Europäisierung, Finanzierung und Gestaltung der Hochschulreform. 1. Aufl. Münster Westf: Lit (Villigst Profile, 7), S. 1–12.

Franken, Leni; Loobuyck, Patrick (Hg.) (2011): Religious Education in a Plural, Secularised Society. A Paradigm Shift. Münster: Waxmann.

Friedrich, Martin (2006): Europa im Blickpunkt evangelischer Theologie – ein Blick in die Geschichte. In: Martin Friedrich, Hans Jürgen Luibl und Christine-Ruth Müller (Hg.): Theologie für Europa. Perspektiven evangelischer Kirchen = Theology for Europe. Perspectives of Protestant Churches. Im Auftrag des Exekutivausschusses für die Gemeinschaft Evangelischer Kirchen in Europa. Frankfurt am Main: Lembeck, S. 30–40.

Frost, Ursula (2006): Vorwort. In: Ursula Frost (Hg.): Unternehmen Bildung. Die Frankfurter Einsprüche und kontroverse Positionen zur aktuellen Bildungsreform; [Tagung in Frankfurt im Herbst 2005]. Paderborn: Schöningh (Vierteljahrsschrift für wissenschaftliche Pädagogik, 82.2006, Sonderheft), S. 7–11.

Gasteyger, Curt (2005): Europa zwischen Spaltung und Einigung. Darstellung und Dokumentation 1945–2005. Überarbeitete Neuauflage. Bonn: bpb; Bundeszentrale für Politische Bildung (Schriftenreihe / Bundeszentrale für Politische Bildung, 485).

Gehler, Michael (2002): Zeitgeschichte zwischen Europäisierung und Globalisierung. In: Aus Politik und Zeitgeschehen (B 51-52), S. 23–35.

Gemeinschaft Evangelischer Kirchen in Europa GEKE (2007a): Freiheit verbindet. Schlussbericht der 6. Vollversammlung. In: Wilhelm Hüffmeier (Hg.): Gemeinschaft gestalten – evangelisches Profil in Europa. In Budapest 12.–18. September 2006. Frankfurt, M.: Lembeck, S. 301–324.

Gemeinschaft Evangelischer Kirchen in Europa GEKE (2007c): Contribution of the Community of Protestant Churches in Europe (CPCE) to the Consultation Process on the Preparation of the „White Paper on intercultural dialogue" of the Council of Europe. Vienna. Online: http://www.leuenberg.eu/daten/File/Upload/doc-8040-2.pdf (abgerufen 13.05.2008).

Giddens, Anthony (2008): Acht Thesen zur Zukunft Europas. In: Helmut König (Hg.): Europas Gedächtnis. Das neue Europa zwischen nationalen Erinnerungen und gemeinsamer Identität. Bielefeld: Transcript-Verl. (Europäische Horizonte, 3), S. 39–69.

Gogolin, Ingrid; Baumert, Jürgen; Scheunpflug, Annette (2011): Transforming education. Large-scale reform projects in education systems and their effects = Umbau des Bildungswesens: bildungspolitische Großreformprojekte und ihre Effekte. Wiesbaden: VS Verl. für Sozialwiss (Sonderheft Zeitschrift für Erziehungswissenschaft, 13).

Gorz, André (2001): Welches Wissen? Welche Gesellschaft? Textbeitrag zum Kongress „Gut zu Wissen", Heinrich-Böll-Stiftung, 5/2001. Heinrich-Böll-Stiftung. Online: www.wissensgesellschaft.org (abgerufen 31.08.2011).

Graf, Friedrich Wilhelm (2004): Die Wiederkehr der Götter. Religion in der modernen Kultur. München: Beck.

Graf, Friedrich Wilhelm (2006): Der Protestantismus. Geschichte und Gegenwart. München: Beck (C.-H.-Beck-Wissen, 2108).

Graf, Friedrich Wilhelm (2011): Zivilisierung der Religion als Selbstbegrenzung. In: Neue Gesellschaft/Frankfurter Hefte 58 (4), S. 21–23.

Gräb, Wilhelm (2007): Religion und Religionen. Transzendenz und Immanenz; Unbedingte Sinnbedingungen; Deutungssysteme; Symbole und Rituale. In: Wilhelm Gräb und Birgit Weyel (Hg.): Handbuch praktische Theologie. Gütersloh: Gütersloher Verl.-Haus, 188–199.

Greschat, Martin (2005): Protestantismus in Europa. Geschichte – Gegenwart – Zukunft. Darmstadt: Wiss. Buchges.

Grethlein, Christian (1998): Religionspädagogik. Berlin: de Gruyter (De-Gruyter-Lehrbuch).

Grimmitt, Michael (2010): Contributing to social and community cohesion: Just another stage in the metamorphosis of Religious Education? – An Extended End Piece. In: Michael Grimmitt (Hg.): Religious education and social and community cohesion. An exploration of challenges and opportunities. Great Wakering England: McCrimmons, S. 260–317.

Grimshaw, Allen (2001): Discourse and Sociology: Sociology and Discourse. In: Deborah Tannen, Deborah Schiffrin und Heidi E. Hamilton (Hg.): Handbook of discourse analysis. Malden Mass.: Blackwell (Blackwell handbooks in linguistics), S. 750–771.

Grom, Bernhard (2009): Religionspsychologie. 1. Aufl. s.l: PeP eBooks. Online: http://ebooks.ciando.com/book/index.cfm/bok_id/32893.

Groß, Engelbert; Benner, Dietrich (Hg.) (2004): Erziehungswissenschaft, Religion und Religionspädagogik. Münster: Lit (Forum Theologie und Pädagogik, 7).

Grosshans, Hans-Peter (2006): Das Evangelium schmackhaft machen. Die deutschsprachigen evangelischen Kirchen und ihr Beitrag zur Einheit und Freiheit Europas. In: Martin Friedrich, Hans Jürgen Luibl und Christine-Ruth Müller (Hg.): Theologie für Europa. Perspektiven evangelischer Kirchen = Theology for Europe. Perspectives of Protestant Churches. Im Auftrag des Exekutivausschusses für die Gemeinschaft Evangelischer Kirchen in Europa. Frankfurt am Main: Lembeck, S. 268–279.

Gruschka, Andreas; Herrmann, Ulrich; Radtke, Frank-Olaf; Rauin, Udo; Ruhloff, Jörg; Rumpf, Horst; Winkler, Michael (2006): Das Bildungswesen ist kein Wirtschaftsbetrieb! Fünf Einsprüche gegen die technokratische Umsteuerung des Bildungswesens. In: Ursula Frost (Hg.): Unternehmen Bildung. Die Frankfurter Einsprüche und kontroverse Positionen zur aktuellen Bildungsreform; [Tagung in Frankfurt im Herbst 2005]. Paderborn: Schöningh (Vierteljahrsschrift für wissenschaftliche Pädagogik, 82.2006, Sonderheft), S. 12–21.

Guerney, Robin (Hg) (1999): 40 Jahre KEK. Zur Feier des 40jährigen Jubiläums der Konferenz Europäischer Kirchen (KEK) 1959–1999. Genf: Konferenz Europäischer Kirchen.

Habermas, Jürgen (2005): Zwischen Naturalismus und Religion. Philosophische Aufsätze. 1. Aufl. Frankfurt/M.: Suhrkamp.

Habermas, Jürgen (2011): Zur Verfassung Europas. Ein Essay. 1. Aufl. Berlin: Suhrkamp (Edition Suhrkamp).

Habermas, Jürgen; Reemtsma, Jan Philipp (2001): Glauben und Wissen. Friedenspreis des Deutschen Buchhandels 2001. 1. Aufl., Orig.-Ausg. Frankfurt/M.: Suhrkamp (Edition Suhrkamp Sonderdruck).

Hack, Lothar (2006): Wissensformen zum Anfassen und zum Abgreifen. Konstruktive Formationen der „Wissensgesellschaft" respektive des „transnationalen Wissenssystems". In: Uwe H. Bittlingmayer und Ullrich Bauer (Hg.): Die „Wissensgesellschaft". Mythos, Ideologie oder Realität? 1. Aufl. Wiesbaden: VS Verl. für Sozialwiss., S. 109–172.

Halman, Loek; Luijkx, Ruud; van Zundert, Marga (2005): Atlas of European values. Leiden: Tilburg University; Brill (European values studies, 8).

Hasenclever, Andreas (2009): Religionen – Brandbeschleuniger oder Friedensstifter? In: Siegfried Frech und Ingo Juchler (Hg.): Dialoge wagen. Zum Verhältnis von politischer Bildung und Religion. Schwalbach/Ts.: Wochenschau-Verl., S. 84–107.

Hasenclever, Andreas; Juan, Alexander de (2007): Religionen in Konflikten – eine Herausforderung für die Friedenspolitik. In: Aus Politik und Zeitgeschichte (6), S. 10–16.

Hasse, Raimund; Krücken, Georg (2005): Neo-Institutionalismus. Mit einem Vorwort von John Meyer. 2., vollst. überarb. Aufl. Bielefeld: Transcript (Einsichten).

Hatzinger, Katrin (2010a): Auf dem Weg zu einem europäischen Religionsrecht? Das deutsche Staatskirchenrecht in europäischer Perspektive. In: Deutsches Pfarrerblatt 110 (2), S. 60–65.

Hatzinger, Katrin (2010b): Die künftige Rolle der Kirchen in Europa. Impulsreferat bei der Veranstaltung „Der Kultur Räume geben – Europa und die Kirchen". Konrad-Adenauer Stiftung. Hildesheim, 23.10.2010. Online: http://www.ekd.de/bevollmaechtigter/bruessel/73970.html (abgerufen 17.01.2012).

Heetderks, J.-G (2011): Europe. Protestantse Kerk. Online: http://www.protestantchurch.nl/print.aspx?page=16624&mode=info (abgerufen 29.05.2011).

Heider-Rottwilm, Antje (2004): Die Kirchen und der europäische Integrationsprozess, Oktober 2004. Online: www.ekd.de/europa/041031_heider_rottwilm_integrationsprozess.html (abgerufen 17.01.2012).

Heimbrock, Hans-Günter (2004): Religionsunterricht im Kontext Europa. Einführung in die kontextuelle Religionsdidaktik in Deutschland. Stuttgart: Kohlhammer.

Heimbrock, Hans-Günter (2005): Religiöse Erziehung im wachsenden Europa. Kontextuelle Perspektiven. In: Theo Web Zeitschrift für Religionspädagogik 4 (2). Online: http://www.theo-web.de/zeitschrift/ausgabe-2005-02/heimbrock-AfR-Europa-ml-ThK-rh.pdf (abgerufen 13.05.2008).

Heine, Susanne (2005): Grundlagen der Religionspsychologie. Modelle und Methoden. Göttingen: Vandenhoeck & Ruprecht (Theologie, Religion, 2528).

Heinze, Torben (2005): Der Bologna-Prozess im europäischen Vergleich. Eine Multi-Value Qualitative Comparative Analysis am Beispiel der Einführung zweigliedriger Studienstrukturen in sieben EU-Staaten. Diplomarbeit. Online: http://nbn-resolving.de/urn:nbn:de:bsz:352-opus-16937 (abgerufen 19.08.2011).

Hildebrandt, Mathias (2006): Bedarf die Europäische Union einer Zivilreligion? In: Hartmut Behr und Mathias Hildebrandt (Hg.): Politik und Religion in der Europäischen Union. Zwischen nationalen Traditionen und Europäisierung. 1. Aufl. Wiesbaden: VS Verlag für Sozialwissenschaften (Politik und Religion), S. 429–450.

Hildenbrand, Bruno (2003): Anselm Strauss. In: Uwe Flick, Ernst von Kardorff und Ines Steinke, (Hg.): Qualitative Forschung. Ein Handbuch. 2. Aufl., Reinbek bei Hamburg: Rowohlt Taschenbuch Verlag (Rowohlts Enzyklopädie), S. 32–42.

383

Hilligus, Annegret Helen; Kreienbaum, Maria Anna (Hg.) (2007): Europakompetenz – durch Begegnung lernen. Opladen: Budrich.

Hitzler, Ronald; Honer, Anne (Hg.) (1997): Sozialwissenschaftliche Hermeneutik. Eine Einführung. Opladen: Leske und Budrich (Uni-Taschenbücher. Sozialwissenschaften, 1885).

Hoburg, Ralf (1999): Protestantismus und Europa. Erwägungen für eine Kirche der Konfessionen; Geschichte, Modelle, Aufgaben. Berlin: Wichern-Verlag.

Hock, Klaus (2011): Einführung in die Religionswissenschaft. 4. Aufl., (unveränd. Nachdr. der 2., durchges. Aufl.). Darmstadt: WBG (Wiss. Buchges.) (Einführung).

Hogebrink, Laurens (2011): Contributing to the ‚heart and soul' of Europe? Twenty Years of Dialogue between Churches and European Union: Developments and Observations. Unpublished Working Document (draft December 2011), prepared for the Church and Society Commission of the Conference of European Churches.

Höhne, Thomas (2003): Pädagogik der Wissensgesellschaft. Bielefeld: Transcript-Verl.

Hornberg, Sabine (2010): Schule im Prozess der Internationalisierung von Bildung. Zugl.: Bochum, Univ., Habil.-Schr., 2008. Münster: Waxmann (Studien zur international und interkulturell Vergleichenden Erziehungswissenschaft, 11).

Hornberg, Sabine; Weber, Peter J. (2008): Europäische Dimension, Globalisierung und Bildungspolitik. In: Gerhard Mertens, Ursula Frost, Winfried Böhm und Volker Ladenthin (Hg.): Handbuch der Erziehungswissenschaft. Band III Familie – Kindheit – Jugend – Gender Umwelten. Paderborn: Schöningh, S. 1047–1056.

Huber, Josef (Hg.) (2011): Teacher Education for change. The theory behind the Council of Europe Pestalozzi Programme. Strasbourg: Council of Europe Publishing (Pestalozzi Series, 1).

Huber, Wolfgang (1990): Protestanten in der Demokratie. Positionen und Profile im Nachkriegsdeutschland. München: Kaiser.

Huber, Wolfgang (2004): Der christliche Glaube und die politische Kultur in Europa. Brüssel, 24.05.2004. Online: http://www.ekd.de/print.php?file=/europa/vortraege/040524_huber_glaube_und_politische_kultur.html (abgerufen 08.09.2009).

Huber, Wolfgang (2006a): „Future of the European Project" – Zur Zukunft der Europäischen Union – Erwartungen an die deutsche Ratspräsidentschaft. Brüssel, 13.12.2006. Online: http://www.ekd.de/print.php?file=/vortraege/huber/061213_huber_bruessel.html (abgerufen 06.04.2009).

Huber, Wolfgang (2006b): Der christliche Glaube und die politische Kultur in Europa. In: Peter Schreiner, Volker Elsenbast und Friedrich Schweitzer (Hg.): Europa – Bildung – Religion. Demokratische Bildungsverantwortung und die Religionen. [Eine Veröffentlichung des Comenius-Instituts]. Münster: Waxmann, S. 15–26.

Huber, Wolfgang (2007a): Das christliche Abendland – über Missbrauch und möglichen Sinn einer Redewendung. In: Petra Bahr (Hg.): Protestantismus und europäische Kultur. 1. Aufl. Gütersloh: Gütersloher Verlagshaus (Protestantismus und Kultur, 1), S. 107–133.

Huber, Wolfgang (2007b): Gemeinschaft gestalten – Evangelisches Profil in Europa. In: Wilhelm Hüffmeier (Hg.): Gemeinschaft gestalten – evangelisches Profil in Europa. In Budapest 12.–18. September 2006. Frankfurt/M.: Lembeck, S. 230–245.

Huber, Wolfgang (2007c): Im Geist der Freiheit. Für eine Ökumene der Profile. Orig.-Ausg. Freiburg im Breisgau: Herder (Herder Spektrum, 5867).

Huber, Wolfgang (2009): Christen in der Demokratie. In: Aus Politik und Zeitgeschichte (14), S. 6–8.

Hüffmeier, Wilhelm (Hg.) (2007): Gemeinschaft gestalten – evangelisches Profil in Europa. In Budapest 12.–18. September 2006. Frankfurt/M.: Lembeck.

Human Rights Committee of the United Nations (2004): International covenant on civil and political rights. CCPR/C/82/D/1155/2003. Eighty-second session 18 October – 5 November 2004. Geneva. Auch online verfügbar: www.unhcr.org (abgerufen 03.02.2011).

Ioannidou, Alexandra (2010): Steuerung im transnationalen Bildungsraum. Internationales Bildungsmonitoring zum Lebenslangen Lernen. Bielefeld: Bertelsmann (Theorie und Praxis der Erwachsenenbildung).

IV & ICCS (2007): Statement for the consultation process on the preparation of the „White Paper on intercultural dialogue" of the Council of Europe. by the Intereuropean Commission on Church and School ICCS, participative NGO at the Council of Europe, together with the International Association for Christian Education IV. Unter Mitarbeit von Peter Schreiner, James Barnett und Eckhart Marggraf. Münster; St. Léger. Online: http://www.iccsweb.org (abgerufen 26.08.2008).

Jachtenfuchs, Markus; Kohler-Koch, Beate (Hg.) (2006a): Europäische Integration. Unveränd. Nachdr. der 2. Aufl. Wiesbaden: VS Verl. für Sozialwiss. (Lehrbuch).

Jachtenfuchs, Markus; Kohler-Koch, Beate (2006b): Regieren und Institutionenbildung. In: Markus Jachtenfuchs und Beate Kohler-Koch (Hg.): Europäische Integration. Unveränd. Nachdr. der 2. Aufl. Wiesbaden: VS Verl. für Sozialwiss. (Lehrbuch), S. 12–46.

Jackson, Robert (2003): Citizenship as a replacement for religious education or RE as complementary to citizenship education? In: Robert Jackson (Hg.): International perspectives on citizenship, education and religious diversity. 1. publ. London: RoutledgeFalmer, S. 67–92.

Jackson, Robert (2007): European Institutions and the Contribution of Studies of Religious Diversity to Education for Democratic Citizenship. In: Robert Jackson, Siebren Miedema, Wolfram Weisse und Jean-Paul Willaime (Hg.): Religion and Education in Europe. Developments, Contexts and Debates. Münster: Waxmann (Religious diversity and education in Europe, 3), S. 27–55.

Jackson, Robert (2008): Education, Democratic Citizenship and the Religious Dimension. Exchange on the Religious Dimension of Intercultural Dialogue. Europarat. Strasbourg, 08.04.2008.

Jackson, Robert; Miedema, Siebren; Weisse, Wolfram; Willaime, Jean-Paul (Hg.) (2007): Religion and Education in Europe. Developments, Contexts and Debates. Münster: Waxmann (Religious diversity and education in Europe, 3).

Jakobi, Anja P.; Martens, Kerstin (2007): Diffusion durch internationale Organisationen: Die Bildungspolitik der OECD. In: K. Holzinger, H. Jörges und C. Knill (Hg.): Transfer, Diffusion und Konvergenz von Politiken. (Politische Vierteljahrsschrift, Sonderband), S. 247–270.

Jansen, Thomas (2000): Europe and Religions: the Dialogue between the European Commission and Churches or Religious Communities. In: Social Compass 47 (1), S. 103–112.

Jäger, Renate (2010): Staat-Kirche-Verhältnis in Deutschland ist Besonderheit. epd-Meldung vom 12.10.2010. Interview mit der Süddeutschen Zeitung am 12. Oktober 2010, 6.

Jäger, Siegfried (2004): Kritische Diskursanalyse. Eine Einführung. 4., unveränd. Aufl. Münster: Unrast-Verl. (Edition DISS, 3).

Jäger, Siegfried; Zimmermann, Jens (Hg.) (2010): Lexikon der Kritischen Diskursanalyse. Eine Werkzeugkiste. 1. Aufl. Münster: Unrast-Verl. (Edition DISS, 26).

Jenkins, Keith (2005): The Churches and Europe: Relating to European Institutions. In: James Barnett (Hg.): A Theology for Europe. The Churches and the European Institutions. Oxford: Lang (Religions and discourse, 28), S. 73–91.

Jensen, Tim (2011): Why Religion Education, as a Matter of Course, ought to be Part of the Public School Curriculum. In: Leni Franken und Patrick Loobuyck (Hg.): Religious Education in a Plural, Secularised Society. A Paradigm Shift. Münster: Waxmann, S. 131–149.

Joas, Hans (2010): Der Mensch muss uns heilig sein. Seit Jahren streiten Philosophen und Theologen darüber, ob die Menschenrechte einen religiösen Ursprung haben oder ob sie eine Erfindung der Aufklärung sind. Wie ist es denn nun wirklich? In: Die ZEIT, 22.12.2010 (52), S. 49–50.

Joas, Hans (2011a): Säkularisierung und intellektuelle Redlichkeit. In: Neue Gesellschaft/ Frankfurter Hefte 58 (4), S. 4–7.

Joas, Hans (2011b): Die Sakralität der Person. Eine neue Genealogie der Menschenrechte. 1. Aufl. Berlin: Suhrkamp.

Jobst, Solvejg (2010): Profession und Europäisierung. Zum Zusammenhang zwischen Lehrer-handeln, Institution und gesellschaftlichem Wandel. Univ., Habil.-Schr.-Leipzig, 2009. Münster: Waxmann (Internationale Hochschulschriften, 535).

Johannessen, Kai Ingolf (Hg.) (2011): Religious education in contemporary society. Research contributions from Finland, Estonia, Latvia and Norway. Tartu: Logos.

Jozsa, Dan-Paul (2007): Islam and Education in Europe. With Special Reference to Austria, England, France, Germany and the Netherlands. In: Robert Jackson, Siebren Miedema, Wolfram Weisse und Jean-Paul Willaime (Hg.): Religion and Education in Europe. Developments, Contexts and Debates. Münster: Waxmann (Religious diversity and educa-tion in Europe, 3), S. 67–85.

Jozsa, Dan-Paul; Knauth, Thorsten; Weiße, Wolfram (Hg.) (2009): Religionsunterricht, Dialog und Konflikt. Analysen im Kontext Europas. Münster, New York, NY, München, Berlin: Waxmann.

Jüngel, Eberhard (1993): Das Evangelium und die evangelischen Kirchen Europas. Vortrag bei der Europäischen Evangelischen Versammlung in Budapest, März 1992. In: Beatus Brenner (Hg.): Europa und der Protestantismus. Ein Arbeitsheft mit Dokumenten. Göttingen: Vandenhoeck und Ruprecht (Bensheimer Hefte, H. 73), S. 35–58.

Kallscheuer, Otto (1996): Zusammenprall der Zivilisationen oder Polytheismus der Werte? Religiöse Identität und europäische Politik. In: Otto Kallscheuer, José Casanova und Rémi Brague (Hg.): Das Europa der Religionen. Ein Kontinent zwischen Säkularisierung und Fundamentalismus. Frankfurt am Main: S. Fischer, S. 17–38.

Kallscheuer, Otto; Casanova, José; Brague, Rémi (Hg.) (1996): Das Europa der Religionen. Ein Kontinent zwischen Säkularisierung und Fundamentalismus. Frankfurt am Main: S. Fischer.

Kammer der EKD für Bildung und Erziehung (1991): Evangelisches Bildungsverständnis in einer sich wandelnden Arbeitsgesellschaft. Hannover (EKD Texte, 37).

Kammer der EKD für Bildung und Erziehung, Kinder und Jugend (2009): Kirche und Bildung. Herausforderungen, Grundsätze und Perspektiven evangelischer Bildungsverantwortung und kirchlichen Bildungshandelns. Hg. v. Rat der EKD. Gütersloh.

Kaufmann, Thomas (2009): Geschichte der Reformation. 1. Aufl. Frankfurt/M.: Verl. der Welt-religionen.

Keast, John (Hg.) (2007): Religious diversity and intercultural education. A reference book for schools. Council of Europe. Strasbourg: Council of Europe Publ.

Kelle, Udo (2000): Computergestützte Analyse qualitativer Daten. In: Uwe Flick, Ernst von Kardorff und Ines Steinke (Hg.): Qualitative Forschung. Ein Handbuch. Reinbek bei Ham-burg: Rowohlt Taschenbuch Verlag (Rowohlts Enzyklopädie), S. 485–502.

Keller, Reiner (2004): Diskursforschung. Eine Einführung für SozialwissenschaftlerInnen. 2. Aufl. Wiesbaden: VS Verl. für Sozialwiss. (Qualitative Sozialforschung, 14).

Keller, Reiner; Hirseland, Andreas; Schneider, Werner; Viehöfer, Willy (Hg.) (2006): Handbuch sozialwissenschaftliche Diskursanalyse Theorien und Methoden. 2., aktualisierte und erw. Aufl. Wiesbaden: VS Verl. für Sozialwiss.

Kemmerer, Alexandra (2007): Diesseits und jenseits der Zeit – Annäherungen an Europa, und an die Religion. In: Petra Bahr (Hg.): Protestantismus und europäische Kultur. 1. Aufl. Gütersloh: Gütersloher Verlagshaus (Protestantismus und Kultur, 1), S. 9–30.

Kerr, David; Losito, Bruno (Hg.) (2010): Strategic support for decision makers. Policy tool for education for democratic citizenship and human rights. Strasbourg: Council of Europe Publishing.

Kieran, Patricia; Hession, Anne (Hg.) (2008): Exploring religious education. Catholic religious education in an intercultural Europe. Dublin: Veritas Publ.

Kirchenamt der EKD (Hg.) (1985): Evangelische Kirche und freiheitliche Demokratie. Der Staat des Grundgesetzes als Angebot und Aufgabe. Eine Denkschrift der Evangelischen Kirche in Deutschland. Gütersloh.

Kirchenamt der EKD (Hg.) (1994): Identität und Verständigung. Standort und Perspektiven des Religionsunterrichts in der Pluralität. Eine Denkschrift der Evangelischen Kirche in Deutschland. Gütersloh.

Kirchenamt der EKD (Hg.) (1997): Christentum und politische Kultur. Über das Verhältnis des demokratischen Rechtsstaates zum Christentum. Hannover (EKD Texte, 63).

Kirchenamt der EKD (Hg.) (2003): Maße des Menschlichen. Evangelische Perspektiven zur Bildung in der Wissens- und Lerngesellschaft; eine Denkschrift des Rates der Evangelischen Kirche in Deutschland. 2. Aufl. Gütersloh: Gütersloher Verlagshaus.

Kirchenamt der EKD; Abteilung Bildung (1996): Stellungnahme zum Weißbuch der Europäischen Union zur allgemeinen und beruflichen Bildung „Lehren und Lernen – Auf dem Weg zur kognitiven Gesellschaft".

Kirchenamt der EKD und Sekretariat der Deutschen Bischofskonferenz (Hg.) (2006): Demokratie braucht Tugenden. Gemeinsames Wort des Rates der Evangelischen Kirche in Deutschland und der Deutschen Bischofskonferenz zur Zukunft unseres demokratischen Gemeinwesens (Gemeinsame Texte, 19).

Kleger, Heinz (2008): Gibt es eine europäische Zivilreligion? Pariser Vorlesung über die Werte Europas. Potsdam: Universitätsverlag Potsdam (WeltTrends-Papiere, 8). Online verfügbar unter http://www.gbv.de/dms/ub-potsdam/abs/978-3-940793-60-7_abs.pdf (abgerufen 04.11.2008).

Kleger, Heinz; Müller, Alois (Hg.) (2011): Religion des Bürgers. Zivilreligion in Amerika und Europa; mit einem neuen Vorwort: Von der atlantischen Zivilreligion zur Krise des Westens. 2. Aufl. Münster: Lit (Soziologie, 14).

Knauth, Thorsten (2008a): „Better together than apart": Religion in School and Lifeworld of Students in Hamburg. In: Thorsten Knauth (Hg.): Encountering Religious Pluralism in School and Society. A qualitative study of teenage perspectives in Europe. Münster, New York NY, München, Berlin: Waxmann (Religious diversity and education in Europe, 5), S. 207–245.

Knauth, Thorsten; Jozsa, Dan-Paul; Bertram-Troost, Gerdien; Ipgrave, Julia (Hg.) (2008): Encountering Religious Pluralism in School and Society. A qualitative study of teenage perspectives in Europe. Münster, New York NY, München, Berlin: Waxmann (Religious diversity and education in Europe, 5).

Knauth, Thorsten; Körs, Anna (2008): European Comparison: Religion in School. In: Thorsten Knauth (Hg.): Encountering Religious Pluralism in School and Society. a qualitative study of teenage perspectives in Europe. Münster, New York, München, Berlin: Waxmann (Religious diversity and education in Europe, 5), S. 397–404.

Knoblauch, Hubert (2007): Kultur. In: Wilhelm Gräb und Birgit Weyel (Hg.): Handbuch praktische Theologie. Gütersloh: Gütersloher Verl.-Haus, S. 126–136.

Kocyba, Hermann (2004): Wissen. In: Ulrich Bröckling, Susanne Krasmann und Thomas Lemke (Hg.): Glossar der Gegenwart. 1. Aufl. Frankfurt am Main: Suhrkamp, S. 300–306.

Kodelja, Zdenko; Bassler, Terrice (2004): Religion and Schooling in Open Society. A Framework for Informed Dialogue. Open Society Institute. Ljubljana, Slovenia.

Koepernik, Claudia (2010): Lebenslanges Lernen als bildungspolitische Vision. Die Entwicklung eines Reformkonzepts im internationalen Diskurs. In: Andrä Wolter, Gisela Wiesner und Claudia Koepernik (Hg.): Der lernende Mensch in der Wissensgesellschaft. Perspektiven lebenslangen Lernens. Weinheim: Juventa (Dresdner Studien zur Erziehungswissenschaft und Sozialforschung), S. 81–91.

Kohli, Martin (2002): Die Entstehung einer europäischen Identität: Konflikte und Potentiale. In: Hartmut Kaelble, Martin Kirsch und Alexander Schmidt-Gernig (Hg.): Transnationale Öffentlichkeiten und Identitäten im 20. Jahrhundert. Frankfurt/M.: Campus-Verl., S. 111–134.

Kommuniqué von Brügge zu einer verstärkten europäischen Zusammenarbeit in der beruflichen Bildung für den Zeitraum 2011–2020. Kommuniqué der für die berufliche Bildung zuständigen Minister, der europäischen Sozialpartner und der Europäischen Kommission nach ihrer Zusammenkunft in Brügge am 7. Dezember 2010 zur Überprüfung des strategischen Ansatzes und der Schwerpunkte des Kopenhagenprozesses für den Zeitraum 2011–2020 (2010). Online: http://ec.europa.eu/education/lifelong-learning-policy/doc/vocational/bruges_de.pdf (abgerufen 09.02.2012).

König, Helmut (2008): Statt einer Einleitung: Europas Gedächtnis. Sondierungen in einem unübersichtlichen Gelände. In: Helmut König (Hg.): Europas Gedächtnis. Das neue Europa zwischen nationalen Erinnerungen und gemeinsamer Identität. Bielefeld: Transcript-Verl. (Europäische Horizonte, 3), S. 9–37.

Krämer, Gudrun (2011): Demokratie im Islam: Der Kampf für Toleranz und Freiheit in der arabischen Welt. Orig.-Ausg. München: Beck (beck'sche Reihe, 6006).

Krech, Volkhard (1999): Religionssoziologie. Bielefeld: Transcript-Verl (Einsichten).

Krech, Volkhard; Hero, Markus (2011): Die Pluralisierung des religiösen Feldes in Deutschland. Empirische Befunde und systematische Überlegungen. In: Gert Pickel und Kornelia Sammet (Hg.): Religion und Religiosität im vereinigten Deutschland. Zwanzig Jahre nach dem Umbruch. 1. Aufl. Wiesbaden: VS Verl. für Sozialwiss (Veröffentlichungen der Sektion Religionssoziologie der Deutschen Gesellschaft für Soziologie), S. 27–41.

Kremer, Manfred (2006): Die europäische Berufsbildungspolitik aus Sicht des Bundesinstitutes für Berufsbildung. Redebeitrag im Rahmen der Hochschultage Bremen vom 17.03.2006. Online: http://www.bibb.de/dokumente/pdf/p_europaeischer_qualifikationsrahmen_HT Bremen.pdf (abgerufen 09.09.2009).

Krengel, Lisa J. (2011): Die evangelische Theologie und der Bologna-Prozess. Eine Rekonstruktion der ersten Dekade. Leipzig: Evangelische Verlagsanstalt.

Krüger-Potratz, Marianne (1994): Symposion 6 Erziehungswissenschaft und Bildungsreformen um größeren Europa. In: Zeitschrift für Pädagogik (32. Beiheft), S. 225–239.

Kuld, Lothar; Bolle, Rainer; Knauth, Thorsten (Hg.) (2005): Pädagogik ohne Religion? Beiträge zur Bestimmung und Abgrenzung der Domänen von Pädagogik, Ethik und Religion. Münster: Waxmann.

Kunstmann, Joachim (2010): Religionspädagogik. Eine Einführung. 1. Aufl. Stuttgart: UTB GmbH (UTB M).

Kuyk, Elza; Jensen, Roger; Lankshear, David; Löh Manna, Elisabeth; Schreiner, Peter (Hg.) (2007): Religious Education in Europe. Situation and current trends in schools. ICCS. Oslo: IKO–Publishing House.

Lähnemann, Johannes; Schreiner, Peter (Hg.) (2009): Interreligious and Values Education in Europe. Map and Handbook, Münster: PESC & Comenius-Institut.

Lämmermann, Godwin (2002): Religion – Religionskritik. In: Gottfried Bitter (Hg.): Neues Handbuch religionspädagogischer Grundbegriffe. München: Kösel, S. 84–88.

Lämmermann, Godwin (2006): Einführung in die Religionspsychologie. Grundfragen, Theorien, Themen. Neukirchen-Vluyn: Neukirchener Verl.

Lanczkowski, Günter (1978): Einführung in die Religionsphänomenologie. Darmstadt: Wissenschaftliche Buchgesellschaft (Die Theologie).

Lankshear, David (2007): Religious Education in England and Wales. In: Elza Kuyk, Roger Jensen, David Lankshear, Elisabeth Löh Manna und Peter Schreiner (Hg.): Religious Education in Europe. Situation and current trends in schools. Oslo: IKO–Publishing House, S. 217–223.

Larsson, Rune (2000): Sweden. In: Peter Schreiner (Hg.): Religious Education in Europe. A collection of basic information about RE in European countries. Münster: Intereuropean Commission on Church and School, S. 159–164.

Larsson, Rune (2007): Religious Education in Sweden. In: Elza Kuyk, Roger Jensen, David Lankshear, Elisabeth Löh Manna und Peter Schreiner (Hg.): Religious Education in Europe. Situation and current trends in schools. Oslo: IKO-Publishing House, S. 193–198.

Larsson, Rune; Gustavsson, Caroline (Hg.) (2004): Towards a European Perspective on Religious Education. The RE Research Conference, March 11–14, 2004, University of Lund. RE Research Conference. Skellefteå: Artos & Norma (Bibliotheca theologiae practicae, 74).

Lawn, Martin; Grek, Sotiria (2012): Europeanizing education. Governing a new policy space. Oxford: Symposium Books.

Leganger-Krogstad, Heid (2012): The religious dimension of intercultural education. Contributions to a Contextual Understanding. Berlin, London: Lit; (International practical theology, 14).

Leggewie, Claus (2004): Die Türkei und Europa. Die Positionen. Orig.-Ausg., 1. Aufl. Frankfurt/M.: Suhrkamp (Edition Suhrkamp, 2354).

Lehmann, Hartmut (2004): Säkularisierung. Der europäische Sonderweg in Sachen Religion. Göttingen: Wallstein (Bausteine zu einer europäischen Religionsgeschichte im Zeitalter der Säkularisierung, Bd. 5).

Lehmann, Karl Kardinal (2006): Die Zukunft des christlichen Glaubens in einem sich verändernden Europa. In: Peter Schreiner, Volker Elsenbast und Friedrich Schweitzer (Hg.): Europa – Bildung – Religion. Demokratische Bildungsverantwortung und die Religionen. [Eine Veröffentlichung des Comenius-Instituts]. Münster: Waxmann, S. 27–35.

Leimgruber, Stephan (2009): Interreligiöses Lernen. 1. Aufl. s.l: PeP eBooks. Online: http://ebooks.ciando.com/book/index.cfm/bok_id/32873.

Leiße, Olaf (2010): Governance in Europa. Politikformen im Mehrebenensystem. Berlin: Logos-Verl.

Lengagne, Guy (rapporteur) (2007): The dangers of creationism in education. Report Committee on Culture, Science and Education. In: Parliamentary Assembly Council of Europe (Hg.) (2007): Intercultural and inter-religious dialogue. Strasbourg, S. 41–59.

Lied, Sidsel (2009): The Norwegian Christianity, Religion and Philosophy subject KRL in Strasbourg. In: British Journal of Religious Education 31 (3), S. 263–275.

Liedhegener, Antonius (2011): Mehr als Binnenmarkt und Laizismus? Die neue Religionspolitik der Europäischen Union. In: Martin Baumann und Frank Neubert (Hg.): Religionspolitik – Öffentlichkeit – Wissenschaft. Studien zur Neuformierung von Religion in der Gegenwart. Zürich: Pano Verl (CULTuREL, 1), S. 59–80.

Liessmann, Konrad Paul (2008): Theorie der Unbildung. die Irrtümer der Wissensgesellschaft. München u.a.: Piper (Serie Piper, 5220).

Lindner, Heike (2008): Bildung, Erziehung und Religion in Europa. Politische, rechtshermeneutische und pädagogische Untersuchungen zum europäischen Bildungsauftrag in evangelischer Perspektive. Berlin, New York, NY: de Gruyter (Praktische Theologie im Wissenschaftsdiskurs, 6).

Linke, Detlef B. (2005): Religion als Risiko. Geist, Glaube und Gehirn. Orig.-Ausg., 2. Reinbek bei Hamburg: Rowohlt-Taschenbuch-Verl (rororo-science, 61488).

Linsenmann, Ingo (2009): Bildungspolitik. In: Werner Weidenfeld und Wolfgang Wessels (Hg.): Europa von A bis Z. Taschenbuch der europäischen Integration. 11. Aufl. Bonn, Berlin: Nomos; Institut für Internationale Politik, S. 95–98.

Luchtenberg, Sigrid (2005): Bildung und Kommunikation vor dem Hintergrund der europäischen Integration. In: Rudolf Leiprecht und Anne Kerber (Hg.): Schule in der Einwanderungsgesellschaft. Ein Handbuch. Schwalbach: Wochenschau Verlag (Reihe Politik und Bildung, Bd. 38), S. 83–96.

Luchtenberg, Sigrid; Nieke, Wolfgang (Hg.) (1994): Interkulturelle Pädagogik und Europäische Dimension. Münster, New York, München, Berlin: Waxmann.

Ludwig, Luise; Luckas, Helga; Hamburger, Franz; Aufenanger, Stefan (Hg.) (2011): Bildung in der Demokratie. Deutsche Gesellschaft für Erziehungswissenschaft; Kongress der Deutschen Gesellschaft für Erziehungswissenschaft. Opladen: Budrich (Schriftenreihe der Deutschen Gesellschaft für Erziehungswissenschaft (DGfE).

Luhmann, Niklas (2004): Funktion der Religion. 1. Aufl., [Nachdr.]. Frankfurt/M.: Suhrkamp (Suhrkamp-Taschenbuch Wissenschaft, 407).

Luhmann, Niklas; Kieserling, André (2000): Die Religion der Gesellschaft. 1. Aufl., 2. Nachdr. Frankfurt/M.: Suhrkamp.

Luibl, Hans Jürgen (2006a): Bildung – europäisch und für Europa. In: Orientierung 70 (23/24), S. 259–263.

Luibl, Hans Jürgen (2006b): Europa und die ‚Evangelischen': Eine theo-politische Spurensuche. In: Hartmut Behr und Mathias Hildebrandt (Hg.): Politik und Religion in der Europäischen Union. Zwischen nationalen Traditionen und Europäisierung. 1. Aufl. Wiesbaden: VS Verlag für Sozialwissenschaften (Politik und Religion), S. 33–54.

Maassen, Peter A. M.; Olsen, Johan P. (Hg.) (2007): University dynamics and European integration. Dordrecht: Springer (Higher education dynamics, 19).

Maeße, Jens (2010): Die vielen Stimmen des Bologna-Prozesses. Zur diskursiven Logik eines bildungspolitischen Programms. Bielefeld: Transcript.

Mandry, Christof (2005): Die Europäische Union als ‚Wertegemeinschaft' in der Spannung zwischen politischer und kultureller Identität. In: Helmut Heit (Hg.): Die Werte Europas. Verfassungspatriotismus und Wertegemeinschaft in der EU? Münster: Lit (Region, Nation, Europa, Bd. 31), S. 284–294.

Marggraf, Eckhart (2008): Europa braucht gebildete Protestanten. Zur Bildungsverantwortung der protestantischen Kirchen in Europa. In: Gottfried Adam und Wilhelm Pratscher (Hg.): Schwerpunktthema: Protestantische Identität im europäischen Kontext. 1. Aufl. Münster, Westf: Lit (Wiener Jahrbuch für Theologie, 7.2008), S. 139–154.

Martens, Kerstin; Wolf, Klaus Dieter (2006): Paradoxien der Neuen Staatsräson. Die Internationalisierung der Bildungspolitik in der EU und der OECD. In: Zeitschrift für Internationale Beziehungen 13 (2), S. 145–176.

Mayring, Philipp (2002): Einführung in die qualitative Sozialforschung. Eine Anleitung zu qualitativem Denken. 5., überarb. und neu ausgestattete Aufl. Weinheim: Beltz-Verl. (Beltz Studium).

Mayring, Philipp (2005): Neuere Entwicklungen in der qualitativen Forschung und der Qualitativen Inhaltsanalyse. In: Mayring, Philipp; Gläser-Zikuda, Michaela (Hg.): Die Praxis der Qualitativen Inhaltsanalyse. Weinheim: Beltz (UTB Pädagogik, Psychologie), S. 7–19.

Mayring, Philipp (2007, 9. Aufl.): Qualitative Inhaltsanalyse. Grundlagen und Techniken. Weinheim und Basel: Beltz-Verl.; Beltz (UTB, 8229).

Mayring, Philipp; Gläser-Zikuda, Michaela (2008): Die Praxis der qualitativen Inhaltsanalyse. 2. Aufl. Weinheim: Beltz (Pädagogik).

McKenna, Ursula; Ipgrave, Julia; Jackson, Robert (2008): Inter Faith Dialogue by Email in Primary Schools. An Evaluation of the Building E-Bridges Project. Münster, München u.a.: Waxmann (Religious diversity and education in Europe, 6).

Mernissi, Fatima (2002): Islam und Demokratie. Die Angst vor der Moderne. Freiburg: Herder.

Messerschmidt, Astrid (2005): Befremdungen – oder wie man fremd wird und fremd sein kann. In: Peter Schreiner, Ursula Sieg und Volker Elsenbast (Hg.): Handbuch Interreligiöses Lernen. Eine Veröffentlichung des Comenius-Instituts. Gütersloh: Gütersloher Verlagshaus, S. 217–228.

Mette, Norbert (1994): Religionspädagogik. 1. Aufl. Düsseldorf: Patmos-Verl. (Leitfaden Theologie, 24).

Metz, Johann Baptist (2006): Memoria passionis. Ein provozierendes Gedächtnis in pluralistischer Gesellschaft. Unter Mitarbeit von Johann Reikerstorfer. 2., durchges. und korrigierte Aufl. Freiburg: Herder.

Meyer, John W.; Ramirez, Francisco O. (2005): Die globale Institutionalisierung der Bildung. In: Georg Krücken (Hg.): John W. Meyer Weltkultur. Wie die westlichen Prinzipien die Welt durchdringen. Frankfurt/M..: Suhrkamp (Edition Zweite Moderne), S. 212–234.

Meyer, Thomas (2005): Die Ironie Gottes. Religiotainment, Resakralisierung und die liberale Demokratie. 1. Aufl. Wiesbaden: VS Verl. für Sozialwiss.

Miedema, Siebren (2007): Contexts, Debates and Perspectives of Religion in Education in Europe. In: Robert Jackson, Siebren Miedema, Wolfram Weisse und Jean-Paul Willaime (Hg.): Religion and Education in Europe. Developments, Contexts and Debates. Münster: Waxmann (Religious diversity and education in Europe, 3), S. 267–283.

Miedema, Siebren (2008): Niederlande. In: Friedrich Schweitzer, Volker Elsenbast und Christoph Th. Scheilke (Hg.): Religionspädagogik und Zeitgeschichte im Spiegel der Rezeption von Karl Ernst Nipkow. 1. Aufl. Gütersloh: Gütersloher Verlagshaus, S. 288–298.

Miedema, Siebren (2009): Religious Education between Certainty and Uncertainty. In: Wilna A. J. Meijer, Siebren Miedema und Alma Lanser-van der Velde (Hg.): Religious education in a world of religious diversity. Münster, New York, NY, München, Berlin: Waxmann, S. 195–205.

Miedema, Siebren; Bertram-Troost, Gerdien (2008): Democratic Citizenship and Religious Education: Challenges and Perspectives for Schools in the Netherlands. In: British Journal of Religious Education 30 (2), S. 123–132.

Miedema, Siebren; ter Avest, Ina (2011): In the flow to maximal interreligious citizenship education. In: Religious Education 106 (4), S. 410–424.

Milerski, Boguslaw (2011): Glaubensgerechtigkeit und Bildungsgerechtigkeit. Zur theologischen Begründung. Vortrag bei der GEKE Bildungskonsultation in Tutzing. Evangelische Akademie Tutzing, 27.09.2011.

Moltmann, Jürgen (2005): Göttliches Geheimnis. Die Wiedergeburt Europas aus dem Geist der Hoffnung und der weite Raum der Zukunft. In: zeitzeichen. Evangelische Kommentare zu Religion und Gesellschaft (7), S. 20–22.

Monrad, Marie K. (2007): Religious Education in Denmark. In: Elza Kuyk, Roger Jensen, David Lankshear, Elisabeth Löh Manna und Peter Schreiner (Hg.): Religious Education in Europe. Situation and current trends in schools. Oslo: IKO–Publishing House, S. 49–56.

Müller-Graff, Peter-Christian; Schneider, Heinrich (2003): Kirchen und Religionsgemeinschaften in der Europäischen Union. Einführung. In: Peter-Christian Müller-Graff und Heinrich Schneider (Hg.): Kirchen und Religionsgemeinschaften in der Europäischen Union. 1. Aufl. Baden-Baden: Nomos-Verl.-Ges. (Schriftenreihe des Arbeitskreises Europäische Integration e.V., 50), S. 7–11.

Münch, Richard (2009a): Globale Eliten, lokale Autoritäten. Bildung und Wissenschaft unter dem Regime von PISA, McKinsey & Co. 1. Aufl., Orig.-Ausg. Frankfurt/M.: Suhrkamp.

Münch, Richard (2009b): Unternehmen Universität. In: Aus Politik und Zeitgeschehen (45), S. 10–16.

Murphy, Peter (2011): The Paradox of Dialogue. In: Policy Futures in Education 9 (1). Online: http://dy.doi.org/10.2304/pfie.2011.9.1.22 (abgerufen 13.03.2012).

Motika, Raoul (2003): Gedanken zum Islam in der Europäischen Union. In: Peter-Christian Müller-Graff und Heinrich Schneider (Hg.): Kirchen und Religionsgemeinschaften in der Europäischen Union. 1. Aufl. Baden-Baden: Nomos-Verl.-Ges. (Schriftenreihe des Arbeitskreises Europäische Integration e.V., 50), S. 49–57.

Nipkow, Karl Ernst (1995): Religionsunterricht im künftigen Europa. Christfried Röger zum 60. Geburtstag. In: Ulrich Nembach (Hg.): INFORMATIONES THEOLOGIAE EUROPAE. Internationales ökumenisches Jahrbuch für Theologie. Unter Mitarbeit von Heinrich Rusterholz und Paul M. Zulehner. Frankfurt; Berlin; Bern; New York; Paris; Wien: Peter Lang, S. 357–374.

Nipkow, Karl Ernst (1998): Religionspädagogik im Pluralismus. Gütersloh: Chr. Kaiser (Bildung in einer pluralen Welt/Karl Ernst Nipkow, Bd. 2).

Nipkow, Karl Ernst (2000): Religiöse Bildung im Pluralismus. In: Neue Sammlung 40 (1), S. 81–293.

Nipkow, Karl Ernst (2002): Bildung und Protestantismus in der pluralen Gesellschaft. In: Friedrich Schweitzer (Hg.): Der Bildungsauftrag des Protestantismus. Gütersloh: Kaiser Gütersloher Verl.-Haus (Veröffentlichungen der Wissenschaftlichen Gesellschaft für Theologie, 20), S. 13–35.

Nipkow, Karl Ernst (2003): Zur Bildungspolitik der evangelischen Kirche. Eine historisch-systematische Studie. In: Peter Biehl und Karl Ernst Nipkow (Hg.): Bildung und Bildungspolitik in theologischer Perspektive. Münster: Lit (Schriften aus dem Comenius-Institut, Bd. 7), S. 153–262.

Nipkow, Karl Ernst (2005): Pädagogik und Religionspädagogik zum neuen Jahrhundert. Gütersloh: Gütersloher Verlagshaus.

Nipkow, Karl Ernst (2006): Religious Education in Europe: Comparative Approach, Institutions, Theories, Research. In: Marian Souza, Gloria Durka, Kathleen Engebretson, Robert Jackson und Andrew McGrady (Hg.): International Handbook of the Religious, Moral and Spiritual Dimensions in Education. Dordrecht: Springer (International Handbooks of Religion and Education, 1), S. 576–590.

Nipkow, Karl Ernst (2008): Grundlagen einer Religionsdidaktik aus christlicher Sicht. In: Lamya Kaddor (Hg.): Islamische Erziehungs- und Bildungslehre. Berlin u.a.: Lit (Veröffentlichungen des Centrums für religiöse Studien Münster, 8), S. 27–48.

Nipkow, Karl Ernst (2010): Gott in Bedrängnis? Zur Zukunftsfähigkeit von Religionsunterricht, Schule und Kirche. Gütersloh: Gütersloher Verl.-Haus (Pädagogik und Religionspädagogik zum neuen Jahrhundert).

Nipkow, Karl Ernst; Schweitzer, Friedrich (1991): Religionspädagogik. Texte zur evangelischen Erziehungs- und Bildungsverantwortung seit der Reformation. München: Kaiser (Studienbücher, 84).

Nipkow, Karl Ernst; Schweitzer, Friedrich (1994): Religionspädagogik. Texte zur evangelischen Erziehungs- und Bildungsverantwortung seit der Reformation. München: Kaiser (Studienbücher, 88).

Nölke, Andreas (2006): Supranationalismus. In: Hans-Jürgen Bieling (Hg.): Theorien der europäischen Integration. 2. Aufl. Wiesbaden: VS Verlag für Sozialwissenschaften, S. 145–168.

OECD (2001): Lernen für das Leben. Erste Ergebnisse der internationalen Schulleistungsstudie PISA 2000. Paris: OECD (Ausbildung und Kompetenzen).

Olsen, Johan P. (2002): The many faces of Europeanization. ARENA, University of Oslo. Oslo (ARENA working papers, 01/02). Online: http://www.sv.uio.no/arena/english/research/publications/arena-publications/workingpapers/working-papers2002/02_02.xml (abgerufen 22.08.2011).

OSCE/ODIHR (2007): Toledo guiding principles on teaching about religions and beliefs in public schools. Prepared by the ODHIR advisory council of experts on freedom of religion or belief. Warsaw: OSCE. Office for Democratic Institutions and Human Rights.

Parreira do Amaral, Marcelo (2007): Regimeansatz – Annäherungen an ein weltweites Bildungsregime. In: Tertium Comparationis. Journal für International und Interkulturell Vergleichende Erziehungswissenschaft 13 (2), S. 157–182.

Parreira do Amaral, Marcelo (2010): Emergenz eines Internationalen Bildungsregimes? Münster, Tübingen: Waxmann (New frontiers in comparative education, 1).

Pépin, Luce (2006): The history of European cooperation in education and training. Europe in the making – an example. Luxembourg: Off. for Off. Publ. of the Europ. Communities.

Perthes, Volker (2011): Der Aufstand. Die arabische Revolution und ihre Folgen. München: Pantheon.

Pickel, Gert (2011): Religionssoziologie. Eine Einführung in zentrale Themenbereiche. Wiesbaden. Online: http://dx.doi.org/10.1007/978-3-531-92823-4 (abgerufen 22.03.2012).

Poguntke, Thomas (2007): Europeanization in a consensual environment? German political parties and the European Union. In: Thomas Poguntke, Nicholas Aylott, Elisabeth Carter, Robert Ladrech und Kurt Richard Luther (Hg.): The Europeanization of National Political Parties. Power and organizational adaptation. London, New York: Routledge, S. 108–133.

Pollack, Detlef (2000): Was ist Religion? Versuch einer Definition. In: Waltraud Schreiber (Hg.): Die religiöse Dimension im Geschichtsunterricht an Europas Schulen. Ein interdisziplinäres Forschungsprojekt. Tagungsband. Neuried: Ars Una (Bayerische Studien zur Geschichtsdidaktik, 2), S. 55–81.

Pollack, Detlef (2003): Säkularisierung – ein moderner Mythos? Studien zum religiösen Wandel in Deutschland. Tübingen: Mohr Siebeck.

Pollack, Detlef (2011): Kirchlichkeit, Religiosität und Spiritualität in Europa. In: Elke Ariëns, Helmut König und Manfred Sicking (Hg.): Glaubensfragen in Europa. Religion und Politik im Konflikt. 1. Aufl. Bielefeld: Transcript (Europäische Horizonte, 7), S: 15–49.

Popp, Susanne (2004): Auf dem Weg zu einem europäischen „Geschichtsbild". Anmerkungen zur Entstehung eines gesamteuropäischen Bilderkanons. In: Aus Politik und Zeitgeschichte (7-8), S. 23–31.

Przyborski, Aglaja; Wohlrab-Sahr, Monika (2010): Qualitative Sozialforschung. Ein Arbeitsbuch. 3. Aufl. München: Oldenbourg (Lehr- und Handbücher der Soziologie).

Quenzel, Gudrun (2005): Konstruktionen von Europa. Die europäische Identität und die Kulturpolitik der Europäischen Union. Bielefeld: Transcript-Verl.; Transcript (Global studies).

Radaelli, Claudio M. (2003): The Europeanization of Public Politics. In: Kevin Featherstone und Claudio M. Radaelli (Eds.): The Politics of Europeanization. Oxford: Oxford Univ. Press, S. 27–56.

Raiser, Konrad (2010): Religion – Macht – Politik. Auf der Suche nach einer zukunftsfähigen Weltordnung. Frankfurt/M.: Lembeck.

Rakhkochkine, Anatoli (2008): Kapitel 2: Der transnationale Charakter von Bildungsreformen. In: Gerhard Mertens, Ursula Frost, Winfried Böhm und Volker Ladenthin (Hg.): Handbuch der Erziehungswissenschaft. Band III Familie – Kindheit – Jugend – Gender Umwelten. Paderborn: Schöningh, S. 1033–1046.

Rappenglück, Stefan (2004): Europäische Komplexität verstehen lernen. Schwalbach/Ts.: Wochenschau Verl. (Wochenschau Wissenschaft).

REDCo (2009): Religion in Education: Contribution to Dialogue. Policy Recommendations of the REDCo research project. Auch online verfügbar: http://www.redco.uni-hamburg.de.

Relano, Eugenia (2010): Educational pluralism and freedom of religion: recent decisions of the European Court of Human Rights. In: British Journal of Religious Education 32 (1), S. 19–29.

Rendtorff, Trutz (Hg.) (1980a): Europäische Theologie. Versuche einer Ortsbestimmung. Gütersloh: Gütersloher Verlagshaus Mohn.

Rendtorff, Trutz (1980b): Europäismus als geschichtlicher Kontext der Theologie. Bemerkungen zur heutigen Kritik an ‚europäischer' Theologie im Lichte von Ernst Troeltsch. In: Trutz Rendtorff (Hg.): Europäische Theologie. Versuche einer Ortsbestimmung. Gütersloh: Gütersloher Verlagshaus Mohn, S. 165–179.

Richardson, Norman (2009): The Challenge of the New: Education, Religion and Citizenship in a Traditional and Conflicted Society – A Case Study of Northern Ireland. In: Johannes Lähnemann und Peter Schreiner (Hg.): Interreligious and Values Education in Europe. Map and Handbook. Münster, Westf: Comenius-Institut, S. 15-18.

Richardson, Norman (Hg.) (2011): Education for diversity and mutual understanding. The experience of Northern Ireland. Oxford: Lang (Rethinking education, 1).

Rieger, Martin (Hg.) (2007): Religionsmonitor 2008. Bertelsmann-Stiftung. 1. Aufl. Gütersloh: Gütersloher Verl.-Haus (Religionsmonitor, 2008).

Riesebrodt, Martin (2000): Die Rückkehr der Religionen. Fundamentalismus und der „Kampf der Kulturen". Originalausg. München: Beck (beck'sche Reihe).

Risse, Thomas (2010): A Community of Europeans? Transnational Identities and Public Spheres. Ithaca: Cornell Univ. Press.

Robbers, Gerhard (1995): Staat und Kirche in der Europäischen Union. Baden-Baden: Nomos Verlagsgesellschaft.

Robbers, Gerhard (2006): Stand und Zukunft des europäischen Kirchenrechts: Ein Essay. In: Hartmut Behr und Mathias Hildebrandt (Hg.): Politik und Religion in der Europäischen Union. Zwischen nationalen Traditionen und Europäisierung. 1. Aufl. Wiesbaden: VS Verlag für Sozialwissenschaften (Politik und Religion), S. 489–497.

Robbers, Gerhard (Hg.) (2011): Religion in public education. Proceedings of the conference, Trier, 11-14 November 2010= La religion dans l'éducation publique: actes du colloque, Trèves, 11-14 novembre 2010. European Consortium for Church-State Research. [Germany]: European Consortium for Church and State Research.

Rößer, Barbara (2006): Wissensgesellschaftliche Pädagogik. Der transformierte Bildungsdiskurs als Realisierungs- und Ideologisierungsform der Wissensgesellschaft. In: Uwe H. Bittlingmayer und Ullrich Bauer (Hg.): Die „Wissensgesellschaft". Mythos, Ideologie oder Realität? 1. Aufl. Wiesbaden: VS Verl. für Sozialwiss., S. 251–284.

Roebben, Bert (2009): Seeking Sense in the City. European perspectives on religious education. Münster Westf: Lit (Dortmunder Beiträge zu Theologie und Religionspädagogik, 7).

Rothgangel, Martin (2009): Religionsunterricht in Deutschland. Vergleichende Perspektiven. In: Martin Rothgangel und Bernd Schröder (Hg.): Evangelischer Religionsunterricht in den Ländern der Bundesrepublik Deutschland. Empirische Daten – Kontexte – Entwicklungen. Leipzig: Evangelische Verlagsanstalt, S. 379–388.

Rothgangel, Martin; Schröder, Bernd (Hg.) (2009): Evangelischer Religionsunterricht in den Ländern der Bundesrepublik Deutschland. Empirische Daten – Kontexte – Entwicklungen. Leipzig: Evangelische Verlagsanstalt.

Rüsen, Jörn (2007): Europäische Identität – zwischen säkularer Lebensform und religiösem Glauben. In: Petra Bahr (Hg.): Protestantismus und europäische Kultur. 1. Aufl. Gütersloh: Gütersloher Verlagshaus (Protestantismus und Kultur, 1), S. 31–41.

Santer, Jacques (1997): Europa auf der Suche nach seiner Seele. In: Ökumenische Vereinigung für Kirche und Gesellschaft (Hg.): Herausforderungen für Europa. Versöhnung und Sinn (Occasional Paper, N° 4), S. 27–42.

Schelsky, Helmut (1961): Anpassung oder Widerstand? Soziologische Bedenken zur Schulreform. eine Streitschrift zur Schulpolitik. Heidelberg: Quelle & Meyer.

Scheunpflug, Annette (2003): Religion und Kultur. Anmerkungen zu einem großen Thema. In: Annette Scheunpflug und Alfred K. Treml (Hg.): In Gottes Namen: Religion. Jahrespublikation der Zeitschrift Ethik & Unterricht 2003 (edition ethik kontrovers, 11), S. 38–40.

Scheunpflug, Annette (2006): Diskurs zwischen Erziehungswissenschaft und Religionspädagogik: Weltbürgerliche Erziehung, evolutionäre Pädagogik und Religion. In: Hans-Georg Ziebertz und Günter R. Schmidt (Hg.): Religion in der allgemeinen Pädagogik. Von der Religion als Grundlegung bis zu ihrer Bestreitung. 1. Aufl. Gütersloh: Gütersloher Verl.-Haus [u.a.] (Religionspädagogik in pluraler Gesellschaft, 9), S. 76–87.

Scheunpflug, Annette (2010): „Der Schule mit Großherzigkeit aufhelfen – protestantische Beiträge zur Bildungsdebatte", unveröff. Vortrag am 17. Dezember 2010 in Kaiserslautern.

Scheunpflug, Annette (2011): Die Religionspädagogik aus der Perspektive Allgemeiner Pädagogik. In: Zeitschrift für Pädagogik und Theologie 63 (2), S. 107–116.

Scheunpflug, Annette (2012): Die Religionspädagogik aus der Perspektive Allgemeiner Pädagogik. In: Ulrich Kropač und Georg Langenhorst (Hg.): Religionsunterricht und der Bildungsauftrag der öffentlichen Schulen. Begründung und Perspektiven des Schulfaches Religionslehre. Babenhausen: Verlag Lusa, S. 27–39.

Scheunpflug, Annette; Mette, Norbert (2007): Anregungen aus Sicht einer systemtheoretischen Erziehungswissenschaft für das Verständnis eines Religionsunterrichts. In: Gerhard Büttner, Annette Scheunpflug und Volker Elsenbast (Hg.): Zwischen Erziehung und Religion. Religionspädagogische Perspektiven nach Niklas Luhmann. Berlin, Münster: Lit (Schriften aus dem Comenius-Institut, Band 18), S. 41–54.

Scheunpflug, Annette; Treml, Alfred K. (Hg.) (2003): In Gottes Namen: Religion. Jahrespublikation der Zeitschrift Ethik & Unterricht 2003 (edition ethik kontrovers, 11).

Schieder, Rolf (1987): Civil Religion. Die Religiöse Dimension der politischen Kultur. Gütersloh: Gütersloher Verlagshaus.

Schieder, Rolf (2001): Wieviel Religion verträgt Deutschland? 1. Aufl., Originalausg. Frankfurt/M.: Suhrkamp.

Schieder, Rolf (2007): Die Zivilisierung der Religionen als Ziel staatlicher Religionspolitik? In: Aus Politik und Zeitgeschehen (6), S. 17–24.

Schieder, Rolf (2008): Sind Religionen gefährlich? 1. Aufl. Berlin: Berlin University Press.

Schieder, Rolf (2009): Die politische Dimension des Religionsunterrichts. In: Siegfried Frech und Ingo Juchler (Hg.): Dialoge wagen. Zum Verhältnis von politischer Bildung und Religion. Schwalbach/Ts.: Wochenschau-Verl., S. 145–161.

Schieder, Rolf (2011): Braucht der neutrale Staat eigene zivilreligiöse Rituale? In: Neue Gesellschaft /Frankfurter Hefte 58 (4), S. 18–20.

Schihalejev, Olga (2010): From Indifference to Dialogue? Estonian Young People, the School and Religious Diversity. Münster: Waxmann (Religious diversity and education in Europe, 19).

Schleicher, Klaus (Hg.) (1993): Zukunft der Bildung in Europa. Nationale Vielfalt und europäische Einheit. Darmstadt: Wissenschaftliche Buchgesellschaft.

Schleicher, Klaus (2002): Europadynamik mit Bildungsfolgen. In: Klaus Schleicher und Peter J. Weber (Hg.): Zeitgeschichte europäischer Bildung 1970–2000. Band III: Europa in den Schulen. Münster: Waxmann (8), S. 5–18.

Schleicher, Klaus (2007): Zur Biographie Europas. Identität durch Alltagshandeln. Hamburg: Krämer.

Schleicher, Klaus (2009): Lernen im Leben und für das Leben. Informelles Lernen als Zukunftsaufgabe. Hamburg: Krämer.

Schleicher, Klaus; Bos, Wilfried (Hg.) (1994): Realisierung der Bildung in Europa. Europäisches Bewusstsein trotz kultureller Identität? Darmstadt: Wissenschaftliche Buchgesellschaft.

Schleicher, Klaus; Weber, Peter J. (Hg.) (Hg.) (2000a): Zeitgeschichte europäischer Bildung 1970–2000. Nationale Entwicklungsprofile. Band II: Nationale Entwicklungsprofile. Münster: Waxmann (Umwelt, Bildung, Forschung, 5).

Schleicher, Klaus; Weber, Peter J. (Hg.) (2000b): Zeitgeschichte europäischer Bildung 1970–2000. Band I: Europäische Bildungsdynamik und Trends. 2. Aufl. Münster: Waxmann (Umwelt, Bildung, Forschung, 4).

Schleicher, Klaus; Weber Peter J. (Hg.) (2002): Zeitgeschichte europäischer Bildung 1970–2000. Band III: Europa in den Schulen. Münster: Waxmann.

Schluß, Henning (2010): Religiöse Bildung im öffentlichen Interesse. Analysen zum Verhältnis von Pädagogik und Religion. 1. Aufl. Wiesbaden: VS Verlag für Sozialwissenschaften.

Schnabel, Patrick Roger (2007): Zum Verhältnis von Staat und Religion in Deutschland, Österreich, Polen, Tschechien und in Europa. Tagung: Religion und Gender. Heinrich Böll Stiftung. Berlin, 13.12.2007. Online: http://www.fit-for-gender.org/downloads/Schnabel_Staatskirchenrecht%20Europa%20-%20B%D6LL.pdf (abgerufen 14.03.2012).

Schnabel, Patrick Roger (2009): Europäisches „Kruzifix-Urteil": Rechtsprechung auf Irrwegen. in: EKD, Büro Brüssel, Europa-Informationen Nr. 131, Dezember 2009, S. 13-14.

Schneider, Nikolaus (2011): „Beredte Loyalität". Evangelisches Engagement für Europa. Rede des Vorsitzenden des Rates der EKD, Präsens Nikolaus Schneider, anlässlich des Empfangs in der Ständigen Vertretung der Bundesrepublik Deutschland bei der Europäischen Union. Brüssel. Online: http://www.ekd.de/download/110526_rv_bruessel_beredte_loyalitaet.pdf (abgerufen 15.12.2011).

Schreiner, Peter (1992): Bildung in europäischer Perspektive. Zeitschriften, Aufsätze, Bücher, Unterrichtsmodelle. Münster: Comenius-Institut (Im Blickpunkt, 10).

Schreiner, Peter (Hg.) (2000): Religious Education in Europe. A collection of basic information about RE in European countries, Münster: Comenius-Institut, ICCS.

Schreiner, Peter (2002a): Models of Religious Education in Europe. In: Teaching for Tolerance and Freedom of Religion or Belief. Report from the preparatory Seminar held in Oslo December 7.–9.2002. Oslo, S. 28–36.

Schreiner, Peter (2002b): Religious Education in the European Context. In: Lynne Broadbent und Alan Brown (Hg.): Issues in religious education. London: Routledge/Falmer (Issues in subject teaching series), S. 86–98.

Schreiner, Peter (2003): Religion in der Schule: eine europaweite Debatte. In: Lothar Krappmann und Christoph Theodor Scheilke (Hg.): Religion in der Schule – für alle?! Die plurale Gesellschaft als Herausforderung an Bildungsprozesse. Seelze-Velber: Kallmeyer (Neue Sammlung), S. 109–121.

Schreiner, Peter (2004): Evangelische Bildungsverantwortung in Europa – Entwicklungen und Herausforderungen. In: Volker Elsenbast, Annebelle Pithan, Peter Schreiner und Friedrich Schweitzer (Hg.): Wissen klären – Bildung stärken. 50 Jahre Comenius-Institut. Münster: Waxmann, S. 141–159.

Schreiner, Peter (2005a): Education and religion for a pluriconfessional and pluricultural Europe. In: James Barnett (Hg.): A Theology for Europe. The Churches and the European Institutions. Oxford: Lang (Religions and discourse, 28), S. 169–188.

Schreiner, Peter (2005b): Holistic education resource book. Learning and teaching in an ecumenical context. [A publication of the Comenius-Institute and the World Council of Churches]. Münster: Waxmann.

Schreiner, Peter (2005c): Religiöse Vielfalt und interreligiöses Lernen: ein Projekt des Europarates. In: Peter Schreiner, Ursula Sieg und Volker Elsenbast (Hg.): Handbuch Interreligiöses Lernen. Eine Veröffentlichung des Comenius-Instituts. Lizenzausg. Darmstadt: Wiss. Buchgesellschaft, S. 703–707.

Schreiner, Peter (2006): Europäisierung von Bildung als Herausforderung für Religion und evangelische Bildungsverantwortung. In: Peter Schreiner, Volker Elsenbast und Friedrich Schweitzer (Hg.): Europa – Bildung – Religion. Demokratische Bildungsverantwortung und die Religionen. [Eine Veröffentlichung des Comenius-Instituts]. Münster: Waxmann, S. 81–92.

Schreiner, Peter (2007): Religious Education in the European Context. In: Elza Kuyk, Roger Jensen, David Lankshear, Elisabeth Löh Manna und Peter Schreiner (Hg.): Religious Education in Europe. Situation and current trends in schools. Oslo: IKO–Publishing House, S. 9–16.

Schreiner, Peter (2009a): Religious Education in Germany. In: Johannes Lähnemann; Peter Schreiner (Hg.): Interreligious and Values Education in Europe. Map and Handbook. Münster, Westf: Comenius-Inst., S. 34-38.

Schreiner, Peter (2009b): Europäisierung von Bildung und Religion – Tendenzen und Herausforderungen. In: Michael Meyer-Blanck (Hg.): Religion, Rationalität und Bildung. Würzburg: Ergon-Verl. (Studien des Bonner Zentrums für Religion und Gesellschaft, 5), S. 149–162.

Schreiner, Peter (2011a): Situation and Current Developments of Religious Education in Europe In: Leni Franken, Patrick Loobuyck (Eds.): Religious Education in a Plural, Secularised Society. A Paradigm Shift, Münster: Waxmann, S. 17–34.

Schreiner, Peter (2011b): Religion und Bildung im Kontext des Europarates. In: Gottfried Bitter und Martina Blasberg-Kuhnke (Hg.): Religion und Bildung in Kirche und Gesellschaft. Für Norbert Mette. Würzburg: Echter (Studien zur Theologie und Praxis der Seelsorge, 86), S. 347–356.

Schreiner, Peter; Elsenbast, Volker; Schweitzer, Friedrich (Hg.) (2006): Europa – Bildung – Religion. Demokratische Bildungsverantwortung und die Religionen. [Eine Veröffentlichung des Comenius-Instituts]. Comenius-Institut. Münster: Waxmann.

Schriewer, Jürgen (Hg.) (2007): Weltkultur und kulturelle Bedeutungswelten. Zur Globalisierung von Bildungsdiskursen. Frankfurt am Main: Campus (Eigene und fremde Welten, 2).

Schröder, Bernd (2000): Jüdische Erziehung im modernen Israel. Eine Studie zur Grundlegung vergleichender Religionspädagogik. Leipzig: Evangelische Verlagsanstalt (Arbeiten zur praktischen Theologie, Bd. 18).

Schröder, Bernd (2003): Religionsunterricht und Globalisierung – religionspädagogische Perspektiven. In: Religionspädagogische Beiträge 50, S. 107–126.

Schröder, Bernd (2009): Zwischen Säkularisierung und Religionsproduktivität – zu Form und Funktion von ‚Religion' in der modernen Gesellschaft. In: Bernd Schröder (Hg.): Religion in der modernen Gesellschaft. Überholte Tradition oder wegweisende Orientierung? Leipzig: Evangelische Verlagsanstalt, S. 9–50.

Schubert, Klaus (2009): Lehrbuch der Politikfeldanalyse 2.0. 2. Aufl. München: Oldenbourg (Lehr- und Handbücher der Politikwissenschaft).

Schwab-Trapp, Michael (2006): Diskursanalyse. In: Ralf Bohnsack, Winfried Marotzki und Michael Meuser (Hg.): Hauptbegriffe qualitativer Sozialforschung. Ein Wörterbuch. 2. Aufl. Leverkusen: Leske + Budrich (UTB; Soziologie, Erziehungswissenschaft, 8226), S. 35–39.

Schwarze, Jürgen (2011): Soft Law im Recht der Europäischen Union. In: Europarecht EuR (1), 3–18. Online: http://www.europarecht.nomos.de/fileadmin/eur/doc/Aufsatz_EuR_11_01.pdf (abgerufen 27.02.2012).

Schweitzer, Friedrich (2001a): Religious education beyond the nation state: the challenge of supranational and global developments. In: Leslie J. Francis, Jeff Astley und Mandy Robbins (Hg.): The Fourth R for the Third Millennium. Education in Religion and Values for the Global Future. Dublin: Lindisfarne Books, S. 159–176.

Schweitzer, Friedrich (2001b): Religiöse Erziehung und Religionsunterricht im internationalen Vergleich. In: Loccumer Pelikan (1), S. 3–8.

Schweitzer, Friedrich (2002): Ausblick: Internationale Perspektiven. In: Friedrich Schweitzer, Rudolf Englert, Ulrich Schwab und Hans-Georg Ziebertz (Hg.): Entwurf einer pluralitätsfähigen Religionspädagogik. Gütersloh: Kaiser Gütersloher Verl.-Haus (Religionspädagogik in pluraler Gesellschaft, 1), S. 229–237.

Schweitzer, Friedrich (2003): Pädagogik und Religion. Eine Einführung. Stuttgart: Kohlhammer (Kohlhammer Urban-Taschenbücher, 679).

Schweitzer, Friedrich (2004): Stichwort: Interferenz von Religion und Bildung. In: Zeitschrift für Erziehungswissenschaft 7 (3), S. 313–325.

Schweitzer, Friedrich (2005): Religiöse Identitätsbildung. In: Peter Schreiner, Ursula Sieg und Volker Elsenbast (Hg.): Handbuch Interreligiöses Lernen. Eine Veröffentlichung des Comenius-Instituts. Lizenzausg. Darmstadt: Wiss. Buchgesellschaft, S. 294–303.

Schweitzer, Friedrich (2006): Religionspädagogik. Gütersloh: Gütersloher Verlagshaus (Lehrbuch Praktische Theologie, Band 1).

Schweitzer, Friedrich (2007): Pädagogik. In: Wilhelm Gräb und Birgit Weyel (Hg.): Handbuch praktische Theologie. Gütersloh: Gütersloher Verl.-Haus, S. 760–769.

Schweitzer, Friedrich (2008): Internationalisierung der Religionspädagogik – als Signatur der Zeit und bei Karl Ernst Nipkow. In: Friedrich Schweitzer, Volker Elsenbast und Christoph Th. Scheilke (Hg.): Religionspädagogik und Zeitgeschichte im Spiegel der Rezeption von Karl Ernst Nipkow. 1. Aufl. Gütersloh: Gütersloher Verlagshaus, S. 257–264.

Schweitzer, Friedrich (2009): Gott im Religionsunterricht. Bestandsaufnahme – neue Herausforderungen – weiterführende Perspektiven zu einer Didaktik der Gottesfrage. In: Rudolf Englert (Hg.): Gott im Religionsunterricht. Neukirchen-Vluyn: Neukirchener (Jahrbuch der Religionspädagogik, 25), S. 241–263.

Schweitzer, Friedrich (2012): Principled Pluralism and Theology's Contribution to Religious Education. A Protestant Perspective. In: Jeff Astley, Leslie J. Francis, Mandy Robbins und Mualla Selçuk (Hg.): Teaching religion, Teaching Truth. Theoretical and Empirical Perspectives. Oxford ;, New York: P. Lang, S. 31–46.

Schweitzer, Friedrich; Elsenbast, Volker; Scheilke, Christoph Th. (Hg.) (2008): Religionspädagogik und Zeitgeschichte im Spiegel der Rezeption von Karl Ernst Nipkow. 1. Aufl. Gütersloh: Gütersloher Verlagshaus.

Schweitzer, Friedrich; Englert, Rudolf; Schwab, Ulrich; Ziebertz, Hans-Georg (Hg.) (2002): Entwurf einer pluralitätsfähigen Religionspädagogik. Gütersloh: Kaiser Gütersloher Verl.-Haus (Religionspädagogik in pluraler Gesellschaft, 1).

Schweitzer, Friedrich; Riegel, Ulrich; Ziebertz, Hans-Georg (2009): Europe in a comparative perspective - religious pluralism and mono-religious claims. In: Hans-Georg Ziebertz und Ulrich Riegel (Hg.): How teachers in Europe teach religion. An international empirical study in 16 countries. Berlin, Münster: Lit, S. 241–255.

Seitz, Klaus (2002): Bildung in der Weltgesellschaft. Gesellschaftstheoretische Grundlagen globalen Lernens. 1. Aufl. Frankfurt/M.: Brandes & Apsel.

Sittermann, Birgit (2006): Europeanisation – A Step Forward in Understanding Europe? (nez Nachwuchsgruppe Europäische Zivilgesellschaft). Online: http://nez.uni-muenster.de/download/Sittermann_Literature_Review_Europeanisation_FINAL2006.pdf (abgerufen 14.03.2012).

Skeie, Geir (2009): Norway: Religious Education – A Question of Legality of Pedagogy? In: Johannes Lähnemann und Peter Schreiner (Hg.): Interreligious and Values Education in Europe. Map and Handbook. Münster, Westf: Comenius-Inst., S. 19-23.

Söbbeke-Krajewski, Markus (2006): Der religionsrechtliche Acquis Communautaire der Europäischen Union. Ansätze eines systematischen Religionsrechts der EU unter EU-Vertrag, EG-Vertrag und EU-Verfassungsvertrag. Zugl.: Münster (Westfalen), Univ., Diss., 2005. Berlin: Duncker & Humblot (Münsterische Beiträge zur Rechtswissenschaft, 168).

Stein, Tine (2007): Himmlische Quellen und irdisches Recht. Religiöse Voraussetzungen des freiheitlichen Verfassungsstaates. Frankfurt/M.: Campus-Verl.

Steinhilber, Jochen (2006): Liberaler Intergouvernementalismus. In: Hans-Jürgen Bieling (Hg.): Theorien der europäischen Integration. 2. Aufl. Wiesbaden: VS Verlag für Sozialwissenschaften, S. 91–116.

Steinke, Ines (2003, 2. Aufl.): Gütekriterien qualitativer Forschung. In: Uwe Flick, Ernst von Kardorff und Ines Steinke (Hg.): Qualitative Forschung. Ein Handbuch. Reinbek bei Hamburg: Rowohlt Taschenbuch Verlag (Rowohlts Enzyklopädie, 55628), S. 319–331.

Sterkens, Carl (2009): Educational goals in theology and religious studies – a comparison between university and secondary school education in Europe. In: Hans-Georg Ziebertz und Ulrich Riegel (Hg.): How teachers in Europe teach religion. An international empirical study in 16 countries. Berlin, Münster: Lit, S. 257–274.

Strauss, Anselm; Corbin, Juliet (1999): Grounded theory. Grundlagen qualitativer Sozialforschung. Unveränd. Nachdr. der letzten Aufl., 1996. Weinheim: Beltz PsychologieVerlagsUnion.

Streib, Heinz (2005): Wie finden interreligiöse Lernprozesse bei Kindern und Jugendlichen statt? Skizze einer xenosophischen Religionsdidaktik. In: Peter Schreiner, Ursula Sieg und Volker Elsenbast (Hg.): Handbuch Interreligiöses Lernen. Eine Veröffentlichung des Comenius-Instituts. Lizenzausg. Darmstadt: Wiss. Buchgesellschaft, S. 230–243.

Strübing, Jörg (2002): Just Do It? In: Kölner Zeitschrift für Soziologie und Sozialpsychologie, Jg. 54, H. 2, S. 318–342.

Strübing, Jörg (2004): Grounded Theory. Zur sozialtheoretischen und epistemologischen Fundierung des Verfahrens der empirisch begründeten Theoriebildung. 1. Aufl. Wiesbaden: VS Verlag für Sozialwissenschaften. (Qualitative Sozialforschung, 15).

Sutor, Bernhard (2009): Christliche Ethik im säkularen Staat freiheitlicher Verfassung. In: Aus Politik und Zeitgeschichte (14), S. 9–14.

Sznaider, Natan (2008): Gedächtnisraum Europa. Die Visionen des europäischen Kosmopolitismus. Eine jüdische Perspektive. Bielefeld: Transcript (X-Texte zu Kultur und Gesellschaft).

Taylor, Charles (2009): Ein säkulares Zeitalter. 1. Aufl. Frankfurt am Main: Suhrkamp.

Taylor, Charles; Kocyba, Hermann (2006): Negative Freiheit? Zur Kritik des neuzeitlichen Individualismus. [4. Druck]. Frankfurt am Main: Suhrkamp (Suhrkamp-Taschenbuch Wissenschaft, 1027).

Teece, Geoff (2010): Is it learning about and from religions, religion or religious education? And it is wonder some teachers don't get it? In: British Journal of Religious Education 32 (2), S. 93–103.

Temple Adger, Carolyn (2001): Discourse in Educational Settings. In: Deborah Tannen, Deborah Schiffrin und Heidi E. Hamilton (Hg.): Handbook of discourse analysis. Malden Mass.: Blackwell (Blackwell handbooks in linguistics), S. 503–517.

Thimmel, Andreas (2010): Internationale Jugendarbeit – Pädagogik in weltbürgerlicher Absicht? In: Benedikt Widmaier und Gerd Steffens (Hg.): Weltbürgertum und Kosmopolitisierung. Interdisziplinäre Perspektiven für die Politische Bildung. Schwalbach/Taunus: Wochenschau-Verl. (Non-formale Bildung), S. 150–164.

Tietze, Nikola (2008): Religionssemantiken in europäischen Institutionen. In: Matthias Koenig (Hg.): Religionskontroversen in Frankreich und Deutschland. 1. Aufl. Hamburg: Hamburger Ed., S. 400–443.

Tindemans, Leo (1975): European Union. Report by Mr Leo Tindemans, Prime Minister of Belgium to the European Council (Bulletin of the European Communities, Supplement 1/76). Online: http://aei.pitt.edu/942/1/political_tindemans_report.pdf (abgerufen 26.08.2011).

Torney-Purta, Judith (2001): Citizenship and education in twenty-eight countries. Civic knowledge at age fourteen. Amsterdam: IEA.

Treml, Alfred K. (2003): Religion aus systemtheoretischer Sicht. In: Annette Scheunpflug und Alfred K. Treml (Hg.): In Gottes Namen: Religion. Jahrespublikation der Zeitschrift Ethik & Unterricht 2003 (edition ethik kontrovers, 11), S. 6–12.

Treml, Alfred K. (2007): Religion und Erziehung aus systemtheoretischer Sicht. In: Gerhard Büttner, Annette Scheunpflug und Volker Elsenbast (Hg.): Zwischen Erziehung und Religion. Religionspädagogische Perspektiven nach Niklas Luhmann. Berlin, Münster: Lit (Schriften aus dem Comenius-Institut, Band 18), S. 29–40.

Tuschling, Anna (2004): Lebenslanges Lernen. In: Ulrich Bröckling, Susanne Krasmann und Thomas Lemke (Hg.): Glossar der Gegenwart. 1. Aufl. Frankfurt/M.: Suhrkamp, S. 152–158.
Tworuschka, Udo (2011): Religionswissenschaft. Wegbereiter und Klassiker. Köln: Böhlau Verlag (UTB M).

Ullrich, Lothar (1993): „Allen Europäern beharrlich das Evangelium verkünden". Europa und die Kirchen – aus katholischer Sicht. In: Beatus Brenner (Hg.): Europa und der Protestantismus. Ein Arbeitsheft mit Dokumenten. Göttingen: Vandenhoeck und Ruprecht (Bensheimer Hefte, H. 73), S. 59–83.
UNESCO (Ed.) (1996): Learning, the treasure within. Report to UNESCO of the International Commission on Education for the Twenty-first Century. Paris: Unesco Pub.

Valk, Pille (2009a): How do European Students see the Impact of Religion in Society? In: Pille Valk et al. (Hg.): Teenagers' perspectives on the role of religion in their lives, schools and societies. A European quantitative study. Münster: Waxmann, S. 423–435.
Valk, Pille (2009b): The Process of the Quantitative Study. In: Pille Valk (Hg.): Teenagers' perspectives on the role of religion in their lives, schools and societies. A European quantitative study. Münster: Waxmann, S. 41–47.
Valk, Pille (2011): Contextual Approach to Designing a Religious Education Syllabus – How does It Work? In: Kai Ingolf Johannessen (Hg.): Religious education in contemporary society. Research contributions from Finland, Estonia, Latvia and Norway. Tartu: Logos, S. 35–73.
Valk, Pille; Bertram-Troost, Gerdien; Friederici, Markus; Béraud, Céline (Hg.) (2009): Teenagers' perspectives on the role of religion in their lives, schools and societies. A European quantitative study. Münster: Waxmann.
Veinguer, Alvarez Aurora; Dietz, Gunther; Jozsa, Dan-Paul; Knauth, Thorsten (Hg.) (2009): Islam in Education in European countries. Pedagogical Concepts and Empirical Findings. Münster, New York, München, Berlin: Waxmann.
Verdier, Daniel; Breen, Richard (2001): Europeanization and Globalization. Politics Against Markets in the European Union. In: Comparative Political Studies 34 (3), S. 227–262.
Vester, Michael (2006): Die gefesselte Wissensgesellschaft. In: Uwe H. Bittlingmayer und Ullrich Bauer (Hg.) (2006): Die „Wissensgesellschaft". Mythos, Ideologie oder Realität? 1. Aufl. Wiesbaden: VS Verl. für Sozialwiss, S. 173–219.
Villalba, Ernesto (2008): Investigating the Discourse on Social Cohesion in Relation to Innovation through the Vocabulary of European Commission Communications. In: European Educational Research Journal 7 (3), 358–370. Online: http://dx.doi.org/10.2304/eerj.2008.7.3.358 (abgerufen 12.04.2010).
Vink, Maarten Peter; Graziano, Paolo (2007): Challenges of a New Research Agenda. In: Paolo Graziano und Maarten Peter Vink (Hg.): Europeanization. New research agendas. Houndmills Basingstoke Hampshire England, New York: Palgrave Macmillan, S. 3–20.
Volga Forum Declaration (2007): Final Document of the International Conference „Dialogue of Cultures and Inter-Faith Cooperation" (Volga-Forum). (Nizhny Novgorod, 7–9 September 2006). In: Parliamentary Assembly Council of Europe (Hg.): Intercultural and inter-religious dialogue. Strasbourg, S. 205–207.

Wall, Heinrich de (2007): Zur aktuellen Lage des Religionsrechts der Europäischen Union. In: ZevKR (Zeitschrift für evangelisches Kirchenrecht) 52, S. 310–324.
Walter, Christian (2008): Das Verhältnis von Religion und Staat in ausgewählten europäischen Staaten: Unterschiede und Gemeinsamkeiten. In: Christine Langenfeld und Irene Schneider (Hg.): Recht und Religion in Europa. Zeitgenössische Konflikte und historische Perspektiven. Göttingen, Göttingen: Univ.-Verl. Göttingen; Niedersächs. Staats- und Univ.-Bibliothek Vertrieb, S. 192–194.

Want, Anna van der; Bakker, Cok; Avest, Ina ter; Everington, Judith (Hg.) (2009): Teachers Responding to Religious Diversity in Europe. Researching biography and pedagogy. Münster: Waxmann.

Waschinski, Gregor (2007): Gott in die Verfassung? Religion und Kompatibilität in der Europäischen Union. Baden-Baden: Nomos.

Weidenfeld, Werner (2006): Die Europäische Verfassung verstehen. Gütersloh: Verl. Bertelsmann-Stiftung.

Weidenfeld, Werner (Hg.) (2008): Die Europäische Union. Politisches System und Politikbereiche. Aktualisierte Neuaufl. Bonn: bpb.

Weiler, Joseph H. H. (2004): Ein christliches Europa. Erkundungsgänge. mit einem Vorwort von Ernst-Wolfgang Böckenförde. Salzburg: Pustet (Transformation).

Weiße, Wolfram (2008): Religiöse Verschiedenheit und Bildung in Europa. Das europäische Forschungsprojekt REDCo. In: Wolfram Weiße (Hg.): Dialogischer Religionsunterricht in Hamburg. Positionen, Analysen und Perspektiven im Kontext Europas. Münster, New York, München, Berlin: Waxmann, S. 159–166.

Weisse, Wolfram (2009a): Quantitative Study in the Context of the REDCo Project – a Foreword. In: Pille Valk (Hg.): Teenagers' perspectives on the role of religion in their lives, schools and societies. A European quantitative study. Münster: Waxmann, S. 9–12.

Weiße, Wolfram (2009b): Das Forschungsprojekt REDCo. Religion im Bildungswesen: Ein Beitrag zum Dialog oder ein Konfliktfaktor in sich verändernden Gesellschaften europäischer Staaten. In: Dan-Paul Jozsa, Thorsten Knauth und Wolfram Weiße (Hg.): Religionsunterricht, Dialog und Konflikt. Analysen im Kontext Europas. Münster, New York, NY, München, Berlin: Waxmann, S. 11–25.

Weninger, Michael H. (2007): Europa ohne Gott? Die Europäische Union und der Dialog mit den Religionen, Kirchen und Weltanschauungsgemeinschaften. 1. Aufl. Baden-Baden: Nomos.

Wiater, Patricia (2010): Intercultural Dialogue in the Framework of European Human Rights Protection. Strasbourg: Council of Europe Publishing (White Paper Series, Vol. 1).

Willaime, Jean-Paul (2007a): The religious dimension of intercultural dialogue: the Council of Europe, religious communities and civil society. Examples of good practice in dialogue between religious communities and public authorities at all levels. European conference, San Marino. Council of Europe.

Willaime, Jean-Paul (2007b): Different Models for Religion and Education in Europe. In: Robert Jackson, Siebren Miedema, Wolfram Weisse und Jean-Paul Willaime (Hg.): Religion and Education in Europe. Developments, Contexts and Debates. Münster: Waxmann (Religious diversity and education in Europe, 3), S. 57–66.

Wilson, John (2001): Political Discourse. In: Deborah Tannen, Deborah Schiffrin und Heidi E. Hamilton (Hg.): Handbook of discourse analysis. Malden Mass.: Blackwell (Blackwell handbooks in linguistics), S. 398–415.

Wirsching, Andreas (2012): Der Preis der Freiheit. Geschichte Europas in unserer Zeit. München: Beck.

Wolf, Dieter (2006): Neo-Funktionalismus. In: Hans-Jürgen Bieling (Hg.): Theorien der europäischen Integration. 2. Aufl. Wiesbaden: VS Verlag für Sozialwissenschaften, S. 65–90.

Ziebertz, Hans-Georg (2003): Religiöse Signaturen heute. Ein religionspädagogischer Beitrag zur empirischen Jugendforschung. Gütersloh: Kaiser Gütersloher Verlagshaus (Religionspädagogik in pluraler Gesellschaft, Bd. 3).

Ziebertz, Hans-Georg (2006): Religion und Religionsunterricht in postsäkularer Gesellschaft. In: Hans-Georg Ziebertz und Günter R. Schmidt (Hg.): Religion in der allgemeinen Pädagogik. Von der Religion als Grundlegung bis zu ihrer Bestreitung. 1. Aufl. Gütersloh: Gütersloher Verl.-Haus [u.a.] (Religionspädagogik in pluraler Gesellschaft, 9), S. 9–37.

Ziebertz, Hans-Georg (2008): Europe secular or post-secular? 1. Aufl. Münster, Westf: Lit (International practical theology).

Ziebertz, Hans-Georg; Kay, William K. (2005): Youth in Europe I. An international empirical study about life perspectives. with a preface by Lambert van Nistelrooj (MEP). Münster: Lit-Verl. (International practical theology, 2).

Ziebertz, Hans-Georg; Kay, William K. (Hg.) (2006): Youth in Europe II. An international empirical study about religiosity. with a preface by Cardinal Josip Bozanic. Münster: Lit (International practical theology, vol. 4).

Ziebertz, Hans-Georg; Kay, William K.; Riegel, Ulrich (Hg.) (2009): Youth in Europe III. An International Empirical Study about the Impact of Religion on Life Orientation. with a preface by General Consul Professor Silviu E. Rogobete. Berlin: Lit Verlag (International practical theology, 10).

Ziebertz, Hans-Georg; Riegel, Ulrich (Hg.) (2009): How teachers in Europe teach religion. An international empirical study in 16 countries. Berlin, Münster: Lit.

Ziebertz, Hans-Georg; Schmidt, Günter R. (Hg.) (2006): Religion in der allgemeinen Pädagogik. Von der Religion als Grundlegung bis zu ihrer Bestreitung. 1. Aufl. Gütersloh: Gütersloher Verl.-Haus [u.a.] (Religionspädagogik in pluraler Gesellschaft, 9).

Zinser, Hartmut (2010): Grundfragen der Religionswissenschaft. Paderborn: Schöningh.

Zollitsch, Erzbischof Robert (2009): Mehr Zeugnis wagen! In: Aus Politik und Zeitgeschichte (14), S. 3–5.

Zypries, Brigitte (2006): 5. Rede zur Religionspolitik. Humboldt-Universität. Berlin, 12.12.2006. Online: www.bmj.bund.de (abgerufen 05.10.2009).

Religious Diversity and Education in Europe

edited by Cok Bakker, Hans-Günter Heimbrock, Robert Jackson, Geir Skeie, Wolfram Weisse

Band 15

Dan-Paul Jozsa, Thorsten Knauth,
Wolfram Weiße (Hrsg.)

Religionsunterricht, Dialog und Konflikt

Analysen im Kontext Europas

2009, 464 Seiten, br., 34,90 €
ISBN 978-3-8309-2251-3

E ines der wichtigen Felder, in denen der Dialog zwischen den Kulturen und Religionen eingeübt werden kann, ebenso aber auch die Grenzen des Dialogs und mögliches Potenzial für Konflikte vermessen werden können, ist die Schule. Genau hierum ging es in dem europäischen Großforschungsprojekt REDCo: „Religion im Erziehungswesen. Ein Beitrag zum Dialog oder ein Konfliktfaktor in sich verändernden Gesellschaften europäischer Staaten".
Hier werden die Forschungsansätze von REDCo und die wichtigsten Ergebnisse dargestellt, die auf Deutschland bezogenen Analysen stehen im Zentrum, der europäische Rahmen wird gebührend beachtet.

WAXMANN
Münster · New York · München · Berlin